Financial Innovation and Risk Control Practice Related to Non–standard Asset Management Business

非标资产管理业务的金融创新与风控实务

李爱民 王 巍/主 编

经济管理出版社
ECONOMY & MANAGEMENT PUBLISHING HOUSE

图书在版编目（CIP）数据

非标资产管理业务的金融创新与风控实务/李爱民，王巍主编．—北京：经济管理出版社，2017.3

ISBN 978-7-5096-4913-8

Ⅰ.①非… Ⅱ.①李… ②王… Ⅲ.①资产管理—金融改革—中国—文集 ②资产管理—风险管理—中国—文集 Ⅳ.①F832-53

中国版本图书馆 CIP 数据核字（2017）第 024494 号

组稿编辑：郭丽娟

责任编辑：郑　亮

责任印制：黄章平

责任校对：超　凡

出版发行：经济管理出版社
　　　　　（北京市海淀区北蜂窝 8 号中雅大厦 A 座 11 层　100038）

网　　址：www. E-mp. com. cn

电　　话：（010）51915602

印　　刷：北京玺诚印务有限公司

经　　销：新华书店

开　　本：720mm×1000mm/16

印　　张：38

字　　数：682 千字

版　　次：2017 年 3 月第 1 版　2017 年 3 月第 1 次印刷

书　　号：ISBN 978-7-5096-4913-8

定　　价：128.00 元

本书编委

（排名不分先后）

黄　燕	茅毅博	白　云	吴易轩	王玉国	袁吉伟
范　斌	翟旭东	杨　凡	王克宇	鲁长瑜	朱楠楠
胡　喆	顾　伟	钟凯文	卢　佩	何　金	杨靖杰
宋颖颖	唐雪峰	宋洋洲	高　飞	张　坤	耿宏伟
杨　华	胡胜林	李金荣	慕赞超	杨　蓓	刘玉霞
叶月蓉	张梦萍	张莹超	谈亚评	侍苏盼	丁　峰
曾　天	李　雷	张　丹	王　颢	邓伟方	郭天威

前 言

我与"信泽金"创始人王巍先生相识十余年，亲历了"信泽金"品牌和企业从无到有、从小到大的全过程，也见证了王巍先生由当年的研习信托法的在读研究生，成长为一名成功的企业家。数年前，我们多次"酒酣耳热说文章。惊倒邻墙，推倒胡床。旁观拍手笑疏狂。"年少轻狂时，在对市面各类文章书籍一番不知天高地厚的点评臧否后，王巍先生就与我商议，联手出一本与资产管理理论和实务有关的书，我大概也是有过数次应允。不过，对此类酒后胡言乱语，我一向都是如风过耳说过即忘。王巍是个有心人，时不时提醒我数年前的狂妄，并再三督促要将联手出书的"要约"转化为一项实实在在的"承诺"。每次遇到如此"捉贼拿赃"般的窘境，我都是几声尴尬地干笑后立即转移话题，不敢让话题继续下去。

之所以在心智清醒状态下对出书一事态度谨慎，客观上的原因是为稻粱谋，每天对着工作已是眼冒金星，并无余力或斗志另起炉灶再行舞文弄墨；主观上的原因在于对印刷品或出版物上的文字天生敬畏，自忖以自身学识之浅陋，真要是壮着胆子出一本书，成为浪费人力物力的又一本文字垃圾倒还是其次，更主要的担心还在于此书一出，非但不能实现"藏之名山，传之其人"的宏大愿望，反倒将自己专业上的不足与视野上的褊狭公之于众、贻笑大方，今后要再想藏拙也不可能了。此番盘算下来，出书这样既花费业余时间，又倒贴个人名声的事，实在是不合算。

这边厢要在王巍先生面前继续伪装"言而有信"的良好形象，那边厢又是上面一番不能言说的心思。如此两难的境地持续多年，当年的酒后允诺一拖再拖，一直到今年6月底的一个闷热的午后，昏沉间就在电话里答应下来，终于不得不硬着头皮面对这件难事了。

虽然不得已答应了，中间还是有一个技术性的细节能够稍许要个滑头以减轻这件事的难度：王巍建议我"写"一本书，我坚持"编"一本书。一字之差，其间差异可谓天壤之别。从实际经验来看，"编"一本书已几乎是一件难以完成的任务，真要"写"一本书，只能是徒呼奈何了。

我们面临的泛资产管理时代，包括银行、信托、资产管理公司、保险资管、券商资管、公募基金及其子公司、期货资管、私募基金、融资租赁、金融租赁、保理、典当、小额贷款平台（包括P2P网贷）等在内的各类金融/资管机构竞相开展形式多种多样、特色层出不穷的资产管理业务。

资产管理业务理论的探讨创新有利于进一步厘清业务中的模糊地带，促进资产管理业务的不断深化发展，并能从一定高度为业务指明方向；同时，实务操作问题的深入研讨与总结提炼，又能够从技术层面为资产管理理论的实践与探索提供操作上的智力支持。

资产管理业务的理论研究与实务操作是两个互为前提、密不可分的共同体。对各类型的资产管理机构和从业人员而言，理论前瞻性探索及实务操作性总结具有同等重要的作用。本书取名《非标资产管理业务的金融创新与风控实务》，在定位上意图能够将资产管理业务的相关理论予以进一步深化，并同时对相关具体实务操作问题的规范实施进行探讨。

正如书名所示，本书聚焦于各类资产管理机构从事的非标资产管理业务，力图兼顾理论创新和实务探索。本书分为上下两篇共47篇文章：上篇"非标资产管理业务的金融创新实践及热点问题探讨"，侧重从理论层面探讨非标资产管理业务的创新实践和相关热点问题的理论探讨；下篇"非标资产管理业务的风险管理实践及难点问题解析"，则着眼于非标资产管理业务中涉及的各类实务操作问题。

书中各主题均为资产管理业务中总结提炼的常见或经常思考的各类理论或实务问题。本书上篇各选题对非标资产管理业务领域中的各类理论热点进行了探讨和研究。我们还认识到，仅进行理论上的探究并不必然意味着实际操作中的问题也能随之迎刃而解，业务经验和实务总结对理论探讨又具有较强的促进作用。基于前述考虑，在下篇选取的各主题，主要对相关业务领域或专业问题进行了相应的梳理和分析。

本书中各篇文章的作者均为来自各类资产管理机构或从事资产管理相关业务的同仁，他们有效结合自身业务体会、战略思考与实践经验，在思考、总结后成文并赐稿。如果本书能够为各类型资产管理机构、中高级管理人员及一线从业者实务操作及理论探讨提供一定的启迪，这当然要归功于在繁重工作之余拨冗赐稿的各位同仁的参与和帮助。

从"应然"角度，期望各资产管理业界同行能够从本书中获得一定的启发，亦能在遇到具体问题时，从本书得到工具书般的便利。就"实然"而言，因为编者的学识、视野和专业能力所限，本书的不足在所难免，我们期待并欢迎您的批评和指正。

本书付梓之际，要特别感谢自 6 月底起持续给予热情鼓励、无私帮助和积极响应的各位好友和同事：茅毅博、杨华、白云、綦赞超、李金荣、王浩宇、卢佩和华澳国际信托有限公司法律合规部的刘玉霞、张莹超、丁峰、叶月蓉、张梦萍……人数众多，此处恕难一一列举。是你们给了我信心和力量，没有你们，这本书是不可能完成的！

谢谢你们！

李爱民
2016 年 11 月于上海

目　录

Contents

下篇　非标资产管理业务的风险管理实践及难点问题解析

上　篇

非标资产管理业务的金融创新
实践及热点问题探讨

一、信托财产现状分配存在的问题及实现路径

黄 燕 张伟东

【作者简介】黄燕，现任职于华能贵诚信托有限公司合规与风险管理部。张伟东，现任职于华能贵诚信托有限公司合规与风险管理部。

（一）现状分配的概念

现状分配①是指信托终止时，信托公司作为受托人以信托终止时信托财产现状向受益人进行分配，即将货币资金形式信托财产分配至受益人信托利益分配账户，将非货币现金形式信托财产不经过处置变现直接向受益人进行分配。对信托公司来说，现状分配的关键在于信托公司无义务对非货币资金形式信托财产进行处分、追索、诉讼或采取任何其他变现行动。

（二）现状分配的法规依据及常见适用情形

《信托法》第九条规定，信托文件应当载明受益人取得信托利益的形式、方法。但《信托法》并未限制信托财产的分配方式，也并未对受托人的变现义务作出明确规定，信托当事人可以在信托文件中约定信托终止时向信托受益人现状分配信托财产。

信托业务实践中，现状分配条款一般适用于以下情形：

1. 通道项目

《中国银行业监督管理委员会办公厅关于信托公司风险监管的指导意见》

---

① 现状分配有时也被称为"原状分配"，"原状分配"中的原状是指信托终止时的原状，为避免此"原状"与信托成立时的信托财产原状相混淆，建议采用"现状"分配的说法。

（银监办发〔2014〕99号）要求，必须以合同形式明确项目的风险责任承担主体和通道功能主体，提供通道的一方为项目事务风险的管理主体，厘清权利义务。2014年6月银监会《关于调整信托公司净资本计算标准有关事项的通知》（征求意见稿）将"以信托期限届满时信托财产存续状态交付受益人进行分配"作为信托合同必须明确体现的通道类业务基本特征之一。

在通道项目中约定现状分配条款，是为了当融资方违约未能按时足额偿还债务时，受托人可以在信托终止时将享有的债权等财产权益直接分配给受益人，免除受托人信托财产处分、变现责任，避免信托公司作为通道功能主体最终承担风险。

2. 作为一种信托退出安排

一种情形是，融资人作为结构化信托的劣后级受益人时，一般会约定现状分配条款，将满足优先级受益人预期信托利益后的剩余信托财产现状分配给劣后级受益人。因为此时待分配的非现金形式信托财产一般也是信托对该劣后级受益人享有的债权等权益。信托公司通过现状分配不再对该等信托财产进行处置变现，以实现信托项目的清算和退出。

另一种情形是，融资人向信托委托人远期承诺受让其持有的信托受益权，而信托公司则通过向该融资人进行现状分配实现信托项目的清算和退出。

（三）现状分配的实现路径

根据《信托法》第三十四条规定，受托人以信托财产为限向受益人承担支付信托利益的义务。现状分配时信托利益的支付，主要表现为将信托财产转移至受益人享有，而实现现状分配的重点就在于信托公司如何完成非货币现金形式信托财产向受益人的转移。

信托业务实践中，非货币现金形式信托财产类型主要包括债权、担保权利、股权类权益、资管产品、不动产和动产，以下就这几个主要的信托财产类型分别进行讨论。

1. 债权

《合同法》第八十条规定："债权人转让权利的，应当通知债务人。未经通知，该转让对债务人不发生效力。"因此，债权转让行为可分为对内生效和对外生效，对内生效是指在债权人和受让人之间，对外生效则是对债务人而言。债权转让行为对内生效主要是根据债权人和受让人之间的转让生效条款进行判断，对外则在履行通知程序后方可生效。

信托利益分配发生在受托人与受益人之间，双方可以约定债权转让的时间，例如信托终止时或受托人向受益人发出转让通知书时债权即转让至受益人享有（即对内生效），以完成信托财产的清算和分配。虽然为了实现债权转让对外生效，使得受益人可以直接向债务人主张债权，受托人应配合向债务人进行债权转让通知，但通知债务人可以作为债权转让后的后续工作，通知与否应不影响债权转让在受托人和受益人之间生效。

2. 担保权利

信托业务中的担保措施主要包括保证担保和物的担保。

对于保证担保权利的转让，根据《担保法》和《最高人民法院关于适用〈中华人民共和国担保法〉若干问题的解释》，除非担保合同另有约定，债权人依法将主债权转让给第三人的，保证债权同时转让。也就是说，只要主债权现状分配给受益人了，相应保证担保权利也随之转让至受益人享有。受托人可以配合向保证人进行转让通知，但通知与否应不影响保证债权转让在受托人和受益人之间生效以及保证人向受益人承担保证责任。

但以担保物权形式存在的信托财产现状分配时，却存在不办理变更登记/交付就无法实现担保权利转让的争议，以下将对此问题进行进一步分析。

在我国，物权的设立根据不同的物权类型主要有登记生效、登记对抗和交付生效之分。由于担保物权种类繁多，以下以信托业务中最常见的登记生效的不动产抵押为例对上述争议问题进行分析。

从法律层面上看，《合同法》第八十一条规定"债权人转让权利的，受让人取得与债权有关的从权利，但该从权利专属于债权人自身的除外"。《物权法》第九条规定"不动产物权的设立、变更、转让和消灭，经依法登记，发生效力；未经登记，不发生效力，但法律另有规定的除外"。《物权法》第一百九十二条规定"债权转让的，担保该债权的抵押权一并转让，但法律另有规定或者当事人另有约定的除外"。可以看出，债权转让，担保该债权的抵押权一并转让，《合同法》第八十一条和《物权法》第一百九十二条并没有规定，抵押权的转让以办理变更或转移登记为前提条件，该等条款可以被认为是《物权法》第九条所述的"法律另有规定"。

从房地产管理相关法规规章层面看，虽然《房屋登记办法》和《城市房地产抵押管理办法》规定，抵押权转让时应当办理抵押权变更登记。但是《土地登记办法》和房地产集中统一管理改革后出台的《不动产登记暂行条例实施细则》则对于因主债权转让导致抵押权转让规定的是"可以"申请办理抵押权变更/转移登记，即并没有进行强制性要求。因此，我们认为上述规定仅是从行政管理角度做出的规范性要求，并不具有判断抵押权利变更是否生效的法律效力。

　　根据检索的相关案例，目前绝大多数法院判决（包括最高院①、省高院②和地方法院③）均认为主债权转让时抵押权也随之转移，未办理变更登记手续不影响抵押权的效力，债权受让人可以取得原债权的抵押权。但是，司法实践中确实也有法官对该问题持不同意见④，认为债权转让未办理抵押变更登记，抵押权有效，但未经变更登记债权受让人不能直接实现抵押权。

　　结合法律规定及司法实践，我们认为，现状分配项下债权转让后，抵押权利随之转移，即使没有办理抵押权变更或转移登记，受益人仍对抵押物享有优先受偿权，但存在因未登记导致受益人无法直接行使和实现抵押权的风险，总体而言该风险较小。

　　同理，对于与不动产抵押相类似的登记生效的其他担保方式，例如应收账款质押等无权利凭证的权利质押、股权质押，质权在主债权现状分配时一并转移给受益人，未办理转移登记不影响受益人取得质权，但可能对其实际行使质权带来不利影响。类似的还有动产质权和有权利凭证的权利质押（如存单质押），质权设立均以质押财产或权利凭证交付作为生效要件；同理推断，质权在主债权转移时一并转移给受益人；但若不向受益人交付质押财产或权利凭证，可能会对其实际行使质权带来不利影响。

　　对于动产抵押权（如机器设备、车辆抵押）而言，其抵押权设立时即采用登记对抗原则，即合同生效时抵押权即设立，但未经登记不能对抗善意第三人。因此，抵押权随同债权一并转让，受让人取得债权的同时即取得抵押权，与抵押登记更无关系。

　　根据上述分析，在现状分配以担保物权形式存在的信托财产时，不办理变更登记/交付在理论上并不会影响担保权利的存续，不会对现状分配的实现造成实质影响。但我们仍建议受托人积极配合办理变更登记/交付手续，以便于

---

① 例如，最高人民法院（2015）民申字第 2040 号、（2015）民申字第 2494 号判决。

② 例如，江苏省高级人民法院（2014）苏商终字第 00509 号判决。

③ 例如，河南郑州市中级人民法院（2012）郑民三终字第 868 号、重庆市第一中级人民法院（2004）渝一中民初字第 545 号、湖南省湘潭市中级人民法院（2012）潭中民二初字第 17 号、浙江省上虞市人民法院（2010）绍虞商初字第 1647 号判决。

④ 在谢炳宽诉王连华等民间借贷纠纷案（（2015）沪一中民一（民）终字第 688 号）中，上海一中院认为债权转让未办理抵押变更登记，抵押权有效，但不能直接实现抵押权。在洁豪公司申请吴小健实现担保物权案（（2014）金婺商特字第 2 号）中，浙江金华婺城区法院裁定驳回申请人（债权受让人）要求实现担保物权的申请。该案经该法院人员编写作为"不动产抵押权受让需办理转让登记抵押权"的案例刊载于人民法院报，人民法院报上提及本案的裁判宗旨是"抵押权因债权转让而转移，申请债权转让取得不动产抵押权的担保物权实现，需要先行办理抵押权变更登记手续"。

受益人能够顺利行使担保权利。

3. 股权类权益

股权类权益包括有限责任公司股权、非上市股份有限公司股份、上市公司股票、合伙企业合伙份额。由于篇幅所限，以下主要以有限责任公司股权为例进行讨论。

在我国，信托财产分配时的股权转让仍属于一种交易过户，需要遵循《公司法》有关股权转让的规定。根据《公司法》的相关规定，在将有限责任公司股权现状分配给受益人，当该受益人并非标的公司股东时，受托人需要就此股权转让取得其他股东过半数同意，其他股东还享有优先认购权。因此，股权转让是否能够得到其他股东的配合将影响到股权现状分配的顺利实现。

对此问题作进一步分析，就会发现这一点应该不会构成现状分配的实质性障碍。因为《公司法》同时规定，"股东就其股权转让事项书面通知其他股东征求同意，其他股东自接到书面通知之日起满三十日未答复的，视为同意转让。其他股东半数以上不同意转让的，不同意的股东应当购买该转让的股权；不购买的，视为同意转让。"这意味着，如果其他股东购买股权或行使优先购买权，则应按照不低于同等条件的价格进行购买，而通过信托财产分配的方式获得股权的行为不同于一般的股权转让行为，股权现状分配很难形成可供比较的"同等条件"，其他股东不同意股权转让或以同等条件购买的可能性较小。

为实现股权现状分配，接下来还需要考虑股权转让至受益人以什么作为判断标准。

根据《公司法》第三十二条规定，"记载于股东名册的股东，可以依股东名册主张行使股东权利。公司应当将股东的姓名或者名称向公司登记机关登记；登记事项发生变更的，应当办理变更登记。未经登记或者变更登记的，不得对抗第三人。"目前，对于公司内部登记（变更股东名册）属于设权性登记还是宣示性登记仍有争议。关于外部登记，除国有股权、外资股权转让需要一些审批手续之外，现行法律并未规定股权转让需要办理有权机关批准或工商变更登记手续后才能生效。一般而言，股权转让是否生效依转受让双方约定而定，未办理工商登记的仅不能对抗第三人。

综上所述，为谨慎起见，建议股权转让应至少完成股东名册的变更，为了产生对抗第三人的效力，建议受托人积极配合受益人办理工商登记手续。但我们理解，上述手续一般不会构成现状分配的实质性障碍。因为，根据《最高人民法院关于适用〈中华人民共和国公司法〉若干问题的规定（三）》第二十四条，当事人依法继受取得股权后，公司未依法签发出资证明书、记载于股东名册并办理公司登记机关登记，当事人请求公司履行上述义务的，人民法院应予支持。

合伙份额的转让与有限责任公司股权转让存在不同之处，合伙企业具有人合性质：若转让的是普通合伙份额，除合伙协议另有规定外，须经其他合伙人一致同意，若转让的是有限合伙份额，合伙协议未做约定的可以向第三方转让。

合伙企业不存在股东名册或合伙人名册的设权性规定，但是，对于有限合伙份额的转让，存在一个必须提前30日通知其他合伙人的限制。若未提前通知的，该转让行为的效力可能会受到其他合伙人是否享有优先购买权的影响。并且，由于合伙企业法对于此项义务并未规定可以另行约定，即使其他合伙人并不享有或已经放弃优先购买权，该项提前通知义务可能也无法豁免。因此，受托人若拟进行有限合伙份额现状分配，应注意在签署合伙协议时就避免约定其他合伙人对现状分配下的合伙份额转让享有优先购买权，或提前取得其他合伙人放弃优先购买权的书面文件；并且，作为有限合伙份额转让的附随义务，受托人应提前30日通知其他合伙人。

4. 资管产品

目前，信托受益权、资管产品份额等资产管理产品也逐渐成为待分配信托财产的一种常见类型。

根据《信托法》，若信托文件并无限制性规定，信托受益权可以转让。这就为信托受益权现状分配提供了法律基础。信托受益权目前尚无流转的法定登记机构，一般是由信托公司进行登记管理。虽然并无法律法规授予信托公司内部登记以设权性效力，但为管理需要，信托文件通常规定信托受益权转让应于受托人处进行转让登记，如不登记，则不产生对抗受托人的效力。因此，在信托受益权现状分配时，受益人可以基于现状分配条款约定取得标的信托受益权，但未在标的信托受益权对应的信托项目受托人处进行变更登记的，将无法对抗该受托人，可能会对受益人行使信托受益权造成障碍。

资管产品转让情况就更为复杂。除信托产品外，目前市场上资产管理产品还包括基金管理公司及子公司、证券公司、期货、保险等诸多机构开展的资管业务，以下以基金管理公司子公司专项资产管理计划为例进行分析。

基金管理公司子公司专项资产管理计划主要包括单一客户特定资产管理业务和特定多个客户特定资产管理业务。对于该等资管产品转让的法规规定，仅见于《基金管理公司特定客户资产管理业务试点办法》第二十五条，"资产委托人可以通过交易所交易平台向符合条件的特定客户转让其持有的资产管理计划份额"。而"资产管理计划份额"一般也仅适用于特定多个客户特定资产管理业务。即：对于单一客户特定资产管理业务并未规定是否可以转让，对于特定多个客户特定资产管理业务也并未规定是否可以不通过交易所交易平台转让。

理论上，除非资产管理合同另有规定，资产委托人可将其资产管理合同项下全部权利义务转让给同一主体，以实现现状分配资管产品权益。因为，资产管理合同并非基于特定当事人的身份关系订立的合同，且目前法律法规并未禁止资产委托人将其在资产管理合同项下权利义务概括转移。但是实践中，资管产品现状分配可能会遇到障碍。据了解，基金管理公司子公司一般不允许转让单一客户特定资产管理产品，可能也不同意不通过交易所交易平台私下转让特定多个客户特定资产管理计划份额。因此，建议在现状分配此类资管产品前，应与产品管理人充分沟通转让的可行性和转让方式。

市场上为了规避产品转让限制，出现了资管产品收益权转让的做法。但目前相关法律法规层面并未出现与《信托法》中"信托受益权"类似的"资产管理计划收益权"的规定。而相关交易文件对资管产品收益权的定义一般约定为取得资管产品本金、收益及清算后资产等全部利益的财产性权利。我们理解，在这种情况下，资管产品收益权转让其性质并非资管产品转让或资产管理合同委托人主体变更，而是交易双方依据合同创设一种将来债权，即通过合同安排，使资管产品收益权的受让人享有可对资管产品委托人请求的、取得与资管产品委托人从资管产品可获收益等额资金的权利。也就是说，信托公司是无法通过将资管产品收益权现状分配给受益人而完全退出资管产品的，信托公司仍为该资管产品的资产委托人；当待分配信托财产是资管产品时，并不能通过分配资管产品收益权完全实现信托财产的现状分配。

上述实操中可能存在的转让障碍，并不意味着不能约定或不能实现资管产品现状分配。在资管产品本身即规定委托资产现状分配时，信托受托人也可将获分配资产再现状分配给受益人，这也是目前市场上的常见做法。另外，还可以考虑信托终止后由受托人代受益人作为资管产品的名义委托人。

5. 不动产

不动产进行现状分配是一种基于法律行为的物权变动，也同样适用于物权法关于不动产物权转让的规定①。除非法律另有规定，进行物权登记（记载于

---

① 《物权法》第九条规定："不动产物权的设立、变更、转让和消灭，经依法登记，发生效力；未经登记，不发生效力，但法律另有规定的除外。"

不动产登记簿）是不动产所有权变动的生效要件，未经登记，不动产所有权不发生变动。这意味着，一般而言受托人将无法仅以与受益人达成合意的方式向受益人分配不动产，为了实现不动产现状分配，受托人必须配合受益人完成不动产变更登记。

登记生效的例外情况是土地承包经营权和地役权的转让。例如，土地承包经营权人转让土地承包经营权的，无须办理移转登记，自转让合同生效时，受让人取得土地承包经营权；未经登记不得对抗善意第三人。当现状分配的不动产权利是土地承包经营权或地役权时，受托人和受益人之间可以通过事先的转让约定（即现状分配条款）完成权利的转让。

6. 动产

《物权法》第二十三条规定："动产物权的设立和转让，自交付时发生效力，但法律另有规定的除外。"这意味着在向受益人进行动产现状分配时，为了实现动产物权的转让，应完成向受益人的交付。

值得注意的是，交付行为除了现实交付之外，还包括简易交付、指示交付、占有改定三种观念交付。在设计动产的现状分配条款时，也可以有效利用这些交付方式。例如，占有改定是指动产物权转让时，双方约定由出让人继续占有该动产的，物权变动自该约定生效时发生效力[①]。对于由受托人占有的且交付不便的动产，受托人可以利用占有改定的交付方式完成交付；即现状分配条款可以约定标的动产由受托人继续占有，但其转让时间为信托终止时，如此就可以实现标的动产在信托终止时，所有权转让至受益人。

对于特殊动产，如船舶、航空器和机动车，法律规定未经登记，不得对抗善意第三人。为了产生对抗善意第三人的效力，建议受托人积极配合受益人办理登记手续。

综上，通过约定现状分配条款可以免除受托人信托财产处置变现责任，但若为了实现信托财产转移意义上的现状分配，则需要根据信托财产类型的不同进行具体分析。

一般而言，对于常见的信托财产，例如债权、有限合伙份额等，基本上可以通过信托合同约定现状分配条款，受托人向受益人发出转让通知等形式进行分配，受益人于受托人发出转让通知书之日起便视为已取得信托财产。但该等信托财产的分配通常还伴随着一些后续工作，例如通知债务人或提前通知其他

---

① 《物权法》第二十七条约定，"动产物权转让时，双方又约定由出让人继续占有该动产的，物权自该约定生效时发生效力。"

合伙人。

对于一些可能须经登记（可能是内部登记，也可能是外部登记）方能实现权利转移的信托财产，例如股权、不动产，为了实现信托财产转移意义上的现状分配，受托人还应该配合办理相关登记手续。此时现状分配条款中约定的"一经通知，即视为受益人取得信托财产"仅为受托人和受益人关于信托事务处理、信托财产清算的内部约定，在两者之间具有约束力，可能并不导致信托财产的完全转移。建议在此种情况下现状分配条款应约定是否办理转移登记不影响信托终止，受益人有义务办理转移登记而受托人只是配合办理，能否办理的风险由受益人承担，以此尽可能增强现状分配效果和减轻受托人责任。

对于一些现实中转让存在障碍的信托财产（例如某些资管产品），则需要考虑现状分配时的变通方式。

无论是为了协助受益人更好地享有或行使其获分配的财产权利，还是为了完成信托财产的真正转移，受托人配合进行的后续处理工作均将产生或多或少的时间和费用成本，建议现状分配条款对于此等后续处理工作下相关费用的支付和受托人报酬的收取进行明确约定。

（四）现状分配过程中的特殊问题及障碍

1. 通知送达问题

目前信托公司常用的现状分配条款一般约定，受托人以向受益人发出转让通知的形式进行分配，受益人于受托人发出转让通知书之日起视为已取得信托财产。对于受托人而言，证明分配通知书已发送并送达受益人就成为一项重要工作。常见的证明通知送达的方式包括但不限于：第一，受益人签署回执或在通知书上盖章签收；第二，通过公证机关公证的方式进行证明；第三，通过见证人（律师等）见证等方式证明。出于对公证证明力的信赖，当受益人拒收或不配合出具回执时，我们一般建议通过公证的方式对通知的发送和送达予以证明。但值得注意的是，送达公证是否产生送达的效力，或者说办理了公证送达是否就视为送达，是不确定的。

根据中国公证协会发布的《办理保全送达文书证据公证的指导意见》，保全送达文书证据公证，是指公证机构派员亲临送达现场，依据客观、公正的原则，证明当事人以直接送达、邮寄送达、发送数据电文等方式送达文书的行为和过程的活动；公证机构仅保全当事人送达文书的行为和过程，不代理当事人送达文书；当事人以邮寄送达和发送数据电文等方式送达的，公证机构不对受送达人是否收到送达文书作出证明。

也就是说，不能将公证的作用误解成"一经公证就等于送达"。送达公证是对当事人"发送""送达"行为过程进行保全，以达到证明当事人已按规定通知或履行告知义务的目的。

因此，在办理送达公证的同时，还应处理好"送达"问题，此时合同中的通知条款就显得尤为重要。首先，应明确和清楚地约定被通知方的联系方式；其次，应约定清晰的视为送达情形，例如以特快专递发送的通知，通知方持有的投邮凭证所示日后第 3 日视作送达被通知方；最后，还要对联系方式错误和联系方式变更等情形作出责任承担约定。例如，如果变更联系方式的一方未按约通知对方导致无法送达，或者约定地址无法送达的，自通知方发出文件或通知后第 4 日即视为送达之日，由此产生的后果由被通知方自行承担。

2. 抵质押变更登记可能遇到障碍

根据以往经验，在办理抵质押变更登记操作中，可能遇到如下障碍：

（1）抵押人/出质人不配合。

根据经验和咨询，绝大多数登记机关办理担保权利变更登记无须抵押人/出质人参与，仅需债权转让方及受让方两方办理即可[①]，但也存在部分地方的登记机关要求抵押人/出质人配合或参与方能办理的情况。现状分配多数发生在债务人违约时，此时抵押人/出质人一般也不愿意配合，如此将可能影响担保权利变更登记的顺利进行。

（2）抵押物已经被查封。

根据《最高人民法院、国土资源部、建设部关于依法规范人民法院执行和国土资源房地产管理部门协助执行若干问题的通知》，"国土资源、房地产管理部门对被人民法院依法查封、预查封的土地使用权、房屋，在查封、预查封期间不得办理抵押、转让等权属变更、转移登记手续"。因此抵押权转移登记手续在查封被解除前无法办理。

（3）登记机关拒绝办理。

虽然《房屋登记办法》《土地登记办法》等部门规章规定了不动产抵押权因主债权转让而转让时的转移/变更登记程序。但是，实际操作中仍会遇到某些地方登记部门不予办理抵押权转移/变更登记，需要通过先办理原抵押权注销登记，再办理新抵押权登记的方式进行操作。股权质押登记机关一般也要求，如遇债权转让必须先将原质押注销并以受让人作为质权人重新办理质押登

---

① 其依据主要为《房屋登记办法》第四十七条、《土地登记办法》第四十四条及《城市房地产抵押管理办法》第三十七条。

记，而无法直接办理股权质押变更登记手续。上述要求无疑增加了担保权利人的风险且需要抵押人/出质人配合，将对受益人实现其受让的担保权利带来不利影响。

对于上述实践操作中可能遇到的问题，尚无统一或明确的解决方案，只能个案分析个案处理。对于受托人而言，出于为受益人利益的考虑，一般会积极配合受益人解决上述问题；但是为了实现受托人不承担处置变现责任的目的，建议在设计现状分配条款时就考虑到这些障碍，做好责任承担安排。例如，约定相关信托财产如需办理登记至受益人名下的，应由受益人负责办理，无法办理登记的风险由受益人自行承担，并在现状分配时对于上述风险向受益人进行充分揭示。

3. 集合信托项目现状分配的实现问题

《信托公司集合资金信托计划管理办法》第三十二条①为集合信托项目进行现状分配提供了法律依据和理论基础。集合信托项目进行现状分配的，一般约定受托人将信托财产按照信托终止时的现状，按各受益人持有的信托单位份额占信托项下存续信托单位总额的比例分割转让给各受益人。

但集合信托项目项下现状分配的真正实现也可能会遇到一些问题。例如，债权分割转让时，其对应的担保物权就面临着可否分割转让，由哪一位受益人行使担保权利，以及担保变更登记是否可以顺利实现等问题。下面以抵押权为例进行分析。

《最高人民法院关于适用〈中华人民共和国担保法〉若干问题的解释》第七十二条对债权分割转让情形下抵押权如何处理作出了规定，"主债权被分割或者部分转让的，各债权人可以就其享有的债权份额行使抵押权。"该条使用的表述是"抵押权"，而非"与债权相对应部分的抵押权"，因此应理解为全部抵押权。即债权分割转让的，抵押权并不分割，债权分割后的各债权人可以就其享有的债权份额对抵押物整体行使抵押权，抵押物变现价款由各债权人按比例优先受偿。对于登记问题，由于相关法律已明确规定抵押权可以进行分割转让，因此，在实践中该种操作应不存在法律障碍。但为确保相关操作能够落

---

① 第三十二条 清算后的剩余信托财产，应当依照信托合同约定按受益人所持信托单位比例进行分配。分配方式可采取现金方式、维持信托终止时财产原状方式或者两者的混合方式。采取现金方式的，信托公司应当于信托计划文件约定的分配日前或者信托期满前变现信托财产，并将现金存入受益人账户。采取维持信托终止时财产原状方式的，信托公司应于信托期满后的约定时间内，完成与受益人的财产转移手续。信托财产转移前，由信托公司负责保管。保管期间，信托公司不得运用该财产。保管期间的收益归属于信托财产，发生的保管费用由被保管的信托财产承担。因受益人原因导致信托财产无法转移的，信托公司可以按照有关法律法规进行处理。

到实处，建议事先与当地登记机关进行沟通。

另外，集合信托项目项下现状分配还需要考虑信托财产是否可以或适于分割转让。例如，若信托财产是多处房产的，就难以公平地分割至每位受益人，而如果是一处房产，又可能面临着如何进行分割登记的问题。再比如，股权现状分配时，受益人人数可能超过法律规定的公司股东人数的上限，从而无法实现分割转让。为解决以上问题，就需要与受益人提前商议好分割和登记安排。例如，将信托财产登记于一位受益人名下，由该位受益人代其他受益人持有分配的信托财产。

4. 特殊身份的受益人无法取得特定信托财产的问题

在现状分配时，由于信托财产的特殊性，或受益人自身的特殊性，可能存在某些受益人无法受让特定信托财产的情况，从而影响现状分配的可行性，或对现状分配的实际操作造成障碍。以下列举常见的几种情况。

第一，信托计划因向被投资企业进行股权投资而形成的股权，可能会现状分配给被投资企业。此时将构成被投资企业受让自身股权的情形。而被投资企业是否可以收购自身股权，是否必须进行减资，减资是否可以顺利进行都具有较大不确定性。

第二，当受益人为国有企业时，若待分配信托财产为股权，由于国有企业股权投资存在评估等限制，在操作层面可能难以以现状分配的方式受让信托财产。

第三，根据规定，商业银行不得向非银行金融机构和企业投资，银行理财资金不能投资未上市企业股权。因此，商业银行作为受益人时，可能无法向其进行股权现状分配。

第四，当待分配信托财产为资管产品时，受益人如不满足资管产品合格投资者标准，也可能导致现状分配遇到障碍。

第五，因限购规定，不满足条件的限购人员可能无法取得被限购房产的现状分配。

由于信托财产和信托受益权在信托存续期间均可能发生变化，上述安排可能不是有意造成或必定出现的，不能因为存在上述情况的可能性，就认为不能约定现状分配或现状分配不可行。但是，建议在设立信托之初及现状分配前，受托人均应提前与受益人进行沟通，了解受益人是否存在无法受让信托财产的特殊情况，并及时采取相应措施。为了避免上述情形对现状分配造成不利影响，应对现状分配条款进行特殊处理。例如约定，相关信托财产如无法办理至受益人名下的，受益人有义务寻找第三方予以受让，无法办理的风险由受益人自行承担。

就此问题，还有一点值得特别注意，如果向特定受益人现状分配特定信托财产，是以规避该受益人不得从事或取得该信托财产的法律限制为目的时，该信托设立目的的合法合规性可能存在疑问。例如，某些企业不具有发放贷款资格，通过信托放贷后，再以现状分配方式取得贷款债权以实现放贷目的，该信托的设立就存在协助委托人规避相关法规规定的嫌疑。

5. 现状分配因受益人不配合而难以操作

委托人/受益人签署信托合同即表明其对现状分配条款的认可，理应受该条款约束。但如上分析，现状分配实际操作中，特别是权利转让的完善过程中，将不可避免地需要受益人配合，而由于现状分配将免除受托人的变现责任，受益人有时会不愿意配合。为了降低信托财产分配的难度，建议在设计现状分配条款时就对信托财产分配方式作出严密周详的约定，在合同层面保证现状分配有章可循。同时建议对受益人拒绝接受现状分配时的违约责任作出约定，以期对受益人起到威慑作用。另外，受托人也可以通过提起诉讼或仲裁的方式以达到向受益人分配信托财产的目的。

6. 其他需要注意的问题

（1）交易端文件是否允许受托人转让信托财产。

现状分配的实质是向受益人转让信托财产，信托财产现状分配的实现不仅需要受托人与受益人在信托文件中进行约定，其实现还会受到相应交易文件对于信托财产可否转让的约定的影响。受托人在签署相关交易文件时，就必须注意约定受托人有权转让其在交易文件项下的权利或义务，而无须获得交易对方的同意，且交易对方应配合完成转让相关手续。

例如，建议担保合同约定主合同项下债权转移给第三人的，担保权利相应转让给债权受让人，而无须担保人同意，担保方应当继续履行担保义务，而且有义务配合办理抵质押权登记的变更手续。如遇最高额担保，根据《物权法》第二百零四条规定："最高额抵押担保的债权确定前，部分债权转让的，最高额抵押权不得转让，但当事人另有约定的除外。"应注意对抵押权利可以随债权转让事宜作出明确约定。

又例如，股权投资项目中，需注意股权投资文件、标的公司章程对于信托公司转让所持股权不作限制性规定，并尽量要求其他股东提前出具同意转让及放弃优先购买权的函件。

（2）注意交易文件关于争议解决的约定。

根据相关法规及案例研究，债权转让后原交易文件约定的诉讼管辖权并不会随着债权人的变动而变更；且当交易文件约定的争议解决方式为仲裁时，若无另行约定或债权受让方在债权转让合同未明确表示拒绝仲裁条款的，原交易文件仲裁条款对债权受让方具有约束力。

在通道类项目中，现状分配的一个重要目的就是将信托财产分配给受益人后，由受益人自行进行处置变现。因此，为便于受益人进行诉讼或仲裁，建议将交易文件的诉讼管辖地或仲裁机构约定为受益人认为合适的地点或机构。

综上所述，信托财产现状分配直接涉及受托人责任问题，其重要性不言而喻。但现状分配在实际操作中会遇到种种困难，这些困难既来自受益人及其他相关人，更可能来自相关政府登记机关。如果现状分配条款设计不够完备，没有采取事先的风险提示并制定可行的分配方案，在信托公司与委托人、受益人发生争议时，很可能导致信托公司无法真正实现现状分配，相关诉讼也可能给信托公司的声誉带来不利影响。因此，建议在现状分配时提前考虑所可能遇到的复杂问题，并严谨设计现状分配条款以增强其确定性和可行性，也希望借此提醒信托公司谨慎履行受托人责任，防范法律风险，维护合法权益。

二、资产证券化业务特点与发展趋势浅析

茅毅博

【作者简介】茅毅博，毕业于英国诺森比亚大学，金融学硕士。曾任职于安信信托，现任华澳国际信托有限公司总裁助理。

中国的资产证券化始于 2005 年。受美国次贷危机的影响，2008 年监管层暂停了资产证券化的发行，直到 2012 年正式重启。2014 年，伴随着相关规定与办法的颁布，资产证券化业务由审批制改为备案制，促进了资产证券化市场的快速发展。2015 年，我国资产证券化市场发展迅速，在备案制、注册制、试点规模扩容等一系列利好政策的推动下，市场发行日渐常态化，规模持续增长，创新迭出。2016 年上半年，资产证券化市场持续发展，尤其是交易所的企业资产证券化呈现井喷式发展。

在我国经济转型升级的大环境下，资产证券化逐渐成为盘活存量资产、增强流动性、提高资源配置效率的重要工具，也是金融机构和实体企业转型发展的有效选择。本文将浅析资产证券化业务的特点和发展趋势。

（一）资产证券化业务的定义

资产证券化是指将一个或一组缺乏流动性但预计能产生稳定现金流的资产，通过一系列的结构安排和组合，对其风险和收益进行分割和重组，并实施一定的信用增级，从而将资产的预期现金流转换为流通性和信用等级高的金融产品的过程。

资产证券化业务的操作流程是管理人设立特殊目的载体（SPV），并将需要证券化的资产转让给 SPV，SPV 通过对入池资产的现金流进行拆分、重组及信用增级，并以此发行有价证券，通过出售上述有价证券获得资金作为 SPV 从原始权益人处购买资产的对价资金。资产服务机构负责入池资产的回收与

归集。

我国资产证券化业务模式主要包括中国银监会主管的信贷资产支持证券（以下简称"信贷ABS"）、中国证监会主管的资产支持专项计划（以下简称"企业ABS"）及中国银行间市场交易商协会主管的资产支持票据（以下简称"ABN"）。

目前可用于证券化的基础资产包括：企业贷款、个人住房抵押贷款、融资租赁租金债权、应收账款等。

（二）资产证券化业务的特点

资产证券化业务的特点包括两个方面：一方面是资产证券化业务的自身特点；另一方面是我国资产证券化业务的特点。

1. 资产证券化业务的自身特点

资产证券化作为一种结构融资工具，与一般的债券相比具有以下特点：

（1）资产证券化的基础资产是从原始权益人处剥离出来的特定资产且通过资产重组形成的资产池，具备稳定、可预期的现金流。

（2）资产证券化入池资产通过资产组合可有效化解非系统性风险，降低优先档证券发生违约的可能性。

（3）资产证券化的核心是真实出售和破产风险隔离机制。

发起机构将资产真实出售给特殊目的载体（SPV），将资产的信用风险和资产出售方自身的信用水平分离开，强调了入池资产的独立性，从而也实现了破产风险隔离[①]。

（4）资产证券化可以通过各种信用增级方式提升优先档证券的信用级别。

信用增级方式按照增级的来源不同可分为内部信用增级及外部信用增级两类。内部增信方式包括优先级/次级分层结构、利差与利差账户、超额抵押、现金储备账户/资金沉淀及加速清偿事件、违约事件、权利完善事件等信用触发机制的设置。外部增信方式包括机构担保、资产替换及出具信用证等方式。

（5）传统的融资工具涉及的参与机构一般只包括借款人、管理人、托管人、委托人等，资产证券化业务交易中涉及的参与机构较多。

以信托受益权作为基础资产的双SPV结构为例，参与机构包括借款人、

---

① 一方面，破险风险隔离指资产出让方对于已转让的资产没有追索权，即使转让方破产，转让方及其债务人也无权对已经转让的证券化资产进行追索；另一方面，当入池资产出现损失时，资产证券化产品持有人的追索权也只限于资产本身，而不能追溯至资产的出售方。

信托受托机构、提供过桥资金的银行、管理人、资产服务机构、担保人、监管银行、保管银行、托管银行、评级公司、律师事务所、评估公司及会计师事务所十几家机构。基于该类交易中涉及的参与方众多且作用各异，因此资产证券化的项目管理人需要极强的协调和统筹能力。

（6）资产证券化产品期限、分配方式灵活性较高。

在美国，资产证券化产品可以分成几十个层级，满足委托人对于不同的期限、利率、支付方式及风险产品的偏好。

2. 我国资产证券化业务的特点

（1）多种发行模式。

我国资产证券化业务模式主要包括中国银监会主管的信贷资产支持证券（以下简称"信贷 ABS"）、中国证监会主管的资产支持专项计划（以下简称"企业 ABS"）以及中国银行间市场交易商协会主管的资产支持票据（以下简称"ABN"）。三种模式的监管部门、管理人类型、相关规定、资产类型都有所不同。例如，信贷 ABS 采用公开发行方式，信息披露详细，而企业 ABS 采用私募发行方式，信息披露没有明确的规定。这导致了两种模式同一级别的资产价格存在一定的差异。多交易场所的存在也在一定程度上影响了后续资产证券化产品的流通性。

（2）信贷 ABS 稳步发展，企业 ABS 受热捧。

资产证券化产品起源于美国，在美国市场上 80% 左右的产品为抵押贷款支持证券（MBS），其中又以个人住房抵押贷款支持证券（RMBS）占主导地位。而在我国存量份额占比较大的是信贷 ABS，占比 70% 左右，其中占主导地位的是公司信贷资产支持证券（CLO），2015 年 CLO 产品占信贷 ABS 全年发行总规模的 78%，RMBS 产品仅占 6%。但是随着住房公积金资产证券化的兴起，RMBS 的发行规模迅速上升，与企业贷款为基础资产分别占据 2016 年上半年新增信贷 ABS1/3 左右的市场份额。

在信贷 ABS 稳步发展的同时，企业 ABS 逐步受到市场热捧。企业 ABS 的市场份额占比从 2015 上半年的 30.73% 上升至 50.11%，首次超越了信贷 ABS 发行规模。同时企业 ABS 产品的基础资产类型极为丰富，包括融资租赁债券、消费金融、小额贷款、不动产投资信托 REITs、企业应收款、保理应收款、票据受益权、基础设施和公共事业收费权及各类未来收益权等。

2016 年上半年和 2015 年上半年资产证券化发行规模占比如图 1 和图 2 所示。

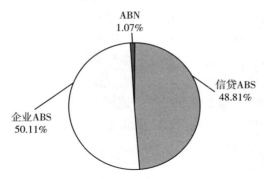

图 1   2016 年上半年资产证券化发行规模占比

资料来源：Wind。

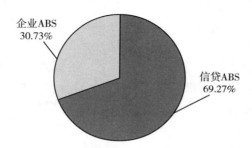

图 2   2015 年上半年资产证券化发行规模占比

资料来源：Wind。

（3）AA 级以上资产证券化产品更受青睐。

资产证券化通过分层机构的设计实现资产内部增信，将产品划分为不同风险等级的证券产品。通过统计 2016 年上半年发行的所有产品层级①的评级结果，可以直观地发现 AA 级以上的产品为市场主流，占比达到 95.96%（其中，AAA 产品的占比达到 59%）。该现象一方面与投资者偏好高安全性产品相关；另一方面也受制于长期监管过程中投资者养成的投资习惯。

更高的信用评级意味着产品更低的信用违约风险，与国债同级别的 AAA 产品可以让投资者在承担最小风险的同时获得比类国债产品更高的收益，投资者在投资时更愿意选择此类高信用评级产品。在投资决策习惯上，由于传统的债券市场要求公募债券的信用评级必须在 AA 级及其以上，资产证券化产品虽没有类似的规定，但是当投资者未能对资产证券化产品形成整体概念和认知

---

①   资产证券化产品除次级外的每一个层级都是一个统计对象。

时，沿用旧的惯性标准做出投资决定亦是一种稳妥的决策方式。产品层级评级结果统计如图3所示。

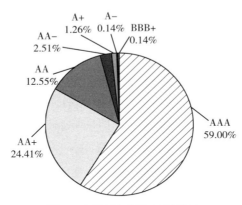

图3 产品层级评级结果统计

资料来源：Wind。

（4）资产证券化市场以中短期产品为主。

在产品期限结构方面，我国资产证券化市场以期限在5年内的产品居多，期限在5年以上的产品占比仅为10%左右。这与国外以长期产品为主的产品分布有很大的不同。造成国内外市场差异的原因，首先，我国资产证券化市场是政策引导的，市场的活跃度较低，产品的流动性较差，长期持有的成本较高，故而投资者更青睐于短期的产品。其次，我国资产证券化尚处于摸索阶段，投资者尚未形成全面的认知，出于尝试的目的，选择中短期产品更可取。再次，我国资产证券化基础资产类型决定了大量短期产品的形成，如融资租赁债券、企业贷款等都不属于长期资产。最后，我国债券市场的主要交易品种为国债、金融债、短期融资券和中期票据等。其中短期融资券和中期票据多为短期，国债和金融债大多为5~10年期产品，中短期产品的短缺促使资产证券化市场形成了以中短期产品为主的格局。

（三）资产证券化业务的发展趋势

1. 市场发展趋势

在狭义的ABS市场（即除去MBS外的ABS市场），2015年我国的发行总量为人民币7000亿元左右，只有美国狭义ABS市场发行总量的1/3。但从企业融资模式分析，我国的狭义ABS市场空间将来肯定要比美国的狭义ABS市场空间大，因为美国企业多以直接融资为主，而我国以间接融资为主。我国有80%的融资额是通过银行贷款获取的，所以信贷 ABS 的空间比美国大很多，同时我国企业融资渠道的缺乏，将促使企业寻求企业 ABS 模式进行融资。截至 2016 年上半年底，所有资产证券化产品的存量余额仅占各类债券业务余额的 1.26%，而同期美国资产证券化存量占比达到 24.95%，差距巨大。据公开信息了解，2014 年初，中信证券、中金公司和银河证券就资产证券化的潜在规模做了相关的研究，中信证券估计潜在的资产证券化规模大约为 30.9 万亿元，银河证券估计为 38.6 万亿元，中金公司估计为 68.2 万亿元。上述估计口径中规模的 10%～20% 实现资产证券化，即是一个很大的空间。因此可以预期我国资产证券化业务规模增长还有很大的空间。

2. 制度建设趋势

制度建设包含两个方面，一方面是监管制度，另一方面是资产证券化产品存续期间的管理制度。

现行的资产证券化监管制度是在近 10 年的试点基础上总结而成的，但是目前发行的产品规模、种类远远超过了试点时期，因此监管制度依然存在漏洞。例如，由于基础资产的多样化，监管部门缺乏对于某些行业业态的充分判断；对资产证券化业务的监管和处罚手段有限，缺乏充足的震慑力；通过负面清单管理仍然难以实现对劣质基础资产的屏蔽。从最近的政策和监管导向上看，监管机构已经意识到了上述问题，上交所、深交所纷纷公布了监管问答，对负面清单及一些重点关注问题进行了补充说明。相关监管机构均表示未来将定期完善资产证券化的相关法规、监管要求。

相较于传统的债券产品，资产证券化产品存续期间管理更复杂。资产证券化产品的存续期管理包括产品兑付、循环购买、信息披露、持续跟踪及重大事件协调等。由于资产证券化业务对于大部分的金融机构而言属于新型业务，业务经验积累不足，部分机构不具备完善的存续期管理制度。但随着时间的推移，各家机构必定会编制存续期管理制度，明确部门职能，规范相关操作，设置完善的风险处置方案。同时也将建立有效的 IT 系统，降低操作风险。

无论是监管层还是业务参与机构都将积极推动资产证券化业务相关法规、规定、制度的完善。

3. 交易结构趋势

（1）双 SPV 结构。

双 SPV 结构在未来将被大量运用基于两种需求：第一种为被动需求；第二种为主动需求。

被动需求的产生是因为资产证券化对于基础资产的要求是权属关系明确，可以产生稳定的、可预期的现金流，债权类资产一般符合上述要求。但是如电影票房收入收益权、门票收费收益权等资产，虽然能产生一定的现金流，但是在法律上无法界定为法定的权利，因为法律上没有这一类收益权。目前我国法定的收益权只有《信托法》定义的信托受益权及交通运输部定义的收费公路权益；特许经营权项下的收费收益权（包含供水、供热、供电、供暖及污水处理等收费收益权）相对已经得到最高人民法院司法解释的支持及一些条例相对比较清晰的法律界定。除此以外，一些基于企业未来经营性收入的资产，权属关系不明确、现金流不稳定，违背了资产证券化基础资产的定义。上述资产就需要通过双 SPV 的结构去重新构造可证券化的基础资产。重新构建的基础资产可以是信托收益权，也可以是委托贷款债权。

下面详细地分析双 SPV 结构的模式，以"星美国际影院信托受益权资产支持专项计划"为例。

如图 4 所示，该产品共包含信托计划及资产支持专项计划两层 SPV 结构。

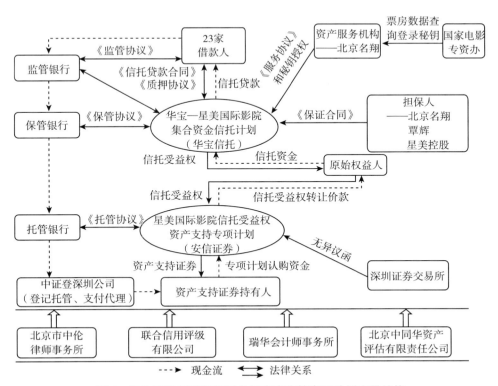

图 4　星美国际影院信托受益权资产支持专项计划交易结构

在方案的第一层结构中，原始权益人与华宝信托签订信托合同，将13.5亿元货币资金委托给华宝信托设立华宝—星美国际影院集合资金信托计划，并拥有集合资金信托计划的受益权。华宝信托（作为华宝资金信托受托人）与借款人签订《信托贷款合同》，向其发放13.5亿元的信托贷款，借款人将其所有的影院未来5年的特定期间的票房收入应收账款质押给华宝资金信托，并承诺以上述质押财产产生的现金流作为信托贷款的还款来源。

在方案的第二层结构中，计划管理人安信证券设立星美国际影院信托受益权资产支持专项计划，以募集资金购买原始权益人持有的华宝资金信托的信托受益权。资产支持专项计划投资者认购专项计划，将认购资金以专项资产管理方式委托计划管理人管理。计划管理人成功设立专项计划后，专项计划取得华宝资金信托受益权，专项计划认购人取得资产支持专项计划份额，成为资产支持专项计划持有人。

上述交易的难点在于，第一，票房收入收益权不属于法律界定范围内的权利，因此不可以转让；第二，借款人（23家星美影院）未来5年的特定期间的票房收入现金流存在一定的不稳定性。影院票房的收入的时间节点及金额都存在不确定性。该交易中的双SPV结构较好地解决了权属关系不明确及现金流难以预测的问题。

另外，双SPV结构可以满足交易所对于入池资产为同一种类型资产的要求，而且双SPV模式可以较好地达到破产隔离的效果。因此双SPV结构可以广泛运用于收益权类、物业收费及保障房收入等基础资产的证券化中。

双SPV结构将成为一种趋势的另一个原因是信托公司的主动需求。目前许多信托公司寻求转型，希望更多地参与到资产证券化业务中。在双SPV结构中，首先信托公司可以有效地参与到交易结构中。其次作为受托人，信托公司可以对底层资产进行更好的管理把控。假设在一个融资租赁债券证券化产品中，原始权益人租赁公司是信托公司的客户，在一般的交易结构中信托公司只能作为财务顾问，对于融资租赁公司无法进行有效的把控。在双SPV结构中，信托公司可以先设立一个财产信托，再以信托受益权进行证券化，信托公司便可以对融资租赁公司进行有效的监管。

（2）循环购买。

长期以来，资产证券化的基础资产通常为缺乏流动性的稳定资产，如应收账款、住房贷款等。但是随着资产证券化的基础资产种类越来越多，如信用卡、小贷和消费贷债权等，由于基础资产期限较短，有着随借随还的特点，而资产证券化产品的期限一般为中长期。为了解决上述期限错配的问题，循环购买模式应运而生。产品一般设立循环期及摊还期，循环期通过将流入资金持续购买同类型基础资产的方式，延长整个产品期限。循环购买结构目前已经大量运用到相关类型资产的证券化中。

我国目前处于互联网消费金融迅速成长期，资产证券化是盘活消费金融产品的一个有效手段。继京东白条、分期乐等消费金融证券化产品纷纷成立后，近期"德邦花呗第一期消费贷款资产支持专项计划"一次性获得了上海交易所300亿元的发行额度，成为轰动性新闻。预计未来还将有更多的消费金融加入到资产证券化的进程中，循环购买结构也将被反复使用。

4. 基础资产类型趋势

我国资产证券化业务仍处于发展初期，监管法规、交易结构及市场流动性等都有待改善，正因为市场的不完善性，许多优质的基础资产仍未被挖掘或发行规模很小，因此基础资产类型的创新将是我国资产证券化业务发展的一个趋势。在保持公司信贷资产、融资租赁资产及应收账款资产等大类基础保稳定的情况下，下列基础资产类型将成为新的发展趋势：第一，不动产财产类资产。第二，收益权类资产（含信托受益权）。第三，不良信贷资产。第四，公积金贷款债权（个人住房抵押贷款）。

（1）不动产财产类资产。

房地产行业多年以来是我国的支柱产业，但是近几年房地产行业整体走势下滑，去库存目前是我国房地产市场的主基调。同时地产企业有拓宽融资渠道、降低融资成本和业务转型的需求。按照国外发达国家的发展模式，应该发行公募REITs，但是在我国由于监管、法律和税务制度的限制，目前还无法发行公募REITs，因此资产证券化业务的出现，为房地产企业提供了新的融资手段。但是《资产证券化业务基础资产负面清单指引》中明确规定待开发或在建占比超过10%的基础设施、商业物业、居民住宅等不动产或相关不动产收益权不得作为基础资产。因此地产公司目前只能采取双SPV结构将住宅租金、商业物业租金、物业费、购房尾款等进行证券化或者发行类REITs产品。目前地产排名30强以内的地产公司已经发行了多笔以物业费、购房尾款等为基础资产的证券化产品。按照我国目前的住宅、商业物业的存量及各家地产公司的融资需求，不动产财产证券化将成为一种趋势。

（2）收益权类资产。

得益于双SPV结构的广泛运用，各类未来收益权资产、保障房收入等资产通过双SPV结构规避了资产权属不明确、现金流不稳定的问题。通过统计交易所的发行数据可以明显发现信托受益权作为基础资产的产品比例迅速增长，从 2015 年的占比 9.37% 左右增长至 2016 年上半年占比 20.95% 左右。2016 年 5 月上海证券交易所在《关于资产证券化监管问答（一）》中明确规定，污水处理费、垃圾处理费、政府还贷高速公路通行费，实施收支两条线管理，专款专用，并约定明确的费用返还安排的相关收费权资产，可以作为资产证券化的基础资产。由此可见监管层鼓励公共事业收费类资产进行资产证券化，上述资产一般需要包装成信托受益权再进行证券化。同时影院、学校等主体评级较弱的主体急切希望通过将票房收入、学费收入等资产证券化，从而拓宽融资渠道，降低融资成本。

（3）不良信贷资产。

在经济增速放缓和供给侧改革的背景下，部分企业运行困难增加，资金链趋紧，信用违约风险加大，导致商业银行不良贷款余额呈上升趋势。截至2015 年底，中国商业银行不良贷款余额和不良率分别达到 12744 亿元和1.67%，双双为 2014 年第一季度以来的最高水平。同时，2016 年 2 月央行等八部委联合发布了《关于金融支持工业稳增长调结构增效益的若干意见》，明确提出通过核销及 AMC 等模式加强不良资产证券化等创新试点。2016 年 5 月27 日、30 日，中国银行和招商银行分别发行了"中誉 2016 年第一期不良资产支持证券"和"和萃 2016 年第一期不良资产支持证券"不良资产证券化产品，标志着不良资产证券化业务时隔 8 年再度重启。在政策引导下，未来还将有更多的不良资产证券化产品出现。

（4）公积金贷款债权（个人住房抵押贷款）①。

在我国去房地产库存的大背景下，2015 年以来，住建部、央行多次联合发文要求提升公积金使用效率。但是在公积金新政取得成效的同时也带来了部分地区公积金中心流动性紧张的问题，个别公积金中心甚至出现公积金余额几乎为零的情况。目前解决公积金中心流动性紧张的方法主要有两种：第一，公转商贴息贷款；第二，存量公积金贷款进行资产证券化。由于公积金的贷款利率很低，较 ABS 产品的发行利率会出现利率倒挂的情况。因此公积金中心选择资产证券化会导致亏损，但是与公转商贴息贷款方式比较，资产证券化方式消耗的资金成本更低一些，因此资产证券化成为一些公积金中心解决流动性问题的不二选择。2016 年上半年上海公积金中心在银行间市场发行的两单资产证券化产品规模总计达到了 311.59 亿元，占信贷 ABS 发行规模的 22.34%，可见公积金贷款债权的体量之大。维持目前的去库存政策，将有更多的公积金

---

① 目前公积金中心可以同时发行信贷 ABS 及企业 ABS，银行间市场将公积金贷款定义为个人。

中心参与到资产证券化中来，公积金贷款债权将成为非常重要的证券化基础资产。

5. 交易模式趋势

2016 年 6 月 21 日，我国首单信托型资产支持票据"远东国际租赁有限公司 2016 年度第一期信托资产支持票据"成立，作为银行间市场第一单会计出表的资产支持票据，也是银行间资产证券化历史上首只实现公开发行的企业资产证券化产品。信托型 ABN 在破产隔离、降低企业融资成本、盘活存量资产等方面发挥了积极作用。

远东 ABN 在法律关系上基本套用了银行间信贷资产证券化（CLO）的法律框架，在交易结构和增信措施安排上基本类似于远东租赁在交易所发行的企业 ABS。因此相较于一般的企业 ABS，项目通过引入特殊目的信托作为发行载体，在我国现有的法律体系中以《信托法》为依据，实现 ABN 产品的破产风险隔离，在发起机构信用基础上进一步实现了以基础资产作为偿债的保障。远东 ABN 实现企业资产证券化首次公开发行，根据信贷 ABS 与企业 ABS 利率差，可以推测本次远东 ABN 的价格将要比远东租赁在交易所发行的企业 ABS 价格低。公开发行信托型 ABN 比交易所私募发行的企业 ABS 未来的流动性更强，同时信息披露较交易所企业 ABS 更完善。

由于目前信托型 ABN 只发行了两单，无法与企业 ABS 进行全面的比较。如果中国银行间市场交易商协会后续放开信托型 ABN 模式的发行主体、管理人资质等限制，完善相关规定，信托型 ABN 将成为企业 ABS 模式的有力竞争者。

简而言之，近几年资产证券化市场业务将会保持法律法规进一步完善、基础资产越来越丰富、交易结构不断创新的趋势而不断发展。

三、信托公司财富管理从销售为主向资产配置升级的策略重点

白　云　　邵含章

【作者简介】 *白云，毕业于北京大学，硕士，具有中国注册会计师（CPA，非执业）资格。曾任职于毕马威中国，现任职于中国对外经济贸易信托有限公司，在信托公司财富管理领域有长期工作和管理经验。邵含章，毕业于美国佩伯代因大学，金融学硕士，现任职于中国对外经济贸易信托有限公司财富管理中心。*

自 2003 年首次尝试设立理财部门至今，信托公司财富管理业务已与整个行业一起历经了成长与蜕变。截至 2016 年第二季度末，全行业管理资产规模突破人民币 17.29 万亿元。随着资产规模不断扩大，产品开发能力不断增强，信托公司财富管理业务也不断发展壮大，并对公司业务开展形成有力支撑。

综观行业，各家信托公司的财富管理业务发展路径由于历史沿革和自身资源禀赋等原因不尽相同——从财富管理部门到独立的三方财富管理公司，从内部类固收信托产品到专业子公司资管产品，从传统销售网点到互联网金融平台，信托公司财富管理业务呈现多样化的发展路径及业态，其中多数以完成销售为主要目标。随着国内财富管理行业逐步发展，销售为主要目标的策略已不能满足客户日益增长的理财需求，向资产配置升级成为信托公司财富管理的发展趋势。本文拟结合实际操作经验，探讨信托公司从销售为主向资产配置升级的策略重点。

（一）信托公司财富管理业务的特点及发展阶段

1. 信托公司财富管理业务特点

目前各信托公司财富管理业务可大致分为以下三种形态：

（1）产品设计为重，无独立财富管理部门。

信托公司财富管理起源于产品销售，在设立初期主要为配合公司资产管理业务实现信托报酬。部分信托公司基于侧重项目开发的业务发展考虑，并未设立单独的财富管理部门，产品资金募集主要通过外部代销渠道完成。

（2）以销售内部产品为主的财富管理部门。

为了获得稳定的客户群体及资金渠道，信托公司成立财富管理部门销售内部产品，此为市场主流模式。这一模式在 2013 年银行收紧信托产品代销业务后，发挥了更为重要的作用。经过多年发展，财富管理部门形成了销售内部产品为主，提供部分增值服务为辅的较为稳定的经营模式；组织架构逐渐分化出职责明确的前台、中台、后台三部分；产品销售以传统类固收项目为主，结合公司业务特点及市场热点进行一些创新性探索；形成较为稳定的客户群体，并具备一定销售能力。

（3）财富管理业务的创新和发展。

随着信托公司财富管理走到转型十字路口，部分公司整合内部资源，进行较大规模的尝试与创新，主要集中于产品设计的创新——即从客户角度而非项目需求出发进行产品设计。此种创新形成了包括全权委托、家族信托在内的一系列市场热点。其他的创新还包括布局互联网金融平台，借道专业资产管理子公司等。上述几种创新都可以理解为，从原有以项目需要为主，向以客户需求为主的转变，具备初步资产配置的基础，形成资产管理平台的过渡状态。

2. 信托公司财富管理发展阶段

中国国际经济咨询有限公司在《2012 年度中国信托行业金皮书》中提到信托公司财富管理发展将经历三个阶段，目前来看仍然具有可参考性，笔者做了适当修改。

第一阶段为完成销售阶段，此时信托公司财富管理部门主要目标是完成公司产品的销售任务，重点发展策略为客户拓展及销售人才培养。第二阶段为资产管理及实际利润中心阶段，财富管理部门根据投资人需求，制定个性化定制产品，增加资产配置服务，形成交易费用、发行收入佣金、少量管理费等收入，逐渐转变为实际利润中心。此阶段策略重点为多元化的产品组合，布局和细分客户群体，服务规范专业化，信息系统升级及高效的管理体系。第三阶段为资产配置及传承阶段，财富管理部门致力于多元化的财富管理解决方案，前台提供深度服务，中台提供方案设计，后台提供全方位支持。通过咨询服务费、管理费等方式收取实际利润，成为公司利润中心。策略重点为投资客户的精耕细作，财富解决方案的开发能力，高端财富顾问，专家团队及敏捷快速反应的管理模式。

财富管理发展阶段和财富管理内涵如图 1 所示。

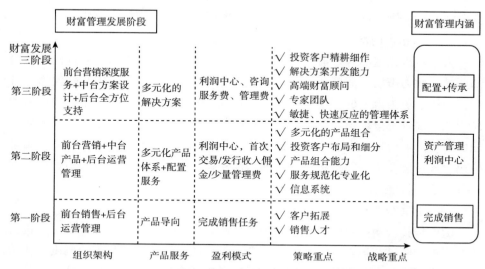

图 1　财富管理发展阶段和财富管理内涵

报告中也指出，信托公司财富管理向资产配置转型是财富管理升级的重要一步，代表未来发展方向。但是从这几年的实践中也可以看出，各家信托公司财富管理部门基于当前环境下不同战略定位与资源禀赋而选择的发展道路也分不出孰优孰劣。

3. 从销售为主向资产配置升级的必要性

一方面，自 2014 年起，信托行业一改往昔突飞猛进之势，增速放缓，传统盈利模式悄然发生变化。在宏观经济增速下降、政策导向变化、利率市场化等多重因素共同作用下，信托公司财富管理的传统经营模式正在受到冲击，类固定收益产品供应规模大幅下降，面临着无米之炊的矛盾与困境。

另一方面，随着国民经济发展及居民财富的积累，高净值人群理财需求日益旺盛，呈现多元化和个性化的特点，信托公司财富管理的传统经营模式逐渐难以匹配客户需求。

值得肯定的是，经过过往的高速成长与发展，信托公司财富管理已积累了一批稳定的资金和客户资源。此类客户对信托公司财富管理品牌的认可高于信托产品本身，这一优势为财富管理向资产配置转型打下良好基础。

因此，尽管各信托公司财富管理业态不尽相同，但是结合国外成熟财富管理业务模式，在外部经济环境变化及财富管理自身发展阶段的要求下，信托公司财富管理向资产配置转型升级是发展的大势所趋。

（二）信托公司财富管理从销售为主向资产配置转型升级的策略重点

信托公司财富管理从销售为主向资产配置转型升级主要涉及客户、产品与服务、组织架构、营销四方面策略重点，加强以下四方面重点部署是财富管理实现战略转型的基础。

1. 客户

客户策略包括客户开发与维护、客户分层管理、客户风险分类三方面。

（1）客户开发与维护。

客户是财富管理业务的根本。无论财富管理发展到何种阶段，都不应摒弃这一基本原则。在向资产配置转型升级过程中应以形成坚实而广泛的客户基础为首要目标。客户开发与维护应注意以下四个方面问题：

1）转型阶段客户维护的重要性远远大于新客户开发。原因是老客户的维护成本小于新客户的开发成本。此阶段客户具有一定信托及投资理财产品基础知识，不同理财产品之间的转换成本对客户而言逐渐减小。

2）具备一定客户基础之后，老客户推介新客户是获取新客户的主要方式。

3）传统信托公司财富管理部门的客户资源主要集中于类固定收益客户群体，接受浮动收益的客户群体缺失，因此应有选择地开拓风险承受能力较高的客户。

4）客户关系管理系统是基本工具。

（2）客户分层管理。

目前多家信托公司逐步开始思考核心客户的概念。客户分层有助于财富管理部门进行客户分类从而梳理核心客户，将有限资源利用在核心客户上，增加核心客户黏性。

客户分层的逻辑是根据客户投资行为及其他信息区分出客户层级，再根据不同层级提供不同的产品及服务。由于国内信托行业的特殊性，国外没有成熟的经验可供参考，模型的建立、参数的设置、数据的获取对信托公司客户分层是难点。结合信托公司当前的业务特点，该模型的设置建议参考如下信息：

1）可能的参数包括客户的累积投资规模、存续时间、流失时间、客户本身的成长性等因素。

2）应将主要的权重集中于客户的累积投资规模。

3）应考虑参数之间的相关性。

值得一提的是，近几年兴起的互联网金融注重"长尾"客户，对传统"二八"客户管理理念形成冲击。由于监管政策因素，信托公司尽管多年尝试，但仍旧难以完全突破 100 万元投资门槛的限制。故信托公司的客户管理，在保持对互联网金融持续关注的基础上，仍应注重核心客户的开发与维护。

（3）客户风险分类。

除了客户分层，客户风险分类是客户管理体系的另一重要工具。信托公司财富管理向资产配置升级过程中将布局标准化产品、逐步拓宽产品线，但其过往的"刚兑"印象为这一策略造成直接障碍。客户风险分类是解决这一问题的主要方法——一方面有助于客户清楚地认识自身风险；另一方面也有助于信托公司识别客户风险，将传统的"刚兑"客户剔除在浮动收益产品之外。

不同于客户分层管理，其他金融行业的客户风险分类方法具有很大的可参考性。应主要考虑客户基本信息、过往投资行为、投资理念三大方面。同时，除了对客户进行风险分类，还需要对产品进行风险分类，上述两方面结合才具有可操作性。

2. 产品与服务

产品与服务策略主要围绕供需不平衡解决方案、产品线搭建及广度、服务内涵与延伸、服务标准化与定制化四方面展开。

（1）供需不平衡及解决方案。

在 2015 年之前，投资者处于逐步接受信托产品的过程中，信托公司财富管理面临的主要矛盾是缺乏资金。在 2015 年后，宏观经济下行导致传统类固收产品减少，信托公司财富管理面临的更多是缺乏产品。总体上看，由于监管层禁止信托公司设立资金池，要求投资人资金与资产一一对应，导致产品供需不平衡成为信托公司财富管理部门面临的常态化矛盾。正确认识这一矛盾有助于财富管理部门之后的工作开展，使其在实践中注意采取措施平衡产品供需关系。

解决产品供需不平衡问题可以从以下六个方面着手：

1）在资产不足时，通过外部产品采集等方式满足客户投资需求。目前多数信托公司不接受产品外采，但需要承认的是，市场上存在其他公司能够获取到的优质项目，产品外采对其他金融业态来说是成熟的事项。

2）在资产不足时，还可开发定向销售产品。信托公司的"刚兑"规则限制了某些产品的开发，但如果开发面向特殊群体的客户可适当缓解产品荒。例如，可开发某些工商企业类项目，定向销售给具有风险承受能力的机构客户，或面向风险承受能力较高的客户，开发定期开放的管理型项目，不少信托公司开发的标准化资金池项目可满足短期理财需求。

3）对客户进行分层，确定核心客户的构成和边界，将有限的产品资源优先满足核心客户，是产品不足时的选择。

4）自有资金的发行支持将是平滑资金不足的重要工具。若是标准化资金池项目，银行系资金的支持是必不可少的保障性措施。其他资金不足的状况，可通过产品结构设计、延期发行等方法来适当缓解。

5）对项目到期情况进行精确预测，计算按月资金进出状况，再结合销售部门带来的外部资金流入增长量，合理安排产品发行，将是财富管理资产配置阶段的主要工作。

6）建立外部的资金或资产战略联盟将是非常具有意义的举措。部分信托公司同外部金融机构建立产品互换等协作机制，能有效缓解供需不平衡的状况。

供需不平衡的解决方案如图 2 所示。

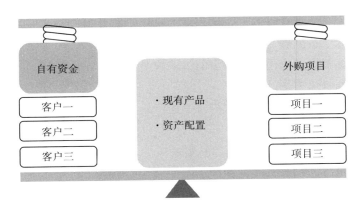

图 2　供需不平衡的解决方案

（2）产品线搭建及广度。

财富中心实现资产配置升级的一个关键因素为构建具有广度的产品线，丰富的产品线是资产配置的基石。信托公司财富部门过往主要销售公司内部类固定收益产品，投向领域为地产、政信、工商企业等，产品线单一。资产配置应建立在涵盖不同风险收益的全产品线基础上，较为完整的产品线应包含现金管理、债券、固定收益、对冲策略、股票型、股权型等。

构建全产品线应该首先依托于公司内部资产管理优势，其次辅以构建财富管理部门自身的产品设计及外采能力，通过采集外部优质资源补充产品线。

固收类产品将随着经济周期而出现周期性的爆发，而标准化产品数量将处于更为稳定的状态，因此标准化产品将是未来财富管理的重要组成部分。目前少部分信托公司开始布局标准化产品，但大多数信托公司仍然望而却步。标准化产品的发行推进应在三个关键点着力——产品历史业绩的塑造、销售团队的激励、客户风险承受能力的识别。

（3）服务内涵与延伸。

财富管理转型升级策略重点还在于提升服务的内涵及广度。传统信托公司财富管理部门提供服务较少，部分走在前列的公司为客户提供较为简单的增值服务，尚未构建成型的全方位服务体系。信托公司财富管理在转型升级后的产品与服务，按照由内涵至外延伸、由基本需求至衍生需求大致可以划分为四个层次。第一个层次是基本的产品供应，若产品短缺，服务再好也会大打折扣；第二个层次是与认购产品相关的便利性，包括缴款的服务体验、缴款方式的多样性、地理位置的便利性、认购项目之后的信息可获取性、网上信托及手机App端的易用性等；第三个层次是附加服务，包括多家信托公司开展的金融咨询、健康养生、子女教育等，一定程度上有助于提升客户黏性，并且也有利于开发新客户和塑造品牌形象；第四个层次是构建"一站式管家服务"体系，财富管理能够解决客户财富生活中的诸多关键问题，并且能够动员各种资源为客户提供深度解决方案。

值得注意的是，财富管理在构建上述产品与服务体系时，应遵循由基本到衍生逐步构建的顺序。若是没有基本的产品供应，谈其他方面的服务都只是徒劳。只有满足了基本的产品供应及认购相关的便利性，才能再谈衍生服务。

服务内涵与延伸如图3所示。

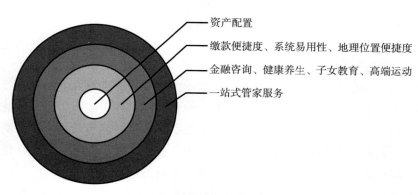

资产配置
缴款便捷度、系统易用性、地理位置便捷度
金融咨询、健康养生、子女教育、高端运动
一站式管家服务

图3　服务内涵与延伸

（4）服务标准化与定制化。

财富转型升级还应着力于服务流程标准化及服务内容的定制化。标准化服务流程有助于提升客户服务效率和客户体验。财富管理部门应编制标准化服务流程手册，规范各项服务内容及标准，并建立相应考核机制。标准化服务体系推广还能有效统一各异地网点服务质量，也能够应用于新员工的培训。除了标准化的服务流程，财富管理转型升级还体现于根据客户需求提供定制化的专属服务。近年来，高净值客户需求呈现多样化的发展趋势，信托公司财富管理通过为客户提供有别于竞争对手的个性化服务来满足客户的多样化需求，同时也将获得优于竞争对手的收益。

3. 组织架构

组织架构是信托公司财富管理转型升级的保障及支持，构建资产配置综合能力需要进一步切分中台职能，建设产品外采部门。

（1）中台切分。

财富管理向资产配置转型升级需要进一步细分中台的职责。随着财富管理向以客户为出发点转移，产品供需平衡工作、品牌宣传工作、服务提升与监督工作将会逐渐体现更为重要的作用。随之而来的是财富管理部门需要对中台进行更加专业化的细分——设置发行部门、产品外采部门、市场营销部门、服务与监督部门等。发行部门负责产品发行组织工作，产品外采部门负责品鉴采集外部产品用以补充产品线，市场营销部门负责品牌拓展工作，服务与监督部门负责客户服务工作并推动标准化体系的建设。同时，设立家族信托办公室也是当前趋势之一。

（2）产品外采部门。

财富管理推动资产配置过程中应设立产品外采部门。产品外采部门的必要性基于两点，一是平衡产品供需，二是采集其他公司具有竞争优势的产品，取长补短。产品外采部门的职责不在于自己开发产品，而在于对市场上其他公司的产品进行有效品鉴，并引入外部优质产品。产品外采不仅需要配备对不同投资领域、不同风险收益特性的产品具备丰富的知识及经验的专业人才，更需要建立较强的市场资源及外采渠道，同时，需要公司在审批效率及机制上予以配合，形成高效的风控审批模式。优质产品是稀缺资源，能否取得优质资源关键在于渠道把控能力及高效工作机制。需要承认的是，尽管目前产品外采对于信托公司来说是艰难的一步，但对其他金融业态来说产品外采是较为成熟的工作。

4. 营销

财富管理转型升级还需要建立完善的营销体系，明确品牌定位及内涵，形成物理网点布局，建立有效的传播与推广渠道。

（1）品牌定位与内涵。

财富管理部门应建立专属品牌，明确定位及内涵，并以此为基础形成完整的营销体系。树立深刻的品牌形象有利于财富管理业务的传播与推广，是建立获客渠道的方式之一。品牌形象需要长期积累。目前不少信托公司已设立"有品牌"的财富中心，但是如何进一步深化品牌内涵，树立品牌形象将是财富管理升级的重要议题。值得一提的是，在信托行业"刚兑"形象消失前，财富品牌传播的过程离不开产品线的构建，这需要信托公司在产品线方面有选择地布局与支持。

（2）物理网点布局。

物理网点布局也是营销体系中的重点环节，通过布局物理网点，财富管理部门能够覆盖不同区域的客户，实现客户资源的全方位开拓。布局物理网点需要考虑经营成本及内部竞争，盲目一味扩张的物理网点并不能够代表经营的高效性。同时还应考虑新兴互联网金融，可采用互联网金融平台、手机 App 等互联网金融工具覆盖更广阔的地理位置及客户群体，从而有效降低开设、运行成本。

（3）营销数据使用。

品牌营销工作还需要通过建立数据库方式分析过往数据，提升营销方案的针对性。例如，通过客户营销活动参与习惯分析客户特点及偏好，并在下一次邀约中有针对性地邀请对此类活动更为感兴趣的客户，提升邀约成功率及有效性。同时，品牌营销还可以通过客户满意度分析、营销有效性分析改进过往工作，提升工作质量。

目前由于信托公司面临较多的监管要求，在客户数据的获取设计上，应综合统筹各方面需求。可能包括反洗钱数据、银监会报表数据、客户购买行为、客户风险分类数据。

（4）传播与推广。

品牌营销应建立在有效的传播及推广渠道上，尽管监管机构对信托公司的传播与推广有着严格的限制，但信托公司还是可以在满足监管的前提下开展多种媒体的宣传。财富管理部门可通过举办高端财富论坛、媒体发声、参选评奖等的形式强化品牌宣传工作。实现品牌的传播与推广不仅需要模式新颖的宣传方式，更需要相关媒体资源、专家资源、投放渠道的积累，构建强有力的品牌宣传渠道是财富中心转型升级及品牌推广的重要保障。

（三）争议性观点

1. 信托公司财富管理部门的作用

信托公司财富管理在销售内部产品方面的作用在"资产荒"背景下正被逐步削弱。部分公司出现了"财富管理部门是否有用""财富管理部门是否有必要保留"的讨论与争议，甚至有公司直接解散原有财富管理部门，由资产管理部门寻找项目对接资金。笔者认为信托公司设立财富管理部门是必要的。随着经济周期的起伏，供需关系不断转换是常态化事项，培育财富管理部门需要较长时间，在缺资金时再组织发行力量将为时已晚。从更长远来看，财富管理是信托的本源业务，最能够体现信托机制优势。未来不仅要继续发展，更要回归"受人之托、代人理财"的本源，成为带动信托公司发展的驱动业务之一。

2. 个人与机构客户重要性之争

信托公司财富管理在过往几年客户积累之中，不仅积累了个人客户，也形成一批机构客户资源，其中包括同业及其他金融机构。近期信托公司出现对"机构和个人客户谁更重要""发展机构客户还是发展个人客户"问题的争议，部分信托公司甚至放弃掉个人客户。

笔者认为个人客户与机构客户同等重要，需要共同发展。一方面，信托公司财富管理在泛资产管理行业所占比例较小，地位较弱，尚未形成广泛且稳定的客户群体。信托公司当前主要任务应是积极扩展客户，扩大市场份额。

另一方面，个人和机构客户由于具有不同特点，在信托公司财富管理发展过程中起不同作用。"没有个人客户不稳，没有机构客户不大"，个人客户投资体量较小，投资决策过程简单，投资知识及经验较少，具备较高的忠诚度，是创新业务推广重要切入点。机构客户具备较为专业的投资知识及丰富经验，对产品有较强的判断力，且投资规模较大，在资金缺乏时可以发挥重要作用。

中国财富管理市场具备巨大的潜力及前景，信托公司应抓住这一契机，探索更为成熟的财富管理模式，在客户、产品与服务、营销领域等方面打造核心竞争力，走一条信托行业的差异化发展道路，从机遇中崛起。

四、保险资金投资的资产池构建、资产配置与同业合作

吴易轩

【作者简介】吴易轩，曾先后供职于中信信托、中金公司、泰康资产，现供职于鼎晖投资。

（一）保险资管行业的发展与创新——市场化与产品化

1. 保险资金运用市场情况

（1）中国保险业保费收入逐年增长，资产规模快速扩张。

中国保险行业总资产规模快速扩张，自 2004~2014 年复合增长率达到 28%，2014 年突破 10 万亿元，如图 1 所示。

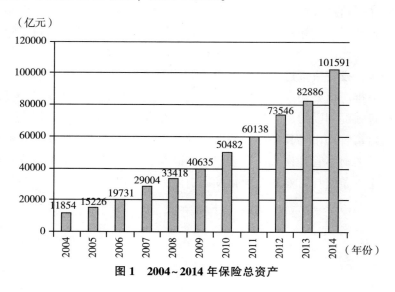

（亿元）

图 1　2004~2014 年保险总资产

2004～2014 年保险资金运用余额如图 2 所示。

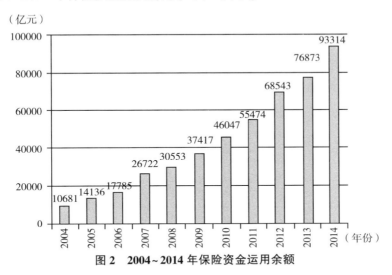

图 2　2004～2014 年保险资金运用余额

按照《关于加快发展现代保险服务业的若干意见》确定的目标，2020 年保费收入将达 5.1 万亿元。2014～2020 年，可运用保险资金规模将超过 20 万亿元。

（2）投资结构不断优化，收益稳步提高。

2014 年险资非标投资显著上升，投资收益率在经历 5 年的低谷后再次回归"6"以上。债券作为传统投资项目不断减少，以非标债权为主体的另类投资发展迅猛，2011～2014 年险资投资结构如图 3 所示。

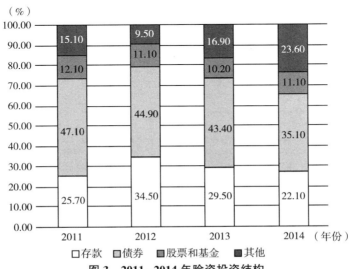

图 3　2011～2014 年险资投资结构

可投资渠道的不断放开，为整个行业的发展带来机遇。截至 2014 年底，保险资金实现投资收益 5358.8 亿元，同比增长 46.5%，平均投资收益率达到 6.3%，综合收益率达到 9.2%，同比提高了 1.3 个和 5.1 个百分点，均创 5 年来最好水平，如图 4 所示。

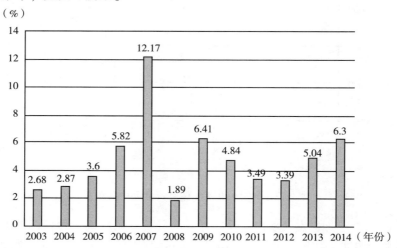

图 4　2003~2014 年保险资金运用平均收益率

（3）保险资金运用漫长的政策发展过程。

1987~2015 年保险业相关政策如图 5 所示。

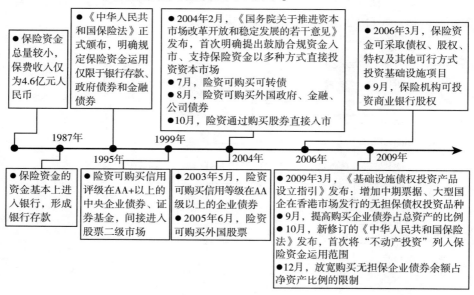

图 5　1987~2015 年保险业相关政策

● 2012年7月，发布《保险资金投资债券暂行办法》《保险资金委托投资管理暂行办法》《关于保险资金投资股权和不动产有关问题的通知》《保险资产配置管理暂行办法》
● 10月，发布《关于保险资金投资有关金融产品的通知》《基础设施债权投资计划管理暂行规定》《保险资金境外投资管理暂行办法实施细则》《保险资金参与金融衍生产品交易暂行办法》

● 2014年1月，《关于保险资金投资创业板上市公司股票等有关问题的通知》，保险资金可以投资创业板
● 2月，《关于加强和改进保险资金运用比例监管的通知》，改为大类比例监管
● 5月，《关于保险资金投资集合资金信托计划有关事项的通知》，信托公司净资产30亿元以上，不能投资单一信托；修订《保险资金运用管理暂行办法》
● 10月，《关于保险资金投资优先股有关事项的通知》，可以投资A级及以上评级
● 12月，《关于保险资金投资创业投资基金有关事项的通知》，可以投资于创业企业普通股、优先股、可转债等权益的股权投资基金

2010年
2012年
2013年
2014年
2015年

● 2010年7月，《保险资金运用管理暂行办法》发布，作为纲领性文件，规范和拓宽投资渠道，明确保险公司可以投资未上市股权及不动产
● 9月，《保险资金投资股权暂行办法》《保险资金投资不动产暂行办法》发布，具体规范股权和不动产投资领域、方式、比例、相关能力建设和风险控制

● 2013年1月，《关于债权投资计划注册有关事项的通知》，标准化材料15个工作日内结办
● 2月，《关于保险资产管理公司开展资产管理产品业务试点有关问题的通知》，明确定义、投资范围及审核程序
● 4月，《关于企业年金养老金产品有关问题的通知》，由年金管理人发行、面向企业年金销售的标准投资组合，可以投资信托计划、银行理财等
● 6月，《保险机构投资设立基金管理公司试点办法》，保险公司可以设立基金公司

● 2015年3月，《关于调整保险资金境外投资有关政策的通知》，可以投资香港创业板

图5　1987~2015年保险业相关政策（续）

（4）保险资金实行大类比例监管。

险资投资范围如图6所示。

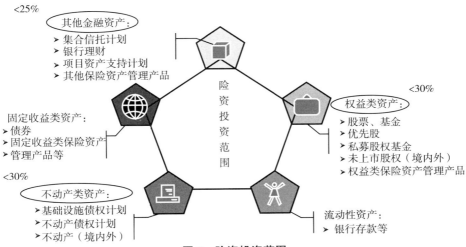

图6　险资投资范围

（5）保险资金可以投资的境内金融产品。

1）政策总结。适应中国金融领域发展创新形势的要求，允许保险资金投资新的金融产品，有利于保险资金充分利用各种金融资源提升收益。但保险公司也要发展新的投研体系以适应新市场的挑战。

2）政策梳理，如表1所示。

表1　险资可投资的境内金融产品相关政策要求

金融产品	金融产品的基础资产	金融产品要求	发行机构要求
商业银行理财产品	境内市场的信贷资产、存款、货币市场工具及公开发行且评级在投资级以上的债券	—	上年末经审计的净资产应当不低于300亿元人民币或者为境内外主板上市商业银行，信用等级不低于国内信用评级机构评定的A级或者相当于A级的信用级别，境外上市并免于国内信用评级的，信用等级不低于国际信用评级机构评定的BB级或者相当于BB级的信用级别
信贷资产支持证券	五级分类为正常类和关注类的贷款	产品信用等级不低于国内信用评级机构评定的A级或相当于A级的信用级别	
集合资金信托计划	限于融资类资产和风险可控的非上市权益类资产，且由受托人自主管理，承担产品设计、项目筛选、投资决策及后续管理等实质性责任	固定收益类的集合资金信托计划，信用等级应当不低于国内信用评级机构评定的A级或者相当于A级的信用级别	信托公司应当具有完善的公司治理、良好的市场信誉和稳定的投资业绩，上年末经审计的净资产不低于30亿元人民币
专项资产管理计划	—	应当符合证券公司企业资产证券化业务的有关规定，信用等级不低于国内信用评级机构评定的A级或者相当于A级的信用级别	上年末经审计的净资产应当不低于60亿元人民币，证券资产管理公司上年末经审计的净资产应当不低于10亿元人民币
基础设施债权投资计划	限于投向国务院、有关部委或者省级政府部门批准的基础设施项目债权资产	产品信用等级不低于国内信用评级机构评定的A级或者相当于A级的信用级别	应当符合《保险资金间接投资基础设施项目试点管理办法》等有关规定
不动产投资计划	应当符合《保险资金投资不动产暂行办法》等有关规定	属于固定收益类的，应当具有合法有效的信用增级安排，信用等级不低于国内信用评级机构评定的A级或者相当于A级的信用级别	应当符合《保险资金投资不动产暂行办法》等有关规定
项目资产支持计划	—	—	—

2. 保险资产管理行业情况

（1）资管公司大幅扩容，股东类型较为单一。

保险资产管理公司设立情况如表 2 所示。

表 2　保险资产管理公司设立情况

序号	公司名称	设立时间
1	中国人保资产管理股份有限公司	2003 年 7 月
2	中国人寿资产管理有限公司	2003 年 11 月
3	华泰资产管理有限公司	2005 年 1 月
4	平安资产管理有限责任公司	2005 年 5 月
5	中再资产管理股份有限公司	2005 年 2 月
6	泰康资产管理有限责任公司	2006 年 2 月
7	太平洋资产管理有限责任公司	2006 年 6 月
8	太平洋资产管理有限公司	2006 年 9 月
9	新华资产管理股份有限公司	2006 年 6 月
10	安邦资产管理有限责任公司	2011 年 5 月
11	生命保险资产管理有限公司	2011 年 7 月
12	光大永明资产管理股份有限公司	2012 年 2 月
13	合众资产管理股份有限公司	2012 年 3 月
14	民生通惠资产管理有限公司	2012 年 10 月
15	阳光资产管理股份有限公司	2012 年 11 月
16	中英益利资产管理股份有限公司	2013 年 4 月
17	中意资产管理有限责任公司	2013 年 5 月
18	华安财保资产管理有限责任公司	2013 年 8 月

资料来源：中国保监会网站；除上述 18 家之外，华夏久盈资产管理有限责任公司、英大保险资产管理有限公司、长城财富资产管理股份有限公司已经批准筹建。

截至 2015 年底，已经获批的保险资产管理公司（不包括中国香港）有 22 家，可以开展保险资金委托的有 18 家，2014 年新增开业 4 家资产管理公司，分别为华夏久赢、英大资产、长城财富、建信资产。目前已经获批在中国香港设立资产管理公司的有 11 家。

根据《保险资产管理公司管理暂行规定》，"境内保险公司合计持有保险资产管理公司的股份不得低于 75%"。绝大部分保险资产管理工具都由保险集团控股，其中母公司持股比例最低的太平资管也达到了 80%。

（2）传统资管业务仍占主流。

根据智信资产管理研究院对 23 家保险及保险资产管理机构的调研结果，

受访的保险资产管理公司中，其受托资金来自其他保险机构的比例均在 25%
以下，保险资管机构资金的主要来源仍然高度依靠保险母公司。保险资产管理
公司资管业务结构如图 7 所示。

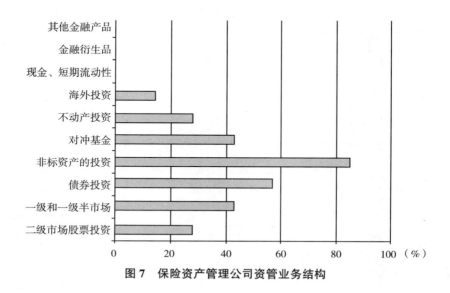

图 7　保险资产管理公司资管业务结构

保险资产管理公司认为自己的优势在于非标资产和债券的投资。

（3）业务框架逐步健全，市场化程度稳步提高。

对于市场化程度高的资管公司，近年来资金来源与业务形态也得到大幅拓
展，如图 8 所示。

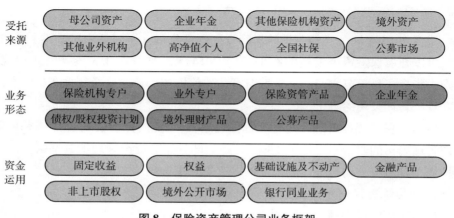

图 8　保险资产管理公司业务框架

（4）保险相关产品类别比较，如表 3 所示。

表 3　保险相关产品类别比较

序号	产品类别	监管机关	发行人	投资人	投资起点	投资范围
1	保险产品	保监会	保险公司	个人、机关团体	无限制	遵照险资监管规定
2	养老保障产品	保监会	养老保险公司	个人、机关团体	单一产品 5000 万元起，集合产品 1000 元起	同保险资金
3	养老金产品	人社部	企业年金管理人	企业年金基金	无	境内金融资产+万能/投连险等
4	保险资管产品	保监会	保险资管公司	以保险公司为主的合格投资者	定向产品 3000 万元起，集合产品 100 万元起，不超过 200 人	除不能投资银行理财、券商专项计划外同保险资金
5	基础设施/不动产/项目资产支持计划	保监会	保险资管公司	以保险公司为主的法人机构或组织	无	基础设施项目、商业不动产等直接融资项目

（5）保险资产管理公司资产管理产品，如表 4 所示。

表 4　《关于保险资产管理公司开展资产管理产品业务试点有关问题的通知》
保监资金［2013］124 号

要素	要　求
产品各相关主体	• 保险资产管理公司作为管理人，向投资人发售标准化产品份额，募集资金，由托管机构担任资产托管人，为投资人利益运用产品资产进行投资管理的金融工具 • 产品限于向境内保险集团（控股）公司、保险公司、保险资产管理公司等具有风险识别和承受能力的合格投资人发行
发行人数及规模	• 单一定向：投资人初始认购资金不得低于 3000 万元 • 集合产品：投资人总数不得超过 200 人，单一投资人初始认购资金不得低于 100 万元
发行审批	• 实行初次申报核准，后续产品事后报告
产品投资范围	• 限于银行存款、股票、债券、证券投资基金、央行票据、非金融企业债务融资工具、信贷资产支持证券、基础设施投资计划、不动产投资计划、项目资产支持计划及中国保监会认可的其他资产（最近刚刚放开投资券商两融资产收益权及信托计划）

（6）保险资管基础设施债权计划设立要求（适用于不动产债权计划）。

1）政策总结。发行程序简化，债权投资计划发行由备案制调整为注册制。偿债主体范围增加，从市场化角度选择基础设施债权偿债主体，增加了产品发行人的责任。标的项目范围在合法合规的基础上有所放宽，取消了严格的条框，增加了资本金要求。担保要求更加多元化。

2）政策梳理。发行程序简化，将发行程序由过去的备案审核改为注册机构注册备案。

偿债主体要求放宽：

A. 取消了偿债主体是"上市公司或其实际控制人、大型央企（集团）"的规定。

B. 取消了对具体财务、运营指标的规定，有稳定收入及现金流即可。

C. 信用状况良好，无违约等不良记录。

D. 取消了对偿债主体经营、盈利年限的规定。

投资项目要求放宽：

A. 取消了对项目审批的具体规定，程序合法合规即可。

B. 取消了对项目经营、盈利、现金流等指标的规定。

C. 项目方资本金不低于 30% 或符合国家规定；在建项目自筹资金不低于 60%。

担保要求放宽：

A. A 类要求 AA 级评级，取消股份制银行上市限制。

B. B 类范围扩大至境内依法成立的企业，发行 20 亿元内，净资产不低于 60 亿元；发行 20 亿~30 亿元，净资产不低于 100 亿元；发行 30 亿元以上，净资产不低于 150 亿元。总担保不超净资产的 50%。

C. 偿债主体近两年净资产 300 亿元，营收 500 亿元以上、发行的债券主体和债项评级近两年均为 AAA，且融资规模在 30 亿元以内，可免于信用增级。

增加规模限制：

专业管理机构净资产与其发行并管理债权投资计划余额的比例不低于 2‰。

（7）保险资管基础设施债权计划交易结构（适用于不动产债权计划），如图 9 所示。

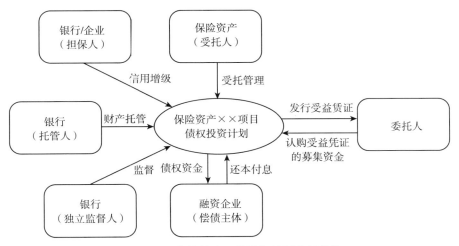

图 9　保险资管基础设施债权计划交易结构

（8）保险债权计划项目筛选标准。

1）基本标准。

投资方式：债权、股权或混合型投资，每年应有现金回报。

规模：原则 10 亿元以上。

期限：原则 3 年以上（外部非标产品可适当缩短期限）。

收益：原则 7% 以上，优质项目可适当降低。

风险管理要求：

A. 偿债主体外部预计评级为 AA 以上。

B. 最终兜底人外部预计评级为 AAA，如为资产抵质押增信，应权属清晰、流动性强，预期能产生良好的回报。

C. 偿债主体或担保人为行业排名前 20 或省级排名前 10 的龙头企业。

D. 地方平台公司应为退出类平台且现金流全覆盖，原则上由银行或非平台类 AAA 企业提供担保。

项目：符合国家产业政策，批文齐全，项目自身具有稳定的现金流，或财政明确补贴。

2）负面标准。

A. 住宅比例超过 50% 的综合体。

B. 两高一剩产业（高污染、高能耗、产能过剩）。

C. 一般工商企业、流动性周转企业、一般加工企业。

D. 三线及以下城市的平台企业。

E. 最近三年发生重大违约、虚假信息披露或者其他重大违法违规行为。

（9）保险股权投资计划。

交易结构举例（可以灵活设计），如图 10 所示。

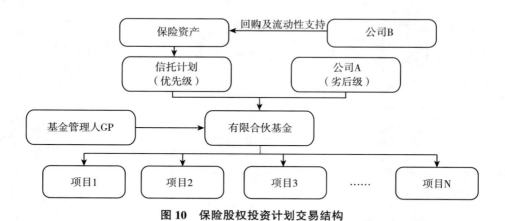

图 10　保险股权投资计划交易结构

1）目前项目仍以基础设施为主（交通、能源、通信、市政）。

2）规模、期限、收益率等要素与债权计划类似。

3）一般为财务投资，不参与企业日常管理。

4）一般为带回购条款的名股实债投资，且每年有现金分红。

5）最终回购人应具有较强实力，与债权计划中对担保人的要求类似。

3. 保险资管的创新投资与趋势展望

（1）监管思路——支持创新，简政放权。

1）"国十条"：保险业发展融入国家战略规划。

投资方式：要求加大支持实体经济力度，提高资金配置效率。

拓展资金运用发展空间：鼓励保险资金支持养老、健康医疗、科技型企业、小微企业、战略性新兴等产业发展，支持重大基础设施、棚户区改造、城镇化建设等民生工程和国家重大工程建设。

支持机构和业务创新：鼓励设立不动产、基础设施、养老等专业保险资产管理机构，稳步推进设立基金管理公司试点；允许设立夹层基金、并购基金、不动产基金等；探索投资和发起设立资产证券化产品等。

2）放开前端，管住后端。

放开前端：减少行政审批事项，债权、股权、资管产品等由审批制、核准制、备案制逐步过渡为注册制。

管住后端：强化资本约束和偿付能力监管，守住风险底线。

建立公共服务平台：建立资产集中托管系统、交易转让系统等，打造全新的保险资产管理市场。

（2）市场化改革："引进来"与"走出去"。

1）"引进来"：倒逼市场化改革。2012年《保险资金委托管理办法》，允许保险公司自主选择投资管理人，将券商、基金公司纳入管理人备选范围。

资管公司将面临强大的外部竞争及受托资金的分流，倒逼市场化转型；未来几年中，保险资管行业应加快业务创新，提升管理能力和服务能力，探索保险投资管理产品化、投资者多元化等新模式和新途径。

中国人寿2014年已实质性地推进了境内外的市场化委托投资，境内首批选定了15家专业投资管理机构，分别管理19个组合，总额度200亿元人民币。

2）"走出去"：参与大资管行业竞争。

企业年金：保险类公司管理年金资产规模已包揽市场前三（平安养老、国寿养老、泰康资产），管理全部年金资产40%以上。

第三方保险专户：受托管理中小保险公司资产。

业外专户：从银行通道存款业务起步，全行业已过万亿元。

保险资管产品：试点2周年，发行规模破万亿元。

公募基金：国寿安保规模破180亿元，太平、泰康资产获得公募牌照。

（3）资管产品类型不断创新。

1）产品类型多样。已发行两融收益权产品、境内打新、境外打新（阿里、中广核等）、指数、量化、FOF、项目、另类、存款等特定策略产品。

未来创新方向：对接ABS、QDII、结构化、对接券商收益权凭证产品等。

2）监管推进标准化、可交易。注册系统上线，注册分类管理。提高产品流动性，建立保险资产集中登记托管系统和交易转让等系统后，推动保险资管产品转让。重点推进保险资产管理产品标准化，包括合同文本标准化、要素含义标准化、交易结构标准化等。

3）案例：GIPO产品。2014年，泰康资产成立GIPO——全球新股及流动性机会管理产品，成功参与阿里巴巴IPO，如图11所示。

（4）另类投资创新之路，如图12所示。

自2013年债权投资计划发行由备案制改为注册制后，保险资产管理产品迎来快速发展时期。

2013年当年注册各类保险资产管理产品103个，注册规模达到3688亿元，超过过去7年的总和。2014年注册各类保险资产管理产品175个，注册

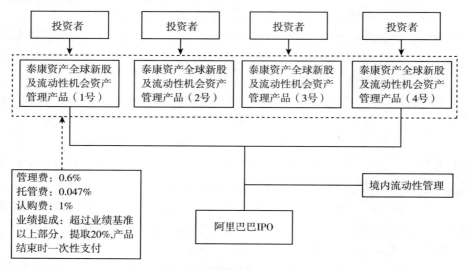

图 11　泰康资产 GIPO 产品

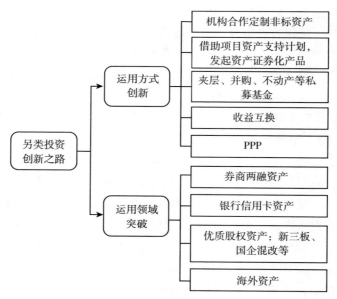

图 12　险资投资创新

规模达到 3781 亿元，比上年分别增加 72 个和 93 亿元。

在资产证券化业务方面，由于传统的信贷、企业资产支持证券期限较短、收益不高，难以满足保险资金长期配置的需求。截至 2014 年末，保险资金共投资以上两类资产证券化产品 194.49 亿元，仅占保险行业总资产的 0.19%；其中投资信贷资产支持证券 50.30 亿元，投资企业资产证券化产品 144.19 亿元。

2012 年保监会允许保险资金投资保险资管公司发行的项目资产支持计划，自 2013 年 4 月起，保险资产管理公司开始以试点形式发行项目资产支持计划，至 2015 年 8 月 25 日，保监会印发《资产支持计划业务管理暂行办法》，明确交易结构和操作行为。

截至目前，共有 9 家保险资产管理公司以试点形式发起设立了 22 单资产支持计划，共计 812.224 亿元。投资标的包括信贷资产、小贷资产、金融租赁资产、股权、应收账款、资产收益权，平均期限 5 年左右，收益率 5.8% ~ 8.3%。

1）案例：中石油股权计划，如图 13 所示。

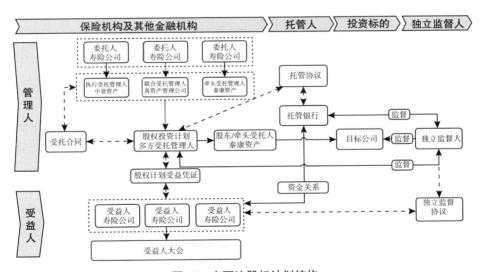

图 13　中石油股权计划结构

2013 年 6 月，中石油与合资方联合出资 600 亿元成立中石油管道联合公司，泰康联合 9 家保险公司共同出资 360 亿元，参股 30%。

2）案例：民生通惠专项资产管理计划，如图 14 所示。

2014 年 12 月，民生通惠推出业内首批专项资产管理计划"民生通惠——阿里金融 1 号项目资产支持计划"，全部投资于蚂蚁金服旗下的蚂蚁微贷小额信贷资产，民生人寿万能险"金元宝"认购计划优先级，年收益 6.2%，并于

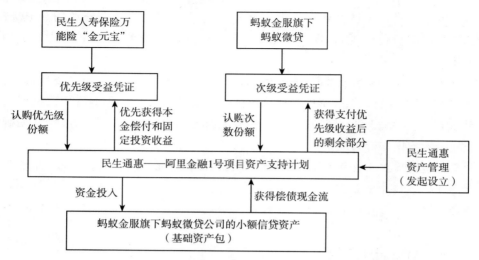

图14　"民生通惠——阿里金融1号项目资产支持计划"交易结构

淘宝平台销售，次级由蚂蚁微贷自行持有。

（5）海外投资。

1）境外扫货狂潮。"新国十条"明确提出，鼓励中资保险公司尝试多形式、多渠道"走出去"，支持中资保险公司通过国际资本市场筹集资金，多种渠道进入海外市场。

截至2014年底，保险资金境外投资余额为239.55亿美元（折合人民币1465.8亿元），占保险业总资产的1.44%，距离15%的监管比例上限还有较大空间。

案例包括中国人寿收购伦敦金丝雀码头70%股权；安邦保险以19.5亿美元收购华尔道夫酒店；阳光保险收购悉尼喜来登公园酒店以及曼哈顿六星级酒店水晶宫。

2）QDII通道。保险以其广泛的投资范围，成为境内资金收购境外资产的优良通道。

境外可投资产包括：二级市场直投（境外IPO、增发境外私有化项目（退市））、基金（对冲基金、私募股权基金（PE/VC/FOF））、不动产直投（商业地产、酒庄、牧场等）。

3）QDII业务潜在客户，如图15所示。

（6）老树新花——权益投资。

"宝万之争"使险资权益投资进入大众视野并陷入舆轮旋涡，甚至有洗钱等各种误解，权益投资是保险资金传统投资品种，"举牌"有现实考虑。

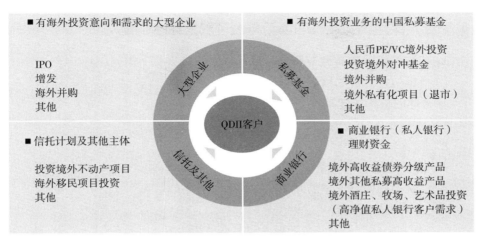

图 15　QDII 业务潜在客户分析

　　2015 年 A 股市场上至少有 33 家上市公司被举牌，其中沪市 17 家；深市 16 家，包括深市主板 7 家，中小板 7 家，创业板 2 家；而 H 股市场上，至少有中煤能源 H 股、远洋地产 2 家。根据中银国际研究，这 30 多家险资举牌涉及金额超过 1300 亿元，如图 16 所示。而以 2015 年 12 月 31 日的最新总市值来计算，则险资及其一致行动人所持股份市值为 2595 亿元。

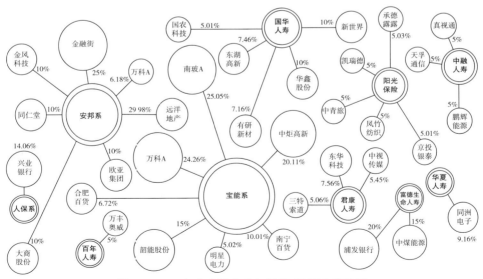

图 16　2015 年十大险企参与举牌 35 家上市公司

资料来源：根据相关资料整理。

（二）保险机构投资的创新与资产配置组合构建

1. 机构投资者的类型与核心目标

（1）机构投资者的核心。

什么样的机构才能被称为机构投资者？

1）有稳定的现金流。

2）追求长期回报。

3）有能力进行高质量的积极投资管理。

（2）谈论机构时考虑的问题。

1）主要机构：银行、保险。

2）大学基金会、养老金管理人、基金管理人。

3）资产管理机构的四种类型：全能型金融平台、专业化精品投行、工具型万能资管、服务型中介机构。

（3）资产管理机构的核心目标。

构建一个充分分散化，以股票股权为向导的投资组合，是一个资产管理机构的核心目标。对应稳定现金流、长期回报、积极管理的特点。

2. 机构的投资理念

（1）资产配置。

选择定义资产类别，决定资产类别的比重。股票、固定收益、绝对收益、实物资产、私人股权等。

（2）择时。

通过短期内偏离长期资产配置目标来获利。

（3）证券选择。

对单个资产类别进行积极管理。

3. 投资的策略与实务操作

（1）失败的择时。

对长期投资者而言，现金不是好的资产类别，苦等股票买入时机时，要承担巨大的机会成本。

机构投资者应该采取再平衡策略（逆向择时）。

（2）证券选择。

1）积极管理的机会在于低流动性市场，流动性越低，定价效率越低。

2）低效率市场才有出现价值洼地的可能性，价值发现的空间。

3）机构投资者占的比重，决定了定价效率。

4）固定收益类证券采用积极管理大多数是失败的（巴菲特：切记，如果你坐在牌桌前辨认不出谁是傻瓜时，你就是那个傻瓜）。

5）股票投资，大盘股效果差，小盘股效果好，市场定价效率越低，机会越多。

6）私募股权取得超额收益的机会最大，但难度也最高。

（3）流动性：投资者追求的应该是成功，而不是流动性。

1）低效市场机会多，流动性差。

2）对流动性差的资产，要坚持长期投资理念。

3）低流动性市场，有价值的完整的信息是投资成功的关键。

4）流动性的本质是短暂的，对投资者整体而言，是没有流动性的。

（4）价值投资导向。

1）安全边际——价格低。

2）逆向投资——类别选择。

3）追涨杀跌——择时毁灭价值。

（5）结论。

投资的基础是构建一个由各类资产组成的、分散化的、以股票股权资产为主的投资组合，而且组合的各种资产收益驱动因素要有根本性不同。

4. 资产配置实务

机构投资者90%的收益来源于资产配置。长期稳健投资者配置中应该是股权偏好和分散化投资。股权的长期收益和风险远远好于债权；分散化的要点是不同驱动因素的资产。请读者思考，持有 100 只 A 股股票，或持有各种不同类型的信托债权能称之为分散吗?

五、资管市场交叉性金融产品演进与发展分析

王玉国　邓　阳

【作者简介】王玉国，经济学博士，中诚信托有限责任公司研究发展部总经理。邓阳，首都经济贸易大学产业经济学专业硕士研究生。

自 2012 年至今，泛资产管理市场格局逐渐形成，各类金融机构之间在混业竞争的同时，业务合作也在进一步加深，呈现出交叉、复杂、多元的特点，交叉性金融产品逐渐成为市场关注的重点与热点，由此可能引发的跨行业、跨市场风险也日益受到关注。本文将就交叉性金融产品的特征、发展动因、问题等进行梳理，以期对完善监管有所借鉴。

（一）资管市场交叉性金融产品的基本特征

交叉性金融产品和业务广泛存在于金融机构、金融市场中，是金融机构综合经营的重要趋势。资产管理市场的交叉性金融产品是指在跨市场、跨行业前提下各资管机构间为突破分业经营约束，提高效率，实现收益最大化而推出的，涉及两类或更多资管机构的具有交叉属性的金融产品。

1. 本质要求：跨市场

跨市场是指资管机构以产品为载体，既包括对资管产品进行资产组合管理，从而使投资标的横跨货币、资本等多个市场的行为，也包括产品运作管理中出于对冲风险、套利等目的而产生的跨市场关联交易行为。跨市场是交叉性金融产品的本质要求，交叉合作的目的在于共同追求收益最大化，也是由于不同市场间存在"制度成本"和利差属性。2012 年资管新政后，券商、基金、保险资管等投资范围限制放松，在投资端运用和跨市场配置功能上趋同，但具体监管要求不一致，一定程度上刺激了跨市场业务合作的发展，如表 1 所示。

表1　各资管机构业务产品跨市场配置分布

市场分类	货币市场	债券市场	证券市场	境外市场	金融衍生品市场	实业市场
商业银行	√	√	√	√	√	
示例	央行票据	短期国债	新股申购	外币理财	结构性理财	
信托公司	√	√	√	√	√	√
示例	货币资产	债券投资	证券投资	外汇信托	股指期货	地产、基建、工商企业信托等
保险资管	√	√	√	√	√	√
示例	银行存款	政府债券	股票投资	境外投资	期权期货	基础设施、不动产、股权投资项目
证券资管	√	√	√	√	√	√
示例	央行票据	银行债券	股票投资	QDII	股指期货	专项资管计划
公募基金	√	√	√	√	√	
示例	货币型	债券型	偏股型	境外投资	股指期货	
基金子公司	√	√	√		√	√
示例	央行票据	债券投资	股票投资		商品期货	专项资管计划
私募机构		√	√		√	√
示例		债券型	股票型		期权期货	PE/VC

资料来源：根据相关法规政策整理。

2. 内在属性：跨行业

跨行业是指资管机构产品的发起运作涉及银行、信托、证券等多个金融行业，从合作的紧密程度上区分，又可区分为基于合同契约关系形成的跨业合作及基于股权、资本纽带形成的金融控股集团内各类金融机构平台间的跨业合作。跨行业是交叉性金融产品的内在属性，是市场竞合和创新发展的升华体现。

（二）资管市场交叉性金融产品发展的动因分析

泛资管市场的交叉性金融产品供需两端分别为产品供给端与投资需求端，供给端所联结的是金融机构、金融市场、金融产品和工具，而需求端所联结的则是各类投资者，既包括个人投资者、企业等机构投资者，也包括金融机构及其创设的金融产品等，但归根结底仍来源于个人、企业等主体。交叉性金融产品之所以集中于泛资管市场，离不开产品供给端与投资需求端的综合发力。

1. 资管市场：财富积累与高速扩张

我国居民人均可支配收入的持续增加及高储蓄率特征为资产管理市场的发展奠定了基础，财富的积累逐渐激发了资产保值增值的需求，交叉性金融产品也因而得以发展。根据《2015 中国大众富裕阶层财富白皮书》，个人可投资资产在 60 万~600 万元人民币的大众富裕阶层人数预计在 2015 年底将达到 1528 万，可投资资产总额将达到 114.5 万亿元。在资管新政的推动下，近五年来各资管机构管理资产规模均得到了大幅扩张，交叉性产品占据相当比重，如表 2 所示。

表 2　2011~2015 年各主要资管机构规模及增速

类别	2011 年		2012 年		2013 年		2014 年		2015 年	
	规模（万亿元）	增速（%）	规模（万亿元）	增速（%）	规模（万亿元）	增速（%）	规模（万亿元）	增速（%）	规模（万亿元）	增速（%）
银行理财	4.58	169.41	7.12	55.46	10.24	43.82	15.02	46.68	23.50	56.46
信托资产	4.81	58.22	7.47	55.30	10.91	46.05	13.98	28.14	16.30	16.60
保险资产	6.01	19.13	7.35	22.29	8.29	12.72	10.16	22.56	12.36	21.65
公募基金	2.19	-13.16	3.62	65.27	4.22	16.49	6.68	58.29	8.40	25.75
基金子公司及专户	—	—	—	—	0.97	—	3.74	285.57	12.6	236.90
券商资管	0.28	85.15	1.89	570.69	5.20	175.13	7.95	52.88	11.89	49.56
私募基金	—	—	—	—	0.72	—	2.13	195.83	5.21	144.60

资料来源：信托业协会、保险业协会、基金业协会、中央国债登记结算有限责任公司。

2. 企业需求：综合化服务与激烈竞争

当企业规模发展到一定阶段时，对金融服务的需求由单一的信贷融资支持，逐步扩展到上市、发行债券等直接融资，以及开展并购重组、闲置资金管理、员工持股激励、分散对冲风险等多元化的金融服务需求。在经济下行压力和转型风险日益突出的背景下，金融机构间对优质客户的争夺已进入白热化阶段，不断通过创新金融新产品、提供新服务来提高竞争力。特别是在信贷规模受到管控后，商业银行与信托、证券公司、保险公司的合作逐渐兴起，通过系列的交易安排，表内信贷业务转化为表外的社会融资规模，近年来委托贷款与信托贷款等非标融资的增加对社会融资存量规模增长有着重要贡献，如图 1 所示。

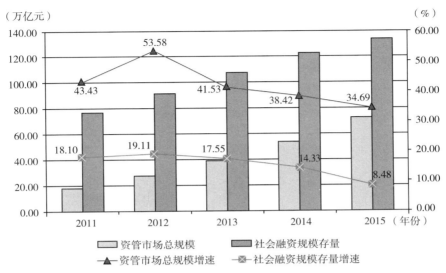

图1 2011~2015年资管市场及社会融资存量规模与增速

资料来源：人民银行、信托业协会、证券业协会等。

3. 监管环境：放松管制与政策差异

在利率市场化的大背景下，金融脱媒不断深化。由于不同类型机构的资管产品的本质属性近似，但监管政策不统一，形成了潜在的"制度成本"差异，促进了交叉性金融产品的产生，各资管机构通过产品业务合作，规避监管，扩大市场范围。如表3所示的各资管机构产品发行设立审批机制的差异。

表3 各资管机构主要业务发行审批制度

资管机构	业务（产品）	发行审批制度
商业银行	理财产品	报告制
信托公司	信托产品	报告制
券商资管	集合、定向资管计划	备案制
保险资管	资管产品	初次核准后续报告
	项目资产支持计划	审批制
	基础设施债权投资计划	注册制
基金公司及子公司	特定资管计划	备案制
公募基金	公募基金	注册制
私募基金	私募基金	管理人注册登记+基金备案制

资料来源：根据相关法规整理。

4. 金融机构：竞争驱动与转型创新

金融机构同生产企业一样具有范围经济规律，具有自我扩张的本能，因而这种机构间在产品上的相互合作可以看作是金融业发展的内生特性，也是向综合化经营转型的具体体现。为了克服边际成本上升、激励来源不足等经营压力，适应利率市场化和人民币国际化的宏观形势，各类金融机构在创新驱使下，通过机构合作、业务和产品交叉，积极深入挖掘各类投融资需求，并且在产品设计及销售方面进行创新，更精细地将不同风险偏好投资者的投融资需求和资金进行匹配，成为了业务的新突破点。

5. 科技环境：技术变革与金融融合

近年来互联网同金融领域高度融合、紧密合作，"互联网+金融"加快了金融自由化进程，资管机构间的业务界限日趋模糊，对传统业务模式形成了强有力的挑战。各资管机构为了寻求新的利润空间，适应信息技术变革趋势，开始主动谋篇布局于交叉性金融产品，不断调整优化各自的收入结构。因此，信息技术的变革既是交叉性金融产品发展的促成因素，同时也决定了交叉性金融产品的运用和范围。

（三）资管市场交叉性金融产品的主要风险和问题

资管市场中交叉性金融产品运作的根本逻辑在于资金在跨市场、跨机构、跨产品主体、跨地域之间的流动，在这一过程中产生了期限错配、流动性转换、信用转换及杠杆层层叠加等潜在风险，并使得风险由单体机构、单个产品向外扩散，甚至引发系统性风险。综合考察，我国当前资产管理市场中交叉性金融产品主要风险和问题表现在以下五方面。

1. 监管不平衡导致政策套利风险

在分业监管格局下，监管政策导向与标准不统一，由此存在的监管套利可能性成为交叉性金融产品创新的持续动力。从微观主体具体业务操作的每个环节看，可能都合法合规，分别符合不同监管部门的针对性监管要求，但相互交叉合作后，隐藏了制度套利的空间，其实质是往往隐藏系统风险。而且面对层出不穷的新产品新业务，相关法规政策不仅具有滞后性，而且有些规定不明确、不统一，造成了交叉合作中存在政策法规风险。

2. 交叉金融产品风险仍主要集中于银行体系

我国经济发展的阶段与美国等发达国家不同，交叉性金融产品风险的表现形式也有显著差异。我国仍处于投资拉动的经济增长阶段，由此产生出的大量融资需求是当前金融服务的重点，特别是以银行为主的间接融资仍在融资结构中占据绝对比重，各金融平台业务更多围绕公司客户开展综合化融资服务。由于银行是最终的资金和资产提供方，其他金融机构、金融产品更多扮演通道角色，因此风险仍然主要集中于银行体系。但是，在 2015 年股票市场的异常波动中，银行理财资金通过伞形信托、各种分级型资管产品进入资本市场，在银行体系与资本市场之间出现了跨市场风险传染苗头，值得引起重视。

3. 基础资产风险可能引致风险连锁传染

各类金融机构在开发交叉性金融产品中为了规避监管政策的限制，在基础资产、交易模式、产品嵌套等方面不断创新，形成了较为复杂的风险传递链条，可能诱发连锁性风险：一是许多产品最终投资于房地产、政府融资平台，以及煤炭、钢铁等产能过剩领域，在当前经济下行压力下，融资主体信用违约风险可能导致风险传染。二是交叉性金融产品中创设了各种名目的资产"受益权""收益权"等新型权利，缺乏完备的法律依据和司法支持，一旦发生风险可能面临基础资产悬空和处置困难问题。三是交叉性金融产品涉及的金融机构和产品嵌套层次越来越复杂，各参与主体的权利义务关系不清晰，缺乏充足的风险补偿安排，风险发生后各方互相推诿责任的问题较为突出。四是交叉性金融产品中存在多层结构化安排，叠加放大资金杠杆倍数，存在资金最终投向与实际投资者的风险承受能力不匹配问题，甚至可能引发社会性风险。

4. "刚性兑付"导致金融机构风险积聚

目前"刚性兑付"在银行理财、信托产品等资产管理产品中普遍存在。一是银行等金融机构为了吸引客户，可能存在误导性销售，片面强调产品高收益，在投资运作中只能通过增加高风险资产配置、放大固定收益投资的杠杆倍数来提高产品收益率，或通过"资金池"和"资产池"的组合运用，内部进行期限错配、交叉补贴等方式运作，导致风险积累。二是资管业务和产品属于金融机构的表外业务，目前基本能够实现单独账户、独立核算管理，但缺乏必要的风险缓释机制。产品发生兑付危机后，金融机构为了维护声誉往往承当垫付义务，最终转化为即期或远期的表内不良资产风险；也有机构利用其控制的资金池产品接盘风险项目，导致风险在表外资产中隐藏和延后。三是交叉性金融产品的结构越复杂，过桥企业或中间参与机构越多，产品信息越容易失衡，存在理财产品之间相互调节收益及自营业务与理财业务频繁交易，甚至集团控制内部不同机构间的不当关联交易、利益输送等风险。

5. 交叉性风险由金融机构向类金融、非金融机构传导

2013 年以来我国互联网金融进入发展快车道，以 P2P、众筹、金融资产交易所等为代表的各类新兴资产管理业务蓬勃兴起，在极大满足居民理财需求

的同时，也使得资管市场交叉性风险呈现新特点。一方面，许多依托互联网的资管和交易平台通过"购买—分拆"等模式与金融机构资管产品发生对接，实质上突破了金融机构资管产品的合格投资者限制要求。由于最终投资者分散、人数众多，很容易发生风险蔓延。另一方面，目前市场优质资产稀缺，越来越多的小贷公司、典当行、融资租赁等类金融机构的债权性资产、消费类贷款资产或其收益权被打包成资管产品，基础资产的风险管控水平可能直接导致风险的交叉传染。

（四）资管市场交叉性金融产品发展及监管建议

在当前综合化经营深化的格局下，防范排查交叉性金融产品带来的风险传导，加强资产管理领域交叉性金融产品的审慎监管尤为重要。从 2012 年开始，"一行三会"均针对各自监管负责领域出台了一系列法规文件，监管范围不断拓展、监管力度不断加强。但是，交叉业务的监管模式仍属起步阶段，未来需要内外并举、协同发力，加紧构建起审慎合规、权责明晰、风险可控的监管体系。

一是抓住金融监管体制改革契机，重塑资管行业监管架构。借鉴吸收金融危机后美国、英国等金融监管体制改革的经验做法，构建符合我国特色的宏观审慎监管框架，淡化分业监管思维，突出行为监管和保护消费者权益目标；合理划分中央与地方金融监管之间的权责边界，避免在类金融机构和实质开展资管业务的非金融类机构监管等领域的监管空白。

二是加紧推动资管领域立法，完善监管法规制度。通过对资产管理市场顶层设计，统一资管市场监管原则，对交叉性产品实行穿透管理，确保将合适的产品卖给合适的投资者。

三是围绕服务实体经济，规范和引导资管领域交叉性金融产品创新。金融创新的实质仍在于改善和提升服务实体经济的能力，通过监管政策、市场等多因素驱动，鼓励各类资管机构培育和提升差异化竞争能力，规范各类收益权等新型财产性权利的创设行为，避免金融机构在资管交叉性金融产品创新中陷入规避监管误区。

四是完善监管信息平台建设。建立统一高效的资管产品登记、信息披露、后台监管、诉讼受理等信息平台，规范统一资管产品开发设立的准入制度；同时设定信息披露标准格式，包含产品性质、收益、风险等关键信息，形成统一化、规范化、制度化、信息透明的交易平台，为开展非现场监管和现场检查等提供重要信息支持，形成有效的市场化约束机制。

六、老龄化背景下养老信托发展趋势及挑战

袁吉伟

【作者简介】袁吉伟，硕士研究生，现任职于华融信托，主要关注资产管理、风险管理等领域。曾参与编写《中国信托市场蓝皮书（2016）》《中国信托发展报告（2016）》等专著，在报纸和核心期刊发表论文20余篇。

进入21世纪，我国老龄化进程加快，预计到2050年，全国老年人口总量将超过4亿人。老龄化社会使我国投资、消费、产业结构、社会文化、金融服务等都面临一系列深刻变化，这其中养老金融服务缺口较大，养老信托面临较大发展潜力，同时也面临一定发展挑战。

（一）我国人口老龄化加速，养老金融服务缺口大

老龄化主要是指老年人口在总体人口中占比较高的一种态势，国际上一般将60岁以上老年人口占比超过10%，或者65岁以上人口占比超过7%定义为老龄化社会。全球老龄化趋势日趋显著，2002年全球65岁及以上人口占比达到7.05%，首次超过7%的老龄化门槛，这意味着全球已经进入老龄化社会，目前已达到8.1%，预测到2050年全球老年人人口（60岁以上）占比将达到21%，在较发达国家这一比例将达到30%，而在较不发达国家这一比例将接近20%。

中国长期享受人口红利，同时未来也将面临更为严峻的老龄化问题。中国略早于世界平均水平进入老龄化社会，2001年我国65岁及以上人口占比7.09%，2015年我国65岁及以上人口占比已达到10.5%，我国老龄化程度远超世界平均水平。同时我国也是世界上老年人口最多的国家，约占世界65岁及以上人口的23%，基本相当于全球每四个老人中就有一个中国老人。目前，我国正处于快速老龄化社会时期，2001~2015年，我国总人口平均增速为

0.53%，而 65 岁及以上人口年平均增速为 3.39%，远高于总体人口增速，而且增速有进一步提升的节奏，2014 年和 2015 年增速均保持在 4%以上。全国老龄工作委员会办公室预测，到 2050 年，在全国范围内，老年人口总量将超过 4 亿人，老龄化水平推进到 30%以上，其中，80 岁及以上老年人口将达到 9448 万人，占老年人口的 21.78%。我国人口老龄化趋势如图 1 所示。

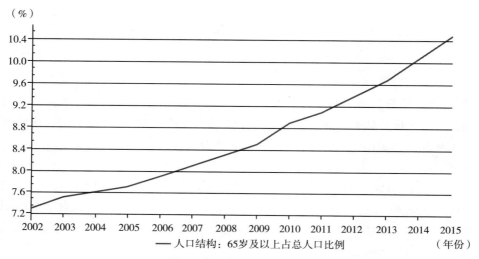

图1　我国人口老龄化趋势

资料来源：Wind。

　　人口老龄化将引发消费、投资、社会文化等多方面的变化，然而老龄化社会最为突出的就是养老问题。目前，我国养老产业和相关服务供给不足，养老金融服务缺口更是较大。以养老金为例，一般涉及公共养老金支柱、企业与个人建立的民营支柱、个人养老账户支柱三大支柱体系，通过建立各类养老支柱才能有效支撑我国如此庞大的老龄人口，但是目前我国公共养老金支柱独大，而且逐步面临养老金缺口问题；第二支柱相对较弱，截至 2015 年第二季度，我国建立企业年金的企业共 74797 家，参加职工为 2308 万人，积累基金为 8862.86 亿元；而第三支柱更是无从谈起。老年人口涉及的财富传承、遗嘱执行等相关金融服务市场仍处于服务供给严重不足状态。

　　信托制度作为财产管理的重要工具和手段，能够帮助居民累积财富，准备充足的养老基金，同时也能够协助办理养老以及老人死亡后的财富管理和财富传承事务，养老信托市场发展空间较大，有利于部分解决个人养老困惑。

（二）国际养老信托发展趋势

从英美日等信托发达国家实际情况看，信托制度已经逐步深入到养老金融服务中，成为重要组成部分，从主要产品看，包括养老金信托、家族信托、遗嘱信托等比较鲜明的特色信托服务。

1. 养老金信托

养老金信托主要有两个层面，一个是公共养老层面，另一个是企业为员工提供的养老保障。

公共养老金层面：美国 1974 年颁布的《雇员退休收入保障法案》（ERISA）中就规定了强制受托规则，养老金应该设立为信托的形式。截至 20 世纪末，联邦政府和州政府两级政府养老金计划逾 17 万亿美元的总额中，全部是以信托形式存在的。美国的养老金信托产品主要分为两大类：第一类是以国家掌管的基本养老保险基金（OASI）为资金来源的信托产品，法律规定为了保证其稳健保值增值，此类信托产品只是投资于政府发行的特别国债的信托产品。第二类是资金来源于各州政府养老金和私营养老金的信托产品，包括投资股票、投资债券等类型的产品。此外，产业投资基金也是一类重要的增值信托产品，这类基金以特定产业为投资对象，其中最著名的是房地产投资信托基金（REITs）。

企业年金层面：信托制度已经渗入到养老金体系第二支柱中，成为不可分割的重要组成部分。美国 401K 退休计划中，主要是设立获得政府认可的员工持股信托计划，进而获得政府税收优惠。美国员工持股计划协会统计数据显示，美国已有 10000 余个员工持股计划，覆盖了近 1000 万员工，占私营部门劳动力的 10% 左右，截至 2009 年，美国员工持股计划持有的资产价值达到 8690 亿美元。日本企业年金信托业务是弥补公共年金的重要支撑，对将来的年金和一次性退职金的给付而积存的年金资产进行运用和管理，企业年金信托业务是一项领域跨度大而且必须具备与此相对专业技能的业务。日本信托银行受托的主要企业年金信托业务有确定给付企业年金、厚生年金基金、适格退休年金、确定缴费年金等。截至 2014 年末，日本各类企业年金信托受托资产达到 33.13 万日元。我国台湾金融机构也相继推出了员工持股信托、员工福利储蓄信托等企业与员工共同出资加强晚年保障的信托产品。

以美国杠杆型员工持股计划为例，其设立流程主要包括：第一，准备阶段，企业需要明确实施员工持股计划的目的，然后聘请评估机构评估股权价值，这为未来交易设计、股份购买奠定基础，同时还需要评估员工持股计划可能对企业现有股权结构产生的影响；第二，实施阶段，企业需要设计员工持股计划方案，包括计划目的、参与者要求、公司贡献金金额、计划资产分配公式、决策权力、受托人职责、信息披露等。企业为员工持股计划选择合适的外部融资渠道，或者企业从银行等金融机构借款，然后再转贷员工持股计划信托，并安排好还款计划。员工持股计划一切就绪后，需要将计划方案和文件提交政府部门，以获得享受税收优惠政策资格。员工退休、死亡或者离职时可获得个人账户中股份，对于非上市企业而言，需要回购此部分股份。

2. 个人养老信托

各种商业化养老金金融产品作为一个社会的养老金体系的第三支柱，也备受关注。日本信托银行设有国民年金基金、个人年金信托、财产形成年金信托等各类业务，便利于个人为养老储备资金。以财产形成年金储蓄制度为例，该业务主要是指为实现职工更富裕而安定的晚年生活，以领取退休后的年金为目的，按照职工在职时符合一定要件的财产形成年金储蓄契约的规定而制定的储蓄制度。我国台湾各银行也积极办理各类退休养老信托，可受托财产包括金钱、有价证券及不动产等，门槛较低，部分产品没有特定门槛，管理费为 0.3%～0.5%，为实现个人年老时安度生活晚年起到了积极作用。为了大力推动此类信托业务，中国台湾信托业协会制定了制式的信托契约，以方便普通民众参与其中，同时监管部门也会对安养信托业务办理出色的单位给予奖励和监管政策优惠。

这里以个人财产传承及遗嘱信托为例进行简要介绍。老人除了安度晚年，对于家庭财富传承、规划及遗嘱执行等事务管理也有较大诉求，各类信托产品也层出不穷。美国在较早时候就出现了家族信托，致力于帮助家族实现财富延续，避免出现"富不过三代"的问题，同时也有利于预防遗产争夺等各种破坏家族财产的问题。日本近年研发了一种家庭信托，为了维持家庭信任和有效延续，家庭中最年长的两位老人中的一位为委托人和受益人，其死亡后，其配偶为受益人，配偶死后长子/女为受益人。除此以外，遗嘱信托是安排老年人身后事的另一类重要信托服务，老人生前设立遗嘱并约定由受托人执行遗嘱，这有利于实现生前愿望。截至 2015 年第三季度末，日本信托银行保管并执行的遗嘱信托业务共计 96907 件，近年呈现较快发展态势。还有就是保险金信托，是以保险金为信托财产，由委托人（人寿保险信托中，委托人往往以自己作为被保险人、子女作为受益人，设立人寿保险合同）和信托机构签订保险金信托合同书，当被保险人身故发生理赔或满期时，保险公司将保险赔款或满期保险金交付于受托人，由受托人依信托合同的约定管理、运用，按照信托合同约定的方式，将信托财产分配给受益人，并于信托期间终止或到期时，交付剩余资产给信托受益人。保险金信托能够有效提升保险金的投资管理，为养老、子女教育和生活提供良好保障。

以中国台湾国泰世华商业银行保险金信托业务为例，其无受托财产额度限制，签约费为5000新台币，年度报酬费0.3%~0.5%。投保人与保险公司签订保险合约，并在合约批注加入理赔金入账信托专户，保险受益人与国泰世华银行签订信托契约，被保险人死亡，保险公司将理赔金交给国泰世华银行，由其对信托财产进行管理，并按约定分配信托收益给受益人，信托到期后返还信托财产，如图2所示。

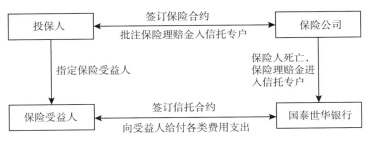

图2　台湾国泰世华商业银行保险金信托业务结构

3. 其他类型养老信托

为保护个人殡葬权益，我国台湾省推出了生前契约预收款信托。我国台湾殡葬服务一般都是生前签署协议，并提前支付全部或者分期付款，费用额度也较高，为了有效保护殡葬服务消费者切身利益，我国台湾推出了生前契约预收款信托，消费者与殡葬礼仪服务业者签订生前殡葬服务契约，殡葬业者必须将其自消费者预先收取费用的75%信托予受托银行，双方签订信托契约后，由受托银行依该信托契约约定为管理或处分，以顺利达成信托目的。

（三）我国养老信托发展现状

我国养老信托发展较缓慢，除了公司养老信托及企业年金信托外，其他养老信托形式仍处于空白或者稀缺状态，金融机构和信托公司也在加大养老信托的研发，目前市场上出现的养老信托主要为养老消费信托、养老理财信托。

1. 养老消费信托

针对养老服务的较大需求，中信信托、北京信托率先推出了养老消费信托。消费信托主要还是体现为预收款信托，源于我国台湾，不过我国消费信托则有一定改良，如消费者在获取消费权益的同时，也可以选择获取货币投资收益，从而实现投资收益和消费权益的双重保障。以×养老消费信托为例，该产品为信托公司与四川晚霞合作推出的首只居家养老产品，可以为老人提供居家照护、养老保健、紧急救援及金融理财等全方位的贴心服务，该产品为期一年，消费者可缴付约1万元、2万元、3万元，可分别购买×消费信托银卡版、金卡版和白金卡版产品。信托生效后，服务有效期内，银卡、金卡及白金卡消费者可以分别以不同的折扣价享受四川晚霞居家养老服务、中颐信健康管理服务及远盟康健紧急救援服务，如图3所示。

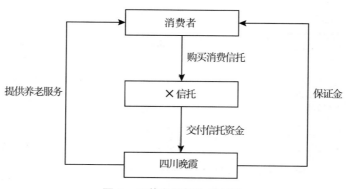

图3　×养老信托交易结构

我国养老消费信托刚刚起步，一方面，养老服务机构不成熟，导致所能够实现的合作产业方不多；另一方面，社会对养老消费信托的认可度也不高，这也制约着该类产品的现阶段市场规模。因此，养老消费信托仍处于创新发展和完善阶段，产品经营模式和盈利模式尚不清晰，短期还难以大范围推广，此类产品现在也非常少，后续进展并不是很顺利。

2. 养老理财信托

×银行的安愉信托正是我国首个针对高净值人群的养老金融产品，该产品起点金额600万元，借鉴"家族信托"设计架构，委托人一次性交付信托财产，成立后封闭三年，三年后按照委托人意愿，以类似年金的方式每年定额向指定受益人分配信托利益，财产权利全部归于指定受益人。安愉信托从投入、运行、支付到清算，全流程均以货币资金形式完成，这种结构对于金融机构而言，有利于发挥所长、规范操作，也能够为客户打造量身定制的养老财富规划和管理计划。

我国理财行业发展较快，然而针对养老理财的金融服务却非常少，虽然首个养老信托面世，然而后续并无此类产品供给，显示出养老理财产品仍没有得到较好发展，可能在于金融机构对此类产品并没有很重视，同时可能在产品设计方面还有定价、产品管理等诸多问题尚未完全解决。

3. 养老财富传承信托

养老财富传承信托可进一步细分为家族信托和保险金信托。家族信托在国外较为盛行，已成为家族财富传承的重要工具，家族信托在我国发展时间较短，2013年才推出首单家族信托。目前，平安信托、外贸信托、北京信托、中融信托、山东信托等信托公司都在发展家族信托，其对于受托人资产金额要求较高，一般要1000万元左右起步，时间可能持续30年左右，信托目的主要以保值和传承为主，信托报酬以资产管理规模为主。从模式看，国内家族信托主要有银行主导型、信托主导型及银行和信托合作型。为了解决家族信托门槛过高的问题，部分信托公司开始推出标准化家族信托产品，更好地为中产阶层提供更加丰富的财富传承信托金融服务。平安信托公司家族信托产品交易结构如图4所示。

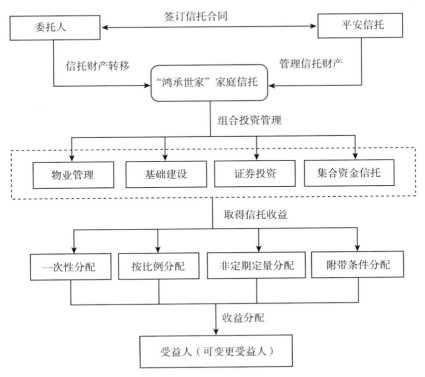

图4 平安信托公司家族信托产品交易结构

我国家族信托自 2013 年推出以来，得到银行、信托公司的重视，陆续有公司推出相关产品，不过受限于我国信托制度的约束，目前主要以资金受托为主，相关财产难以受托，同时，信托公司资产管理能力及品牌影响力尚未对高净值客户形成强大吸引力，也在一定程度上制约了市场客户需求的挖掘。

总体看，近年我国养老信托创新发展加快，各主要领域都有不同形式的产品推出，然而市场参与度仍不足，业务模式和盈利模式仍不确定，客户认可度仍有待观察，养老信托发展过程中仍然面临一定挑战。

（四）养老信托发展挑战与对策

随着我国老年人口的不断增多，老年经济日益显著和增大，将成为重要产业链条。从国际经验看，应围绕养老金、老人生活事务管理、消费权益保护等方面积极开展业务创新，有效服务于社会老龄化趋势，积极满足老年人各项金融需求。我国养老信托并没有得到重视，近年来个别信托公司开始尝试进入养老地产、养老消费、养老理财等领域，探索养老信托的发展模式。我国信托行业对养老信托重视仍不够，研发创新力度不足，需要有更多行动和实践，充分发挥信托制度的特点和优势，拓展信托业务发展空间。

第一，监管部门应推动信托制度与养老金体系建设的融合。目前，我国信托制度仍不完善，尤其是政府在促进养老信托的制度和政策支持力度方面仍不高，从国外实践看，信托制度参与养老金体系建设具有积极作用，尤其是第二、第三支柱产业，从而分担未来财政负担养老金支出的压力。因此，受限于相关制度安排缺位，国内养老金信托很少，未来有必要加快推动，高效利用信托制度逐步解决养老金缺口难题。

第二，养老信托可成为信托行业重要业务蓝海。目前，养老信托的重视程度仍不足，没有认识到老龄化社会对于养老信托的市场需求，因此各个机构对此类产品的开发投入力度不足。信托行业发展遇瓶颈，转型发展迷茫，挖掘新兴产业、新兴市场势在必行。养老产业方兴未艾，而且也符合政府政策引导方向，整个行业产业链尚没有完全形成，市场需求较庞大，信托行业应该引起高度重视。之前信托行业市场布局存在大撒网的状态，未来则需要做出经营特色，努力在部分细分市场实现专业化发展，养老产业或许是重点突破口，有必要加快养老信托领域的布局。

第三，加快养老信托的研发和实践力度。养老信托研发滞后是一个不争事实，不利于相关产品研发和市场拓展。因此，信托行业应积极主动加快养老信托的研发，一方面，加快围绕养老金、老年人事务管理等核心领域信托产品研发的突破和完善，重点是开发好聚焦养老和老年人的理财产品，如养老理财信托、家族信托、退休安养计划、养老消费信托等。另一方面，围绕养老产业链，积极渗入各个环节，如养老地产、养老服务、养老消费、健康医疗等，发挥过往投融资经验和优势，以产业基金、PE、股债结合等形式，促进养老产业的健康发展。

第四，加强与同业的互动和协同。各个金融机构都在寻觅养老信托领域的业务机会，单打独斗不仅难以有效发挥各类金融机构优势，而且也无法产生协同效应。因此，信托行业与银行、保险等行业在养老信托方面应加强合作力度，如与信托公司、银行在高端客户分享，设计综合化养老金融服务方案等方面合作具有较大空间，保险行业也是未来老龄化社会金融服务的重要提供者，各类养老保险需求较高，可以在保险金信托、养老金投资管理等方面加强合作力度。同时，信托公司还可以养老产业链条上的各类实体企业推动产融结合，发起各类养老基金，强化养老行业的涉入力度。

七、"地方政府+私募基金" 实务操作及案例解析

范　斌

【作者简介】范斌，澳大利亚麦格理基础设施投资基金高级副总裁，具有信托、保险直投、投资银行、PE 等金融业务的实际操作经验。兼任多家项目公司董事，具有丰富的投后管理经验。

（一）产业投资基金要点

1. 产业投资基金的基本模式及特征

Private Equity（简称"PE"）在中国通常称为私募股权投资，也被称为产业投资。从投资方式角度看，依国外相关研究机构定义。根据原国家发展计划委员会 2006 年制定的《产业投资基金管理暂行办法》，产业投资基金（或简称产业基金），是指一种对未上市企业进行股权投资和提供经营管理服务的利益共享、风险共担的集合投资制度，即通过向多数投资者发行基金份额设立基金公司，由基金公司自任基金管理人或另行委托基金管理人管理基金资产。

产业投资基金具有以下特征：第一，集合投资制度；第二，投资于未上市公司股权；第三，基金机构与管理机构分开。

2. 产业投资基金的筹集方式

产业投资基金的筹集方式如表 1 所示。

契约型基金、有限合伙型的最大特点是设立、运作、解散方便。公司型基金是依据《公司法》成立的，具有法人资格。

表1 产业投资基金的筹集方式

公司型	契约型	有限合伙型
公司型产业投资基金是依据公司法成立的法人实体，通过募集股份将集中起来的资金进行投资	契约型产业投资基金一般采用资管计划、信托和私募基金的形式	有限合伙型产业基金由普通合伙人和有限合伙人组成
公司型产业基金的结构在资本运作及项目选择上受到的限制较少，具有较大的灵活性	所有权和经营权分离，有利于产业投资基金进行长期稳定的运作	有限合伙人实际上放弃了对有限合伙基金的控制权，只保留一定的监督权
存在双重征税、基金运营的重大事项决策效率不高的缺点	契约型基金是一种资金的集合，不具有法人地位	基金的运营交给普通合伙人负责，普通合伙人的报酬结构以利润分成为主要形式

3. 产业投资基金运作模式

产业投资基金运作模式如图1所示。

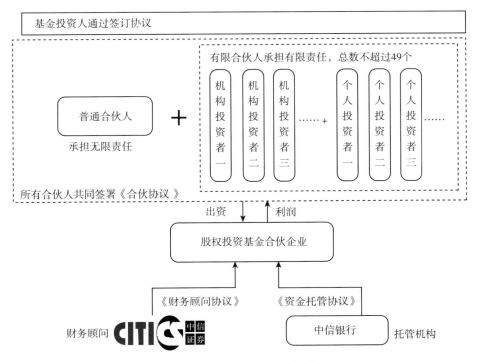

图1 产业投资基金运作模式

产业投资基金运作流程如表 2 所示。

表 2　产业投资基金运作流程

经营方式	①有限合伙人不参与管理或控制基金的投资业务，但有权监督普通合伙人执行合伙事务，以出资额为限承担有限责任 ②普通合伙人行使经营管理权，执行合伙事务，承担无限责任
基金资金运用	①直接投资拥有核心技术、战略资源、创新型经营模式或者高成长型的拟上市（Pre-IPO）企业，或其他符合 IPO 上市条件的企业 ②直接收购有增长潜力、战略资源或管理改善空间的企业或项目 ③出于保值目的，尚未进行股权投资的资金或股权投资项目退出后尚未进行分配的闲置资金可用于银行存款和有价证券投资，有价证券投资仅包括新股申购和投资低风险、流动性强且收益率不低于银行同期存款利率的固定收益金融产品
基金份额转让	①存续期内，有限合伙人不能赎回其在本基金中的全部或任何部分的权益 ②但满足相应条件（具体约定详见"有限合伙协议"）的前提下，投资者作为有限合伙人可质押或转让其合伙协议
募集期限	本基金计划于【　　　】开始募集，预期于【　　　】底结束首期基金募集

（1）投资理念：谨慎地选择企业。

1）着眼于具有较大市场潜力的行业和领域。

2）只投资于在行业内有独特竞争优势的领先企业。

（2）财务投资者。

1）以财务投资者的身份投资企业，不对企业进行控股。

2）在企业上市后择机退出，投资周期一般在 3~5 年。

（3）为企业提供后续支持。

为企业提供全方位的后续支持，帮助企业尽快 A 股上市。

（4）投资标准。

1）Pre-IPO 企业。第一，企业有意愿于 1~3 年内在 A 股上市；第二，企业已经基本具备在 A 股上市的条件。

2）属于上升行业，在行业中具有领先地位。企业所属行业处于上升阶段，企业在本行业居领先地位。

3）优秀的管理团队。企业管理团队具有诚实勤勉的职业操守和丰富的行业经验。

4. 产业投资基金的退出机制

包括但不限于 IPO、买壳上市或借壳上市、公司或创业家本人赎买、被并购退出、产权交易市场退出—新三板退出、寻找新的投资人接盘、较长时期内持有创业企业的股份等。

（二）创业创新孵化基金、并购基金、夹层基金

创业创新孵化基金主要通过以下步骤实现投资和退出：

首先，选择具有优秀管理团队、具备成长潜力的非上市企业，投资其股权。

其次，投资后，投入财务、管理、法务、投行等资源，提升管理水平、扩大收入规模、增强盈利水平，推动被投资企业稳健快速健康发展，并提升被投资企业的市场知名度和品牌竞争力。

最后，经历一段快速成长期后，将所持股权通过协议转让或公开上市后出售股票等方式实现投资退出，获得高额的资本利得收益。

投资基金投资阶段与退出如图2所示。

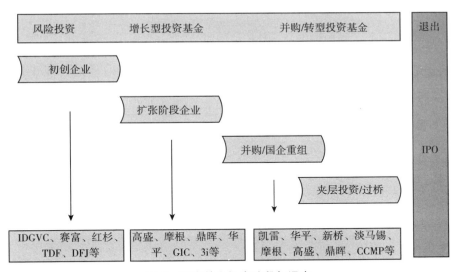

图 2　投资基金投资阶段与退出

1. 创业创新孵化基金

创业创新孵化基金流程如图3所示。

例如，Y Combinator 成立于2005年，是美国著名创业孵化器，Y Combinator 扶持初创企业并为其提供创业指南。截至2012年7月，共孵化800家创业公司，估值已经达到300亿美元，Y Combinator 只关注最早期的创业团队，在创业团

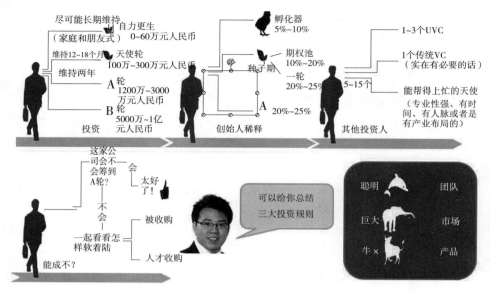

图 3 创业创新孵化基金流程

队的起步阶段介入并提供相应的帮助。Y Combinator 会定期举行 Funding Application 的活动，接受创业团队提交的项目资料。项目如果评审通过的话，Y Combinator 会提供一种 "＄5000 ＋ ＄5000n" 模式的投资，其中 n 指的是愿意参与此项目投资的 Y Combinator 合伙人的人数。如果有 2 个合伙人愿意投资，那么最终的投资额度是 ＄15000；如果有 3 个的话就是 ＄20000。作为回报，Y Combinator 将占有创业团队 2%～10% 的股份，通常是 6%。

Y Combinator 创业孵化器如图 4 所示。

中国孵化器模式如图 5 所示。

2. 并购基金

并购基金属于私募股权投资的两种业务形态之一，对应于创业投资基金。二者的区别主要在于风险投资主要投资于创业型企业，并购基金选择的对象是成熟企业。并购基金经常出现在 MBO 和 MBI 中。本土著名的并购基金主要有弘毅投资、鼎晖基金、厚朴资本、建银国际四家，活跃的外资并购型 PE 有高盛、华平、凯雷、贝恩资本、得州太平洋。

（1）控股型并购基金。

控股型并购基金的运作模式强调获得并购标的控制权，并以此主导目标企业的整合、重组及运营。控股型并购基金能最大限度地提高并购效率和资金使用效率，是美国并购基金的主流模式。

2009年提出"投资+全方位孵化"模式
颠覆性的、机构化的、创新型投资机构
3年获得大发展

筛选5000个创业项目

投资50个项目

创新工场　　　孵化器平台

· 投资超过3.7亿元人民币
· 吸引外部VC投入超过5.4亿元人民币
· 所投资企业总估值超过39亿元人民币

图4　Y Combinator 创业孵化器

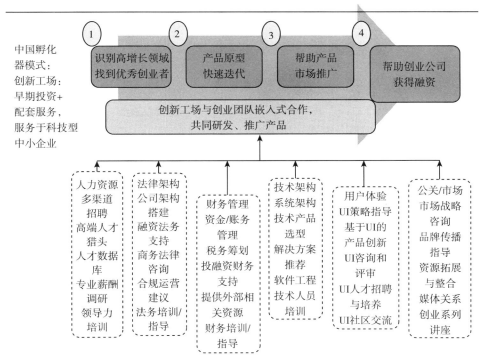

中国孵化器模式：
创新工场：
早期投资+配套服务，服务于科技型中小企业

① 识别高增长领域 找到优秀创业者

② 产品原型 快速迭代

③ 帮助产品 市场推广

④ 帮助创业公司 获得融资

创新工场与创业团队嵌入式合作，共同研发、推广产品

人力资源 多渠道 招聘 高端人才 猎头 人才数据库 专业薪酬 调研 领导力 培训

法律架构 公司架构 搭建 融资法务 支持 商务法律 咨询 合规运营 建议 法务培训/ 指导

财务管理 资金/账务 管理 税务筹划 投融资财务 支持 提供外部相关资源 财务培训/ 指导

技术架构 系统架构 技术产品 选型 解决方案 推荐 软件工程 技术人员 培训

用户体验 UI策略指导 基于UI的 产品创新 UI咨询和 评审 UI人才招聘 与培养 UI社区交流

公关/市场 市场战略 咨询 品牌传播 指导 资源拓展 与整合 媒体关系 创业系列 讲座

图5　中国孵化器模式

重要特征：以获得并购标的企业控制权为投资前提，并购人较易获得目标企业的控制权，也才拥有实施并购后整合的决策力，以杠杆收购为并购投资的核心运作手段（国外成熟的金融体系为控股型并购基金提供了垃圾债券、优先贷款、夹层融资等多样化的并购金融工具，并且高杠杆率使投资规模和收益率随之获得提升）。

对标的企业可能进行全方位经营整合，因此需要具有资深经营经验和优秀整合能力的决策管理团队主导标的企业的一系列整合重组，提升企业经营效率和价值。因此控股型并购基金的管理团队通常包括资深职业经理人和管理经验丰富的企业创始人。

（2）参股型并购基金。

不取得目标企业的控制权，而是通过提供债权融资或股权融资的方式，协助其他主导并购方参与对目标企业的整合重组，以小量资本为支点，借助增值服务和网络资源参与并购。

（3）并购基金退出模式。

打包收购+并购转让：通过债务重组、破产重整及管理升级，再整合其他的资产进行产业重新提升，然后通过并购进行转让。并购基金不一定是不参与IPO，可以整合私有化再IPO。

（4）弘毅模式：整合上市。

弘毅收购江苏的一家玻璃企业，再整合其他的六七家玻璃企业，然后打包为中国玻璃在海外上市。由于控股，投资量大，收益也多。

（5）中信产业基金模式：协助产业资本并购，实现完整进入退出过程。

例如，三一重工联手中信产业基金收购德国混凝土泵生产商普茨迈斯特的全部股权。实质上是杠杆收购，过程中配套有并购基金参与，中信可能通过给三一重工过桥融资，撮合一些并购贷款，帮助三一重工完成，之后占有一定的股权。因为高负债收购，这个股权拥有的总资产较大。

（6）建银国际模式：并购借壳。

借壳前在资产方先进行投资，再往上市公司里注入，因为借壳的资产规模往往比较大，赚的是相对收益，靠股票二级市场的差价来赚钱。如果股份比较大，未来还可以协助上市公司进行整合，不断往里注入资产实现收益，这种方式是介于Pre-IPO基金和并购基金的中间状态。

（7）收购整合+换股转让。

并购基金可以去收购一些资产，通过自己的整合，转让给上市公司，或者是通过换股的方式再变成上市公司的参股股东。

（8）并购狙击模式。

通过二级市场收购，持有3%以上的股份，争取上市公司的董事席位，游说进行分立或者公司重组，以期价值能够不断地释放或者是管理上得到提升，股价能够得到进一步的提升。这样并购基金可以在持有很多年之后退出。

3. 夹层基金

（1）夹层融资。

一种介于优先债务和股本之间的融资方式，指企业或项目通过夹层资本的形式融通资金的过程。

（2）夹层资本。

一种收益和风险介于企业债务资本和股权资本之间的资本形态，本质是长期无担保的债权类风险资本。当企业进行破产清算时，优先债务提供者首先得到清偿，其次是夹层资本提供者，最后是公司的股东。夹层债务与优先债务一样，要求融资方按期还本付息。

（3）夹层投资。

夹层投资是一种兼有债权投资和股权投资双重性质的投资方式，是传统风险投资的演进和扩展。

夹层投资的风险收益特征非常适合保险公司、商业银行、投资银行、养老基金、对冲基金等各类机构投资者进行投资。目前，全球夹层基金投资者的构成从早期的以保险公司为主，逐渐转变为多种机构类型的有限合伙人（LP）均参与其中。

中国国内尚缺乏足够多的机构投资者，目前国内夹层基金主要资金来源是金融机构自有资金、部分私人高端客户、企业投资基金等，但自 2013 年开始，越来越多的机构投资者已经开始逐步开始向夹层基金注资，案例：鼎辉夹层四期。

在投资工具的使用上，国际上成熟的夹层投资基金普遍使用的投资工具包括可转债、优先股、转股权等。

我国可使用的投资工具品种相对比较匮乏，以明股实债为主流。夹层基金参与的领域有：第一，夹层基金是紧缩政策下房地产业筹集资金的重要方式；第二，夹层基金为基础设施建设融资；第三，夹层基金为矿产能源等权属可登记的资源资产抵押行业融资；第四，夹层基金在股权质押融资领域的机会；第五，夹层基金可成为国内并购融资的重要资金渠道。

夹层基金典型结构如图6所示。

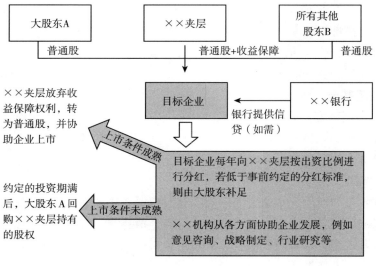

图6　夹层基金典型结构

（三）政府引导基金模式

政府引导基金与纯商业化创投基金有本质不同。首先，政府引导基金作为一种公共资源，是以实现一定的政府行为目标，主要包括扶持中小创新型企业、发展战略新兴产业、推动地区经济发展、增加就业等，它的目的具有多元性和政策性。纯商业化创投基金的目的则比较单一，即最大化财务收益。其次，在运作机制方面，政府引导基金一般不直接参与商业运作，而是作为一个特定的出资者通过参股等形式参与到商业化创投基金中，并利用契约条款保证其多元化和政策性目的在商业化基金的运作中得到体现。纯商业性创投基金则以商业化运作作为其生存和发展的必要机制保障。最后，由于政府引导基金目的的多元化和政策性，其绩效考评是基于这些目标是否得到有效实现的综合考评。纯商业化创投基金则以单一的投资收益最大化作为绩效考评指标。

国外创业投资引导基金运营的一般模式为政府出资成立创业投资引导基金，引导基金与社会资本按一定比例合作成立创业投资子基金。创业投资子基金委托符合一定条件的管理机构，在设定的范围内自主选择投资企业进行投资和提供增值服务。被投资企业发展到一定程度后，子基金出售企业股权，扣除运营成本后继续下一轮投资。通过"成立子基金—投资—管理—退出—再投资"的模式，实现政府的产业政策意图。模式包括以色列为代表的基金参股模式；以美国为代表的融资担保模式；以英国为代表的复合支持模式。

中国政府引导基金主要以 FOF 的形式，以 LP 投资创业投资子基金，其合作对象包括大型央企、政策性银行、保险资金、创业投资机构及资金管理机构等。一般来说，收益性、安全性、流动性和政策性等利益诉求，是不同的 LP 和 FOF 在选择 GP 和 PE 进行资产配置时的逻辑起点。

政府引导基金对 GP 的选择，一般更看重 GP 整体实力和可持续经营能力，如谈判中的议价能力、项目资源背景实力、资源整合实力、资本运作能力等。

政府引导基金主要通过以下四种股权投资的方式实施投资或引导：

第一，阶段参股。即引导基金向创业投资机构参股，并按事先约定条件，在一定期限内退出。主要支持设立新的创业投资机构，以扩大对科技型中小企业的投资总量。

第二，跟进投资。即引导基金与创业投资机构联合投资于初创期中小企业。主要支持已经设立的创投机构，降低其投资风险。

第三，风险补助。即对已投资于初创期中小企业的创投公司予以一定补助，增强创业投资机构抵御风险的能力。

第四，投资保障。即创投机构挑选出有潜在投资价值，但有一定风险的初创期中小企业，此时由引导基金对这些企业先期予以资助，同时，由创投机构向这些企业提供无偿创业辅导，主要支持科技企业孵化器等。

（四）PPP 模式下的产业投资基金

1. PPP 模式解析

（1）PPP 模式的基本概念。

Public-Private-Partnership（PPP）的外延没有严格边界，官方将其界定为"政府和社会资本合作模式"，是指在传统由政府负责投入的基础设施及公共服务领域，由政府和社会资本基于合同而建立的合作关系。

从国际实践的角度看，PPP 旨在引入市场机制提供公共产品和服务的供给数量、质量和效率，并在各方之间实现风险合理分配。

（2）PPP 模式的基本特征如图 7 所示。

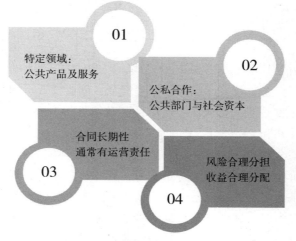

图 7　PPP 模式的基本特征

（3）政府和企业的利益诉求如表 3 所示。

表 3　政府和企业利益诉求

政府	企业
缓解财政资金压力 增加公共产品的供给 提高公共服务水平 提高资金使用效率	进入原由政府主导的行业领域，通过投资获取稳定回报，发挥自己在特定领域的专业优势

（4）PPP 在当今中国的历史意义。

化解地方债务危机；补充新型城镇化建设的资金缺口；契合混合所有制改革；经济体制改革的内在需求。

（5）PPP 在当今中国的新发展机遇如表 4 所示。

（6）PPP 的基本结构、分类和选择。

PPP 项目没有最佳的运作方式，具体运作模式的选择主要由收费定价机制、项目投资收益水平、风险分配基本框架、融资需求、改扩建需求和期满处置等因素决定。每个 PPP 项目都应该根据自身特点和参与者的管理、技术、资金实力，选择合适的运作方式并对之进行优化调整。

表4　PPP 在当今中国的新发展机遇

明确特许经营的领域和期限	创新金融服务模式	转换政府职能
将能源、交通运输、水利、环境保护、市政工程五大吸金规模巨大和投资收益含量高的行业，开辟为特许经营领域；境内外法人或者其他组织均可通过竞争方式，投资建设运营基础设施和公共事业	政策性、开发性金融机构可以给予特许经营项目差异化信贷支持，贷款期限最长可达30年	建立特许经营部门协调机制，减少审批环节，简化审核内容，严格依法管控新增行政审批
	鼓励通过设立产业基金等形式入股提供特许经营项目，鼓励项目公司发行项目收益票据和资产支持票据	用户收费不足以覆盖建设运营成本及合理收益的特许经营项目，可由政府提供可行性缺口补助
特许经营期限原则上最长不超过30年，但可根据实际情况与政府约定超过30年	鼓励特许经营项目成立私募基金、引入战略投资者	明确政府违约责任，规定行政区划调整、政府换届、部门调整和负责人变更，不影响特许经营协议的履行

2. PPP 项目基金操作模式分析

2014 年至今，PPP 基金随着 PPP 的热潮和国家各项支持政策的落地应运而生，以财政部 PPP 支持基金为首，PPP 基金以其庞大的募集规模、高规格的发起人身份而引人瞩目。据不完全统计，目前可公开查询到的 PPP 基金总规模已经超过 5000 亿元。

引导型基金指由中央或地方政府（部门）牵头发起，一般以融资支持、投资引导、财政奖励等作为激励机制，旨在撬动更大规模的社会资本参与基础设施和公共服务设施领域 PPP 项目的基金。以山东省 PPP 引导基金为例，发挥财政资金的杠杆放大作用，增强社会资本投资信心。

业务获取型基金指由投资方发起，以投资业务获取为目的的基金。以安徽省 PPP 产业基金为例，安徽建工"借此次设立 PPP 产业基金的契机，该集团计划调整业务结构加快转型升级，由过去单一的施工总承包业务向投资、融资等业务协同发展迈进"。

模式一：由省级政府层面出资成立引导基金，再以此吸引金融机构资金，合作成立产业基金母基金。各地申报的项目，经过金融机构审核后，由地方财政做劣后级，母基金做优先级，杠杆比例大多为 1：4。这种模式一般政府对金融机构还是有隐性的担保，其在河南、山东等地运用得比较广泛。

模式二：由金融机构联合地方国企发起成立有限合伙基金，一般由金融机构做 LP 优先级，地方国企或平台公司做 LP 的次级，金融机构指定的股权投资管理人做 GP。这种模式下整个融资结构是以金融机构为主导的。

模式三：有建设运营能力的实业资本发起成立产业投资基金，该实业资本一般都具有建设运营的资质和能力，通过联合银行等金融机构成立有限合伙基金，某建设开发公司与某银行系基金公司合资成立产业基金管理公司担任 GP，某银行作为 LP 优先 A，地方政府指定的国企为 LP 优先 B，建设开发公司担任 LP 劣后级。

不同发起方式的产业投资基金优缺点比较如表 5 所示。

表5　不同发起方式的产业投资基金优缺点比较

类型	优点	缺点
省政府发起产业投资基金	省政府发起母基金，提高社会资本信心，扩大资金规模 地方项目需上报省级部门，项目筛选更严格 省政府可以统筹全省各地区（经济落后地区）的项目建设	社会资本基于对省级政府的引导而投入资金，对地方政府可能缺乏充分了解 具体项目运作涉及省政府、地方政府和两级的社会资本参与方，沟通成本较高
金融机构与地方政府发起产业投资基金	金融机构直接和地方政府洽谈项目，沟通成本较低 相比省级母基金模式，地方成立产业基金的操作更加灵活	不同地区经济发展水平，财政收入相差巨大，相对落后地区很难找到社会资本参与
实业资本发起产业投资基金	实业资本具有运营管理能力，可以在项目建设运营过程中提供有益的管理经验	实业资本对于项目收益率的要求比较高，而且偏好经济发达地区的项目

3. PPP 模式下产业投资基金的退出方式

（1）项目清算。

项目清算退出是指产业投资基金资金投入到 PPP 项目公司，在项目投资公司完成项目任务（或阶段性投资任务）后，通过项目投资公司清算（或注册资本减少）的方式，返还产业投资基金应当获取的股权收益，实现投资的退出。

（2）股权回购/转让。

股权回购/转让退出是指产业投资基金资金投入到 PPP 项目公司，在项目投资公司完成项目任务（或阶段性投资任务）后，由政府、开发运营公司进行股权回购；或将股权转让给政府、开发运营公司或其他投资者。

（3）资产证券化。

资产证券化退出是指产业投资基金资金投入到 PPP 项目公司，在项目运营成熟后，通过将项目公司资产注入上市公司、发行资产证券化产品或海外发行房地产投资信托基金（REITs）等资产证券化方式，获得投资收益，实现投资的退出。

4. PPP 现阶段存在的问题

（1）PPP 基金内在的不完善。

PPP 基金在期限、回报模式、风险偏好和退出方式上与传统的"名股实债"类产品并无太大差异，存在期限不匹配、退出不灵活的特点，回购作为主要的退出手段，基金份额到期由政府方或者社会资本方回购，这种模式可能存在以下两种风险，一是政府方承诺回购股权可能违背了"57号文"的规定，二是这种模式对于本来负债率偏高的基础设施投资商来说，存在隐性负债增加的风险。

（2）PPP 基金的同质性和 PPP 项目的异质性不匹配。

项目实施进度、类型、期限，完工风险及最为关键的中标社会资本自身的资信能力存在较大差异，导致使用了"统一模板"的基金投资决策很难适应不同项目的审批要求。

（3）政府、金融机构和社会资本存在一定的利益冲突。

引导型基金中大多由政府和金融机构组成，业务获取型基金中大多由产业资本和金融机构组成，社会资本参与或发起基金，其主要目的在于获得项目，与引导型基金"普惠"的诉求相背离。

（4）具备 PPP 项目管理能力的基金管理机构仍然缺乏。

PPP 项目以建设和运营环节为核心，基金和项目的投融资实际上都围绕上述环节展开，而国内目前具备上述能力的基金管理机构可谓凤毛麟角，金融系背景的管理机构可能无法适应 PPP 项目综合管理难度。

（5）业务获取型基金在市场竞争时并无优势。

大多数产业资本发起设立 PPP 基金旨在获得更多的业务机会，但是 PPP 项目必须遵循的采购流程导致其用基金带动项目进一步带动自身主营的思路充满了不确定性。如果单独将基金作为投标人，将面临大型金融机构的竞争（复星败走济青高铁案例），基金在成本上毫无优势。

5. PPP 产业基金的发展趋势

（1）基金数量、规模会持续上升。

预计全国各省、直辖市均会建立起 PPP 引导基金或融资支持基金，与财政部基金呼应。伴随着各省基金的设立，财政部基金也会给省级基金提供一定的资金来源。例如，业务获取型：某些大型、复杂项目的合作方可以事先通过共同出资设立基金，采用"基金+联合体"的方式响应采购，在前期合作平台搭建和后续股权融资方面获得更大的灵活性。

（2）"名股实债"在较长期限内仍然会是基金的主流。

绝大部分基金投资者会要求额外的增信措施来降低风险水平。而高速公路、水处理等典型运营类项目同样面临困局，真正具备稳定现金流产生能力的项目早已花落他人，新项目更长的期限（超过 20 年）和较低的增长预期使项目盈利欠佳，项目建设过程成为利润最丰厚的部分，通过权益分红获得回报的战略投资人似乎并没有迎来投资 PPP 项目的最佳时刻。

（3）基金投资 PPP 项目的模式日益明确。

对于政府全生命周期的配合和履约责任的考察应该均纳入到基金实施奖励或支持政策的考察，也进一步增强社会资本投资 PPP 项目的积极性。例如，国内首个民营控股高铁 PPP 项目落地，复星集团牵头投资 462 亿元建杭绍台铁路。

（4）基金的竞争力在于后端的创新和优化。

PPP 项目所形成的政府付费现金流将会成为"类政府信用固定收益"的基础资产，PPP 项目的年限已经从"建议不低于 10 年"跨向 25 年，这也是本次 PPP 改革对于传统基建投资市场根本性的变更之一。从某种程度上而言，社会资本和金融机构只能接受期限的被动拉长，目前绝大多数基金 3~5 年的投资期限对整个项目生命周期而言存在严重的不匹配，如类 REITS 模式引入长期资金。

（五）城市发展基金案例分析

当前，中国经济面临投资与出口后劲不足等问题，而内需不足在短时间内又无法快速提振。投资、消费结构已经接近"临界点"的判断已经基本形成共识，寻找新的驱动，调整投资结构已经迫在眉睫。沿着这样一条逻辑主线，即经济结构不合理的深层次矛盾日益突出→扩大内需是调结构的首要任务→最大的内需在城镇化，新型城镇化将推动中国经济走上健康和持续发展的道路。

新型城镇化体现在"信息化""智能化"。中共十八大报告明确提出，坚持走中国特色新型工业化、信息化、城镇化、农业现代化道路，推动信息化和工业化深度融合、工业化和城镇化良性互动、城镇化和农业现代化相互协调，促进工业化、信息化、城镇化、农业现代化同步发展。未来，城镇化进展中不再是钢筋水泥式的"城市化"，更强调消费结构升级、信息化城市、智能化城市。

迟福林撰写的《释放改革的红利》中提出："未来 10 年新增城镇人口将

达到 4 亿左右，按较低口径，农民工市民化以人均 10 万元的固定资产投资计算，这能够增加 40 万亿的投资需求。"

1. 泛华城市发展建设基金案例分析

泛华城市发展建设基金案例如图 8 所示。

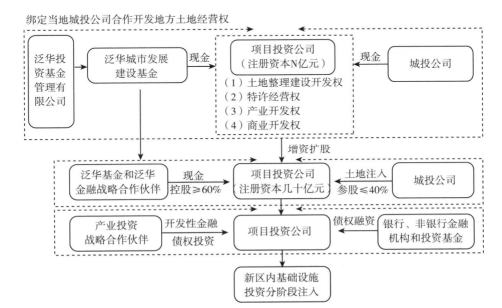

图 8　泛华城市发展建设基金案例

2. 咸阳市新型城镇化发展投资基金案例分析

咸阳市新型城镇化发展投资基金案例如表 6 所示。

表 6　咸阳市新型城镇化发展投资基金案例

基金名称	咸阳市新型城镇化发展股权投资有限合伙企业
基金规模	人民币 5 亿~10 亿元
基金注册地	陕西省咸阳市
基金类型	有限合伙制
存续期	5+3 年
募集方式	私募
募集对象	大型国企、信托保险资管等金融机构、签约企业
基金管理人	国内专业的产业基金管理公司

发起人	××市城镇化发展投资基金管理有限公司
投资方向	作为产业新城各个子基金的劣后资金
退出方式	收购方溢价回购股权、项目结束后清算分红
基金名称	××市××股权投资有限合伙企业
基金规模	人民币 2 亿~5 亿元
基金注册地	××省××市
基金类型	有限合伙制
存续期	2+1 年
募集方式	私募
募集对象	母基金投入劣后资金，优先级客户为专业投资者、机构投资者及特定自然人
基金管理人	××市城镇化发展投资基金管理有限公司
发起人	××市城镇化发展投资基金管理有限公司
投资方向	咸嘉企业生态产业新城各个产业项目
退出方式	收购方溢价回购股权、项目公司清偿债务

新型城镇化主题（发展）母基金如图 9 所示。

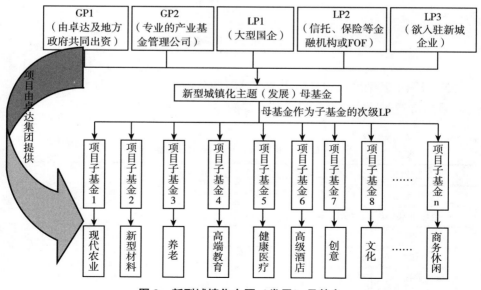

图 9　新型城镇化主题（发展）母基金

3. 银行主导的城市发展基金

城市发展基金结构如图 10 所示。

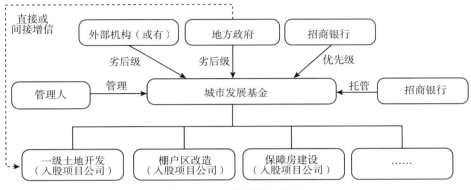

图 10　城市发展基金结构

基金须采用优先/劣后分层结构化设计，银行以理财等资金出资作为优先级，地方政府及其他外部机构（或有）出资劣后，劣后资金在基金层面的结构化安排。

基金以投资入股项目公司及股东借款的方式参与一级土地开发、棚户区改造、保障房建设等项目，但需要同时配备有现金流项目以支持固定部分的利息分配。

城市建设基金结构如图 11 所示。

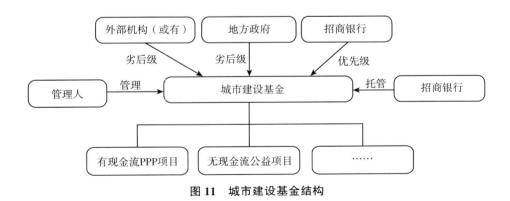

图 11　城市建设基金结构

4. 与央企合资成立基金管理公司案例介绍

根据中国交建项目建设和资产证券化的需要，由中交基金管理公司发起设立私募投资基金，按照市场化方式运作，为中国交建的多样化需求提供解决方案。

中交基金如图 12 所示。

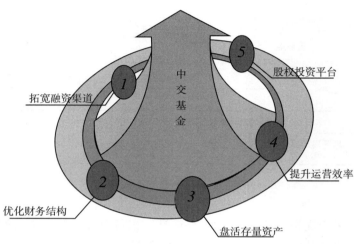

图 12　中交基金

（1）特大型国有企业和公众公司。

中国交通建设股份有限公司是经国务院批准，由中国交通建设集团有限公司整体重组改制并独家发起设立的股份有限公司，分别于中国香港和上海两地上市。

（2）特定行业。

中国交建是中国最大的港口设计及建设企业，设计承建了新中国成立以来绝大多数沿海大中型港口码头；世界领先的公路、桥梁设计及建设企业，参与了国内众多高等级主干线公路建设；世界第一疏浚企业，拥有中国最大的疏浚船队。

（3）资产规模巨大，资产负债率偏高。

截至 2014 年 9 月 30 日，中国交建资产总额为 6090 亿元，净资产为 1145 亿元，资产负债率为 81.2%。

（4）财务资金需求。

中国交建"五商中交"战略转型已进入关键阶段，经营规模快速增长，资金需求不断扩大，企业运作需要突破传统融资渠道限制，并有效化解资产负债率不断攀升的难题。

（5）内部基金管理整合需求。

中国交建集团内部已有基金管理公司效率不高，亟须整合统一管理的基金平台，有效调配集团项目资源，充分发挥集团规模优势，对接大型金融机构，强化谈判能力，降低融资成本，对冲资金市场波动。

中交基金项目规模如表 7 所示。

表 7　中交基金项目规模

基金类别	现有规模
BT 项目投资基金	成都中交建西南股权投资基金合伙企业（有限合伙） 基金规模：21 亿元；已投资金额：10 亿元 投资标的：中交成都建设发展有限公司股权和债权
	北京中交建信股权投资基金合伙企业（有限合伙） 基金规模：200 亿元；已投资金额：2.6 亿元 投资标的：中交昆明建设发展有限公司股权和债权（昆明巫家坝项目）
并表投资基金	北京中交建股权投资基金合伙企业（有限合伙） 基金规模：100 亿元；已投资金额：37.52 亿元 投资标的：中国交通建设股份有限公司债权（向中国交建发放流动性资金贷款）
特色地产投资基金	重庆中交建股权投资基金合伙企业（有限合伙） 基金规模：30 亿元；已投资金额：2015 年 1 月底投资 15 亿元 投资标的：重庆中交置业有限公司股权和债权
其他	2015 年第一季度计划成立的 BOT 高速公路项目投资基金，轨道交通投资基金，区域基础基建发展基金（PPP 基金），内蒙古高速公路股权投资基金等基金

截至 2015 年底，已设立基金规模超过 500 亿元，已投放规模超过 100 亿元。

八、私募基金视角下的政府引导基金、产业发展基金、PPP基金的模式解析

翟旭东

【作者简介】翟旭东，华信金控集团基金事业副总裁，博士研究生（在读），山东财经大学客座教授、多家金融机构和培训机构特聘专家，在金融投资领域有逾20年的实践经验。

政府引导基金：通常由地市级以上政府牵头，联合金融机构发起成立，以财政资金为劣后，起到通过少量财政资金的"种子"作用，撬动金融和社会资本，达到基金放大效果，扩大基金对项目投入的规模和力度。

产业发展基金：通常由金融机构与产业资本（运营方、施工方）共同发起设立，投向某一类产业项目；本文重点分析"某一类城市基础设施类"产业发展基金。

PPP项目基金：通常由金融机构与产业资本（施工方）共同发起设立，专项投资于某一具体的PPP项目。

（一）政府引导基金典型案例解析

1. 相关支持政策

2015年11月12日，财政部以财预［2015］210号印发《政府投资基金暂行管理办法》。该办法共三十五条，由国务院财政部门负责解释，自印发之日起实施。

该办法对政府投资资金的设立、运作和风险控制、终止和退出、预算管理、资产管理及监督管理进行了规范，重点支持四大领域（创新创业、中小企业、产业转型升级、基础设施和公共服务）的投资，并引入七大投资领域"负面清单"（从事融资担保以外的担保、抵押、委托贷款；二级市场股票、期货、房地

产、证券投资基金、评级 AAA 以下的企业债；向任何第三方提供赞助、捐赠；吸收或变相吸收存款，或向第三方提供贷款和资金拆借；承担无限连带责任的对外投资；发行信托或集合理财产品募集资金；其他法律法规禁止的）。

该办法规定，投资基金按照"政府引导、市场运作，科学决策、防范风险"的原则运作，各出资方利益共享、风险共担。为更好地发挥政府出资的引导作用，政府可适当让利，但不得向其他出资人承诺投资本金不受损失，不得承诺最低收益。

2. 国家层面的 PPP 融资支持基金

中国政府和社会资本合作（PPP）融资支持基金是在 2016 年 3 月 10 日，按照经国务院批准的中国政府和社会资本合作融资支持基金筹建方案，财政部联合建行、邮储、农行、中行、光大、交通、工行、中信、社保、人寿 10 家机构共同发起设立的，同时成立专业基金管理公司——中国政企合作投资基金股份有限公司，负责基金管理和运行。

项目筛选标准：一是纳入国民经济和社会发展规划、基础设施和公共服务领域专项规划的重大项目；二是纳入财政部 PPP 综合信息平台项目库；三是项目总投资不低于 30 亿元；四是在一个项目中最高投资额不能超过项目总投资的 10%。

截至目前，已洽谈重点项目 136 个，涉及总投资规模达 14741 亿元。其中，具有初步投资意向的项目 20 个，涉及项目总投资规模 2170 亿元，基金投资占比约为 5%~8%。2016 年 7 月 27 日，首个投资项目 24 亿元落地（呼市轨道 1、2 号线项目，总投资 338.8 亿元，投资占比 5.5%），2016 年 7 月 29 日又签约河南 5 个项目（总投资 310 亿元，基金拟投资 20.5 亿元）。

3. 省级引导基金

截至 2016 年 4 月底，国内共成立 880 只政府引导基金，基金规模达 3 万亿元，其中各省已经纷纷成立各种引导基金，如湖北省的长江产业基金、江苏省的 PPP 融资支持基金等。

引导基金基本模型如图 1 所示。

（1）湖北省——长江经济带产业基金。

2015 年 10 月，湖北省成立"湖北省长江经济带产业基金"。基金通过结构化设计，以 400 亿元的政府出资和部分其他风险偏好较高的 LP 出资作为劣后投资，撬动银行资金或险资作为优先资金进入基金，最终募集规模 2000 亿元母基金。母基金再通过发起子基金或直接投资的方式实现对外投资，力争放大到 4000 亿元，最终带动约 10000 亿元的社会投资。

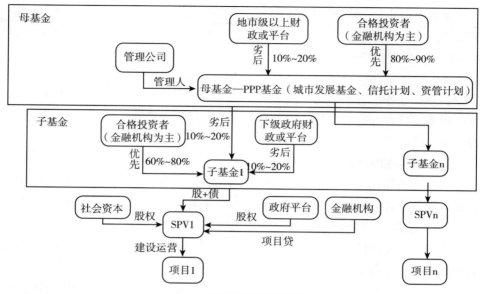

图1 引导基金基本模型

产业基金采取有限合伙制，设立湖北省长江经济带产业引导基金合伙企业（有限合伙）作为产业基金的基金实体。其执行事务合伙人为湖北省长江经济带产业基金管理有限公司。分期母基金采取有限合伙制，由基金管理人通过非公开方式募集，分若干期设立，每期根据不同投资人的特点，对存续期、结构化、决策机制等进行差异化安排。

（2）江苏省——PPP融资支持基金。

1）基金成立的目的。一是体现激励引导作用，通过政府性的PPP融资支持基金对江苏省PPP项目的投入，发挥引导示范效应，吸引更多的社会资金、民间资本进入江苏省PPP领域，增强社会资本的投资信心。二是扩大投资规模，通过少量财政资金的"种子"作用，撬动金融和社会资本，达到基金10倍的放大效果，扩大基金对项目投入的规模和力度。三是发挥专业机构的职能作用，通过金融机构多元化的投融资服务和项目管理，强化风险管控，规范PPP融资支持基金的投向使用，加大对重点项目的支持力度。四是推动PPP模式广泛运用。

2）基金的基本结构。基金采用信托制基金，通过政府购买服务的方式委托有资质的机构管理运作。基金规模100亿元，分为五只母基金（每只20亿元）。基金期限为10年，10年到期后如仍有项目未退出，经出资人同意可延长。

基金出资人构成主要是省财政厅和部分市财政局作为劣后方，若干家银行机构作为优先级出资人。省市财政发起出资共 10 亿元，其余由银行认缴出资。

基金的投资范围：将用于江苏省 PPP 项目，优先投入省级以上试点项目及参与出资市、县的项目。

基金的投资模式：基金可以股权、债权等方式投入 PPP 项目，市场化运作，专业化管理，综合运用多种金融工具，实现基金保值增值和可持续发展。采取股权投资方式的，每一个项目基金投入不超过资本金的 20%。

基金的投资期限：基金所投资具体项目期限不超过 10 年（包括回购期）。实行股权投资的，到期优先由项目的政府方或社会资本方回购，并写入项目的 PPP 合作协议中；实行债权投入的，由借款主体项目公司按期归还。

3）基金管理人和出资人。江苏省政府采购中心受江苏省财政厅的委托，就江苏省 PPP 融资支持基金的基金管理人和出资机构遴选项目进行公开评审，结果如下：

江苏省国际信托（基金管理费 1‰）、紫金信托（0.4‰）等五家机构中标基金管理人；江苏银行（报价基准利率 0.90 倍数）、交通银行江苏省分行（报价 1.00）等五家机构中标出资方。

4）江苏省 PPP 融资支持基金的首个落地项目。2016 年 2 月，江苏省 PPP 融资支持基金对省内 PPP 项目的第一单投资成功落地，这也是全国 PPP 基金投资的第一单项目。子基金 A 的管理人江苏国际信托代表基金与徐州市城市轨道交通有限责任公司签署了《关于对徐州市贰号线轨道交通投资发展有限公司的股权投资合同》，以股权方式对徐州市城市轨道交通贰号线一期工程项目投资 4 亿元，期限 10 年。社会资本中标方为中国铁建股份有限公司、徐州市国盛投资控股有限公司（联合体）。

4. 市级引导基金

徐州市——现代产业发展（引导）基金。

徐州市及相关县区财政出资 70 亿元成立现代产业发展（引导）基金，采取"引导基金、母基金、子基金"三层架构，通过与金融资本、社会资本合作，发起设立若干产业投资母基金，母基金再发起设立若干子基金，层层放大基金规模，最终形成母基金 300 亿元、总规模 1000 亿元以上产业基金群。期望"用产业基金来引导和撬动社会资本，并结合产业资本、专业的团队来共同管理，助推徐州市现代产业发展转型升级"。现代产业发展（引导）基金具有四大特点：一是政策集成支撑。二是坚持市场运作，专业化管理。政府主管部门只做裁判员，不做运动员，依据权力清单、负面清单、合伙协议对各只基金实行间接式管理，实现资金来源、投资决策、激励机制、退出机制市场化。三是运作机制灵活。体现为设立灵活，母基金可根据自身特点采取有限合伙制、公司制或契约制等不同形式分别设立，引导基金参股母基金比例原则上不超过30%，母基金可采取参股设立子基金，或直接投资方式进行投资。四是退出机制灵活。

（二）产业发展基金典型案例解析

某信托公司联合某施工央企，组建智慧城市产业发展基金，总规模50亿元，专注于投资某省智慧城市产业项目。基本模型如表1所示，交易结构如图2所示。

表1 智慧城市产业基金基本模型

基金规模	50亿元，存续期限10年
投资标的	纳入省级智慧城市的项目
交易结构	普通合伙人（GP）+央企（次级有限合伙人）+信托计划（优先级有限合伙人）组成有限合伙基金，其中GP出资100万元，优先级出资35亿元，次级出资14.99亿元
退出机制	投资期后，基金通过并购或资产证券化退出投资项目

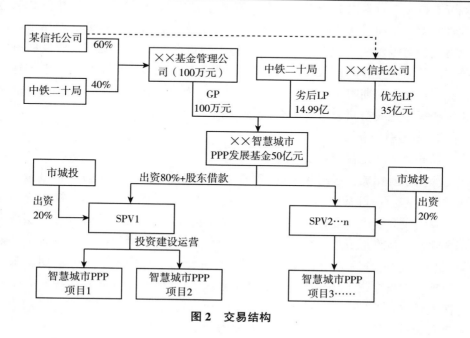

图2 交易结构

（三）PPP 基金典型案例剖析及方案比较

1. 市政道路类基金的实务解析

（1）背景分析。

本案例位于四川省某地级市，2015 年市级财政地方一般公共预算收入完成 130 亿元。实施主体为（省级）经济开发区管委会，政府方出资代表为某新城建设投资有限公司）（以下简称"新城建投"）。新城建投成立于 2012 年 11 月，是为推进园区建设而设立的市级投融资平台，在经开区建设工作中发挥"融资主体""项目主体"的重要功能。公司注册资本 2.5 亿元，为国有独资企业（市经济开发区管委会为其唯一股东）。

（2）交易结构。

华信基金与某施工企业成立投标联合体，通过竞争性磋商取得市经济开发区某 PPP 项目的投资建设运营权利。

华信基金牵头成立城市发展基金，随后以城市发展基金的名义与政府方投资主体（新城建投）成立 PPP 项目公司。市经济开发区与 PPP 项目公司签订《PPP 合同》，由 PPP 项目公司以 BOT 的形式完成某 PPP 项目的建设和运营。

PPP 项目公司通过"政府购买服务"的方式回收成本并获得利益，合作期限 10 年，市财政出具资金安排函，市人大对此安排出具决议。交易结构如图 3 所示。

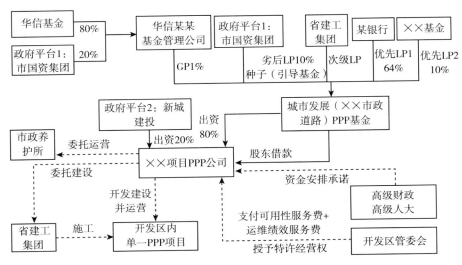

图 3　交易结构

（3）四层法律关系解析。

四层法律关系如表2所示。

表2　四层法律关系

第一层：基金管理公司	注册资本1000万元，市国资集团占股25%，华信基金占股80%。优点：风险隔离、税收优惠、近约束、白手套
第二层：基金	GP发起成立"城市发展（某市政道路）PPP基金"，规模8亿元，分期成立。市国资集团认购劣后级10%，施工单位（省建工集团）认购次级（15%） 优先级LP1：银行资管64% 优先级LP2：当地合格投资者10%
第三层：PPP项目公司	基金与新城建投按80：20的比例合资成立PPP项目公司。基金提供股东借款
第四层：PPP项目建设运营	PPP项目公司与施工单位（省建工）签署建设协议，与运营单位（市政养护所）签署委托运营合同。市开发区支付可用性服务费+绩效运维费

（4）参与主体分析。

项目实施主体：BZ市经济开发区管委会（招标主体）。

政府出资方：BZ新城建设投资有限公司（政府授权）。

社会资本：华信基金+某施工企业（投标联合体）。

（5）合同体系分析。

PPP合同体系实际上就是PPP中第三个P的重要表现形式，按照时间顺序为：联合体协议—PPP框架合同（PPP合作协议）—公司章程（或合股经营合同）—PPP合同—施工合同、运营合同、保险合同、监理合同、物资设备采购合同等。合同体系如图4所示。

（6）费用支付方式——两项服务费。

支付主体为市经济开发区，支付类别包括可用性服务费和运维绩效服务费。

可用性服务费是指为使用"符合验收标准的公共资产"而支付的费用，中标价是基金收益按8.8%/年测算，支付年限8年。

运维绩效服务费是指购买项目公司为维持项目可用性所需的运营维护服务（符合绩效要求的公共服务），支付期8年（从竣工验收起开始支付）。

（7）全寿命周期绩效考核。

设置可用性绩效考核指标和运营维护期绩效考核指标，并从不同的方面量

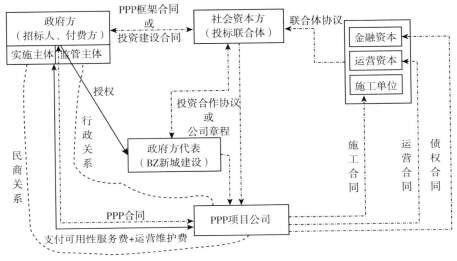

图 4   合同体系

化各个指标，每笔支付均需要与绩效考核指标相匹配。

可用性服务费的绩效指标：建设工期（提前奖，滞后罚；但不影响可用性服务费的支付起始时间）；最终的工程造价（超 10% 以上时，项目公司需要承担一定比例）。

运营维护费的主要绩效指标：实行打分考核方法，绩效考核分数总分为 100 分，每个考核项目具体分数占比为：道路管理 20%、市容环卫 15%、园林绿化 15%、排水设施 20%、照明设施 15%、交通设施 15%。具体考核中，每个考核项目按照 100 分进行考核，然后乘以相应分数占比后得出每半年绩效考核分数。当期考核分数取每半年绩效考核分数的平均值。

当期考核分数与当期绩效考核系数对应关系如表 3 所示。

表 3   绩效评分与系数对应

当期考核分数（S）	100>S≥95	95>S≥90	90>S≥85	85>S≥80	80>S≥70	70>S≥60	60>S≥50	S<50
当期绩效考核系数	1.06	1.03	1.00	0.97	0.94	0.91	0.88	0.85

（8）投资者分层设计如表4所示。

表4 投资者分层设计

优先级	固定7%，劣后级对本息兜底
中间级	固定4%+浮动（享受剩余收益的20%） 劣后级对本金及固定回报兜底
劣后级	全浮动（享受剩余收益的20%）
GP	全浮动（享受剩余收益的60%） 管理费（1‰）

（9）多层增信措施选择和效应。

目前常用的增信措施主要有以下几种方式，按照监管层的要求，只有第一层级的合规，第二层级虽然常规都需要合作，但有合规风险。

第一层级（必须）——阳光下。

市财政局对资金安排纳入财政预算出具函件。

市人大常委会决议件：可用性服务费和运营绩效服务费纳入跨年度的财政预算。

市国资集团（公开评级AA）提供劣后资金；股权质押、收益权质押。

第二层级（默许）——常规。

财政对优先级基金份额的本息做兜底安排。

劣后级（或另一平台公司）对优先级基金份额的本息提供无限责任担保。

第三层级（禁止）——争取。

劣后级（或另一平台公司）对基金收益做兜底安排（回购、兜底）。

土地抵押。

财政对基金本息做兜底安排。

2. 棚户区改造类 PPP 项目基金的落地要点

（1）基本结构。

施工企业（央企）与金融机构成立基金管理公司，发起成立 PPP 基金。施工企业持有劣后级、金融机构持有优先级。施工企业一般要求，出劣后级或中间级不超过10%，要求不合并报表，也不提供担保。施工企业根本目的是拿到工程施工，获取施工利润。

项目名称：某市棚户区改造，投资与施工一体化 PPP 采购项目；基本情况如表5所示。

表5 基本情况

基金管理公司	注册资本 1000 万元，华信基金出资 51%，中铁二十局出资 49%，组建基金管理公司（GP）
PPP 基金	GP 发起成立"某市棚户区改造 PPP 发展基金"，规模 3 亿元，其中中铁二十局认购 20% 劣后级 LP（6000 万元），华信基金负责募集 24000 万元认购优先级 LP
建设规模	建设用地 210 亩，总建筑面积 38 万平方米（1900 套） 总投资：20 亿元，其中土地 4 亿元
实施机构	市政府授权市建设局作为实施单位，授权市城投作为政府方投资代表进入 PPP 项目公司（SPV 公司）
合作期限	10 年期，其中建设期 3 年、运营期（回购期）7 年

交易结构如图 5 所示。

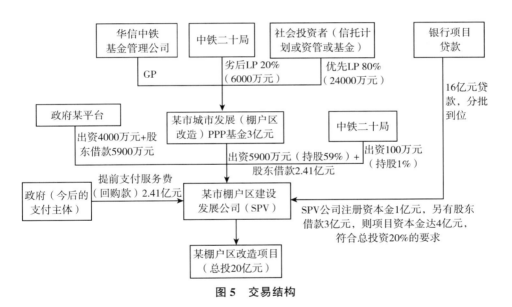

图 5 交易结构

（2）注册资本金与项目资本金。

注册资本金 1 亿元，占总投资的 5%；项目资本金 4 亿元（1 亿元+3 亿元），占总投资的 20%；股东借款与银行贷款同比例退出（但每笔退出时均劣后银行同期本息）。

这样做在税收筹划上有一定优势：资本金融资在注册资本金部分的利息需以项目公司利润缴纳 25% 的企业所得税后通过分红的方式支付，而股东借款部分的利息可在税前支付。且注册资本金过高，在后期股权转让或减资时存在困难。

（3）收益分析。

项目采取"股+债"模式进行投入，以政府平台公司所持有的项目公司股权及项目公司对政府的收款权作为质押为项目贷款提供增信。

项目公司资本金按年化 7.5%的投资回报率测算，其余借款或贷款按年化 6%计息。

本项目总投资 20 亿元，其中建安费用约 14 亿元，施工合同签订后施工单位可以通过工程预付款的形式（如预付 20%），收回资金 2.8 亿元，此后每月进度款按 80%支付，施工利润率为 12%。

3. 地下综合管廊类项目基金的落地要点

（1）基本情况。

某市新建地下综合管廊 7.1km，断面尺寸 8.8m×5.11m，三舱；同步建设监控中心一处，建筑面积 1600m²。项目总投资 6.2 亿元，其中建安费 5.1 亿元；合作期 10 年，其中建设期 2 年，运营期（即回购期）8 年。

（2）基本模型。

"产业基金+项目贷款+政府购买服务"，施工央企联合金融机构、成立"某市城市发展（综合管廊）PPP 基金"，规模 1.1 亿元。随后成立双层 SPV：

基金（占大股）+施工企业（小股）+政府平台=PPP 项目公司 SPV1

施工企业+政府平台=PPP 项目公司 SPV2

交易结构如图 6 所示。

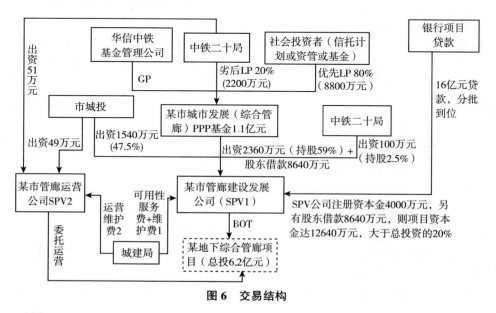

图 6 交易结构

SPV1 以 BOT 的方式建设并运营地下综合管廊，政府购买服务（支付可用性服务费+维护服务费），合作期 10 年。

SPV2 以委托运营的方式，经营并管理地下综合管廊，按照收取的"入廊费用+入廊建设基金"计提运营管理费，剩余部分上交财政。政府对基础的运营管理费予以缺口补贴。

（3）注册资本金与项目资本金。

注册资本金 4000 万元，占总投资的 6.45%；

项目资本金 12640 万元（4000 万元+8640 万元），占总投资的 20.4%；

股东借款与银行贷款同比例退出（但每笔退出时均劣后银行同期本息）。

4. PPP 项目基金常见方案的比较

以下六个案例的交易结构各有特点，没有"好与坏之分"，都是阶段性磋商和博弈的结果。

案例 1：施工单位不进基金管理公司，不做 SPV 股东，只是在基金中占次级，在"二标并一标"的操作中有合规的风险，如图 3 所示。

案例 2：注重项目资本金与注册资本金的不同，施工企业可以在基金和 SPV 公司中同时出现，如图 5 所示。

案例 3：双层 SPV 设计，将准经营性项目打造成非经营性项目，如图 6 所示。

案例 4：施工单位进基金管理公司，发起基金作为 SPV 股东，如图 7 所示。

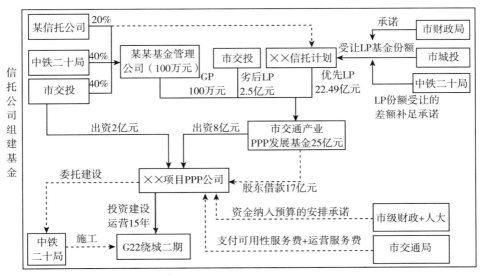

图 7　案例 4 交易结构

案例5：施工单位直接作为SPV股东2，金融机构发起成立基金作为SPV的股东3，如图8所示。

案例6：施工单位和金融机构直接作为SPV股东，金融机构发起成立基金对SPV贷款或者争取外部机构（如保险、银行）的信贷资金，如图9所示。

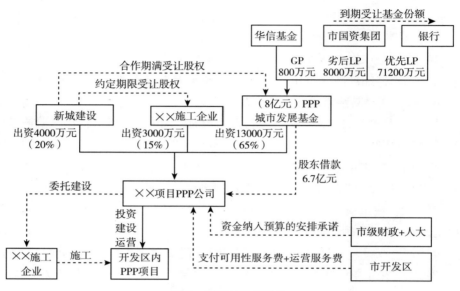

图8　案例5交易结构

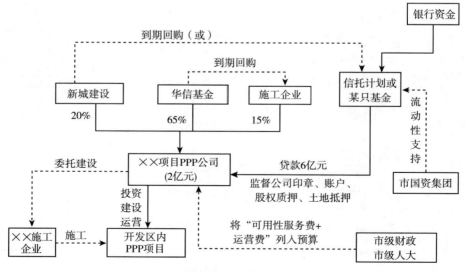

图9　案例6交易结构

（四）基础设施类基金的焦点思考

（1）焦点思考 1——真假 PPP 之惑。

2015 年 6 月 25 日，财政部 57 号文要求严防伪 PPP，严禁"保底承诺、回购安排、明股实债"。随后各省市也相应出台落实政策，如贵州出台的《关于严格执行〈预算法〉严禁违法违规提供担保承诺的通知》，口气强硬地提出"二、严格实施监督惩罚。各级财政部门要会同审计等相关监管部门，建立健全违法违规举债担保的监督惩罚机制。各地要将违法违规举债担保部门（单位）作为财政监督检查重点，对违法违规集资的部门（单位）及违法违规提供融资的相关债权人应依法移送金融监管等部门处理；对不按规定方式举借政府债务、违法对单位和个人举借债务提供担保行为，依照《预算法》等对负有直接责任的主管人员和其他直接责任人员追究行政责任，依法给予降级、撤职、开除的处分；构成犯罪的，依法追究刑事责任"。

那么在当前 PPP 模式下，政府能不能兜底，哪些方式是可以采取的？下面用表 6 罗列一下目前常见的政府兜底方式。

表 6　政府兜底之惑

明令禁止	常见模式
政府对 PPP 项目公司的收益兜底	政府对 PPP 项目公司的最低需求量兜底
政府对 PPP 项目公司的某一股东的收益兜底（包括股东中的政府方对社会资本方）	PPP 项目公司的社会资本中的某一股东对另一股东的收益兜底
政府对 PPP 项目公司的某笔债权的本息兜底	结构化产品（如基金），劣后方对优先方的本息兜底（有合规风险）

（2）焦点思考 2——如何规避 PPP 项目公司的资本利得的税收。

按照政府购买服务的规定，固定资产折旧要按照 20 年来做。但政府支付的"可用性服务"却是 8 年期，再加上常规做法是施工单位给 PPP 项目公司一定的让利，将使 PPP 项目公司的年度所得税基数巨大。

如何规避 PPP 项目公司的资本利得的税收？常见的解决办法有以下三种：

1）项目公司收取的可用性服务费的 75% 左右是用于偿还股东借款的，所以真正的利润也不多。

2）所得税享受相关优惠政策。

3）施工单位的下浮采取其他方式（如认缴中间级基金、承诺购买一定份额的优先级资管计划从而降低优先级的成本、承诺给予提供优先级资金的银行提供一定的定期存款等方式）。

（3）焦点思考 3——如何吸引优先级资金。

要搞清楚优先级资金方的业务偏好，优先级资金的提供方一般是银行、保险及其他金融资本，它们的业务偏好一般是三类项目：一是项目特别好；二是GP 好或劣后好；三是刚刚符合入门门槛，但收益好、再融资能力强。

对第三类的偏好，目前常用的方式是承诺定向认购部分优先级、承诺给予银行存款、资金监管、当地最大国企做劣后等。

（4）焦点思考 4——基金形式的设计。

基金结构设计时要考虑是否一定要在当地设立基金管理公司，基金形式使用契约制还是合伙制，税收方面有无不同。

1）基金管理公司不一定要在当地再设立，可以用自己现有的基金管理公司。但要考虑"近约束、风险隔离，税收优惠"等因素，一事一议、没有定式。

2）有限合伙型和契约型均不是纳税主体，不会重复纳税，但有限合伙型的先分后税，管理人有代扣代缴义务，而契约型也是先分后税，但管理人暂时没有代扣代缴的义务。

（5）焦点思考 5——政府支持性文件。

符合条件的 PPP 项目，政府跨年度财政支出责任将纳入中期财政规划，经本级人民政府审核后报人大审议。当然要保证项目的合规性（项目应是公共服务领域），"严禁以 PPP 项目名义举借政府债务"，不得采用 BT 方式，不得约定由政府股东或政府指定的其他机构对社会资本方股东的股权进行回购安排。

政府支持性文件中要明确：项目已经被确认为政府与社会资本合作项目（PPP 项目），列入到年度预算资金安排，并列入滚动预算和中长期预算规划。

（五）私募基金发展概况及当前各类机构的角色创新

1. 金融大融合背景下的金融机构角色创新

第一，联手政府，参与或主导政府引导基金（投、管）。第二，整合运营，打造某一类产业的特色基金。第三，与施工企业、运营企业紧密合作，以项目基金形式主导基础设施建设与运营，分享 PPP 项目的多段收益。第四，整合金融资源，以咨询进入顶层设计。第五，布局资本市场——①培植适合装入上市公司的资产；②PPP 金融资产的标准化；③运营机构的资本市场之路。

如国开系和各商业银行除了抢占基础设施的传统信贷市场以外，纷纷组建基金管理公司，强力介入 PPP。商业银行主导 PPP 基金的模式如图 10 所示。

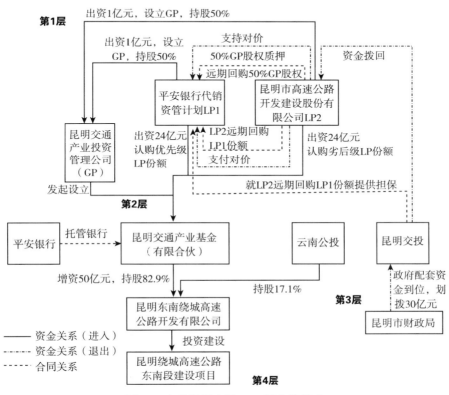

图 10　商业银行主导 PPP 基金的模式

2. 施工企业的角色创新

第一，联手政府，参与或主导政府引导基金（投、建、管）。第二，整合运营，打造某一类产业的特色基金。第三，与金融机构、运营企业紧密合作，以项目基金形式主导基础设施建设与运营，获得施工收益。第四，与专业性运营公司建立战略合作关系，适时行业整合。

施工企业主导 PPP 基金模式如图 11 所示。

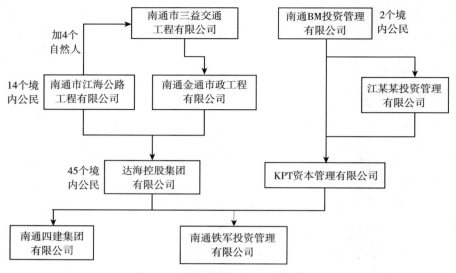

图 11　施工企业主导 PPP 基金模式

政府平台公司主导 PPP 基金如图 12 所示。

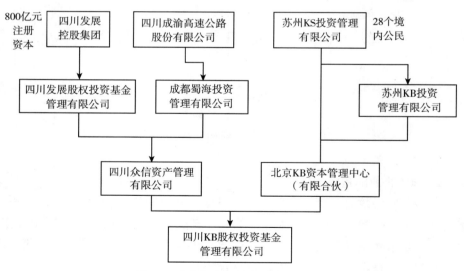

图 12　政府平台公司主导 PPP 基金

3. 运营机构的角色创新

第一，以运营能力主导经营性项目。第二，整合金融资源，打造某一类产业的特色基金。第三，与施工企业、金融机构紧密合作，以项目基金形式主导项目建设和运营，分享多段收益。第四，整合金融资源，以咨询进入顶层设计。第五，布局资本市场——①培植适合装入上市公司的资产；②运营机构的资产市场之路。

4. 各类中介机构的角色创新

第一，PPP 咨询——组建咨询团队，跑马圈地。第二，整合金融资源、运营资源、施工资源，分享多段收益。第三，整合政府资源，介入顶层设计。第四，寻找直接投资机会。

相关数据显示，目前全国各地的各类政府引导基金、产业发展基金和 PPP 基金已经超过 1 万亿元，再加上政策的密集出台和强力推进，基金的春天真的来了。

九、棚户区改造投资、城市更新发展产业基金和城镇化投资基金创新实务案例分析

杨 凡

【作者简介】杨凡，中投建设集团副总裁、PPP 中心负责人。参与并部分主持了多个 PPP 项目的策划、规划、实施方案与项目建设，在 PPP 业务领域有多项研究成果。受聘为国家发改委中小企业投融资中心高级顾问、深圳清华大学研究院 PPP 培训讲师、四川省新型城镇化研究会 PPP 中心高级顾问、重庆大学 PPP 中心高级咨询师。

（一）棚户区改造政策和流程简介

棚户区改造政策和流程如图 1 所示。

1. 以净地出让方式进行的危房棚户区开发改造项目

第一，土地储备中心对危房棚户区土地实行收购，以净出让方式供地。净地出让后获得的出让收益，扣除按规定缴省的费用后，专项用于支付银行贷款本息和毛地收购资金的周转及危房棚户区安置房建设。

第二，安置房住宅用地实行土地行政划拨，对改造后的房屋纳入产权产籍管理，办理商品房房照，商服用地实行租赁供地。

第三，安置房建设项目行政事业性收费（以费还贷项目除外）全免，经营、服务性收费按最低限下浮 50% 收取。

第四，安置房房屋拆迁补偿契税先缴后返；对安置房住宅上靠标准户型增加的建筑面积部分，营业税等税种由地方税务部门向省申请暂缓缴纳。

第五，安置房建设项目用地红线以外没有配套管网的或达不到项目配套要求的，电业、热力、供水、排水、燃气等部门应按规划要求无偿同步建设至小

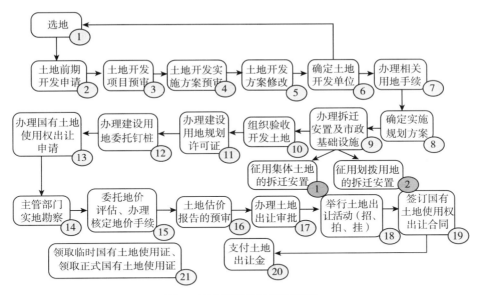

图 1　棚户区改造政策和流程

区红线。

第六，对安置房建设项目，政府各职能部门要同步办理相关手续，保证项目的开、竣工时间。

第七，小区配套建设标准要满足居民基本生活和出行需要，区政府组织被安置居民以招标方式选择物业公司，对小区实行物业管理，物业费 3 年内减半收取，不足部分由区政府承担。

第八，在进行安置房建筑设计时，应根据周边服务设施现状，建设一处或几处综合市场，用于提供公益性就业岗位，其产权归市政府所有，由区政府负责日常管理。

2. 以毛地出让方式进行的危房棚户区开发改造项目

第一，市财政筹措危房棚户区开发改造补贴资金（包括开发企业上缴的土地出让金，开发企业上缴的税费地方留用部分，向上争取政策和资金等），建立专户，专款专用。危房棚户区开发改造项目按应缴土地出让金的 70% 为基数，作为政府投入返还给开发企业。危房棚户区供地实行土地公开挂牌出让，在挂牌过程中出现竞标情况，可采取递减返还比例竞标办法出让土地使用权。成交价款一次性缴齐后，15 个工作日内补贴到位。

第二，行政事业性收费减半收取，经营、服务性收费按最低限下浮 30%

收取（项目明细附后）。

第三，涉及危房棚户区开发改造项目的各项税种全额征收，扣除城市建设维护税和教育费附加，地方留成部分的60%按入库财政级次返给开发企业予以补贴，其余40%由入库财政级次设立"危房棚户区开发改造补贴资金"专户，专款专用，定期审计。开发主体缴纳税金后，力争10个工作日内补贴到位。

3. 以建经济适用房方式进行的危房棚户区开发改造

第一，住宅用地实行行政划拨。

第二，住宅部分行政事业性收费减半收取。

第三，住宅部分经营、服务性收费按最低限减半收取。

第四，按照普通商品房对待管理。

（二）棚户区改造项目融资模式简介

我国棚户区改造项目融资主要有商业银行贷款、开发性金融、公积金贷款、债券、股权、资产支持证券、信托计划、资产管理计划及PPP等模式。按照融资方式与特点，可分为四大模式。

1. 贷款融资模式

（1）商业银行贷款模式运作的四个主要环节。

1）项目公司或者承建企业向商业银行申请贷款。

2）商业银行对项目和企业进行审查评估，是否四证齐全、抵押物是否充足、企业资质是否满足贷款条件、项目是否符合国家政策等。

3）商业银行决定贷款后与项目公司或承建企业签订贷款合同，确定贷款利率、期限、还款计划、抵押方式并向商业银行以发放贷款形式向企业融资。

4）承建企业将资金用于棚户区开发，按照贷款合同约定的还款方式（分期还款或者一次性还本付息）还本付息。

商业银行贷款模式的优势在于融资环节较少、程序简单；对融资企业和项目公司资质要求比发行债券低。劣势是融资成本较高、对项目资本金要求严格、要求棚改自身商业价值高。

（2）住房公积金贷款。

住房公积金贷款模式是扩大棚户区改造资金来源和提高公积金资金使用效率的融资模式。

公积金贷款的运作模式与商业银行模式基本相同。区别在于公积金管理中心并不自行发放贷款，只是提供贷款资金，委托商业银行贷款给承建企业。贷款利率、期限、抵押方式与普通的商业银行贷款基本一致。

2. 债务工具直接融资模式

（1）债券融资模式。

债券融资是指由承建企业或者项目公司授权代理机构，发行各类直接债务融资工具募集资金的融资模式。棚户区项目融资运用的主要有企业债、公司债、中期票据和短期融资券。

企业发行债券需要满足下列条件：股份有限公司的净资产不低于人民币3000万元，有限责任公司和其他类型企业的净资产不低于人民币6000万元；累计债券余额不超过融资平台公司净资产的40%；公司最近3个会计年度连续盈利；3年平均可分配利润（净利润）足以支付企业债券1年的利息等。

中期票据的发行程序、发行条件与公司债和企业债类似。区别在于中期票据在银行间市场发行，由银行间市场交易商协会管理，实行注册发行制度，发行要求相对较低、发行环节较少、周期较短、效率较高。此外，公司债和企业债无论公开发行还是定向发行，发行额都不能超过发行公司净资产的40%，而中期票据如果定向发行，不受净资产40%的限制。

债券融资有三个主要优点：一是企业债券具有期限长、成本低的优势。二是融资成本较低，发行人采用无担保发行，节约了相关担保费用。三是公开发行债券能够提高发行人的知名度。

债券融资有两个主要缺点：一是筹备、审批环节较多，发行费用高。企业债发行程序较为复杂，流程时间较长，发行费用不菲，增加了企业债的融资成本。二是债券融资适合资质相对较好的大型企业，中小企业较难采用企业债券这种融资模式。

（2）资产支持票据融资模式。

发行资产支持票据需要满足两个基本条件：一是发行企业有能够产生可预测现金流的资产。目前已经发行的资产支持票据的基础资产有两类：一类是既有债权，如已完工BT项目的回收款和企业的应收账款；另一类是收益权资产，如市政公用事业收费权和公共交通收费权。二是资产在法律上权属明确并且没有用于抵押担保。

资产支持票据融资有四个主要环节：

第一，主承销商受发行人委托，在银行间债券市场通过公开发行或者非公开定向发行的方式向投资者发行以基础资产未来产生的现金流作为支持的资产支持票据。

第二，证券发行后，发行人负责对基础资产进行管理，保持其正常经营运作和产生预期的现金流。

第三，发行人与负责资金监管的银行签订《资金监管协议》，在资金监管银行设立专户，归集基础资产所产生的现金流。资金监管银行根据协议，监控专户资金使用，在支付本息的时点将专户现金划转给登记结算机构。

第四，登记结算机构将收到的资金支付投资者本息。

3. 股权融资模式

（1）股权融资模式。

股权融资是棚户区改造的一项重要融资模式，承担棚户区改造任务的企业或者项目公司，通过出让企业部分所有权、项目所有权及质押股票等形式，引进新的股东和资金的融资方式。股权融资所获得的资金，开发企业或项目公司无须还本付息，但要与新股东即出资人分享企业利润。

股权融资模式有直接上市融资、间接上市融资（借壳上市）和上市再融资三类。

上市再融资模式再融资：由已经上市的公司承担棚户区改造项目时，通过再次发行股票筹集资金的行为，主要有配股发行和增发发行方式。

增发新股分为定向增发新股、公开增发新股两大类，定向增发只向特定对象发行股票，发行对象不超过 10 名。棚户区改造项目的股权融资模式发展比较缓慢。

（2）投资基金融资模式。

通过吸引投资基金以股权投资方式注资于棚户区改造项目。基金投资期间可以分享项目收益，基金投资期结束，融资企业回购股权，基金和投资资金退出企业和项目。目前产业投资基金主要类别有公用事业型、房地产型、高科技型。棚户区改造投资基金则属于公用事业型投资基金。

投资基金模式实质是一种阶段性的股权融资模式。与股权融资模式相比，它能够利用专业金融机构在资本市场的筹资能力，聚集社会闲散资金，拓宽棚户区改造融资渠道。投资基金还能向融资企业提供项目管理和企业发展的相关支持。

4. 非传统融资模式

主要包括信托计划融资模式和基金子公司的专项资产管理计划融资模式。这类模式中，融资企业借助于信托公司和基金子公司等专门的金融机构，由这些金融机构设计和发售与项目收益、现金流特点相匹配的产品向各类投资者募集资金，然后信托公司和基金子公司通过贷款或者股权形式将资金注入融资企业用于棚户区改造项目。

以信托计划融资模式为例。棚户区项目拿地成本较低，大多采取"回迁房+商品房"的模式，后期有较充足的现金流偿还信托本息，与信托产品能较好融合。信托融资用于棚户区改造项目主要有贷款型信托和股权型信托两种。

贷款型信托：通过信托贷款的方式贷给承建企业或项目公司，企业定期支付利息并于信托计划期限届满时，偿还本金给信托投资公司。

股权型信托：信托投资公司以发行信托产品的方式从资金持有人手中募集资金，之后以股权投资的方式（收购股权或增资扩股）向项目公司注入资金，同时项目公司或关联的第三方承诺在一定的期限（如两年）后溢价回购信托投资公司持有的股权，信托公司收回资金与收益。

各种融资模式比较分析：

第一，贷款模式审批便捷、手续简单，应用最广。贷款模式较其他各类融资模式的优点在于审批便捷、手续简单，只要满足商业银行贷款条件即可申请贷款融资，是目前应用最多和最广的棚户区改造融资模式。

第二，股权融资门槛较高。盈利性较小的棚户区改造项目基本上不具备资本市场融资的条件。

第三，债务融资受政策限制较多。棚户区改造利用债务融资受两方面制约：一是融资项目的资本金约束；二是可覆盖债务本息的项目现金流。

企业债券、短期融资券、中期票据等方式受到发行主体信用评级、资产规模、资本结构、财务状况及对项目现金流要求等条件的制约，大多数的融资平台无法达到发行条件。

第四，非传统融资方式风险较大。不具备大规模推广的条件。对于纯公益性质的项目，由于不具备收费机制或经营收入不能弥补运营成本，没有形成稳定的现金流，其融资渠道并没有打通，另外国发〔2010〕19 号文、财预〔2012〕463 号文等对公益性项目融资进行了严格限制，上述融资方式均不能很好地解决融资问题。对于有商业价值的棚户区改造项目，则可以根据实际情况，运用多元化渠道进行融资。

（三）棚户区改造的政策背景和融资模式（河南案例）

1. 支持范围：城市棚户区改造

第一，城中村改造。

第二，城镇旧住宅区综合整治。

第三，国有工矿棚户区改造。

第四，垦区、林区棚户区改造。

2. 前提

必须纳入国家 2013～2017 年 1000 万套棚户区改造计划。

3. 借款人

河南省豫资城乡投资发展有限公司，市、县财政、住建部门与豫资公司签订委托投融资协议。

4. 用款人

各市、县财政部门负责统筹资金监管使用和本息回收。市、县政府可指定辖区内一家保障房融资平台、投融资公司或项目公司等企事业单位为棚户区改造项目用款主体。

5. 贷款投向

包括集中成片和非集中成片城市棚户区、城中村、城镇旧住宅区综合治理、国有工矿棚户区、林区棚户区、国有垦区危房改造等。

6. 建设内容

第一，项目涵盖棚户区改造涉及的"拆旧"和安置棚户区居民的"建新"，具体包括对棚户区的征收、拆迁（可以有，如未包含在项目总投资中，也需要在可研中说明征收范围、户数、占地面积、征收建筑面积）；棚户区原地块的道路、供水、供电、供气、排水、照明、绿化、土地平整等基础设施建设（可以有）。

第二，建设安置房、购买安置房或货币补偿安置（必须有）。

第三，棚户区腾出地块的商业房地产开发，商业开发可与棚户区改造整体包装、区分清楚、分步实施，商业开发总投资不超过全部总投资的 50%（可以有）。

7. 贷款期限

中长期贷款期限一般为 10 年，最长不超过 15 年，其中宽限期（只付息、不还本）不超过 3 年。过桥贷款期限原则上不超过 5 年，其中宽限期不超过 3 年。

8. 项目资本金

资本金比例不低于总投资的 20%，资本金来源为各市、县财政自筹及中央、省级下拨的专项资金、专项补助。开发银行通过提供过桥贷款，最高可解决项目资本金的 25%。

9. 还款资金来源

为地市财政综合统筹资金，地市政府与豫资公司签订委托投资协议明确项目回购资金，地市财政须向省财政厅出具承诺函，同意还本付息资金不能及时到位时，省财政可扣划其财政资金还款。

10. 担保措施

中长期贷款可采用市政府与豫资公司签订的回购协议项下的应收账款质押。过桥贷款须提供土地或房产抵押、权益质押或第三方保证担保。

小结：

棚户区改造资金多渠道筹措资金，采取增加财政补助、加大银行信贷支持、吸引民间资本参与、扩大债券融资、企业和群众自筹等办法。落实棚户区改造资金，要通过加大各级政府资金支持、加大信贷支持、鼓励民间资本参与、规范利用企业债券融资、加大企业改造资金投入等，多渠道努力。

案例：××市棚户区改造融资模式

1. 政府回购模式

由区县政府授权某主体负责项目实施，按照《政府采购法》与实施主体签订 BT 协议，逐年支付回购资金。通过招标选择项目建设主体，为其提供融资担保。建设主体向银行申请贷款，以政府回购资金作为还款来源。

项目所在区县需要与银行签署还款资金差额补足协议。在委托代建或 BT 协议中明确约定回购资金来源，评审认为资金来源可靠的，使用委托代建、BT 等协议项下的应收账款质押作为担保。实施主体可为有实力和资质的民营企业、国有企业或地方政府融资平台等。

2. 市场化运作模式

政府支持项目公司部分资本金，其余资金由项目公司进行融资。筹资考虑棚户区居民以拆迁补偿款入股项目公司，一方面减轻项目公司拆迁补偿的资金压力，另一方面居民通过股权投资的回报可以在安置后获得稳定的收入来源。该模式可选择社会投资者、政府融资平台等作为项目的实施主体，优点是通过土地开发收入平衡部分改造投入，能最大程度减轻政府的财政负担。

3. REITs 模式

由市保障房投资中心将保障房资产抵押给信托公司，并进行打包，在交易市场流转。投资者的收益为同期保障房租赁市场所获得的收益，差价由政府进行补贴。通过 REITs 募集的资金，投资中心用于棚户区改造投资，开发收益用于新增保障房建设，扩大 REITs 资产池规模；通过棚户区改造新增的保障房资产，也交由投资中心统一管理，实现保障房存量资产滚动发展。棚户区改造 REITs 由投资中心和国有信托公司共同发起。可采用私募形式，融资对象限于一定范围，如国开行、公积金、社保资金、保险资金、大型央企和国有企业等，不对普通投资者发行和流通。

4. 政府引导性发展投资基金模式

在资产管理层面，政府投融资平台为项目的开发建设主体，基金对棚户区改造、棚改区商业开发、安置房建设、物业经营等项目进行股权投资或提供债权融资，以股权投资为主。

基金的主要收益来源包括棚改区商业开发股权投资收益、安置房物业及附属设施经营股权收益、债权投资收益。政府投融资平台作为 GP 对发展投资基金承担无限连带责任风险；其他投资人作为 LP，以其投资金额承担有限责任；基金以所持股权对所投资企业承担有限责任。

5. 私募债模式

由政府指定或设立的投融资平台为发债主体，由主承销商代理承销，并实施统一监管、审核资金的支付使用、项目回款资金最终归集及还本付息，结算经办银行负责资金的支付结算和项目回款的初步归集。还款来源为棚户区改造项目的商业开发运营。为降低发行成本，可考虑由政府或主承销商给予信用支持。

（四）棚户区改造融资模式下的具体方法

1. 各级政府要加大资金支持力度

第一，中央和省加大对棚户区改造的补助，增加安排配套基础设施建设补助资金，并对财政困难地区予以倾斜（2009 年文件：省级人民政府可采取以奖代补方式）。市、县人民政府也要从规定的城市维护建设税、城镇公用事业附加、城市基础设施配套费、土地出让收入等渠道，把该筹措的资金筹措到位，切实加大棚户区改造的资金补助和投入力度，各地还可以从国有资本经营预算中适当安排部分资金用于国有企业棚户区改造。

第二，有条件的市县可对棚户区改造项目给予贷款贴息（2009 年文件：城市和国有工矿棚户区改造项目执行廉租住房建设项目资本金占20%的规定）。

2. 加大信贷支持

第一，银行业金融机构要按照风险可控、商业可持续原则（2009 年文件：根据改造项目特点合理确定信贷条件），创新金融产品。

第二，改善金融服务，积极支持棚户区改造，增加棚户区改造信贷资金安排，向符合条件的棚户区改造项目提供贷款。

第三，各地区要建立健全棚户区改造贷款还款保障机制，积极吸引信贷资金支持（2009年文件：有条件的地区建立贷款担保机制）。

3. 鼓励民间资本参与改造

第一，鼓励和引导民间资本根据保障性安居工程任务安排，通过直接投资、间接投资、参股、委托代建等多种方式参与棚户区改造。要积极落实民间资本参与棚户区改造的各项支持政策，消除民间资本参与棚户区改造的政策障碍，加强指导监督。

第二，积极引导社会资金投入城市和国有工矿棚户区改造，支持有实力、信誉好的房地产开发企业参与棚户区改造。

4. 规范利用企业债券融资

第一，符合规定的地方政府融资平台公司、承担棚户区改造项目的企业可发行企业债券或中期票据，专项用于棚户区改造项目。对发行企业债券用于棚户区改造的，优先办理核准手续，加快审批速度。

第二，扩展分析：政府债与企业债（这几年企业债券对保障性安居工程建设的支持作用非常明显，已成为重要的资金渠道）。

（五）棚户区改造投融资的建议

1. 融资思路

以项目为载体，设计商业模式和盈利模式，运用资本的力量把项目做好，实现盈利。

（1）企业的自有资金。

（2）政府的财政拨入。

（3）股权投资。

（4）金融机构融资：银行、信托、证券、保险、融资租赁。

（5）设立产业投资基金。

2. 银行

（1）中介：帮有钱人理财，需要钱的人融资。

（2）信用。

（3）去杠杆化。

3. 棚户区改造项目融资模式

（1）资本金筹集：20%~30%。

1）财政拨入。

2）社会资本自有资金。

3）企业发起产业投资基金，政府认购，起增信作用。

4）金融债。

5）地方政府成立产业投资基金，政府发起与银行共同设立。

（2）项目资金：70%～80%。

1）金融机构贷款。

2）发行企业债和项目收益债。

3）私募股权投资。

4）资产证券化。

5）保险资金运用。

6）引进战略投资者。

7）债权投入（国有资本支持）。

8）上市公司定向增发股票。

4. 回报方式（PPP、DPP）

（1）政府付费。

（2）使用者付费。

（3）可行性缺口补助。

1）上级投资补助：无偿。

2）股权投入：入股分红。

3）价格补贴、运营补贴：根据绩效评价给予补偿。

4）资源补偿：项目周边土地、商业等配套设施开发收益权。

十八届三中全会《中共中央关于全面深化改革若干重大问题的决定》提出让市场在资源配置中起决定性作用和更好发挥政府作用，允许社会资本通过特许经营参与基础设施建设。

十八届四中全会做出依法治国的决定，对开展 PPP 项目起到保障作用。国务院 2014 年 43 号、45 号、60 号文件的出台，发改委、财政部文件的细化，进一步明确了开展政府与社会资本合作的方向、方法，发改委明确哪些领域可以做 PPP，财政部细化怎样开展 PPP。六部委的 25 号令、国办发〔2015〕42 号等明确了相关部门的政策支持，特别是财税、金融、价格、用地、贷款优惠等措施将有利于推动 PPP 项目落地。

5. 政府与社会资本合作的四个转变

（1）政府职能：国家管理→国家治理。

（2）公共服务：政府供给→合作供给。

（3）财政管理：短期平衡→中长期平衡。

（4）基础设施：供给不足→有效供给。

第一，作为企业：①看准大势，把握发展趋势。②找到方法、弄清盈利模式，创新商业模式。③遵循规律，处理好政府与市场、政商关系。PPP 提供公共产品和服务，做到依法经营、诚信经营，真正做到依法是生存力，诚信是竞争力。可以赚钱，但不会牟取暴利，用一颗敬天爱人、利他之心，回报社会，发展自己。

第二，作为政府：①强调契约精神和法制意识，重合同、守信用。②充分发挥政府的引导作用。③落实土地、财税、价格、金融等政策支持，让社会资本放心、放手、放胆参与。

第三，作为金融机构：①主动参与、全程介入、了解政策及项目。②控制风险在于认识到风险的存在，熟悉项目商业模式。③创新融资担保方式，积极作为、发展自己。

6. 融资方式建议

（1）股权融资，如图 2 所示。

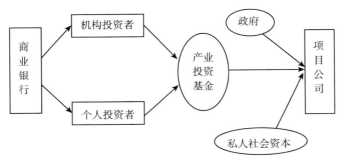

图 2　股权融资

由银行撮合组成产业投资基金，产业投资基金投资者由机构和个人组成，然后参与项目公司股权。

产业投资基金组建方式如图 3 所示。

由省（州）级政府层面出资成立引导基金，再以此吸引金融机构资金，合作成立产业基金母基金。

（2）保理融资。

保理融资是指保理商买入基于贸易和服务形成的应收账款的业务，服务内容包括催收、管理、担保和融资等。

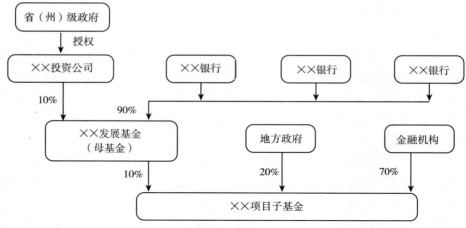

图3　产业投资基金组建方式

（3）融资租赁。

2015 年 8 月 31 日《国务院办公厅关于加快融资租赁业发展的指导意见》（国办发［2015］68 号）。

项目公司与租赁商签订合同，由后者负责采购设备，然后租给项目公司。此时租赁商拥有项目公司一项债权，租赁商将其转让给商业银行，由商业银行负责向项目公司收取租金。

十、券商视角的新兴产业并购估值方法与投资逻辑
——以影视文化传媒及医疗服务行业为例

王克宇

【作者简介】王克宇，西部证券投资银行事业部董事总经理，律师、保荐代表人，从事投资银行业务10余年，具有丰富的企业辅导、改制、上市，以及上市公司重大资产重组和IPO保荐工作经验。

（一）新兴行业的前景与投资机会

1. 新兴产业的发展背景

（1）新兴产业。

显著区别于传统领域诸如"两高一剩"产业，新的技术与新的需求将催生一批新的产业，如图1所示。

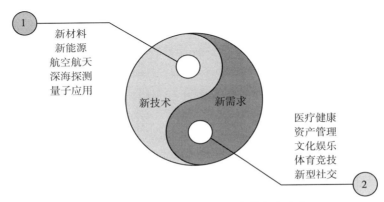

图1　由新技术、新需求催生出的新兴产业

（2）新兴产业的发展背景。

新兴产业的发展背景如图 2 所示。

过往30年中国企业习惯了的环境	走向未来30年：环境变迁
■ 没有经济衰退，不曾出现经济危机	■ 经济周期明显，金融危机随时可能发生
■ 用之不竭的人口红利	■ 人口红利走向人口负债
■ WTO背景下出口需求强劲、持续增长	■ 美元贬值、美国危机殃及全球
■ 人民币币值长期低估	■ 人民币长期升值趋势不改
■ 低成本的资源和环境消耗	■ 资源约束和环境成本越来越高
■ 源源不断的廉价劳动力供给	■ 刘易斯拐点出现，劳动力成本提高
■ 天然的或竞争形成的垄断优势	■ 当经济衰退时，垄断将演变成灾难
■ 优裕的寻租空间（民企和外资）	■ 反腐，民意的觉醒、法治
■ 企业公民意识淡漠，社会责任不重	■ 万科、三鹿、双汇、染色馒头、矿难
■ 社会冲突没有公开化，社会稳定	■ 社会阶层分化加快，社会冲突显性化
■ 利益集团之间很少在经济层面比拼	■ 利益集团介入市场机制，竞争扭曲

图 2　新兴产业的发展背景

2. 新兴产业的投资、并购机遇

（1）政策导向带来行业红利。

第一，政府"十三五"规划目标要求中已具体提出"产业迈向中高端水平，消费对经济增长贡献明显加大"。

第二，在具体规划中明确提出"支持战略性新兴产业发展""提高文化开放水平"和"提高民生保障水平"。

（2）新兴产业的投资机会。

首先，关注 3 个杠杆率：企业部门杠杆率，发达国家平均水平大概在 70%左右，发展中国家、新兴市场大概在 50%左右，而中国高达 125%。政府部门负债率，发达国家平均 90%，新兴国家大概是 55%，中国差不多正好是 55%。如果考虑到中国的养老问题，以及国企改革当中可能存在的国家需要承担的部分成本，中国政府负债率大概在 60%~80%。发达国家家庭杠杆率的平均水平大概在 75%左右，发展中国家平均大概是 35%，中国是 38%。

其次，新兴产业遍布各个领域，但家庭部门加杠杆带来的高速发展的行业具有最大增长空间，如文化传媒、影视行业、医疗服务等行业。

（二）新兴产业的投资、并购环境

1. 文化传媒行业并购市场

2013~2015 年文化传媒行业并购市场概况如图 3 所示。

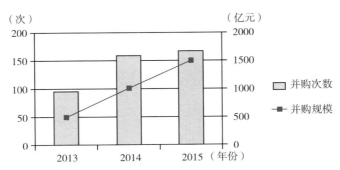

图 3　2013~2015 年文化传媒行业并购市场概况

据统计，从 2004 年开始，文化产业产值一直保持高速增长，每年增速不低于 15%，一直受到资本市场的重视和青睐。

影视、旅游、传媒和体育行业是 2015 年并购市场的热点领域。影视行业并购总额最高。据不完全统计，2015 年影视行业发生 31 起并购事件，除 4 起未披露金额外，并购总额高达 507.78 亿元，占 2015 年文化传媒行业并购总额的 33.87%。游戏行业次之，并购总额达到 328.9 亿元；旅游、体育和传媒行业分别位列第三、第四、第五。

（1）2015 年文化产业领域的并购呈现出如下几个特点。

1）在 BAT 几大互联网巨头的参与下，出现了一些大型并购案例，如阿里巴巴 45 亿美元收购优酷土豆等。

2）上市公司的产业并购速度加快，如上海 SMG 两大上市公司百视通和东方明珠的合并等。

3）很多在海外上市的文化企业通过私有化回归国内市场，如分众传媒借壳七喜控股上市等。

4）随着影视产业的持续增长，围绕 IP 打造生态系统的并购案例也逐渐增多。

（2）传媒业并购市场火爆的原因。

1）我国进入传媒业高级发展阶段：人均 GDP 超过 5000 美元；互联网媒

体高速发展；电影产业近 300 亿元；游戏产业市场规模超过千亿元。

2）文化产业利好政策迭出，国家把大力发展文化产业作为调整和完善经济结构的重要抓手，出台了大量的文化产业相关扶持政策。

3）国家放松对产业并购的管制政策。

4）国内 IPO 发行数量少且排队时间太长，企业转而寻找并购的退出渠道，传统产业亟待通过并购新兴产业培育新增长点来实现转型升级；上市公司的市值也需要并购实现自身的高成长性。

2. 影视行业并购市场

（1）2013 年影视娱乐板块异常活跃，资本整合案例高密度出现，并购潮风起云涌。

例如，万达 26 亿元并购 AMC、华策 16.52 亿元收购克顿传媒、乐视网 15.98 亿元同时收购花儿影视和乐视新媒体、光线传媒 8.3 亿元入股新丽传媒、华谊兄弟 6.7 亿元并购广州银汉科技、苏宁联手弘毅资本投资 PPTV、华谊兄弟收购浙江常升 70% 股权、华策影视 1.8 亿元入股最世文化、江苏宏宝全资置换长城影视、中视传媒收购金英马等。

（2）2014 年文化产业景气度提升，影视更是被资本市场赋予高估值，成为并购圈中最热门的选项之一。

（3）2014 年影视行业并购的特点。

1）行业整合速度加快，2013 年涉及影视行业的有 7 起，2014 年有 61 起。

2）并购方式多元化，产业纵向横向并购兼具。

3）融资金额高。

4）渠道、内容相互延伸。

5）跨界并购活跃，产业互联网化。

6）国际化并购加速。

（4）原因。

良好的市场环境和行业政策奠定了市场对影视行业发展的信心，资本更加活跃地进入影视产业。

1）广电总局数据显示，2015 年全国电影总票房达 440.69 亿元，较 2014 年的近 300 亿元同比增长 48.7%。

2）在票房屡创新高的同时，上市公司频施"资本术"，不断涉及对影视行业横向兼并、垂直整合及跨界收购。

3）并购影视标的，已成为文化传媒行业的热门事件。

4）2015 年 A 股市场共发生 137 起文化传媒行业并购事件，其中影视相关并购多达 76 起，涉及资本 2000 亿元，占比 87%，平均每 5 天发生一起影视并购事件。在 2014 年，A 股发生影视并购事件 61 起，而在 2013 年，这一数据仅为 7 起。

（5）监管层在 2016 年 5 月开始对影视等行业的并购重组从严监管。

1）暴风集团（300431.SZ）收购吴奇隆等设立的北京稻草熊影视文化有限公司重组案遭到否决。

2）唐德影视收购范冰冰设立的无锡爱美神影视文化有限公司计划终止。

3. 医疗服务行业并购市场

（1）医疗服务行业并购市场状况。

2013~2015 年医疗服务行业并购市场概况如图 4 所示。

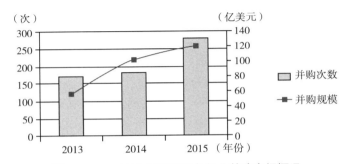

图 4　2013~2015 年医疗服务行业并购市场概况

自 2009 年以来，医药行业在新医改和国家系列行业政策的作用下，并购整合持续活跃。2015 年国内医疗健康并购市场完成交易 281 起，同比 2014 年完成交易 184 起上涨 52.7%，交易规模 119.27 亿美元，同比 2014 年交易规模 102 亿美元上涨 16.9%。总体来说，医疗健康并购行业 2015 年相比 2014 年有回暖势头。

（2）医疗服务行业迎来黄金发展期。

（3）老龄化加速带来医疗就诊需求增加。

（4）国家财政投入持续增加。

（5）近年来随着人口老龄化、消费升级及新医改支付带来的提升，我国医疗服务市场整体蓬勃发展。

1）2016 年，医疗及医药行业的并购活动将会继续呈现出上升的趋势。

2）越来越多的独立医院和诊所将很难仅依靠自己继续维持下去。为了获取上述组织现有的客户基础，大型医疗管理公司正在收购与自身互补的医疗机构。

3）在国家加大医药医疗改革、消除产能过剩、支持企业做大做强的政策引导下，伴随我国人口数量的自然增长、人口老龄化和居民卫生保健意识的不断增强，2015 年医药行业并购案激增，并购数量和金额均创下新高。

4）一些大型医药企业尤其是上市公司为了扩大市场规模，致力于完成整个产业链的布局，加快并购重组脚步。

5）医药细分领域，如精准医疗、互联网医药、基因测序等并购尤其火热。同时，国内企业也在积极寻找海外并购机会，包括医疗器械、医疗服务及生物技术等领域。

（三）新兴产业并购的估值方法与难点

1. 并购标的估值的影响因素

（1）市场环境。

1）牛市氛围中：企业估值普遍较高，企业愿意支付的收购价格也相应提高，进而提高了被收购企业出售的机会成本。

2）市场低迷时：企业估值较低，其被收购的机会成本也相应降低，愿意接受相对较低的估值。这也是很多企业选择在金融危机时期进行并购的原因。

3）市场环境影响：新兴产业企业市值与沪深指数齐动。

（2）行业环境。

1）行业所处生命周期：成长期，成熟期，衰退期。

2）行业增长空间：快速增长，市场饱和。

3）行业竞争情况：充分竞争，寡头垄断。

（3）公司品质。

1）公司未来期间收入、利润的成长性。

2）公司资产质量。

3）管理团队优劣。

4）公司核心竞争力：技术、产品、渠道。

5）公司分析常用工具：KSF（关键成功因素）分析。

2. 并购标的估值常用方法

（1）企业估值理论。

1）成本法：也称资产基础法，是指在合理评估企业各项资产价值和负债的基础上确定评估对象价值的评估方法；在并购中，成本法能够发挥对目标企业资产和负债的尽职调查作用，同时能够提供交易价格谈判的"底线"，并且易于了解企业的价值构成；账面价值：一般在企业并购中作为底价参考。

成本法的优点是具有客观性，历史成本资料比较可靠，计算简便。其缺点是忽视了企业管理水平、商誉等无形因素对企业价值的影响，无法评估并购所产生的协同价值，不能反映企业未来的盈利能力。

2）收益法：是指通过估测标的企业未来的预期收益现值来判断目标企业价值的方法。有三个重要参数：自由现金流、折现率和收益期限；具体包括企业实体现金流量贴现法、股权现金流量贴现法等；实务中，通常根据被评估企业成立的时间长短、历史经营情况、经营和收益稳定性、未来收益的可预测性来判断收益法的适用性。

收益法的优点是比较全面地反映了公司的基本情况和获利能力，考虑了时间和风险的因素。其缺点是准确预测企业未来的现金流量是非常困难的，贴现率难以确定。

3）市场比较法：是指将目标企业与参考企业或已在市场上有并购交易案例的企业进行比较以确定评估对象价值的评估方法。

选择一个或几个与评估对象类似的企业作为参考物或价格标准，分析参照物的交易条件，进行对比调整，据以确定被评估企业价值。选择"类似"的公司，即企业规模、市场条件、管理水平、信息处理系统、技术利用水平、预期增长率等与目标企业相类似的企业，具体包括市盈率法、市净率法、市销率法等。

市场比较法的优点是操作简便，易于应用，要求的数据可得性强。其缺点是只能说明可比公司之间的相对价格高低，对于这些企业的绝对估值是否高估或低估无法判断，可比公司不容易寻找。

（2）并购估值实践。

1）未来收益法/相对估值法：若企业历史及未来期间具有稳定的收入、利润和现金流，能够对未来年度的盈利情况进行预测，则对未来年度收益进行贴现，或者以未来年度的利润为价值基准，乘以适当倍率。

2）资产基础法：若收购资产的质量较差，整体盈利能力较差，则可在净资产账面价值的基础上做适当调整，剔除不良资产，调整账面与公允价值，乘以适当倍率。

3. 新兴产业并购估值难点

新兴产业并购估值常用：收益贴现法、相对估值法。

（1）收益贴现模型估值难点。

1）历史数据的可参考性：历史收入和利润可能很小，甚至亏损，难以用于推断未来预期。

2）未来增长率的估计：以历史增幅作为未来增长预测可能会高估。

（2）相对估值模型估值难点。

1）行业专属倍数。

A. 一些营业利润和净利润为负的公司，无法应用任何基于利润的倍数。

B. 引入行业专属倍数，如 20 世纪 90 年代末，对于崭新的互联网公司，分析师以网站访问量的倍数来做价值评估。

C. 行业专属倍数的合理尺度难以把握。

2）增长率与市盈率之间的关系。

更高的增长率意味着更高的利润倍数，但难以合理量化。

（四）新兴产业企业尽调主要项目与关注点

根据并购交易中涉及的各主体的关系，财务顾问在并购项目中的尽职调查对象大致可以分为四类，如图 5 所示。

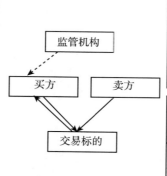

代表买方对交易标的进行尽职调查		代表卖方对交易标的进行尽职调查
一般来说，买方均会聘请财务顾问对交易标的进行全面尽职调查，作为买方决策基础		与第一种尽职调查类型相对，卖方也会聘请财务顾问，对交易标的进行调查，为出售工作做准备
根据监管机构的要求，对买方进行尽职调查		代表卖方对交易进行尽职调查
在某些情况下，监管机构会要求收购人财务顾问对收购人进行尽职调查，侧重于调查收购人的资金实力、履约能力、主体资格等方面		在某些情况下，根据法规要求，被收购公司董事会将聘请独立财务顾问对交易进行尽职调查，调查主要侧重于交易是否公平合理，以及收购人的资格等

图 5　并购项目中的尽职调查对象分类

1. 尽调目的和主要领域

作为并购交易中其他各项工作的基础，开展尽职调查时即应带着明确的目的进行，如图 6 所示。

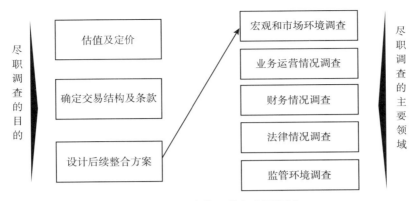

图 6　尽职调查的目的和主要领域

2. 尽调关注要点

尽职调查的各方面不仅要各有侧重，而且应彼此关联、综合考查。

（1）业务方面。

1）行业/企业的业务模型、盈利模式。

2）标的企业的竞争优势、主要价值驱动因素。

3）协同效应及未来潜在的整合成本和整合风险。

Tips：

在做业务尽职调查时，可以以估值模型为线索进行调查。

不要忽视目标公司董事会会议记录及决议等法律文件，里面会包含公司业务的信息，特别是公司战略。

（2）财务方面。

1）关注历史财务数据的真实性，可靠性。

2）预测财务数据偏于保守还是偏于乐观，并说明预测的依据是什么。

3）关注是否有表外负债。

4）内控制度的健全性（审计师的内控审计报告）。

5）税务问题（除公司自身税务情况外，还需关注收购方案所涉及的税务问题）。

Tips：

在做财务尽职调查时，要与审计师充分沟通，并且与业务尽职调查紧密联系。

（3）法律方面。

1）公司自身的法律情况：重大的诉讼和法律纠纷、房产土地的权属问题等。

2）交易所涉及的法律问题：股权结构（优先股东、期权等问题）、行业监管规定、交易涉及的其他监管规则等。

Tips：

法律尽职调查大致可分为两部分：一部分为公司本身的法律情况，需要依赖律师去进行调查，投行需要关注未来的风险所在；另一部分为交易所涉及的法律问题，此部分投行要充分组织和参与讨论。

（4）人力资源方面。

1）管理层聘用和留任问题。

2）离退、内退人员负担及养老金问题。

Tips：

人力资源的问题对于收购后的成功整合非常重要，不容忽视；投行需起牵头的作用，具体的工作由适当的中介机构承担。

（5）其他方面。

1）是否有历史遗留问题，如一厂多制等。

2）是否存在大股东占用资金、重大同业竞争等问题。

Tips：

应根据相关监管规则及实际案例，制定并不断完善"检查事项清单"，逐项确认。

3. 尽调限制因素

（1）限制因素一：保密的要求。

1）限制因素：尽职调查工作往往和保密工作的要求发生矛盾，特别是在买卖双方有一方或者双方均为上市公司时。并购交易中的尽职调查工作容易引起消息泄露，从而引发上市公司的股价发生波动。

事实证明，很多上市公司的股价在收购前已经发生了异动，国内资本市场上市公司收购的两起案例如图7和图8所示。

2）应对措施：周全的保密工作是尽职调查工作开展的前提；作为财务顾问，一方面要保证交易涉及的相关方均签署了保密协议（如客户、中介机构、目标公司等），另一方面也要向各方，特别是客户强调保密的重要性和相关的法律责任。

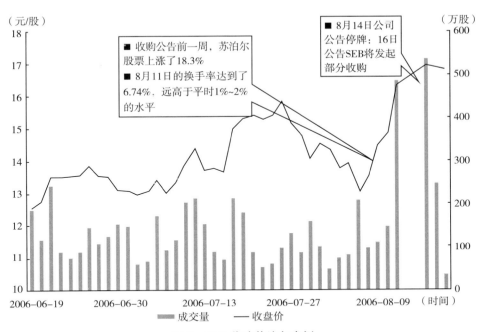

图 7   SEB 收购苏泊尔案例

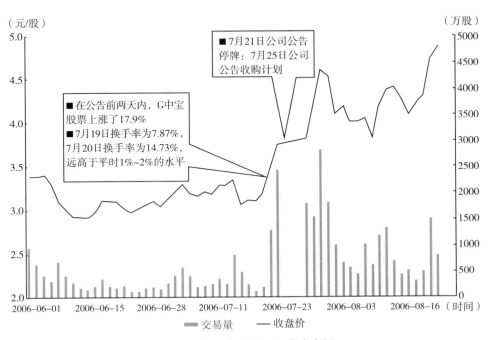

图 8   G 中宝收购母公司资产案例

（2）限制因素二：上市公司信息披露的要求。

1）限制因素：根据《证券法》及交易所的上市规则，上市公司应当及时、公平地披露所有对本公司股票及其衍生品种交易价格可能产生较大影响的信息。因此，从理论上来说，上市公司所有重要情况均已公开披露，目标公司也可能以此为由，在签署收购协议前，拒绝提供进一步的信息。

同时，如果收购事项已经难以保密，或者已经泄露或市场出现传闻，或者上市公司股票及其衍生品种的交易发生异常波动，则上市公司也需要及时披露有关情况，这将给收购人及财务顾问进行尽职调查带来很大的难度，在严格的信息披露制度规定下，即使目标公司愿意配合，尽职调查工作也无法大规模的开展。

2）应对措施：

A. 采用分阶段推进尽职调查的办法：在项目的最初阶段，先以公开信息为主做内部研究，待双方基本商定合作意向，再要求对方安排补充尽职调查，有针对性地解决若干问题，在此基础上达成最后协议。

B. 有限的尽职调查＋有效的法律条款保护：常见的法律保护条款如：（a）要求卖方在买卖协议中提供一定的声明和保证，若日后发现问题，则可援引协议提出索赔；（b）要求卖方在一个第三方账户中存入一定的资金，如果卖方违约，则买方自动获得赔偿；（c）收购价格根据未来企业运营情况进行追溯调整的机制。

C. 落实事后追索责任：一般的事后追索的对象都为股份的出售方，即上市公司的大股东；如果上市公司不存在大股东，则相关的赔偿责任也可以为上市公司自身，或者其董事、高管。

（3）限制因素三：被调查对象的开放程度。

1）限制因素：被调查企业主观上积极的支持和配合对于尽职调查工作的顺利开展非常重要。

尽职调查需要全面了解公司的情况，不可避免地涉及宏观战略、商业机密及一些较为敏感的信息。因此，企业常常会从自我保护的立场出发拒绝提供机密资料，甚至对整个尽职调查工作持不合作的态度，为财务顾问尽职调查工作的开展增加了难度。

2）应对措施：

A. 与尽职调查各参与方签订严格的保密协议，对相关人员进行保密义务和责任的培训，明确相应的法律责任；并在内部注重长期、持续地建立诚信意识和形象。

B. 与受调查企业签订严格的保密协议，与企业沟通保密协议的作用和法律约束力，取得企业的支持和理解。

C. 对受调查企业进行培训，告知其尽职调查工作的重要性，说明尽职调查所涉及的重大法律责任。

D. 采用企业可以接受的尽职调查方式，如将尽职调查人员控制在一定范围内、机密信息不复印、不外带等，消除企业的顾虑。

（4）限制因素四：时间的要求。

1）限制因素：收购项目不同于 IPO 项目，对时间的要求很高，制约了尽职调查开展的程度，主要原因如下：

A. 收购项目的进度很重要，时间越长，项目的变数就越多，泄密的可能性也越大，容易导致项目失败。

B. 涉及上市公司的收购，监管机构对相关信息披露的时间点有严格的要求，一旦公告，就进入自动的执行程序，需按时进行各种披露。

C. 客户一般对收购项目的完成时间也有较高的要求。

2）应对措施：

A. 事先在内部做充分的准备：事先充分熟悉背景情况，根据公开资料做充分的案头研究，保证参与尽职调查的其他各方也熟悉相关情况。

B. 制定周密的尽职调查计划和清单：根据交易特点，明确调查重点，选择合适形式，充分考虑各种可能的情况，制定周密的调查计划和预案。

十一、未来收益支持型信托业务模式研究

鲁长瑜

【作者简介】鲁长瑜，吉林省信托有限责任公司研发部总经理助理，经济学博士，中级经济师。

中国银监会 2016 年编制的《商业银行理财业务监督管理办法（征求意见稿)》将"非标准化债权资产"定义为"未在银行间市场或者证券交易所市场交易的债权性资产"；此外，"非标准化权益资产"可以理解为除证券交易场所交易的股票及其收益权之外的权益性资产。本文所探讨的未来收益支持型信托业务就是以能够产生未来收益的非标准化债权资产和非标准化权益资产作为基础资产的非标信托业务。

（一）企业未来收益支持型信托业务的释义

1. 企业未来收益支持型信托业务的界定

企业未来收益支持型信托业务是本文的创新型提法，尚未有学术定义。本文将企业未来收益支持型信托业务界定为：信托公司将缺乏即期流动性，但具有可预期的、稳定的未来现金流的资产进行组合和信用增级，依托该资产（或资产组合）的未来现金流发行信托计划，并对未来现金流进行实质管理的业务。以下将该种能够产生未来收益的资产简称为"基础资产"。

2. 该类业务的优势

一是融资期限灵活。融资期限与基础资产的运营期限/未来收益期间相匹配，一般可自主决定，最长可达 7~10 年。

二是融资规模灵活。融资规模由基础资产的预期现金流决定，不受宏观经济、信贷政策等的限制和影响。

三是资金用途灵活。募集资金用途无明确限定，也不进行监管，由企业自

主安排募集资金使用。

四是基础资产本身的信用级别可能大于融资企业的信用级别，这可以突破融资企业自身的资质限制，专门针对基础资产本身进行投融资考评。

（二）五种操作模式

1. 对未来收益型基础资产的投资

该类投资主要是对企业能够产生未来收益的资产进行购买，把企业的资产让渡给受托人，相当于企业把资产的未来收益贴现，而受托人获得收取基础资产未来收益的权益。

由于基础资产主要体现为应收债权和应收收益权，实务中应收债权的让渡主要采用以下两种方式：一是让与。原始权益人无须更改、终止与原始债务人之间的合约，直接将资产（债权或收益权）转让给受托人，但须履行通知债务人的程序（同时要查看原始权益人与原始债务人相关合同是否有特殊条款）；二是债务更新。原始权益人与原始债务人之间的债权债务关系终止，由受托人和原始债务人重新签订新的债权债务合约（要核查双方是否需经有权部门的批准，尤其是对国资企业而言）。

由于该类业务属于投资类，受托人应具有较强的自主管理能力，对基础资产未来现金流的测算、风险评估及资产定价要较为精确。在实务操作中，往往是虽然基础资产被受托人购买，但是对基础资产的日常管理、未来收益的回收，以及附着在基础资产上的相关权利、义务和风险并没有完全脱离原始权益人，在这种情况下可以对原始权益人附加担保、保障义务的设计，如不合格基础资产的置换、差额补足、到期回购、购买保险、劣后级保障等。下面对劣后级保障设计做简要的阐述。

为保障优先级收益权的安全，同时为避免原始权益人出售基础资产后的不作为、不配合，可以进行结构化设计，原始权益人作为劣后级委托人，不但可以劣后级份额为限保障优先级份额收益和本金的安全，还可以约定劣后级委托人差额补足、到期回购的条款。除此之外，由于所投资基础资产的未来收益具有不确定性，往往折价购买，又由于给付优先级受益人的固定收益与基础资产的购买定价之间有一定的利差，所以进行劣后级收益权份额的设计也有助于优先级受益权实现后，对劣后级超额收益（如有）的分配。

2. 对未来收益型基础资产的质押融资

抵质押物对于信托计划的安全至关重要，对于拥有优质未来收益型基础资产的融资企业，信托公司可以采用对该基础资产进行质押融资的方式。该类业务的融资人无须更改、终止与原始债务人之间的合约，信托公司向投资者发行信托计划，然后将筹集到的资金贷款给融资人，融资人用对原始债务人的债权作为借贷的担保。

该类业务属于常规信托贷款业务，注重对融资人资质和质押物的考察，所以质押物的原始债务人的资信情况较为关键。对于账龄较短的应收债权，在信托期限内可以采用循环质押的方式，循环质押的具体方案见下文"5. 循环购买（质押）设计"。

3. 财产权信托方式

（1）财产权信托的内涵。

根据信托财产初始状态的不同，信托业务可以分为三大类：一是资金信托，是当前我国信托公司的主要业务类型；二是财产信托，如动产和不动产信托，动产和不动产信托是指那些初始信托财产为实物的信托，但是由于目前存在信托登记制度缺失等制度性障碍，动产及不动产信托业务在实务中难以开展；三是财产权信托，未来收益型基础资产适宜采取财产权信托的形式。

财产权信托是以财产权为信托财产所设立的信托关系，包括股权信托、债权信托、收益权信托、有价证券信托、专利信托等。根据财产权利类型的不同，财产权信托又可进行二级分类，如债权信托可以分为应收账款信托、银行信贷资产信托等；收益权信托可分为股权收益权、债权收益权、应收账款收益权、存单收益权、景区门票收益权信托、房产租金收益权信托、公路收费权信托等，从理论上讲，凡是能够产生未来收益的财产或财产权利都可以作为初始信托财产设立财产权信托。

（2）财产权信托交易主体的关系。

资金信托与财产权信托委托人的角色是不一样的。资金信托的委托人是投资者，初始信托财产是投资者交付的认购资金；财产权信托的委托人是融资方，初始信托财产是融资方信托给信托公司的债权、股权、收益权等财产权。在财产权信托中，投资者交付产品认购资金从而获得信托受益权，这种受益权是基于委托人交付的初始信托财产（即某种财产权）的未来收益，从而在财产权信托中投资者就是受益人，因此财产权信托的委托人和受益人是分开的，这与资金信托中委托人与受益人都是投资者不同。

在财产权信托中，融资方与受托人只是信托关系，交易双方没有债权债务关系；而在资金信托中，受托人与融资方之间是明确的债权债务关系。

（3）财产权信托的操作模式。

在信托实务中，财产权信托主要有三种操作模式：

1）主动管理类财产权信托业务。该类业务的核心是委托人将信托财产"真实出售"（即所有权转移）给受托人，受托人再向投资者发行受益凭证实现资金的募集，在这一过程中受托人要有对原始受托财产的鉴别能力和合理定价的能力。目前，在标准资产证券化、房地产信托投资基金（REITs）及对特定资产的真实买断类信托业务中，可以见到业内同行主动管理财产权信托的实践，但是出现的案例尚较少。

2）融资类财产权信托业务。该类业务不是对财产权的真实买断，而是一种以财产权质押担保为特征的变相融资业务，从实质重于形式的原则来看，其本质是一种贷款行为。

3）事务管理类财产权信托业务。该类业务中受托人不承担任何主动管理责任，不是风险承担主体，仅作为通道方用于促成委托人和投资人的特定目的。

4. 以未来收益支持的资产证券化

该类业务的操作流程如下：首先，由证券公司发起设立一个专项资产管理计划作为资产证券化的SPV；其次，专项资产管理计划向合格的投资者发行收益类的专项计划收益凭证来募集资金；再次，专项计划募集所得资金专项用于购买信托计划受益权，该信托计划受益权的目标资产为原始受益人拥有的特定基础资产；最后，专项计划以基础资产产生的现金流入向受益凭证持有人偿付本息。

信托公司绕道证券公司/基金子公司间接开展企业证券化有以下好处：第一，降低资金成本；第二，顺利实现信托受益权流动化；第三，解决刚性兑付顽症。众所周知，企业资产证券化对于信息披露、尽职调查等环节要求严格，进入公开市场后，业务能倒逼信托公司加强尽职调查和信息披露等薄弱环节，进而避免资产支持证券违约后还要继续承担刚性兑付责任。

而信托公司开展此类业务，最大的障碍是两个：其一，信托公司能否找到符合证监会规定的资产，虽说证券化的直接标的是信托受益权，但是证监会对信托受益权的基础资产还是有一定要求的，不是所有的信托受益权都可以进行资产证券化；其二，找到合适的证券公司或基金子公司开展合作，这毕竟不是一单两单，而是要长期证券化，因此，选择能长期合作的证券公司和基金子公司至关重要。

5. 循环购买（质押）设计

某项基础资产的未来收益是有期限的，在实务操作中可能会遇到基础资产未来收益的回收期较短的情况，如应收债券类资产的账龄多则几年，少则几天，但是信托计划的期限一般在一年以上，这时对于账龄较短的基础资产就要采取循环购买或者循环质押设计。

循环购买安排如下：在首批受让的基础资产产生回收款后，资产服务机构向受托人提交再投资拟受让的基础资产清单及再投资金额的建议，需经过受托人的审核和确认后，资产服务机构根据约定继续将该款项投资于符合合格投资约定的基础资产，并按照约定进行保管和催收等管理工作。以此类推，直到本期发行的信托计划到期。

循环质押安排如下：在以基础资产提供质押的信托业务的存续期间，由于融资企业初始提供质押的基础资产账期（或者回收期）较短，需用新形成的基础资产替换已经回款的前期基础资产，实现基础资产的"循环质押"。在信托计划存续期的任意时点，都要保持回款账户的资金与基础资产账面价值之和不低于信托合同约定的金额。

（三）未来收益支持型基础资产的选择

1. 基础资产的范畴

基础资产是指符合法律法规，权属明确，可以产生独立、可预测的现金流且可特定化的财产权利或者财产。基础资产可以是单项财产权利或者财产，也可以是多项财产权利或者财产构成的资产组合。

"基础资产"包含的一个重要领域就是"应收账款"。中国人民银行于2007年根据《物权法》制定了《应收账款登记办法》，其第四条对"应收账款"进行了定义："本办法所称的应收账款是指权利人因提供一定的货物、服务或设施而获得的要求义务人付款的权利，包括现有的和未来的金钱债权及其产生的收益，但不包括因票据或其他有价证券而产生的付款请求权。本法所称应收账款包括以下权利：①销售产生的债权，包括销售货物，供应水、电、气、暖，知识产权的许可使用等。②出租产生的债权，包括出租动产或不动产。③提供服务产生的债权。④公路、桥梁、隧道、渡口等不动产收费权。⑤提供贷款或其他信用产生的债权。"2015年1月《应收账款质押登记办法（修订征求意见稿）》，又将"其他提供医疗、教育、旅游等服务或劳务产生的债权；以合同为基础的具有金钱给付内容的债权"纳入到应收账款范畴，预判可将医疗收费权、学生教育收费权、旅游景点票务收费权及PPP项目下的未来收费权益认定为应收账款。

为确保基础资产的纯粹和安全，基础资产不得附带抵押、质押等担保负担或者其他权利限制。但能够通过信托计划相关安排，解除基础资产相关担保负担和其他权利限制的除外。对于能出质的基础资产，如可转让的债权及基础设施不动产收益权，拥有不可分性、物上代位性和物上请求权；对于不能出质的基础资产，如门票凭证，采取股东承诺补足预测现金流等增信方式及资产管理方监控。

对于信托公司参与的资产证券化业务，应注意《负面清单》的规定。中国证券投资基金业协会于 2014 年底发布《资产证券化基础资产负面清单》，其规定的负面清单如下：①以地方政府为直接或间接债务人的基础资产。但地方政府按照事先公开的收益约定规则，在政府与社会资本合作模式（PPP）下应当支付或承担的财政补贴除外。②以地方融资平台公司为债务人的基础资产。本条所指的地方融资平台公司是指根据国务院相关文件规定，由地方政府及其部门和机构等通过财政拨款或注入土地、股权等资产设立，承担政府投资项目融资功能，并拥有独立法人资格的经济实体。③矿产资源开采收益权、土地出让收益权等产生现金流的能力具有较大不确定性的资产。④有下列情形之一的与不动产相关的基础资产：因空置等原因不能产生稳定现金流的不动产租金债权；待开发或在建占比超过 10% 的基础设施、商业物业、居民住宅等不动产或相关不动产收益权；当地政府证明已列入国家保障房计划并已开工建设的项目除外。⑤不能直接产生现金流、仅依托处置资产才能产生现金流的基础资产。如提单、仓单、产权证书等具有物权属性的权利凭证。⑥法律界定及业务形态属于不同类型且缺乏相关性的资产组合，如基础资产中包含企业应收账款、高速公路收费权等两种或两种以上不同类型资产。⑦违反相关法律法规或政策规定的资产。⑧最终投资标的为上述资产的信托计划受益权等基础资产。

2. 未来收益支持型信托业务可以运用的领域

未来收益支持型信托业务可以运用的领域如表 1 所示。

表 1　未来收益支持型信托业务可以运用的领域

基础资产类型	基础资产	典型企业①
债权类	贷款合同项下的债权	小贷公司
	租赁合同的租金收益	融资租赁公司
	BT、PPP 合同的回购款	工程建设公司、城建公司
	应收账款	贸易、制造企业
	保理债权	保理公司
	股票质押式回购债权	证券公司

---

① 事实上，信托公司开展此类直接为小贷公司、典当行和担保公司直接融出资金的业务行为，截至目前，尚受相关监管机构的限制性监管意见约束。

续表

基础资产类型	基础资产	典型企业
收益权类	供水系统/水费收入	水务公司
	污水处理系统/排污费收入	城建公司/污水处理公司
	供气收入	天然气供应企业
	发电站/电费收入	发电企业
	供热收入	供热企业
	路桥/通行费收入	高速公路、路桥
	航空、铁路、地铁等运费收入	地铁、航空公司、轨道交通企业
	港口、机场/泊位收入	港口、机场企业
	门票收入	旅游景区或主题公园门票或项目收费
	网络租赁费	电信运营商、有线电视运营商
	物业租金收入	商业物业、工业区、开发园区企业
受益权类	信托受益权	原始信托受益权人

（四）开展该类业务应当注意的问题

1. 风险隔离问题

风险隔离是未来收益支持型业务的一个重要特征，也是其交易结构中的一个重要环节。但是对于我国目前的该类金融产品（如资产证券化）来说，无论是 SPV 设立还是资产转移，都没有真正实现风险隔离，而且在短期内也无法完全实现。在这种情况下，就需要通过有效的风险控制和信用增级措施尽可能地将破产风险降低到最低程度。如设置加速清偿机制，即当发起人破产、基础资产违约率达到一定比例或超额利差下降至一定水平，本金将进入加速清偿阶段，以保证优先级证券的本金偿还。

2. 收益权信托标的资产的确认和权属登记问题

在未来收益支持型信托的标的资产中，股权、债权的权属可以到相关部门和机构进行权属变更，而股权收益权、债权收益权、动产和不动产收益权及其他收益权等依附于原始权利之上，可以简单理解为权益之中的权益，对这种收益权的界定存在法律真空，相关权属也无法进行登记确认。而且，收益权顾名思义就是未来可能会获得收益的权利，它与当下所拥有的财产相对，本身就具有不确定性。此外，由于该类收益权是依附于基础资产和基础权利而产生的，基础资产、基础权利的减少、灭失或不利的司法判决，都将影响收益权的实现，如遇此情形，受托人难以对于收益权的实现主张权利。因此，在开展财产权信托业务时，要明确标的财产权能否在相关政府职能部门进行权属变更登记，如果不能，则应通过周全的法律文件予以约定。

十二、券商视角下的资产配置、资金池
——资产池运作与产品创新实务

朱楠楠

【作者简介】 朱楠楠，现任某券商资产管理部产品副总监，曾在全国股份制、中小银行的总行资产管理部任职。长期从事理财产品开发、项目投资、组合管理、运营支持、系统开发等工作，具有丰富的理财业务创新和投资管理经验。本文仅代表个人观点，与所在工作单位无关。

（一）大资产管理行业全景介绍

1. 大资管业务的市场格局分析

银、证、保、基、信、私募等资产管理市场格局分析如图1所示。

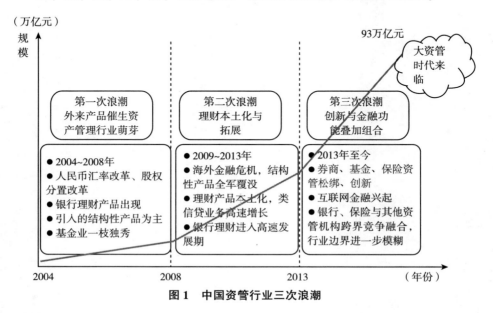

图1　中国资管行业三次浪潮

中国资产管理市场的竞争格局如图2~图3所示。

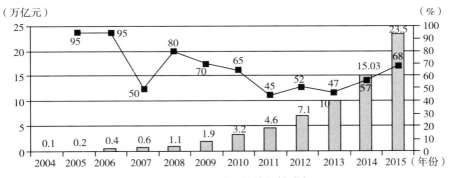

图2　银行业理财业务的规模增长

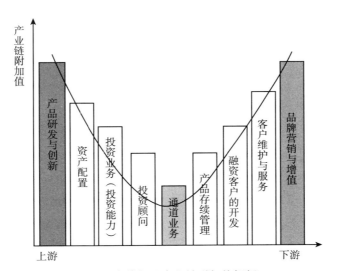

图3　资管行业产业链附加值解析

从子行业区分，银行在品牌、客户、渠道上占明显优势；信托和基金子公司在产品设计和资金运用上比较多样化，占相对优势；基金和券商在投资管理能力上占绝对优势。如表1所示。

表1 资管行业特点与现状

资管机构	特点	现状
银行理财	承担"刚性兑付"的压力,面临产品形态转型	直接面对客户,具有收益稳定、安全性高的特点
信托	以银行主导的通道类业务和资金信托计划为主,投资领域广泛,没有政策障碍	产品认购起点门槛高
保险资管	以保险资金投资为主,年金、投连险、保险资产管理计划	品牌认知度不高
券商+基金	以集合理财、定向资管计划、货币市场基金产品为主,投资范围广	产品认购起点低,申赎灵活,依托银行作为销售渠道

2. 大资产管理行业的宏观环境分析

大资产管理行业的宏观环境分析如图4所示。

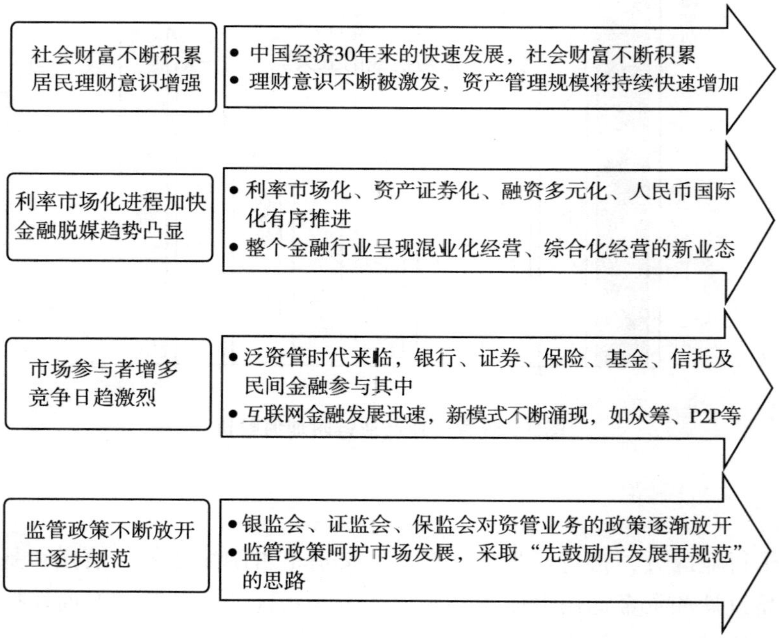

社会财富不断积累居民理财意识增强	• 中国经济30年来的快速发展,社会财富不断积累 • 理财意识不断被激发,资产管理规模将持续快速增加
利率市场化进程加快金融脱媒趋势凸显	• 利率市场化、资产证券化、融资多元化、人民币国际化有序推进 • 整个金融行业呈现混业化经营、综合化经营的新业态
市场参与者增多竞争日趋激烈	• 泛资管时代来临,银行、证券、保险、基金、信托及民间金融参与其中 • 互联网金融发展迅速,新模式不断涌现,如众筹、P2P等
监管政策不断放开且逐步规范	• 银监会、证监会、保监会对资管业务的政策逐渐放开 • 监管政策呵护市场发展,采取"先鼓励后发展再规范"的思路

图4 大资产管理行业的宏观环境

"十三五"期间，资管业务增长势头未来五年得以持续，但将有所放缓。中国资产管理规模至2020年预计达到174万亿元人民币。

在供给侧改革背景下，我国资产管理业务将发挥更重要的作用。资产管理在直接融资领域中的优势，将有助于我国直接融资市场的发展和社会融资占比的提升，支持经济转型。

3. 资产荒背景下资产管理业务面临的挑战、转型与机遇

随着以"供给侧结构性改革"为代表的经济转型的深化，"资产荒"在未来几年将成为常态。一方面，降低产品收益率或调整资产配置是一种应对思路；另一方面，为适应"新常态"，抵御市场份额流失的压力，领先资管机构需要把握五大抓手，如图5所示。

图5　应对挑战的五大抓手

传统银行业务面临不断深化的利率市场化改革导致的利差收窄、直接融资提速导致的贷款脱媒、第三方支付等业态兴起带来的结算脱媒、互联网金融和大资管发展带来的存款脱媒，以及信贷模式受制于固定收益回报的本质而无法支持创新与创业的困境等表现形式的挑战与转型。

因此，商业银行亦应对应实现从"存款立行"到"资产立行"的转变：

第一，业务模式和运营模式变革：从传统的存贷中介变身为数据分析者、服务集成商、交易撮合者、财富管理者。

第二，建立更有效的信贷资产配置机制和更多元的市场化业务。

第三，路径：通过资产管理业务，让银行成为直接融资体系和资本市场的重要参与者，从供给与需求两端促进直接融资和资本市场的发展。①增加权益性投资、支持并购/混改，改善企业的公司治理结构，促进实体经济转型；②积极适应养老投资需求，增加基础设施、PPP、资产证券化等长期投资，促进经济长期平稳发展；③主动促进银行转型，降低银行自身的杠杆率。

综上所述，结合国外资产管理公司的先进经验和我国的具体国情，我们认为我国资产管理业务将经历如下三个阶段，如图6所示。

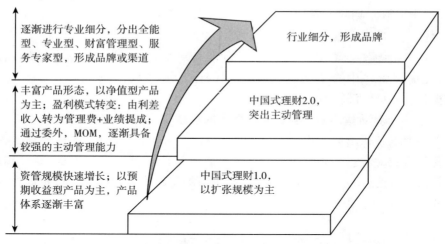

逐渐进行专业细分，分出全能型、专业型、财富管理型、服务专家型，形成品牌或渠道

行业细分，形成品牌

丰富产品形态，以净值型产品为主；盈利模式转变：由利差收入转为管理费+业绩提成；通过委外，MOM，逐渐具备较强的主动管理能力

中国式理财2.0，突出主动管理

资管规模快速增长；以预期收益型产品为主，产品体系逐渐丰富

中国式理财1.0，以扩张规模为主

图 6　资产管理业务将经历的三个阶段

（二）资产管理业务的法律、政策分析

1. 大资管业务的监管现状分析

大资管业务的监管现状如表 2 所示。

表 2　大资管业务的监管现状

监管机构		主体	产品
央行	银监会	商业银行	银行理财计划（个人、私行、机构）
		信托公司	信托计划（单一、集合）
	证监会	证券公司	券商资管计划（定向、集合、专项）
		基金公司	公募基金、特定资产管理计划（单一、多个）
		基金子公司	专项资产管理计划（单一、一对多）
		期货公司	期货资产管理计划（单一、集合）
	保监会	保险公司	养老保障计划 债权资产管理计划
金融监管协调部际联席会议制度、107 号文、一行三会的改革，未来机构监管和功能监管相结合			契约型私募基金、私募股权投资基金、产业基金、互联网金融，众筹、P2P 等普惠金融产品 《关于促进互联网金融健康发展的指导意见》（银发［2015］221 号） 《互联网金融风险专项整治工作》

大资管业务监管格局下的产品形态如图 7 所示。

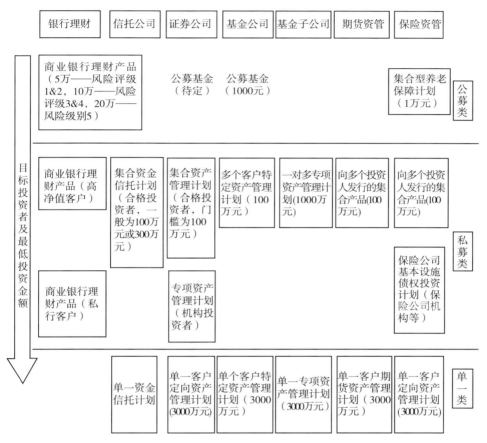

图 7 大资管业务监管格局下的产品形态

2. 银行理财业务的监管政策梳理

银行理财业务监管政策梳理如图 8 所示。

银行理财产品的分类（参照 2014 年《商业银行理财业务监督管理办法》）如图 9 所示。

2005年	商业银行个人理财业务风险管理指引	银监发[2005]63号
	商业银行个人理财业务管理暂行办法	银监会令[2005]2号
2006年	商业银行开办代客境外理财业务管理暂行办法	银发[2006]121号
	关于商业银行开展个人理财业务风险提示的通知	银监办[2006]157号
	关于商业银行开展代客境外理财业务有关问题的通知	银监办[2006]164号
2007年	关于调整商业银行代额境外理财业务境外投资范围的通知	银监办[2007]114号
	关于进一步调整商业银行代客境外理财业务境外投资有关规定的通知	银监办[2007]197号
	关于调整商业银行个人理财业务管理有关规定的通知	银监办[2007]241号
2008年	关于进一步规范商业银行个人理财业务有关问题的通知	银监办[2008]47号
	关于进一步加强信托公司银信合作理财业务风险管理的通知	银监办[2008]297号
	银行与信托公司业务合作指引	银监发[2008]83号
	关于进一步加强商业银行代客境外理财业务风险管理的通知	银监办[2008]259号
2009年	关于进一步规范商业银行个人理财业务报告管理有关问题的通知	银监办[2009]172号
	关于进一步规范商业银行个人理财业务投资管理有关问题的通知	银监发[2009]65号
	关于进一步规范银信合作有关事项的通知	银监发[2009]111号
	关于规范信贷资产转让及信贷资产类理财业务有关事项的通知	银监发[2009]113号
2010年	关于规范银信理财合作业务有关事项的通知	银监发[2010]72号
	关于进一步规范银行业金融机构信贷资产转让业务的通知	银监发[2010]102号
2011年	关于进一步规范银信理财合作业务的通知	银监发[2011]7号
	关于规范银信理财合作业务转表范围及方式的通知	银监办发[2011]148号
	关于印发王华庆纪委书记在商业银行理财业务监管座谈会上讲话的通知	银监发[2011]76号
	关于进一步加强商业银行理财业务风险管理有关问题的通知	银监发[2011]91号
	商业银行理财产品销售管理办法	银监会令[2011]5号
2013年	关于规范商业银行理财业务投资运作有关问题的通知	银监发2013年8号文
	中国银监会办公厅关于全国银行业理财信息登记系统（一期）运行工作有关事项的通知	银监办发[2013]167号
	关于进一步做好全国银行业理财信息登记系统运行工作有关事项的通知	银监办发[2013]213号
	关于全国银行业理财信息登记系统（二期）上线运行有关事项的通知	银监办发[2013]265号
2014年	关于2014年银行理财业务监管工作的指导意见	银监办[2014]39号
	关于完善银行理财业务组织管理体系有关事项的通知	银监发[2014]35号
	商业银行理财业务监督管理办法（征求意见稿）	2014年
2016年	关于规范金融资产管理公司不良资产收购业务的通知	银监办发[2016]56号
	关于规范银行业金融机构信贷资产收益权转让业务的通知	银监办发[2016]82号
	商业银行理财业务监督管理办法（征求意见稿）	2016年
	关于全面开展银行业"两个加强、两个遏制"回头看工作的通知	银监发[2016]115号
	关于进一步加强信用风险管理的通知	银监发[2016]42号

图8　银行理财业务监管政策梳理

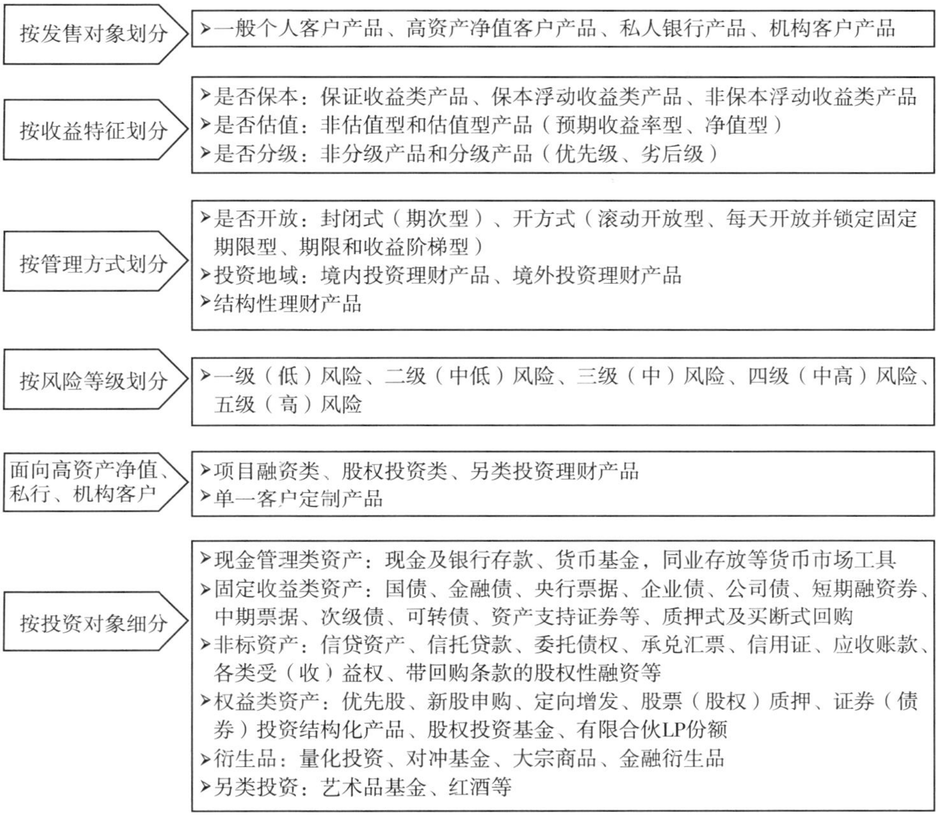

按发售对象划分	➤一般个人客户产品、高资产净值客户产品、私人银行产品、机构客户产品
按收益特征划分	➤是否保本：保证收益类产品、保本浮动收益类产品、非保本浮动收益类产品 ➤是否估值：非估值型和估值型产品（预期收益率型、净值型） ➤是否分级：非分级产品和分级产品（优先级、劣后级）
按管理方式划分	➤是否开放：封闭式（期次型）、开方式（滚动开放型、每天开放并锁定固定期限型、期限和收益阶梯型） ➤投资地域：境内投资理财产品、境外投资理财产品 ➤结构性理财产品
按风险等级划分	➤一级（低）风险、二级（中低）风险、三级（中）风险、四级（中高）风险、五级（高）风险
面向高资产净值、私行、机构客户	➤项目融资类、股权投资类、另类投资理财产品 ➤单一客户定制产品
按投资对象细分	➤现金管理类资产：现金及银行存款、货币基金，同业存放等货币市场工具 ➤固定收益类资产：国债、金融债、央行票据、企业债、公司债、短期融资券、中期票据、次级债、可转债、资产支持证券等、质押式及买断式回购 ➤非标资产：信贷资产、信托贷款、委托债权、承兑汇票、信用证、应收账款、各类受（收）益权、带回购条款的股权性融资等 ➤权益类资产：优先股、新股申购、定向增发、股票（股权）质押、证券（债券）投资结构化产品、股权投资基金、有限合伙LP份额 ➤衍生品：量化投资、对冲基金、大宗商品、金融衍生品 ➤另类投资：艺术品基金、红酒等

图 9　银行理财产品分类

3. 券商资产管理监管政策梳理

券商资管业务的监管体系如图10所示。

证监体系下监管政策密集发布，如表3所示。

主要内容概括如下：一是加强了对结构化资管产品的监管，要求杠杆比例从 1：10 降到最高 1：3；二是进一步强调了禁止资金池模式和非标资产投资的限制；三是禁止在销售中承诺保本保收益，禁止宣传预期收益率；四是对证券公司的风控指标进行调整，实现风险管理的全覆盖，管理理念向《巴塞尔协议Ⅲ》靠拢；五是明确了基金子公司的设立门槛，并要求基金子公司计算净资本、风险资本，全面进行风控指标检测。

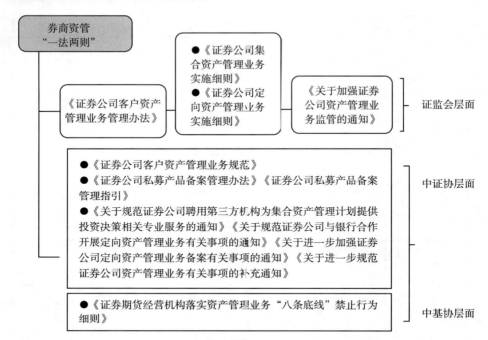

图 10　券商资管业务的监管体系

表 3　证监体系下监管政策一览

公布时间	发布机构	文件名称
2016 年 5 月 18 日	中基协	《证券期货经营机构落实资产管理业务"八条底线"禁止行为细则》（修订版，征求意见稿）
2016 年 5 月 18 日	证监会	《证券投资基金管理公司子公司管理规定》（2016 年 4 月 18 日修订）
2016 年 5 月 18 日	中基协	《基金管理公司特定客户资产管理子公司风险控制指标指引》（征求意见稿）
2016 年 4 月 8 日	证监会	《证券公司风险控制指标管理办法》（征求意见稿）
2016 年 7 月 15 日	证监会	《证券期货经营机构私募资产管理业务运作管理暂行规定》
2016 年 10 月 21 日	中基协	《证券期货经营机构私募资产管理计划备案管理规范第 1~3 号》

4. 关于资金池业务的监管对比

《证券期货经营机构私募资产管理业务运作管理暂行规定》：

（1）八条底线的渊源。

所谓"八条底线"，是由前证监会主席助理张育军在郑州 2014 年 9 月 12

日的证券公司、基金管理公司及其子公司"资产管理业务座谈会"上所提出，主要用于规范证券期货经营机构私募资管业务。

2015 年 3 月，中国证券投资基金业协会发布了《证券期货经营机构落实资产管理业务"八条底线"禁止行为细则》。

前后经历了不少于三次意见征询或修订，包括 2015 年 3 月文件落地、2015 年 11 月修订征求意见及 2016 年 5 月征求意见等过程。

修订的原因是 2015 年股市异常波动期间存在诸多问题：①如高杠杆的股票型结构化资管产品对市场形成助涨助跌的较大扰动，又如违规开展配资，为违规证券期货业务活动提供便利等；②私募证券投资基金管理人剧增，规模增长较快，为防范业务风险，避免监管套利，也有必要将私募证券投资基金管理人纳入调整范围。

中国证监会于 2016 年 7 月 15 日发布《证券期货经营机构私募资产管理业务运作管理暂行规定》（下称《暂行规定》）。《暂行规定》的效力等级由协会上升到证监会，由自律文件上升至规范性文件，层级更高，适用范围更广，禁止行为表述更规范。

（2）"八条底线"的主要内容。

第一，规范私募产品销售推介行为。如禁止任何方式的保本保收益宣传，禁止宣传预期收益率。禁止变相突破合格投资者标准及人数限制。

第二，严控结构化产品杠杆风险。如禁止通过预提优先级受益，提前终止罚息等产品设计对优先级投资者提供保本保收益安排，并大幅降低结构化产品的杠杆倍数。

第三，规范第三方机构提供投资建议的行为。明确第三方服务机构的资质要求，具体列举了六种禁止性情况，厘清业务边界。

第四，列明禁止投资方向。

第五，进一步划清业务红线。明确"禁止从事违法证券期货业务活动或者为违法证券期货业务活动提供交易便利"的内涵要求。

第六，列举资金池产品的特征，严禁设立或参与资金池产品。

第七，防范利益冲突，保护投资者权益。

第八，明确激励奖金递延发放机制。

（三）资产管理业务实战、案例分析

1. 产品设计与研发流程

（1）产品研发的四大方面如图 11 所示。

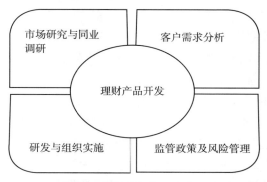

图 11　产品研发的四大方面

（2）理财产品研发的流程如图 12 所示。

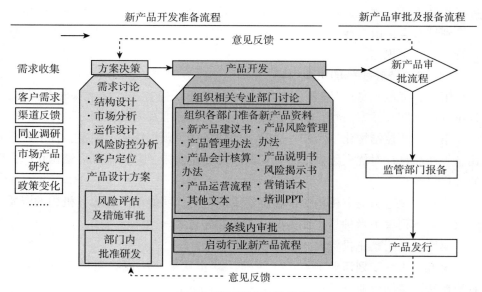

图 12　理财产业研发流程

（3）理财产品研发的项目工具如图 13 所示。

2. 资金池—资产池运作

（1）资金池的基本介绍。

资金池具有"滚动发行、集合运作、期限错配、分离定价"的特征，已被监管层明令禁止。资金池的运作如图 14 所示。

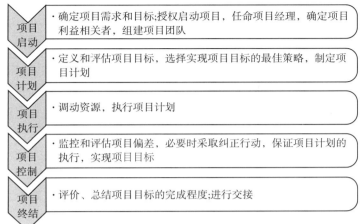

图 13　运用项目管理工具进行产品开发

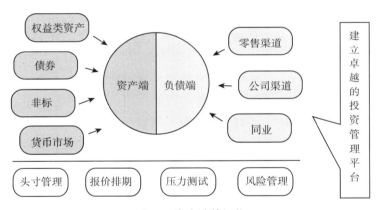

图 14　资金池的运作

应提高组合管理水平，设置杠杆比例、集中度等关键指标控制体系；实现产品的风险可控，组合管理的安全性、流动性和收益性；注意投资的分散化，细化管理原则。注意流动性管理及资产配置能力。

（2）资金池流动性管理如图 15 所示。

1）平滑产品发行时点：尽量避开月末、季末作为产品到期时点。

2）合理资产配置：①对于 6 个月以下期限资产，尽可能匹配发行，不得错配；②严格限制错配的最短期限，原则上产品期限不得低于 3 个月，单笔资产错配次数不超过 3 次；③对于现金类及债券类的配置比例原则上不得低于40%；组合的杠杆比例部分不得超过 30%；④入池资产和产品价格应预留合理的价格缓冲，原则上不低于 50BP。

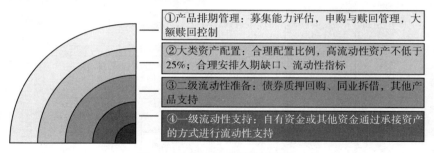

①产品排期管理：募集能力评估，申购与赎回管理，大额赎回控制

②大类资产配置：合理配置比例，高流动性资产不低于25%；合理安排久期缺口、流动性指标

③二级流动性准备：债券质押回购、同业拆借，其他产品支持

④一级流动性支持：自有资金或其他资金通过承接资产的方式进行流动性支持

图15　资金池流动性管理措施

3）非标资产的比例：在产品运作前期，为满足流动性管理需要，非标资产的比例一般控制在0~20%；在运作成熟后，扩充非标资产的比例至0~50%。

4）应急预案：制定流动性一级预案和二级预案，必要时自有资金或其他资金通过承接资产的方式进行流动性支持。

3. 银行委外业务：委外的业务模式、准入与筛选流程、MOM模式

（1）银行委外业务的基本介绍。

委托投资，即银行委托外部资产管理机构对其资金进行管理，较常见的合作形式包括定向资管计划、基金专户等。

1）银行委托投资起源于城商行/农商行理财与自营资金规模的增长。

A. 城商行/农商行专业投资团队力量不足，未设立独立的资产管理部门，缺乏专业债券研究人员。

B. 部分区域受监管限制，债券投资策略无法顺利展开。

2）银行委托投资也被五大行、股份行普遍接受。

A. 2015年，流动性充裕叠加信用风险暴露，大量资金追逐少量优质资产，资产荒袭来，股份行甚至国有大行也加入了委外行列，希望借助专业机构的投资管理能力获取收益。

B. 目前整个市场的委托投资规模大约在2万亿元左右，相较整个银行理财及自营数十万亿的规模，比重较低，仍有较大发展空间。

3）银行委托投资以一对一的方式为主。

A. 与券商资管开展定向资产管理计划，与基金公司开展专户业务，约定产品期限、投资范围、业绩基准等要素，由资管或基金公司作为管理人进行主动管理。

B. 券商资管、基金公司以投顾身份参与合作，交易发生在银行系统内，券商发出操作指令，由银行进行交易。

银行委外核心投资业务如图 16 所示。

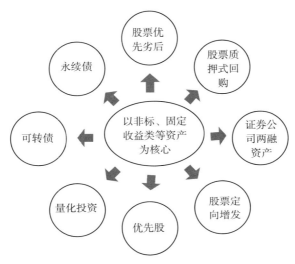

图 16   银行委外核心投资业务

（2）银行委外之定向投资模式。

1）概念界定。

银行或企业等机构客户将资金委托给券商成立定向资管计划，由券商投资团队进行主动管理。投资目标为追逐长期稳定的产品净值，赢得资产的稳定增值。

2）业务背景。

A. 银行理财规模大幅增加。

B. 银行受到人才制约和风险制约。

C. 资管计划可突破监管限制。

银行委外之定向投资模式如图 17 所示。

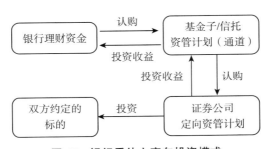

图 17   银行委外之定向投资模式

如果委托资金为银行自营资金，银行可直接委托证券公司成立定向资管计划，无须信托或基金子通道。

（3）银行委外之集合资管计划投资模式。

1）概念界定。

银行或企业等机构客户认购优先级份额，证券公司募集劣后级资金，证券公司作为管理人进行投资操作。

2）业务背景。

A. 结构化分级可以提高优先级资金的安全性，满足银行风控需求。

B. 可以产品名义开立股东卡。

银行委外之集合资管计划模式如图 18 所示。

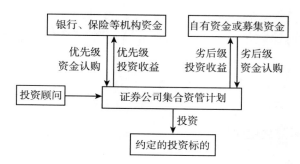

图 18　银行委外之集合资管计划模式

（4）MOM——银行委外的升级模式。

1）MOM（Manager of Managers）是指产品管理人不进行直接投资，而是将资产委托给其他管理人进行投资管理，并承担对投资人筛选管理、动态调整的工作。

2）MOM 模式以"多元资产、多元风格、多元投资管理人"为主要特征，是以宏观多元资产配置和精选管理人为特色的新型资产管理模式，MOM 管理人利用多维度、定量与定性相结合的方法筛选合格投管人，从整体上对大类资产进行动态配置，对 MOM 产品行业配置集中度进行整体控制，有效控制产品的波动风险和最大回撤。

3）银行委外可能由"一对多"分销模式向"整体包销"模式演进，"跑马圈地""平台化"将是一种趋势。

（5）MOM 与 FOF、TOT 的区别。

FOF、MOM 和 TOT 都是由专业投资机构利用专业化管理构建投资组合，三类运作模式都实现了多个基金经理为一只产品服务的最终目的。区别在于MOM 是将资金投向私募基金管理人专为 MOM 成立的专用账户，FOF 是投向公募基金，而 TOT 基金则是将资金投向正在运作的阳光私募基金。

1）MOM（Manager of Mangers，管理人的管理人）。MOM 投资模式是由MOM 基金管理人通过长期跟踪、研究基金经理投资过程，挑选长期贯彻自身投资理念、投资风格稳定并取得超额回报的基金经理，以投资子账户委托形式让他们负责投资管理的一种投资模式。简言之，MOM 组合的对象是"人"而非"产品"。

2）FOF（Fund of Funds，基金中的基金）。FOF 是一种专门投资于其他证券投资基金的基金。FOF 并不直接投资股票或债券，其投资范围仅限于其他基金，通过持有其他证券投资基金而间接持有股票、债券等证券资产，它是结合基金产品创新和销售渠道创新的基金新品种。

3）TOT（Trust of Trusts，信托的信托）。TOT 是指投资于阳光私募证券投资信托计划的信托产品，该产品可以帮助投资人选择合适的阳光私募基金，构建投资组合，并适时调整，以求获得中长期超额收益。所谓阳光私募就是私募的募集通。

大类资产配置体系与层次发展如图 19 所示。

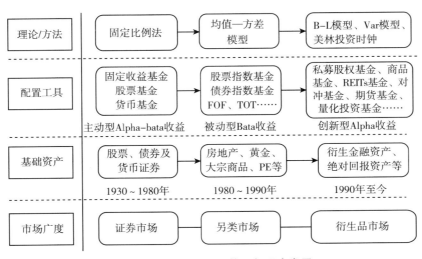

图 19　大类资产配置体系与层次发展

4）MOM 产品结构业务模式：

A. 业务模式的主要载体为证券公司定制的主动管理的定向资产管理计划，

投资一系列私募机构发行的私募基金，在组合层面达到收益目标。

B. 定向资管计划投资的每只私募基金都有明确投向，仅投资于某一类资产。资产类别可为：股票二级市场、量化对冲、债券。

C. 该业务为 MOM 委投业务，由第三方投资顾问负责投资管理。

D. 券商负责筛选投资顾问，确立投资标准，安排投资节奏，开展投后监控。

5) 产品结构。券商开展 MOM 的业务模式有以下两种：

模式一——投顾模式。基金子公司或信托公司提供通道，券商资管担任组合层面的投资顾问，券商资管收取投资顾问费及超额业绩报酬。

模式二——全权受托管理模式。券商为定向或集合资产管理计划提供通道，同时券商资管担任投资顾问，收取投资管理费及超额业绩报酬，整个业务流程由券商资管全权受托完成。

优点：业务规模可计入公司受托资产管理规模。

缺点：未来该类资管业务规模可能占用公司风险资本。

4. 银证合作模式探讨：通道业务、资管投行化、资产证券化等

（1）银证合作业务。

银证通道类业务，是指券商以定向资产管理计划为载体，向银行提供信贷、票据资产转表，存款等服务的业务。

（2）银证票据投资产品设计如图 20 所示。

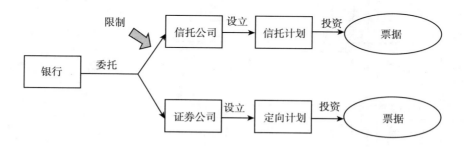

图 20　银证票据投资产品设计

（3）债券投资、委托贷款。

银行理财产品因政策限制可能无法直接投资于上清所托管的债券品种，如短期融资券、超短期融资券等。银行理财产品可对接证券公司定向资产管理计划，间接实现投资这些债券品种的目的。债券投资、委托贷款产品结构如图21所示。

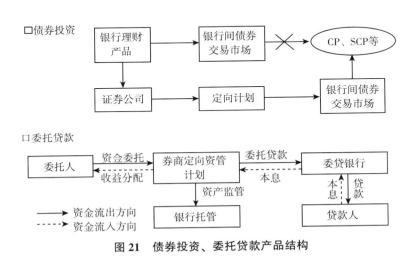

图21 债券投资、委托贷款产品结构

（4）房地产融资。

集合产品对接房地产融资如图22所示。

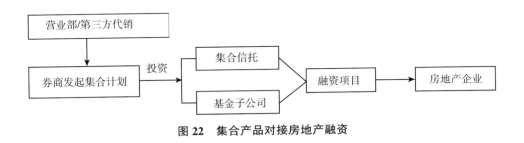

图22 集合产品对接房地产融资

定向产品对接房地产融资如图23所示。

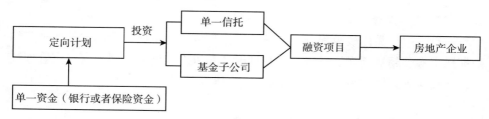

图 23　定向产品对接房地产融资

（5）资产证券化。

1）证券公司资产证券化业务是指证券公司以特殊目的载体管理人身份，按照约定从原始权益人受让或者以其他方式获得基础资产，并且以该基础资产产生的现金流为支持，发行资产支持证券的业务活动。

2）特殊目的载体，是指证券公司为开展资产证券化业务专门设立的资产支持专项计划。资产支持专项计划——资产证券化的平台如图 24 所示。

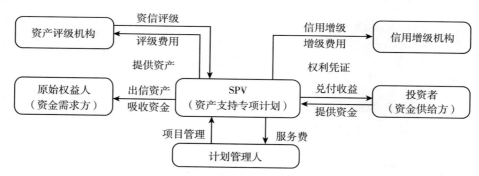

图 24　资产支持专项计划——资产证券化的平台

A. 资产证券化业务的基础资产。

适用于企业证券化产品的基础资产一般都具有以下特征：①企业合法拥有或控制的。②特定资产未来所产生的现金流稳定、可预测；该现金流与企业其他现金流易于区分且易于控制。③特定资产现金流规模较大；且现金流历史记录良好，相关数据容易获得。④没有合同限制资产收益权利的转让，如设置质押或限制向第三方转让权益，可以采取措施解除限制的除外。

适合作证券化产品的基础资产如图 25 所示。

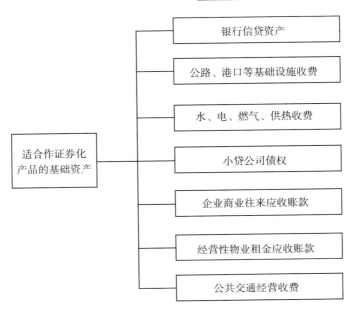

图25 适合作证券化产品的基础资产

  B. 资产证券化业务与银行合作的空间。

  主要包括：①券商资管在资产证券化业务中主要承担计划管理人（企业资产证券化、MABS）或承销商（信贷资产证券化）的角色。②在不同的项目中，商业银行可选择参与的角色较多，如原始权益人（服务商）、托管银行、证券投资者、财务顾问、代理推广机构等多种可选。③资产证券化是银行增加中间业务收入的利器。争取更长期限、更高回报的资产，更好地营销维护客户。

十三、房地产资产证券化业务的实务与创新探索

胡　喆　陈府申

【作者简介】胡喆，金杜律师事务所金融资本部合伙人。陈府申，金杜律师事务所金融资本部律师。

资产证券化具有融资成本相对较低、资本结构较为优化的制度性功能，与资金需求量大、重资产情形普遍的房地产行业有着天然的结合优势。随着中国资产证券化市场的蓬勃发展，除了传统的 CMBS/RMBS/REITs 等交易外，包括"购房尾款资产证券化""物业管理收入资产证券化"等在内的创新资产证券化交易也在蓬勃兴起。本文将从要点梳理和实务分析两个方面对房地产资产证券化进行解读。

（一）要点梳理

1. 房地产资产证券化的资本架构选择
如图 1 所示，房地产资产证券化通常采用混合型证券的形式。

2. 权益型 REITs 的交易结构
（1）不动产信托投资基金的基本结构与优势。

不动产信托投资基金的交易结构如图 2 所示。

不动产信托投资基金具有以下优点：

首先，对卖方而言，信托投资基金具有更广泛的投资者来源，可能是实现售价最大化的一种选择。相比私人销售或者其他上市形式，信托投资基金对投资者更具有吸引力。

其次，对投资者而言，一方面，通过投资不动产信托投资基金，投资者可以投资不动产项目，以相对较小的参与成本享有直接投资不动产的经济效益。

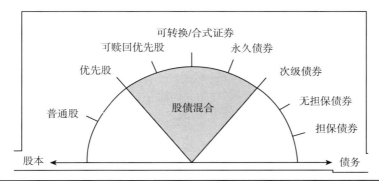

	债券	股本证券	混合型证券
固定回报	● 有权要求支付可决定周期性回报	● 没有固定回报	● 固定或者可决定分红，可能具自由裁量性
追偿权	● 有权要求支付可决定最终回报	● 没有偿还权，除非是在清算的情况下	● 通常会包括一个可决定的偿还额，但是可能是可转换的
盈余分配权	● 没有利润或者资产盈余分配权	● 有利润盈余分配权（如果股息分配已定）和盈余资产分配权	● 可能有，也可能没有利润或者资产盈余分配权
到期	● 固定到期	● 非固定到期	● 可能固定到期，也可能没有固定到期
顺位	● 清盘中处于第一顺位	● 清盘中处于最后顺位	● 顺位可能是有结构性的，也可能是可转换的
投资权	● 无投票权	● 有投票权	● 可能有一些或没有投票权，或者有有限的投票权
税务	● 周期性的支付额可以抵扣税项（税务债务）	● 周期性的支付额可以包括红利抵免额（税务股本）	● 可能是税务债务也可能是股本
会计处理方式	● 会计债务	● 会计股本	● 可能是会计债务也可能是股本
例子	● 传统债券	● 普通股	● 可转换证券，合式证券

图 1　房地产资产证券化的资本架构选择

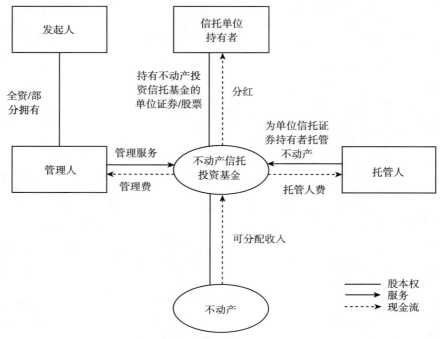

图2 不动产信托投资基金的交易结构

当然，这也意味着通常不动产信托投资基金的税金将直接穿透至投资者进行计算。另一方面，投资不动产信托投资基金可以获得一般不动产投资项目所缺乏的流动性。此外，这种模式的投资可能允许投资者接触到多元化的投资组合，并以不同的投资组合降低投资风险。

最后，从市场发展的宏观角度来说，不动产信托投资基金可促使形成大规模"资本池"，从而进一步推动不动产的市场需求，推进不动产市场发展。

（2）以 S-REITs 为例①。

S-REITs 指新加坡房地产投资信托，其交易结构可分为境内和境外两部分：境外，发起人控股信托管理人，管理人设立并管理 REITs，发起人通过持股实现对 REITs 的间接管理，受托人持有 REITs 资产，由公众投资者认购。REITs 持有境外控股公司（新加坡 SPV）的股权，该新加坡 SPV 持有境内SPV（外商独资企业）股权。境内 SPV 则控股多家持有商业物业的项目公司，

---

① 此处关于 S-REITs 结构的分析，系基于底层能够产生稳定现金流的不动产物业（商业类）位于中国大陆境内的假设。亦即，本文在介绍 S-REITs 交易结构时，假设的交易情形为国内商业物业以REITs 方式证券化后，在新加坡资本市场融资并上市交易。

以此实现境内物业资产控制权的跨境转移。S-REITs 交易结构如图 3 所示。

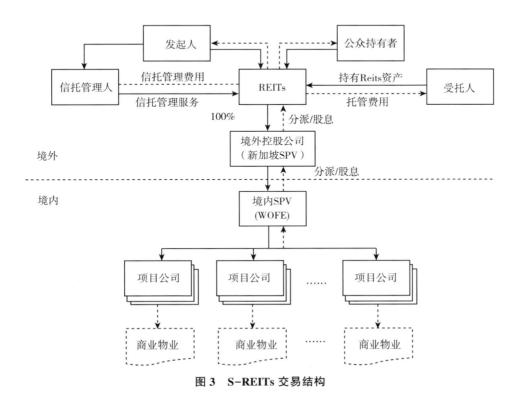

图 3　S-REITs 交易结构

具体而言，境内物业资产控制权的跨境转移具体有以下三种方式：

第一，关联并购。境内 SPV 的实际控制人在境外设立一个 SPV，并对持有项目公司的境内 SPV 进行并购。

第二，搭建红筹架构。境内实际控制人是在英属维尔京群岛注册成立的 BVI 公司，该公司设立境外 SPV，由该 SPV 在中国境内设立一家外商独资企业，收购底层物业资产。

第三，利用原有架构。即境外实际控制人通过外 SPV 在境内设立一家外商独资企业，收购底层物业资产。

境内物业资产控制权的跨境转移方式如图 4 所示。

（3）REITs 的具体模式。

房地产信托投资基金 REITs（Real Estate Investment Trusts）是指通过发行收益凭证汇集众多投资者的资金，由专门机构经营管理，主要投资于能产生稳

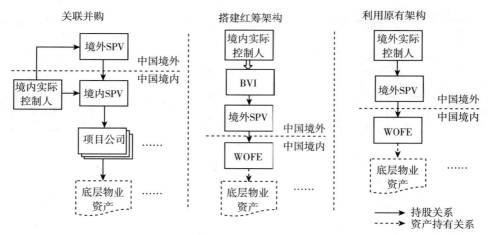

图 4　境内物业资产控制权的跨境转移方式

定现金流的房地产，在有效降低风险的同时通过将出租不动产所产生的收入以派息的方式分配给投资人，从而使投资人获取长期稳定的投资收益。

REITs 通常采取公司制或者契约制（基金或信托）的形式，通过证券化的形式，将流动性较差的房地产资产转化为流动性强的 REITs 份额，提高了房地产资产的变现能力和资金利用效率。

REITs 主要可分为以下三种模式：

1）权益型 REITs（Equity REITs）：拥有并经营收益型房地产，并提供物业管理服务，主要收入来源为出租房地产获得的租金，是 REITs 的主导类型。

2）抵押型 REITs（Mortgage REITs）：直接向房地产所有者或开发商提供抵押信贷，或者通过购买抵押贷款支持证券间接提供融资，其主要收入来源为贷款利息，因此抵押型 REITs 资产组合的价值受利率影响比较大。

3）混合型 REITs（Hybrid REITs）：既拥有并经营房地产，又向房地产所有者和开发商提供资金，是上述两种类型的混合。

这三种 REITs 在投资形态、投资标的、影响收益的主因、收益的稳定性、投资风险等方面不尽相同，具体如表 1 所示。

表 1　REITs 类型特性比较分析

	权益型 REITs	抵押型 REITs	混合型 REITs
投资形态	直接参与不动产投资、经营	金融中介赚取利差	二者混合
投资标的	不动产本身	抵押债权及相关证券	二者混合

续表

	权益型 REITs	抵押型 REITs	混合型 REITs
影响收益的主因	不动产景气及经营绩效	利率	二者混合
收益的稳定性	较低	较高	中
投资风险	较高	较低	中
类似的投资标的	股票	债券	二者混合

注：抵押型 REITs 之所以有较稳定的收益及较低投资风险是在不计违约风险的假设下。

（4）REITs 的上市要求。

目前，已有多个 REITs 项目赴海外上市，其中，中国香港、新加坡和澳大利亚都是热门之选。第一家以人民币计价的不动产投资信托基金（惠贤产业信托）选择在中国香港上市；而新加坡作为亚洲不动产投资信托基金的枢纽，已有 23 家不动产投资信托基金，包括 3 家合式证券信托基金（不动产投资信托基金与不动产信托基金的组合）和 4 家不动产信托基金在新加坡交易所上市。澳大利亚有着历史悠久的不动产信托投资基金市场，是全球第二大的不动产信托投资基金市场。

中国香港、新加坡和澳大利亚这三地的交易所对于 REITs 的监管要求不尽相同，具体如表 2 所示。

表 2　REITs 的上市要求

监管要求	中国香港	新加坡	澳大利亚
管理人	外部或者内部	外部	外部或者内部
杠杆率	不超过资产总值的 45%	在披露信贷评级的情况下，允许超过 35% 总值产（不超过 60%）	"资本弱化"规则将适用，如果不动产投资信托基金是被外资控制，或者不动产投资信托基金控制海外实体
不动产开发	禁止，但是中国香港不动产投资信托基金可以收购低于资产净值 10% 的未完工的单位	对未完工的不动产的开发与投资不应该超过 10%	公共单位信托基金只可以从事"主要赚取租金收入"的开发活动，和/或其他符合要求的活动（否则该基金将会无法享受税务流经到投资者的待遇）
托管人要求	✓	✓	无一负责单位同时作为管理人和托管人
上市要求	强制性的	如果不上市，则无法享受税务优惠	可选择，但是如果上市，则更容易符合管理投资信托的要求

监管要求	中国香港	新加坡	澳大利亚
分红要求	至少是税后年净收入的90%	至少是90%才可以享受企业税免除	没有最低分红要求，但是没有分红的该征税的收入将会在托管人的名下被征收46.5%的税
税务	税率是16.5%	免税，如果分红比例是90%或以上	如果从事的绝大部分活动是被动资产投资，将享受税务流经到投资者的待遇。否则将被作为澳大利亚国内公司征税

3. 房地产资产证券化交易结构

一般的证券化交易结构为：由基础资产的原始权益人作为发起人，证券公司作为管理人，设立专项资产管理计划，投资者向专项计划认购资产支持证券，从而实现发起人资产的盘活，为发起人回笼资金。其中，通常由担保机构为专项计划提供担保，实现计划的信用增级；商业银行则为专项计划提供流动性支持。证券化交易结构如图5所示。

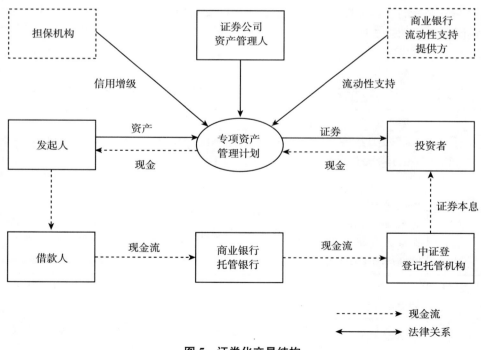

图5 证券化交易结构

投资者实现证券化的本金和预期收益依赖于基础资产的现金流。在常见的交易结构中，投资者实现证券化的本金和预期收益依赖于底层交易合同买方的还款，即交易合同买方将其就该合同应向卖方（原始权益人/发起人）支付的款项，支付至托管银行的指定账户，托管银行根据计划管理人的分配指令，进行专项计划费用的提取和资金划付，并将相应资金划拨至登记托管机构的指定账户，用于支付资产支持证券本金和预期收益。

4. 房地产资产证券化的基础资产选择

在房地产资产证券化中，常见的基础资产类型包括购房尾款、供应链应收款和物业费。

对于购房尾款而言，房地产项目公司将其依据购房合同享有的要求购房人支付购房款所对应的债权和其他权利作为专项计划的基础资产，投资者最终通过购房人支付的购房款收回本金并获得预期收益。

对于供应链应收款而言，供应商将其就工程合同对地产企业享有的应收账款债权作为专项计划的基础资产，投资者本金和收益的实现依赖于地产企业支付的工程价款。

对于物业费而言，物业服务提供方将其就物业服务合同、前期物业服务合同和/或案场合同（以下合称"物业合同"）对业主或开发商所享有的全部应收账款作为基础资产，该资产的现金流来源于业主或开发商根据物业合同所支付的物业费。物业服务提供方依据物业合同对业主或开发商所享有的应收账款债权包括：自初始基准日（不含该日）或循环购买日（不含该日）起，存在于基础资产项下的物业服务费用、停车管理服务费用（如有）、逾期缴纳滞纳金（如有）、违约金（如有）、损害赔偿金（如有）及其他基础资产项下物业服务提供方有权收取的款项。

房地产资产证券化基础资产选择范围如图6所示。

5. 房地产资产证券化的结构设计要点

（1）资产归集。

通过内部资产归集，可以将集团内部的多家公司所享有的应收账款转让给其中一家公司，通过单一的原始权益人开展资产证券化。通常情况下，归集原始权益人是实际特定原始权益人的母公司，且一般采用递延支付的形式支付资产转让的对价。

（2）循环购买。

循环购买是指基础资产池中产生的现金流可以持续购买新的满足合格标准的基础资产，从而使得基础资产池形成一个动态的循环资产池，是资产证券化

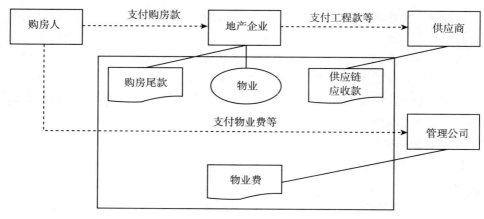

基础资产选择范围

图6 房地产资产证券化基础资产选择范围

业务中的一种交易结构设计安排。采用循环购买的产品一般都会设计循环期和摊还期（或分配期）。在循环期内，基础资产生产的现金流只向投资者支付利息，不支付本金，将多余的现金流用于购买新的满足合格标准的基础资产，此时应注意留存金额不低于累计赎回金额减去累计循环购买金额；在分配期内，停止购买新的资产，基础资产产生的现金流累积后按照计划向投资者支付本息。

一般的企业资产证券化都是采用静态资产池的模式，即资产池的资产在专项计划一次性买入资产后固定不变，以基础资产的到期回款兑付本息。在这种模式下，专项计划的期限一般都是与基础资产的期限相互匹配的。但是由于投资者对于期限相对较长的证券的偏好，这种静态池的模式很大程度上限制了某类流动性较强的短期资产进行证券化。而循环购买有效地解决了基于短期资产发行长期证券的期限错配问题，使得一些期限较短但能够持续供应的资产有机会实现证券化融资。

（3）利率调整。

对于期限较长的计划，一般会安排在第三或第五年设置利率调整的机制，上调和下调的基点范围一般为下浮200基点至上浮100基点区间内，由各方协商调整。一般而言，利率调整应当取得差额支付承诺人、担保人和次级投资人的书面同意。对调整后利率有异议的投资者可要求相关的回购义务人，一般是原始权益人或其母公司，对其持有的资产支持证券进行回购。

（4）回售赎回。

对于期限较长的计划，一般会在第五年设置回售安排。首次回售行权的先决条件一般为利率调整。同样地，在第三或第五年的时间节点也会有证券赎回的安排，首次赎回行权的先决条件与第二次赎回行权的触发条件，通常为剩余本金规模降低到一定比例，一般为50%。

（5）信用增级。

资产支持证券的信用增级主要有以下方式：差额支付承诺，即承诺人对到期未足额兑付的本息承担差额支付义务；境内担保；境外担保；维好承诺，即维好承诺人承诺其在知晓原始权益人于承诺期间内任何时候确定其流动资产将不足以如期履行其在任何专项计划文件项下的支付义务后，以一切适当方式为其提供足够资金，使其能够如期履行其在专项计划文件项下的有关支付义务；流动性支持，即银行提供现金流，解决当期资产池现金流因基础资产信用风险以外的原因导致现金流短缺，无法足额向投资者兑付当期本金和利息的问题。

（二）实例分析

1. 购房尾款资产证券化操作要点及案例解析

购房尾款资产证券化交易结构如图7所示。

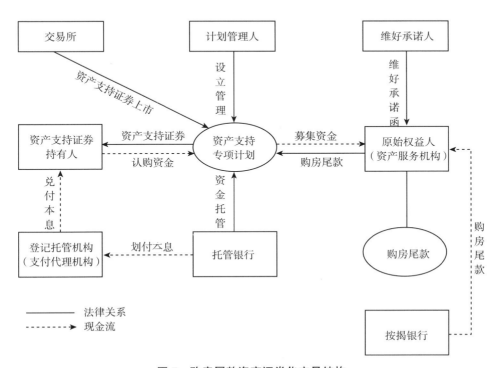

图 7　购房尾款资产证券化交易结构

（1）交易步骤。

1）专项计划设立：认购人与管理人签订《认购协议》，将认购资金以专项资产管理方式委托管理人管理，管理人设立并管理专项计划，认购人取得资产支持证券，成为资产支持证券持有人。

2）基础资产认购：管理人以认购资金向原始权益人购买基础资产。基础资产即指基础资产清单所列的由原始权益人在专项计划设立日、循环购买日转让给管理人的、原始权益人依据购房合同自基准日起对购房人享有的要求其支付购房款偿还所对应的债权和其他权利。

3）基础资产管理：管理人委托原始权益人作为资产服务机构，对基础资产进行管理，包括但不限于现金流回款的资金管理、现金流回款情况的查询和报告、购房合同的管理、资料保管等。

4）基础资产收益分配：资产服务机构在每个应收账款归集日将基础资产产生的现金划入专项计划账户，并将该现金流回款与原始权益人的自有财产、原始权益人持有或管理的其他财产严格区分并分别记账。

5）增信措施：维好承诺人出具《维好承诺函》，承诺其在知晓原始权益人于承诺期间内任何时候确定其流动资产将不足以如期履行其在任何专项计划文件项下的支付义务后，以一切适当方式为其提供足够资金，使其能够如期履行其在专项计划文件项下的有关支付义务。

（2）按揭定性问题。

在购房尾款资产证券化交易中，购房尾款作为基础资产，其定性为债权。该债权所对应的债务人定位为购房人而非按揭银行。在按揭无法落实时，专项计划可以做出由原始权益人回购的安排，保障证券持有人的安全。

（3）开发贷银行监管问题。

1）债权的归属：就房屋预售资金的使用和监管而言，在开发贷协议中，预售资金监管条款一般仅对使用范围进行一定程度的限制性约定，但并不对该等预售资金的权利归属做出变更性规定，在此类情况下该等购房预售款项的所有权仍属于项目公司。

2）监管安排的相对性：根据住建部于2010年发布的《关于进一步加强房地产市场监管完善商品住房预售制度有关问题的通知》的要求，商品住房预售资金要全部纳入监管账户，由监管机构负责监管，确保预售资金用于商品住房项目工程建设；预售资金可按建设进度进行核拨，但必须留有足够的资金保证建设工程竣工交付。也即，就房屋预售资金的监管而言，中央主管部门认可在保障建设工程开发建设的前提下，可以对超额部分预售款项进行提取和使用，而并非绝对意义上的禁止。

（4）公司资质。

包括项目公司和项目本身的相关资质（如房地产开发资质证书），以及就某一项目而言，进行销售所需的相关证照（如预售许可证）等。

（5）合同性质。

一方面，购房合同作为双务合同，需要考虑项目公司的履约情况；另一方面，在原始权益人把基于购房合同的尾款债权转让给专项计划时，需要考虑权利完善问题，即对债务人的通知义务。

（6）基础资产遴选标准实例。

1）基础资产对应的全部购房合同适用法律为中国法律，且在中国法律项下均合法有效，并构成相关购房人在购房合同项下合法、有效和有约束力的义务，原始权益人（无论其自身作为购房合同一方或通过《应收账款转让合同》受让方式取得相关权利）可根据其条款向购房人主张权利。

2）截至基准日，项目公司已经履行并遵守了基础资产所对应的任一份购房合同项下应尽义务。

3）就初始基础资产而言，截至初始基准日，购房人在相关的每一份购房合同项下已支付的款项累计不少于该份购房合同项下购房款总额的20%；就循环购买的新增基础资产而言，截至其对应的基准日，购房人在相关的每一份购房合同项下已支付的购房款项累计不少于该份购房合同项下购房款总额的20%。

4）购房合同中的购房人系依据中国法律在中国境内设立且合法存续的企业法人、事业单位法人、自然人或其他组织，且未发生申请停业整顿、申请解散、申请破产、停产、歇业、注销登记、被吊销营业执照或涉及重大诉讼或仲裁。

5）原始权益人合法拥有基础资产，且基础资产上未设定抵押权、质权或其他担保物权。

6）基础资产可进行合法有效转让，且无须取得委托人或第三方的同意。

7）购房人在购房合同项下不享有任何主张扣减或减免应付款项的权利（为避免歧义，前述扣减或减免应付款项的权利不包括购房人享有因房屋实际面积误差而享有对实际购房款扣减的权利）。

8）基础资产不涉及诉讼、仲裁、执行、破产程序或被强制执行司法程序。

9）基础资产所对应的任一份购房合同项下的基础资产所对应的应收款账龄不得超过某一确定的年限。

10）基础资产池中单个债务人所对应的基础资产未偿价款余额占比不超过某一确定的比例。

2. 物业费收益权资产证券化操作要点及案例解析

物业费收益权资产证券化交易结构如图 8 所示。

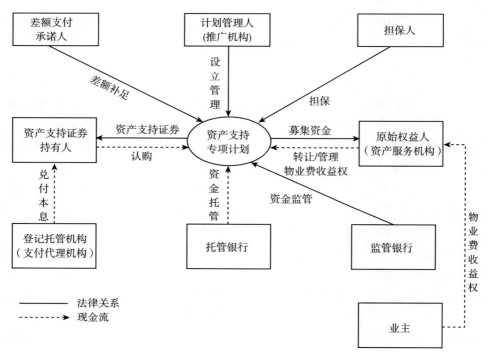

图 8　物业费收益权资产证券化交易结构

（1）交易步骤。

1）原始权益人受让基础资产：原始权益人与物业服务提供方签署《转让协议》，受让各物业服务提供方特定期间内依据物业合同对业主或开发商所享有的物业费债权与前述债权相关的其他附属权利（如有）。

2）专项计划设立：认购人与管理人签订《认购协议》，将认购资金以专项资产管理方式委托管理人管理，管理人设立并管理专项计划，认购人取得资产支持证券，成为资产支持证券持有人。

3）专项计划认购基础资产：管理人以资产支持证券持有人交付的认购资金向原始权益人购买基础资产。

4）物业收益归集与分配：专项计划存续期间内每个物业费归集日，各物业服务提供方应将相当于必备金额的基础资产现金流归集至资金归集账户，由资产服务机构将资金划付给专项计划托管账户。

5）不合格资产赎回与循环购买：原始权益人对不合格基础资产予以赎回的情形下，原始权益人向管理人持续提供符合合格标准的基础资产，由管理人以专项计划账户项下资金作为对价，于循环购买日持续买入符合合格标准的新增基础资产。

（2）公司资质。

物业服务提供方应划分为三级资质，不同资质要求对应不同物业管理项目范围。

（3）合同性质。

作为双务合同，需要考虑物业服务提供方的履约情况，并结合合格标准设定与回购设定进行综合优化。

（4）合同期限。

物业合同期限一般无法覆盖计划的期限，故需要通过正确界定基础资产性质和设计循环购买机制进行解决。

（5）特殊类型的合同。

前期物业管理合同，指就某一物业项目而言，在业主委员会尚未成立前，物业服务提供方与业主或代表物业买受人/全体业主的该物业项目开发商就提供相应的物业管理服务所达成的协议，是物业服务提供方被授权开展物业管理服务的依据。

业主委员会签订的物业管理合同，指在业主委员会成立以后，业主委员会代表全体业主与物业服务企业签订的物业管理合同。

案场物业管理合同，指就某一物业项目而言，在物业服务提供方接管售楼处、营销中心或样板房等营销案场时，需与地产企业签订的案场服务委托协议。

（6）收费类型。

物业费的收取方式可分为包干制和酬金制。包干制是指业主向物业管理企业支付固定的物业费，盈余或亏损均由物业管理企业享有或承担的物业服务计费方式。酬金制是指在预收的物业费资金中按约定比例或数额提取酬金支付给物业管理企业，其余全部用于物业服务合同约定的支出，结余或者不足均由业主享有或承担的物业服务计费方式。

（7）基础资产遴选标准实例。

1）基础资产对应的全部物业合同适用法律为中国法律，且在中国法律项下均合法有效，并构成相关物业合同委托人在物业合同项下合法、有效和有约束力的义务，原始权益人（无论其自身作为物业合同一方或通过《转让协议》以受让方式取得相关权利）可根据其条款向物业合同委托人主张权利。

2）物业服务提供方已经履行并遵守了基础资产所对应的任一份物业合同项下应尽义务。

3）同一物业合同项下物业合同付款义务人自初始基准日之后应支付的物业管理服务费用、停车管理服务费用（如有）、逾期缴纳滞纳金（如有）、违约金（如有）、损害赔偿金（如有）及物业合同项下其他应由物业合同付款义务人支付的款项须全部计入资产池。为避免疑义，物业合同付款义务人初始基准日以前应付未付的物业管理服务费用、停车管理服务费用（如有）、逾期缴纳滞纳金（如有）、违约金（如有）、损害赔偿金（如有）及物业合同项下其他应由物业合同付款义务人支付的款项但在初始基准日之后完成支付的，不属于基础资产。

4）全部物业合同项下对应的房屋已取得《商品房预售许可证》并完成预售，且预计交付日期不晚于某一特定日期（为避免疑义，若物业合同项下的房屋尚未售出却已由开发商开始缴纳物业费，该等物业合同不符合前述标准）。

5）物业合同委托人系依据中国法律在中国境内设立且合法存续的企业法人、事业单位法人、自然人或其他组织，且未发生申请停业整顿、申请解散、申请破产、停产、歇业、注销登记、被吊销营业执照或涉及重大诉讼或仲裁。

6）原始权益人合法拥有基础资产，且基础资产上未设定抵押权、质权或其他担保物权。

7）基础资产可以进行合法有效的转让，且无须取得物业合同委托人或其他第三方的同意。

8）基础资产所对应的任一份物业合同项下的到期物业费最新一年的缴费率均已到达某一特定比例。

9）付款义务人在物业合同项下不享有任何主张扣减或减免应付款项的权利。

10）基础资产不涉及未决的诉讼、仲裁、执行、破产程序或被强制执行司法程序。

3. 类 REITs 资产证券化操作要点及案例解析

类 REITs 资产证券化交易结构如图 9 所示。

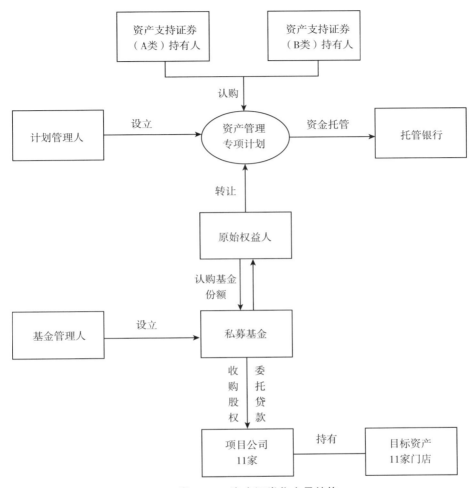

图 9 类 REITs 资产证券化交易结构

（1）交易步骤。

1）资产重组：原始权益人以相关目标资产作价出资设立项目公司，同时设立 SPV，由 SPV 收购项目公司 100%股权。

2）专项资产管理计划设立募集：认购人与计划管理人签订《认购协议》，将认购资金以专项资产管理方式委托计划管理人管理，计划管理人设立并管理专项计划，认购人取得资产支持证券，成为资产支持证券持有人。

3）私募基金设立募集：基金管理人非公开募集资金设立私募基金，原始权益人向私募基金出资，认缴私募基金的全部基金份额。

4）股权收购和委托贷款：私募基金设立后，基金管理人收购原始权益人持有 SPV 的 100% 股权，同时给 SPV 发放委托贷款。

5）私募基金份额转让：计划管理人根据专项计划文件的约定，以自己的名义，代表专项计划的利益，与原始权益人签订私募基金份额转让协议，受让原始权益人所持有的私募基金份额。

6）吸收合并：项目公司与 SPV 签订吸收合并协议，由项目公司反向吸收合并 SPV 并承接 SPV 的全部资产和债务。合并后，由私募基金持有存续项目公司 100% 的股权。

（2）资本弱化的股债结构。

私募基金持有项目公司 100% 股权的同时享有对项目公司的委托贷款债权，通过加大债权性筹资减少权益性筹资的方式增加项目公司的税前扣除，以降低项目公司税负。

（3）长期性租赁安排。

原始权益人关联方或第三方通过与项目公司签订长期限不可撤销租约，使租赁期限覆盖 A 类资产支持证券存续期限，同时，项目公司收取的租金为专项计划提供稳定现金流。

（4）目标资产抵押。

就私募基金委托委贷银行发放的委托贷款，各项目公司以其持有的目标资产为委托贷款的偿还提供抵押担保，并与委贷银行签署抵押合同办理抵押登记，从而间接实现对 A 类资产支持证券持有人本息兑付的担保。

（5）优先收购权。

原始权益人关联方或第三方与计划管理人签订优先收购权协议，为获得 B 类资产支持证券的优先收购权，优先收购权人应当根据优先收购权协议约定支付优先收购权权利对价，该部分权利对价为专项计划 B 类资产支持证券的利息兑付提供稳定现金流。

4. 类 CMBS 资产证券化操作要点及案例解析

类 CMBS 资产证券化交易结构如图 10 所示。

（1）交易步骤。

1）资金信托设立：委托人将货币资金委托设立资金信托，从而持有信托受益权。

2）发放信托贷款：资金信托向项目公司发放信托贷款。

3）设立专项资产管理计划：计划管理人设立信托受益权专项资产管理计划，专项资产管理计划以募集资金受让委托人持有的信托受益权。

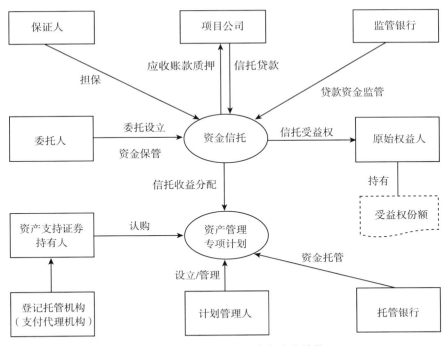

图 10　类 CMBS 资产证券化交易结构

4）信托收益分配至专项计划：专项计划存续期间，资金信托在每月收到项目公司支付的贷款本息后，将当月收到的信托贷款本息扣除当期必要的费用后全部分配给信托受益人，也即专项计划。

5）专项计划收益分配至资产支持证券持有人：计划管理人向托管银行发出分配指令，托管银行根据分配指令，将相应资金划拨至登记托管机构的指定账户用于支付资产支持证券本金和预期收益。在每个兑付日，在支付完毕专项计划应纳税负、当期管理费、托管费和其他专项计划费用及当期优先级资产支持证券预期收益和本金后，将剩余资金的 50% 支付给次级资产支持证券持有人。

（2）作为抵押品的商用物业。

作为抵押品的商用物业需满足以下三个条件：第一，已完工的物业；第二，能持续产生稳定的现金流；第三，具有良好的运营记录（合理的维护成本和稳定的收入）。

（3）商用物业抵押贷款。

商用物业抵押贷款具有以下特点：第一，贷款利息的支付能为物业的租金收入所覆盖；第二，债务人往往通过再融资到期一次还本；第三，存在其他担保措施，如股权质押、收租权力让渡和现金流控制等；第四，DSCR（债务覆盖比率）保障；第五，LTV（贷款与抵押物业价值比率）保障。

（4）嫁接信托的其他作用。

在交易结构中嫁接信托主要有四个作用：第一，以信托受益权作为基础资产，能够构建稳定现金流，符合负面清单的要求；第二，嫁接信托在一定程度上弱化了基础资产瑕疵；第三，信托的存在能够更好地构建破产隔离；第四，信托可以制造担保受体，即对信托受益权的实现进行担保。

5. 跨境 CMBS 资产证券化交易结构

万达 CMBS 资产证券化交易结构如图 11 所示。

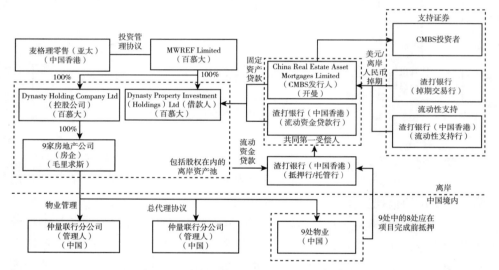

图 11 万达 CMBS 资产证券化交易结构

十四、"文化、体育和教育"三大产业并购估值与尽职调查

顾　伟

【作者简介】顾伟，原全国性股份制商业银行资本市场部总经理助理、上市银行投资银行与机构业务部高级副总裁。12年商业银行从业履历。2014年底，开始介入文化、体育和教育等新兴行业的投融资，先后参与国内上市公司影视基金项目、知名体育公司投融资并购项目、国内第一个社区体育商业综合体项目和国内教育并购基金项目。

（一）企业价值评估概述

1. 定义

企业价值评估，是指对评估基准日特定目的下企业整体价值、股东全部权益价值或部分权益价值进行分析、估算的行为和过程。企业价值评估是将一个企业作为有机整体，依据其拥有或占有的全部资产状况和整体获利能力，充分考虑影响企业获利能力的各种因素，结合企业所处的宏观经济环境及行业背景，对企业整体公允市场价值进行的综合性评估。

2. 目的

（1）企业价值评估的一般目的。

企业价值评估的一般目的是获得企业整体、股东全部权益或股东部分权益的公允价值。

（2）企业价值评估的特定目的。

企业价值评估的特定目的包括企业兼并、股权转让、股权投资入股、企业改制上市、企业经营决策、制定与实施激励机制、纳税、法律诉讼、企业清算、引起企业价值评估活动的其他合法经济行为。如保险、抵押担保等。

3. 流程

企业价值评估流程如图 1 所示。

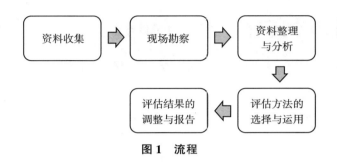

图 1 流程

4. 方法

（1）成本法。

成本法是在目标企业资产负债表的基础上，通过合理评估企业各项资产价值和负债从而确定评估对象价值。理论基础在于任何一个理性人对某项资产的支付价格将不会高于重置或者购买相同用途替代品的价格。主要方法为重置成本（成本加和）法。

（2）市场法。

市场法是将评估对象与可参考企业或者在市场上已有交易案例的企业、股东权益、证券等权益性资产进行对比以确定评估对象价值。其应用前提是假设在一个完全市场上相似的资产一定会有相似的价格。市场法中常用的方法是参考企业比较法、并购案例比较法和市盈率法。

（3）收益法。

收益法通过将被评估企业预期收益资本化或折现至某特定日期以确定评估对象价值。其理论基础是经济学原理中的贴现理论，即一项资产的价值是利用它所能获取的未来收益的现值，其折现率反映了投资该项资产并获得收益的风险的回报率。包括贴现现金流量法（DCF）、内部收益率法（IRR）、CAPM 模型和 EVA 估价法等。

各种方法的参数估计、适用企业、不足之处如表 1 所示。

（二）文化企业并购估值

1. 政策面

（1）"十三五"规划。

表1 参数估计、适用企业、不足之处

方法类型	成本法	市场法	现金流折现法（收益法）	经济附加值法（收益法）	期权法
参数估计	资产价值，重置成本和变卖价值能够准确量化	能够获取合理表示评估日市场条件与价格的乘数	企业风险可以通过回报率准确量化	企业风险可以通过回报率准确量化	输入变量大多可以直接观测或具备经验统计
适用企业	所评估的所有者权益对资产价值具有控制力	企业规模较大	企业未来经营情况可以准确估计	企业未来经营情况可以准确估计	标的资产波动率难以确定
不足之处	忽略了组织资本且账面价值难以反映市场价值	可比企业难以确定	折现率选择存在困难	股权资本成本难以估计	标的资产波动率难以确定

（2）中共中央办公厅、国务院办公厅印发了《关于加快构建现代公共文化服务体系的意见》。

（3）国家新闻出版广电总局、财政部联合印发《关于推动传统出版和新兴出版融合发展的指导意见》。

（4）国务院办公厅转发文化部、财政部、新闻出版广电总局、体育总局《关于做好政府向社会力量购买公共文化服务工作的意见》。

2010~2015年国内文化传媒并购市场宣布交易趋势如图2所示。

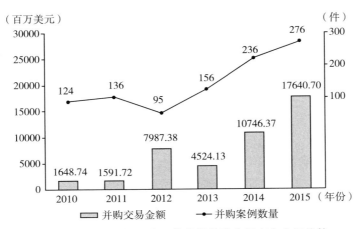

图2 2010~2015年国内文化传媒并购市场宣布交易趋势

纵观 2015 年整体并购交易市场，在重大利好政策与资本市场的鼎力扶持之下继续走高，宣布交易案例达到 276 件，披露交易规模 176.41 亿美元，较 2014 年分别增长了 16.95% 和 64.15%，并购数量和并购规模均为近 6 年最高。

2. 市场面

完成交易方面，根据统计，2015 年文化传媒并购市场完成交易规模为 53 亿美元，环比下降 22.75%，案例数量 115 件，环比下降 5.22%，如图 3 所示。

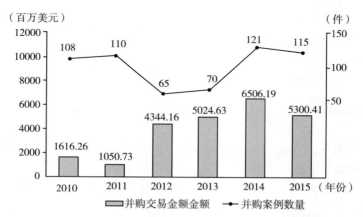

图 3　2010~2015 年国内文化传媒并购市场完成交易趋势

2015 年国内文化传媒企业重大并购案例如表 2 所示。

表 2　2015 年国内文化传媒企业重大并购案例

标的企业	CV 行业	交易金额（百万美元）	交易股权（%）	买方企业
青岛城市传媒	传媒出版	464.30	100	青岛碱业
耀莱影城	影视音乐	374.19	100	松辽汽车
Hoyts	影视音乐	365.70	100	万达院线
航美广告	广告制作与代理	338.71	75	龙德文创
慈文传媒	影视音乐	323.92	100	禾欣实业
SMG 尚世影业	影视音乐	270.97	100	东方明珠
翔通动漫	动漫	195.00	100	万好万家
瑞吉祥	影视音乐	188.71	100	捷成世纪
盟将威	影视音乐	177.42	100	当代东方
派瑞威行	广告制作与代理	152.42	100	科达集团

3. 生态圈：以 SMG 为例

15 个电视频道、13 个广播频率，还拥有东方明珠新媒体等上市板块业务资源，以及报纸杂志、现场演艺等产业，如图 4 所示。

图 4　业务生态系统

4. 文化产业并购案例分析

（1）收购影视公司。

1）案例摘要。

道博股份（600136.SH）2014 年 6 月 11 日晚发布的重组草案显示，公司拟购买浙江强视传媒股份有限公司 100% 股权，变身影视传媒公司。重组草案显示，标的资产作价 7.8 亿元，由公司发行股份 5361 万余股及支付 1.5 亿元现金购买。同时，公司向控股股东新星汉宜发行 22127659 股募集 2.6 亿元配套金额，其中 1.5 亿元用于本次交易现金部分的支付对价，剩余募集资金主要用于补充标的公司的运营资金。本次重组不会导致公司控股权发生变更。

2）买方简介：道博股份。

A. 公司传统业务为学生公寓运营和磷矿石销售。

B. 2015 年 2 月，公司收购了老牌影视剧制作公司强视传媒，转型文化产业。

C. 2015 年 5 月，湖北省综合性产业投资集团——当代集团成为公司实际控股股东。

D. 2015 年 8 月，公司将原有业务剥离，目前主业仅剩下影视剧制作，且拟以 8.2 亿元收购体育营销与体育版权及赛事综合运营商——双刃剑（苏州）体育文化传播有限公司，完成"影视+体育"大文化产业布局。

3）大股东简介：武汉当代，如图 5 所示。

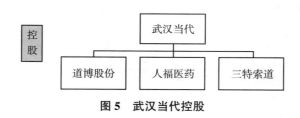

图 5　武汉当代控股

4）标的公司简介：强视传媒。

强视传媒成立于 1993 年，是集影视节目制作、引进、发行、广告、演员经纪、动画制作及新媒体为一体的影视传媒公司。一直专注于发展自己的核心业务——影视剧制作、发行，同时辐射艺人经纪、新媒体、电影、广告、电视节目制作等业务，拥有素质精良的专业化队伍，具有丰富的影视剧行业经验，拥有一流的策划、管理、经营运作人才和资深制作人、编剧、导演、演员等丰富的人力资源。

5）估值方法：强视传媒。

根据评估目的、评估对象、价值类型、资料收集情况等相关条件，以及三种评估基本方法的适用条件，本次评估选用的评估方法为收益法和市场法。评估方法选择理由如下：

A. 被评估单位为轻资产型传媒行业，采用资产基础法评估不利于体现企业的价值。传媒行业的企业价值主要体现在未来盈利上，更适用于收益法评估。

B. 同时传媒行业企业的主要盈利指标和收益模式类似可比性较强，有相关上市企业可作为可比公司进行比较，可采用市场法评估。

6）估值结果：强视传媒。

A. 收益法评估结果：浙江强视传媒股份有限公司评估基准日总资产账面价值为 36735.62 万元，总负债账面价值为 10391.07 万元，净资产账面价值为 26344.55 万元，采用收益法评估后的股东全部权益价值为 78049.87 万元，评估增值 51705.32 万元，增值率 196.27%。

B. 市场法评估结果：浙江强视传媒股份有限公司采用市场法评估后股东全部权益价值为 86277.13 万元，较账面净资产 26344.55 万元增值 59932.58 万元，增值率 227.50%（2014 年 6 月 2 日）。

7）估值调整：强视传媒。

2014 年 12 月 2 日晚间，武汉道博股份有限公司（道博股份，600136.SH）公告称，因广东强视影业传媒有限公司（下称"强视传媒"）2014 年业绩与预测数可能存在差异，从而导致资产评估值的变化，决定向证监会申请中止审查该重大资产重组。

A. 收益法评估结果：浙江强视传媒股份有限公司评估基准日总资产账面价值为 38637.68 万元，总负债账面价值为 11003.38 万元，净资产账面价值为 27634.30 万元，采用收益法评估后的股东全部权益价值为 69572.56 万元，评估增值 41938.26 万元，增值率 151.76%。

B. 市场法评估结果：浙江强视传媒股份有限公司采用市场法评估后股东全部权益价值为 94288.20 万元，较账面净资产 27634.30 万元增值 66653.90 万元，增值率 241.20%（2015 年 1 月 8 日）。

（2）收购动漫企业。

1）案例摘要。

奥飞动漫（002292.SZ）2015 年 8 月 18 日晚公布收购预案，公司拟通过发行股份及支付现金相结合的方式购买四月星空 100% 股权，交易价格为 9.04 亿元。同时，公司计划募集配套资金不超过 9.04 亿元，主要用于支付本次交易的现金对价和补充上市公司流动资金。

2）买方简介：奥飞动漫。

奥飞娱乐股份有限公司（002292.SZ）是中国目前最具实力和发展潜力的动漫及娱乐文化产业集团公司之一，以发展民族动漫文化产业，让快乐与梦想无处不在为使命，致力构筑东方迪士尼，包括内容创作、影视、游戏、媒体、消费品、主题业态等。

3）实际控制人简介。

蔡东青，广东奥飞动漫文化股份有限公司董事长、总经理，中山大学 EMBA。

1989 年创办奥迪玩具有限公司，已发展成一家集科工贸于一体、产供销相结合的大型民营企业。

2004 年，蔡东青在广州成立奥飞动漫公司，超越了玩具产业的范畴，开始涉足动画、漫画相关影视文化产业，向动漫文化产业转型。

2012 年入选《新财富》500 富人榜，位列第 107，成为当年排行榜唯一一位来自动漫玩具领域的企业家。

4) 标的公司简介: 四月星空。

北京四月星空网络技术有限公司(有妖气动漫)正式成立于 2009 年 5 月,是中国最知名的动漫网络及内容企业,公司以互联网动漫版权业务为核心,公司于 2009 年推出网络漫画业务,2012 年推出网络动画业务,首部作品《十万个冷笑话》一经推出便风靡中国,累计网络播放量超过 20 亿次。2013 年启动动画电影业务,2014 年推出手机游戏业务,并在衍生品图书等业务上不断与第三方进行深度合作,目前已充分覆盖各产业链条。迄今为止,网站有超过 20000 名漫画家常驻创作,拥有 40000 部以上漫画作品正在连载,注册用户超过 500 万人。

5) 估值方法: 四月星空。

本次重组中的标的公司四月星空是一家互联网原创动漫平台公司,由于该类公司市场上可比交易案例较少,无法采用市场法估值。资产基础法是指在合理估值企业各分项资产价值和负债的基础上确定估值对象价值的估值思路。较收益法而言,资产基础法的结果未能从整体上体现出企业各项业务的综合获利能力及收购完成之后为上市公司带来的增量价值。而收益法除综合考虑了四月星空的品牌竞争力、客户资源价值、人力资源价值、企业管理价值、技术经验价值等各项资源之外,还考虑本次收购完成后,奥飞动漫在未来若干年内因此而增加的增量现金流量。因此,本次估值市场法和资产基础法均不适用,仅采用收益法一种方法进行估值。

6) 估值结果: 四月星空。

经过本次采用收益法(自由现金流折现模型+增量现金流折现模型)进行估值,于基准日 2015 年 6 月 30 日,北京四月星空网络技术有限公司股东全部权益价值 E1 为 35910.95 万元,双方整合后为上市公司带来的价值增量 E2 为 55146.98 万元,因此,北京四月星空网络技术有限公司相对广东奥飞动漫文化股份有限公司的投资价值 E=北京四月星空网络技术有限公司股东全部权益价值 E1+双方整合后为上市公司带来的价值增量 E2 = 35910.95+55146.98 = 91057.93 (万元)。最终,北京四月星空网络技术有限公司相对广东奥飞动漫文化股份有限公司的投资价值估值结果为 91057.93 万元。

(三)体育企业并购估值

1. 政策面
政策面如图 6 所示。

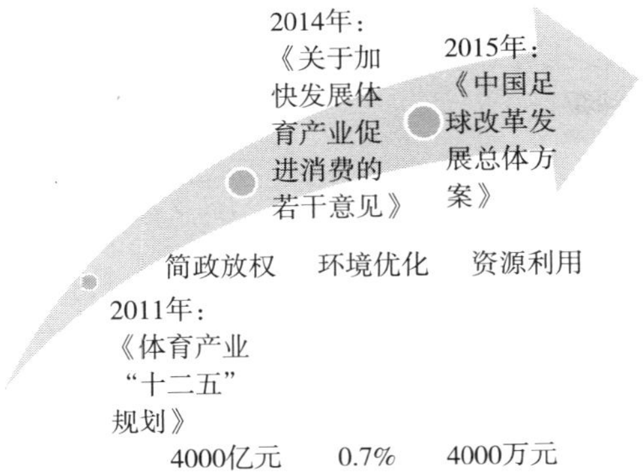

2014年：
《关于加快发展体育产业促进消费的若干意见》
2015年：
《中国足球改革发展总体方案》
简政放权
环境优化
资源利用
2011年：
《体育产业"十二五"规划》
4000亿元
0.7%
4000万元

图6 政策面

2. 市场面

（1）一级市场。

相关数据显示，2015~2016年第一季度，体育创业公司完成了超过257次融资，融资规模达到174亿元。其中，2015年全年的融资金额约为70亿元；2016年第一季度融资规模超过100亿元，已经超过2015年全年融资总额。

（2）二级市场。

"5万亿"的产值空间成为体育产业巨大的投资吸力，据不完全统计，有30多家A股上市公司和10多家新三板上市公司在投资体育产业。这些上市公司中不乏体育基建、用品、传媒等产业内的主营业务。

（3）主要动作如图7所示。

· 乐视
· 阿里
· 万达
成立体育公司
· 乐视
· PPTV
· 腾讯
买超级赛事IP
收购海外体育公司
· 万达
· 道博股份
入股职业俱乐部
· IDG
· 华人文化

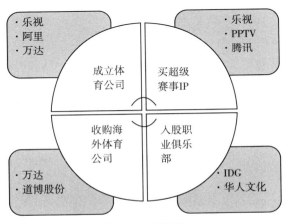

图7 主要动作

3. 生态圈

以虎扑体育生态圈构建为例，如图 8 所示。

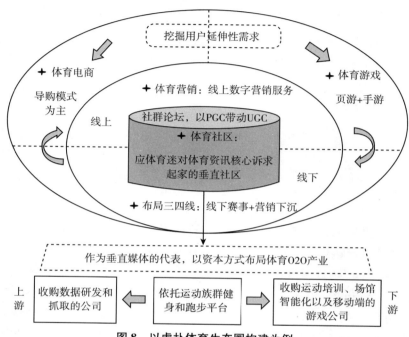

图 8   以虎扑体育生态圈构建为例

4. 体育产业并购案例分析

（1）收购体育营销公司。

1）案例摘要。

道博股份（600136.SH）2015 年 7 月 17 日晚间披露重大资产重组预案，公司拟以 8.2 亿元的对价收购苏州双刃剑 100% 股权，同时向公司大股东等定向增发募集 6 亿元的配套资金。苏州双刃剑主营业务为体育营销，公司计划将其与现有的影视业务（强视传媒）进行整合，打造"大文化平台"（此处不再展开介绍，相关内容请参考本文相关内容）。

2）标的公司：双刃剑。

双刃剑传统业务为体育营销，目前已将其业务拓展至体育版权及赛事运营，主要服务国内 B 端大型商业客户，未来将大力发展直接面向 C 端客户的体育视频、体育旅游、赛事运营等业务，最终形成自有 IP 加平台运营的双轮互动发展模式，构建"体育营销生态圈"。

3）估值方法：双刃剑。

由于市场上难以收集到可比交易案例或可比上市公司，该项目不适于市场法，故本次评估选择收益法、资产基础法进行评估。

4）估值结果：双刃剑。

A. 收益法评估结果：双刃剑（苏州）体育文化传播有限公司评估基准日总资产账面价值为5887.48万元，总负债账面价值为1.76万元，净资产账面价值为5885.72万元。收益法评估后的股东全部权益价值为82135.71万元，增值额为76249.99万元，增值率为1295.51%。

B. 资产基础法评估结果：双刃剑（苏州）体育文化传播有限公司评估基准日总资产账面价值为5887.48万元，评估价值为6009.59万元，增值额为122.11万元，增值率为2.07%；总负债账面价值为1.76万元，评估价值为1.76万元，无增减值额；净资产账面价值为5885.72万元，净资产评估价值为6007.83万元，增值额为122.11万元，增值率为2.07%。

（2）收购体育场馆运营公司。

1）案例摘要。

上市公司莱茵体育（000558. SZ，即原莱茵达置业股份有限公司）2015年4月22日宣布，公司全资子公司横琴莱茵达投资基金管理有限公司于2015年4月21日与浙江万航信息科技有限公司及其自然人股东缪亮（持有万航信息67%股权）、屠柯枫（持有万航信息33%股权）签订了《关于浙江万航信息科技有限公司之投资合作框架协议》。据此，莱茵基金拟发起珠海致胜股权投资基金（有限合伙），由该基金募集6500万元并依法对万航信息进行增资，获得万航信息35%股权，同时协议约定在万航信息完成其业绩承诺的前提条件下，莱茵置业有权以适当方式进一步收购万航信息其他股东方持有的不少于25%的股权，同时一并收购致胜基金所持有的35%万航信息股权，以达到控股地位。

2）买方简介：莱茵体育。

与大部分中小房企一样，莱茵置业这两年的地产业务发展得并不太顺利，尤其是在前两年国家宏观调控及银行信贷趋紧的影响下，房地产的经营遇到了巨大的压力，而莱茵置业对地产业务的弱化，直接导致莱茵置业业绩数据开始下滑。2014年，莱茵置业全年实现营业收入总额为37.17亿元，同比增长77.25%；实现归属于母公司的净利润0.43亿元，同比上年度下降37.43%。其中莱茵置业商品房合同成交额13.31亿元，同比下降26.31%；商品房销售回笼11.9亿元，同比下降36.81%。

2015 年 7 月 21 日，莱茵置业发布公告称，将中文名称变更为"莱茵达体育发展股份有限公司"，将剥离非经营性地产，主营业务也将向体育方向进行调整。

3）标的公司简介：万航信息。

万航信息成立于 2014 年 4 月，主要从事体育产业资源与移动互联网行业的整合、开发，线下场馆已签约近 200 家，另有 300 余家场馆正在紧密的沟通与签订中。万航信息规划丰富旗下产品功能，其中运动世界 APP/PC 主要服务于用户，将从目前的定场地功能升级至提供全运动类型场馆预订、私教预约、运动社交、运动品销售、运动康复等服务。

2015 年 1~3 月，万航信息公司资产合计 3850653.06 元，负债合计 0 元，所有者权益合计 3850653.06 元，净利润为 179654.03 元。

4）交易结构：万航信息如图 9 所示。

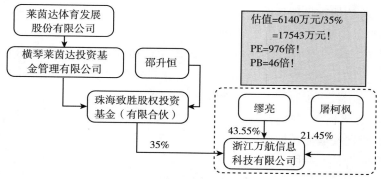

图 9　交易结构（万航信息）

5）业绩承诺：万航信息。

增资完成后一年内，万航信息完成以下业绩指标：

A. 完成全国范围内指定一、二线城市场馆的排他签约及上线工作。

B. 截至业绩承诺期限届满之日，签约上线的体育场馆达到 1500~3000 家，累计激活用户达到 400 万~1000 万。

C. 增资完成后一年内，日活跃用户平均达到 10 万~20 万（月均），日订单平均达到 1 万~3 万（月均）。

6）其他条款：万航信息。

A. 莱茵基金通过委派董事参与公司重大决策，通过委派财务总监和/或分管副总等方式参与万航信息的日常经营管理。

B. 在满足业绩承诺等前提下，莱茵置业将有权通过发行股份购买资产和/或现金收购的方式进一步收购万航信息不少于 25% 的股权（超过 25% 部分由协议各方共同商议确定），最终莱茵置业获得万航信息控股权，在莱茵置业进一步收购上述不少于 25% 股权的同时，也将一并收购致胜基金所持有的 35% 万航信息股权。

（四）教育企业并购估值

1. 政策面

《国家教育发展"十三五"规划纲要》《中华人民共和国教育法》《中华人民共和国义务教育法》《中华人民共和国民办教育促进法》与现实状况、《中华人民共和国高等教育法》《中华人民共和国职业教育法》。

2. 市场面

（1）一级市场。

教育产业风险投资量价齐升，2015 年 1~11 月教育产业风险投资数量 244起，教育产业风险投资规模 192 亿元，如图 10 所示。

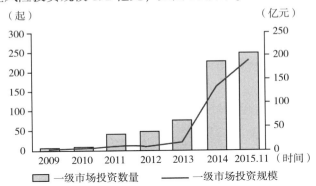

图 10　教育产业风险投资一级项目情况

资料来源：IT 桔子，平安证券研究所。

（2）二级市场。

并购风生水起，2015 年共有 21 家上市公司发起 42 次项目并购，并购金额合计约 104 亿元。

（3）A 股市场转型教育的上市公司。

A 股市场转型教育的上市公司已近 60 家，主要通过并购重组和自建校舍的方式进行转型，转型方向主要包括幼教、国际学校、出国留学服务、职业教育、在线教育和个性化教育等，如图 11 所示。

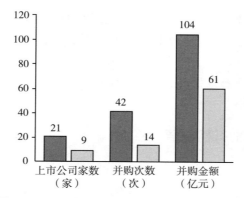

图 11　2015～2016 年 5 月上市公司并购教育情况

资料来源：上市公司公告，平安证券研究所。

3. 生态圈

以国内在线教育生态圈为例（摘自易观智库），如图 12 所示。

图 12　国内在线教育生态圈

4. 教育产业并购案例分析

（1）收购 K12 教育公司。

1）案例摘要。

上市公司勤上光电（002638.SZ）2016 年 1 月 3 日晚间发布公告，拟以

14.16元/股发行1.06亿股,并支付现金5亿元,共计作价20亿元,收购广州龙文教育科技有限公司100%股权。由于本次交易未导致上市公司控制权发生变化,也不涉及向实际控制人及其关联方购买资产。因此,本次交易不构成借壳上市。

2)买方简介:勤上光电。

勤上光电主营业务为LED照明灯具,2011年12月在深交所中小板挂牌上市。2015年半年度报告显示,勤上光电2015年上半年营业收入为4.425亿元,归属于上市公司股东净利润为1690万元。近年来,受宏观经济及半导体照明产业增长乏力等因素的影响,公司营业收入呈下滑态势,利润亦伴随营业收入出现下滑。为了提升公司的持续盈利能力,公司亟须发掘新的利润增长点。通过本次交易,勤上光电将实现半导体照明产品与K12辅导服务的双主业布局。

3)大股东简介:勤上集团。

勤上集团是东莞重点扶持的大型集团企业,创建于1993年,总部位于广东东莞常平,集团下属五大事业部,厂房面积30多万平方米。员工2000多人,汇集了优秀的、专业的研发工程师100余名,各类专业生产技术人员200余人,品质管理人员200余名。勤上以光电产业链、燃器具产业链、五金产业链为三大基础产业链,产品涉及烧烤炉、储物架、金属线材、钢管、燃器配件、圣诞灯饰等多个领域,目前年产值已达数十亿元,是集开发、生产、贸易为一体的出口创汇大型企业集团,产品主销欧美国家。

4)标的公司简介:龙文教育。

龙文教育成立于1999年,主营中小学课外辅导,是国内较为领先的K12教育信息咨询服务提供商,其业务涵盖图书出版和出国留学等多个领域,为成人、青少年及幼儿提供教育咨询和辅导服务。公告显示,龙文教育2013年、2014年、2015年1~8月营业收入分别为8.5亿元、7.5亿元、5亿元。截至2015年10月末,龙文教育在北京、上海、广州等20多个城市,设有营业网点462个。

5)估值方法:龙文教育。

A. 评估基准日被评估单位已经体现较高的获利能力,结合被评估单位目前的经营环境(宏观经济、政策、市场)情况,被评估单位未来的业务发展趋势是可以预期的,其经营业绩和收益也可以合理预测;根据行业收益和风险情况,结合企业的优劣势分析,可以比较合理地估算折现率,故可以采用收益法进行评估。

B. 根据收集到的可比企业数量及其经营和财务数据的充分性和可靠性,

恰当考虑市场法的适用性。被评估单位属于教育行业企业，在国内证券市场存在一定数量规模的教育概念类可比上市公司，且可比公司的经营和财务数据可得，可以通过相关比率乘数的修正测算被评估单位的价值，具备采用市场法评估的条件。

6）估值结果：龙文教育。

A. 收益法评估结论：在评估基准日 2015 年 8 月 31 日，广州龙文教育科技有限公司经审计后归属于母公司的净资产（合并口径）为-0.66 亿元。采用收益法评估，评估后广州龙文教育科技有限公司股东全部权益价值为 20.14 亿元，较同口径审计后净资产评估增值 20.80 亿元，增值率 3151.52%。

B. 市场法评估结论：在评估基准日 2015 年 8 月 31 日，广州龙文教育科技有限公司经审计后归属于母公司的净资产（合并口径）为-0.66 亿元。采用市场法评估后，同口径净资产估值为 19.03 亿元，评估增值 19.69 亿元，评估增值率 2983.33%。

在进行市场法评估时，虽然评估人员对被评估单位参考公司进行充分必要的调整，但是仍然存在评估人员未能掌握参考公司独有的无形资产、或有负债等不确定因素或难以调整的因素，而导致评估结果与实际企业价值离散程度较大的风险。

基于上述原因，收益法更能体现被评估单位为股东带来的价值，因此，本次评估最终选取收益法作为评估结论，广州龙文教育科技有限公司股东全部权益价值为 20.14 亿元。

（2）收购互联网教育公司。

1）案例摘要。

上市公司拓维信息（002261.SZ）于 2015 年 4 月 18 日晚间公布重组方案，拟以发行股份并支付现金的形式，购买海云天 100% 股权、长征教育 100% 股权、龙星信息 49% 股权和诚长信息 40% 股权。这次交易作价总计 18.69 亿元。

2）买方简介：拓维信息。

拓维信息系统股份有限公司成立于 1996 年，成立之初就立志做一家不断创新的科技企业，是一家从事教育、手机游戏等业务的移动互联网公司，作为中国互联网企业 100 强，是中国教育考试技术服务行业信息化的杰出供应商，曾获中国教育信息化突出贡献奖；是国家规划布局内的重点软件企业、国家计算机信息系统集成一级资质企业，先后承担了国家课题与研发项目共计 30 余项。

3）标的公司简介：长征教育。

山东长征教育科技股份有限公司是一家集多媒体互动教育装备、多媒体教

育软件、教育指导为一体的现代化儿童教育解决方案服务机构，专注幼教领域
10余年，始终致力于公益幼教、科教兴国，是集研发、生产、推广于一体的
高新技术企业、软件企业、山东省重点文化企业、山东省创新型试点企业、山
东省十佳最具成长性文化创意企业之一、山东省文化产业示范基地。

4）估值方法：龙文教育。

A. 对市场法而言，由于与被评估企业相关行业、相关规模企业转让的公
开交易案例无法取得，而且无足够的参考企业，故本次评估不具备采用市场法
的适用条件。

B. 经过调查了解，被评估企业收入、成本和费用之间存在比较稳定的配
比关系，未来收益可以预测并能量化。与获得收益相对应的风险也能预测并量
化，因此符合收益法选用的条件。

C. 长征教育资产及负债结构清晰，各项资产和负债价值也可以单独评估
确认，因此选用资产基础法作为本次评估的另一种方法。

5）估值结果：龙文教育。

A. 资产基础法评估结果：在评估基准日2014年12月31日，长征教育的
资产账面价值为23746.55万元，负债账面价值为2979.11万元，净资产账面
价值为20767.44万元；经评估后，总资产评估值为29009.44万元，负债评估
值为2979.11万元，净资产评估值为26030.33万元，净资产评估值比账面值
增值5262.89万元，增值率25.34%。

B. 收益法评估结果：长征教育股东全部权益的评估价值为72382.21万
元，较股东权益账面值20767.44万元增值51614.77万元，增值率248.54%。

评估人员在分析了长征教育业务种类、经营范围及收益稳定性等关键因素
的基础上，认为收益法评估值较资产基础法评估值更能真实合理地反映长征教
育的股东权益价值。故采用收益法评估结果作为最终评估结论。

评估结论为：长征教育在评估基准日的股东全部权益价值评估值为
72382.21万元，拓维信息系统股份有限公司拟收购的长征教育的股东全部权
益价值为72382.21万元。

（五）"文化、体育和教育"尽职调查

1. 背景调查

（1）行业调查。

行业发展的情况；国家对该行业的有关产业政策，管理措施及未来可能发
生的政策变化；该行业的市场竞争程度，并介绍同行业主要竞争对手的情况，

包括年生产能力、年实际产量、年销售数量、销售收入、市场份额、在国内市场地位；国外该行业的发展情况；国家现行相关政策对该行业的影响；全国市场情况介绍，包括年需求量、年供给量、地域需求分布、地域供给分布、生产企业数量，是否受同类进口产品的竞争。

（2）要诀。

见过 90% 以上的股东和管理层；坚持 8 点钟到公司；到过至少 7 个部门；在企业连续待过 6 天；至少与公司的 4 个客户面谈过；调查 3 个以上的同类企业或竞争对手；有不少于 20 个关键问题；至少与公司的普通员工吃过 1 次饭。

2. 财务尽调

（1）定义。

财务尽职调查（Due Diligence Investigation）又称谨慎性调查，一般是指投资人在与目标企业达成初步合作意向后，经协商一致，投资人对目标企业一切与本次投资有关的事项进行现场调查、资料分析的一系列活动。其主要是在收购（投资）等资本运作活动时进行，但企业上市发行时，也会需要事先进行尽职调查，以初步了解是否具备上市的条件。

（2）目的。

判明潜在的致命缺陷和它们对收购及预期投资收益的可能的影响。

（3）内容。如图 13 所示。

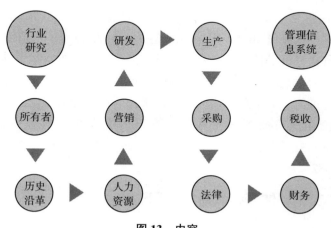

图 13　内容

（4）成员。如图 14 所示。

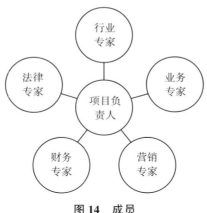

图 14　成员

（5）方法。

1）审阅：通过审阅财务报表及其他财务资料，发现关键及重大财务问题。

2）分析：如趋势分析、结构分析等，通过对各种渠道取得资料的分析，发现异常及重大问题。

3）访谈：与企业内部各层级、各职能人员，以及中介机构的充分沟通。

4）内部讨论：调查小组成员来自不同背景及专业，其相互沟通也是达成调查目的的方法。

3. 法律尽调

（1）定义。

法律尽职调查是指在公司并购、证券发行等重大公司行为中，由律师进行的对目标公司或者发行人的主体合法性存续、企业资质、资产和负债、对外担保、重大合同、关联关系、纳税、环保、劳动关系等一系列法律问题的调查。

（2）分类。

法律尽职调查大体分为两种，即公司并购的法律尽职调查和证券发行等重大行为的法律尽职调查。私募股权投资，从本质上可以归类于公司并购，因此，私募股权投资中的法律尽职调查也属于公司并购类的法律尽职调查。

（3）法律尽职调查的基本内容——以股权收购为例。

1）公司基本情况。

A. 历史沿革（合法设立、历次变更、年检）；风险点：项目审批、审批级别（项目分拆）。特殊性质的企业。

B. 资本（出资情况、股权变动情况、股权质押）；风险点：国有资产的转让。

C. 经营范围及相关许可和证照；风险点：外资准入是否会产生影响。

D. 管理层名单、分支机构及对外投资。

E. 组织性文件（章程、合资合同或其他股东间协议及其他）；风险点：优先购买权、组织性文件对本次交易批准的要求。

F. 股权激励计划等可能对股权产生影响的安排。

2）资产。

A. 土地；风险点：证照及合同、性质、用途、地价、取得程序、抵押、查封、出租，如重要建议独立调查。

B. 房产；风险点：证照。

C. 在建工程；风险点：证照、建设相关合同。

D. 动产；风险点：根据客户要求，一般仅列清单。

3）知识产权。

A. 专利、商标、版权、域名：申请及登记文件、独立调查、许可、转让等协议。

B. 知识产权管理及保护：内部制度、劳动协议中的相关内容。

C. 侵权及争议：管理层访谈。

4）重大合同。

A. 融资类协议：与金融机构的协议（贷款、担保等）、股东贷款（外债登记）。

B. 业务类协议：格式文本的审查、主要供应商及客户、相关重大合同的审查。

C. 其他协议：特许经营协议、购售电合同等、公用事业协议。

5）劳动。

员工名单及基本信息、劳动合同、内部制度、社保、保密协议、培训、竞业禁止、最低工资标准、特殊人员待遇（内退、退休、下岗等）、工会、职工代表大会、劳动争议。

6）税收及优惠待遇。

A. 税收：适用税种和税率、税收缴纳情况，管理层访谈，税务部门的确认文件。

B. 优惠待遇：高新技术企业等特殊企业。

7）关联交易。

A. 审计报告。

B. 了解企业的业务模式。

8）环境：环评、环境竣工验收、排污。

9）保险。

A. 强制性保险：交强险。

B. 其他商业保险。

10）诉讼、仲裁及其他争议。

十五、有限合伙型私募基金投资人的
维权困境及突破之道

钟凯文

【作者简介】 钟凯文，德恒律师事务所合伙人，毕业于北京大学法学院并取得硕士学位，主要业务方向为非标准化金融、不动产投融资、泛资产证券化。

2010~2012 年，以"有限合伙型私募基金+银行委托贷款"组合的债权性固定收益类投资产品发行规模达到历史高峰。此种投融资模式在房地产领域尤为盛行，在金融市场不太发达的二、三线城市，大量中小开发商采用此种融资方式进行融资，甚至有开发商成立管理机构自行募集"有限合伙型私募基金"投向自己开发的项目，或者与关联的第三方合作成立专项基金，从拿地阶段即使用社会资金，自有资金比例极低。2013 年开始，中国大陆房地产市场持续低迷，房地产领域的私募基金兑付问题也日益严重，以"自融（自行设立管理机构募集）""与关联第三方共同设立管理机构募集"方式募集资金投放的房地产基金，除了要面对一般性私募基金兑付过程中的市场风险、项目风险、法律风险、项目处置风险等以外，对基金投资人而言，管理人的道德风险实际上成为了其维权路径中最难逾越的障碍。

（一）私募基金兑付频频出险

有限合伙型私募基金遵循出资与运作、收益与决策的双重分离机制，可有效结合 GP 的专业优势和 LP 的资金优势，最大限度地实现专业化分工和资源的有效配置。同时，LP 以出资额为限承担私募基金债务，解除了投资人尤其是风险投资人承担无限责任的后顾之忧；GP 以承担无限责任对价获得对合伙企业的经营和管理权。此外，合伙企业无须缴纳企业所得税，由合伙人自行承担所得税。基于上述优势，有限合伙型私募基金受到大量投资人和私募基金管理人的青睐，成为现存规模最大的私募基金类型。

有限合伙型的组织形式对私募基金的影响是辩证的，既带来了上述诸多优势，也留下了 LP 合法权益遭受侵害的隐患。首先，LP 将庞大的资金交由 GP 经营管理，同时对私募基金无经营管理权，出资与运作、收益与决策的双重分离机制加剧了私募基金内部代理风险和道德风险的扩张。其次，与公司型相比，有限合伙型私募基金组织机构扁平化，没有像公司型中的董事会、监事会等权力制衡机构，GP 独立决策和管理，控制着私募基金，内部一般并无权力制衡或监督机构。最后，中国的自然人投资者往往缺乏投资理性、投资专业知识和风险防范意识，投资前往往没有科学合理的私募基金筛选程序、专业的尽职调查程序。这些因素的结合导致有限合伙型私募基金 2014 年后兑付危机频现，大量 LP 无法收回投资本金及预期收益。

表 1 是部分陷入兑付危机的有限合伙型私募基金产品。

表1　部分陷入兑付危机的有限合伙型私募基金产品

私募基金产品	基金管理公司	投资人数（人）	涉案金额（亿元）
中商财富融典龙鼎 12、13、14 期	北京融典投资管理有限公司	641	8.7
华融普银高速公路基金——岚临高速公路项目	华融普银投资基金（北京）有限公司	3700 多	38
大连金滩蓝湾项目投资基金	中投汇富（北京）投资基金管理有限公司	300 多	10.8
前海金鹰·融投流动资产质押贷款专项资产管理计划	深圳前海金鹰资产管理有限公司	—	3
新华财富"掘金系"1、2、3、5 号产品	新华财富资产管理有限公司	—	3.53

（二）LP 行权障碍重重

合法权益遭受侵害之后，LP 欲寻求救济之时，往往面临重大阻碍。

1. 有限合伙协议对 LP 不利

GP 利用自己的专业优势，通过经由专业律师反复推敲的有限合伙协议最小化自己的风险、限制或排除 LP 权利的行使，如选定有利于自己的仲裁机构、通过设定更换管理人的表决比例和表决程序确保 LP 无法动摇 GP 的地位，或者通过免责条款来免除自身行为过失引发的责任等。

合伙企业以合伙协议的存在为基础。根据《合伙企业法》第十九条第一款，合伙人按照合伙协议享有权利，履行义务。在有限合伙型私募基金的搭建和运作过程中，GP、LP 的利益实现机制和权利义务均通过有限合伙协议加以约定，换言之，有限合伙协议是有限合伙型私募基金法律关系的直接载体。不同于公司型私募基金项下更为实体化的治理结构，有限合伙型私募基金几乎仅凭有限合伙协议约定而完成资金的募集、整合、投资、管理、退出。合伙企业具有很强的人合性，强调企业内部的协商，因此在不涉及外部债权人利益的情况下，法院或仲裁机构往往会充分尊重有限合伙协议的约定。

2. LP 直接向债务人主张权利受限

兑付危机出现之前，情况往往是基金管理公司已经人去楼空，公司负责人携款"跑路"或者"失联"，或者被公安机关采取强制措施，或者虽然无上述情形，但是在投资项目失败的情形下，GP 可能怠于向债务人主张权利。此时 LP 希望直接向债务人及其担保方行使债权或担保权，就所得财产在 LP 之间进行分配，但由于合同的相对性，债务人及担保方是与合伙企业签署相关合同，如果 GP 不代表或者不能代表合伙企业行使相关权利，LP 无经营管理权，也不掌握合伙企业的印章，由 LP 直接向债务人和担保方主张权利仍受到限制。

3. LP 向 GP 主张权利面临障碍

根据《合伙企业法》第六十八条，LP 有权督促怠于行使权利的 GP 行使权利，有权在有限合伙企业中的利益受到侵害时，向有责任的 GP 主张权利或者提起诉讼，要求 GP 承担赔偿责任。然而在实践中，LP 起诉 GP 往往会面临以下障碍：首先，LP 有权起诉未尽忠实义务的 GP 只是一种原则性的规定，缺乏配套规定和具体实施细则，降低了该救济路径的可操作性。其次，GP 早已在有限合伙协议中约定不利于 LP 的合同条款，LP 申请仲裁或提起诉讼将面临较大的时间、精力和经济成本。再次，LP 不执行合伙事务，无权参与企业的实际经营，相关证据掌握在 GP 手中，LP 很难通过正当途径获得相关证据。最后，在实践中基金管理人常常是壳公司，本身并无多少资产，尤其是公司法实行出资认缴制以来，即便 LP 胜诉或得到有利的仲裁裁决，也很可能无财产可供执行。

4. LP 退伙无实际意义

《合伙企业法》第四十五条、第四十六条、第四十八条分别规定约定及特定事项退伙、自愿退伙和当然退伙三种退伙情形。然而根据《合伙企业法》

第五十一条，合伙人退伙时有未了结的合伙企业事务的，待该事务了结后按照退伙时的合伙企业财产状况进行结算。因此，出现兑付危机后，LP 只能等待合伙企业债权债务了结完毕才能退伙。此外，退伙要按照退伙时合伙企业的财产状况进行结算，由于债务人不能偿还债务，LP 往往血本无归。

（三）LP 维权路径概述

因为上述障碍，在实际案件中 LP 在寻求救济时往往陷入困境。但是困境不等于绝境，现有民事法律框架仍然为 LP 提供了救济路径。

1. 除名或变更 GP

在 GP 因故意或者重大过失给合伙企业造成损失、执行合伙事务时有不正当行为和发生合伙协议约定的事由，根据《合伙企业法》第四十九条，LP 可除名 GP，当然若合伙协议对除名普通合伙人另有约定的，应当依照合伙协议约定执行。

对于变更执行事务合伙人，依照《合伙企业法》第六十三条的规定，系由投资者在合伙协议中自行约定，但在实际操作中需要提示注意的是此路径存在下述前提条件：

第一，合伙协议未对更换、除名执行事务合伙人做出过于苛刻的限制，如取得 GP 同意，或要求全体合伙人一致同意等显然无法达到的条件。

第二，合伙企业投资人之间具备沟通途径，且具有召集合伙人大会的能力和条件，可形成有效的合伙人决议。

2. LP 代位诉讼

《合伙企业法》第六十八条第二款第七项规定执行事务合伙人怠于行使权利时，有限合伙人有权为了本企业的利益以自己的名义提起诉讼。根据该规定，如果 GP 怠于行使权利，如怠于行使对投资项目享有的到期债权，LP 有权依自己的名义诉请债务人履行债务。

代位诉讼权是任何一个 LP 均享有的权利，LP 有权单独行使权利，无须取得其他 LP 的一致同意。代位诉讼具有共益性，LP 虽然是以自己的名义提起代位诉讼，但是并不是为了实现自身的直接利益，而是为了维护包括全体合伙人利益在内的整个合伙企业的合法权益，胜诉所获得的赔偿是合伙财产，属于全体合伙人共有，应分配给所有 LP。

LP 的代位诉讼类似于《公司法》上股东的代位诉讼，但与《公司法》不同，《合伙企业法》缺乏配套规定和具体实施细则。由于有限合伙企业结合了公司资合与普通合伙企业人合的特点，LP 一定程度上类似于《公司法》上的股东，LP 代位诉讼权的行使可以参照《公司法》代位诉讼制度的相关规定。

需要说明的是，在此途径中，提起代位诉讼可能导致起诉主体需要全额缴纳相应的诉讼费用，包括但不限于案件受理费、保全申请费及保全担保费等相关费用，对起诉主体而言需垫付较高的费用，而且此途径也缺乏相应的配套规定和实务操作先例，在实际操作中应充分做好与法院、仲裁机构的沟通工作。

3. 解散、清算合伙企业

《合伙企业法》第八十五条将合伙企业解散的事由分为三类七种，一是法定事由，包括合伙人已不具备法定人数满三十天；合伙协议约定的合伙目的已经实现或者无法实现；依法被吊销营业执照、责令关闭或者被撤销；法律、行政法规规定的其他原因。二是约定事由，即合伙协议约定的解散事由出现。三是全体合伙人一致同意解散，包括合伙期限届满，合伙人决定不再经营；虽然合伙期限未届满，但是全体合伙人决定解散。

解散合伙企业是任何一个合伙人基于其合伙人身份所享有的权利，当解散事由触发时任何一个合伙人均有权解散合伙企业。根据《合伙企业法》第八十六条第一款，合伙企业解散，应当由清算人进行清算。由于 LP 不执行合伙事务，因此 LP 不能自行清算合伙企业。有限合伙协议往往约定由 GP 担任清算人，变更清算人要求其他合伙人一致同意。GP 控制合伙企业的印章，当 GP 怠于行使权利时并不会主动解散、清算合伙企业。对此有三种解决途径：

第一，通过诉讼或者仲裁请求 GP 履行解散、清算合伙企业的义务。由于有限合伙协议往往约定了不利于 LP 的仲裁条款，因此 LP 往往需要在不利于自己的仲裁机构申请仲裁。

第二，由合伙人大会决议变更清算人。《合伙企业法》第八十六条第二款规定了清算人的确定程序，清算人由全体合伙人担任，全体合伙人的过半数可以指定一人或者数人作为清算人。

第三，申请法院指定清算人。《合伙企业法》第八十六条第二款规定合伙企业不能确定清算人的，任何一个合伙人或者其他利害关系人有权申请法院指定。由于有限合伙型私募基金投资人较多，合伙人大会召开难度较大，且彼此之间存在防范心理，如果合伙企业无法自行确定清算人，LP 有权申请法院指定清算人。从司法实践中看，有法院支持有限合伙人申请法院指定清算人的判例。

解散、清算合伙企业所适用的法律和程序可以参照最高人民法院《关于审理强制清算案件工作座谈会纪要》（法发［2009］52 号，以下简称《座谈会纪要》）。虽然《座谈会纪要》只针对审理公司强制清算案件，但是由于有限合伙企业兼具公司资合的特点，有限合伙企业强制清算案件可以参照适用《座谈会纪要》。在陈汝容等与增城市仙村建城水泥厂申请强制清算上诉案中，广州中级法院也认为虽然强制清算程序只是在《公司法》中做出规定，但没有规定强制清算只用于公司，不适合其他企业，不是排他性的规定，具体操作程序可以参照《座谈会纪要》进行。

解散合伙企业对 LP 而言也是一种迫不得已的选择，因为其对 LP 的影响也是辩证的，特别是当有限合伙型私募基金已经将资金投资于一些项目的时候，基金的解散使得投资人损失较重，难以取回投资本金及预期收益。因为合伙企业解散后，合伙企业财产在支付清算费用和职工工资、社会保险费用、法定补偿金及缴纳所欠税款、清偿债务后的剩余财产才能分配给投资人。

（四）LP 投资的风险建议

从上述 LP 行权面临的障碍可知，在当前的法律框架内，LP 的救济手段是有限的，救济手段也可能不具有可操作性，投资人能否有效维护自己的合法权益存在很大的不确定性。一方面，距《合伙企业法》2007 年修订时增加有限合伙型制度，已有近 10 年，包括有限合伙型私募基金在内的有限合伙企业迅猛发展，而《合伙企业法》并未与时俱进。另一方面，《合伙企业法》针对有限合伙人的合法权益保护只是原则性规定，没有配套制度和实施细则。

在私募基金中，投资人处于弱势地位。作为自己资金的主人，投资人应重视自己的权利，在投资前严加审核。具体而言，投资人投资前应当注意以下五方面。

1. 合理筛选、甄别基金管理人

投资私募基金实际上就是投资 GP，因为 GP 的信誉和项目实操能力直接决定了投资的结果。因此，LP（尤其是自然人 LP）在投资前应当有合理的 GP 筛选、甄别程序。在投资额比较大的情况下最好由律师事务所、会计师事务所等专业机构对 GP 和投资项目进行尽职调查或评估。

2. 共同选定投资项目

投资项目的选择直接关系到投资的成败及回报率。按照惯例，GP 与 LP 应先设立基金，然后确定投资项目。私募基金设立后 GP 执行合伙事务，控制着基金的经营和管理，投资项目实则由 GP 选择。这种模式依赖 GP 履行其对 LP 及私募基金的信义义务和 GP 的专业能力。目前，一些 LP 已经设计了一种新的监督 GP 和选定投资项目的机制，LP 先与 GP 协商确定基金所将要投资的项目，然后 LP 再筹集资金发起设立基金，这种做法具有一定的借鉴意义。

3. 重视审查有限合伙协议

有限合伙协议是 LP 与 GP 权利义务的载体，直接关系到 LP 利益的保障和出资的安全。为了防范 GP 的侵害，LP 应当在投资前严格审核有限合伙协议及相关基金法律文件。

在协商有限合伙协议时，LP 尤其应当重视以下条款：

（1）争议解决条款。

选择对自己有利或符合双方共同利益的争议解决方式。

（2）GP 除名、变更条款。

具体约定一些事由作为 GP"严重侵害"LP 利益的情形，当这些事由发生时 GP 应退出私募基金，LP 有权除名、变更 GP。

（3）退伙条款。

在我国《合伙企业法》下，LP 只能在约定和特定事项发生时才能真正主动行使退伙权，这其中亦需在有限合伙协议中尽可能详细地约定退伙事由，如企业投资在若干年内尚未退出、企业财务出现若干数额的亏损、LP 因法律限制不能继续参与风险投资等。

（4）解散、清算条款。

在签订有限合伙协议时，LP 应尽可能将其可能预见并对其有利的重大解散事由及条件明确约定在协议中，以期在有限合伙企业并未如其预想顺利发展并获得投资回报时，亦可以有充足理由通过解散、清算有限合伙企业而保障其投资本金。

（5）合伙人大会召集、表决条款。

约定合伙人大会的召集方式可以采取现场会议、视频会议、通信等灵活召开方式，约定合理的有效合伙人会议所需出席的合伙人比例和做出有效决议所需要的表决比例。合理的合伙人大会召集、表决条款有助于纠正基金管理人的行为。

（6）违约条款。

约定合伙人违反有限合伙协议应当对其他合伙人或合伙企业承担的违约责任。

有限合伙企业强调人合性，对于合伙人之间的权利义务，法院赋予了更大程度的协商空间，只要不影响企业整体利益和外部债权人利益，法院充分尊重合伙企业的自治权。LP 在投资之前应当与 GP 展开更充分的博弈，并将自己的权利最大限度明确体现在有限合伙协议中。对于《合伙企业法》中规定的权利，LP 应当在有限合伙协议中确认，并加以细化。对于《合伙企业法》没有规定的权利，在无明文禁止的情况下，LP 也可以在有限合伙协议中加以约定。

4. 设立咨询委员会或者投资决策委员会

《合伙企业法》第六十八条第二款规定 LP 有权对合伙企业的经营管理提出建议。为了落实 LP 的建议权和知情权，加强 LP 对基金管理人经营管理的监督，可以在有限合伙协议中约定由 LP 代表组成咨询委员会或投资决策委员会，GP 在经营管理过程中做出列明的重要决策之前应当报告咨询委员会或投资决策委员会，听取其建议。同时，应当谨慎约定咨询委员会或者投资决策委员会的职权范围，不宜规定相关重大决策由该委员会同意，防止 LP 因执行合伙事务而丧失有限责任的保护。

5. 落实担保措施

实务中存在投资协议约定了抵押担保、质押担保或其他担保措施，但由于基金管理人未能落实相应的登记，导致抵押、质押最终未能生效。因此，作为投资者而言，应及时对基金外部投资的担保措施是否合法设立保持跟进，以维护自身的合法权利。

十六、产业投资基金概论：概念、模式及发展趋势

卢　佩

【作者简介】 卢佩，毕业于华东师范大学，经济学硕士，曾任职于鲁银投资、建信资本、杭州银行等机构。现任上海琛晟资产管理有限公司副总裁，负责股权投资业务。

2009 年创业板的设立，2014～2015 年上半年新三板的蓬勃发展，这两件资本市场的大事件从投资策略和投资方式上都深深地影响了股权投资行业，同时也推动股权投资行业从 1.0 阶段进入股权投资 2.0 时代。截至 2016 年 6 月底，中国证券投资基金业协会已登记私募基金管理人 24094 家，已备案私募基金 32355 只，认缴规模 6.83 万亿元，实缴规模 5.58 万亿元，私募基金从业人员 40.25 万人。2016 年 8 月 1 日私募基金管理人清理后，预计会有 5000 家私募股权投资管理机构具备私募基金管理人资格。

股权投资基金不仅是赚市场差价，更加开始注重产业整合和行业协同，并进一步促进了产业基金的成长。产业投资基金是一大类概念，其属于股权投资基金的一种组织结构和具体类型；从共性上看，产业投资基金具有股权投资基金的一般特征，与此同时，其还具有一些相对不同的发展特点，简单地说，产业投资基金和其他股权投资基金明显的差异在于积极参与被投资企业的经营管理。基于前述业务特点，产业投资基金的运作不仅要求投资机构具有较强的投资能力，更加需要具备较强的企业经营能力。

根据目标企业所处阶段不同，可以将产业基金分为种子期或早期基金、成长期基金、重组基金等。产业基金涉及多个当事人，具体包括基金股东、基金管理人、基金托管人及会计师、律师等中介服务机构，其中基金管理人是负责基金的具体投资操作和日常管理的机构。

就目前市场环境和行业发展阶段来说，我国的产业投资基金目前还停留在初级阶段，多通过资金纽带连接投资机构和企业，真正具备企业管理运营能力的机构凤毛麟角。

从股权投资基金行业发展态势看，产业投资基金作为股权投资基金的一种特殊形态，在未来更加成熟的市场环境下，将呈现从机构数量、管理资金规模、投资行业分布、被投资企业数量等各方面的长足发展。基于前述判断，本文拟从产业投资基金的基本概念、常见组织形式入手，介绍目前市场上具有代表性的政府主导或引导的产业投资基金及上市公司作为牵头发起方的产业投资基金，并通过实例对相关情况对应予以介绍。

（一）什么是产业投资基金

1. 基本概念

根据原国家发展计划委员会 2006 年制定的《产业投资基金管理暂行办法》（未正式实施），产业投资基金是指一种对未上市企业进行股权投资和提供经营管理服务的利益共享、风险共担的集合投资制度，即通过向多数投资者发行基金份额设立基金公司，由基金公司自任基金管理人或另行委托基金管理人管理基金资产，委托基金托管人托管基金资产，从事创业投资、企业重组投资和基础设施投资等实业投资。按投资领域的不同，产业投资基金可分为创业投资基金、企业重组投资基金、基础设施投资基金等。

2. 组织形式

随着 2006 年《中华人民共和国合伙企业法》、2014 年《私募投资基金监督管理暂行办法》等法律法规的出台，产业投资基金的组织形式向着多样化的方向发展。根据产业投资基金的法律实体不同，产业投资基金的组织形式可分为公司型、契约型（含契约型基金）和有限合伙型三种组织形式。

（1）公司型。

公司型产业投资基金是依据《公司法》成立的法人实体，通过募集股份将集中起来的资金进行投资。公司型产业投资基金有着与一般公司相类似的治理结构，基金很大一部分决策权掌握在投资人组成的董事会手中，投资人的知情权和参与权较大。公司型产业投资基金的结构在资本运作及项目选择上受到的限制较少，具有较大的灵活性。在基金管理人选择上，既可以由基金公司自行管理，也可以委托其他机构进行管理。

公司型基金比较容易被投资人接受，但也存在双重征税、基金运营的重大事项决策效率不高的缺点。公司型产业投资基金由于是公司法人，融资方式更为丰富，如可以发行公司债。

（2）契约型。

契约型产业投资基金一般采用资管计划、信托和私募基金的形式，投资者作为信托、资管等契约的当事人和产业投资基金的受益者，一般不参与管理决策。契约型产业投资基金不是法人，必须委托基金管理公司管理运作基金资产，所有权和经营权分离，有利于产业投资基金进行长期稳定的运作。但契约型基金是一种资金的集合，不具有法人地位，在投资未上市企业的股权时，无法直接作为股东进行工商登记，一般只能以基金管理人的名义认购项目公司股份。

（3）有限合伙型。

有限合伙型产业基金由普通合伙人（GP）和有限合伙人（LP）组成。普通合伙人通常是资深的基金管理人或运营管理人，负责有限合伙基金的投资，一般在有限合伙基金的资本中占有很小的份额。而有限合伙人主要是机构投资者，他们是投资基金的主要提供者，有限合伙基金一般都有固定的存续期，也可以根据条款延长存续期。

通常情况下，有限合伙人实际上放弃了对有限合伙基金的控制权，只保留一定的监督权，将基金的运营交给普通合伙人负责。普通合伙人的报酬结构以利润分成为主要形式。

（二）政府类产业基金

2016年初，在财力普遍吃紧、各省稳增长压力仍大的背景下，多省政府工作报告均指出，2016年要突出投融资创新，如通过成立政府投资基金，放大财政资金作用，吸引更多社会资本参与当地产业转型升级、基础设施建设等工作。2016年2月17日，财政部公布了《关于财政资金注资政府投资基金支持产业发展的指导意见》，旨在对政府投资基金的实践运作进行规范。根据该《意见》要求，政府投资基金限定于具有一定竞争性、存在市场失灵、外溢性明显的关键领域和薄弱环节，如支持创新创业、中小企业发展、产业转型升级和发展、基础设施和公共服务领域等。《意见》还指出，要积极营造政府投资基金支持产业发展的良好环境。如加强统筹合作，中央和地方财政资金注资的投向相近的政府投资基金，应加强合作，通过互相参股、联合投资等方式发挥合力。同时，财政资金也可参股一些产业龙头企业发起设立的基金，扶优扶强，推动产业链协同发展，优化产业布局。

政府类产业基金多数以引导基金的形式体现。清科集团旗下私募通数据显示，截至2015年12月底，国内共成立780只政府引导基金，基金规模达2.2

万亿元。2015 年新设立的政府引导基金为 297 只，基金规模 1.5 万亿元，分别是 2013 年引导基金数量和基金规模的 2.83 倍和 5.24 倍。这一数字说明，接近 7 成的引导基金都是在 2015 年设立的。

2009 年 10 月，国家发改委、财政部联合启动实施了"新兴产业创投计划"。根据国家发改委的数据，截至 2014 年底，"新兴产业创投计划"在全国共支持组建创业投资基金 213 只，总规模达 574 亿元，重点投向新一代信息技术、生物、节能环保、新材料等领域初期、早中期的创新型企业。预计这些基金全部完成投资后，将带动股权投资、银行贷款等各类资金约 3000 亿元，扶植创新创业企业约 3000 家。这一计划有着典型的产业基金特点，重点关注战略性新兴产业领域企业，整合政府资金，带动银行、社会资本效果明显，有"四两拨千斤"的作用。

新兴产业创投计划管理架构如图 1 所示。

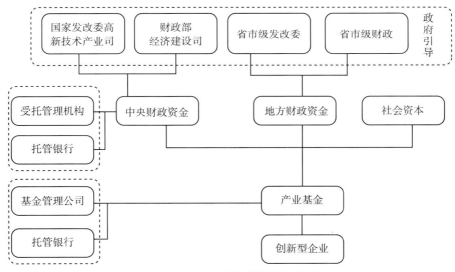

图 1　新兴产业创投计划管理架构

2015 年 1 月，作为"新兴产业创投计划"的升级版，国务院决定设立总规模 400 亿元的国家新兴产业创业投资引导基金，重点支持处在"蹒跚起步"阶段的创新型企业，从而推动大众创业、万众创新。

1. 政府类产业基金是未来发展趋势

未来政府的各项补贴将会通过市场化的机制和手段，更多采用引导基金的形式，借助市场上专业投资机构的力量，投向最有发展潜力、创新精神、技术水平的企业和团队。政府资金通过引导基金的形式投向新兴产业，更多的是借助市场的"手"去提高资源的分配和使用效率。政府引导基金出现爆发式的增长，主要源于以下三个原因。

（1）助力产业结构调整。

自2013年以来，中国经济进入新常态，经济增速由原来的高速增长变为中高速增长，促进经济结构调整、推动产业转型被提到重要的位置上来。产业基金的设立和投资，有利于促进经济结构调整、推动产业转型升级、实现供给侧改革。各级政府纷纷设立产业基金，助力新兴产业和战略性产业，将极大地推动产业转型升级。

（2）财政资金杠杆作用明显。

引导基金作为一种由政府出资设立、旨在引导民间资金设立各类商业性投资子基金的政策性基金，有利于发挥财政资金的杠杆放大作用，引导产业发展，而这也正是政府设立引导基金的初衷，按照现在通行的政策，在参股基金层面上杠杆比例在1∶3~1∶5。

（3）财政资金使用方式转变。

引导基金的推出是为了探索政府资金投入方式改革、引导社会资金投向、促进创新资源高效集聚、加快培育发展新兴产业。2014年12月9日，国务院正式公布"国发〔2014〕62号"文件《国务院关于清理规范税收等优惠政策的通知》，全面清理各地方针对企业的税收、财政补贴等相关优惠政策。原来政府为了支持某一产业的发展，更多采用的是从财政中拿出一部分资金，设立专项资金，通过相关管理部门，直接无偿划拨分配给企业或者项目。但是政府部门通过各种补贴的形式支持企业发展，存在着效率低下、权力寻租等现象，实际对于企业的支持效果并不理想。若要有效地发挥政府财政资金作用，提高资金使用效率，政府产业基金是一个很好的选择，通过设立产业基金，直接或者间接投向相关产业，从政府职能角度出发是一个重大转变。

2. 政府类产业基金面临的主要问题

（1）政策性和商业性的平衡。

早期推出的政府类产业基金多是纯粹的引导基金，主要目的是促进创新型企业、高新技术类企业的成长，推动产业发展，促进经济转型，在收益上多是要求保证本金和较低的固定回报，偏政策性。但是最近几年，部分产业基金和国有资金作为普通机构投资人，在促进产业投资的同时，也享受企业成长带来的回报。如何平衡政策上的引导作用和商业上的保值增值，是政府类产业基金未来发展需要解决的问题。

（2）投资策略限制。

投资策略限制主要是投资方向、投资阶段和投资区域。政府类产业基金一般要求申报的基金有明确的投资主题，符合产业基金的投资方向。对于项目的投资阶段也有要求，如《新兴产业创投计划参股创业投资基金管理暂行办法》中就明确要求投资初创期、早中期的创新型企业的资金比例不低于基金注册资本或承诺出资额的60%。而省市级的产业基金出于支持本地产业发展的目的，会要求投资于本地资金的比例，一般来说投资比例不得低于当地政府出资的部分或者更高。

部分产业基金参股的基金在实际投资过程中，经常会遇到无法满足投资方向、投资阶段、投资区域要求问题。尤其是在投资区域的要求上，部分经济体量较小地区的产业基金参股基金普遍都会遭遇这一尴尬。

政府创投引导基金均以"市场化运作，政府引导"作为其运作的基本原则，但在我国政府引导基金多年的实践过程中，无论是中央还是地方，引导基金的市场化运作机制并不完善，各个地区的地方引导基金受到了主管部门管理运作水平和专业能力等各方面的制约，效果参差不齐，尤其当政府资金选择本来市场化程度不高的国企时，问题更加突出。在基金管理上，更注重政绩，对基金是低效的国有资产管理方式，且受行政干预影响较大；另外在投资决策上偏保守。

（三）上市公司类产业基金

从政策环境看，2014年10月新修订的《上市公司重大资产重组管理办法》及《上市公司收购管理办法》中规定，不涉及借壳上市、不涉及发行股份购买资产的并购重组将取消审批，并且证监会首次明确鼓励依法设立的并购基金、产业投资基金等投资机构参与上市公司并购重组。

从市场环境看，中国经济步入新常态，上市公司在产业转型、存量结构调整方面蕴含大量并购业务机会；职业经理人队伍的逐步成熟为产业基金的发展奠定良好的人才基础；中国许多产业集中度不断提升，通过产业基金进行并购是集中度提升的最有效手段。

从实践层面看，2014年，共有超过86家上市公司参与发起设立产业并购基金，基金总规模超过700亿元人民币。据不完全统计，2016年上半年，共有200余家上市公司公布方案或者已成立产业并购基金。

1. 上市公司参与发起产业基金符合各方诉求

（1）利于上市公司储备战略业务，进行产业整合。

上市公司直接并购项目局限于上市公司自身的项目渠道、尽职调查能力、并购磨合等原因，一旦并购的项目没有达到预期产业整合目的，将直接影响上市公司的利润和市值。上市公司通过产业基金，提前锁定具有战略意义的优质资源，待标的项目培育成熟后再注入上市公司，提高了产业整合的有效性和成功率。

（2）增厚上市公司利润，进行市值管理。

部分上市公司面临主营业务规模较小，盈利能力偏弱的问题。但是上市公司作为公众公司，受到股东和资本市场相关方对业绩要求的压力。上市公司发起的产业基金投资领域基本与上市公司主业相关，可以为上市公司并购重组"量身定制"，通过并购保持公司业务规模扩大和利润提升。

（3）股权投资公司挖掘行业项目，提前锁定退出渠道。

股权投资公司利用上市公司的行业背景，更容易吸引相关产业的投资项目，而且在投资判断上，有上市公司的专业行业背景，可以有效控制风险。同时产业基金投资的项目比市场上的项目更容易被上市公司收购，提前锁定退出渠道，有利于产业基金的退出。

（4）利于创业企业开拓业务，提高创业成功的可能性。

对于创业团队来讲，有上市公司出资的产业基金，不仅可以提供企业发展所需要的资金，还可以带动产业上下游资源助力创业企业，甚至可以为企业带来订单。同时创业团队即使不能独立上市，经过一段时间的发展后，也可以选择被上市公司收购。

2. 上市公司产业基金主要类型

根据产业基金合作方不同，一般划分为三类：和 VC/PE 机构联合发起产业基金，和券商投行/直投部门联合发起产业基金，和银行联合发起产业基金。

根据上市公司是否参与基金管理公司的日常运营划分，可以分为纯粹作为出资人出资（一般表现为有限合伙人）不参与管理公司运营和参与管理公司投资运营工作。上市公司参与管理公司的日常投资运营工作主要表现在股权、财务监管和投资决策委员会决策上。

按照产业基金的结构形式，分为平层基金和结构化基金。结构化基金一般适用于有银行资金、国有资金参与的情况下，银行资金、国有资金作为优先级享受优先分配权。平层基金一般为同股同权，所有出资人享有同等权益。

（1）以宋城演艺（300144）设立 TMT 产业投资基金为例。

2015 年 7 月，宋城演艺公告拟与宋城集团、七弦投资、北京六间房科技有限公司创始人刘岩共同发起设立宋城 TMT 产业投资基金，目标募集规模为 30 亿元，其中一期规模为 5 亿元。基金将主要投资于互联网和移动互联网中热门领域的优质标的，丰富公司产业内容，拓展六间房线上演艺形态和大数据运用。

其中七弦投资与刘岩共同设立的七弦 TMT 投资管理有限公司（以下简称"七弦 TMT"）作为普通合伙人出资 500 万元，占第一期基金规模的 1%；宋城演艺作为有限合伙人出资 5500 万元，占第一期基金规模的 11%；宋城集团作为有限合伙人出资 5500 万元，占第一期基金规模的 11%；刘岩作为有限合伙人出资 1000 万元，占第一期基金规模的 2%；剩余资金将通过社会渠道募集。

平层产业基金管理架构如图 2 所示。

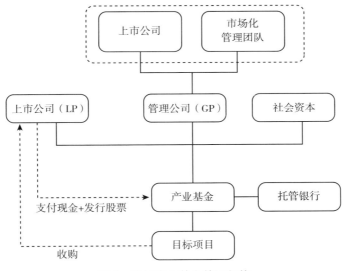

图 2　平层产业基金管理架构

（2）以东湖高新（600133）与光大资本发起产业投资基金为例。

东湖高新（600133）与光大资本投资有限公司、光大浸辉投资管理（上海）有限公司共同出资设立东湖光大产业投资基金合伙企业（有限合伙），基金总规模人民币 24 亿元。用于投资新兴战略产业（包括但不限于节能环保、新兴信息产业、生物医药产业、新能源、集成电路、高端装备制造业和新材料）领域内的优质企业。

在整体结构设计上，满足不同资金的安全性、收益性诉求，进行了结构化设计。上市公司和管理公司资金一般作为劣后资金，优先保证优先级和中间级的本金和收益，同时获得优先级和中间级约定收益外的其他收益，资金具有高风险、高收益特征；优先级资金一般为银行、券商的资管资金或者政府资金，要求资金安全性高。在后期退出设计上，产业基金将持有的投资项目的股份出售给上市公司，上市公司通过现金和发行股份的方式来支付对价。

结构化产业基金管理架构如图 3 所示。

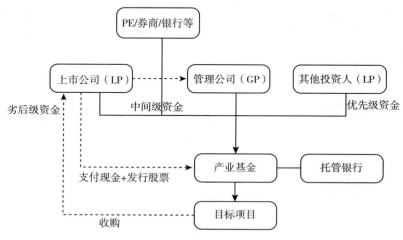

图 3　结构化产业基金管理架构

上市公司通过设立产业基金进行协同并购的模式仍是未来相当长时间内的发展趋势，而且产业并购的领域将进一步拓宽加深。

（四）产业基金发展未来趋势

1. 投资偏好清晰

经历过以投资 Pre-IPO 项目为主的股权投资 1.0 后，一只什么领域都可以投，什么阶段项目都可以投的基金在市场上是没有竞争力的。有明确投资方向的投资基金由于自身定位清晰，往往可以吸引更多的资金、项目和产业资源。

2. 专业化

产业基金的核心价值在于通过参与被投资企业的经营管理，提供增值服务。其商业模式的核心不仅是投资后赚取一级市场和二级市场的差价，更是通过对企业的战略、经营进行规划，帮助企业成长。深层次增值服务的提供是需要有丰富经验的专业人才实现的，未来产业基金的发展必然是人才的细分和专业化。

3. 国际化

国际化投行和投资基金在国内已经深耕多年，尤其是在互联网浪潮中成长起来的以 BAT 为代表的公司，多数得益于境外投资基金的资金支持。随着我国经济实力的增强和产业的发展，中国公司海外投资的势头强劲，摩根大通发布的报告显示，中国企业的并购交易额从 2013 年的 2590 亿美元增长至 2015 年的 7350 亿美元，增长近两倍。中国海外投资潮的到来，必然会带动产业基金投资的国际化。

十七、从财政部 92 号文看 PPP 的"道与魔"

翟旭东

【作者简介】翟旭东，华信金控集团基金事业副总裁，博士研究生（在读），山东财经大学客座教授、多家金融机构和培训机构特聘专家，在金融投资领域有逾 20 年的实践经验。

财政部一个月之内连续发布了《关于在公共服务领域深入推进政府和社会资本合作工作的通知》（财金〔2016〕90 号）、《关于联合公布第三批政府和社会资本合作示范项目加快推动示范项目建设的通知》（财金〔2016〕91号）、《关于印发政府和社会资本合作项目财政管理暂行办法的通知》（财金〔2016〕92 号），国家发改委也在 2016 年 8 月 10 日发布 1744 号文《关于切实做好传统基础设施领域政府和社会资本合作有关工作的通知》，对 PPP 做了进一步的明确和推进，但 PPP 的"道与魔"仍时隐时现——分管部门？行业划分？采购办法？增信措施与风控要求？政策理解的偏差？项目库？政府承诺方式与效果？

笔者对财政部财金〔2016〕92 号《关于印发政府和社会资本合作项目财政管理暂行办法的通知》（以下简称"管理办法"）及当前 PPP 发展中存在的问题做了梳理，期望能够给业内同行一些启发。

启发一：管理办法加强了政府和社会资本合作项目财政管理，规范了财政部门的履职行为，从而保障合作各方的权益，是在国办发〔2015〕42 号文的基础上建立的，也是对财金〔2014〕113 号文《政府和社会资本合作模式操作指南》的一个完善和补充。

管理办法的行文时间虽然在 90 号文《关于在公共服务领域深入推进政府和社会资本合作工作的通知》后，但与 90 号文件形成对应，也更具可操作性。

启发二：管理办法与前不久的财政 90 号文一样，适用于"15 大类公共服务领域"，但仍然没有明确与发改委 1744 号文中"7 大类传统基础设施领域"

的界限。

第一，关于基础实施和公共服务的界定和协调问题。基础设施通常被认为是提供公共产品和服务的物理载体；公共服务通常认为是依据基础设施提供的服务。从一定程度上理解，基础设施对应的是物理载体，公共服务对应的是运营环节，财政 15 大类中把发改委的 7 大类包括在里面，而且公共服务应是一个大概念，本身应该包含了基础设施，因为没有载体就不会有后续的服务。简单举例，一条马路，建设的 PPP 归发改委管，建好以后的运营 PPP 再由财政来管，在该类 PPP 项目实施中，此类划分会导致不少问题。因此两个政府部门之间职能职责的划分很重要，目前情况下，可以看到有划分，但没划分清楚，而且从实际效果及可操作性上看，在行业领域上进行划分并未达到清晰、明确的既定目的。

第二，在行业适用 PPP 方面，此次财政部提出了"两个强制"，即"垃圾处理、污水处理等"，有现金流，市场化程度较高，操作相对成熟，要强制应用 PPP 模式；在其他中央财政给予支持的公共服务领域，对于有现金流、具备运营条件的项目，要"强制"实施 PPP 模式识别论证。这在一定程度上与之前"两项论证+实施方案是判断 PPP 模式的依据"的规定存在矛盾，也因此存在相同问题不同规定间相互协调和适应的问题。

第三，还有一个有意思的现象，财政部的 PPP 综合信息平台中的项目类别是 18 个（均未考虑"其他"或"等"），多出的 3 个是"政府基础设施、片区开发、社会保障"。此次 90 号文和 92 号文中 15 大类的分类标准中取消了前述 3 类项目类别，从法理上分析，应该是将该 3 类项目类别合并到 15 大类中的相应类别中了，在合并标准上亦存在进一步释疑的空间。

启发三：管理办法从"项目识别论证""政府采购""预算收支与绩效管理""资产负债管理""信息披露与监督检查"五个方面对 113 号文做了很好的完善，特别是弥补和充实了"519"流程。

第一，项目识别论证。强调财政部门的引领作用，"政府发起 PPP 项目的，行业主管部门提出项目建议，由县级以上人民政府授权的项目实施机构编制项目实施方案，提请同级财政部门开展物有所值评价和财政承受能力论证"。同时明确社会资本发起 PPP 项目的路径，"社会资本向行业主管部门提交项目建议书，经行业主管部门审核同意后，由社会资本方编制项目实施方案，由县级以上人民政府授权的项目实施机构提请同级财政部门开展物有所值评价和财政承受能力论证"。

管理办法明确"新建、改扩建项目的项目实施方案应当依据项目建议书、项目可行性研究报告等前期论证文件编制",这说明项目实施方案一定是可研报告已经编制完成（但没有明确是否经过评审和批复）。财政部门对项目是否采用 PPP 模式更强调物有所值评价和财政承受能力论证；而发改部门则将项目是否适用 PPP 模式的论证，纳入到项目可行性研究论证和决策。

项目实施方案应当包括项目基本情况、风险分配框架、运作方式、交易结构、合同体系、监管架构、采购方式选择等内容，这与"519"流程是呼应的，只是增加了"监管架构"，这呼应了后面的"信息披露与监督管理"。项目实施方案应经过评审，然后根据物有所值评价和财政承受能力论证审核结果进行完善，完善后强调要报本级人民政府审核同意，才能组织开展社会资本方采购。这是对原来"519"流程的补充和完善。

第二，政府采购管理。财政部门在选择社会资本时更强调政府采购法，采用"公开招标、竞争性谈判、竞争性磋商等竞争性方式采购社会资本"，限制采用单一来源采购方式。而发改部门在选择 PPP 合作伙伴时更强调采用《招标投标法》等法律法规来选择社会资本。管理办法再次明确要依托政府采购平台和 PPP 综合信息平台，及时充分向社会公开 PPP 项目采购信息，包括资格预审文件及结果、采购文件、响应文件提交情况及评审结果等，确保采购过程和结果公开、透明。同时还强调"后审批"，即 PPP 项目合同要由财政部门、法制部门审核并报同级人民政府批准，方可正式签订，这一点保证了 PPP 合同的严谨和严肃性，也有利于今后 PPP 合同的严格履行。

第三，预算收支与绩效管理。管理办法明确要将 PPP 项目合同中约定的政府跨年度财政支出责任纳入中期财政规划，经本级人民政府审核后报人大审议。同时也要求按绩效目标，对项目产出、实际效果、成本收益、可持续性等方面进行绩效评价，依据绩效评价结果才能安排财政预算。这项规定在效果上是对目前为数不少的承诺回报或实际实现 PPP 项目投资方"固定回报"的不规范做法予以否定评价。从形式上看，承诺固定回报的方式包括明股实债、回购安排、兜底承诺等形式，这对投资方固然是一种吸引力和保障，但都有违 PPP 的初衷，因而也都是应该摒弃的不规范做法。

第四，项目资产负债管理。在项目融资方面，允许 PPP 项目公司以资产及权益的所有权或收益权做抵押、质押安排，但要在 PPP 综合信息平台上公示。项目建设完成进入稳定运营期后，社会资本方可以通过结构性融资实现部分或全部退出，如何结构化及能否全部退出，应该说存在较大的想象空间。

在合作期满后的项目资产移交方面，再次强调了性能测试、资产评估、满足合同约定的移交标准。但在实际操作中，有不少 PPP 项目事先并未完整考虑项目移交后的维护及大修责任主体、费用承担等问题，特别是在投融建结合的市政类项目中，施工单位在稳定运营后退出，则合作期满后的相关问题都需要事先进行完整考虑并约定对应的责任承担主体等事项。

第五，监督管理。管理办法强调要审核项目的合规性（项目应是公共服务领域），"严禁以 PPP 项目名义举借政府债务"，再次重申不得采用 BT 方式，不得约定由政府股东或政府指定的其他机构对社会资本方股东的股权进行回购安排。这一点从近期财政部要求各地财政部门调查统计融资平台公司债务数据，并在 2016 年 10 月底前上报债务数据，强调债务统计要包括"政府部门承诺其他出资人本金回购、最低收益"的各类债务或类债务（假 PPP、政府引导基金、产业发展基金）也可看出，财政部从中央级主管部门角度，是反对地方政府或地方财政管理部门利用 PPP 项目实施形式多样的变相负债的做法和举措的。

与此前的征求意见稿相比，一直被大家热议和寄予厚望的"上级政府对不履约的下级政府进行转移支付扣款"的保障机制，在管理办法中并没有出现。当然，这个问题的解决非常复杂，并不是简单地"代为扣款"就可以解决的，在过程合规、程序公正、结构可行、持续监督、相互制约上都需要配套规制。

第六，金融服务。财政部再次提出要发挥中国政企合作投资基金的作用，支持示范项目，鼓励财政资金通过多种方式撬动社会资金和金融资本。在这一点上，发改委也提出，要推动 PPP 项目与资本市场深化发展相结合，依托各类产权、股权交易市场，通过股权转让、资产证券化等方式，丰富退出渠道。鼓励金融机构通过债权、股权、资产支持计划等多种方式，支持 PPP 项目建设。鼓励金融机构向政府提供规划咨询、融资顾问、财务顾问等服务。

相关数据显示，目前 PPP 入库项目已经超过 12000 个，总投资 12 万亿元，落地也在提速，财政部前两批 232 个示范 PPP 项目中，落地率已经超过一半，同期发改委的两批推介 PPP 项目中，也有近 800 个项目签约，总投资超 1.2 万亿元。尽管现在 PPP 的落地仍然存在不少障碍、"道与魔"的争论仍在继续，但顶层管理者的思路是清晰和坚定的，随着政策的密集出台和强力推进，PPP 的黄金时代要来了。

半年前我们说"PPP 值得期待"，现在看来，PPP 的快车道必须赶上了。

十八、中小银行非标资产证券化操作实务与转型创新

何　金

【作者简介】何金，中国财政科学研究院博士生，中国财政学会投融资专业委员会委员。曾就职于中国民族证券投资银行总部，现任贵阳银行北京投行与同业中心副总经理。何金先生具有丰富的IPO、并购重组、公司债券、资产证券化和非标理论和实务经验，并对财税和金融有深刻理解。

近些年来，在MPA和经济资本双重约束下，商业银行特别是中小银行规模扩张受限，而资产证券化（及资产流转）在盘活存量、节约经济资本，促进商业银行实现投行资管一体化战略方面起到重要作用。

（一）存量非标资产证券化

非标资产是指未在银行间市场及证券交易所市场交易的非证券债权资产。与信贷资产不同的是，非标资产类型较为复杂，通常有信托受益权、资管计划份额收益权、委托债权、基金（有限合伙或契约型）份额等。现实操作中，操作最多的是信托受益权和资管计划份额收益权。

存量非标资产证券化是指银行将持有的存量非标资产通过信托、基金子公司等打包成结构化产品销售给其他金融机构，进而实现腾挪资本、收回现金流和套利的目的。

存量非标资产证券化交易结构如图1所示。

图1为存量非标资产证券化其中一种较为复杂的交易结构，证券化实现层面为基金子公司一对多专项。该结构可以理解为，基金子公司一对多专项委托证券公司定向资产管理计划受让发起银行持有的信托受益权或资管计划份额收益权。在实际操作中，亦可以有基金子公司一对多专项或者信托计划直接受让

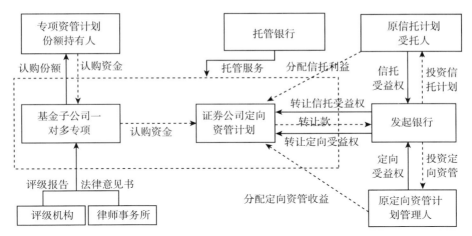

图1 存量非标资产证券化交易结构

基础资产。

关于信托受益权，《信托法》有明确定义，且其能够进行转让。资产收益权作为债权，其可转让性曾经颇受争议，但从现有法律规定上来看，信贷资产收益权的转让并未被法律所禁止，争议的焦点主要集中在收益权能否脱离债权单独转让。《中国银监会办公厅关于规范银行业金融机构信贷资产收益权转让业务的通知》82号文出台后，首次对信贷资产收益权单独转让问题给予肯定。

现实操作中，部分银行不愿意以原始权益人（发起银行）的身份存在，亦可以将基础资产转让给第三方后，以第三方作为发起人进行资产流转。

需要注意的是，如果产品备案为专项计划，对基础资产要求较少，如果备案为资产支持证券，需要注意是否受基金业协会发布的《资产证券化基础资产负面清单》管制。

如果将银行非标类资产证券化备案成专项资产管理计划，则无论是否挂牌，一般都不能认定为"证券"，其发行的份额一般会被认定为非标准化资产。但是如果备案成资产支持专项计划，则可以考虑是否在证券交易所挂牌，如果选择在交易所挂牌，则可以被认定为标准化资产。

挂牌的好处：选择将发行的资产支持证券在交易所挂牌，不仅可以提高发起人、管理人及相关机构的知名度，还能够使资产支持证券具有一定的流动性，可以被认定为标准化资产。挂牌的坏处：如果选择在证券交易所挂牌，意味着要在资产支持证券发行之前，取得交易所的无异议函，一定程度上会影响发行的效率。更为关键的是，由于交易所对挂牌发行的金融产品较为审慎负责，一般会对拟挂牌的资产进行事先沟通和答辩,对基础资产的安全性要求较高。

除了在证券交易所挂牌转让外,资产支持专项计划还可以在新三板、机构间私募产品报价与服务系统、证券公司柜台市场等场所挂牌转让。

如果是进行收益权转让,通过银登中心挂牌实现,那么也将不再被视为非标准化债权资产。

(二)增量过桥资产证券化

该结构稍显复杂,如图2所示。通过B银行为增量项目(通过A银行授信和风控的项目,但由于各种原因并未实现投放)发放信托贷款。B银行成为基础资产实际持有人,同时,成立信托B受让由于A银行资金投放而形成的若干资金信托,并在信托B层面进行结构化分层。A银行自营资金购买优先级,其他资金购买劣后级。从而实现A银行通过过桥银行B实现对增量项目的间接投放。在这种模式中,B银行起到过桥作用。

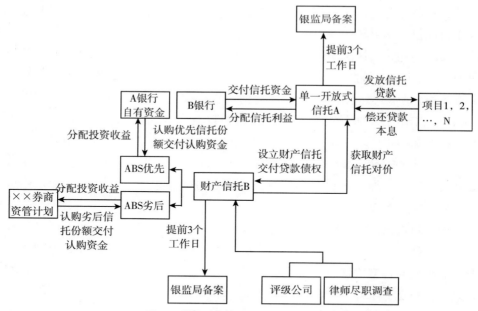

图2 增量过桥资产证券化交易结构

需要说明的是,由于信托具有真正意义上的破产隔离作用,信托A和信托B可以由同一家信托公司设立。此外,实际操作中,该模式操作难度较大,其主要原因是涉及内外部机构过多、涉及账户过多,如果是T+0打款,很容易导致项目出现风险。同时，可以通过倒打款（笔者认为违规）和同业存款质押等方式获得过桥银行信任，从而规避远期买入违规嫌疑。

（三）非标资产证券化对中小银行意义重大

1. 缓解资本金和广义信贷考核压力

对中小银行而言，资本金制约一直是心头之痛，而 2016 年开始实施的 MPA（宏观审慎管理），也将对商业银行从资本和杠杆、资产和负债等七方面进行考核，特别是对有规模扩张需求的中小银行而言，广义信贷规模扩张成为制约其发展的重要因素。

银行信贷资产结构化流转可以帮助银行把存量资产转移出资产负债表，实现资产负债表的紧缩，从而缓解资本金和广义信贷考核压力。与此同时，结构化流转后获得现金，银行的流动性也得到提升。另外，银行可以将资产中资本充足率要求高的资产进行证券化，以降低对于资本金的需求。

2012 年中国银监会颁布《商业银行资本管理办法（试行）》（以下简称《办法》），该办法附件 9《资产证券化风险加权资产计量规则》对资产证券化产品风险暴露做出了相关要求。

《办法》指出，传统型资产证券化是指基础资产的信用风险通过资产转让、信托等方式全部或部分转移给投资者，基础资产的现金流用以支付至少两个不同信用风险档次的证券的资产证券化交易；以经商业银行评估的合格评级机构的外部评级确定风险权重依据的，资产证券化风险暴露和再资产证券化风险暴露的风险权重如表 1 所示。

表 1　资产证券化风险暴露权重

长期信用评级	AAA 到 AA−	A+到 A−	BBB+到 BBB−	BB+到 BB−	B+及 B+以下或者未评级
风险暴露权重（%）	20	50	100	350	1250

根据《办法》，增量过桥模式对资金投放银行来说，能够对投放资产优先级（评级在 AA−以上）风险计提 20%，大大提高其资金投放能力。换句话说，对资产证券化投资者而言，投资 ABS 能够节约资本，放大杠杆。

2. 提高收益率和中间收入

通过结构化进行融资的发放新增贷款，银行不以持有贷款资产为目的。通过循环出售贷款，银行可以提高资产周转率，增加了资产收益率和股权收益率。商业银行除了作为证券化的发起人，通常还会充当贷款资产服务机构和资金保管机构等角色。如果资产证券化达到一定的规模，服务费可以成为重要的中间业务收入来源。

对存量模式而言，通过证券化处理，对基础资产现金流、期限和信用进行了重构，从而实现了分层。优先级对接同业资金，往往价格要低于资产包加权收益率，而劣后级在满足监管要求的条件下如果由发起银行自持，能够实现有效套利。

对增量模式而言，其基准收益核算公式为：

收益率=（自营收益+理财收益+贷款服务费−自营资金成本−理财资金成本）/自营资金本金

由于购买优先级按照 20% 计提，以银行资本充足率为 12.5% 计算，那么：

股东权益报酬率（ROE）= 收益率/（资本充足率×20%）= 收益率×40

假设收益率为 3.00%，那么出资银行股东权益报酬率则可以达到 120%。所以，增量过桥模式对于商业银行节约资本、提高资本收益率意义重大。

3. 调整资本负债结构

银行可将评级较低的证券进行再证券化来降低加权资产风险的总体权重，减少资本金要求，提高银行的资本充足率；若可把再证券化发行的无评级证券出售给愿意承担高风险的投资者，则可进一步降低再证券化后的资本金要求。同时资产证券化也是"非标转标"的合规路径，将非标资产证券化出售，可以调整非标占比结构，利用非标的高额收益创造更大价值。

4. 分散银行信贷风险

资产证券化可以改变商业银行传统上单一的贷款业务中"贷款—回收—贷款"的模式，将原来的两个阶段分解成两个相对独立的过程，即贷款过程与出售过程，从而使贷款风险不再全部由银行承担，而是部分转移到投资者身上。随着银行资产结构化产品流转，信贷违约的风险也随之转移，改善了资产的担保风险，降低了对抵押物、质押物分析的风险，应对了评级和担保机构的风险，规范了银行内部的合规风险。

5. 资产证券化（资产流转）与"非标转标"

《中国银监会关于规范商业银行理财业务投资运作有关问题的通知》（银监发〔2013〕8 号）指出："商业银行应当合理控制理财资金投资非标准化债权资产的总额，理财资金投资非标准化债权资产的余额在任何时点均以理财产品余额的 35% 与商业银行上一年度审计报告披露总资产的 4% 之间孰低者为上限。"该文同时指出："农村中小金融机构投资的非标资产要纳入全行资产负债管理……非标资产投资总余额（理财资金加自有和同业资金投资）不得高于上一年度审计报告披露总资产的 4%。"

2016 年 4 月 28 日，为规范信贷资产收益权转让业务，银监会发布《中国银监会办公厅关于规范银行业金融机构信贷资产收益权转让业务的通知》（银监办发〔2016〕82 号），该文件指出："（八）符合上述规定的合格投资者认购的银行理财产品投资信贷资产收益权，按本通知要求在银登中心完成转让和集中登记的，相关资产不计入非标准化债权资产统计，在全国银行业理财信息登记系统中单独列示。"

按照上述文件精神，存量资产证券化（流转）如果能够在银登中心进行挂牌登记，将不再被视同为非标准化资产。对于增量资产而言，通过过桥银行先投放，而后将资产在银登中心进行挂牌转让，受让方受让该资产理论上也将不再视其为非标准化资产。

通过以上分析我们发现，在投行资管一体化的今天，商业银行应该提高主动管理能力和财富管理能力，形成业务模式闭环化，即"资产—投行—资管—流转—资产"模式。换句话说，商业银行应主动发现资产，把握风险，并通过投行手段将资产包装成适合投放的产品，然后由资金进行对接，而后对资产进行流转，缓释广义信贷规模和资本金，进而发掘资产，回到闭环的开端。

（四）非标资产证券化若干问题及解决方案

1. 产业基金与资产证券化

近些年来，产业基金（有限合伙制或契约制）大行其道，一般由地方政府平台公司或者施工企业作为劣后级出资人，商业银行通过信托或资管通道出资，作为优先级出资人。表面上来看，商业银行通过信托或资管出资，持有信托受益权或资管计划份额收益权，但实际上持有的是优先级基金份额。实际操作中，商业银行往往通过"明股实债"参与基金，由此产业基金与资产证券化便能有效结合起来，如图 3 所示。

该种资产证券化过程中，存在以下问题：

第一，商业银行投资优先级基金份额，相当于是投资股权结构，对于是否按照 1250% 计提资本，不同地方监管有不同的认识。

第二，如何对基金份额进行评级（影子评级）。由于平台公司在基金结构中作为劣后级出资人存在，部分评级公司以劣后级出资人的评级结果作为基础资产影子评级结果，其合理性值得商榷。

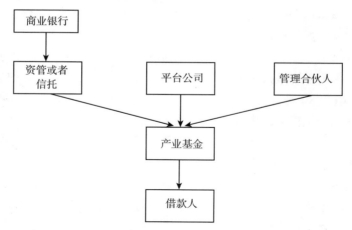

图 3　产业基金与资产证券化的结合

第三，按照资产证券化关于负面清单的要求，采用资产支持证券结构时，平台公司提供直接间接增信，存在是否受"负面清单"管制的问题。

第四，期限错配问题。产业基金，特别是近些年流行的 PPP 基金，其存续期限往往是 10 年甚至更长。期限过长导致资产证券化产品存在销售困难。投资者往往不愿意购买期限过长的资产，而发起人进行兜底或回购又违背《关于规范金融机构同业业务的通知》（银发［2014］127 号）精神。因此，如何进行期限拆分，缩短融资期限，是长期限产业基金证券化必须面对的问题。

2. 自持的合规及出表问题

无论是增量模式还是存量模式，都存在商业银行理财资金或自有资金对接问题。

在存量模式中，有些商业银行通过资管间接持有劣后级，而其自营资金也有可能参与部分优先级。按照相关规定，银行理财资金不能对接信托产品劣后级，那么通过资管通道购买劣后级是否存在监管套利的嫌疑？同时，部分会计师认为（出资产银行获取收益/ABS 产品总收益）>30%，视为不能出表，那么该记账法依据何在？在增量过桥模式中，同样存在理财资金可能对接产品劣后级的问题。

3. 资产证券化与资产收益权流转区别与联系

《中国银监会办公厅关于规范银行业金融机构信贷资产收益权转让业务的通知》82 号文出台后，首次对信贷资产收益权单独转让问题给予肯定，同时对转让的流程、规范、平台等进行明确规定，可见监管机关层面认可信贷资产收益权的转让，鼓励信贷资产收益权的流转。

那么，什么是信贷资产收益权呢？信贷资产收益权和债权有何区别与联系？资产证券化与信贷资产流转有哪些区别与联系呢？

实际上，通行观点认为，信贷资产收益权是指获取信贷资产所对应的本金、利息和其他约定款项的权利。在转让方面，信贷资产收益权转让后，不影响转让方对信贷资产权属的拥有，信贷资产转让后，信贷资产的权属将由受让方享有。信贷资产收益权转让后，信贷资产管理主体仍然是出让方，出让方应当继续承担信贷资产的管理责任，相关风险由出让方继续承担，如贷后管理、贷款催收、担保责任主张、财产保全等。信贷资产转让后，信贷资产管理主体为受让方，风险由受让方承担。

资产证券化和信贷资产收益权转让的区别与联系也体现在这些方面：其一是权利设定方式差异。信贷资产收益权是通过约定的方式将债权的部分权能剥离出来用于交易，资产证券化是直接以信贷资产设立信托计划。其二是信贷资产原始权利人权利状况的差异。信贷资产收益权的转让，不影响信贷资产的出让方继续拥有信贷资产的权属，资产证券化过程中以信贷资产设立信托计划后，信贷资产具备信托财产的独立性，信贷资产不再归属于信贷资产原始权利人。其三是信贷资产管理主体差异。信贷资产收益权转让后，信贷资产管理主体仍为出让方，资产证券化过程中，信贷资产作为信托财产，其管理主体为信托公司，虽然出让方可能为信贷资产提供管理服务，但仅仅是基于管理服务合约，本质上并不是管理主体。

综上，商业银行非标资产证券化对商业银行节约资本和信贷规模、调整资产负债结构、加快资产周转并提高资产收益率，实现投行资管一体化进而转为交易型银行具有重要意义。尽管非标资产证券化尚存在法律、评级、会计等各方面的问题，相信在监管和市场的共同努力下，该模式一定会更加合规和标准化。

十九、企业资产证券化相关理论问题的实务分析

杨靖杰

【作者简介】 杨靖杰，毕业于北京师范大学金融系，现于西南地区某上市银行任投资银行团队负责人，有10年金融市场业务工作实战经验，参与过行业内多项产品创新设计。

资产证券化起源于20世纪70年代的美国。1970年美国政府所属的国民抵押协会，首次以其存量的抵押贷款资产包为基础资产发行抵押支持证券——房贷转付证券，完成首笔资产证券化交易。资产证券化目前已经发展成为一种成熟的金融创新产品。

当前，在国内实体经济下行压力加大，中小企业融资难、融资贵的现实情况下，资产证券化的推行具有非常重要的社会意义。从宏观层面来看，资产证券化作为一种金融创新产品，它既可以盘活存量资产，又可以提供新的投资产品，有利于资金的有效供给与资产的有效需求的匹配，达到了为实体经济提供金融服务的目的，符合国家的政策。从微观层面而言，发行人通过资产证券化可以盘活存量资产，降低融资成本，开拓新的融资渠道，还可以实现表外融资、改善债务结构；投资者可以获得信用评级及收益率均高于久期债券的资产证券化产品，实现资产配置的多元化。总体而言，从金融产品或融资工具角度看，运用得当的资产证券化可在一定条件下实现多方共赢。

(一) 资产证券化模式介绍

1. 资产证券化概述

资产证券化是以基础资产未来产生的现金流作为基础，通过结构化分层设计进行信用增级，在此基础上发行资产支持证券（Asset-Backed Securities，

ABS）的过程。实际上，资产证券化就是将流动性较差的资产转化为流动性较强的资产支持证券，实现未来现金流变现的过程。

从广义的概念来看，资产证券化是指某一资产或资产组合采取证券资产这一价值形态的资产运营方式，它包括实体资产证券化、信托资产证券化、证券资产证券化和现金资产证券化四种类型。

自 2014 年备案制改革以来，我国资产证券化市场呈现快速增长态势，2014～2016 年 8 月，ABS 和 CLO 合计发行各类产品逾 13219.37 亿元，是前 9 年发行总量的 9 倍多，市场规模较 2013 年末增长了 20 倍。资产证券化业务的大类基础资产类型扩张和业务模式创新亦不断涌现，实现了跨越式的发展。

2. 资产证券化模式

资产证券化产品模式，根据国内监管机构的要求，一般分为公募和私募两种。其中公募是指在公开市场交易所挂牌交易，私募则没有。目前国内资产证券化产品模式主要有三种。

（1）信贷资产证券化（CLO），如图 1 所示。

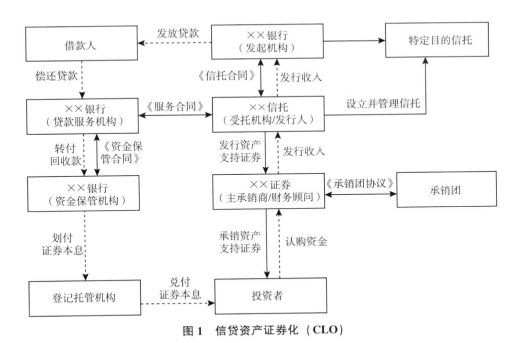

图 1　信贷资产证券化（CLO）

1）信贷资产证券化模式下，主要是采用信托计划作为 SPV 进行风险隔离，并在银行间债券市场挂牌交易。

2）由信托计划管理人代表信托计划与发起机构（也称为"原始权益人"）签订金融资产转让合同，将基础资产受让至信托计划名下；同时与发起机构签订服务合同，由发起机构担任基础资产服务机构负责后续贷后管理、本金及利息等资金汇集等事宜。

3）由合格的证券公司担任主承销商及财务顾问，如项目规模较大，也可以成立多家机构组成的承销团。

4）由符合监管要求的登记托管机构负责证券的登记托管，投资本金归集、本金及利息兑付等工作。

5）独立的资金保管机构负责 SPV 的资金托管工作。

（2）私募存量资产证券化，如图 2 所示。

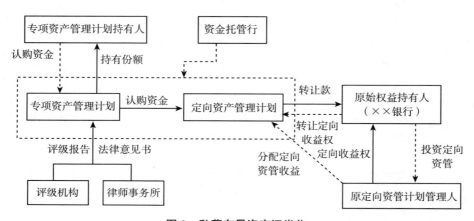

图 2　私募存量资产证券化

1）通过证券公司或信托公司，将资金投放于借款人，银行形成资管受益权或信托受益权。

2）银行将资管受益权或信托受益权，通过资管包装成 ABS，并出售给投资者。

3）ABS 的载体是专项资产管理计划，银行在其中作为原始权益人和贷款服务机构的角色出现，选取某银行作为专项计划托管人，评级机构和律师事务所提供评级及法律服务。

4）资管管理人同时还担任主承销商、SPV、登记机构。

5）本结构并未使用资产支持专项计划，主要是因为考虑到负面清单；券商与基金专项资产管理计划报备也存在差异。

（3）私募增量资产证券化，如图3所示。

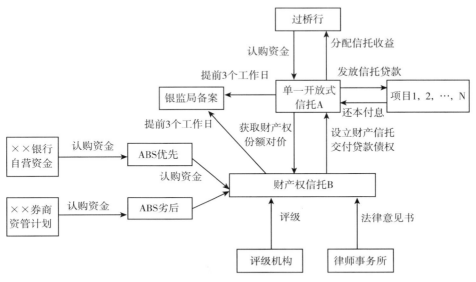

图3　私募增量资产证券化

与存量资产证券化模式的区别是，该模式下的资产是在ABS产品成立前一天才通过投放形成的。因此，需要增加过桥银行及财产型信托等角色。

3. 企业资产证券化的核心价值

企业采用资产证券化的方式，可以达到或实现优化财务指标、加快资产流转、提供资产收益、一定程度摆脱传统融资的束缚、提高资产估值，扩大举债能力等目的。

（二）企业资产证券化底层资产的基本特征

资产证券化的底层资产包需要符合两个条件：第一，底层资产未来有现金流入；第二，底层资产包的资产具有分散性。

1. 底层资产未来有现金流入

底层资产必须能产生可预见的现金流入，如信贷资产、应收账款等。而在实际操作过程中，"可预见的现金流入"可以分为两种情况：第一，具有应收账款性质的现金流入，特点是债务人及债务金额已经事前确定，如企业各种应收债权、银行信贷、租赁租金、信托收益权、融资融券债权等。第二，具有不确定性的现金流入，特点是债务人及债务金额无法事前确定，如基础设施收费、门票收入、航空票款、不动产投资信托 REITs 等。虽然第二种情况债务人及债务金额无法事前确定，但是由于其在实际中现金回流可以通过历史数据或者可预测的大概率出现，因此也可以作为底层资产包。

2. 底层资产包的资产具有分散性

分散性要求底层资产组合在金额、期限、地域和债务人 4 个因素上综合考虑。在实际过程中，最低要求是：第一，原则上底层资产笔数和债务人（孰低原则）不能低于 7 个。第二，单个债务人金额不能高于整个资产包总金额的 15%。

3. 企业资产证券化底层资产的选择及实现方式

从企业的角度，可以选择以下四类资产作为资产证券化的底层资产。

（1）保理业务。

保理业务是指卖方、供应商或出口商与保理商之间存在的一种契约关系。根据该契约，卖方、供应商或出口商将其现在或将来的基于其与买方（债务人）订立的货物销售或服务合同所产生的应收账款转让给保理商，由保理商为其提供贸易融资、销售分户账管理、应收账款的催收、信用风险控制与坏账担保等服务中的至少两项。

（2）租赁业务。

出租人向客户提供租赁形式的融资业务，包括融资性租赁和经营性租赁。

（3）供应链金融。

银行围绕核心企业，管理上下游中小企业的资金流和物流，并把单个企业的不可控风险转变为供应链企业整体的可控风险，通过立体获取各类信息，将风险控制在最低的金融服务。

（4）应收账款。

应收账款是指企业在正常的经营过程中因销售商品、产品、提供劳务等业务，应向购买单位收取的款项，包括应由购买单位或接受劳务单位负担的税费、代购买方垫付的各种运杂费等。

（三）企业资产证券化增信方式

1. 内部增信措施

（1）结构化设计。

结构化设计是指专项计划通过将基础资产分成优先、次优、次级等结构，一般以原始权益人认购次级资产的方式实现内部增信，打消投资者由于信息不对称产生的顾虑。

（2）超额覆盖。

超额覆盖是指资产池未收回租金本金余额超额覆盖资产支持证券票面金额来提供信用增级。

（3）超额利差。

超额利差是指进入资产池的基础资产产生的现金流入与专项计划存续期间扣除相关费用及投资者预期收益、未偿还本金后形成的差额部分。实践中，可将超额利差存入专门的利差账户，并以该账户内的资金作为弥补资产证券化业务过程中可能产生损失的准备金，从而实现产品的内部信用增级。

（4）流动性支持。

在资产证券化产品存续期内，当基础资产产生的现金流与本息支付时间无法一致时（即临时资金流动性不足），由发起人或第三方提供流动性支持，该流动性支持只是为未来收入代垫款项，并不承担信用风险。由原始权益人提供的流动性支持为内部增信，由第三方提供的流动性支持为外部增信。

（5）现金储备账户。

现金储备账户是指由发行人设置一个特别的现金储备账户建立的准备金制度，当基础资产产生的现金流入不足时，使用现金储备账户内的资金弥补投资者的损失。

（6）差额支付。

差额支付是指以原始权益人担保的方式，承诺对基础资产收益与投资者预期收益的差额承担不可撤销、无条件的补足义务。

（7）信用触发机制。

信用触发机制是指当出现不利于资产支持证券偿付的情形（即触发条件）时，通过改变现金流支付顺序、补充现金流、提高现金流流转效率、加强基础资产的独立性等措施，来保证资产支持证券的本息得到偿付，减少投资者可能的损失。

信用触发机制主要有三类：一是根据原始权益人自身经营状况设计的触发机制；二是根据基础资产的运营数据设计的触发机制；三是根据优先级证券是否偿付设计的触发机制。

2. 外部增信措施

（1）担保。

担保是指由第三方对资产支持专项计划提供信用担保，担保人主要是母公司和主要股东，也可以是银行等金融机构提供的担保。由第三方机构提供信用担保是实现基础资产出表的重要增信方式之一。

（2）保险。

保险也是资产证券化常用的外部增信措施，通常由保险机构提供 10% 左右的保险，从而提高基础资产的整体信用。

由于此种方式对发行成本具有较大影响，目前的资产证券化很少采用这种增信方式。

（3）信用证。

通常是由银行出具的、具有明确金额的流动性贷款支持协议，承诺在满足预先确定的条件时，由银行提供无条件偿付，目前的租赁资产证券化中也很少采用这种增信方式。

（四）企业资产证券化评级

1. 资产证券化评级要点

资产证券化的评级采用定性分析和定量分析相结合的方法。

（1）定性分析主要运用在交易结构和基础资产池的分析上，其中，交易结构关注信用增级、账户安排和资产独立性方面。

1）信用增级方面主要考察结构化分层，即劣后级的厚度和对优先级的保护力度，ABS 本金偿付方式（比例式、瀑布式）不同也会影响评级结果。

2）账户安排方面主要考察违约前、违约后不同的流动性安排。

3）资产的独立性方面主要考察资产池中的资产与发起人其他的债权债务是否完全隔离。对应的风险是抵消风险和混同风险。发起人和贷款服务机构的主体风险也会影响评级。对 157 个信贷资产支持证券产品（银行作为发起人）的回归分析表明，同样是 AAA 评级的产品，发起银行评级高，对应的信贷资产支持证券产品成本相应较低，由此可证明 ABS 与发起人信用相关。

基础资产池方面，主要分析资产池的分布特征，包括行业、地域、贷款性质（信用、担保、抵押）、贷款分散程度、贷款剩余期限等。

（2）定量分析侧重于获得资产池预期损失分布和现金流分布。

1）资产池预期损失分布。通过组合信用风险模型（蒙特卡洛模型）模拟违约事件，通过大量模拟（通常在 100000 次以上）测算出池内资产的损失分布、违约分布。

蒙特卡洛模型的三个主要输入变量为单个资产违约概率、资产相关系数和资产违约回收率。

单个资产违约概率的影响因素：借款人信用评级、贷款期限、违约率表、借款人集中度、地区集中度、行业集中度、贷款服务机构管理能力。

资产相关系数的影响因素：国别、行业、地区、企业间关联关系。

资产违约回收率的影响因素：借款人自身回收、保证人担保实力、抵押物价值、债权优先性、回收时间、贷款服务机构催收能力。

得到违约比率和损失比率后，可以进行相应的分层设计。违约损失率超过24%的概率为7%，如果7%的违约率对应于 BBB 级别，则 BBB 级切分比例为76%（100%减去24%）；违约损失率超过34%的概率为1%，如果1%的违约率对应于 AA 级别，则 AA 级切分比例为66%（100%减去34%）。

2）现金流压力测试。现金流压力测试的主要思想是通过改变基准条件得出各层级不同情景下的临界违约率。得出各层级临界违约率后，将其与上述得到的违约率进行比较，若临界违约率高于违约比率，则认为基础资产抵抗违约的能力超过预期水平，可赋予该层级对应评级。

2. 产品如何获得较好评级

（1）ABS 评级的影响因素。

1）基础资产债务人影子评级。

2）资产池基础资产的分散性。

3）现金流分层结构。

4）其他增信措施。

（2）ABS 如何达到满意的评级。

1）基础资产债务人信用资质较高。如某借款人自身评级为 AA+，对它的贷款比例较高，则相应提升 ABS 优先级的评级。

2）基础资产尽量分散化。分散化包括融资人、融资金额、行业、地区的分散化。

3）如优先级初评较低，可增厚劣后级，降低优先级比例，借此提升优先级评级。

4）基础资产的加权平均利率如较高，超额利差将较多，可提升优先级的评级。

3. 资产证券化产品的风险评估

资产证券化的投资风险，主要涉及信用风险、利率风险、原始权益人道德风险、再投资风险、SPV 风险、法律风险、现金流波动风险（差额支付承诺人风险），相应的应对策略包括但不限于以下几点。

（1）信用风险应对策略：索取底层清单，尽可能获取底层资产详细信息，避免信息不对称造成的投资失误；资产包基础资产尽可能分散化，避免过于集中造成损失；投资后关注资产包基础资产融资人的经营状况变化。

（2）利率风险应对策略：对基础资产为浮动利率、产品为固定利率的ABS产品，可通过设置充足超额利差的方式防范风险，或资产端和负债端均采用浮动利率。

（3）原始权益人道德风险应对策略：原始权益人自持劣后级，可部分规避该风险。

（4）再投资风险应对策略：主要投资固定摊还型ABS，对投资的过手型ABS需提前与承做人沟通本金偿付时间。

（5）SPV风险应对策略：就基础资产与信托公司、券商、基金子公司等承销商充分沟通，确保基础资产与原始权益人现有债权债务完全隔离。

（6）法律风险应对策略：诚实可靠的律师事务所至关重要。

（7）现金流波动风险应对策略：2014年平安小额消费贷款ABS中引入平安保险对底层资产提供全额履约险，熨平了现金流波动。将保险引入基础资产不失为一个好的选择，这也是CDS（信用违约掉期）的雏形。

二十、票据资产管理的业务模式与产品设计

宋颖颖

【作者简介】 宋颖颖，任职于某国有银行票据业务部，从事市场营销与产品设计相关工作。

（一）背景介绍

1. 票据业务发展阶段
票据业务发展各阶段如图 1 所示。

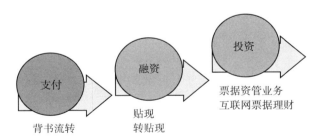

图 1 票据业务发展各阶段

2. 票据利率与商业银行债利率
票据利率与商业银行债利率如图 2 所示。

3. 票据投资功能的发现：短期金融资产配置最优选
短期金融资产配置最优选如图 3 所示。

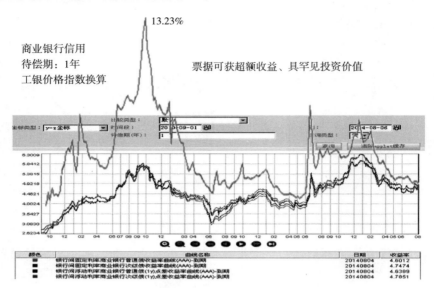

图2 票据利率与商业银行债利率

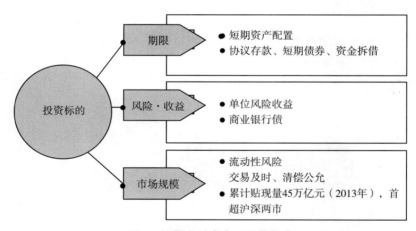

图3 短期金融资产配置最优选

（二）票据资产管理业务产品设计

1. 票据资管业务内涵

票据资管业务定义：以票据为（受托或投资）标的的资产管理业务。

2. 票据资管业务起源

票据资管业务起源如图4所示。

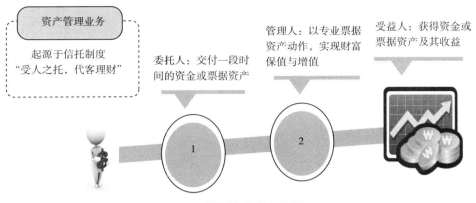

图 4　票据资管业务起源

无风险套利如图 5 所示。

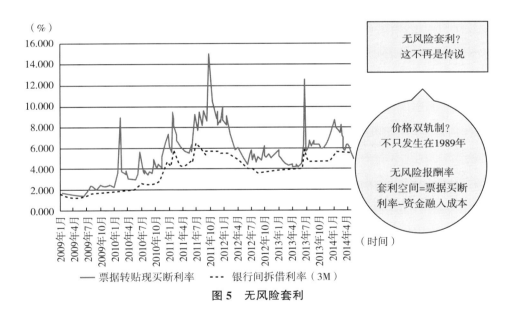

图 5　无风险套利

3. 票据资管=资金+（资管计划+资产服务）+资产

以上为票据资管四要素，当且仅当四要素齐备时，票据资管业务得以开展。

票据资管业务命名来源于产品设计中最核心（未必是溢价最高）的环节：券商或基金资管计划。因在资管业务整体流程中纳入券商或基金作为资产管理计划的管理人，而券商或基金并不具备票据实物管理和票据风险管理经验，因此该业务必须加入银行专业的票据资产服务，即"资管计划+资产服务"是资管业务的绑定标配。

4. 票据资管业务交易结构

票据资管业务交易结构如图6所示。

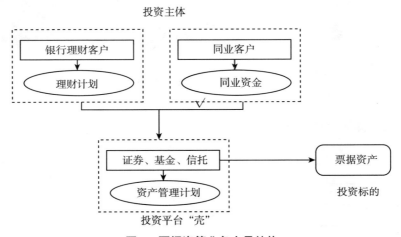

图6　票据资管业务交易结构

投资平台发展史如图7所示。

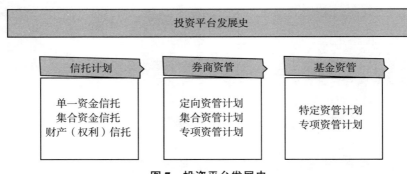

图7　投资平台发展史

5. 票据资管业务产品设计组合

根据资金、资产的不同，通过以下产品设计组合可形成不同的票据资管业务。其中，项目推荐并非是票据资管业务的必备内容，如图 8 所示。

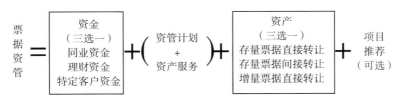

图 8　票据资管业务构成

6. 票据资管业务产品类别

四种资产划分方式如图 9 所示。

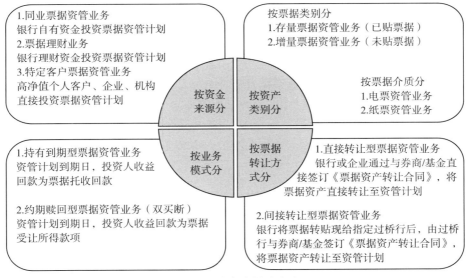

图 9　四种资产划分方式

7. 票据资产管理业务类别

（1）同业票据资管业务。

指银行同业使用自有资金投资票据资管计划，自有资金包括但不仅限于：银行 FTP 转移定价资金；通过同业存放、票据卖出回购、发行大额可转让存单等方式吸收的资金；银行间市场同业拆借款项。

根据 127 号文，银行自有资金投资票据资管计划，业务性质属于同业投资业务，必须纳入表内进行管理，且须根据业务穿透后资产（即根据票据资产）

进行风险资产计提，业务一般由总行级部门或机构予以开展，且标的票据纳入本行授信管理体系。

（2）票据理财业务。

指银行通过发行理财计划筹集资金，且资金用于投资票据资管计划。

根据 2013 年银监会下发的 8 号文，票据属于非标资产，理财资金投资票据资管计划占该行 35% 的非标限额。

（3）特定客户票据资管业务。

指特定客户（包括高净值个人客户、企业和非银行金融机构）直接投资票据资管计划。

若特定客户为银行客户，该业务表现为银行代销票据资管计划，不占用银行非标限额；若特定客户为非银行客户，该业务多表现为非银行金融机构自行或接受客户委托，通过资管计划配置票据资产。

（三）票据资产管理业务模式

1. 存量票据资管业务

（1）存量票据资管（同业票据资管业务）。

1）存量票据持有到期型（同业票据资管业务），业务流程如图 10 所示。

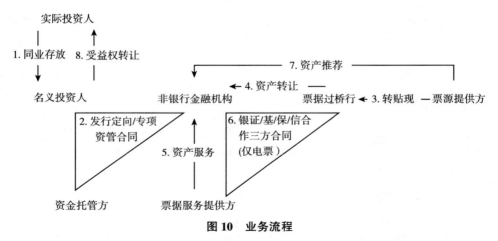

图 10　业务流程

注：模式图为间接转让型，若采用直接转让型仅需除去票据过桥行即可。

合同签署方如表 1 所示。

表1 合同签署方

票据资管业务所涉合同	合同签署各方
非结算用途存放同业合同	实际投资人、名义投资人
定向/专项资产管理合同	名义投资人、非银行金融机构、资金托管方
票据转贴现合同	票据过桥行、票源提供方
票据资产转让合同	非银行金融机构、票据过桥行
票据资产服务合同	非银行金融机构、票据服务提供方
银证/基/保/信合作三方合同	非银行金融机构、票据过桥行、票据服务提供方
项目/资产推荐合同	非银行金融机构、票源提供方
受益权转让合同	实际投资人、名义投资人

2）存量票据约期赎回型（同业票据资管业务），业务流程如图11所示。

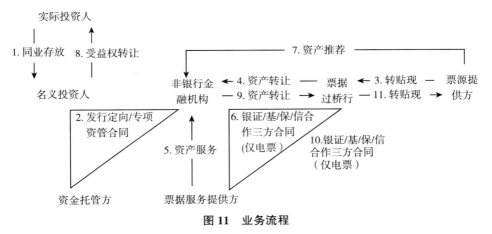

图11 业务流程

注：模式图为间接转让型，若采用直接转让型仅需除去票据过桥行即可。

合同签署方如表2所示。

表2 合同签署方

票据资管业务所涉合同	合同签署各方
非结算用途存放同业合同	实际投资人、名义投资人
定向/专项资产管理合同	名义投资人、非银行金融机构、资金托管方
票据转贴现合同	票据过桥行、票源提供方

续表

票据资管业务所涉合同	合同签署各方
票据资产转让合同	非银行金融机构、票据过桥行
票据资产服务合同	非银行金融机构、票据服务提供方
银证/基/保/信合作三方合同	非银行金融机构、票据过桥行、票据服务提供方
项目/资产推荐合同	非银行金融机构、票源提供方
受益权转让合同	实际投资人、名义投资人
票据资产转让合同（新）	非银行金融机构、票据过桥行（新）
银行/基/保/信合作三方合同（新）	非银行金融机构、票据过桥行（新）、票据服务提供方
票据转贴现合同	票据过桥行（新）、票源提供方

3）存量票据资管（同业票据资管业务）盈利点分析如图 12 所示。

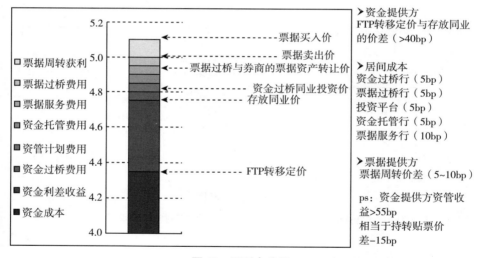

图 12　盈利点分析

4）存量票据资管（同业票据资管业务）业务风险分析。

在票据资管业务中，同业票据资管业务链条最长，任何一环节的断裂都会造成该业务的操作失败。该业务所涉资金过桥行需有同业投资权限，该权限根据 127 号文应上收至总行级部门或机构，涉农机构须评价在 AA 以上才有同业投资权限，因此市场上能够且愿意承担资金过桥行职责的银行较少，以恒丰银行和浙江稠州商业银行为主，曾出现过因两家银行同时接受审计导致同业票据资管业务停滞的局面。

若自有资金是银行主动负债而得，则该业务受到资金面的影响，在资金面紧张时较难开展。

（2）存量票据资管（票据理财业务）。

1）存量票据持有到期型（票据理财业务），业务流程如图 13 所示。

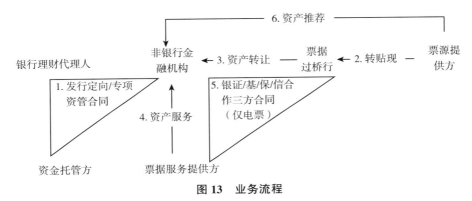

图 13　业务流程

注：模式图为间接转让型，若采用直接转让型仅需除去票据过桥行即可。

合同签署方如表 3 所示。

表 3　合同签署方

票据资管业务所涉合同	合同签署各方
定向/专项资产管理合同	银行理财代理人、非银行金融机构、资金托管方
票据转贴现合同	票据过桥行、票源提供方
票据资产转让合同	非银行金融机构、票据过桥行
票据资产服务合同	非银行金融机构、票据服务提供方
银证/基/保/信合作三方合同	非银行金融机构、票据过桥行、票据服务提供方
项目/资产推荐合同	非银行金融机构、票源提供方

2）存量票据约期赎回型（票据理财业务），业务流程如图 14 所示。

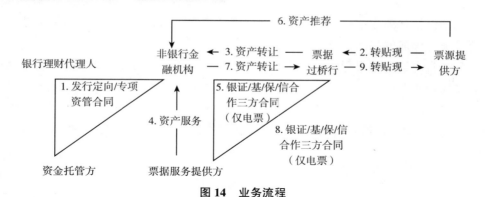

图 14 业务流程

注：模式图为间接转让型，若采用直接转让型仅需除去票据过桥行即可。

合同签署方如表 4 所示。

表 4 合同签署方

票据资管业务所涉合同	合同签署各方
定向/专项资产管理合同	银行理财代理人、非银行金融机构、资金托管方
票据转贴现合同	票据过桥行、票源提供方
票据资产转让合同	非银行金融机构、票据过桥行
票据资产服务合同	非银行金融机构、票据服务提供方
银证/基/保/信合作三方合同	非银行金融机构、票据过桥行、票据服务提供方
项目/资产推荐合同	非银行金融机构、票源提供方
票据资产转让合同（新）	非银行金融机构、票据过桥行（新）
银行/基/保/信合作三方合同（新）	非银行金融机构、票据过桥行（新）、票据服务提供方
票据转贴现合同	票据过桥行（新）、票源提供方

3）存量票据资管（票据理财业务）盈利点分析，如图 15 所示。

4）存量票据资管（票据理财业务）业务风险分析。

票据理财业务的资金来源为售卖银行理财产品所得，由于银行理财产品回款要求较高，一般要求票据承兑行为国有银行或全国股份制银行，采取持有到期型，即通过票据托收回款于理财产品到期日兑付投资者本息，因理财产品带有银行信用，存在因个别票据逾期而导致理财投资者收益不能按期兑付的声誉风险。

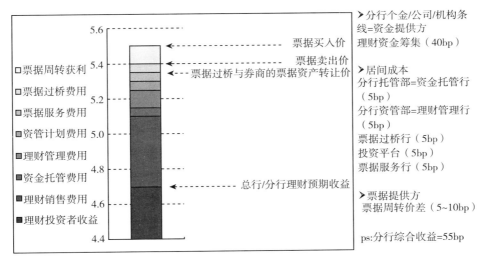

图 15　盈利点分析

大多股份制银行均有一套较为完善的垫款机制和较为明晰的垫款流程。

（3）存量票据资管（特定客户票据资管业务）。

1）存量票据持有到期型（特定客户票据资管业务），业务流程如图 16 所示。

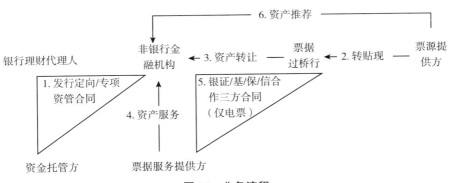

图 16　业务流程

注：模式图为间接转让型，若采用直接转让型仅需除去票据过桥行即可。

合同签署方如表 5 所示。

表5 合同签署方

票据资管业务所涉合同	合同签署各方
定向/专项资产管理合同	特定客户、非银行金融机构、资金托管方
票据转贴现合同	票据过桥行、票源提供方
票据资产转让合同	非银行金融机构、票据过桥行
票据资产服务合同	非银行金融机构、票据服务提供方
银证/基/保/信合作三方合同	非银行金融机构、票据过桥行、票据服务提供方
项目/资产推荐合同	非银行金融机构、票源提供方

2）存量票据约期赎回型（特定客户票据资管业务），业务流程如图17所示。

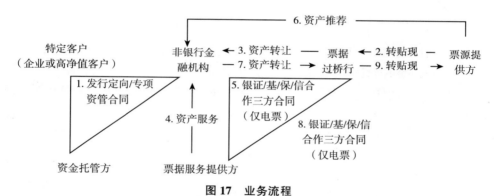

图17 业务流程

注：模式图为间接转让型，若采用直接转让型仅需除去票据过桥行即可。

合同签署方如表6所示。

表6 合同签署方

票据资管业务所涉合同	合同签署各方
定向/专项资产管理合同	特定客户、非银行金融机构、资金托管方
票据转贴现合同	票据过桥行、票源提供方
票据资产转让合同	非银行金融机构、票据过桥行
票据资产服务合同	非银行金融机构、票据服务提供方
银证/基/保/信合作三方合同	非银行金融机构、票据过桥行、票据服务提供方

票据资管业务所涉合同	合同签署各方
项目/资产推荐合同	非银行金融机构、票源提供方
票据资产转让合同（新）	非银行金融机构、票据过桥行（新）
银行/基/保/信合作三方合同（新）	非银行金融机构、票据过桥行（新）、票据服务提供方
票据转贴现合同	票据过桥行（新）、票源提供方

3）存量票据持有到期型（特定票据资管业务）盈利点分析，如图 18 和表 7 所示。

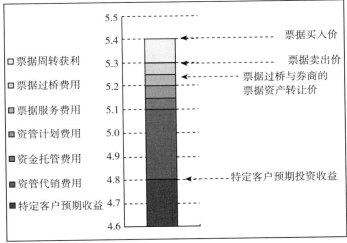

图 18　盈利点分析

表 7　存量票据资管盈利点分析

票据资管业务所涉各方	票据资管业务所涉各方角色
实际投资人	资金提供方：暂无规模，拟持票
名义投资人	资金过桥方：无资金，具备同业投资权限，体制灵活（监管）
银行理财代理人	具银行理财产品发行、销售权限
特定客户	有短期资金拟投资的高净值个人客户、有闲置资金拟进行现金管理的企业、拟配置短期资产（且可投资资管计划）的机构客户
票源提供方	票源丰富，票据交易量大
非银行金融机构	通道方：具备非标资管业务资质（产品设计核心）

票据资管业务所涉各方	票据资管业务所涉各方角色
票据过桥行	具备票据经营资格，体制灵活（监管）
资金托管方	具备资管计划专用资金托管资格（一般由资金提供方或票源提供方充当）
票据服务提供方	拥有专业票据管理能力、齐备的后台人员、完善的代理系统（一般由票源或资金提供方充当，电票仅有工行、中信银行、汉口银行拥有代理系统）

4）存量票据资管（特定客户票据资管业务）业务风险分析。

特定客户票据资管业务风险与票据理财业务趋同，两者对到期回款要求都较高，存在因个别票据逾期而导致理财投资者收益不能按期兑付的风险，若产品为银行代销，存在一定声誉风险。

2. 增量票据资管业务

（1）增量票据资管（同业票据资管业务）。

1）增量票据持有到期型（同业票据资管业务），业务流程如图 19 所示。

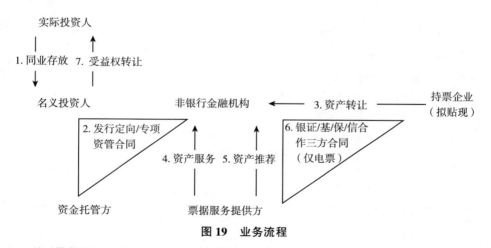

图 19　业务流程

注：模式图为间接转让型，若采用直接转让型仅需除去票据过桥行即可。

合同签署方如表 8 所示。

表8　合同签署方

票据资管业务所涉合同	合同签署各方
非结算用途存放同业合同	实际投资人、名义投资人
定向/专项资产管理合同	名义投资人、非银行金融机构、资金托管方
票据资产转让合同	非银行金融机构、持票企业
票据资产服务合同	非银行金融机构、票据服务提供方
银证/基/保/信合作三方合同	非银行金融机构、票据过桥行、票据服务提供方
项目/资产推荐合同	非银行金融机构、票源提供方
受益权转让合同	实际投资人、名义投资人

2）增量票据持有到期型（同业票据资管业务）盈利点分析，如图20所示。

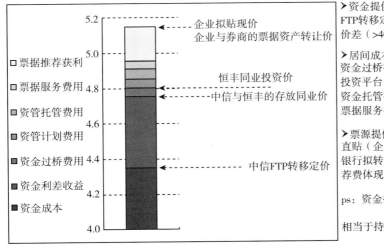

图20　盈利点分析

（2）增量票据资管（票据理财业务）。

1）增量票据持有到期型（票据理财业务）业务流程如图21所示。

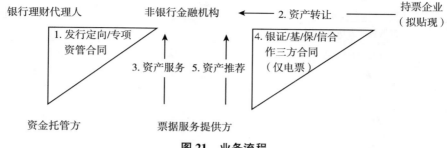

图 21　业务流程

合同签署方如表 9 所示。

表 9　合同签署方

票据资管业务所涉合同	合同签署各方
定向/专项资产管理合同	银行理财代理人、非银行金融机构、资金托管方
票据资产转让合同	非银行金融机构、持票企业
票据资产服务合同	非银行金融机构、票据服务提供方
银证/基/保/信合作三方合同	非银行金融机构、票据过桥行、票据服务提供方
项目/资产推荐合同	非银行金融机构、票源提供方

2）增量票据持有到期型（票据理财业务）盈利点分析如图 22 所示。

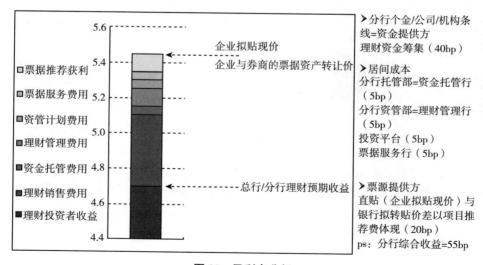

图 22　盈利点分析

（3）增量票据资管（特定客户票据资管业务）。

1）增量票据持有到期型（特定客户票据资管业务）业务流程如图23所示。

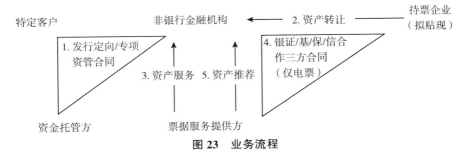

图23 业务流程

合同签署方如表10所示。

表10 合同签署方

票据资管业务所涉合同	合同签署各方
定向/专项资产管理合同	特定客户、非银行金融机构、资金托管方
票据资产转让合同	非银行金融机构、持票企业
票据资产服务合同	非银行金融机构、票据服务提供方
银证/基/保/信合作三方合同	非银行金融机构、票据过桥方、票据服务提供方
项目/资产推荐合同	非银行金融机构、票源提供方

2）增量票据持有到期型（特定票据资管业务）盈利点分析，如图24所示。

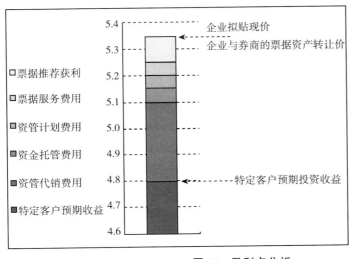

图24 盈利点分析

3）增量票据资管盈利点分析，如表 11 所示。

表 11　增量票据资管盈利点分析

票据资管业务所涉各方	票据资管业务所涉各方角色
实际投资人	资金提供方：暂无规模，拟持票
名义投资人	资金过桥方：无资金，具备同业投资权限，体制灵活（监管）
银行理财代理人	具银行理财产品发行、销售权限
特定客户	有短期资金拟投资的高净值个人客户、有闲置资金拟进行现金管理的企业、拟配置短期资产（且可投资资管计划）的机构客户
项目推荐方	掌握大量拟办理票据融资业务的企业客户
非银行金融机构	通道方：具备非标资管业务资质（产品设计核心）
资金托管方	具备资管计划专用资金托管资格（一般由资金提供方或票源提供方充当）
票据服务提供方	拥有专业票据管理能力、齐备的后台人员、完善的代理系统（一般由票源提供方或资金提供方充当，未贴电票服务仅有工行、中信银行拥有相关系统，服务溢价高）

4）增量票据资管业务风险分析。

与存量票据资管业务不同，增量票据资管业务的标的是企业拟贴未贴票据，由于票据资产转让发生在银行表外，故该业务多为持有到期型，约期赎回型很少（因票据买回时视同贴现）。

增量票据资管业务风险主要来源于票源筹集端，因票据来自企业，票据鉴别风险较高，企业一般无法对其提供的票据承担最终偿付责任；且企业拟贴现票据到期日较难集中，约期赎回可行性较小，因此与资金提供方的期限匹配程度略低。

（四）票据资产管理业务综述

1. 票据资管业务流程
票据资管业务流程如图 25 所示。

2. 票据资管业务实质
票据资管业务实质如图 26 所示。

3. 票据资产管理业务盈利点分析
票据资产管理业务盈利点分析如图 27 所示。

4. 票据资产管理业务提示
（1）持有到期型与约期赎回型。

持有到期型票据资管对托收回款要求较高，资金提供方一般对承兑行和到

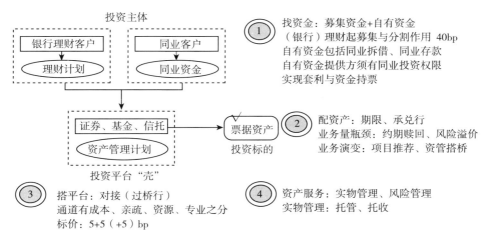

图 25　票据资管业务流程

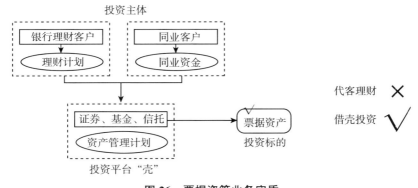

图 26　票据资管业务实质

期日有限制；约期赎回型可确保资管投资人本息收益及时划付，对承兑行和到期日限制较小，但存在票据市场利率升高导致赎回失败或收益受损的市场风险。

（2）纸票资管与电票资管。

资管业务纸电票的区别主要在于票据服务，由于券商/基金不能接入ECDS系统，所以电票转受让行为均需由票据服务行提供；若采用代理接入系统，对交易对手有限制，有且仅有工行、招商银行、光大银行和中信银行系统级别以上四家银行代理接入的客户能作为票据过桥行；若采用质押模式，则无交易对手限制。

（3）直接转让与间接转让。

间接转让型票据资管，过桥费按票据剩余期限进行收取，若采用约期赎回

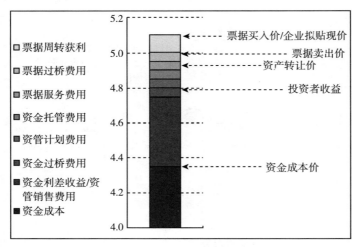

左图为票据资管业务各方盈利情况：

➤资金提供方所获收益为投资者收益与资金成本价之差,一般情况是该业务最盈利部分

➤居间成本主要包括资金过桥、票据过桥、资管计划、资金托管和票据服务费用，根据票据资管类型不同有所删省

➤票据提供方所获收益为票据买入卖出价差，存量票据资管业务中类周转业务价差，增量票据资管业务中类直贴与转贴价差

图中标注（由上至下）：
票据买入价/企业拟贴现价
票据卖出价
资产转让价
投资者收益
资金成本价

图例：
□ 票据周转获利
□ 票据过桥费用
□ 票据服务费用
■ 资金托管费用
■ 资管计划费用
■ 资金过桥费用
■ 资金利差收益/资管销售费用
■ 资金成本

图 27　盈利点分析

型，建议票据剩余期限与资管计划期限尽可能接近，不然会造成实际过桥费用的走高。如资管计划为 2 个月，用于资管计划的票据为 6 个月，则在卖出时承担了 6 个月的过桥费，赎回时承担了 4 个月的过桥费，实际承担了 10 个月的过桥费，相较于 2 个月的资管计划（过桥费按 5bp 计收）实际承担了 25bp。

（4）资金错配以增收。

为降低资金成本，资金提供方往往进行错配，错配主要用于票据理财。银行通过滚动发行短期理财计划（一般为 7 天或 14 天）募集低成本资金，用于投资长期限票据资管计划（一般为 3~6 个月）。票据理财错配的风险主要在于短期理财计划是否能接续，销售金额若低于原始金额则会发生流动性风险，需要对敞口票据资产进行处置以回收资金。

（五）票据资产管理业务趋势

1. 资金为王

资金将取代规模成为票据市场最稀缺的要素（规模持票→资金持票）。

理财资金与同业资金的选择：有好过无+价格优先。

营销与操作时点：

第一，理财资金（波幅小）——特殊时点+资金面紧张。

第二，同业资金（体量大）——基础资金+资金面宽松（资金成本与票据利率之间的差价放大）。

银行间拆借利率（3M）与银行理财产品收益率如图 28 所示。

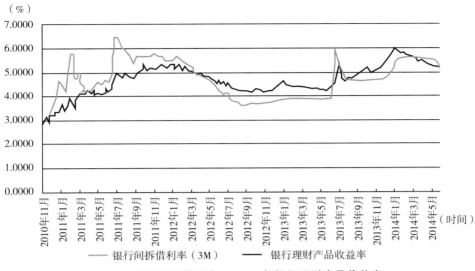

图 28 银行间拆借利率（3M）与银行理财产品收益率

2. 资本集约

未贴票据：银行表外开展票据资管业务占比将逐步攀升壳资源——廉价好用才是硬道理（基金>券商>信托）。贴现余额信贷占比如图 29 所示。

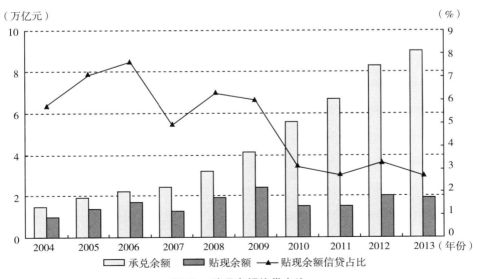

图 29 贴现余额信贷占比

3. 资产贬值

随资管资金投资票据行为的增多（监管套利、考核趋导），套利价差将逐步收窄，传导至票据市场后，持票生息收益将被进一步摊薄，票据资产价值（票据利率）将处于下降通道。

4. 票据投资时代业务建议

（1）懂票：票据资产服务。

纸电票全介质托管。

（2）贩票：票据另类出口。

票据利率与投资利率匹配时，博取超额收益。

（3）玩票：票据投资平台。

票据配置首选平台：短期资产配置优选+标准化产品设计+互联网思维。

产品设计—资金需求—申赎规则。

二十一、股权投资 FOF 管理方式、基本流程和投资实务

唐雪峰

【作者简介】唐雪峰，北京亦庄国际产业投资管理有限公司总经理。毕业于英国纽卡斯尔大学，国际金融分析专业硕士学位。曾任职于太平洋证券股份有限公司战略合作与并购部，长期从事企业上市、并购重组、债券发行等工作。

（一）母基金 FOF 介绍

1. 母基金 FOF 的概念及特点

FOFs：一种专门投资于其他股权投资基金的母基金，通过持有其他基金份额而间接从事私募股权投资，通过将募集到的资金投放到不同种类的私募股权基金中实现私募股权投资领域的资产组合多样化。母基金 FOF 构成如图 1 所示。

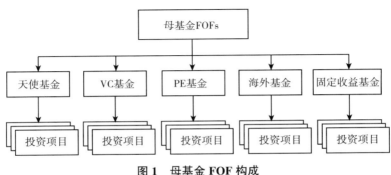

图 1　母基金 FOF 构成

（1）伴随全球 PE 市场的发展，21 世纪以来 FOFs 呈爆发式增长。

2000~2013 年全球私募股权市场年度 PE-FOFs 已完成募集情况如图 2 所示。

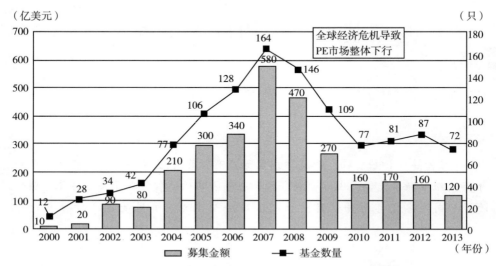

图2　2000~2013 年全球私募股权市场年度 PE-FOFs 已完成募集情况

（2）FOF 是一种资产管理工具，资产组合的特点促进其规模扩张。

1）母基金可以通过组合的方式，满足投资者业务发展诉求，如图 3 所示。

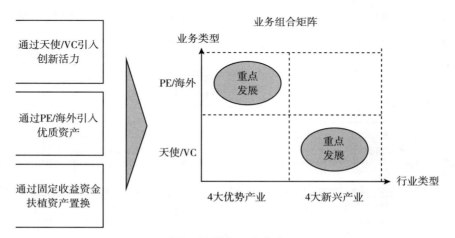

图3　母基金组合方式

2）通过结构化设计，匹配资金和资产的特性诉求，如图 4 所示。

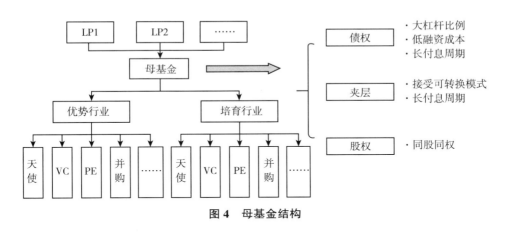

图 4　母基金结构

3）通过更加分散化的投资组合和产业专业化管理，进行风险管理，如图 5 所示。

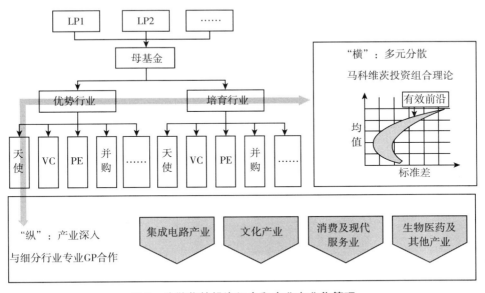

图 5　分散化的投资组合和产业专业化管理

（3）经统计验证，FOFs 相对直接投资的风险报酬率更高。

1）FOFs 介于投资者与基金之间，起到了分散风险、平滑收益、调节流动性等重要作用, 如表 1 所示。

表 1 FOFs 相对直接投资的风险报酬率

	早期基金	中后期基金	母基金
样本量 (个)	10000	10000	10000
标准差	3.07	1.78	0.57
损失的可能性	0.21	0.11	0.01
收益风险比率	0.49	0.80	1.60

私募股权基金投资者众多, FOFs 是私募股权基金投资的重要参与者, 约占整体投资金额的 10%, 如表 2 所示。

表 2 欧洲私募股权基金的投资者类型 (2014 年)

投资者类型	资金量占比 (%)	数量占比 (%)
大学基金会	0.33	2.48
商业银行	2.92	2.59
资本市场	0.48	0.88
企业投资者	2.13	10.72
捐赠基金和基金会	4.49	3.63
家族办公室	4.83	5.08
母基金	9.54	7.69
政府机构	8.94	29.97
保险公司	8.45	2.23
其他资管公司 (不包括母基金)	3.39	1.50
养老金	26.52	12.34
高净值投资者	3.96	6.12
主权财富基金	6.24	0.34
其他	17.76	14.43

资料来源: EVCA, 2014 European Private Equity Activity。

在投资价值链中, PE-FOFs 具有普通合伙人 (General Partner) 和有限合伙人 (Limited Partner) 的双重角色, 即面对企业、社保基金等投资者时, FOFs 充当 GP 的角色, 为投资者管理资金并选择 PE 基金进行投资; 当面对创投基金、并购基金等 PE 基金时, FOF 又充当 LP 的角色, 成为各类 PE 基金的投资人。

A. 分散风险: 挑选单只基金风险高、难度大, 而 FOFs 通过对基金的组合投资, 可以大幅降低投资基金的风险。FOFs 将投资人群锁定为风险偏好较低者，也显示了其相对于一般基金的风险稳定性。

B. 平滑收益：既投资股权基金，也投资一定比例的债权基金，因此收益低于纯股权投资基金，但是可以有效避免份额在跌价时难以赎回及分红不稳定等风险。

C. 调节流动性：母基金通过投资基金而非项目的方式，间接地扩大了投资的领域与范围，可有效避免跟进资金短缺、到期投资变现不通畅问题。

2）在中国，一系列政策法规为 FOFs 的发展提供了政策保障，如图 6 所示。

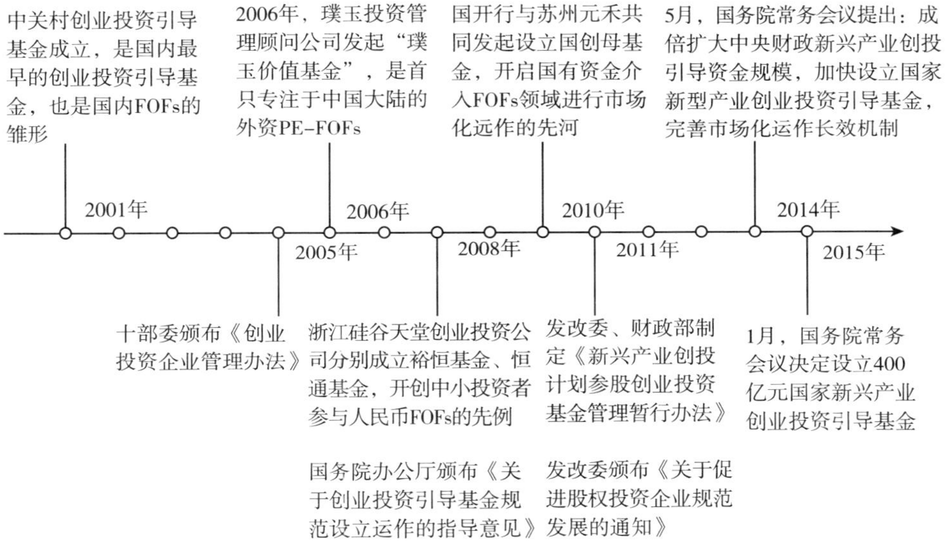

图 6　FOF 发展历史

资料来源：清科研究中心 2015 年中国人民币 FOF 专题研究报告。

3）鼓励股权投资基金发展的政策，为 FOFs 增长培育好投资环境。

A. 2016 年 7 月 5 日制定，2016 年 7 月 18 日新华社授权发布《中共中央国务院关于深化投融资体制改革的意见》。

B. 确立企业投资主体地位。坚持企业投资核准范围最小化，原则上由企业依法依规自主决策投资行为。

C. 进一步明确政府投资范围。政府投资资金只投向市场不能有效配置资源的社会公益服务、公共基础设施、农业农村、生态环境保护和修复、重大科技进步、社会管理、国家安全等公共领域的项目，以非经营性项目为主，原则上不支持经营性项目。

D. 优化政府投资安排方式。政府投资资金按项目安排，以直接投资方式为主。对确需支持的经营性项目，主要采取资本金注入方式投入。根据发展需要，依法发起设立基础设施建设基金、公共服务发展基金、住房保障发展基金、政府出资产业投资基金等各类基金，充分发挥政府资金的引导作用和放大效应。加快地方政府融资平台的市场化转型。

E. 加强政府投资事中事后监管。加强政府投资项目建设管理，严格投资概算、建设标准、建设工期等要求。

F. 大力发展直接融资。设立政府引导、市场化运作的产业（股权）投资基金，积极吸引社会资本参加，鼓励金融机构以及全国社会保障基金、保险资金等在依法合规、风险可控的前提下，经批准后通过认购基金份额等方式有效参与。

2. PE-FOF 的主要参与者

（1）在中国，母基金在股权投资市场有较大的发展空间。

（2）中国 FOFs 结构中，中、外 FOFs（市场化基金）各占半壁江山。

（3）FOF 三大主体在基金运作中具有不同的特点，如表 3 所示。

表 3 FOF 三大主体在基金运作中具有不同的特点

维度	引导基金	中资 PE-FOFs	外资 PE-FOFs
基金规模	规模较小	规模中等	规模较大
盈利特点	产业带动为目的	盈利为目的	盈利为目的
投资限制	有明显政策导向性；资金缺少持续性	限制较少	法律与政策限制较多
基金续存期限	—	期限较短，一般为 5+2 年	通常具有 10~15 年的期限匹配目标基金的投资
基金投资期限	投资期较长	投资期一般较短，仅为 1~2 年	投资期限较长，一般为 3~4 年
多样化程度	多样化程度较高	规模较小，难以达到理想的多元化水平	能够建立地域多元化投资组合
基金流动性管理	尚未涉足二级市场领域	尚未涉足二级市场领域	对二级市场运作熟悉，增强投资组合流动性
筛选 GP 技能	筛选能力较弱	在本地拥有广泛关系网络的职业团队，拥有充足的资源及谈判和制定合同的能力	拥有专业化技术和经验去实施尽职调查、实时监控、报告和管理
考察新设立基金能力		目前倾向于投资已经拥有历史投资业绩的团队	对基金管理团队技术水平的评价更具备专业性

（4）FOFs 的 LP 的持续增加也在推动母基金行业发展，如表 4 和表 5 所示。

表 4　FOFs 的 LP 的持续增加（一）

本土投资 FOFs 的潜在 LP	主体名称	管理资本总额	潜在可投入 PE 的资本量	目前是否获批投资 PE
养老基金	全国社会保障基金	1.24 万亿元	目前已允许将总体投资比例不超过总资产的 10% 投入 PE，潜在投入 PE 资本量约为 1240 亿元	已获准
	企业年金	0.76 万亿元	若政策开放，参照国际企业养老基金平均将其管理的资产的 6%～7% 投入 PE 计算，潜在投入 PE 资本量约为 538 亿元	并未获准
银行和金融服务机构	商业银行	172.34 万亿元	若政策开放，参照国际企业养老基金平均将其管理的资产的 4% 投入 PE 计算，潜在投入 PE 资本量约为 6.89 万亿元	国家开发银行和中国进出口银行作为政策性银行进入 PE 投资领域
	券商公司	7.95 万亿元	目前券商获准用自有资金进行 PE 直投，自有资金上限为证券公司净资产的 15%，约为 1.19 万亿元	仅限 PE 直投领域，券商直投格为仅限于净资本大于 20 亿元的大型券商
	信托公司	13.98 万亿元	按照信托业务指引，最大参与 PE 的投资额为净资本的 20%，潜在投入 PE 资本量为 2.8 万亿元	已获准进行直接股权投资，但目前尚未投向 FOFs

资料来源：清科研究中心 2015 年中国人民币 FOF 专题研究报告。

表 5　FOFs 的 LP 的持续增加（二）

本土投资 PE-FOFs 的潜在 LP	主体名称	管理资本总额	潜在可投入 PE 的资本量	目前是否获批投资 PE
保险公司	商业保险公司	10.16 万亿元	按照保监会设定的不超过上季度总资产 10% 的投资门槛，潜在投入 PE 资本量约为 1.02 万亿元	已获准
基金会	大学基金/其他非公募基金	158 亿元	参照国际机构投资者平均投入比例 4% 计算，潜在投入 PE 资本量约为 6.32 亿元	已获准

续表

本土投资 PE-FOFs 的潜在 LP	主体名称	管理资本总额	潜在可投入 PE 的资本量	目前是否获批投资 PE
政府	政府引导基金	1290 亿元	潜在投入 PE 资本量约为 1290 亿元	已获准
高净值个人	高净值个人/民营资本	上万亿元	潜在投入 PE 资本量约为上万亿元	已获准

资料来源：清科研究中心 2015 年中国人民币 FOF 专题研究报告。

（5）地方政府、金融机构与上市公司是当前国内母基金主要投资者，如图 7 所示。

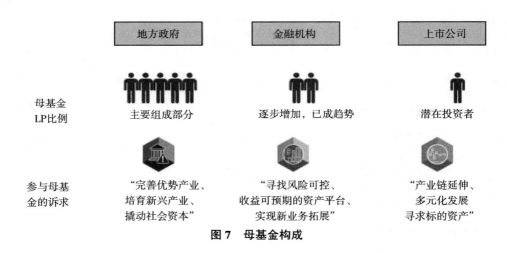

图 7　母基金构成

（6）通过"业务类型+行业类型"矩阵分析投资者诉求，如图 8 所示。

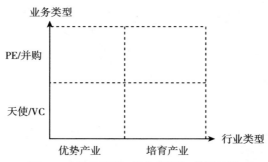

图 8　"业务类型+行业类型"分析矩阵

（7）地方政府通过母基金投资引入优势产业，促进培育新兴产业，如图 9 所示。

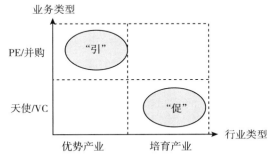

图 9　地方政府通过母基金投资引入优势产业，促进培育新兴产业

（8）金融机构通过母基金投资更加分散化投资，如图 10 所示。

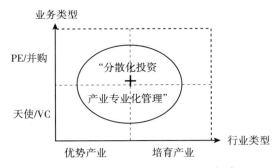

图 10　金融机构通过母基金投资更加分散化投资

（9）上市公司通过母基金投资实现产业延伸、多元化发展，如图 11 所示。

上市公司

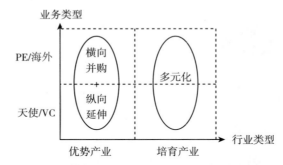

图 11   上市公司通过母基金投资实现产业延伸、多元化发展

3. PE-FOF 的运作逻辑

（1）母基金是遴选优秀的伯乐，不能仅靠市场排名。

（2）专业化的母基金机构具备完整、标准的投资流程，如图 12 所示。

	立项	尽职调查	项目评审	投资决策	项目出资	投后管理	项目退出
决策人	基金管理人	第三方法律、会计尽职调查机构	基金管理人	投资决策委员会	投资决策委员会	投后管理团队	依照LPA
决策依据	项目立项书	尽职调查报告	投资建议书	投资建议书	出资审批单	投后管理记录	LPA

图 12   母基金机构投资流程

（3）建立 GP 的筛选能力是 FOFs 的核心竞争力。

4. PE-FOF 的合作模式

（1）债权模式，优先级 LP 和劣后级 LP 分别享受不同的收益。

债权模式通过劣后级 LP 提供增信措施引入优先级 LP，如图 13 所示。

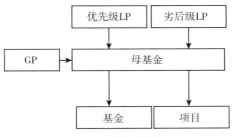

图 13　债权模式

（2）夹层模式，引入夹层 LP 呈现多种形式。

夹层模式结构上引入夹层 LP 调整收益分配顺序，也可通过增加选择权、收益固浮比等模式增加表现形式，如图 14 所示。

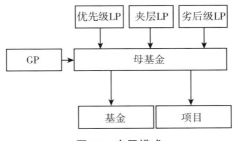

图 14　夹层模式

（3）股权模式，LP 按照同股同权原则享受权利和义务。

股权模式出资者按照认缴比例出资，按照比例享受超额收益，如图 15 所示。

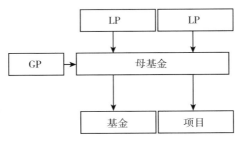

图 15　股权模式

（二）引导基金介绍

1. 引导基金的概念及特点

（1）我国财政资金的使用已不断演进发展出多种创新模式，如图16所示。

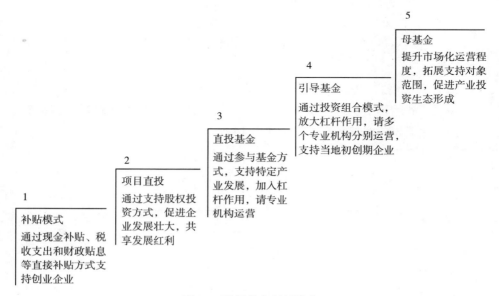

图16　引导基金创新模式

（2）政府引导基金承担着引导社会资金的使命。

政府引导基金是指由政府设立并按市场化方式运作的政策性基金，主要通过扶持创业投资企业发展，引导社会资金进入创业投资领域。

1）引导基金是不以盈利为目的的政策性基金，而非商业性基金。

2）引导基金发挥引导作用的机制是"主要通过扶持创业投资企业发展，引导社会资金进入创业投资领域"，而非直接从事创业投资。

3）引导基金按市场化的有偿方式运作，而非通过拨款、贴息或风险补贴式的无偿方式运作。所谓"市场化运作"包括两方面内容：第一是引导基金在选择扶持对象时应由引导基金管理机构根据市场状况，综合考虑风险、收益和政策目标等多方面因素来确定，以保证财政资金安全性为首要任务。第二是引导基金在运作过程中，只对于子基金投资方向及方式予以约束，不参与具体项目的投资决策及子基金日常管理。

4）引导基金通常有明确的产业方向和地域限制。

5）引导基金的管理主要归口发改和科技部门两大系统，前者主要导向是推动本地创投业发展，后者则主要致力于推动中小科技企业融资。

2. 引导基金的主要参与者

（1）历经"探索—试点—规范化—爆发"各阶段的发展，2015 年全国政府引导基金规模已达 15090 亿元。

2005 年十部委联合发布《创业投资企业管理暂行办法》后，全国范围内引导基金规模和数量持续增长，如图 17 所示。

图 17　政府引导基金规模与数量变动趋势

（2）与其他财政资金使用方式相比，政府引导基金拥有完整的产业逻辑，如图 18 所示。

（3）政府引导基金在引导社会资本、优化资源配置、培育产业体系、吸引优秀人才等方面起到了非常重要的作用。

1）引导社会资本，促进创业资本的聚集。通过引导基金，在资本市场上撬动不少于 4 倍的社会资金支持符合区域发展需要的产业。建立以财政资金为引导、以社会资金为主导的投资体系，发挥财政资金的杠杆作用。吸引市场化创投机构投资区域内企业，为企业提供更广泛的融资渠道。

2）优化资源配置，促进自主创新。在现有财政补贴、贷款贴息等支持方式之外，尝试从试点扶持资金直接投资项目转变为引导创投机构按市场机制评估项目、投资项目和管理项目，实现财政专项资金的"由拨改投"。通过设立

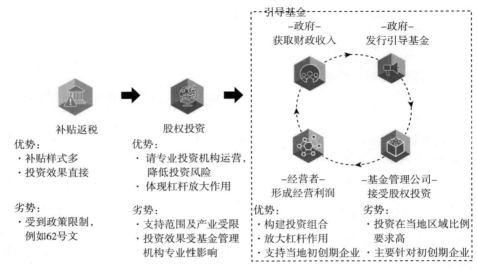

图18 政府引导基金

引导基金，把支持项目和企业发展结合起来，变事后补贴为事前参与孵化，培育创新企业、推动企业上市。

3）培养人才，促进区域经济发展。引导基金参与设立的基金将依托专业创投机构进行市场化运作。创投机构致力于风险投资、私有股权投资、并购及上市运作，拥有强大的高增长潜质项目网络，在技术背景、投资机会方面有敏锐的市场嗅觉。专业创投机构能够为创业公司及企业家建立联络平台，提供战略发展、市场开拓、资源整合、人才引进等增值服务。

4）引导投资方向，培养企业成长。通过投资行业内的中小企业、实现技术与资本的对接，引导基金将促进构建区域内的产业体系。引导基金及带动的社会资本具有明确的行业投资定位，以发展整个产业链为目标扶持优质中小企业，促进上下游企业的互动和资源匹配，培育中小企业成长环境，以企业的共同发展促进现代服务业构建。

3. 引导基金的运作逻辑

（1）引导基金运作流程主要包括六大步骤。

1）全面调研：××国投全面调研几大领域的各阶段企业，初步完成顶层设计和战略安排。

2）公开征选：××国投向专业创投机构公开征集引导基金的投资方案。拟合作的创业投资机构向财政局提交合作设立参股创投企业的投资方案。

3）专家评审：财政局设立专家评审委员会，组织专家评审创业投资机构申报投资方案。

4）尽职调查：合作投资机构组织财务、法务机构完成目标公司的法律、财务、技术、团队、商业等方面的尽职调查工作。

5）挑选决策：财政局研究确定引导基金合作对象，审定设立创业投资企业的投资方案。

6）实施方案：由专业创投机构组织实施审定通过的投资方案。

（2）以某引导基金为例，如图 19 所示。

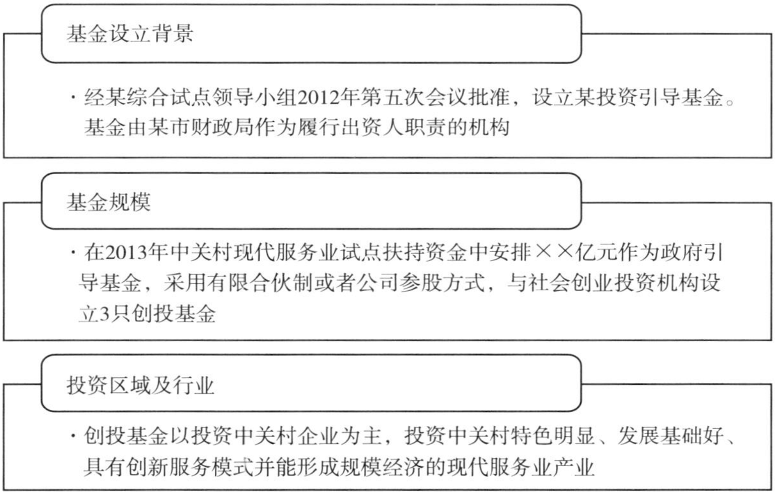

```
┌─────────────────────────────┐
│ 基金设立背景                 │
└─────────────────────────────┘
 ·经某综合试点领导小组2012年第五次会议批准，设立某投资引导基金。
  基金由某市财政局作为履行出资人职责的机构

┌─────────────────────────────┐
│ 基金规模                     │
└─────────────────────────────┘
 ·在2013年中关村现代服务业试点扶持资金中安排××亿元作为政府引
  导基金，采用有限合伙制或者公司参股方式，与社会创业投资机构设
  立3只创投基金

┌─────────────────────────────┐
│ 投资区域及行业               │
└─────────────────────────────┘
 ·创投基金以投资中关村企业为主，投资中关村特色明显、发展基础好、
  具有创新服务模式并能形成规模经济的现代服务业产业
```

图 19　以某引导基金为例分步讲解

二十二、人民币出境投资浅析：标的、渠道及存在问题

宋洋洲

【作者简介】 宋洋洲，南方东英股权投资基金管理（深圳）有限公司总经理。

2008 年全球金融危机爆发以后，以美元为代表的传统世界性货币地位有所下降，人民币的重要性开始增强。我国抓住这一历史机遇，明显加快了人民币国际化的步伐，人民币在岸市场与离岸市场也随之不断深化，这促进了跨境投融资业务的良性发展，业务整体呈现规模不断扩大、产品加速创新的特征。

2015 年之前，人民币呈现明显的单边升值趋势，入境投资火爆而出境投资的热情相对较小。而随着 2015 年汇率走向出现趋势性变化，出境投资呈现极为火爆的局面，本文拟从出境投资的标的、渠道及实际操作过程中可能遇到的问题进行简要探讨与分析。

（一）跨境金融的主要投资标的

1. 股票

股票是跨境金融业务的重要投资标的，当前国内投资者直接参与投资境外交易所上市证券的重要渠道是 QDII。银监会、证监会、保监会先后发文规范其监管机构的 QDII 业务。2014 年，央行下发文件允许境内的合格机构投资者采用人民币的形式投资境外的人民币资本市场，RQDII 机制正式推出。

为进一步加强境内外资本市场互动，2014 年 11 月沪港通制度下的股票交易正式开始，上交所和港交所允许两地投资者通过当地证券公司（或经纪商）买卖规定范围内的对方交易所上市的股票，总额度为 5500 亿元人民币。

2. 债券

相较于境外市场投资者的投资便利，境内投资者通常只能通过 QDII 额度

进行投资。在 RQDII 试行之后，部分投资者也通过其进行投资。境外债券的投资通常集中在境内企业在境外发行的美元债与点心债。

3. 基金

跨境基金认购主要通过 QDII 制度和中港基金互认制度实现。2015 年 7 月内地与中国香港基金互认正式实施，初始额度为资金进出各 3000 亿元，同年底首批互认基金注册完成，3 只北上 4 只南下。以上两种制度设计都仅限于在交易所上市的基金产品，对于私募基金，目前尚未有正规的业务渠道，但利用 QDLP/QDIE 等制度，可通过投资有限合伙企业实现投资私募基金的目的。

4. 金融衍生品及其他特殊资产

金融衍生品主要通过国内几个主要的交易市场实现跨境交易，但受到严格监管，包括银行间外汇市场。经批准的境外机构可参与包括即期、远期、掉期和期权在内的各外汇交易品种的交易。上海国际能源交易中心允许境外交易者和经纪机构参与中心上市的原油、天然气、石化产品的期权和期货衍生品。上海国际黄金交易中心允许国际投资者参与场内黄金现货买卖，并开展现货黄金租借、质押等业务。深圳排放权交易所允许境外机构投资者以外汇参与碳排放权交易。

5. 非上市公司股权

以非上市公司股权为投资标的的跨境业务，主要是对外直接投资（ODI）。ODI 以注册资本金投资境外机构，海外收益可以利润分红方式实现回流。

2012 年上海推出合格境内有限合伙人试点（QDLP），随后天津、青岛、深圳前海（深圳取名 QDIE）也相继推出类似试点，允许境内金融机构采用公司制、合伙制、契约型基金、专户等形式直接对外投资，且对境外投资范围未作具体规定，但目前额度只有 25 亿美元。

（二）出境投资主要渠道的比较

当前国际金融市场动荡发展，我国境内的金融发展在平稳的基础上也出现了一些波动，进而对整体的跨境投融资活动也产生了一定的影响。作为资本管制仍然比较严格的国家，熟悉不同的出境投资渠道的优劣对产品设计、投资管理与风险控制等多领域均具备极为重要的意义。

1. QDII

QDII 是 "Qualified Domestic Institutional Investor" 的首字缩写，合格境内机构投资者是指在人民币资本项下不可兑换、资本市场未开放条件下，在一国境内设立，经该国有关部门批准，有控制地允许境内机构投资境外资本市场的股票、债券等有价证券投资业务的一项制度安排。

QDII 是当前国内投资者最为熟悉的出境投资渠道之一。国内投资者通常通过认购境内基金公司发行的 QDII 产品投资境外的股票与债券市场，而近 1 年来，随着人民币出境投资需求的大幅提升及出境投资渠道的收窄，部分投资人也会通过产品的设计与包装，实现不同的投资目的。

从操作的便利性来说，QDII 是当前出境投资最方便的渠道之一。由于采用的是总量额度限制，每一家拥有 QDII 额度的公司在产品设计、募集及产品的后续持续营销方面都具备较高的便利性。加之 QDII 出现的时间较早，国内客户对其了解程度较高，使其在客户的接受层面变得更为容易。

但是作为一种投资渠道，其可投资范围受到了较为严格的限制，通常只能投资于场内市场。这在国内投资者境外投资需求多元化的当下，使其很难满足全部投资者的需求。

2. RQDII

人民币合格境内机构投资者，RQDII 即 "RMB Qualified Domestic Institutional Investor"。人民币合格投资者是指取得国务院金融监督管理机构许可并以人民币开展境外证券投资的境内金融机构。人民币合格投资者开展境外投资业务应事前向相关国务院金融监督管理机构报告。人民币合格投资者的准入资格、产品设立和发行、投资活动等应当遵守国务院金融监督管理机构的相关规定。人民币合格投资者可以自有人民币资金或募集境内机构和个人人民币资金，投资于境外金融市场的人民币计价产品。

由于投资标的仅限于境外金融市场的人民币计价产品，推出伊始，并未受到市场的青睐，但是在 2015 年下半年，人民币涌向海外的大潮中，其因额度不受限，操作相对简单的特点成为了境内客户替代 QDII 的重要通道。大批境内客户经过结构设计，通过 RQDII 投向海外市场，但由于数量猛增受到了监管部门的重视。在合规检查过程中发现部分资金流向了境外非人民币计价产品，2015 年底，RQDII 被全面叫停。

3. QDLP

QDLP（Qualified Domestic Limited Partner，即合格境内有限合伙人），允许注册于海外，并且投资于海外市场的大型金融机构能向境内的投资者募集人民币资金，并将所募集的人民币资金投资于海外市场。

QDLP 最早于上海开始试点，QDLP 的管理机构、投资人的门槛比传统投资二级市场的 QDII 公募基金高很多。所以在试点初期，QDLP 产品的发行并不顺利。部分已经获得 QDLP 额度的机构由于无法找到有效的客户群体，额度被长期闲置。后来在人民币出海大潮之下，作为退而求其次的选择，部分机构投资者开始通过 QDLP 配置境外资产。由于额度有限，被投资标的仅限于获得额度的机构在境外已经发行的产品，其受欢迎的程度较低。

4. QDIE

QDIE 的英文全称是"Qualified Domestic Investment Enterprise"，意为合格境内投资者境外投资。目前，中国尚未有法律文件对 QDIE 的内涵做出明确定义，也未就 QDIE 制度出台任何全国性法规政策。QDIE 目前在全国是深圳前海独有的一项政策，实际受深圳市金融办、深圳市前海管理局及深圳市外管局联合监管。目前获得管理人资格的企业不到 50 家，而真正发行管理过 QDIE 产品的企业仅有 7 家。

作为对标上海自贸区 QDLP 的一项金融创新，QDIE 在政策制定伊始便认真总结了 QDLP 在推行过程中所遇到的问题，有效地回避了投资范围窄、投资门槛过高等一系列问题。加之推出时点是人民币贬值预期增强开始的时候，在政策试点之初就获得了市场极大的认同。

然而与所有的新制度一样，QDIE 在制定过程中也存在一定的不足。例如，项目实行严格的审批制，一事一议。额度在批出之后，投向与额度均不可以发生改变，任何与项目申报时的不同都将导致项目重新走审批流程。这些严格的行政限制并不适用于现实商业活动的需求，从而导致了众多项目反复申报情况的出现。鉴于首期试点过程中出现的问题，以深圳市金融办与深圳外管局为首的监管机构也正在着手完善制度的设计。

（三）出境投资过程中所涉及的常见问题

不同的文化背景、制度差异与投资理念使出境投资看似与境内投资异曲同工，实际却有着不小的差距。

1. KYC

KYC（Know Your Customer）实际就是一个确认客户符合合格投资者的过程。然而这个看似简单的过程操作起来有时却令境内投资人无所适从。除了要填写一摞摞英文的表格与调查文件以外，有时还要提供一些令人哭笑不得的证明。例如，在中国香港要成为一名私募的合格投资人首先要自证你有一定的投资经验。而这些经验需要你提供过往的投资交易记录来证明，而且部分金融机构还可以对此做出量化，明确买卖记录达到 20 笔即为有投资经验，否则就视为没有。这些千奇百怪的规定在境外已见怪不怪，但在向境内客户介绍时却着实要花些时间。

2. 法律不同造成的困扰

适用法律的不同，监管机构的差异令一些投资的过程变得极为复杂。例如，由于纳税的原因，部分产品在销售时明确要求不能销售给美国公民，且产品投资人必须穿透看，而在国内的实际募资过程中，管理人很难确定投资者是否属于美国公民。再比如合格投资者的认定问题，美国的部分私募产品要求合格投资人的可投资资产不低于 100 万美元，而境内的募资人实际并没有能力对此进行确认。所以有些境外机构为了避免违规，要求境内的合作机构出具承诺函，为投资人担保，而这又根本无法通过国内机构内部的风控合规审批。最终，很多好项目就因为这些细枝末节的问题而最终夭折。

3. 操作层面的问题

很多政策允许的投资最终可能因为参与机构执行层面的问题而无法实现。例如，在 QDII 的执行层面，托管行一职实际包含了境内托管与境外托管两家不同的银行。而境外托管行内部不同的要求，使得一些投资在某些银行可以做，而到了另外的境外托管行就完全不可以。再如 QDIE 制度，在制度推出最初的半年，托管行与行政管理人对所投资的标的并无任何限制。但是在几个月之后，行政管理人突然以监管要求的名义大幅收窄了境外可投资标的的范围，直接导致 QDIE 管理人原本已经推进得差不多的项目中途夭折。

4. 文化差异

看似比较虚的一个问题在出境投资过程中却着实可以让做惯了境内投资业务的管理人感受良多。境内外金融从业人员不同的成长环境、教育背景、职场压力等因素使合作过程充满了各种各样的小插曲。例如，很多电话在非工作时间永远打不通；在你认为交易的节骨眼上关键人员突然休假去了。这些文化差异造成的波折很难评说对错，但却在合作的过程中不时地给合作双方带来挑战。

总体而言，出境投资的过程在现阶段虽然仍存在这样那样的问题，但人民币"走出去"的趋势不可逆转。在这一过程中，对监管机构、参与机构与众多的国内投资者带来了挑战，也提出了新的要求。如何有效打通境内外的市场，进一步实现人民币对全球资产多样化的配置将是下一阶段所有从业人员思考和推动的问题。

二十三、资产证券化背景下的供应链金融
——以保理资产证券化为例

高　飞

【作者简介】 高飞，北京大学 MBA，拥有 19 年金融从业经验。先后任职于国信证券、深圳国际信托、中山证券等机构。现任职于光大兴陇信托有限公司，负责创新并购业务。

（一）保理类金融产品介绍

1. 银行保理与商业保理

（1）保理的定义。

保理（Factoring）又称保付代理，是指卖方将其现在或将来的基于其与买方订立的货物销售/服务合同所产生的应收账款转让给保理商（提供保理服务的金融机构），由保理商向其提供资金融通、买方资信评估、销售账户管理、信用风险担保、账款催收等一系列服务的综合金融服务方式。保理业务的优势如图 1 所示。

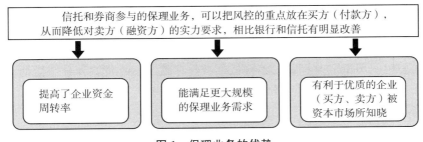

图 1　保理业务的优势

（2）应收账款的增加，可能有以下成因。

第一，企业的分工更为细致，同一产业的上下游之间产生应收应付关系。

第二，金融机构对实体经济支持不足，企业所需的周转资金更多地在行业内调剂。由此可以看出企业对融资的迫切需求和保理业务在未来的发展潜力。

图 2 描述了 2001~2012 年保理业增长趋势。

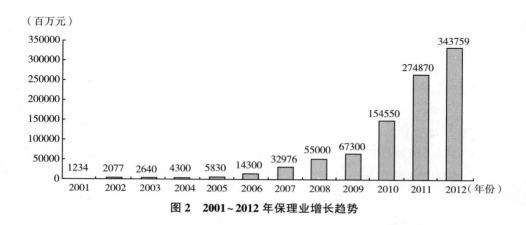

图2　2001~2012 年保理业增长趋势

（3）存量业务与增量业务。

1）保理需求不能等同于融资需求，更类似一个交易行为。

2）融资业务一般对应着增量经济活动，带来社会整体杠杆的提高。

3）保理业务对应的是存量经济活动。

4）增量投资必然要求增量的现金流来偿还，风险自然提高了。

（4）银行保理与商业保理。

银行保理的主体是银行，一般采取流动资金贷款的审核模式，适用法规为 2014 年颁布的《商业银行保理业务管理暂行办法》。

商业银行提供保理融资时，有追索权保理按融资金额计入债权人征信信息，无追索权保理不计入债权人及债务人征信信息。

2012 年商务部放宽了商业保理的审批，规定开展商业保理原则上应设立独立的公司，不得混业经营，不得从事吸收存款、发放贷款等金融活动，禁止专门从事或受托开展催收业务，禁止从事讨债业务。

商业保理由于缺乏银行的账户控制手段，因此需要通过账户监管协议让银行参与，对流程的尽职调查程度超过银行。

2. 券商资管与信托计划

商业保理业务一般需要和金融产品对接，用自有资金做不大。

一个金融产品包括 4 个要素：投资者、融资者、管理人、壳；壳是个法律载体，监管部门通过对壳的监管来指定其他 3 个要素的准入门槛、业务流程等。

目前可利用的壳：集合资金信托计划、券商资管计划、ABS 资产证券化、基金子公司专项计划、有限合伙企业、私募基金等。P2P 网站上的"标"严格上讲不属于"壳"，而是基于应收账款构建的债权包。

银行理财产品适合作为募集资金的壳，直接用来投资受限制较多，一般投资于信托计划或券商资管计划，可投 ABS。

（1）集合资金信托计划。

1）受《信托法》《集合资金信托管理办法》《信托公司管理办法》约束，需认购 1% 的信托业保障基金。

2）投资起点 100 万元，投资 300 万元以下客户不超过 50 人，期限一般不少于 1 年。

3）信托公司可以直接投资于债权，信托计划的杠杆比例可以灵活设置。

4）偏好央企的应收账款；投资者认购流程简单，第三方财富愿意代销。

（2）券商资管计划和基金子公司专项计划。

1）《证券公司客户资产管理业务管理办法》《证券公司集合资产管理业务实施细则》《证券公司及基金子公司资产证券化业务管理规定》及 7 个附件。

2）受证监会、交易所、证券业协会的管理。

3）投资起点 100 万元，不超过 200 人。

4）项目上限 50 亿元，首发规模要求 3000 万元起，风控尺度比银行和信托宽松。

5）认购流程比信托烦琐，需要开设第三方存管账户。

6）对上市公司的应收账款认可度较高。

7）需要通过信托计划来受让债权，杠杆比例不超过 3 倍。

中山证券于 2014 年 10 月首次发行"保理通"资产管理计划，先后通过长安信托和外贸信托的集合资金信托计划作为放款通道。累计发行 11 期，规模 5.32 亿元。

此后，湘财证券、宏源证券、西部证券、国民信托、华澳信托、中粮信托、申万宏源证券等陆续发行保理资管或信托计划。

平安银行、恒泰证券、上海摩山保理在 2015 年 5 月发行首个保理 ABS 产品，优先级利率5.3%。

华泰证券下属的资管公司在2016年5月发行以京东商城旗下商户应收款为标的的互联网保理ABS产品，优先级利率4.1%。

中山证券"保理通"资产管理计划交易结构如图3所示。

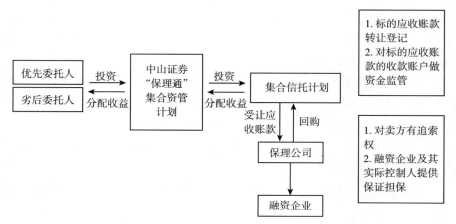

图3　中山证券"保理通"资产管理计划交易结构

光大信托"保理通"集合资金信托计划交易结构如图4所示。

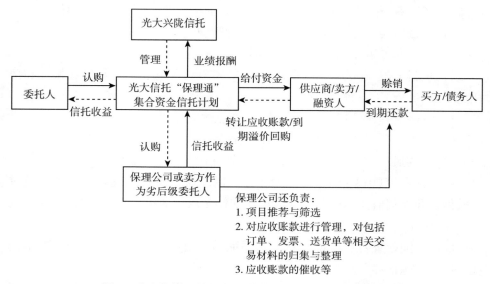

图4　光大信托"保理通"集合资金信托计划交易结构

保理信托计划结构分析如图 5 所示。

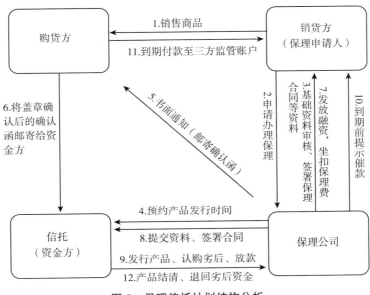

图 5　保理信托计划结构分析

3. 交易所挂牌 ABS 介绍

摩山保理资产支持专项计划概况如表 1 所示。

表 1　摩山保理资产支持专项计划概况

原始权益人/ 资产服务机构	上海摩山商业保理有限公司（简称"摩山保理"），上海自贸区内首批商业保理公司
管理人/销售机构	恒泰证券股份有限公司（简称"恒泰证券"）
担保人	江苏法尔胜泓昇集团有限公司（简称"法尔胜集团"），主体评级 AA
回购增信方	北京海淀科技发展有限公司（简称"海淀科技"），主体影子评级 AA−；其第一大股东为北京市海淀区国有资产投资经营有限公司（主体评级 AAA）
基础资产	原始权益人对融资人（卖方）、债务人（买方）享有的保理融资债权及其附属担保权益（卖方将其对买方的应收账款转让给原始权益人进行保理融资）
产品规模与评级	产品总规模为 4.38 亿元
产品结构	本期专项计划前两年为循环期，每年付息一次；最后一年为分配期，每月过手支付本息。优先 A 级的预期期限为 2.8~3.0 年，优先 B 级的预期期限为 2.8~3.0 年（需根据后续循环购买的资产情况具体确定）

增信措施	①资产超额抵押；②超额利差；③优先/次级分层；④差额支付承诺；⑤母公司担保；⑥重要回购承诺

摩山保理资产支持专项计划业务模式如图 6 所示。

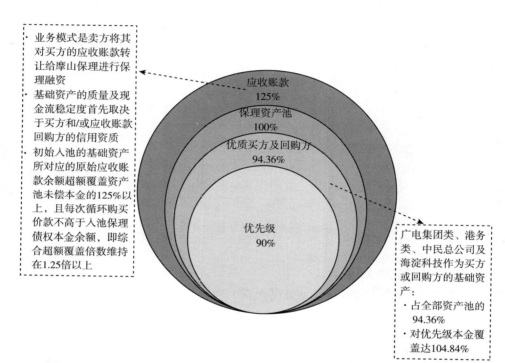

- 业务模式是卖方将其对买方的应收账款转让给摩山保理进行保理融资
- 基础资产的质量及现金流稳定度首先取决于买方和/或应收账款回购方的信用资质
- 初始入池的基础资产所对应的原始应收账款余额超额覆盖资产池未偿本金的125%以上，且每次循环购买价款不高于入池保理债权本金余额，即综合超额覆盖倍数维持在1.25倍以上

应收账款 125%
保理资产池 100%
优质买方及回购方 94.36%
优先级 90%

- 广电集团类、港务类、中民总公司及海淀科技作为买方或回购方的基础资产：
- 占全部资产池的 94.36%
- 对优先级本金覆盖达104.84%

图 6　摩山保理资产支持专项计划业务模式

摩山保理资产支持专项计划证券要素如表 2 所示。

表 2　摩山保理资产支持专项计划证券要素

证券分层	优先级		次级
优先 A 级	优先 B 级		次级
本金规模（亿元）	【1.31】	【2.63】	【0.44】
本金规模占比	【30%】	【60%】	【10%】
信用等级	AAA	AA	—

续表

产品期限	最长 3 年，若某档产品本息兑付完毕则该档产品在第 3 年内有可能提前结束		
预计加权平均期限（年）	2.8~3.0 年	2.8~3.0 年	2.8~3.0 年
利率类型	固定利率		—
证券类型	过手支付型		—
还本付息安排	前两年为循环期，每年付息一次；最后一年为分配期，每月还本付息		期间收益不超过 5%/年，到期获得所有剩余收益

摩山保理资产支持专项计划交易结构如图 7 所示。

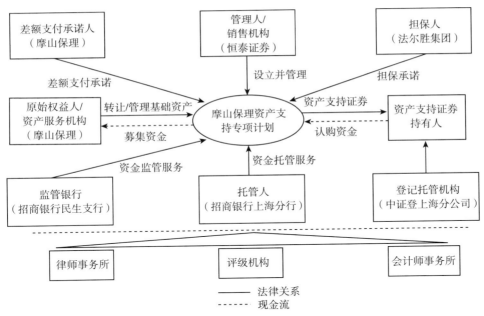

图 7　摩山保理资产支持专项计划交易结构

摩山保理资产支持专项计划增信措施如图 8 所示。

资产超额抵押	· 初始入池的基础资产所对应的原始应收账款余额超额覆盖资产池未偿本金的125%以上，且每次循环购买价款不高于入池保理债权本金余额，即综合超额覆盖倍数维持在1.25倍以上，对优先级资产支持证券的本息支付提供了较强保障
超额利差	· 资产池现行加权平均利率与优先级产品预计加权平均票面利率之间存在一定的超额利差，为优先级产品提供了进一步的信用支持
优先/次级分层	· 本期专项计划对资产支持证券进了优先/次级分层，次级产品占资产池本金余额的比例为10%，次级产品为优先A级和优先B级提供10%的信用支持，从而可以有效防范原始权益人的道德风险
差额支付承诺	· 在初始核算日托管人对专项计划账户进行核算，若专项计划账户内可供分配的资金不足以支付该兑付日应付优先级资产支持证券的预期收益，则管理人将在差额支付启动日（T–10）向摩山保理发出指令，摩山保理按约定在差额支付划款日（T–9）予以补足
重要回购承诺	· 基础资产中三聚环保及三聚创洁科技合计3.3亿元（占优先级产品本金的84.29%），由海淀科技承担不可撤销回购责任，到期发生回购情形时，无条件向摩山保理退还相应的保理融资本金、利息及其他相关费用
母公司担保	· 若差额支付承诺人无法补足当期优先级应付本息，担保人应在担保人划款日（T–5）将相应款项划入专项计划账户，对差额部分进行补足

图 8　摩山保理资产支持专项计划增信措施

摩山保理资产支持专项计划资产池基本情况如表 3 所示。

表 3　摩山保理资产支持专项计划资产池基本情况

资产池本金余额（万元）	43896.38
保理合同笔数	9
卖方数量	7
买方数量	196
单笔保理合同最高本金余额（万元）	10000.00
单笔保理合同平均本金余额（万元）	4877.37
本金余额最高的前三名卖方集中度（%）	82.97
本金余额最高的前三个卖方行业集中度（%）	89.81
本金余额最高的前三名买方集中度（%）	80.42
本金余额最高的前三个买方行业集中度（%）	89.81
信用状况——正常类（%）	100
加权平均保理合同期限（月）	24.98
加权平均保理合同剩余期限（月）	24.29

单笔保理合同最长剩余期限（月）	35.78
单笔保理合同最短剩余期限（月）	2.24
加权平均利率（%）	10.05

摩山保理资产支持专项计划需强制披露的情形如图9所示。

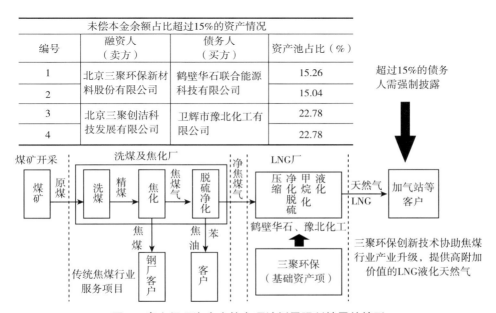

图 9　摩山保理资产支持专项计划需强制披露的情形

4. 信托 ABN 产品前景

银行间信贷 ABS 发行方为央行、银监会主管的金融机构，包括银行、四大 AMC、消费金融公司、金融租赁公司、汽车金融公司等；交易所企业 ABS 的发行方主要为一般工商企业或非银监会主管的金融机构，包括券商、融资租赁公司、地方基础设施运营公司、房地产企业等。

资产支持票据（Asset-Backed Medium-term Notes，ABN）是指非金融企业在银行间债券市场发行的，以基础资产所产生的现金流作为还款支持的，约定在一定期限内还本付息的债务融资工具。

2016 年 6 月 "远东国际租赁有限公司 2016 年度第一期信托资产支持票据" 发行，基础资产为远东租赁依据融资租赁合同对承租人享有的租赁债权。

注册金额 20.68 亿元，计划首期一次发行完毕，发行载体为平安信托，由国开行担任主承销商和簿记管理人，由渤海银行担任联席主承销商。

相对于企业 ABS，信托 ABN 仍存在一些不足：

第一，从定义上看，ABN 是一种债务融资工具。

第二，备案流程不透明，缺乏明确的业务指引，对比而言交易所 ABS 好得多。

第三，ABN 更多的是作为银行的贷款客户调整融资方式的一种手段，而 ABS 可以为难以获得银行贷款的企业提供新的融资思路。

第四，ABN 的破产隔离是指企业如果破产，已经设立信托的这部分资产及 ABN 投资者不受影响，但如果这部分资产运营不佳触发提前清偿，企业还是有偿付的义务。而 ABS 资产如果运营不佳，企业理论上无回购或补偿义务。

第五，作为发行载体管理机构的信托公司，一般沿用商业银行的"风险自持"潜意识；但券商是风险分散意识。

（二）保理资产证券化中的重点问题

1. 买方和卖方的准入门槛

（1）下列行业不得保理资产证券化的标的。

1）以地方政府融资平台、地方政府财政收入、政府退税作为第一还款来源的。

2）产能过剩行业中，应收账款债务人所在的行业明显处于下行周期，未来现金流回收存在不确定性的。

3）资金实际用途为房地产开发业务的。

4）价格不稳定的行业，或者是对期货套期保值比较依赖的行业。

（2）买方和卖方的准入门槛——否决案例。

某中药种植企业向上市药企销售饮片原材料，用应收账款做保理融资。该原料 2014 年价格翻倍，众多研究机构看好该业务。

我们的分析：

1）种植业和农业一样，周期性强，卖方抗风险能力弱。

2）饮片原料的价格上涨过快，但由于不是必需品，因此存在跌价风险。

3）农产品的质量纠纷很难清楚地划分责任。

4）有草根调研信息表明该饮片原料有炒作迹象，因此保理资金可能成为囤货的资金。

5）地域分析。

（3）保理通业务的风险主要来源于买方风险和卖方风险，属于信用交易。买方作为第一还款人，其偿付能力对于产品的按期兑付有直接影响。

买方的准入标准为：

1）上市公司或上市公司控股子公司。

2）大型国企、央企或其控股子公司。

3）有公开市场发债记录，主体评级在 AA+ 级别及以上。

4）具有一定市场份额，具备技术优势，主业突出，上下游客户稳定，企业经营情况和发展趋势良好，且无银行贷款、债券等负债违约记录。

5）若应收账款债务人为民营企业（上市公司除外），采取准入名单制，名单参考 2014 年中国民营企业前 50 强。

（4）买方风险的表现形式。

1）买方可能由于资不抵债、流动性不足等因素，无力偿还。

2）买方恶意拖欠。

3）买方以卖方提供的产品和服务达不到合同标准为由，提起诉讼，在诉讼未判决之前，相应款项拒不支付。

4）买方未收到卖方提供的产品和服务。

5）买方直接将款项支付给卖方而非本产品。

（5）卖方风险的表现形式。

1）融资方本身经营风险较大，随意赊销。

2）卖方的交易目的基于抽逃资金，恶意逃废债务。

3）融资方经营能力较差，没有能力履行回购义务。

4）债权关系产生时，卖方有限公司已经进入破产程序和在过去 6 个月中有拖欠投保人货款超过 30 天（含）（本条不属于保险公司承保范围）。

5）卖方故意或者因重大过失未履行保险合同中规定的如实告知义务，足以影响保险人决定是否同意承保或者提高保险费率的（本条不属于保险公司承保范围）。

（6）卖方（供应商）是第二还款人，承担了应收账款不能及时收回时回购应收账款的义务。卖方的准入要求为：

1）具有 2 年以上连续经营记录，有可信赖的销售回款流水。

2）与买方有 2 次或以上的销售记录，有 1 次或以上的正常按期收款记录。

3）对单一客户的销售金额占自身（卖方）整体销售收入的比例不超过 50%。

4）卖方在一年内不得参与民间借贷或因信贷纠纷被起诉等。

5）应收账款周转率原则上不得低于 1，经营性净现金流量原则上不得小于 0。

6）对外担保不超过自身净资产的 50%，资产负债率不超过 70%。

7）企业信用记录良好，无欠息、恶意拖欠等不良记录。

2. 交易过程控制

（1）明保理。

买方（即应收账款的付款方）需要对该笔债务进行盖章确认。

（2）有追索权的保理。

卖方（融资人）对该笔应收账款提供不可撤销连带责任担保。

（3）应收账款相关材料。

①购销合同。②发票。③物流清单。④融资企业及其实际控制人连带责任担保（保证合同）。⑤应收账款转让通知书（买方盖章）。⑥配合办理银行账户资金监管。

（4）买方尽职调查。

实践中买方比较强势，配合度较差，需要从多个侧面了解。

（5）买方对应收账款确权。

根据合同法规定，债权可以转让，但需要通知原始债务人，转让行为并不需要债务人同意才能产生效力。实践中确权主体可能是上市公司大股东或上市公司全资子公司。

（6）购销合同纠纷。

原始商务合同中，如果对产品的质量和售后约定中涉及账款的支付，则对于保理商而言，未来回款时间可能不确定。

（7）善意第三人。

从司法判例看，债权转让的效力似乎没有债权质押的效力高。理论上存在着债权人以欺骗手段将同一笔债权多次转让，导致其他受让人以善意第三人的身份和金融机构分割应收账款回款。

（8）账户控制。

多数保理业务中，买方不会变更未来的收款账户，仍将资金支付到卖方户头。因此需要在债权转让通知中明确收款账户不能变更，然后与银行签订三方账户监管协议，卖方在协议中承诺账户内资金的用途和流向。该账户不得对外开具支票，信托公司应提前准备好预留印鉴。

（9）买方正常还款的处理。

监管账户收到买方支付的货款后，第一时间利用预留印鉴，信托公司将相应资金划入信托账户，剩余资金需划给原始权益人（保理商或卖方）。

计算实例：发票金额 1 亿元，保理商和信托公司谈的条件为 9 折受让，利率 10%，期限半年，保理商认购 10% 优先份额。则信托公司募集 8000 万元优先级。半年后，信托公司扣除 9000 万元+450 万元进入信托账户，剩余 550 万元返还保理商。此外，信托计划需要对保理商分配劣后部分信托利益。

3. 国内贸易信用险作用分析

（1）卖方可以以自己的名义，为买方的付款义务购买国内贸易信用保险，并将受益人更改为金融机构，从而实现保理业务合作。

（2）保险公司对于买方有核定的额度，保额不得超限，赔付条件为买方无清偿能力或长期拖欠。

（3）保险一般对于首次合作的金融机构有促进项目审批的作用，合作一段时间后作用降低。

（4）保险赔付有很多例外情况，买方宣布破产导致的直接理赔是少数情况。

（5）保险公司的流动性资产比例较低，代偿能力偏弱。

保理资产证券化中的风险类别如图 10 所示。

以逐个保理判例为单位，定性为不同的风险分类，并寻找规律

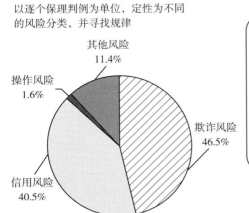

● 46.5%的保理案件由欺诈风险所致

● 第二大风险类别是信用风险。由于数据来源限制，有近20%判例的司法判决书并未交代保理纠纷的具体争议点，鉴于该类案件的直观性质，分析中将它们归类于信用风险。实际上，若司法判例数据充分，信用风险的占比应该远低于40.5%，同时欺诈风险的比例可能远高于46.5%

图 10　保理资产证券化中的风险类别

特殊风险项为从保理商角度来看，最为关注的风险点，如图 11 所示。

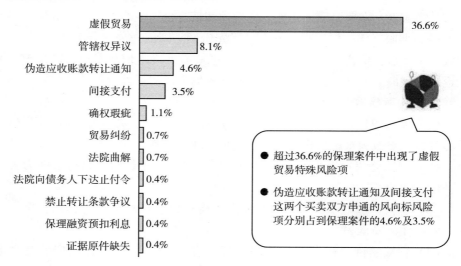

图 11　特殊风险项分析

4. 法规难点解读

除另有约定外，债权人向保理商转让应收账款的，应当通知债务人。未经通知，该应收账款转让对债务人不发生效力。债务人是否收到通知，不影响保理合同的效力。

保理相关法规难点解读如图 12 和图 13 所示。

- 如下判例，保理商采用EMS方式寄送《应收账款转让通知》，虽买方试图通过以下抗辩观点推翻通知效力：①本案涉及巨额债权转让，保理商EMS快递仅寄送给业务经办人，未与法定代表人及财务核实；②快递单仅能证明寄送了文件，无法证明寄送的内容

- 但法院认为保理商已提供EMS快递单及投递结果查询单，足以证明履行了债权转让通知义务，并据以认定债权转让生效，买方应承担向保理商支付货款的法律责任

- 该判例对EMS寄送转让通知的法律效力进行了有力的支持，对保理业务确权具正面启发意义

EMS确权判例 ▶ （2014）浙甬商外初字第57号

图 12　保理相关法规难点解读（1）

(2015)鄂宜昌中执异字第00056号

卖方因拖欠第三方债务被拆至法院并强制执行，法院查封了卖方已转让予保理商的应收账款，保理商因此提出执行异议。虽保理商在本案中开展的为隐蔽性保理（暗保理），但法院认为向债务人发出债权转让通知并非债权转让协议的生效要件，未履行通知义务并不影响债权转让协议效力，因此保理商已合法取得债权，并由此判定保理商执行异议成立

保理商诉求买方支付应付款，买方辩称卖方未实际交付货物及应收账款不存在，卖方也认可未交付货物的事实。但法院认为买卖方在认可双方所签《××购销协议》真实性以及确认《货权转移证明》《货物收妥证明》《应收账款转让通知确认书》上盖章真实性的情况下，既不能对先后加盖印章的行为做出合理解释，也不能提供相应的证据推翻上述书面证据，认为两者陈述不足以推翻书面证据证实的应收账款为真实的事实，并据以判决买方承担付款责任

(2015)二中保民初字第29号

图 13　保理相关法规难点解读（2）

5. 证券化的要素分析

信贷资产证券化由银监会管理，企业资产证券化由证监会管理。

（1）保理类 ABS 产品必备要素。

1）特殊目的载体 SPV，信托或资管均可。

2）资产真实出售，在破产清算环节风险可以隔离，从而独立于原始权益人相对较低的信用评级。

3）现金流可以预测，可以分散也可以集中，现金流混同问题。

4）ABS 产品的风险收益特征类似债权，但法律关系是收益权的转移。债权融资适合实力雄厚的企业，对企业的资产质量要求不高；ABS 适合资产质量好的企业，对企业资质要求不高。

5）一定的追索权可防范道德风险（如消极经营）——风险共担。

6）现金流波动较大，可由原始权益人通过次级等形式吸收波动——收益共享。

7）平衡原始权益人的目标（出表？降低融资成本？）与投资者的实质风险。

（2）产品设计关注点。

1）专项计划购买的是什么？原始权益人是否有权出售？——基础资产的界定与权属确认。

2）分配资金从何而来？——现金流特定化、历史记录与预测评估。

3）现金流通过什么渠道进入专项计划？——现金流归集与监管。

4）如何匹配现金流特性与投资者需求？——现金流管理切分、资产支持证券设计。

5）现金不足时怎么办？——信用增级措施。

（3）基础资产界定。

1）基础资产的界定为何是论证关注的重点？

2）未来产生的经营性现金流（收入）为什么不直接作为基础资产？

3）已有实践的界定：债权（债权人在双务合同中已完成义务）；收益权（基于企业未来经营性收入）；有价凭证（如主题公园入园凭证）；不动产（物权或专用于持有物业的项目公司股权）；信托受益权。

4）未来发展的思考：合同权益（债权人尚未履行义务或需持续履行义务）。

（4）基础资产权属。

1）原始权益人获得该基础资产或产生基础资产现金流的财产性权利及持续运作的相关法律文件。

2）确保基础资产界定与权属的有效性。

3）基础资产不得附带抵押、质押等担保负担或其他权利限制。

4）如已设置担保负担或其他权利限制，需关注拟采取的接触限制措施的法律效力及生效要件。

5）质押登记的可操作性以及登记的公示。

（5）基础资产与现金流特定化。

1）基础资产：可特定化是转让的前提。第一，明确基础资产的筛选标准和审查方法；第二，关注基础资产质量。

2）现金流：独立、可预测。第一，有明确的计量方法、核对凭证等；第二，可通过账户设置等方式锁定现金流归集路径；第三，现金流收入由可以预测的要素组成，如销售量、销售价格等。

（6）现金流历史记录与预测。

1）单一债权：单一借款人主要还款来源，与债券关注相似；典型案例：浦发 BT。

2）多笔分散型债券：数十或数百笔（户）债务人，债务人间相关性弱，任一债务人对资产池均具有一定的重要性。典型案例：国泰租赁。

3）众多同质型债权：上万笔同质性小额债权，任一债务人对资产池不具有显著性；典型案例：阿里小贷资产证券化。

（7）现金流归集与监管。

1）基础资产现金流与原始权益人的其他现金流的混同。

2）现金流混同的情形下其他资产引入的风险。

3）明确从产生到进入专项计划账户所经过的账户环节、时点以及触发条件。

4）收款账户的具体监管安排，现金款项在何种情况下可由企业支配，谁有权划付款项，是否有金额限制或其他监管要求等。

5）循环购买情况下，专项计划账户资金再投资的划付安排与监管措施。

（8）信用增级措施。

1）内部分级。

A. 由次级受益凭证投资者为优先级提供保障。

B. 关注规模、分配方式，实际支持强度与覆盖区间。

2）外部担保。

A. 关注担保机构的主体评级与偿债能力。

B. 担保方式、范围、数额等担保合同主要内容。

3）其他保障。

A. 原始权益人补足、流动性支持等。

B. 不属于经典信用增级措施。

（三）互联网模式下的供应链金融创新

1. 投资和投机的本质

互联网格局下的金融资产，对于传统金融机构来说理解思路发生了巨大变化。如果说传统的抵押、担保模式可以认为是投资的话，那么基于大数据分析和分散化投资的互联网金融往往被认为是一种投机。

如果按收益率来划分债权投资的话，初步可以分为4个区间：4%以下，接近无风险收益如高评级债权；4%~7%，多数信托产品的收益率；7%~12%，中风险资产；15%~40%，小额的消费信贷或高利贷。

我们可以简单地用收益率来定义风险（收益是风险在可见范围内的映射），进而用风险来区分投资和投机。可见，低收益资产的收益无法覆盖本金的损失可能，金融机构需要时间处理不良资产。而高收益资产的收益可以覆盖风险，小贷机构一般不会将主要精力放在催收上，而是继续发行更多的贷款。

通过分析投机者的哲学，有助于我们理解无抵押、无担保债权投资的重点。①股票是小学、期货是中学、外汇是大学。杠杆越高越难操作。②概率论与现实生活的差异：样本足够大、无限次重复、彼此独立。连续 10 次正面后人们就会押反面，但这是种错觉。③在有杠杆的情况下，投资的转换频率会急速加快。

2. 对风险的几种控制手段

再次强调，风险不是特指亏损，更不是放任自流情况下的亏损。理论上的风险控制手段包括：

（1）调动外部资源如抵押、担保等，控制交易对手的不确定性。

（2）对冲，把大部分不确定性对冲掉，剩余的确定性部分加杠杆。大多数金融资产的收益由无风险收益和风险收益构成。

（3）分散化或降低仓位。

（4）提高风险收益比。

（5）直接放弃。

3. 京东模式

（1）交易结构。

1）京东供应商向京东自有保理平台融资，形成保理资产；京东以自有资金向供应商发放借款，为保理资产的付款人。

2）保理平台将保理资产转让给华泰专项资管，专项资管资产发行资产支持证券。

3）三级的结构化设计，分为优先 A 级（72%，AAA 评级）、优先 B 级（27.95%，AA 评级）、次级（0.05%）资产支持证券。其中，优先 A 级 14.4 亿元和优先 B 级 5.59 亿资产支持证券由投资机构完成认购，次级 100 万元由原始权益人的关联方认购。

4）募集资金支付给保理平台作为转让对价。

5）到期后平台公司溢价回购。

6）兑付资产支持证券本息。

（2）京东保理资产亮点。

1）利用互联网技术业务的优势在于通过系统全自动管理风险，降低运营成本，实时放款，并支持可融资额度下随借随还、按日计息。保证优质充足的保理资产供应。

2）保理资产期限最多 3 个月，且分散。采用资产池的方式提供底层资产。

3）产品期限设计为 2 年循环购买资产，3 个月摊还。保证了不同期限的保理资产可以入池。同时在 2 年长的时间内，锁定了资金成本。

（3）顺利低价发行的原因。

1）京东体系内资金来往，形成完整闭环。

2）京东作为付款方，还款能力有保障。

3）高效、强大的自动化风控体系。

4. 思贝克模式

互联网思维和电子商务正在深刻地改变实体经济，跨界从惊艳变成常见。

阿里巴巴首先构造了支付宝和电商网站，此后发展淘宝，积累众多客户后推出余额宝、蚂蚁花呗等金融服务。

京东依靠电子商务服务，迅速介入供应链金融和消费分期付款业务。

大学生分期购物平台分期乐申请成为苹果手机经销商并获得批准。

可见，在开放式的互联网业务中，传统的抵押担保评级等手段不复存在，通过这些手段来控制保理业务风险也不再可行。为此，我们要回归到应收账款业务的本质。

赊销模式产生的深层原因，是销售回款有保障，而不是买方实力雄厚。从原材料到最终的消费者，整个销售链条跨越多个买方和卖方，只有在全链条的视角下才能准确地判断销售回款的可实现性，而不是割裂地观察个别买方的财务数据。这一现象在 MBA 教学的"啤酒销量试验"中已经得到验证。

思贝克是一家以工业品标准件和耗材为交易标的的电商平台，具有以下亮点：

第一，相对于阿里巴巴的 B2B 业务，思贝克重点聚焦于几大业务品类，确保了采购的专业性，在供应链的信息提炼深度上超过阿里巴巴。

第二，几大业务品类内部的明细品种，有内在的逻辑关系，易于判断其商业状况，进而验证其交易的真实性。

第三，工业消耗品的供求关系远比消费品稳定，回款也具有稳定性。

第四，消费金融需要对个人客户进行多角度征信，信息分散在各地。而供应链金融的信息相对集中。

二十四、供给侧改革背景下类金融机构 精品投行业务探索

张　坤

【作者简介】 张坤，毕业于安徽财经大学，现任保信商业保理公司（苏州信托子公司）总经理助理。对担保、小贷、保理及融资租赁等类金融机构及业务有相关了解和研究。

近年来，需求刺激对改变中国经济增速下滑的现状效果甚微。不管是政府还是市场都意识到需求不足仅是表象，供需错配才是实质，因此供给侧结构性改革势在必行。供给侧有劳动力、土地、资本、创新四大要素，劳动力和土地已经在分别经过 20 世纪 80 年代和 21 世纪初两次市场化改革后，基本实现了市场化的配置。如今，资本的市场化配置将成为供给侧结构性改革乃至整个经济改革的重中之重，这就要求金融改革进一步向纵深方向发展，充分发挥市场在调节资源配置中的决定性作用，最终实现金融自由化。在此背景下，中国的精品投行应运而生，与传统金融机构在竞争中合作，为中国的供给侧结构性改革及经济金融改革书写浓墨重彩的一笔。本文将从类金融精品投行、买方思维下的结构化金融两个方面出发，探讨金融新格局下，资管机构的类金融精品投行之路的可行性。

（一）精品投行与类金融精品投行之路

1. 精品投行

精品投行（Boutique Investment Bank）是指专注于某一业务领域或只服务于某些细分行业的中小型投资银行。精品投行是投资银行业发展成熟过程中不断细分、不断演变的一个产物。精品投行最主要的特点可以概括为"短小精悍"，"短小"即指其规模小，人数少，业务范围小；"精悍"是指专业化。成

功的精品投行大多聚焦于一项或几项核心业务，并一直围绕核心业务进行研发投入和收购扩张，不断增强核心竞争力。精品投行虽然没有大型投行的高知名度，也没有大型投行雄厚的股东背景、巨大的人才储备，但是却因其能在细分领域为客户提供更加宽泛和定制化的服务而更易受到客户的青睐。同时又因其目标客户群体为中小型投行项目，故比大中型投行的日常项目更具议价空间，能带来更高的利润。

在中国，供给侧结构性改革方兴未艾，新兴的精品投行正处于"小荷才露尖尖角"的成长初期，但是随着中国金融自由化进程的加快、金融管制的放松，以及国内经济转型和"类金融影子银行"的崛起，精品投行将持续保持竞争力和成长空间。既然精品投行突出一个"专"字，且在精品投行150多年来的发展中一直遵循一个传统——避免和大机构的利益冲突。那么，资管机构精品投行的"专"字可以定位于什么方向呢？即在哪些细分市场打造精品投行？笔者将目光投向还未形成垄断的中小微金融市场——类金融市场。

2. 类金融精品投行之路

类金融机构是指经营业务具有金融活动属性，但是并未获得金融许可证，不是由国家金融监管部门直接监管（即非"一行三会"监管）的企业。主要包括融资租赁、保理公司、小额贷款、担保公司、典当行等形式。

类金融机构这一专业领域具备资管机构走精品投行之路所需的得天独厚的优势。一是数量优势，在目前中国的类金融市场上，融资租赁、保理两类公司不仅在数量上占据着类金融的半壁江山，而且两者的合同、保理余额也足以超过一家甚至数家中小型股份制银行。截至2015年6月，在中国注册的融资租赁公司达3185家，全国融资租赁合同余额约为36550亿元。截至2015年12月31日，全国累计注册商业保理法人企业1129家，分公司91家，合计已达1220家。二是地位优势，类金融机构作为现代金融的创新形式，对中小企业融资起着重要作用，在降低金融市场中的交易成本和改善信息不对称方面具有比较优势，成为当下经济社会发展的重要金融力量，更是真正在支持实体经济发展的中流砥柱。同时，在类金融机构的背后，大多有着一家甚至数家实力雄厚的股东支持。三是专业化优势，类金融机构依托其深厚的股东深耕于不同区域、不同行业多年，身经百战，视野、技能、人脉出众，已经积累了一批优质的客户资源，形成了一定的"小垄断"。

在类金融精品投行之路上，资管机构可以做一个闭合的类金融"生态圈"。与监管部门联手，通过选择适当的金融工具来整合这些类金融的资源，并通过市场化运作的方式来破解融资租赁公司及保理公司的融资和发展难题。

要做"类金融精品投行",资管机构可以操作的远不止融资服务一项。而是一个围绕制度创新、监管评级、云数据积累、风险管理等多维度、跨领域搭建的完整链条。资管机构可以为体系内监管评级合格的类金融公司提供资金调剂,各类金融资产转让,融资租赁场内场外资产证券化,保理、再保理场内场外资产证券化,集合(类)ABS 和集合(类)ABN 等多种服务。

(二) 如何打造类金融精品投行

1. 资产端——"类金融去信贷化的需求"

从资产端而言,银行类金融机构在逐渐加大对民营类金融机构信贷业务的盘剥。一直以来,作为银行类金融机构附属的类金融机构,应该在商业银行转变的同时,寻求自身的转变,寻找"去信贷化"的出路,脱离银行的施舍,独立开展自身的经营发展。同时,即便是信贷业务,哪怕是国企控股的类金融机构,银行类金融机构充其量只会给其 4~5 倍的杠杆,远达不到国家规定允许的 10 倍杠杆。不管出表与否,各种类金融机构都有着迫切的"去信贷化"业务发展融资需求。同时,股转系统也渐渐开始对这类类金融企业的融资杠杆加大限制。类金融机构自身对合理成本的杠杆融资与服务需求也在加大。此时,资管机构的精品投行之路就能适时有效地切合类金融机构的需求。而类金融机构自身的三大优势,也使得它们可以成为资管机构类金融精品投行业务上的资产提供者,两者一拍即合。

如果能与全国 9000 余家类金融机构深度合作,对接 9000 余家类金融机构的资金和服务,就相当于在全国范围内打造了 9000 余家零成本的网点,其所能发挥的影响力与战斗力有时可以抵得上,甚或超越规模大上数十倍的大型投资银行,足以支撑资管机构在类金融市场上的精品投行之路。

2. 资金端——买方思维下的结构化金融

在资产端有了初步眉目之后,如何对接资金端呢?结构化金融下的资本市场,尤其是固定收益市场、类固定收益市场正是资管机构作为精品投行介入类金融市场、与银行信贷同台竞争的突破口。资管机构可以通过在资本市场运用结构化金融工具构造业务链,利用各种债券、资产支持证券、非标业务等固收、类固收产品有效替代银行的信贷产品。特别是现今 ABS、ABN 市场的发展,使得类金融精品投行能够具备金融治理能力并且可以获得金融资源配置权,对银行业信贷市场产生强大冲击,进而提升我国整个金融体系的效率。

"结构化金融"有着两个关键:一是"结构时间"——把未来发生的、可预期产生的稳定现金流挪移到现在,创造出价值,变成现在的资产;二是"结构空间"——把挪移至现在的有价值的资产在空间上分层：高层低风险低收益，低层高风险高收益。通过增信评级，贴上价签，装箱上架，让各路投资者按各自喜好和风险容忍度各取所需。利用结构化金融工具可以使多方共赢，资管机构能将未来价值和现金流提前释放，为资管机构节省操作成本；投资机构可以按需交易资产，主动管理资本；投资者得到更高回报率，有更多投资选择。

要从"买资产"和"买产品"两个角度来理解买方思维，在此需要重点指出的是买资产的角度。买资产后，以出表模式或自留次级模式将基础资产包装成证券化产品卖出去。其核心是投融资一体化及多层次的资本中介业务，买方思维不仅包括融资，也包括提供做市、过桥、流动性安排、收益互换、风险对冲等综合金融服务，其本质是在满足买方需求的前提下把套利利差留给自己，通过全流程产品设计提高风险识别和精细化研究能力，将风险转移。同时可以选择优质核心客户并根据其需求设计多元化的 ABS、ABN 等结构化创新方案，创设风险较低的大类基础资产类型。利用买方思维，将买来的资产打包重构，将打包的基础资产实现标准化、批量化运作。按照 ABS、ABN 的入池标准获得受益权或投放债权，通过套利型 ABS、ABN 激活市场参与热情。让资产端更加多元化，资金端更加均衡和务实，中介端更加创新。

同时，正如前文所提到的，全国 9000 余家的类金融企业的资金和服务需求使得类金融精品投行业务的 ABS、ABN 的基础资产规模巨大。且可利用分散性原理、结构化金融技术等方式降低产品风险，因此有利于构建"巨大"（业务、人员、收益）而"稳定"（低风险、低波动率）的资本中介业务体系，实现"低风险、高收益"（费率虽然不高但由于交易规模大且风险相对较低，绝对收益不低）。通过 ABS、ABN 等结构化金融业务，构建类金融精品投行多元化的综合商业生态链。参与类金融机构可借助这一平台实现存量资产的有效盘活、金融产品的高效交易、资金的高速流转，进而提高资源配置效率并拓展盈利模式，有望达到"资产类型多元化、投资者实现分层、中介机构差异化竞争"。

（三）目前类金融精品投行的雏形

就目前市场各类金融投行参与主体而言，相对来说，江苏 JN 股份有限公司（以下简称"JN 公司"）具有一定"类金融精品投行"的雏形。

该公司建立统一的 IT 运营系统，既能省去各家类金融公司各自进行系统研发的成本，还能通过联网运营的集约化、规模化达到行业主管部门监管的目的。同时，因为有了"大数据"的积累和统一的 IT 信息平台，对监管体系内各类类金融公司资产包运行的评级和监管等都变得相对简单，为未来的场内场外 ABS

和 ABN 提供便利，更能挑选公司，通过集合 ABS 和集合 ABN 的运作来降低各家公司的运营成本。2014 年 3 月，JN 公司主导的全国首单小贷公司集合资产证券化项目——万家江苏小贷 ABS 资产管理计划的成功发行就是一个很好的例证。

同时，虽然类金融企业如融资租赁、保理的资产是可以在上交所及深交所或报价系统挂牌做 ABS 的。但是，现阶段因为"负面清单制"导致部分清单内的优质资产难以在场内操作 ABS。因此，这些类金融机构需要在风险、成本和综合收益上进行艰难的权衡与抉择。那么在"类金融精品投行"的建设过程中，正好可以与大投行做到互补。将"类金融精品投行"体系内符合"负面清单制"要求的资产在上交所及深交所做传统集合 ABS 或是在银行间交易商协会做传统信托型 ABN，将不符合"负面清单制"要求的资产做类集合场外 ABS，根据风险与收益情况，选择是否允许小贷、融资租赁、保理公司出表。

（四）资管机构类金融精品投行之路上的探索

正如前文所介绍的，主要基于买方思维下，利用结构化金融工具，完成类金融精品投行之路的先期探索，笔者从以下四个方面逐步展开了试点。

1. 资管机构与保理公司的跨界联动

借助信托子公司的保理业务场外资产证券化，完成保理业务场外资产证券化的经验积累，奠定资管机构类金融精品投行之路的可行性基石。

在传统政信合作业务道路越来越窄的当下，SZ 信托通过子公司某保理公司，受让政府平台应收账款，形成保理资产后，打包完成场外资产证券化。

在该业务中有四个关键点：第一，动用 AA 级担保公司为原始债务人，给原始债权人的付款提供不可撤销的履约担保。因为担保公司只是为未来的付款提供履约担保，属于 100% 的非融资性担保，故按照担保机构的监管办法，不用计提 1% 的风险拨备，所以担保成本直接下降一个点。第二，动用 AA 级担保公司担保，利用影子评级的关系，使得基础保理资产直接增信到 AA 级。同时因为是为基础资产层次担保，故保理公司也完成了风险的转移。第三，因为基础资产层次为 AA 级，通过超额转让和分层后，优先 A 级达到了 AA+级。第四，保理公司业务出表，风险转移。

通过上述保理资产场外资产证券化的操作，SZ 信托顺利建立了保理资产场外证券化的操作经验，为后期类金融精品投行之路的探索奠定了基础。

2. 通过再保理业务，为普通商业保理公司融资后，进行场内（场外）资产证券化，开启类金融精品投行 1.0 准备版

在建立了保理资产场外证券化的操作经验之后，SZ 信托和某保理公司开始着手正式步入类金融精品投行之路的探索中。因为该子公司为保理公司，对保理业务较为熟悉，故首次尝试操作，亦为其他商业保理公司提供融资和顾问服务积累了经验。

在该业务模式中，SZ信托配合某保理公司共同为其他商业保理公司提供了包括融资、过桥资金、资产转让、资产管理等多方面的业务服务，开始成为商业保理公司的服务平台。下一步，SZ信托和某保理公司将目光瞄准向了另一个巨大的类金融行业——融资租赁公司。

3. 通过保理公司，为融资租赁公司提供结构化保理融资款后，进行场内（场外）资产证券化，开启类金融精品投行2.0准备版

融资租赁公司在类金融行业中占据着半壁江山，属于原先我们规划的未来类金融精品投行之路上很重要的一个环节和资产来源。和再保理场外资产证券化业务一样，SZ信托和某保理公司采用了相同的方案，为融资租赁公司提供包括融资、过桥资金、资产转让、资产管理等多方面的金融服务。

4. 整合上述三种模式后，利用资管计划，收购资产后，打包重构资产，通往类金融精品投行

通过买方思维，利用保理、再保理、融资租赁租金保理等方式收购资产后，打包重构资产，在交易所操作ABS或在协会做信托型ABN，将不符合"负面清单制"要求的资产做场外ABS，根据风险与收益情况，选择是否允许小贷、融资租赁、保理公司出表，抑或自持夹层、劣后赚取投资收益。

同时，更能挑选公司，通过保理公司的再保理业务和融资租赁租金保理业务形成的保理资产，利用集合（类）ABS和集合ABN的运作来降低各家公司的运营成本（传统意义上，能够符合要求的各家保理公司和融资租赁公司的资产较小，单个公司一般情况下资产规模不足以发起一单（类）ABS或ABN）。此时资管机构的精品投行便可在上述思想的指导下，将不同的保理公司及融资租赁公司的资产集合打包，形成集合发行、滚动发行和持续发行的常态化运作，并为后期的二级市场的建立奠定基础。

随着金融新格局下金融新秩序的建立，资管机构原先那种"逐水草而居"的游牧文化已经无法再沉淀出核心竞争能力，在供给侧结构性改革、利率市场化和大资管竞争加剧的背景下，其生存空间也必将越来越小。资管机构应该抓住机遇，在大投行所忽略的空间中，树立自己的细分行业形象，从而成为该细分行业的领导者，走上自己的精品投行之路，书写行业新规则。

二十五、互联网金融在（类）资产证券化业务中的机会与挑战

耿宏伟

【作者简介】耿宏伟，毕业于对外经济贸易大学，管理学硕士。北京天荣资本投资管理有限公司高级合伙人、投资总监，曾于银行、信用评级公司、证券公司等机构任职。

近几年，在一系列相关政策的引导及鼓励下，基础资产不断推陈出新、各行各业踊跃参与，直接刺激资产证券化产品多样性的创新提速；合理推断，未来中国资产证券化市场将有望发展成为继股票市场、债券市场之后国内的第三大金融子市场。在此背景下，降低参与门槛、让更多主体了解并参与资产证券化市场，成为资产证券化业务发展的必要条件之一。

在目前市场环境下，互联网金融具有参与门槛低、面向中小企业、普惠等业务特点。若互联网金融能够参与资产证券化相结合，则将在一定程度上缓解资产荒，丰富中小企业融资手段，为中小企业融资提供新的路径和支持。

互联网金融行业的本质是金融而不是互联网，互联网只是手段，是提高运作效率、降低信用风险、降低资金与沟通成本的一种手段。在资产荒背景下，互联网金融公司想要找到好的资产匹配自己的资金端，难度增大。资金成本低、风控能力强的银行等金融机构坏账率持续攀升，对于客户群体信用风险更弱的互联网金融公司来说，经济下行风险、资产规模攀升压力、风险敞口持续暴露等因素使其运营压力陡增。与此同时，我国的资产证券化市场突飞猛进，根据中央国债登记结算有限责任公司的统计，2015 年，全国共发行 1386 只资产证券化产品，总金额 5930.39 亿元。自 2014 年开始，资产证券化市场就呈现爆发式的增长，这两年共发行各类产品逾 9000 亿元，是前 9 年发行总量的6 倍多，市场规模较 2013 年末增长了 15 倍。依照此增速，资产证券化的规模

2016 年极有可能冲破万亿元大关。基础资产涉及租赁租金、信托受益权、基础设施收费、门票收入、小额贷款、企业债权、融资租赁债权、应收账款、高校学费等几十种。基于前述介绍与分析，本文认为，如果互联网金融能够与迅猛发展的资产证券化市场结合，将给市场带来新的发展机会。

（一）市场机会分析

总体而言，目前市场环境下，大量的中小企业有资产证券化的业务需求，可供小规模证券化的基础资产也很多；该类业务机会可能不一定是持牌金融机构①首选参与的目标市场或业务机会，这就在理论上给互联网金融行业提供了相应的业务机会。

1. 从发行人角度

目前市场上资产证券化产品的发行人多为央企、国企及规模较大的民营企业，如电商领域的京东、阿里巴巴，地产领域的世茂集团、华侨城，小贷领域的瀚华小贷、世联小贷，还有公积金中心、证券公司、融资租赁公司、金融控股公司、高速集团公司等。此类资产证券化业务发行人规模较大，在资本市场主体信用级别较高，可供利用的融资工具也多种多样，其之所以愿意采用资产证券化方式融资，更多的是基于转换融资方式、拓宽融资渠道等因素考虑；同时，兼顾创新性金融工具和手段尝试。该类大型企业或行业龙头企业实施资产证券化模式下的融资创新，其积极意义包括降低融资成本、盘活存量资产、财务报表调整等。

与之对应，一些资产规模较小但现金流稳定且有一定优质资产的中小企业，是否亦可以参与资产证券化的业务机会，借助这种金融创新工具和手段来拓宽融资渠道、优化资金来源、降低融资成本，并同时也到达盘活自己存量资产的目的呢？这种设想的实现，符合政策倡导的"解决中小企业融资难、融资贵"的初衷，也有利于使"用好增量、盘活存量"的政策设想，真正惠及中小企业这一层面。

2. 从资产端角度

可以小规模证券化的资产很多，市场空间很大。散落在全国各地的规模偏小的物业公司、公寓运营公司、小的景点、写字楼下的停车场、供热供暖的民营企业、互联网广告公司、医疗器械公司、环保节能公司等，在有稳定的现金

---

① 按照一般理解，所谓"持牌金融机构"，系指"一行三会"（中国人民银行、中国银监会、中国证监会及中国保监会）颁发金融许可证的银行或非银行金融机构。

流、业务模式清晰、有一定增信措施的基础上，一样可以利用证券化的手段进行融资。资产证券化重点关注资产未来能够产生的现金流是否稳定，拥有优质资产的中小企业一样可以通过资产证券化的手段，获得较低的融资成本。同类型的优质资产，在证券化的操作过程中具有较强的可复制性，资产证券化产品如果采用循环发行的模式，只要有稳定现金流产生的优质资产，中小企业就可通过循环发行资产证券化产品获得数倍于自身资产规模的融资。

3. 从管理人角度

目前的资产证券化，主要由包括券商、信托、基金子公司等持牌金融机构主导。这些金融机构有其自身风控、合规性约束，普通的中小企业难入它们的"法眼"，让此类管理人参与到中小企业的资产证券化服务中，它们没有动力也不与其成本效益相匹配。有真实资金需求和现金流资产的中小企业很多，这就给互联网金融类企业提供了一个细分市场，一个与银行等机构错位竞争的市场。

（二）角色定位分析

互联网金融公司做此类非标项目，风控是核心。在现阶段市场有较多成功案例可以借鉴的情况下，风控的手段可以模仿券商、信托等机构的，无外乎抵质押、超额现金流覆盖、结构化分层、第三方连带责任保证、设立超额利差账户、设立准备金账户或现金担保账户、债务保障比（DSCR）测试等。这样的风控手段互联网金融公司可以适度借鉴，或者按照这样的标准来对客户的准入进行把关。

在互联网金融公司主导的证券化链条中，其主要扮演管理人角色，主要承担投行职能，包括优质资产的寻找、交易架构的设计、增信措施的落实、募资、风险的控制、产品承销等。既然是面向中小企业的证券化，资产的质量就可以多考虑基础资产的情况而不是企业自身的主体信用，这样有助于中小企业获得高于其自身信用级别的低成本融资方式。中小企业的主体信用普遍较弱，建议互联网金融公司做此类项目时将融资额度小额化、分散化，融资额度控制在合理的数额区间，防止系统性风险的产生，再加上可借鉴的成熟的风控手段，平台整体运营的风险还是可控的。从发行或募集角度分析，此类产品如果设计得当，承销或分销的压力就不会太大，募资的规模和周期就会有一定保证，但是不建议做"大拆小、期限错配、加杠杆、利率错配"的类"资金池"运营模式。

（三）IT 技术对业务的提升作用分析

对发起人而言，资产证券化业务具有特殊吸引力的主要原因是发起人可以突破自身主体信用的限制，以更低的成本融资，非投资级的企业也能发行高等级的证券。对投资人而言，资产支持证券具有投资价值的原因之一是其具有较好的安全性，其收益几乎不受发起人信用等级下降的影响。

资产证券化过程中，发起人将资产"真实出售"给特殊目的载体（SPV），实现破产隔离。因此，特殊目的载体在资产证券化的业务中起着非常重要的作用。在资产证券化的实践中，特殊目的载体的种类很多，包括特殊目的信托（SPT）、特殊目的公司（SPC）、其他类型的特殊目的载体（统称为SPE）。从功能特点上看，前述三种不同类型的载体都有其独特的优劣势，考虑到中小企业融资需求有"小、频、快"的特点，前述三种特殊目的架构均难以与这种需求特点相结合。因此，在此类业务中，传统资产证券化业务中SPV结构是否可以或必要，是值得我们进一步探索和讨论的。

从现有互联网金融的业务特点来看，在 IT 技术的应用层面，互联网的手段多种多样。应该说，互联网金融业务的开展，其基本逻辑落脚点在于互联网；也是因此特性，互联网金融平台在服务投资者方面，可以特色地设计出一些应用性场景来提升客户体验。长远来看，互联网金融公司可以通过全周期、电子化的金融技术，为广大中小企业提供一个集基础资产信息平台、工作和管理平台、证券化产品信息共享和交易流转平台三大平台于一体的互联网操作平台。平台可以降低资产证券化的技术操作门槛，提供从基础资产池建立到证券化产品发行全业务流程管理，加大中小企业资产证券化操作的便利性，呈现专业、高效的一站式资产证券化服务。

（四）实例论证

1. 案例基本情况介绍

LD 公司成立于 2014 年 8 月，注册资本 1000 万元，现有员工 50 人。该公司是一家从事工业余热利用，集技术研发、设备生产、销售、服务于一体的高新技术企业，主要为用户提供一对一节能减排整体解决方案，旨在帮助企业用户降低成本和运行能耗，提高经济效益。

LD 公司的节能系统能够达到 10% 以上的节能率，通过运营合同能源管理（EPC）模式，以设备免费、收益分成的方式，与相关能耗较高的生产企业进行合作，其商业模式与市场上同行业类似的公司相比，对客户吸引力大，客户前期没有设备购置压力，此模式有利于公司快速占领市场，但是资金回收周期长（评价回收周期在 20 个月）。LD 公司下游应收账款回收按月结算，因此每个月都有节能分成收入，笔数较多，资金回收比较稳定，下游客户违约概率小。

为维护企业正常运行、扩展业务，LD 公司计划融资 200 万元，融资期限不超过一年，融资主要用于设备采购和补充公司流动资金。该公司无符合金融机构要求的抵押物，且因其成立时间较短，设备、人力、研发投入较多，自成立后一直处于亏损阶段，现金流情况也不符合金融机构贷款要求。在这种情况下，互联网金融平台可为其融资提供一定的帮助。

2. 融资方案介绍

融资方案如图 1 所示。

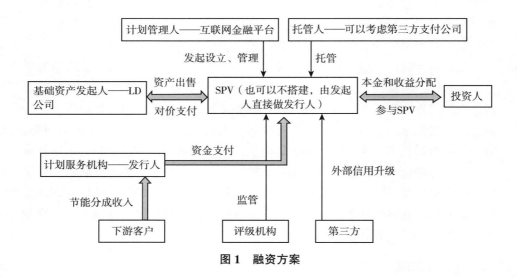

图 1　融资方案

（1）方案简介。

LD 公司作为发起人，由互联网金融公司担任管理人，第三方支付机构作为托管人，投资人就是互联网金融公司面对的广大中小投资者。评级公司主要承担贷后监管职能，外部增信是某第三方公司或某担保公司。

本方案以 LD 公司未来特定月份对特定客户产生的应收账款作为基础资产，产品发行可以分批次滚动发行，可以借鉴循环购买架构的设计。

（2）增信措施。

在此交易方案下，可采取包括但不限于超额现金流覆盖（未收回租金余额超额覆盖资产支持凭证票面金额）、LD 公司以自有资金认购一定比例的劣后、保证金或备用金账户、实际控制人差额补足承诺或承诺提供流动性支持、外部第三人提供连带责任保证等增信方式或措施。

3. 交易流程说明

（1）建立基础资产池。

基础资产池是开展资产证券化的基础，关系到最终发行的成败。选择应收账款作为基础资产时，主要关注应收账款形成的合法性、可转让性和可回收性。本融资案例下，LD 公司的入池资产应具有搭配合理、集中度低、风险分散的特点，且各笔应收账款形式的入池资产应合法、有效、完整、真实；另外，还应运用各种技术手段实施和完善过程管理，避免入池的基础资产出现较大风险。

（2）组建 SPV。

在本融资方案中，因为破产隔离与真实销售（尤其是破产隔离）效果不大，因此，SPV 组建与否意义不大。

（3）信用增级。

请参考上节相应内容，此处不再赘述。

（4）产品发行。

互金公司帮助发行人发行证券化产品（也可以叫收益权类产品），需要利用私募方式发行，利用第三方支付工具将募集所得的资金按照约定好的价格支付给发起人，同时扣除一定的发行费用。在此过程中，互金公司要严格遵守"不设立资金池，不自融、自担保，不承诺保本保息，债权期限拆分和错配，虚假宣传，公开募集"等监管红线，依法合规开展业务。

（5）期间管理和到期清偿结算。

互联网金融公司有义务做好资产池的管理工作，主要包括收取资产池的现金流，账户之间的资金划拨及相关税务和行政事务，互联网金融平台也可以聘请专业的信用评级机构或法律机构，从事贷后监管、技术支持等后续工作。

（五）业务风险简析

1. 合规风险

目前，互联网金融行业的监管日趋从严，大的监管框架在"一行三会"层面初步达成共识，但是监管细则仍需进一步完善，互联网金融行业仍未脱离野蛮成长的基本底色。相对而言，资产证券化是一种较为复杂的金融产品。在尚未完全规范的互联网金融行业开展较为复杂的（类）资产证券化业务，从规范展业要求看，其间挑战与难度不言而喻，由此带来的业务合规风险也是始终存在的。

2. 信用风险

互联网金融平台面向的客户群体多为规模较小的中小企业，它们资产实力较弱、信用级别低、抗风险能力弱，要从该类相对弱小的客户群体中寻找优质资产，并匹配合适的资金，业务风险较大、业务开展难度也相对较大。业务开展中面临的信用风险也相应较大。

3. 管理风险

互联网金融平台从事的（类）资产证券化业务为非标业务，在业务规模较小时，尚可依靠团队协作予以维持。如业务规模一旦扩大，则该类业务整体的运营风险和管理风险相应扩大，再依靠人员的手工或线下作业，必然会极大地增加操作风险和道德风险，与之对应，必须有成熟的、可复制的、可操作的风控技术手段。

4. 基础资产运营风险

单个项目的基础风险由平台掌控把握，当诸多项目上线后，所有存续的项目又都可以看做平台能否有效运营的基础资产。互联网金融平台所面向的中小企业本身信用风险高，而这些中小企业名下的基础资产更是良莠不齐，互联网金融平台对中小企业本身的风控和对其名下基础资产的风控，都是需要审慎掌控把握的。

（六）简要结论

互联网金融公司要做好（类）资产证券化专业服务商，必须以金融技术和信息技术为依托，搭建好信息交互和交易流转平台，建立好以（类）资产证券化为业务运营的核心工具和理念，在资产评估、模型研发、信用评级、风险定价、信息披露等方面建立（类）资产证券化的互联网金融行业标准。规范运营、精细管理，防范和避免各类风险，在合法合规前提下发展壮大。

下　篇

非标资产管理业务的风险管理
实践及难点问题解析

一、附租约商业地产抵押物相关问题的法律探讨

杨　华

【作者简介】杨华，毕业于中国政法大学，法学硕士，具有中国注册会计师（CPA，非执业）和金融风险管理师（FRM）资格。曾为执业律师，长期供职于信托公司风控与合规部门，现任五矿国际信托有限公司风险控制部总经理。本文观点与所供职机构无关。

在以成熟商业物业①作为抵押物的情形下，抵押人对抵押物做出包括出租在内的各种经营行为，对抵押权益的影响相当大。本文拟整理归纳附租约抵押物涉及的主要法律问题，揭示金融机构在接受此类抵押物时应特别关注的风险点，并就实务中如何更好地控制相关风险提出一些操作建议。

（一）涉及的主要法律问题梳理

1. 核心问题：抵押关系与租赁关系的并存与冲突

法理上通常认为物的价值包括使用价值和交换价值，在房屋租赁关系中，承租人关注的是对房屋的占有、使用和收益，属于对物的使用价值加以利用，而抵押关系中抵押权人关注的是物的交换价值，在债务人不能履行债务时，可以通过依法变卖抵押物而获得清偿。从法律关系的属性而言，抵押和租赁不存在本质冲突，但在抵押权人实现担保权利时，除非抵押权人接受以抵押物折抵债权，否则最终必然要由第三人支付对价以换取抵押物的使用价值，此时将产生承租人对物的使用与新的受让人对物的使用需求冲突的问题，在此情形下法律需要协调承租人与抵押权人的权益，我国现行法律法规原则上根据抵押权与

---

① 本文所谓成熟商业物业，指已完成竣工验收、取得房地产权证并投入商业运营的物业。

租赁关系的设定顺序来处理两者关系。

（1）先成立租赁关系而后设定抵押权的情况。

《合同法》第二百二十九条规定："租赁物在租赁期间发生所有权变动的，不影响租赁合同的效力。"最高人民法院《关于贯彻执行〈中华人民共和国民法通则〉若干问题的意见（试行）》第一百一十九条第二款规定："私有房屋在租赁期内，因买卖、赠与或者继承发生房屋产权转移的，原租赁合同对承租人和新房主继续有效。"上述规定确立了"买卖不破租赁"原则，承袭于此，《担保法》第四十八条规定："抵押人将已经出租的财产抵押的，应当书面告知承租人，原租赁合同继续有效。"以此可认为先设定的租赁合同可以对抗后设立的抵押权。即使抵押权人为了实现抵押权，对抵押的房屋进行强制拍卖，租赁关系仍能够对抗买受人，最高人民法院《关于适用〈中华人民共和国担保法〉若干问题的解释》第六十五条对此作了明确规定："抵押人将已出租的财产抵押的，抵押权实现后，租赁合同在有效期内对抵押物的受让人继续有效。"《物权法》第一百九十条亦规定："订立抵押合同前抵押财产已经出租的，原租赁关系不受该抵押权的影响。"由此可见，法律优先保护先于抵押权设立的租赁关系中承租人的权益。

（2）先设定抵押权后成立租赁关系的情况。

最高人民法院《关于适用〈中华人民共和国担保法〉若干问题的解释》第六十六条规定："抵押人将已抵押的财产出租的，抵押权实现后，租赁合同对受让人不具有约束力。抵押人将已抵押的财产出租时，如果抵押人未书面告知承租人该财产已抵押的，抵押人对出租抵押物造成承租人的损失承担赔偿责任；如果抵押人已书面告知承租人该财产已抵押的，抵押权实现造成承租人的损失，由承租人自己承担。"《物权法》第一百九十条规定，"抵押权设立后抵押财产出租的，该租赁关系不得对抗已登记的抵押权。"可见，后成立的租赁关系对先设立的抵押权无对抗效力，抵押权人在实现权利时，能以房屋并无租赁关系存在（即无权利瑕疵）为前提实现变卖、拍卖而获得清偿，租赁关系对于受让人亦无约束力。至于承租人可以依其与出租人之间的内部合同关系主张权利，即如果在订立租赁合同时出租人没有告知承租人有关抵押事实的，出租人应该承担损害赔偿责任；如果已告知的，则由承租人自己承担。

（3）如何认定抵押与租赁的成立顺序。

如上文所述，抵押与租赁成立的先后顺序对相关各方的权利有根本影响，如何认定二者的成立顺序则有相当重要的意义。于不动产抵押而言，由于法律明确其须通过登记设立，其设立时间较易确定，但对于租赁关系的设立认定，虽通常认为自租赁合同有效成立时即可视为租赁关系确立，但在法律规定及实务层面尚有一定争议。《中华人民共和国城市房地产管理法》第五十三条规定："房屋租赁，出租人和承租人应当签订书面租赁合同，约定租赁期限、租赁用途、租赁价格、修缮责任等条款，以及双方的其他权利和义务，并向房产管理部门登记备案。"虽然一般认为上述法条偏重于行政性要求而非对民事关系的效力性规定，但客观上为认定租赁关系的有效成立尤其是对第三人的公示效应提供了一个明确的标准和路径，这种影响在多个地方司法机关的文件中均有体现。

例如，上海市高院于2008年4月出台《上海市高级人民法院关于审理房地产买卖与抵押、租赁交叉纠纷若干问题的意见》（沪高法民〔2008〕7号），其中规定："不动产抵押权登记前，不动产租赁合同已经登记备案的，租赁关系不受抵押权的影响。不动产抵押权登记前，不动产租赁合同虽未登记备案的，但租赁关系实际存在的，如承租人已经实际占有使用不动产的，租赁关系不受抵押权的影响。"又如浙江省高院于2014年9月出台《浙江省高级人民法院关于执行非住宅房屋时案外人主张租赁权的若干问题解答》，在回答"执行机构审查租赁合同是否签订于案涉房屋抵押、查封前，如何把握标准"的问题时，该解答认为："如果在抵押、查封前，租赁合同的当事人已经根据《中华人民共和国城市房地产管理法》第五十四条、住房和城乡建设部制定的《商品房屋租赁管理办法》第十四条、第十九条的规定办理了租赁登记备案手续的，执行机构应当认定租赁合同签订于抵押、查封前。经审查发现有下列情形之一的，一般也可认定租赁合同签订于抵押、查封前：第一，租赁合同的当事人在抵押、查封前已就相应租赁关系提起诉讼或仲裁的。第二，租赁合同的当事人在抵押、查封前已办理租赁合同公证的。第三，有其他确切证据证明租赁合同签订于抵押、查封前的，如租赁合同当事人已在抵押、查封前缴纳相应租金税、在案涉房屋所在物业公司办理租赁登记、向抵押权人声明过租赁情况等。"

上述地方法院的解读虽不具备普遍适用效力，但可窥见司法机关在此问题上的倾向性意见，即将租赁合同登记备案作为认定租赁关系有效设立的最有力标准及公示方式，但并未将之作为确认租赁关系真实设立或存续的必要条件，凡外观上有助于彰显承租人对租赁房屋的实际占有使用或使第三方易于知晓房屋已出租状态的各种情形，也可作为认定租赁关系的依据。站在抵押权人的角度，这既为更好地掌握、排查抵押物上是否已存在租约提供了思路，但客观上也给防范抵押人恶意签订甚至虚构租赁合同等增加了实务和操作上的难度。

2. 其他相关问题

（1）承租人的优先购买权。

在抵押物需要处置的情形下，须考虑承租人对房屋享有的优先购买权。《合同法》第二百三十条规定："出租人出卖租赁房屋的，应当在出卖之前的合理期限内通知承租人，承租人享有以同等条件优先购买的权利。"该条规定确立了承租人享有的优先购买权。《最高人民法院关于审理城镇房屋租赁合同纠纷案件具体应用法律若干问题的解释》第二十一条规定："出租人出卖租赁房屋未在合理期限内通知承租人或者存在其他侵害承租人优先购买权情形，承租人请求出租人承担赔偿责任，人民法院应予支持。但请求确认出租人和第三人签订的房屋买卖合同无效的，人民法院不予支持。"对出租人的通知义务等进行了明确规定。上述司法解释第二十四条规定："具有下列情形之一，承租人主张优先购买房屋的，人民法院不予支持：第一，房屋共有人行使优先购买权的。第二，出租人将房屋出卖给近亲属，包括配偶、父母、子女、兄弟姐妹、祖父母、外祖父母、孙子女、外孙子女的。第三，出租人履行通知义务后，承租人在十五日内未明确表示购买的。第四，第三人善意购买租赁房屋并已经办理登记手续的。"明确了承租人优先购买权的行使期限、豁免情形、对抗效力等。

（2）租金收益的归属。

房屋租金收入属于抵押物的法定孳息，对该部分法定孳息的归属，《担保法》第四十七条规定："债务履行期届满，债务人不履行债务致使抵押物被人民法院依法扣押的，自抵押之日起抵押权人有权收取由抵押物分离的天然孳息以及抵押人就抵押物收取的法定孳息。抵押权人未就扣押抵押物的事实通知应当清偿法定孳息的义务人的，抵押权的效力不及于该孳息。"《物权法》第一百九十七条规定："债务人不履行到期债务或者发生当事人约定的实现抵押权的情形，致使抵押财产被人民法院依法扣押的，自扣押之日起抵押权人有权收取该抵押财产的天然孳息或者法定孳息，但抵押权人未通知应当清偿法定孳息的义务人的除外。"

可见，对抵押权人而言，收取法定孳息的时点，始于债务人不履行到期债务，需要实现抵押权时，因此除非抵押合同另有约定，否则在主债权未届清偿期的抵押期间内，抵押权人无权收取孳息。即使已经触发抵押权人收取抵押物孳息的时点和条件，抵押权人还应及时通知清偿法定孳息的义务人，否则对其无约束力。这为实务上如何更好地控制抵押物孳息提供了指引。

还应注意的是，实务中对抵押权人收取的法定孳息是否享有优先受偿权尚存争议，有主张认为抵押权人的优先受偿范围仅限于抵押物处分所得价款，上述关于法定孳息收取的规定并未明确法定孳息属于优先受偿范围。正因为此，对抵押物上的租金收入采取应收账款质押等控制手段尤显必要。

（3）对抵押物处分的相关规定。

《担保法》第五十一条规定："抵押人的行为足以使抵押物价值减少的，抵押权人有权要求抵押人停止其行为。抵押物价值减少时，抵押权人有权要求抵押人恢复抵押物的价值，或者提供与减少的价值相当的担保。抵押人对抵押物价值减少无过错的，抵押权人只能在抵押人因损害而得到的赔偿范围内要求提供担保。抵押物价值未减少的部分，仍作为债权的担保。"在此基础上，《担保法》司法解释第七十条进一步规定："抵押人的行为足以使抵押物价值减少的，抵押权人请求抵押人恢复原状或提供担保遭到拒绝时，抵押权人可以请求债务人履行债务，也可以请求提前行使抵押权。"

上述规定并未明确列举抵押人使抵押物价值减少行为的情形及判断标准，但广义上而言，在抵押人将抵押物出租的情形下，如果其相关出租经营行为明显违背正常商业习惯和交易条件等，抵押权人是否也可以上述规定作为主张权利的依据，值得考量。

（二）接受附租约商业物业作为抵押物应关注的主要风险点

基于上文分析，除了房屋抵押的一般性风险之外，在附租约或可能附租约的情形下，抵押权人需要重点关注的风险主要集中在两个方面，一方面是附带租约对抵押物价值的影响，另一方面是对抵押物处置的影响①。

1. 对抵押物价值的影响

在对成熟商业物业进行价值评估时，收益法是主要的评估方法，对于已存在租约的部分，承租人未来尚需支付的租金水平和剩余租赁期限将作为该物业的客观收益直接成为收益法评估的依据，对于未租部分及剩余租赁期限未覆盖预计收益年限的部分，评估机构往往会根据商业物业的区位、类型、运营模式、成熟度等因素预估未来租金收入并作为评估依据。

上述评估方法蕴含至少两点风险因素：一是直接体现既有租约对抵押物评估价值的影响；二是抵押人对抵押物的合理开发经营对最大程度保证价值评估的准确性有重大意义，因为预测会在正常商业运营逻辑下进行，如果抵押人出现信用风险，对抵押物进行恶意长租、低价出租、隐瞒已提前收取租金信息

---

① 实际上，抵押物的自身价值与可处置性是直接相关且不可分割的，仅为行文方便对其分别论述。

等，都会直接影响对抵押物价值评估的准确性，进而影响金融机构对抵押物担保能力的评价或融资额度的设置等。

从抵押物实际可变现价值的角度看，是否附着租约及租约的具体情况对其也有重大影响，在抵押物上附有不可解除租约的情形，潜在买受人对抵押物的占有使用方式将受到限制，于商业物业而言，买受人将在相当程度上接受原有的开发运营模式，既有租约是整租还是散租，承租人是否具有良好的品牌效应和带动功能，租金标准是否优于市场一般水平并保持合理的增长速度，这些因素都会直接影响潜在买受人对抵押物实际价值的认定。

2. 对抵押物处置的影响

除了上文已提到的租约对抵押物在价值方面的处置难度有重大影响之外，从程序上也有直接影响。在租赁关系后于抵押权设立的情形下，根据最高人民法院《关于人民法院民事执行中拍卖、变卖财产的规定》第三十一条第二款的规定，拍卖财产上原有的租赁权及其他用益物权，不因拍卖而消灭，但该权利继续存在于拍卖财产上，对在先的担保物权或者其他优先受偿权的实现有影响的，人民法院应当依法将其除去后进行拍卖。可见在司法实践中，债权人通过拍卖变卖方式实现抵押权时，附带租约的抵押物处置程序更为烦琐，且能否成功处置具有较大不确定性，抵押权人亦将为此付出更大的时间成本和经济成本。

（三）实务操作中对相关风险的应对措施

1. 强化对抵押物的尽职调查要求

对于附租约房产抵押物的尽职调查应尽量做到全面而深入，以便为准确预估抵押物的实际价值及制定有针对性的管控措施提供依据和基础。尽职调查的具体内容至少应涵盖以下三方面[①]。

（1）调查抵押房屋权属相关情况。

包括抵押物的权属是否清晰明确；抵押物土地来源为出让还是划拨，是否已（补）缴清土地款；土地所有权证载明用途、经审批的用地性质与实际用途是否一致，避免涉及实际用途与审批用途不一致的房产或政策性用房；房屋是否竣工验收合格并取得产权证；抵押物上是否已经设定抵押等情况。该部分内容属常规尽职调查，非本文重点探讨的范围。

（2）调查抵押物上所附租约信息。

取得抵押物上既存的所有租赁合同并进行分析核查，了解包括抵押物出租

---

① 此处参考了《中国农业银行经营性物业抵押贷款管理办法（试行）》。

率、租赁合同租期、租金水平和租金支付方式等要点；核实相关租约是否已在房管部门办理登记备案，并核实抵押人提供的租赁合同与登记备案的合同（如有）是否一致，避免存在阴阳合同；核实租金支付方式，防止物业在抵押时，承租人已经一次性向借款人支付长期租金；调查抵押人与承租人间是否存在其他可抵销的债务；调查租赁合同中是否存在其他损害抵押权人利益的条款等。

（3）调查租约的历史履行情况。

了解承租人资信、经营状况、支付租金能力等资质情况，对承租人经营状况或资信不佳、按期足额支付租金有困难或多次拖欠租金的，应建议第三方评估机构在使用收益法评估抵押物价值时，充分考虑租期与租约历史履行情况的影响，并在对抵押物进行中后期管理时充分考虑相关情况。调查抵押人/出租人是否积极向承租人收取租金收益，是否存在怠于行使债权请求权而致使诉讼时效届满的情况。

需要强调的是，上述对既存租约相关信息调查的准确性，非常依赖于抵押人的诚信程度，对抵押权人而言，应结合对交易对手信用风险水平的评估情况，灵活决定相关尽职调查的手段和深度。对资质较好、信誉程度较高的交易对手，可以更大程度地信赖抵押人提供的相关材料，反之则应该更多考虑其他独立尽职调查手段，如对抵押物进行现场考察，对承租人进行直接调查访谈等，以多方面印证租约信息。

2. 强化对既存和新设租约的约束控制

对于抵押物上已存在租约的情况，通常而言至少应要求出租人按相关合同约定日期以通知函或其他形式告知承租人以下事项，并取得承租人的确认回执：告知其承租房屋已经抵押给金融机构的事实；确认出租人与承租人间租赁相关事宜的真实性（租赁关系存在、租金金额、租金缴纳方式）。如债权人的交易地位非常强势，甚至可以要求与出租人及承租人签订三方协议，约定在抵押物进入处置阶段时，承租人自愿放弃优先购买权及继续承租抵押物的权利。

对于抵押房屋在贷款存续期内拟新增租约的，主要通过以下两方面进行管理。

（1）在抵押合同中预先设定新增租约的前提条件，以控制相关风险。

包括抵押人/出租人承诺：信托存续期新增租约须经抵押权人事先同意；租期不得超过融资期限，或租期长于融资期限时，须在租赁协议约定，在抵押权人实现抵押权的情况下，租赁合同可以提前终止。为防止抵押人/出租人通过修改租赁合同另行签订长期、低租金合同或以其他方式恶意对抗抵押权人抵押权，约定抵押人/出租人有义务将抵押权人确认的新增租赁合同交到房管部门办理租赁登记备案手续。约定出租后应将包括已备案的租赁合同等相关材料向抵押权人进行备案。将抵押人/出租人的违约责任与主债权的违约进行钩稽，即如抵押人/出租人违约将直接导致主债权的违约，加大其违约成本，降低其主观违约意愿，防范抵押人/出租人的信用风险。

（2）在新增租约操作前，应审查租赁合同条款约定。

审查是否存在对抵押权人实现抵押权的不利情形，并将抵押人/出租人的相关承诺转化为租赁合同条款，对需要承租人配合的事项，需在租赁合同中一并约定承租人的义务，如配合应收账款质押和租金监管的要求；配合出租人将新增租约交到房管部门办理租赁登记备案手续；承租人承诺，在抵押权人实现抵押权时，同意提前终止租赁合同，不得以其租赁权阻碍或干扰抵押权人行使抵押权。

3. 对租约债权进行应收账款质押及对租金进行归集管理

（1）较为严格完备的方案。

就租约债权签订应收账款质押合同并办理强制执行公证，在合同中约定租金监管相关事宜，即质押人/出租人在监管银行处开立租金监管专用账户，该专用账户应预留质权人印鉴，作为抵押物上已存在租约的专用且唯一收款账户，未经质权人书面同意，不得更改或另行开立。在质押期间，未经质权人同意，质押人/出租人不能支取、划转或以其他任何方式处分、使用专用账户内的款项。且质押人/出租人应以通知函或其他形式告知承租人以下事项：告知其承租房屋已经抵押给金融机构的事实；告知其今后支付租金的账户信息；告知其今后未经质权人同意，出租人以任何方式变更租金收款专用账户的做法均属无效。取得承租人的书面确认回执：理解上述租金应收账款出质事宜，对该应收账款的真实性（租赁关系存在、租金金额、租金缴纳方式）及其质押没有任何异议，并承诺放弃主张任何抗辩或抵销。在合同中约定质押标的所担保的债务发生逾期时，质权人有权从专用账户中直接扣收与逾期债务相当的金额并冲抵主债务。按照中国人民银行征信中心的规定办理应收账款质押登记。

上述方案较为严格，实务中可能面临现实困难：一是对租金收益进行严格实质监管且禁止质押人在质押期间内使用资金，实际上提高了交易对手的资金成本。二是对于实质监管租金回款中通知承租人并取得其承诺按期向专用账户付款的操作安排，可能遇到较大阻力：一方面在于抵（质）押人/出租人由于各种因素不愿通知承租人房屋抵押及应收账款质押的情况；另一方面在于如果承租人是较为分散的小商户，逐一通知其应收账款质押、更换租金支付账户并获得确认函的操作难度较大，若承租方为大型公司，通知的困难相对较小，但其谈判能力和谈判地位会较强，出于规避风险（避免为自身增加额外义务）或其他因素的考虑未必愿意签署承诺函。三是即使承租人愿意签收通知并出具向租金专用账户付款的通知函，如融资期限内限制抵押人/出租人利用租金回款账户内的资金，很可能发生在承租人不按约支付租金时，债权人怠于追讨债权的情况，进而给抵押权人增加贷后管理的工作量和难度。

（2）结合现实情况的风控建议。

基于上述操作困难，可视租金收益在整个项目风控措施中的地位，结合实际情况灵活设计风控方案。可不对租金收益进行实质归集控制，仅办理应收账款质押登记，对质押应收账款的描述尽量涵盖抵押物上现有租约，融资存续期间新增租约补充办理应收账款质押登记手续，以便抵押物处置时将其上所附应收账款一并转让。也可设计相对宽松的租金监管，不改变原租赁合同约定的租金支付路径，而由出租人收取租金后按期划付至质权人可控制的特定账户，并将出租人的划付义务与触发质押合同和借款合同的违约条件钩稽，提高其违约成本，控制信用风险。在此基础上，还可设定允许抵押人/出租人在特定条件下使用已归集资金，具体条件可根据不同项目情况设定，但原则上应有利于抵押物的保值增值，如用于对抵押物的装修、修缮等，通常情况下可予以同意，但须确保资金用途真实，建议通过受托支付的方式向相关施工单位支付款项。此外，资金使用条件设定还应考虑支取时间和频率，以保证账户中剩余租金回款金额足够覆盖当期利息及项目费用等。

总之，在接受附租约物业作为抵押物时，要结合相关法律法规对各方权属进行分配和协调，充分评估租约对抵押物现有价值及处置价值的影响，并在项目前期和过程管理中尽可能获取真实信息，合理控制约束抵押人对抵押物的经营行为，以最大限度地维持抵押物价值，为其可能的处置创造最有利的条件。

二、强制执行相关法律问题分析

胡胜林　马金星

【作者简介】胡胜林，毕业于西北政法大学，法律硕士。现任职于华能贵诚信托有限公司合规与风险管理部。马金星，毕业于南开大学，法学硕士。现任职于华能贵诚信托有限公司合规与风险管理部。

强制执行公证通常被称为赋予强制执行效力的债权文书公证或被称为有强制执行效力的债权文书公证，是公证机关公证事务的一项重要内容。对公证债权文书赋予其强制执行的效力，使债权文书不必经过诉讼程序直接具有强制执行力，是大陆法系国家的成功经验，是国家强制力在公证活动中的体现。强制执行公证程序简便、快捷、高效，对于充分发挥公证职能，规范民事经济活动，降低当事人实现债权的成本，节约司法资源，维护正常的法律秩序和保护当事人的合法权益具有不可替代的重要作用，被金融机构广泛使用。本文从强制执行公证的基本概念和其优劣势、适用范围、具体程序等方面对强制执行公证进行系统介绍，并结合实践，就强制执行公证中的一些热点争议问题进行分析阐述，提出具备可操作性的解决方案。

（一）强制执行公证的基本概念

1. 定义

强制执行公证是指以给付货币、物品、有价证券为内容的债权文书，如果债务人承诺自己不履行或不完全履行合同义务时无须经过法院诉讼程序直接接受法院的强制执行，公证处可对双方签订的债权文书赋予强制执行效力。一旦债务人不履行债务，债权人即可持强制执行公证书和执行证书向有管辖权的法院申请强制执行，以保护债权。

2. 法律渊源

关于强制执行的法律法规，新中国成立后最早可追溯至 1951 年最高人民法院和中央司法部联合发布的《关于保护国家银行债权的通知》，该通知要求，"在证明契约时，载明强制执行条款，嗣后如一方当事人违约，对方当事人即可请求法院依照契约执行"。然而强制执行公证首次以法律的形式明确，是 1991 年颁布的《民事诉讼法》中规定："公证机关依法赋予强制执行效力的债权文书是人民法院的执行依据之一。"我国现行有效的针对强制执行公证的规定，主要散落于《公证法》《民事诉讼法》及对该两部法律、公证事项的司法解释、部门规章、公证协会的相关行业规定及其他规范性文件中。

（1）法律。

法律层面对强制执行公证做出规定的为《公证法》及《民事诉讼法》。这两部法律对可以进行强制执行公证的债权文书的类型、强制执行公证的程序及不予执行的情况进行了概括性规定①。

（2）司法解释。

在司法解释层面，对强制执行公证做出全面、系统规定的为《最高人民法院、司法部关于公证机关赋予强制执行效力的债权文书执行有关问题的联合通知》（司法通〔2000〕107 号，以下简称《联合通知》），该司法解释对公证机关赋予强制执行效力的债权文书应具备的条件、范围、公证机关签发执行证书时的注意事项等进行了较为细致的规定。除联合通知外，《最高人民法院关于人民法院办理执行异议和复议案件若干问题的规定》（法释〔2015〕10号）、《最高人民法院关于审理涉及公证活动相关民事案件的若干规定》（法释〔2014〕6 号）、《最高人民法院关于当事人对具有强制执行效力的公证债权文书的内容有争议提起诉讼人民法院是否受理问题的批复》（法释〔2008〕17号）、《最高人民法院执行工作办公室关于不合法的"强制执行公证书"不能作为执行依据问题的函》（法经〔1996〕427 号）等对强制执行公证涉及的专项事宜进行了解释、指示或批复。

---

① 《公证法》第三十七条规定，对经公证的以给付为内容并载明债务人愿意接受强制执行承诺的债权文书，债务人不履行或者履行不适当的，债权人可以依法向有管辖权的人民法院申请执行。前款规定的债权文书确有错误的，人民法院裁定不予执行，并将裁定书送达双方当事人和公证机构。《民事诉讼法》第二百三十八条规定，对公证机关依法赋予强制执行效力的债权文书，一方当事人不履行的，对方当事人可以向有管辖权的人民法院申请执行，受申请的人民法院应当执行。公证债权文书确有错误的，人民法院裁定不予执行，并将裁定书送达双方当事人和公证机关。

（3）其他规范性文件。

除法律、司法解释外，司法部的《公证程序规则》《司法部关于经公证的具有强制执行效力的合同的债权依法转让后，受让人能否持公证书向公证机构申请出具执行证书问题的批复》、中国公证协会《办理具有强制执行效力债权文书公证及出具执行证书的指导意见》等部门规章、规范性文件对强制执行公证的操作细节进行了较为明确、具体的规定。除此之外，一些地方法院出具的指导意见及地方性法规、规章及其他规范性文件在强制执行公证的具体执行层面做出了更为细化的规定。

3. 强制执行公证的优势和劣势

（1）强制执行公证的优势。

1）可直接向有管辖权的人民法院申请强制执行，直接进入司法执行阶段，无须经过审理，在最大程度上节约了债权人的时间成本和人力成本。

2）相较于诉讼需要提前缴纳诉讼费而言，强制执行无须提前缴纳执行费。同时，在进行财产保全时，也无须按照诉前保全和诉讼保全的要求缴纳保证金或提供担保，节约了债权人的维权成本。

（2）强制执行公证的劣势。

1）向人民法院提交执行申请之前需要由公证处先行出具执行证书，而公证处在出具执行证书之前需要向债务人核实。由于强制执行公证排除了诉权（见本文"（四）强制执行公证中几个特殊问题"中"1. 经公证的债权文书是否具有可诉性"），采取诉前保全存在障碍，此时债务人可能会转移资产或者其资产被其他债权人先行查封，使得享有强制执行公证权利的债权人丧失处置债务人资产的最佳时机。

2）《民事诉讼法》第二百二十四条规定："法律规定由人民法院执行的其他法律文书，由被执行人住所地或者被执行的财产所在地人民法院执行。"这使得债权人和债务人并不能就公证债权文书自行选择执行法院。而鉴于地方保护主义的存在，可能对强制执行造成障碍。

因此，强制执行公证存在天然的优势，但在实践中也会遇到一些障碍，金融机构应当根据债权的性质、内容、债务人情况等多重因素进行综合考量。

（二）强制执行公证的适用范围

1. 一般规定

《联合通知》第一条、第二条规定，公证机关赋予强制执行效力的债权文书应当具有给付货币、物品、有价证券的内容，且债权债务关系明确，债权人和债务人对债权文书有关给付内容无疑义。公证机关赋予强制执行效力的债权文书的范围为：第一，借款合同、借用合同、无财产担保的租赁合同。第二，赊欠货物的债权文书。第三，各种借据、欠单。第四，还款（物）协议。第五，以给付赡养费、扶养费、抚育费、学费、赔（补）偿金为内容的协议。第六，符合赋予强制执行效力条件的其他债权文书。

2. "公证债权文书确有错误"的理解

《公证法》第三十七条及《民事诉讼法》第二百三十八条均规定，公证债权文书确有错误的，人民法院裁定不予执行。同时，《最高人民法院关于适用〈中华人民共和国民事诉讼法〉的解释》（以下简称《民事诉讼法解释》）第四百八十条规定，有下列情形之一的，可以认定为《民事诉讼法》第二百三十八条规定的公证债权文书确有错误：第一，公证债权文书属于不得赋予强制执行效力的债权文书的。第二，被执行人一方未亲自或者未委托代理人到场公证等严重违反法律规定的公证程序的。第三，公证债权文书的内容与事实不符或者违反法律强制性规定的。第四，公证债权文书未载明被执行人不履行义务或者不完全履行义务时同意接受强制执行的。某些地方法院的规范性文件对"公证债权文书确有错误"进一步予以细化①。其中对于什么是"不得赋予强制执行效力的债权文书"，理论界及实务界的争议较大。

中国公证协会《办理具有强制执行效力债权文书公证及出具执行证书的指导意见》中规定，当事人互为给付、债权文书附条件或者附期限，以及债权债务的数额（包括违约金、利息、滞纳金）、期限不固定的情形不属于债权债务关系不明确；而《北京市法院执行局局长座谈会（第七次会议）纪要——关于公证债权文书执行与不予执行若干问题的意见》则认为"载明债权人和债务人互负给付义务的执行证书"属于《民事诉讼法解释》规定的"不得赋予强制执行效力的债权文书"②。笔者认为，从《联合通知》《办理具有强制执行效力债权文书公证及出具执行证书的指导意见》规定公证机关在

---

① 如《北京市法院执行局局长座谈会（第七次会议）纪要——关于公证债权文书执行与不予执行若干问题的意见》第十二条、第十三条、第十四条对于如何认定"不得赋予强制执行效力的债权文书""严重违反法律规定的公证程序""公证债权文书的内容与事实不符"予以进一步明确。

② 除此之外，云南省高级人民法院、云南省司法厅2009年12月发布的《关于公证债权文书强制执行效力有关问题的通知》，上海市高级人民法院、上海市司法局《关于执行公证机构依法赋予强制执行效力的公证债权文书问题的讨论纪要》（沪高法发〔1994〕10号），北京市高级人民法院、北京市司法局发布的《关于执行公证机构依法赋予强制执行效力的债权文书的暂行办法》（京高法发〔1995〕386号）也规定了赋予强制执行效力的债权文书中的偿付义务应由债务人单方承担，没有对等给付的情形。

出具执行证书之前，需要核实债权人履行合同义务的事实和证据来看，最高人民法院、司法部及公证协会对双务合同能否办理强制执行公证持肯定态度。

然而，经强制执行公证债权文书的执行法院毕竟为各地方法院，且非银行业金融机构特别是信托公司的合同内容及各方权利义务关系一般比单纯的借贷关系更为复杂，因此，建议在具体办理强制执行公证事宜时，如遇到双方互负给付义务的合同或者权利义务关系比例复杂的合同（如《特定资产转让及回购合同》等）时，应当要求融资人签署单务的《还款协议》或者《支付协议》，并针对该单务合同办理具有强制执行效力的债权文书公证。

3. 担保合同是否可被赋予强制执行效力

担保合同是否可被赋予强制执行效力，在理论界和实务界存在两种截然相反的观点。

一种观点认为，担保人对于主合同、担保合同均享有抗辩权，因此担保债权文书不具备"债权债务关系明确，债权人和债务人对债权文书有关给付内容无疑义"这一法定条件，因此，不能被赋予强制执行效力[①]。在司法实践界，《最高人民法院执行工作办公室关于中国银行海南省分行质押股权异议案的复函》（［2000］执监字第126号）明确指出，"公证机关能够证明有强制执行效力的，仅限于《中华人民共和国公证暂行条例》第四条第（十）项规定的'追偿债款，物品的文书'；即使此后的司法解释扩大了公证管辖的范围，仍不包括担保协议。海南省第二公证处于1997年11月26日对本案的《抵押协议》作出［97］琼二证字第1527号并注明具有强制执行的法律效力的公证书，不符合法律规定"。

另一种观点认为，担保合同是债权文书的一种，可由公证机关赋予其强制执行效力。这一观点见于部门规章和地方司法实践中，并为最高人民法院近年来的相关案例裁判规则所肯定。《最高人民法院关于含担保的公证债权文书强制执行的批复》（［2014］执他字第36号）也明确指出"现行法律、司法解释并未对公证债权文书所附担保协议的强制执行作出限制性规定，公证机构可以对附有担保协议债权文书的真实性与合法性予以证明，并赋予强制执行效力"。但由于仅为批复，不是严格意义上的司法解释，尚不能直接作为审批依据。

2015年5月《最高人民法院关于人民法院办理执行异议和复议案件若干问题的规定》（法释［2015］10号）以司法解释的形式对此进行了明确规定，

---

① 刘期家. 保证债权文书强制执行相关问题探讨［J］. 法律适用，2006（11）.

解决了该问题。该司法解释规定，"公证债权文书对主债务和担保债务赋予强制执行效力的，人民法院应予执行；人民法院受理担保债务的执行申请后，被执行人仅以担保合同不属于赋予强制执行效力的公证债权文书范围为由申请不予执行的，不予支持"。因此，可以认为，前述司法解释的出台在司法执行层面为担保合同可以被赋予强制执行效力提供了有效支持。但同时，该司法解释也规定了"仅对主债务赋予强制执行效力未涉及担保债务的，对担保债务的执行申请不予受理"，因此，担保合同作为从合同，可以与主合同一起被赋予强制执行效力，但不能与主合同分离，单独设定强制执行公证。我们在对主债权文书办理强制执行公证时，应当同时就该主债权文书涉及的担保文件办理强制执行公证。

（三）强制执行公证的程序

1. 公证阶段

首先，债权人和债务人需要在交易合同中加入强制执行公证条款，明确约定债务人不履行义务或不完全履行义务时，债务人愿意接受依法强制执行的承诺。其次，公证处会根据《公证法》《公证程序规则》等规定履行相应程序。最后，公证处就交易合同的强制执行公证出具公证书。

2. 执行阶段

（1）向公证处申请出具执行证书阶段。

首先，债权人需要向公证处提交出具执行证书的申请，申请中应说明事实和理由，并提交相关证据。应注意将债务人和担保人一起作为被执行人提起申请。其次，公证处会向债务人就债权人的申请以电话或书面函件的方式进行核实。如果债务人提出异议，债权人还需进行答辩。最后，如果债务人没有提出异议或者异议不成立，公证处会出具执行证书。

（2）向有管辖权的法院申请强制执行。

债权人可以依据公证处出具的执行证书，直接向有管辖权的法院提出强制执行的申请。法院立案审查后，会出具执行裁定书，债务人也有权提出异议。如果债务人的异议明显不成立，法院会直接书面裁定驳回；如果案件复杂，法院也可以组成合议庭，通过听证会的形式予以审查。异议不成立的，法院予以驳回。债务人对于驳回裁定也可以继续向上一级法院申请复议。虽然理论上整个异议期间，并不会造成执行的中断，但一般法院在处理时，会在异议结束之后再进入对债务人财产的处置程序。

3. 几个特殊注意事项

（1）主合同和担保合同一并办理强制执行公证。

如果主合同办理了强制执行公证，而担保合同未办理，则不能将担保人或担保物作为申请强制执行的执行标的。这一方面造成执行的范围缩小，另一方面也会造成未办理强制执行公证的交易合同在执行完毕之前失去诉权。最高人民法院审理的"上诉人贵阳市商业银行与被上诉人贵州红华物流有限公司、原审第三人贵阳红华贸易有限公司、贵州红华房地产开发有限公司借款担保合同纠纷案"中，法院认为在部分交易合同办理了强制执行公证，并提起强制执行申请的情况下，如果法院又受理未办理强制执行公证的交易文件的诉讼，则会形成两个标的相同的可执行依据，从而可能形成重复执行，因此针对同一债权，在依据强制执行公证申请执行的情况下，不得另行向法院起诉。

有鉴于上述情况，金融机构在办理强制执行公证时一定要将所有的交易合同一并办理。

（2）罚息和违约金的主张金额。

金融机构在融资合同中一般都会约定罚息和违约金，如果合同约定的罚息、违约金之和比率过高，在向公证处申请执行证书时，最好将罚息、违约金之和比率调整为24%/年，避免因比率过高而被法院整体驳回的风险，不能因小失大。

（3）其他费用的主张。

金融机构在融资合同中一般也会约定由债务人承担追索债务产生的其他费用（债权实现费用），如律师费、公证费、差旅费等。需要注意的是，实践中这些费用只能是申请强制执行时产生的费用，申请后产生的费用，由于不确定，法院有可能不予支持。其中最大的一块费用是律师费，金融机构可以考虑在前期多支付一点律师费，以便将其纳入执行范围。

（4）执行管辖法院的选择。

《民事诉讼法》第二百二十四条规定："法律规定由人民法院执行的其他法律文书，由被执行人住所地或者被执行的财产所在地人民法院执行。"这使得债权人和债务人并不能就公证债权文书自行选择执行法院。鉴于地方保护主义的存在，被执行人住所地作为管辖法院对债权人不利。可以突破的是被执行的财产所在地，因为该条并没有规定被执行的"主要"财产所在地。可以根据债务人资产分布情况，尽可能选择其在主要经营地之外拥有的其他财产的所在地作为管辖法院，避免地方保护主义对案件的干扰。

（5）债务人财产的查封。

为避免债务人转移资产和在执行过程中取得相对优先受偿的地位，在向法院提交执行申请之时，金融机构应同时提交查封债务人财产的申请，尽快查封债务人的财产。这一点无论对于享有担保物权的债权人，还是没有任何担保物权的债权人都非常重要。在最高人民法院2016年4月作出的《关于首先查封法院与优先债权执行法院处分查封财产有关问题的批复》（法释〔2016〕6号）发布之前，依据最高人民法院《关于人民法院执行工作若干问题的规定（试行）》第八十八条①、第九十一条②的规定，首封法院享有优先处置权，即使享有担保物权的债权人也必须等到首封法院处置财产时才能行使优先受偿权。同时在没有担保物权的普通债权人之间，首封债权人也具有优先受偿权。法释〔2016〕6号文虽然在一定程度上解决了首封法院拖延执行对享有担保物权的债权人带来的问题，但鉴于仍然需要履行相应的程序，债权人仍然应当尽快采取查封措施，以便争取主动权。

（四）强制执行公证中几个特殊问题

1. 经公证的债权文书是否具有可诉性

如本文第一部分所述，强制执行公证虽然有其优势，但也有其劣势，如不能自行选择管辖法院、不能像诉前保全那样及时查封债务人的财产等。因此，债权人根据具体情况，也有可能希望提起诉讼。最高人民法院于2008年12月发布了《最高人民法院关于当事人对具有强制执行效力的公证债权文书的内容有争议提起诉讼人民法院是否受理的批复》（法释〔2008〕17号），规定只有在公证债权文书确有错误被法院裁定不予执行的情况下，当事人才可以提起诉讼。该批复明确排除了经公证的债权文书的可诉性。

如果债权人仍然希望提起诉讼该怎么办？最高人民法院2014年审理的"李杰诉辽宁金鹏房屋开发有限公司金融不良债权追偿纠纷上诉案"给我们指明了一条出路。该案中，债权人曾向债务人发出"欠息通知书"，载明"若债务人不偿还欠息，债权人将采取下列相应措施：依法向法院申请支付令、申请强制执行或直接提起诉讼，追偿欠息"，债务人予以签章确认。据此，最高院

---

① 第八十八条规定：多份生效法律文书确定金钱给付内容的多个债权人分别对同一被执行人申请执行，各债权人对执行标的物均无担保物权的，按照执行法院采取执行措施的先后顺序受偿。

② 第九十一条规定：对参与被执行人财产的具体分配，应当由首先查封、扣押或冻结的法院主持进行。首先查封、扣押、冻结的法院所采取的执行措施如系为执行财产保全裁定，具体分配应当在该院案件审理终结后进行。

认为双方就欠息部分又约定可以采取诉讼方式解决纠纷，是通过合意的方式变更了可以直接申请强制执行的内容，因此欠息部分可以提起诉讼。债权人可以参考该案例，如法炮制，通过该种方式获得诉权。

2. 债权转让后强制执行公证条款的效力

债权转让后，债权受让人是否可以依据原债权合同中的强制执行公证条款申请强制执行呢？对此，法律法规和司法解释并没有明确的规定。司法部于2006年曾出具《关于经公证的具有强制执行效力的合同的债权依法转让后，受让人能否持原公证书向公证机构申请出具执行证书问题的批复》（司复〔2006〕13号），规定债权受让人可以向公证机构申请出具执行证书。但该文仅为司法部出具的文件，可以约束公证处，使公证处出具执行证书不存在障碍，但并不能直接作为法院裁定的依据。笔者认为强制执行公证并不具有人身属性，其针对的是债务本身，债权受让人有权提起强制执行申请。从司法实践看，法院也接受此观点。上述最高人民法院审理的"李杰诉辽宁金鹏房屋开发有限公司金融不良债权追偿纠纷上诉案"中，上诉人即为债权受让人，其以诉讼方式追偿债权，但法院认为原强制执行公证条款依然有效，债权受让人应通过申请强制执行实现债权，而不是通过诉讼方式。

另外，为了避免引起争议，在交易合同的强制执行公证条款中应加入债务人同意债权受让人也可以申请强制执行的约定。

3. 不动产抵押合同公证的管辖权

金融机构在实务中，考虑到各公证处效率、专业水平的差异及工作便利性，一般会选择自身所在地某家公证处长期合作。而根据《公证法》第二十五条规定，申请办理涉及不动产的公证，应当向不动产所在地的公证处提出。该条规定是否意味着涉及外地不动产抵押的强制执行公证，就只能向抵押物所在地的公证处申请办理？如果是，将会给业务覆盖地域较广的金融机构带来巨大不便和风险。笔者认为，《公证法》第二十五条的立法本意应指不动产所有权或使用权的转让，包括买卖、出租、继承、赠与等，不应包括不动产的抵押。笔者的这种理解也可以从全国人民代表大会常务委员会法制工作委员会编写的《中华人民共和国公证法释义》中得到支持。另外，司法部1992年颁布的《司法部抵押贷款合同公证程序细则》第四条也规定"抵押贷款合同公证由当事人住所地或合同签订地的公证处管辖。抵押物为不动产的，也可以由不动产所在地的公证处管辖"。该文虽然颁布时间较早，但依然有效。实践中，异地抵押物强制执行公证也广泛存在，笔者并没有发现因此被认定违反《公证法》第二十五条的规定而无效的案例。

4. 强制执行公证与实现担保物权程序的异同

2012 年修订的《民事诉讼法》在第十五章中增设了"第七节　实现担保物权案件"。该节中规定的实现担保物权程序与强制执行公证的相同点为可以不通过诉讼程序，直接拍卖担保物，且无须缴纳诉讼费，都有利于债权人快速实现债权。二者不同点主要为：

第一，强制执行公证需要债务人和债权人事先达成接受强制执行的合意，而实现担保物权无须债务人事先同意。

第二，强制执行公证需要先向公证处申请执行证书才能向法院提起执行申请，而实现担保物权可以直接向法院提起申请。

第三，强制执行公证可以选择被执行人任一财产所在地的法院管辖，而实现担保物权仅能向担保物所在地或登记地的法院申请。

第四，强制执行公证排除了债权人的诉权，而实现担保物权并不是强制程序，债权人可以选择适用，也可以提起诉讼。

第五，强制执行公证可以将债务人、担保人一并申请为被执行人，而实现担保物权仅能针对担保物，不能将债务人、保证人列入。

金融机构可以根据上述两种程序的异同，选择使用哪种程序。例如，如果担保物价值高、处置方便，担保物所在地司法机关较为公正，地方保护主义不明显，从快捷性角度，可以选择实现担保物权的程序。

三、土地使用权多次抵押方式研究

李金荣

【作者简介】李金荣，毕业于吉林大学，法学硕士。曾任职于北京纵横律师事务所（执业律师）、中国对外经济贸易信托有限公司，现于私募基金任职。

土地抵押是指土地权利人在法律许可的范围内不移转土地占有而将土地作为债权担保，在债务人不履行债务时，债权人有权对土地依法进行处分，并以处分所得的价款优先受偿。因土地使用权价值稳定，因此土地抵押是目前各种融资类项目的核心风控措施之一，随着我国房地产市场的发展和房地产金融业务的增多，土地使用权抵押活动也日益频繁。由于抵押土地的类型各异，处置方式也不尽相同，故对土地抵押问题的探讨就显得极为必要。本文主要围绕以同一宗土地分别为多个债权人提供担保的实务问题进行探讨和研究。

（一）土地抵押概述

1. 土地抵押及土地抵押权

土地抵押中最重要的概念是土地抵押权，土地抵押权是指在土地抵押关系中，抵押权人对作为抵押物的土地使用权和土地附着物所享有的处分权和优先受偿的相关权利。抵押权与土地使用权是两种不同的权利，土地抵押权必须是基于土地使用权才能成立，并以土地使用权作为实现抵押权的标的。

土地抵押权作为他项权利，是为了确保债的经济价值的实现。故提供担保之物必须具有交换价值。出让土地使用权是使用者以出让金钱为代价而取得的，因此，国有出让土地使用权是典型的土地抵押权标的。而对土地使用权以外的其他土地他项权利，没有明确规定。

土地使用权抵押涉及较多法律问题，程序比较复杂，因此许多地方在土地使用权抵押活动中常出现一些问题，从而给房地产金融业务和土地使用权抵押活动造成种种困难和障碍。

2. 土地担保价值利用最大化的需求

随着经济社会的发展，利用土地抵押进行融资的现象越来越多，当事人的需求越来越复杂。通常的抵押方式为单一抵押物对单一债权（并非指单一债权人）提供担保，即债权与担保物一一对应，当被担保的债权不能受偿时，抵押权人可以要求以抵押资产变现价值获偿。如果存在多笔债权（包括同一个债权人或者不同的债权人），而作为抵押物的价值足以覆盖全部债权总额时，从提高资产利用效率出发，抵押人往往希望将同一个抵押物的价值充分利用，为多笔债权同时提供担保。为了满足这一需求，在以往法律规定和操作实践中，存在土地使用权分割抵押、顺位抵押等不同的操作方法。

3. 土地价值多次利用的不同方法

（1）分割抵押。

分割抵押，即抵押人将登记为单一宗地的土地使用权按照不同的划分区域，分别为不同的债权提供抵押担保。目前可以查询到的最早关于分割抵押的规定，出现在1993年10月23日颁布的《河北省国有土地使用权抵押管理暂行规定》中，抵押人将一宗土地分割抵押时，抵押人应将设定抵押权的状况告知抵押权人，并分别办理抵押手续。

按照目前能查询到的一些地方性相关规定①，宗地分割抵押的，应当提交土地分割抵押方案及经抵押权人和抵押人确认的分割抵押界址图，同时提供一般抵押的相关材料，如土地使用权证书、主债权合同和抵押合同。《国家土地管理局关于土地使用权抵押登记有关问题的通知》（国土籍字〔1997〕2号，以下简称《通知》）规定，土地使用权分割抵押的，由土地管理部门确定抵押土地的界线和面积。

国土资源部在2012年下发《关于规范土地登记的意见》（国土资发〔2012〕134号）规定，以部分宗地申请土地使用权抵押登记的，不予受理。对于这一规定，通常观点认为是在部门规章层面禁止土地使用权分割抵押，下文将就分割抵押的理论和实践问题详细论证。

（2）最高额抵押。

根据《物权法》第二百零三条的规定，最高额抵押权是指土地抵押权人就债务人或者第三人对一定期间内将要连续发生的债权所提供的担保财产，在

---

① 《广西壮族自治区土地登记办法》（广西壮族自治区人民政府令第31号）。

债务人不履行到期债务或者发生当事人约定的实现抵押权的情形时，有权在最高债权额限度内优先受偿的权利。最高额抵押与一般抵押相比更适应商品经济的发展。例如，甲向银行连续多次借款，如果采用一般抵押的办法，那么每次借款都要设定一个抵押担保，签订一个抵押合同，进行一次抵押登记，手续十分烦琐，而在借款之前设定一个最高额抵押，无论将来债权发生几次，只要签订一个抵押合同，做一次抵押登记就可以了，这样做既省时、省力、省钱，还可以加速资金的融通，促进经济发展。

最高额抵押权相对于一般抵押权，主要具有以下区别：

1）担保的债权数量不同。一般抵押权担保的为一个债权，而最高额抵押权担保债权的数量是不确定的，可能是一个债权，也可能是多个债权，但一般是多个债权。

2）所担保债权发生时间不同。一般抵押权担保的为一个时间点发生的债权，而最高额抵押权担保的为一段时间内连续发生的债权。

3）在权利设立时，确定的担保内容不同。一般抵押权设立时，其担保的债权已经发生，因此担保的金额等都已经确定，而最高额抵押权担保的是将来发生的债权，设立时其担保的债权尚未发生，因此其所担保债权的实际金额、债权发生的次数等都尚未确定，确定的只是所担保债权的最高限额。

4）在权利转移上，一般抵押权要求债权转移的，抵押权也随之转移；但在最高额抵押权中，根据《物权法》第二百零四条的规定，除当事人另有约定外，最高额抵押担保的债权确定前，部分债权转让的，最高额抵押权不得转让。

5）在权利消灭上，一般抵押权要求主债权消灭的，抵押权也消灭；但在最高额抵押权中，只要产生最高额抵押权的基础关系还存在，部分债权的消灭不影响最高额抵押权的存在。

（3）顺位抵押。

根据《物权法》第一百九十九条的规定，同一财产向两个以上债权人抵押的，拍卖、变卖抵押财产所得的价款依照下列规定清偿：第一，抵押权已登记的，按照登记的先后顺序清偿，顺序相同的，按照债权比例清偿。第二，抵押权已登记的先于未登记的受偿。第三，抵押权未登记的，按照债权比例清偿。因此，同一土地使用权可以按照不同的顺序为不同的债权提供抵押。由此产生的抵押权顺位，又称抵押权顺序、次序或者位序，指就同一抵押物设定数个抵押权时，各个抵押权人优先受偿的先后顺序，即同一抵押物上数个抵押权之间的关系。

王利明教授在《物权法研究》一书中认为抵押权顺位的意义在于在同一标的物上设定有多重抵押时，各个抵押权人要行使权利，则存在着先后顺序之分。顺序在先的抵押权人具有优于顺序在后的抵押权人受偿的权利，此种权利在学说上也称为"次序权"，为抵押权在实现上的排他效力的重要表现。由于不动产抵押采用登记要件主义，所以不动产抵押权顺位确定的原则为：第一，登记优先原则，即以抵押权登记的先后为标准，先登记的抵押权优于后登记的抵押权。第二，同时同序原则，即若抵押权为同时登记，则同时生效，抵押权实现方式为"按比例清偿"。

法律不仅保护了在先的债权人利益，也考虑到抵押权顺序对在后债权人的影响，《浙江省土地登记实施细则》第三十三条规定，如在同一宗地上设有多个抵押权，因某个被担保债权的数额、债务履行期限等发生变更申请抵押权变更登记的，应当提交抵押权顺位在后的抵押权人同意变更和对抵押顺位重新约定的书面文件。

（4）轮候查封。

2004 年 11 月，最高人民法院公布的《关于人民法院民事执行中查封、扣押、冻结财产的规定》（以下简称《民事执行措施规定》）贯彻并延续了《通知》的精神，在第二十二条对"轮候查封"给予法律上的定义，是指对已被人民法院查封、扣押、冻结的财产，其他人民法院可以进行轮候查封、扣押、冻结。查封、扣押、冻结解除的，登记在先的轮候查封、扣押、冻结即自动生效。也就是说对其他人民法院或受理两个不同案件的同一法院已经查封的财产，执行法院在登记机关进行登记或者在该其他人民法院进行记载，查封依法解除后，在先的轮候查封自动转化为正式查封的制度。该制度提高了执行效率，并有利于多个债权的保护和实现，在实践中被大量使用。特别是《最高人民法院关于首先查封法院与优先债权执行法院处分查封财产有关问题的批复》（法释〔2016〕6 号）进一步规定轮候查封中顺位在后的执行法院在满足条件时可以优先移送执行，解决了在执行程序中常见的地方保护难题。

轮候查封制度，一定程度上也是满足了债权人就同一资产重复价值利用的诉求，只不过采取的是事后司法救济的途径，而非事先的主动担保增信。

4. 不同路径的分析比较

上述几种方式，在法律规定、实施程序、实现效果等方面各有优劣，需要根据不同的情形分别运用。

首先，一方面，最高额抵押只需要办理一次抵押登记即可为多笔债权提供担保，程序上较便捷。而分割抵押、顺位抵押均需根据不同的债权分别办理抵押登记，经常会面临不同债权人之间的协调、各地登记部门对抵押程序的理解差异等困难。另一方面，最高额抵押适合为单一债权人提供担保，无法满足不同债权人的需求，而分割抵押、顺位抵押既可以为单一债权人担保，也可以为不同的债权人提供担保。

其次，最高额抵押和顺位抵押只需在目前的土地使用权登记信息基础上进行抵押登记，不需要进行登记内容调整，而土地分割抵押需要分割抵押界址，进行土地分宗登记以后再分别办理抵押登记，程序烦琐且耗时长，效率较低。

再次，一方面，顺位抵押虽然符合法律规定，但是在实践操作中，需要登记在先的权利人同意，对于金融机构类抵押权人而言，通常很难沟通。另一方面，各地土地登记主管部门对法律和政策的理解程度不一，很多地方国土局不同意办理土地第二顺位抵押，或者对顺位抵押的金额有严格限制。

最后，抵押是事前对债权人利益的保护，保障措施主动，效果最好；轮候查封只能通过司法救济程序作为补救措施，虽然轮候查封在制度设计上能够对资产价值最大化利用，但是实践中很可能面临资产不足值从而债权无法实现的问题。

（二）分割抵押相关规定及实施现状

对于顺位抵押、最高额抵押或是轮候查封等措施，均有法律或司法解释层面的具体规定，相关制度和操作经验也较为成熟，下文主要围绕土地使用权分割抵押进行研究，希望能够给实务操作提供帮助。

1. 分割抵押政策演变过程

在国土资源部下发《关于规范土地登记的意见》（以下简称《意见》）之前，各地对于土地分割抵押均采取了支持的意见，并且在操作程序上有较明确的规定予以执行。

例如，南宁市规定[1]，土地使用权分割抵押的，提交土地管理部门确定抵押土地界线和面积的分割图。杭州市规定[2]，抵押人以同一土地使用权进行分割抵押的，须在设定抵押权前，报市土地管理局批准，并将设定抵押权的状况通知各抵押权人。抵押人以土地使用权设定抵押权（含分割抵押）时，须由市地产评估机构对其设定抵押的土地使用权进行资产评估，抵押权人应根据市地产评估机构出具的评估结果，核定抵押物的作价额，其作价额最高不得超过评估值的80%。无锡市规定[3]，土地使用权分割抵押的，需进行实地勘测，并

---

[1] 参见《南宁市房地产抵押管理暂行办法》（人民政府令第 32 号），于 1999 年 11 月 29 日颁布。

[2] 参见《杭州市城镇国有土地使用权抵押管理办法》，于 1994 年 5 月 4 日颁布。

[3] 参见《无锡市土地使用权抵押管理实施意见》。

在宗地图上确定抵押的界线和面积。

可见，在过往实践中，土地分割抵押具备较强的可操作性。而国土资源部《意见》规定，以部分宗地申请土地使用权抵押登记的，不予受理。通常理论认为，此项文件意味着土地使用权不得再进行分割抵押。笔者不同意此观点，本文认为《意见》并非否定了土地分割抵押，而是否定未分割的土地分别为债权提供抵押。

根据官方解读，宗地一经确定，不得随意调整，这是国内外通用的原则。《意见》强调，宗地应当依据国有建设用地使用权出让合同、用地批准文件等合法的土地权属来源材料，结合实际使用情况，按照地籍调查程序划定。宗地一经确定，不得随意分割、合并或调整边界，而以部分宗地分割抵押明显违背了这一原则①。

笔者认为，争议的焦点在于如何界定"分割"。宗地未经法定程序分割确认的，不得以任何形式为不同的债权提供抵押担保，如实践中经常遇到的以土地规划用途不同进行抵押、以项目开发进度不同进行抵押、根据土地价值进行抵押等，严格地说，上述方案均不是土地分割抵押。分割是指根据土地登记主管部门的要求和法律规定，就土地测绘后进行登记，将一宗地登记为多宗地的法律行为，而不是价值或者面积上的划分。如上文所述，一宗地可以按抵押物的价值多次抵押，依据《土地登记办法》，同一宗地多次抵押的，以抵押登记申请先后为序办理抵押登记。如果确实需要将一宗地分割成若干宗地的，《意见》也予以了明确规定，应经国土资源主管部门会同有关部门同意，即应当符合相关条件，履行相关程序。所以说，符合法律规定的土地分割抵押是允许的。

对此种意见，也有地方政府采取了相同的理解，邯郸市规定②，土地权利人提出土地使用权分割登记申请，经规划部门出具分割意见后，国土资源部门可依法办理土地使用权分割抵押登记。

2. 应对措施

既然土地分割抵押并非绝对禁止，那么在实务中如何通过此种方法实现土地担保价值利用最大化呢？笔者认为，应当坚持合法分割、依法登记的原则。

（1）土地分割条件和程序。

《土地登记办法》对分割登记没有具体规定，《意见》则明确规定"宗地

---

① 参见《国土资源部地籍司负责人解读〈关于规范土地登记的意见〉》，刊载《中国国土资源报》。
② 参见《邯郸市人民政府关于进一步做好抵押质押担保登记工作的意见》，于2015年6月5日颁布。

确需分割、合并或调整边界的,应经国土资源主管部门会同有关部门同意"。对于哪些属于"确需分割"的情形,目前没有列举,这属于国土资源主管部门自由裁量权的范畴。就笔者理解而言,企业为融资贷款原因进行分期开发建设,对土地有分割登记的需求,是合理理由。

关于土地分割的条件和程序,可参考以下内容①。

1)宗地分割的条件。依法取得国有土地使用权,项目的立项已审批,整个项目已全部办理《国有土地使用权证》和《建设工程规划许可证》。拟分割宗地的土地使用权人、批准用途、土地使用权类型相一致。整体项目用地必须是同一、独立的规划条件。

2)宗地分割登记的原则。

A. 依法申请的原则。土地权利人持有关资料到项目所在地区(县)土地登记主管部门提出土地分割变更登记申请。

B. 宗地分割保持建筑物、构筑物完整的原则。对于开发项目跨宗地建设的建筑物、构筑物,在不影响其他权利人合法权利的前提下,以开发项目详细规划为基准分割宗地,尽量减少原宗地范围变化,不打破建筑物、构筑物整体布局。

3)土地分割办理土地登记需提供的报件②。已受让的国有建设用地使用权宗地符合分割条件确需分割的,需提交原宗地和新宗地的勘测定界报告,原规划方案、建设用地规划许可证、规划设计条件书、出让合同、房地产权属证书、土地登记申请等相关资料,到市城乡规划主管部门和国土资源行政主管部门申请办理土地分割登记相关事宜。

分割完成后,抵押权人应根据法律规定依法办理分割后土地使用权的抵押登记,抵押权方成立。

(2)依法实现抵押权③。

《物权法》第一百九十五条第一款规定:"债务人不履行到期债务或者发生当事人约定的实现抵押权的情形,抵押权人可以与抵押人协议以抵押财产折价或者以拍卖、变卖该抵押财产所得的价款优先受偿。"依照该条规定,抵押权人实现抵押权的条件分为"债务人不履行到期债务"和"发生当事人约定

---

① 参见《关于规范土地登记中宗地分割合并有关问题的通知》,淄博市国土资源局于 2015 年 7 月 1 日颁布。

② 参见《关于规范国有建设用地使用权宗地分割办理土地登记有关事宜的通知》,辉县市人民政府于 2014 年 3 月 27 日颁布。

③ 曹士兵. 我国《物权法》关于抵押权实现的规定 [J]. 法律适用, 2008(1): 34.

的实现抵押权的情形"两种，符合其中任何一种的，抵押权人都有权实现抵押权。

土地使用权抵押人到期未能履行债务，或者发生当事人约定的实现抵押权的情况，抵押权人可以与抵押人协议以抵押物拍卖所得的价款受偿；协议不成的，抵押权人可以向人民法院提起诉讼。

处分抵押的土地使用权及地上建（构）筑物等抵押财产，应在公开的土地（房地产）交易市场进行，通过公开拍卖、挂牌等方式处置。处置抵押物所得，按依法登记的抵押权顺序偿还债务，但处置划拨的国有土地使用权所得的价款，须在依法缴纳相当于应缴纳的土地使用权出让金的款额后，抵押权人方可依登记的抵押权顺序优先受偿。

因处分抵押财产取得土地使用权的，其土地使用权条件及用途不得改变，新的土地使用者应在抵押财产处分后 30 日内，持有关证明文件到土地行政主管部门办理变更土地登记手续。

四、应收账款信托融资相关问题分析与对策研究

綦赞超

【作者简介】 綦赞超，毕业于中国政法大学，法学硕士。曾任职于中国对外经济贸易信托有限公司，现任职于中诚信托有限责任公司，从事信托业务合规审核和风控管理工作。

（一）应收账款信托融资模式简介及对比分析

目前，国内法律对应收账款尚无明确定义①，比较通行的实务解释有两种：一是会计学将应收账款定义为"企业因销售商品、产品或提供劳务等原因，应向购货客户或接受劳务的客户收取的款项或代垫的运杂费等"；应收账款是企业资产负债表中的一项资产科目，不包括未来产生的款项，也不包括公路、桥梁、隧道、渡口等不动产收费权。二是《应收账款质押登记办法》（以下简称《办法》）将应收账款解释为"权利人因提供一定的货物、服务或设施而获得的要求义务人付款的权利，包括现有的和未来的金钱债权及其产生的收益，但不包括因票据或其他有价证券而产生的付款请求权"②。从本质上看，应收账款是基于特定法律行为产生的要求特定债务人为一定给付的权利，法律属性上是一种付款请求权或法律上的可期待信用，经济特性表现为未来可获取

---

① 从境外来看，应收账款有"现有应收账款"与"将来（未来）应收账款"之分。根据《联合国国际贸易中应收账款转让公约》第五条的规定，"现有应收款"系指转让合同订立时或此前产生的应收款，"未来应收款"系指转让合同订立后产生的应收款。

② 根据《应收账款质押登记办法》，应收账款包括下列权利：第一，销售产生的债权，包括销售货物，供应水、电、气、暖，知识产权的许可使用等。第二，出租产生的债权，包括出租动产或不动产。第三，提供服务产生的债权。第四，公路、桥梁、隧道、渡口等不动产收费权。第五，提供贷款或其他信用产生的债权。

的稳定的、可预见的现金流入。

应收账款是企业资金管理的一项重要内容，直接影响企业营运资金的周转和经济效益。从成因来看，赊销是应收账款发生的关键原因，其目的是增强企业竞争力、扩大销量提高市场占有率和利润实现，是企业营销策略的重要组成部分。但过多的应收账款降低了企业的资金使用效率、加速企业现金流出、增加企业经营风险和成本。因此，应收账款发生后，企业除了积极催缴外还会利用其进行融资。通过应收账款进行融资在有效规避应收账款带来风险的同时，开辟了企业融资渠道，具有融资弹性和效率高、成本低廉、融资时间短等优势，可以迅速地、低成本地筹集所需资金。

应收账款信托融资实践中，比较普遍的融资方式为应收账款质押融资（含应收账款收益权融资）、应收账款买断融资、应收账款证券化融资，三者的主要区别是应收账款的所有权及相关风险（如坏账风险）是否发生实质性转变，即：作为融资标的的应收款项到期未获偿付时，资金融出方是否有权向融资企业进行追索，应收账款质押融资下融资企业需要承担代付责任；应收账款买断融资、应收账款证券化融资下应收账款所有权发生实质转移，相应风险由资金融出方承担。

1. 应收账款质押融资

应收账款质押融资又称应收账款抵借、附加追索权的应收账款转让，是指企业以应收账款作为质押担保品，从金融机构获得借款的融资方式。与其他担保方式不同，用来质押的应收账款本身具有内在还款机制，且该应收账款通常与企业的现金流紧密相连。应收账款质押融资模式下，资金融出方不需要承担被质押的应收账款基础债务人的违约风险、债务人基于原债权人违约的抗辩风险等。

应收账款收益权是实务中部分信托公司为拓宽融资渠道并在一定程度上对融资交易结构加以变通以符合监管要求，以合同约定的方式创设出的新概念。应收账款收益权转让融资的普遍操作思路是信托公司将确定的应收账款收益权作为融资对象设立财产权信托或设立资金信托受让应收账款收益权，信托到期后由融资企业溢价回购。这种做法将应收账款与其未来产生的收益人为割裂开来，将交易标的约定为应收账款收益权，将质押标的约定为应收账款，面临双重风险：一是在现行相关法律规定上并不存在"应收账款收益权"这个概念，合同约定与《办法》关于应收账款的定义冲突，将来可能面临交易文件被认定无效的法律风险；二是此类交易模式下，信托公司的收入来源与担保物（应收账款）实质重合，担保措施并无实际意义，达不到控制风险的目的①。

---

① 王雅琼. 信托风控之应收账款质押专题分析［EB/OL］. 用益信托网, http://www.yanglee.com.

2. 应收账款买断融资

应收账款买断融资又称不附加追索权的应收账款转让，是指企业通过让渡应收账款的所有权筹集资金的融资方式，本质上属债权转让，应收账款到期后债务人直接向受让人偿付债务。一旦出现应收账款拖欠或债务人无力清偿，企业无须承担任何责任；资金融出方不能向企业追索，只能自己追索或承担损失。

应收账款买断融资较早应用于银行保理业务。《国际保付代理公约》关于保理的定义为：卖方或供应商或出口商与保理商签署契约，卖方（供应商、出口商）将其现在或将来的基于其与买方（债务人）订立的货物销售、服务合同所产生的应收账款转让给保理商，由保理商提供贸易融资、销售分账户管理、应收账款催收、信用风险控制与坏账担保等一系列服务的综合金融服务方式。保理以应收账款的转让为核心，其性质上是债权的"买卖"，有融资之功效却无担保之机能。

应收账款买断融资相较银行保理业务相对简单，即信托公司对融资人的应收账款买断式购入，该应收账款所有权发生转移，由原债务人偿还该款项实现信托资金的退出（如原债务人未能偿还该款项，则信托到期以信托财产现状分配给委托人）。信托收益来源于应收账款所有权转移的利差等。

3. 应收账款证券化融资

应收账款证券化融资指以应收账款原始权益人所拥有的资产为基础，通过一定的结构性重组，由金融机构发行债券，将其转变为可以在金融市场上出售和流通的证券，实现资金融通。

从融资途径看，应收账款证券化融资属于直接融资范畴，而应收账款质押融资、应收账款买断融资则属于间接融资。相较而言，应收账款证券化融资对应收账款资金池的要求更为严格：应收账款资金池要有统一、清晰、合理的结构；基础资产债务人的地域分布和人口分布具有广泛性；证券化的应收账款应具有良好的信用记录或相对稳定的坏账统计记录；应收账款的合同条款必须标准化、高质量；应收账款期限要合理；原始权益人对应收账款拥有完整的所有权等①。由此可见，并非所有的应收账款都可以证券化。

---

① 关于可证券化资产的经济特性主要有"六要点说""七要点说""八要点说"和"九要点说"。分别参见：涂永红，刘伯荣. 银行信贷资产证券化［M］. 北京：中国金融出版社，2000；王开国. 关于中国推行资产证券化问题的思考［J］. 经济研究，1999（6）；成之德. 资产证券化理论与实务全书［M］. 北京：中国言实出版社，2000.

（二）应收账款信托融资存在的问题及应对措施

总结近几年来应收账款信托融资实践，无论采取何种模式，均面临信用风险、法律风险等共性问题，应收账款质押融资还在质押登记环节存在操作风险。

1. 信用风险

应收账款信托融资实质上是信用贷款，应收账款的回笼资金为第一还款来源，均存在信用风险，还款义务人的支付意愿和能力，直接关系到信托资金的安全兑付。不同之处在于各类融资模式的信用基础侧重不同，应收账款买断融资、证券化融资的信用基础为应收账款的债务人；而应收账款质押融资的信用基础则为借款企业商业信用与应收账款债务人信用的高度融合，存在担保机制。

鉴于应收账款产生的未来现金流是偿还债务的主要来源，其支付的可预见性是防范信用风险的核心。应收账款支付的可预见性主要受应收账款本身状况、还款义务人的支付意愿、能力和数量、融资期限安排[1]等多重因素影响。例如，在因货物销售和服务提供而形成应收账款的场合，债务人对支付义务有抗辩的可能；在基础设施类应收账款信托项目中是否有效绑定政府信用等。因此，开展应收账款信托融资应做好事前尽职调查和审核工作，可分为两个部分：一是相关主体的信用评估。应严格审查应收账款债权（务）人的信用资质和偿债能力，应收账款债权（务）人须拥有一定的资产规模，经营状况良好，能如实提供财务状况、经营状况、应收账款债务人名录、资信、账户等。须关注融资企业从应收账款取得的现金流，全面分析融资企业所属行业、行业所处地位、管理能力、销售策略、应收账款账龄、客户因素、坏账历史、债务评级和信用报告等[2]。二是应收账款评估。应收账款应该具备真实、合法、无纠纷的基础交易，融资企业和应收账款债务人已经签订相关协议，且融资企业提供的支付对价无瑕疵并被应收账款债务人接受，债务人不存在实质性抗辩。同时要对应收账款进行科学、合理的价值评估，确保应收账款产生的现金流足以覆盖融资本息。此外还应关注应收账款的集中度、逾期率及不可或不易实现

---

[1] 融资期限安排是指融资企业的借款期限设计必须和其与应收账款债务人之间的债务期限安排相吻合。例如：若应收账款债务人的还款时间在6个月后，那么借款人的借款期限设计为6个月左右较为合理。如果借款期限设计为12个月，则会导致融资企业挪用或者与应收账款债务人合谋挪用既定的偿还资金；如果借款期限设计少于6个月，则无法实现融资企业的融资目的。

[2] 徐欣彦. 应收账款融资的典型形式及其风险防范［J］. 浙江金融，2009（8）.

的应收账款（如应收政府款项，应收外币款项，融资企业对其附属机构、控股公司、母公司、集团成员销售产生的应收账款，受留置权或抵押权影响的应收账款，从他方受让来的应收账款，逾期的应收账款）等其他内容。

2. 法律风险

法律风险是指在应收账款信托融资业务法律基础不充分、不确定、不透明的背景下，因相关方提出质疑或诉讼纠纷，相关法律法规适用存在不确定性或超出预期，导致市场主体遭受损失的可能性。

（1）应收账款转让的有效性。

应收账款信托融资实质上均启动了债权转让程序，根据《合同法》等相关规定，保障应收账款合法有效应满足特定的实体要件和程序要求。实体方面应收账款应具有可转让性，不存在《合同法》第七十九条规定的因性质上不得转让、合同约定不得转让、法律规定不得转让等情形。在债权转让方面仍存在争议的是将来（未来）应收账款（即债权转让合同签署后产生的应收款）能否转让，如各类收费权、景区门票收入等，学术上存在两种不同的观点①。综合各国立法规定和司法实践，结合债权转让的基本原理和经济功效，在我国现有法律规定下宜认定将来（未来）应收账款具有可转让性。程序方面相关主体还应根据《合同法》第八十条规定，在债权转让时及时通知债务人，防止债务人据此提出抗辩。若债务人是多个分散的个体（如部分机构开展"应收账款池融资业务"），如何有效通知应收账款债务人面临操作性问题。

（2）应收账款基础法律关系的确定性和有效性。

应收账款的真实、确定、有效是其进行融资的必要前提。考虑到应收账款主要是基于合同的金钱债权，根据《合同法》的有关规定，存在基础合同被撤销、变更、抵销、抗辩、代位行使、诉讼时效期满等法律风险，这些情形都将会使应收账款债权落空或价值贬损。一旦基础法律关系出现纠纷，很容易将资金融出方卷入其中，即便应收账款的权利最终转移给资金融出方，也会因经历调查取证、诉讼仲裁等环节增加实现难度。

---

① 肯定说认为，法律行为的成立要件与效力发生要件应当区别开来，只要法律行为已经成立就可以产生权利并可以转让该权利。德国学者Lehman认为，《德国民法典》第一百八十五条第二款规定非权利人所为的处分，"如经权利人事后追认，或因处分人取得标的物时，或权利人成为处分人的继承人而对其遗产负无限责任时，为有效"。此项规定应可以适用将来的债权的处分，因此对将来的债权事前预定，加以处分，应当认定有效。否定说认为，债权让与系处分债权的行为，故处分时必须以债权业已存在为前提，尚未存在的债权不得让与，因此，将来债权不得让与。蒋岚. 资产证券化之基础资产的法律分析［J］. 工作研究（中国证券登记结算公司内刊），2013（19）.

（3）应收账款担保功能的局限性。

一是应收账款质押融资模式下，应收账款应按照法律规定办理质押的登记手续，否则资金融出方的债权不享有优先受偿权①，一旦应收账款债务人进入破产程序，资金融出只能作为一般债权人申报债权并参与破产财产分配，并不享有优先受偿的权利。二是与应收账款转让原理相同，应收账款的质押不能消除应收账款债务人对融资企业所拥有的权利，应收账款债务人仍然可以行使抗辩权、抵销权等。三是《物权法》规定，债务人不履行到期债务或者发生当事人约定的实现质权的情形，质权人可以与出质人协议以质押财产折价，也可以就拍卖、变卖质押财产所得的价款优先受偿。质押财产折价或者变卖的，应当参照市场价格。对于比较典型的应收账款（如销售货款）估值和变现较为容易，但是对于比较特殊的应收账款（如各类收费权、景区门票收入），其估值和变现就比较困难，也面临较多法律障碍，质权实现途径并不顺畅。

3. 操作风险

应收账款质押融资较其他应收账款融资业务最大的一个区别是其操作流程相对复杂，其相应的操作风险较多，主要表现为因质押登记无效、不及时和质押权展期操作时不规范等导致市场主体遭受损失性。2007年10月1日，《物权法》正式发布实施，为应收账款质押融资业务开展提供了法定依据②。为落实《物权法》关于应收账款质押登记的规定，人民银行建立了应收账款质押登记公示系统，于《物权法》同步上线运行。同年9月，人民银行颁布了《应收账款质押登记办法》，征信中心颁布了配套操作规则。与其他质押登记手续不同，应收账款质押登记不需要到实体部门办理，仅在征信中心网站完成登记即可，这一做法在带来便利的同时也因自主登记不规范带来一些问题。从实际操作来看，下列问题是经常容易出现的，需要予以关注：

① 关于应收账款质押是否具有优先受偿权，学术界存在不同认识。2009年11月13日，《人民法院报》第5版《理论与实践》栏目刊登了江苏省吴江市法院戴顺娟法官编写的《应收账款质押不具有优先于保证的受偿权》，核心观点是"应收账款不是《物权法》中的物，应收账款质押也不是物的担保，应收账款质押不具有优先于保证的受偿权"。对此观点，刘保玉教授、孙瑞玺律师提出异议，认为应收账款权利质押的客体无疑也是物权的客体，属《物权法》调整范畴，应收账款质押属于物的担保范围，具有优先受偿效力。

② 《物权法》第二百二十三条首次确认，债务人或者第三人有权处分的应收账款可以出质。第二百二十八条规定，"以应收账款出质的，当事人应当订立书面合同；权利自信贷征信机构办理出质登记时设立。应收账款出质后不得转让，但经出质人与质权人协商同意的除外。出质人转让应收账款所得的价款应向质权人提前清偿债务或者提存"。

（1）因未签订或未向系统提交《应收账款质押登记协议》（以下简称《登记协议》）而导致的效力瑕疵。

应收账款质押登记除需要签订《质押合同》外，双方还需另行签署《登记协议》，至少须载明质权人与出质人已签订《质押合同》，并由质权人办理质押登记等内容。按照《办法》规定，办理质押登记时须将《登记协议》作为登记附件提交登记系统。若未签订《登记协议》，或已签订却未将其扫描成JPG格式文件上传系统，均属于在办理质押登记存在瑕疵，即使获取《应收账款质押登记证明——初始登记》，其登记行为可能因为缺少必要的登记要件而导致无效。因而，业务部门须事先了解登记相关要求，提前拟定《登记协议》，并督促出质人将其与《质押合同》一并签署。

（2）质押财产描述不准确。

"质押财产描述"对于界定质押财产的确定性和唯一性十分重要。在填写登记系统"质押财产信息"栏中，如果仅指出主债权债务合同和质押合同的编号、认为合同已经对质押财产进行了详细的约定，而在"质押财产描述"一栏中不对质押财产进行清楚、详细的描述，如仅写为"出质人的销售应收账款"，这类登记方式很可能会对登记法律效力的认定产生不利影响。

（3）重复质押问题。

《办法》第五条规定，在同一应收账款上设立多个质权的，质权人按照登记的先后顺序行使质权。不动产抵押登记手续办理完成后，抵押权人会获得有关部门制作的他项权证，同时在原土地使用证或房产证上会注明抵押情况，权利归属清晰可见。而应收账款质押登记完成后，系统仅生成PDF格式的《应收账款质押登记证明——初始登记》（未有任何政府部门或征信中心的签章），也无法从中获取第三方是否有在质押财产上先行设定权利负担的相关信息。因此，在办理登记时需要操作人员对出质人的所有应收账款质押信息进行查询、筛选排查。

（4）质押登记期间与主债权不匹配。

登记系统中，质权的登记期限只能选择整年（1~25年），而不能选择具体的月份、日期，并且该期限默认从质押登记之日起算，这可能导致登记办理完成日与贷款发放日可能不在同一天，使得应收账款质押期间与主债权的存续期间不一致，出现风险敞口。

此外，《办法》规定，"质权人自行确定登记期限，登记期限以年计算，最长不得超过5年。登记期限届满，质押登记失效"；"在登记期限届满前90日内，质权人可以申请展期。质权人可以多次展期，每次展期期限不得超过5

年"。这与《担保法》《担保法司法解释》关于"质权与其担保的债权同时存在，债权消灭的，质权也消灭""当事人约定的或者登记部门要求登记的担保期间，对担保物权的存续不具有法律约束力"的规定存在冲突，登记系统这一设置将会导致期限届满后质押登记丧失公示效力，原质权人面临被认定质权消灭或劣后受偿等风险，应收账款质押不能达到初始的担保功能和风控实效。

（三）实例分析：基础设施类应收账款信托融资实务介绍

目前，应收账款信托融资应用较广的领域主要集中在政信合作项目，筹集资金多投向地方政府基础设施建设，这与监管部门剥离融资平台公司政府融资功能、适度控制地方政府性债务规模并加强规范管理的政策导向密切相关。实务中，信托公司开展此类业务主要采用了应收账款转让、应收账款收益权转让附回购两种交易模式①。应收账款转让模式实质上是一种债权转让行为，通常采用优先/次级结构化交易模式。例如，信托公司接受委托人（即 BT 项目投资建设方）委托设立信托，将委托人因委托代建而持有的对政府的应收账款进行受让，并对信托受益权进行分层，优先级受益权向合格投资者募集，委托人以折算的应收账款债权作为次级，为优先级受益人的受偿提供内部信用增级②。应收账款收益权转让附回购模式（以下简称"应收账款收益权转让"）的交易结构为：信托资金用于向项目建设方（多为融资平台公司）受让其基于与政府签订建设项目协议而享有的应收账款收益权。信托资金用于项目建设，信托到期后由项目建设方溢价回购，该类项目通常由其融资方的关联方采用连带保证、股权质押等方式为融资方到期回购提供担保。

基础设施类应收账款信托融资是将未来现金流进行类资产证券化处理，采

---

① 两类应收账款信托融资模式在交易结构、融资性质、履行程序、适用范围和面临风险等方面存在差异，表现为：第一，融资性质方面。应收账款转让实质上是一种债权转让行为，通常采用优先/次级结构化交易模式；而应收账款收益权转让实质上是一种质押融资方式。第二，程序方面。应收账款转让需履行通知程序，告知应收账款的债务人债权已转让的事实，从而使转让行为对债务人发生效力。应收账款收益权转让需履行公示程序——在中国人民银行应收账款质押登记系统中对应收账款转让进行公示登记，防止重复转让。第三，适用范围方面。一般情况下，应收账款转让要求已经形成的原债权债务关系中债务数额和债务人数量具有确定性；而应收账款收益权转让通常适用于债务数额和债务人数量相对不确定性项目，如高速路建设项目。第四，风险不同。应收账款转让模式下，受让人需要承担债务人违约风险、债务人基于原债权人违约的抗辩风险等。而在应收账款收益权转让模式下受让人不需要直接承担债务人违约风险和抗辩风险。

② 采用应收账款转让模式的代表项目包括：第一，中信普惠·鄂尔多斯城投应收账款流动化信托项目。第二，中信民惠 5 号武进交发应收账款流动化信托项目。第三，中信·江苏句容城市建设应收账款流动化信托项目。第四，中信基业 1 号柳州城投应收账款流动化信托项目等。

用"溢价回购+差价担保"的融资方式增加现金流入来解决融资平台公司财务困境，其还款率来源主要依靠政府财力。因此，信托公司在开展此类业务会将有效绑定政府信用作为风控关键措施。现对照前述内容，结合业务实例，对应收账款信托融资存在风险及应对措施说明如下：

1. 信用风险

在基础设施类应收账款信托融资项目中，信用风险分为地方政府信用风险（对应应收账款债务人风险）和交易对手信用风险（对应融资主体风险）。

（1）地方政府信用风险。

融资平台的债务偿还主要依靠地方政府财政支持，而地方政府的偿债能力与地方政府债务规模扩张、宏观经济环境变化、产业政策调整等因素密切相关，偿债意愿则需要关注政府管理水平和地方政府换届等因素影响。

对此，需要通过多种渠道收集当地政府本级财政收入数据，从财政收入规模、财政收入和支出结构、财政收入的灵活度等角度，全面分析地方政府本级财政收入水平；同时获取当地政府债务余额及综合财力统计表，分析当地政府债务规模及债务管理是否规范、负债水平和负债结构（含期限结构）是否合理；密切关注政府领导班子对信托融资业务的理解是否准确、政府领导班子在信托项目期间发生变化的可能性；调查当地银行的贷款不良率及当地企业的违约率，充分了解当地的金融生态环境等。

（2）交易对手信用风险。

基础设施类应收账款信托融资项目的融资主体集中于地方政府融资平台，该类融资平台面临负债率偏高、市场化运作程度偏低、融资手段单一等共同困境，其信用资质和偿债能力存在较大隐患。

对此，在选择交易对手时会着重考虑级别较高（如省级、省会级平台）、现金流充足、有实业支撑（如电力、电信、高速路、发电厂），在公开市场发行债券或经整改退出平台管理的融资主体。在选择融资项目时优先选择当地产业政策重点支持领域的项目。

2. 法律风险

在基础设施类应收账款信托融资项目中，法律风险表现为应收账款相关风险，具体细分为应收账款的合法合规性风险、真实性风险和确定性风险。

（1）应收账款的合法合规性风险。

根据《关于制止地方政府违法违规融资行为的通知》（财预〔2012〕463号）第二条关于切实规范地方政府以回购方式举借政府性债务行为的规定，除法律和国务院另有规定外，地方各级政府不得以委托单位建设并承担逐年回购责任方式举借政府性债务。因此需要对拟受让的应收账款所对应的项目是否属于 463 号文规定的可以委托代建的项目进行合规性判断。如项目并非属于法律和国务院规定可以采取委托代建方式建设的，则应收账款债权可能因基础合同被认定无效或可撤销而无法实现。

（2）应收账款的真实性风险。

拟受让的应收账款应当是已经真实形成、体现在平台公司财务报表当中，金额确定、债权债务关系明晰的既定债权。随着应收账款信托融资的深入开展，应收账款本身已经成为"稀缺资源"，不排除融资主体虚构、不规范约定应收账款等违法违规行为。

（3）应收账款的确定性风险。

即应收账款能否实现存在的不确定性风险。应收账款能否实现主要取决于融资主体在基础合同项下是否已经履行完毕全部义务，即应收账款债务人是否仍享有履约抗辩权、合同解除权等。同时，还应当关注基础合同项下应收账款的履约期限与信托期限是否匹配、合同金额能否覆盖信托本息。如果履约期限长于信托期限，或者合同金额未能覆盖信托本息，信托收益将面临延期且无法足额实现的风险。

针对上述风险主要采取以下应对措施：第一，尽职调查过程中要求融资主体提供拟转让的应收账款形成的相关证明材料（包括但不限于基础合同、代建项目政府批复文件、工程完/竣工证明文件、项目审计及移交文件等），并结合融资主体的财务报表对应收账款的真实性进行判断。第二，聘请第三方会计师事务所对拟受让的应收账款金额进行独立审计。第三，受让融资平台持有的对政府的应收账款需要由应收账款债务人进行书面确认，承诺该笔应收账款真实、确定存在并按时付款，放弃抗辩权、抵销权、解除权等相应权利。第四，在征信中心统一登记平台进行应收账款转让或质押登记，以防范融资主体将标的应收账款再行质押或处分。

3. 资金挪用风险

目前，监管部门对融资平台资金投向有明确要求，若融资主体未按照合同约定用途使用信托资金，将资金用于土地储备或房地产等监管政策禁止或限制的用途，则信托项目本身有合规风险。

针对上述风险主要采取以下应对措施：第一，在前期尽调过程中，要对用款项目的实际建设进度、资金筹集及使用等方面进行调查，搜集融资主体相关融资资料（包括公开发债的募集说明书、银行贷款合同、非标融资推介材料等），对其用款项目资金需求合理性进行印证。第二，在与融资主体签署的交易文件中明确约定，信托资金仅可用于用款项目建设，不得挪作他用，强化融资主体挪用信托资金的违约责任。第三，设立资金监管账户，并与银行签订《资金监管协议》，委托商业银行对资金流转和使用进行监管，保障资金的划款使用仅限于合同约定的用途。第四，在信托运行过程中，定期/不定期对信托资金的使用和用款项目的建设进行检查，并取得用款项目建设的相关凭证，防范资金挪用风险。

4. 担保措施相关风险

在政信项目中，一般都要求融资主体提供一定的担保措施，如不动产抵押、应收账款质押、第三方担保等，在担保物选择、担保手续办理、担保物权实现等方面存在一定的法律风险和操作风险。

对此主要采取了以下应对措施：第一，对于以土地作为抵押物的，应当重点关注该土地是否是抵押人通过合法程序取得的。如果是出让地，需要关注是否签署土地出让合同、是否缴纳土地出让金，土地是否存在闲置情形。如果是划拨土地，需要关注有无相关划拨审批手续，划拨土地用途是什么，有无擅自改变用途。第二，保证担保方面，优先选择当地规模较大、资质较好，同样是公开发债主体的融资平台公司作为担保主体。第三，应收账款质押担保方面，应对应收账款形成的基础法律文件（形式上包括但不限于合同、收费许可证等）进行核实；在征信中心统一登记平台进行应收账款转让或质押登记；通过设立特定账户等现金流控制方式对应收账款回款进行监督使用。

五、强制执行实务操作难点及对策分析

杨 蓓 张 清

【作者简介】 杨蓓，2006年至今在某大型国有银行从事对公信贷业务。处理过多起风险项目的化解、处置、诉讼，熟悉信贷业务风险把控要点，亦有不同类型资产执行的理论基础和实操经验，对担保借款领域有相应的理解和研究。张清，目前任某基金子公司副总经理，此前先后在银行、券商、基金公司工作。

在金融借款合同纠纷及不良资产处置过程中，法律诉讼的胜诉是实现债权的第一环节和先决条件，但从笔者数年资产处置工作经验来看，如果将整个不良资产处置视为万里长征，胜诉仅是迈出了第一步。债权的最终实现、不良资产的彻底化解需要依托法院的强制执行①方可完成，而其过程有可能耗时数年。基于前述基本事实，在金融业务中，强制执行的重要性毋庸置疑。但在目前我国经济社会整体信用程度有待提高的现状下，由于出现经济纠纷的原因错综复杂、执行环节涉及经济主体和部门众多，导致强制执行工作的推进存在多重困难。

本文拟对我国目前强制执行过程中的特点进行梳理，针对操作过程中不同类型执行对象在执行中遇到的主要问题，结合相关法律法规及司法解释进行分析，并尝试对金融机构如何实现执行效果的提升进行思考。

（一）我国目前强制执行制度的特点

民事强制执行制度主要运行目标为解决平等民事主体之间的纠纷，属于民

---

① 强制执行包括民事强制执行、刑事强制执行和行政强制执行，本文主要探讨民事强制执行，即运用国家公权力强制债务人履行相应义务，以实现债权人权利的制度。

事诉讼法的范畴，它是依国家权力解决私法纠纷的程序。强制执行的内容主要是国家机关依债权人的申请，依据执行根据，运用国家强制力强制债务人履行义务，以实现债权人民事权利的活动。我国目前强制执行制度具有以下几个特点：

1. 执行主体只能是专门的国家执行机关

在我国享有执行权的只能是国家专门机关，即人民法院，其他任何机关和个人都不得行使执行权。这一点与其他国家不尽相同。如英美法系的国家一般采取二元制，在英国、澳大利亚设有法院和执行官。

2. 执行程序的启动一般由债权人申请执行

我国民事强制执行的启动是依据申请为原则。体现了尊重公民意思自治的原则，也是私权处分原则在民事强制执行程序中的具体表现。

3. 执行对象具有特殊性

民事强制执行的对象，在程序当中所体现出来的范围只限于财产，而不涉及人身，这也是由民法的特征决定的。

4. 强制性是执行制度的根本特性

法律的强制力具有潜在性和间接性，民事强制执行是执行机关使用公权力的强制行为，它以国家的强制力来保障实施，是国家公权力对私权的一种介入。公权力的介入，一方面能够使债权人的合法权益得以保障和实现，另一方面也能够维护社会秩序。

5. 民事强制执行以执行依据为前提

民事强制执行的任务是将生效的法律文书的内容付诸实现，从而实现债权人的权利。民事强制执行的依据必须是具有给付内容的，可以强制实现的，具有执行效力的生效法律文书。

（二）强制执行实务操作中面临的主要问题

强制执行工作的价值追求明显不同于法院司法审判权，在强制执行中，执行机构的目的在于快速有效地实现生效判决或其他具有执行效力的法律文书。然而随着市场经济的发展，民事纠纷及诉讼剧增，执行机构必须以尽可能少的人力、财力、物力和时间去完成执行任务，导致执行过程中执行难的问题普遍存在，其中被执行人难找、应执行财产难动的问题非常突出。

1. 被执行人难找

强制执行程序中的被执行人会采取各种逃避手段，如在法院审判阶段采取逃避法院传唤、拒绝出庭、拒绝接受法院下达的法律文书、抵赖债务等手段拖延时间。根据网络公开数据，2013 年某区法院共受理执行案件 7108 件，被执行人下落不明致使案件无法实际执行约占 40%以上。2013 年，该院集全院之力对 2012 年以前的 4800 件执行积案进行逐案清理。经过近两年的专项清理活动，实际执结积案 930 件，占全部积案的 19.37%，其余 3870 件积案因无财产可供执行裁定终结本次执行程序。据不完全统计，在 930 件实际执结案件中，被执行人基本全部在案，在 3870 件的程序性终结案件中，被执行人下落不明的占到 60%以上。

参考案例：

某银行由于债务人未如期履行还款义务，向某区法院对借款人、借款人法定代表人及保证人提起借款合同纠纷诉讼。2015 年 6 月立案后，法院通过电话未能联系到三被告。银行委托代理人 D 律所在法院办理了公告刊登手续，即在《人民法院报》公告送达起诉状副本及开庭传票。12 月 1 日，举证期届满，法院正式开庭，并进行了缺席判决。2016 年 1 月 12 日，法院发出《民事判决书》，支持了该银行的诉讼请求。2 月，D 律所再次将判决书在《人民法院报》进行公告，60 日后可视为送达。2016 年 5 月，法院下达《生效裁判证明书》，认定此前《民事判决书》正式发生法律效力。

案例评析：

本案例为简单清晰的金融借款合同纠纷，虽尚未进入执行阶段，但在诉讼阶段由于被执行人难寻，只能通过公告形式送达相关法律文书，使得案件从立案到取得生效判决已经耗时一年，后续执行工作势必难上加难。

作为法律关系主体的公民、法人和其他组织，在一定的空间领域内享有充分的活动自由。一旦成为被执行人，无论无意还是刻意逃避执行，法院寻找其下落便成了执行工作的难中之难。究其原因，主要有以下两个方面：一是执行权力小，难以满足实际需要。民事执行权主要由《民事诉讼法》及其司法解释所赋予，但目前《民事诉讼法》及其司法解释仅规定"对无正当理由拒不到场接受调查询问、配合执行的情况，可以拘传到场"，除此之外并无其他措施。但当被执行人拒绝透露其所在位置时，人民法院并没有被赋予其他权力对被执行人下落进行寻找，如手机信号定位、网络追逃等常见侦查手段均无法使用，造成被执行人"玩失踪"成本低、手段简单。二是信用机制不健全，逃避执行成本低。我国尚未建立完备的公民信用体系，法院与公安、税务、银行、工商等部门未能形成信息共享的局面，全社会暂无信用惩戒机制，被执行人规避执行成本极低。

2. 应执行财产难动

对于应该执行的财产，即使法院贴出了执行公告、采取了执行措施，仍然存在难以取得最终效果的情况。下文以不动产、企业的库存商品及生产设备、到期债权为例，试析各类资产在执行过程中可能会遇到的障碍。

（1）不动产。

房屋、土地等不动产在执行过程中，由于价值较高、登记机关明确，在财产线索摸查阶段通常易于掌握。并且目前北京等地已经实现了不动产登记部门与法院系统的联网，进入执行阶段后可以明确查询被执行人本市的不动产信息。但是在最终的执行阶段，如待执行不动产存在租赁关系、存在先查封等情形仍会影响不动产的处置。甚至在执行成功、完成所有权转移登记手续后，仍被原所有权人恶意非法占据导致无法真正使用不动产的情况也屡见不鲜。

参考案例：

2010 年 6 月，由于未能履行借款合同的还款义务，某银行对合同借款人 L 公司及担保人 P 公司向×区法院提起了诉讼。2011 年取得×区法院《执行裁定书》，裁定冻结、划拨 L 公司及 P 公司存款后仍不足以清偿的，则依法扣留、提取被执行人 L 公司、P 公司应当履行义务部分的收入或查封、扣押、冻结、拍卖、变卖被执行人应当履行义务部分的财产。

依据执行裁定，该银行查封了 P 公司一处 9000 平方米商铺，并于 2012 年在法院统一组织下完成了评估。由于被执行人多次提出异议，2015 年该处房产方进入拍卖程序。然而，最终由于该商铺部分铺位存在出租情况，产权人、承租人及商铺物业均不配合提供租赁合同且相关租赁合同未在房屋主管部门进行登记、备案，无法了解租赁合同签订时间、租赁期限等具体情况，导致潜在竞买人认为该处资产后续使用存在较大不确定性，三次拍卖均告流拍。

案例评析：

根据《物权法》规定，订立抵押合同前抵押财产已出租的，原租赁关系不受该抵押权的影响。抵押权设立后抵押财产出租的，该租赁关系不得对抗已登记的抵押权。

根据《最高人民法院关于审理城镇房屋租赁合同纠纷案件具体应用法律若干问题的解释》，租赁房屋在租赁期间发生所有权变动，承租人请求房屋受让人继续履行原租赁合同的，人民法院应予支持。但租赁房屋具有下列情形或者当事人另有约定的除外：

1）房屋在出租前已设立抵押权，因抵押权人实现抵押权发生所有权变动的。

2）房屋在出租前已被人民法院依法查封的。

根据上述法律条文可以看出，关于抵押权与租赁权之间的冲突，法律采用的是成立在先优先的观点。然而不管是抵押在先还是查封在先，在之后设立的租赁合同效力同样合法有效，只是无法对抗已登记的抵押权。如果由于抵押或者查封确实导致承租人无法使用租赁物的，承租人可以请求解除租赁合同。

然而在实际操作中，由于租赁合同无须进行强制性的登记，如上述案例中无法了解租赁合同详细情况或者提供虚假租赁合同，往往会成为阻碍执行的原因及执行后房屋交接的严重障碍。

（2）企业的库存商品及生产设备。

企业的库存商品及生产设备由于具有一定价值，也是重要的财产线索之一。在库存商品及生产资料的调查过程中需要调查清楚库存商品及生产资料的权属情况。对于计量比较困难的库存商品，应当根据被执行人的财务账册计算原材料的数量，或者采取现场称量等方式计算。对于生产设备，需详细了解该设备的最新评估价值、适用范围等情况。

在执行实务中，上述财产的执行同样难度重重。笔者曾经参与的一个执行案件，银行对某化学品销售企业的库存商品及生产设备进行了查封，化学品作为库存商品分别存放在安置于地下及10米高的地上储存罐内，难以进行计量。相应储存罐作为生产设备，虽然原始价值高，但由于移动不便、适用范围较小，虽然可以进行查封，但处置、变现难度极大。

（3）到期债权。

申请执行人如果在执行过程中，通过财产线索摸查了解到被执行人在执行案件以外享有到期债权，可以向法院提出执行到期债权的申请。

参考案例：

2010年7月T公司向某银行申请800万元流动资金贷款，Z公司作为保证人承担连带责任保证。2013年6月，T公司160万元贷款逾期，Z公司承担连带责任代T公司向银行偿还了逾期款项。2013年9月，Z公司就代偿权纠纷将T公司诉至某区人民法院，T公司表示无力偿还，但有部分到期债权未收回。10月，双方在法院调解下达成协议，由T公司在一周内归还Z公司代偿款项，一周后T公司未按约定偿还相应款项，Z公司依据生效裁判证明书，申请某区人民法院执行T公司代偿权纠纷，并向法院提供T公司对H公司存在275万元到期债权的财产线索，要求执行到期债权。

2014年1月，某区人民法院向H公司发出《履行到期债务通知书》，要求H公司不得向被执行人T公司清偿债务，应将欠款划至法院账户。十五日内 H 公司向某区人民法院提出书面《履行到期债务异议书》，称"2012 年 T 公司业务员王某携 T 公司法人代表身份证复印件及被执行人出具的权责转移证明、委托收款证明和更名申请，要求由 W 公司收取 T 公司款项，因此其对被执行人无到期债权"。

案例评析：

执行被执行人的到期债权，是最高人民法院司法解释中确立的一项执行措施。《最高人民法院关于适用〈中华人民共和国民事诉讼法〉若干问题的意见》第三百条规定："被执行人不能清偿债务，但对第三人享有到期债权，人民法院可依申请执行人的申请，通知该第三人向申请执行人履行债务。该第三人对债务没有异议但又在通知指定的期限内不履行的，人民法院可以强制执行。"《最高人民法院关于人民法院执行工作若干问题的规定（试行）》第六十一条规定："第一，被执行人不能清偿债务，但对本案以外的第三人享有到期债权的，人民法院可以依申请执行人或被执行人的申请，向第三人发出履行到期债务的通知。第二，第三人应当在收到履行通知后的十五日内向申请执行人履行债务。第三，第三人对履行到期债权有异议的，应当在收到履行通知后的十五日内向执行法院提出。"第六十三条规定："第三人在履行通知指定的期间内提出异议的，人民法院不得对第三人强制执行，对提出的异议不进行审查。"

本案的焦点是被执行人到期债权的债务人提出异议后的执行如何开展。根据现行法律规定，"第三人在履行通知指定的期间内提出异议的，人民法院不得对第三人强制执行，对提出的异议不进行审查"。由于第三人异议涉及实体权利，执行机构一旦在法定期限内收到第三人提出的异议，无须审查，之前发出的履行债务通知即自动失效。除非异议的内容为无履行能力或其与申请执行人无直接法律关系外，均可以导致执行法院对案外人到期债权执行的终止。在被执行人不提起与第三人相关的到期债权诉讼的情况下，除非申请执行人不认可第三人的异议，可以代替被执行人向法院提起代为诉讼权，以满足其法律救济权利。本案中，H 公司提出《履行到期债务异议书》后，Z 公司此前申请的《履行到期债务通知》即自动失效，Z 公司若要保障自己权利，只能继续收集相关证据，重新向 H 公司或 W 公司提起新的诉讼。

（三）胜诉债权人提高执行效力对策的思考

近年来，法院系统一直在通过完善立法、加强制度安排等手段解决执行难问题。我们也欣喜地看到，在信息化环境下社会资源得到逐步整合，执行效率显著提高。在此背景下，金融机构在推动胜诉债权执行过程中，也应当有的放矢地采取应对措施，共同寻找提高执行效力的对策。本文从以下四个方面，按照债权债务发生的时间顺序，尝试提出各阶段可相应采取的对策。

1. 充分调研，确定担保资产价值

担保借款成立前，对抵押物的选择进行慎重考虑。设定抵押物本身就是为了在第一还款来源无法顺利实现情况下，利用其价值作为补偿，维护债权人债权。抵押物在进入执行阶段后即为执行物，在其选择上应当考虑市场需求，着重选择变现能力强、变现速度快的资产。同时注重抵（质）押评估价值，抵（质）押率越低，借款方违约成本就越高。

2. 履行合同，落实担保资产登记

担保合同生效后，对已签订抵（质）押合同的抵（质）押物，确保在相应资产登记管理部门及时进行抵（质）押登记的落实，避免出现抵（质）押物悬空，为后续执行增加难度。尤其需要注意的是"预登记"制度。我国《物权法》第二十条第二款规定："预告登记后，债权消灭或者自能够进行不动产登记之日起三个月内未申请登记的，预告登记失效。"上述规定表明预告登记行为有效力设定期限，即自能够进行不动产登记之日起三个月内未申请登记的，预告登记失效。因此在"预登记"有条件转为正式登记后，应立即办理正式登记手续。

3. 综合手段，全面收集资产信息

风险发生后债务（保证）人还款意愿有可能发生变化，在其履行债务意愿未发生动摇前，应抓住时机对已抵（质）押资产进行充分了解。包括但不限于抵（质）押财产是否存在司法查封、在先抵（质）押、在先租赁等在先权利。此外，对债务（保证）人已进行抵（质）押以外的核心财产状况留心摸查，为后续诉讼保全及强制执行提供较为详尽的财产线索，同时防止债务人恶意隐匿或转移资产。

4. 把握时机，重视"首封"重要性

"首封"权，指债权人申请法院对某财产进行第一顺位保全。如果该财产没有抵（质）押给他人也无其他法定优先权情况下，获得"首封"权的债权人可先于其他债权人对该财产受偿（破产除外）；如果该财产上设有抵（质）押，获得"首封"权的债权人仍有权依法申请法院拍卖该资产。财产保全一般应在诉讼过程中向人民法院提出，但特定情形下也可以在诉前提出。根据《中华人民共和国民事诉讼法》第一百零一条规定，"利害关系人因情况紧急，不立即申请保全将会使其合法权益受到难以弥补的损害的，可以在提起诉讼或申请仲裁前向被保全财产所在地、被申请人住所地或者对案件有管辖权的人民法院申请采取保全措施。"但需要注意的是，人民法院接受诉前保全申请后，必须在四十八小时内做出裁定；裁定采取保全措施的，应当立即开始执行。申请人在人民法院采取保全措施后三十日内不依法提起诉讼或者申请仲裁的，人民法院应当解除保全。

六、特定资产收益权转让与回购的
主要法律风险分析

胡　喆　陈府申

【作者简介】胡喆，金杜律师事务所金融资本部合伙人。陈府申，金杜律师事务所金融资本部律师。

以收益权为标的的相关交易在中国的市场实践由来已久。与此对应，与收益权相关的各种理论和实践的争议及讨论也层出不穷。本文拟从法律的视角，设问与收益权有关的十个较为核心的问题。并希冀从收益权的外延出发，结合相关法律法规，逐步推导收益权的内涵，揭示收益权的法律性质及值得注意的相关法律风险。

（一）收益权交易的目标与形式

1. 创设收益权进行交易的目标

中国目前的收益权概念是由于实践操作的需要应运而生的。由此，收益权的内涵设定一定程度上与收益权的使用目的有着密切关联，并最终通过其外延归纳而得。易言之，收益权的内涵一定程度上是约定俗成且目的导向的。据此，了解收益权的作用对于收益权的具体实践作用和操作目的对于解读收益权的法律性质十分重要。

具体而言，根据笔者的市场观察，收益权的实践作用主要集中在以下五个核心要点：

第一，实现部分无法进行转让的资产，在不进行实体权利转让情况下的现金流转移。

第二，创设不能以本质形态呈现的类型化权利，如通过收益权转让加回购创设债权。

第三，规避部分权利转让可能引致的权利完善要求，如登记/备案/审批等。

第四，用于灵活进行标的现金流的份额切分或期限错配。

第五，减少对于基础权利项下相对方的惊扰。

2. 收益权类交易的一般形式

（1）从描述方式出发。

在通常的项目表述与具体定义中，收益权指各基础资产项下的下列财产权益：

1）因基础资产项下的义务人进行履约所产生的资金流入收益。

2）通过基础资产的出售或其他方式的处置所产生的资金流入收益。

3）基础资产项下的附属担保权益的履约或处置等（如有）所产生的资金流入收益。

4）基础资产所衍生的全部其他权利或权益在任何情形下的出售或其他方式的处置所产生的资金流入收益。

5）经各方同意的其他任何权利。

（2）从基础资产类型出发。

就基础资产而言，目前市场上较为常见的收益权类交易主要包括：

1）以债权作为基础资产的收益权，包括一般应收账款及部分金融或类金融的债权类资产，如贷款、保理、融资租赁等。此外，亦包括票据等具有债权属性的有价证券所对应的基础资产收益权。

2）以股权作为基础资产的收益权，包括未上市公司股权或上市公司股权。此外，亦包括合伙企业份额等具有一定的类股权属性的基础资产收益权。

3）以特殊目的载体的份额作为基础资产的收益权，包括信托受益权的收益权、资管份额收益权、基金份额收益权等。

4）以未来一段期间内的收入作为基础资产的收益权，如公路桥梁/隧道/市政建设不动产收益权等。

（3）从交易结构出发。

根据我们的市场观察，常见的收益权类交易结构主要有以下几种设定方式：

1）纯转让模式，即直接进行基础资产收益权的转让，并向受让人按照约定的转付时间和转付方式，进行收益权所对应的资金流入收益的转付。

2）转让与回购模式，即进行基础资产收益权的转让，并同时设定固定的回购期限及回购价款。通常在这种模式下，收益权的受让方在回购期限前不会收取转让方对资金流入收益的转付，而是在回购期限届至时一次性获得回购价款，且回购价款一般亦会设定和涵盖溢价部分，从而形成经济效果上的融资①。

3）拆分转让模式，即通过对于基础资产初始状态在份额和/或期限上的拆分，将收益权设定为基础资产初始状态的部分份额或期限所对应的现金流入收益的相关权益，再进行收益权转让。值得注意的是，随着《私募投资基金募集行为管理办法》等新规的出台，对于拆分转让模式的监管日益趋严②。

（二）收益权的法律渊源

根据我们的整理，如表1所示法规或文件中可能直接或间接地涉及了收益权概念或其相关概念。我们注意到，收益权概念虽然时有出现，也在司法实践中得到了一定程度的认可，但目前仍未有任何法规或文件对收益权的内涵直接做出宏观且明确的规定。

表 1　相关法律法规

文号	法律法规	收益权相关规定
主席令第 6 号	《中华人民共和国农业法》（1993 年）	第十三条规定，除农业承包合同另有约定外，承包方享有生产经营决策权、产品处分权和收益权，同时必须履行合同约定的义务。根据此规定，收益权可以独立于财产所有人之外而存在，然而该条规定在后来 2002 年修订的《中华人民共和国农业法》中被删除
国务院国函〔1999〕28 号文批复	《关于收费公路项目贷款担保问题的批复》	批复指出，公路建设项目法人可以用收费公路的收费权质押方式向国内银行申请抵押贷款，以省级人民政府批准的收费文件作为公路收费权的权利证书，地市级以上交通主管部门作为公路收费权质押的登记部门。该批复首次采用了"收费权质押"的表述方式
计基础〔2000〕198 号	《农村电网建设与改造工程电费收益权质押贷款管理办法》	办法第二条规定，电费收益权质押，是指电网经营企业以其拥有的电费收益权作担保，向银行申请贷款用于农村电网建设与改造的一种担保方式。该办法采用了"收益权质押"的提法。之后，各地方政府的规章中就逐渐出现了"收费权"或"收益权"等不同的表述方式。但不论是"收费权"还是"收益权"在当时都是指"向国家基础设施或公共服务事业收取费用的权利"③

---

① 可参考后文"特定资产收益权转让与回购模式是否会被再定性"。

② 例如，《私募投资基金募集行为管理办法》明确禁止将私募基金份额或其收益权进行非法拆分转让；又如，《中国银监会办公厅关于进一步加强信托公司风险监管工作的意见》强调采用"穿透"原则识别信托产品最终投资者，通过资产收益权灵活拆分降低投资门槛将受到越来越多的限制。

③ 王利明. 收费权质押的若干问题探讨 [J]. 法学杂志，2007（2）.

续表

文号	法律法规	收益权相关规定
法释〔2000〕44号	《关于适用〈中华人民共和国担保法〉若干问题的解释》	第九十七条规定，以公路桥梁、公路隧道或者公路渡口等不动产收益权出质的，按照《担保法》第七十五条第四项的规定处理。至此才将该项权利明确称为"收益权"。之后"收益权"或者"资产收益权"一词在相关政府部门文件或司法解释中时有出现，但均未对"资产收益权"的概念与法律性质做出明确的界定
中国证券监督管理委员会公告〔2014〕49号	《证券公司及基金管理公司子公司资产证券化业务管理规定》	第三条规定，基础资产可以是企业应收款、租赁债权、信贷资产、信托受益权等财产权利，基础设施、商业物业等不动产财产或不动产收益权，以及中国证监会认可的其他财产或财产权利。该规定将不动产的收益权与企业应收款、租赁债权、信贷资产、信托受益权等财产权利并列，并肯定了该等不动产收益权可以作为资产证券化业务中的基础资产
银监办发〔2016〕82号	《中国银监会办公厅关于规范银行业金融机构信贷资产收益权转让业务的通知》	该通知要求信贷资产收益权转让应当遵守"报备办法、报告产品和登记交易"相关要求；应当依法合规开展，有效防范风险。通知提出了"信贷资产收益权"的概念，并明确了信贷资产收益权转让时的要求及限制，在一定程度上认可了"信贷资产收益权"这样一类收益权权利的合法性
银登字〔2016〕16号	《银行业信贷资产登记流转中心信贷资产收益权转让业务规则（试行）》	通过"本规则中信贷资产收益权是指获取信贷资产所对应的本金、利息和其他约定款项的权利"的规定，首次以定义的方式对信贷资产收益权的内涵进行明确描述，但未就收益权本身展开宏观描述

（三）收益权的性质争议

在理论研究中，对资产收益权的法律性质界定主要有以下三种观点：一是认为所谓资产收益权中的"收益权"其实就是指所有权四大权能中的"收益"权能①（简称"收益权能说"）。二是认为资产收益权其实是一种用益物权②（简称"用益物权说"）。三是认为资产收益权是一种将来债权，即融资方在其对特定资产经营管理中将来所享有的对第三人的金钱债权③（简称

---

① 薛波. 资产收益权信托的法律分析 [J]. 法制博览，2012 (5).
② 孙淑云. 刍议不动产收益权质押 [J]. 西北政法学院学报，2003 (3)；孟勤国，刘俊红. 论资产收益权的法律性质与风险防范 [J]. 河北学刊，2014，34 (4).
③ 秦悦民，夏亮. 关于特定资产收益权投资信托产品中资产收益权的法律性质初探 [J]. 信托周刊，2010 (48).

"将来债权说")。

就上述理论观点，我们倾向于认为：

第一，就收益权能说而言，根据《物权法》第三十九条的规定，收益与占有、使用、处分同为所有权的四项权能，此处的权能作为所有权权利的一种功能和实现方式并非权利本身，而收益权应被理解为一种法律权利才得以进行转让与回购。此外，从收益权的一般形式来看，也有许多收益权所对应的基础资产本身并非物权，很难被纳入物权权能说。

第二，就用益物权说而言，根据《物权法》第一百一十七条的规定，用益物权是指用益物权人对他人所有的不动产或者动产，依法享有占有、使用和收益的权利，而收益权人在实践中往往仅具有收益的权利，而不具有占有和使用的权利。此外，同我们对收益权能说的评价，此说亦以物权定性作为基础，难以完全符合收益权的实践外延。

第三，就将来债权说而言，根据《应收账款质押登记办法》第三条的规定，可以出质的应收账款包括现有的和未来的金钱债权及其产生的收益，这一规定确实对将来债权说具有一定的证明力。同时，考虑到收益权本身依赖于基础资产产生现金流，方有权利进行转付资金的收取的特性，也相对较为符合将来债权说的特质。

（四）收益权的内涵与可信托性

1. 收益权的内涵

如前所述，尽管对于收益权的定性，在法律层面缺乏明确的界定，目前理论界和市场仍有一定争议，但是在诸多法律法规中已经得到了使用，并对其性质有了一定的倾向性认可。

从前述收益权交易的目标、形式等收益权的一般外延出发进行归纳，并结合收益权的法律渊源与性质争议，笔者认为，收益权的内涵可以界定为一项以基础资产作为基础，以基础资产产生现金流入收益作为先决条件，由收益权的持有人作为权利人向收益权创设方要求进行前述现有的或将来的现金流入收益转付的请求权。

具体而言，收益权的内涵具有如下特点：

第一，以能够产生现金流的基础资产作为基础。

第二，以基础资产产生的现金流入收益作为支付内容和先决条件。

第三，现金流入收益往往涵摄至将来债权。

第四，以收益权创设方作为义务人。

第五，以对收益权创设方的转付请求权作为核心权利内容。

2. 收益权的可信托性

依据《信托法》第七条的规定，设立信托，必须有确定的信托财产，并且该信托财产必须是委托人合法所有的财产，而前述财产亦包括合法的财产权利。依据其第十一条的规定，信托财产不能确定的信托无效。据此，我们认为，收益权作为财产权信托的信托财产，除该等权利本身需要合法合规以外，其作为一项权利应该同时具备财产性和确定性两项特性。

（1）收益权的财产性。

现有法律法规并未对何为财产性做出具体的规定，依据一般的法理，笔者理解，只要一项资产本身：①具有能够以现金进行量化匡算的价值基础。②能够以现金或其等价物作为最终履约的内容或标的，即应认为具有财产性。

就第①点而言，考虑到收益权的基础资产本身需要具备能够产生现金流的特点，收益权的基础资产本身在实践操作中，从具体资产类别而言，包括但不限于贷款、应收账款、上市公司股票、未上市股权等财产权利，该等财产权利都需要能够以现金进行量化匡算，方有资格成为收益权的基础资产。而收益权的取得及其项下所能产生的现金流入收益既然完全来源于基础资产，那么既然基础资产能够以现金进行量化匡算，则收益权的价值亦能够以此为依托进行量化匡算。也因此，一般而言，实践中收益权具备能够以现金进行量化匡算的特点。

就第②点而言，收益权是以基础资产产生的现金流入收益作为支付内容和先决条件，以收益权创设方的转付作为核心内容，则转付的标的和内容自然亦是前述现金流入收益。因此，收益权亦属能够以现金或其等价物作为最终履约的内容或标的的权利。

综上所述，笔者倾向于认为，收益权具有财产性。

（2）收益权的确定性。

与财产性相似，现有法律法规并未对何为确定性做出具体的规定，依据一般法理，笔者理解，若一项资产本身：①具有明确的履约义务人。②具有明确的履约内容。③其履约的金额或方式能够通过在合同签署时已以明确的方式进行计算和确定，应认为具有确定性。

就第①点而言，根据上述对收益权的内涵的界定，收益权的持有人具有向收益权创设方要求进行现有的或将来的现金流入收益转付的权利。因此在收益权的法律关系中，收益权的创设方为明确的履约义务人，应向收益权的持有人履行相应的转付义务。

就第②点而言，收益权以基础资产产生的现金流入收益作为支付内容，是由收益权的持有人作为权利人向收益权创设方要求进行前述现有的或将来的现金流入收益转付的请求权。在收益权的法律关系中，履约内容即为以基础资产为基础的现有或将来的现金流入收益，具有明确的履约内容。

就第③点而言，收益权的核心权利内容为收益权持有人对收益权创设方的转付请求权，该等转付请求权以基础资产产生的现金流入收益为限，且在收益权创设时，收益权创设方一般会对基础资产的现金流入收益的范围进行框定。因此对于收益权而言，收益权持有人对于收益权创设方的请求权具有明确的权利内容。据此，笔者倾向于认为，收益权履约的金额或方式能够通过在合同签署时即以明确的方式进行计算和确定。当然，有观点认为，收益权所对应的现金流入收益对于基础资产具有较大的依赖性，收益权的受让方所享有的转付请求权金额一般将依据基础资产的现金流入而进行浮动，据此否定了收益权具有履约的金额或方式能够通过在合同签署时已以明确的方式进行计算和确定的性质。针对此观点，笔者认为，履约金额只要具有能够计算和确定的规定，则是否挂钩基础资产进行确定更多的是履约金额的计算方式不同的问题，而非能否计算的问题。确定性这一属性具有结构导向的特质，在法律法规未进行明确规定的情况下，笔者承认这种争议本身确实有探讨的空间，但笔者倾向于认为，不应因此一点即全盘否定收益权所具有的确定性。

综上所述，笔者倾向于认为，收益权具有确定性。

（3）收益权可以作为信托财产。

结合上述分析，收益权兼具财产性和确定性，因此，笔者倾向于认为，尽管收益权是一种特殊的，不存在较高层级的法律规定或法律定性的拟制的转付权利，但其本身所具备的财产性和确定性使其基本具备作为信托财产的条件。

上述结论在司法判例中也已经获得一定程度上的承认。例如，在安信信托和昆山纯高一案［案号为（2013）沪高民五（商）终字第 11 号］中，昆山纯高作为委托人将其享有的在建工程收益权作为初始信托财产设立信托，同时为办理抵押问题，双方又签署了信托贷款合同。最终上海市高级人民法院认定安信信托和昆山纯高之间构成营业信托法律关系，即在一定程度上承认了以在建工程收益权设立信托的有效性。

（五）特定资产收益权转让与回购的局限与主要法律风险

1. 特定资产收益权转让的局限

结合前述论述，特定资产收益权由于其本身的特征及法律性质上的模糊性，仍然存在一定风险和局限。

（1）对于基础资产的从属性。

资产收益权转让项下，收益权创设方仍保有对基础资产的完整所有权，可以自由处分该等基础资产。考虑到现行法律法规暂未对收益权转让建立登记公示制度，因此一旦收益权创设方对基础资产进行不利处分，则会给收益权受让方带来相应的落空风险。此外，值得注意的是，若收益权创设方对基础资产没有完整的所有权或处置权，或基础资产项下存在抵质押等第三方权利或权利瑕疵，则相应的资产收益权的创设和转让的完整性和效力亦将因此而存在不确定性。

（2）追索权的不完整性。

如上所述，既然资产收益权转让项下，收益权受让方获得的是对收益权创设方的转付请求权，而并不会通过受让基础资产而成为该基础资产新的所有人或权利人用以对该基础资产的义务人主张权利，则其权利无法触及基础资产本身所涉及的债务人。据此，如果收益权创设方拒不履行收益转付义务，则收益权受让方将无法穿透收益权转让方而直接向基础资产义务人进行追索，由此其获得救济的途径亦将相对较少。

（3）现金流的不确定性。

资产收益权以能够产生现金流的资产作为挂钩基础并以此为支付内容和先决条件，因此资产收益权本身的风险受制于基础资产的风险。若基础资产本身无法产生足额的现金流，则收益权受让方所能够请求的转付金额亦将受限于前述风险而无法获得足额偿付。

（4）破产隔离难以实现。

如前所述，资产收益权转让项下基础资产所有权并未转让，在收益权创设方发生破产清算情形时，基础资产仍可能被视为收益权转让方的自有财产进行破产清算，无法实现基础资产与收益权转让方之间的破产隔离。

2. 收益权转让模式局限的缓释措施

根据上述分析，收益权转让模式的风险与局限核心在于：①现金流的不确定性（如上文风险（3））。②权属效力的不确定性（如上文风险（1）、（2）、（4））。针对前述两类不确定性，一般而言，可以用设定回购义务和设定担保权利的方式进行缓释。

（1）设定回购义务。

针对现金流的不确定性，根据我们的市场观察，绝大多数构建债权投资的收益权转让交易中，一般会采取设定明确以固定价格约定回购金额并由转让方在未来以该等金额回购相同数量的收益权。为了解决利息部分的设置，前述回购往往就转让的价款会存在一定的溢价。该等约定在一定程度上能够缓释收益权依赖的基础资产本身产生现金流不稳定的风险。

在上述安排中，有两个操作要点值得注意：首先，回购义务本身所带来的现金流入收益可能会和收益权不时产生的现金流入收益发生一定的冲突。据此，需要依据统筹安排前述两项现金流之间的勾稽关系。其次，前述转让加回购的约定一定程度上存在被认定为双方成立民间借贷关系而非收益权买卖关系的可能，亦需要加以注意和避免。

（2）设定担保权利。

为解决权属效力的不确定，许多收益权转让安排会和基础资产的担保权利设定同时开展。通过将特定资产收益权所依附的基础资产反向抵/质押给受让人，实现对于基础资产的优先权。依据《担保法》和《物权法》的相关规定，债务人不履行债务时，债权人有权依照本法规定以经设定担保权利的财产折价或者以拍卖、变卖该财产的价款优先受偿。依据《企业破产法》第一百零九条的相关规定，对破产人的特定财产享有担保权的权利人，对该特定财产享有优先受偿的权利。据此，在破产的情况下，尽管不能实现严格意义上的破产隔离，但是受让方仍然可以通过设定担保，获得对于破产财产的优先受偿权。

此外，在实际操作中，通过对《基础资产抵/质押合同》进行公证，由公证处出具《具有强制执行效力的债权文书公证书》，可以一定程度上赋予其强制执行效力，进而缓释收益权依赖的基础资产被恶意处分或破产清算的风险。

（六）特定资产收益权转让与回购项下协议可否赋予强制执行效力

如前所述，由于特定资产收益权转让并未转移收益权对应的基础资产的所有权，而现行法律法规暂未对收益权转让建立登记公示制度，为了更好地保证投资人（收益权受让人）能够依约获得投资收益，一般会将特定资产收益权所依附的基础资产反向抵/质押给投资人，并对相关的《特定资产收益权转让与回购合同》和《基础资产抵/质押合同》进行公证，由公证处出具《具有强制执行效力的债权文书公证书》，赋予其强制执行效力。

根据《最高人民法院、司法部关于公证机关赋予强制执行效力的债权文书执行有关问题的联合通知》（以下简称《联合通知》）第一条以及《公证程序规则》第三十九条的规定，具有强制执行效力的债权文书的公证，应当符合下列条件：①债权文书以给付货币、物品或者有价证券为内容。②债权债务关系明确，债权人和债务人对债权文书有关给付内容无疑义。③债权文书中载明当债务人不履行或者不适当履行义务时，债务人愿意接受强制执行的承诺。

曾经《基础资产抵/质押合同》由于不符合"以给付货币、物品或者有价证券为内容"的要求，其能否赋予强制执行效力一直受到争议。而2014年9月18日，最高人民法院《关于公证机关赋予强制执行效力的包含担保协议的公证债权文书能否强制执行的请示》指出现行法律、司法解释并未对公证债权文书所附担保协议的强制执行做出限制性规定，公证机构可以对附有担保协议债权文书的真实性与合法性予以证明，并赋予强制执行效力。2015年5月5日公布的《最高人民法院关于人民法院办理执行异议和复议案件若干问题的规定》第二十二条则更是明确指出："人民法院受理担保债务的执行申请后，被执行人仅以担保合同不属于赋予强制执行效力的公证债权文书范围为由申请不予执行的，不予支持。"至此，可以明确，公证机构可以对《基础资产抵/质押合同》的真实性与合法性予以证明，并赋予强制执行效力。

尽管如此，《基础资产抵/质押合同》作为一项依附于主债权的担保权利，其有效性依赖于对主债权有效性的判断。而《特定资产收益权转让与回购合同》本身能否被赋予强制执行效力在办理公证阶段和申请执行阶段均存在较大争议。

例如，江苏省南京市南京公证处柏建中在《股权收益权转让及回购协议能否被赋予强制执行效力》一文中指出，《联合通知》明确要求公证机关赋予强制执行效力的债权文书需要具备债权债务关系明确的条件，而《股权收益权转让与回购合同》作为一项双务合同，双方均具有抗辩权，法律关系较为复杂，公证机构很难满足出具执行证书时所要达到的核实要求。此外，一些地方司法机关也将赋予强制执行效力的债权文书限制在单务合同，如云南省高级人民法院和云南省司法厅于2009年联合发布的《关于公证债权文书强制执行效力有关问题的通知》中规定，公证机构赋予强制执行效力的债权文书必须具备的条件之一为"债权文书中的偿付义务由债务人单方承担，没有对等给付的情形"。因此不能对股权收益权转让及回购协议赋予强制执行效力。与之相反，广东省深圳市深圳公证处的雷达在《股权收益权转让及回购协议赋予强制执行效力的可行性》一文中则指出，股权收益权所包含的具体内容可以在合同中详细约定，债务人不履行义务或者不完全履行义务的情形也可在合同中具体化记载；只要债权债务关系明确，双务合同也应当可以被赋予强制执行效力，而且该等做法也在中国台湾地区有实践。

从司法实践的角度来看，一些法院对股权收益权转让及回购合同及其附属担保合同采取了可执行的态度（长安信托申请执行公证债权文书案，详见

［2014〕鲁执复议字第 47 号执行裁定书），有的法院则采取不可执行的态度（四川信托申请执行公证债权文书案，详见［2014〕赣执审字第 1 号执行裁定书）。

据此，笔者认为，《特定资产收益权转让与回购合同》本身能否被赋予强制执行效力在办理公证阶段和申请执行阶段均存在较大的不确定性。

（七）特定资产收益权转让与回购模式的再定性问题

如上所述，针对现金流的不确定性，根据我们的市场观察，绝大多数构建债权投资的收益权转让交易中，一般会采取设定明确以固定价格约定回购金额并由转让方在未来以该等金额回购相同数量的收益权。考虑到前述模式与一般的债权投资的经济效果实质非常接近，由此即引出了法律关系的再定性的问题。

在我国法律法规的框架下，一般倾向于依据法律关系的实质，而非仅以其表现形式进行法律关系的认定。举例而言，《最高人民法院关于审理联营合同纠纷案件若干问题的解答》即就联营关系中的法律关系认定做出了规定，企业法人、事业法人作为联营一方向联营体投资，但不参加共同经营，也不承担联营的风险责任，不论盈亏均按期收回本息，或者按期收取固定利润的，是名为联营，实为借贷。此外，《最高人民法院关于审理融资租赁合同纠纷案件适用法律问题的解释》亦在认定融资租赁关系的过程中，规定对名为融资租赁合同，但实际不构成融资租赁法律关系的，人民法院应按照其实际构成的法律关系处理。尽管目前并无法律法规或规范性文件针对收益权本身做出相应的再认定规定，但是依据前述规定所透露的基本原则，我们认为，典型的收益权转让加回购模式，其构建的法律关系的实质与借贷关系非常相似，从而具有被进行再认定并认定为借贷关系的可能性。

从实践的角度来看，一些法院亦倾向于认为收益权转让与回购本质是一种借贷行为。在天风汇盈壹号（武汉）创业投资中心（有限合伙）作为原告的两项诉讼中（［2015〕鄂武汉中民商初字第 00470 号、［2015〕鄂武汉中民商初字第 00471 号），审理法院均认为："双方是以收益权转让为名行借贷之实，双方当事人的真实意思表示为借贷，双方成立民间借贷关系。本案所涉的《收益权转让与回购合同》《担保合同》中，除《收益权转让与回购合同》中约定的溢价率及违约金超出法律规定的部分不受保护。"

根据《合同法》第一百九十六条的规定，借款合同是借款人向贷款人借款，到期返还借款并支付利息的合同。而 2015 年《最高人民法院关于审理民间借贷案件适用法律若干问题的规定》第一条则规定，本规定所称的民间借贷，是指自然人、法人、其他组织之间及其相互之间进行资金融通的行为；在《合同法》基础上扩展了"民间借贷"的范围。结合前述法规，笔者认为，特定资产收益权转让与回购模式中，其借贷融资的交易本质会增加监管部门及司法部门对交易性质认定的不确定性，如果被认定为贷款融资，则可能受限于包括《合同法》及《最高人民法院关于审理民间借贷案件适用法律若干问题的规定》在内的相关法律法规的具体要求。（实习生江国强、杨悦对于此文亦有贡献）

七、交叉违约条款的理论依据、适用条件及法律分析

刘玉霞

【作者简介】刘玉霞，毕业于北京大学，法律硕士。先后就职于金杜律师事务所、中融国际信托有限公司。现任职于华澳国际信托有限公司法律合规部。

如今，交叉违约条款的应用在融资类业务中已经较为普遍，银行、信托等金融机构的融资类业务范本中通常都会设置交叉违约条款。然而，交叉违约条款并非可以统一适用的均码产品，它也需要量身定做，不同类型的金融机构，甚至同一金融机构不同对象的融资业务都需要设置不同的交叉违约条款。否则，条款设置不当不但不能保护自身利益，还可能引发不必要的麻烦，甚至导致借款人违约破产，自身债权也无法保证。如何拟定一个好的交叉违约条款，使之可以在合适的条件下被触发，又符合各方利益？本文拟从交叉违约的理论依据入手，进而从法律角度对其合理性加以分析，再结合实例从正反两方面对交叉违约条款的应用加以论述，最后重点介绍交叉违约条款应如何设计。

（一）交叉违约条款的理论依据

交叉违约（Cross-defaulting）是指债务人虽然没有违反本协议，但在其他债务关系中存在特定违约行为，或债务人的其他债务被宣告加速到期，或可以被宣告加速到期，或债务人的关联方发生特定违约情形等，该等情形将被视为债务人违反本协议，本协议的债权人可以根据本协议约定对该债务人采取相应的合同救济措施。

交叉违约条款的使用久已有之，追根溯源，其理论依据主要是大陆法系的不安抗辩权制度及英美法系的预期违约制度。

按照大陆法系上的不安抗辩权制度，在合同成立以后，后履行一方当事人财产状况恶化可能危及先履行一方当事人的债权实现时，应先履行一方可以主张不安抗辩权，在对方未履行对等给付义务或提供担保前，拒绝履行自己的债务。发生不安抗辩权必须具备两个条件：一是必须在双务合同成立后，后履行方发生财产状况恶化的情形；二是必须后履行方财产明显减少而存在难以履行的可能。

按照英美法系上的预期违约制度，以美国《统一商法典》为例：当事人一方有合理理由认为对方不能正常履约时，可以书面形式要求对方提供正常履约的充分保证，如果对方没有在最长不超过 30 天的合理时间内按照当时情况提供履约的充分保证，则构成默示违约。

（二）交叉违约条款的法律分析

法律角度应如何看待交叉违约？该条款是否突破了合同相对性，是否有违公平合理原则？司法角度又如何评价？

首先，交叉违约条款具有商业合理性。如果债务人在其他交易项下未能履约，很可能表明其已经陷入财政困境，其在本交易项下的履约能力也值得怀疑，本协议的债权人会倾向于终止与该债务人继续进行交易，以保护自身安全。交叉违约条款希望赶在债务人在其他交易项下的债务出现危机之前采取救济措施，以避免本协议的债权人处于比其他债权人更加不利的位置。该条款体现了投资人的商业诉求，因而具有商业合理性。从违约主体扩展而言，根据交叉违约条款，违约主体已经不局限于本协议的债务人，而是扩展到了债务人的附属企业、关联企业或者信用支持者。从法律上讲，当事人的附属企业、关联企业或者信用支持者已经是完全独立的第三方，在法律上是完全独立的法人，以各自的财产承担各自的义务，交叉违约条款因其他人的违约而担忧本协议项下债务人的履约能力下降。从商业角度讲这种担忧很有必要，因为债务人与其附属企业、关联企业或者信用支持者之间在经济往来上常常存在千丝万缕的"血缘"联系，从风险角度更可以将该等主体看成不可分割的整体，牵一发而动全身。

其次，交叉违约条款在国内外立法及金融实践中亦获得支持。以 ISDA 主协议（国际掉期及衍生品主协议）为例，其在提及当事人一方违约时，经常使用如下的描述："该方、该方的任何信用支持提供者、该方的任何适用的特定机构"。这反映了金融实践中的惯例及当事人对任何可能影响对方履约能力事件的担忧与警惕。我国的既往立法史中也能找到交叉违约条款的"蛛丝马迹"，例如，银监会《流动资金贷款管理暂行办法》第二十二条规定"贷款人应与借款人在借款合同中约定，出现以下情形之一时，借款人应承担的违约责任和贷款人可采取的措施：……（五）发生重大交叉违约事件的"。《贷款风险分类操作说明》中构成"次级"贷款的第二项规定，实际上是一个"交叉违约"的原则性规定，一旦"借款人不能偿还对其他债权人的债务"，即被视为不良贷款中的"次级"贷款。

再次，交叉违约条款本身并不违反合同相对性原则。虽然交叉违约的违约主体已经不限于债务人本身，且违约情形也超越了本协议，该等设计安排是否与"合同相对性"理论有所冲突？其实不然。合同相对性主要指，除合同当事方之外的第三方不能要求合同的权利，合同也不能对第三方附加义务：即一份合同不能将合同下的权利和义务附加于合同当事人以外的其他人。而在交叉违约条款中，违约主体的扩展只是将约定的某些主体的违约发生之事实作为触发本协议违约事件的情形，或者将本协议债务人对于其他协议的违约发生之事实作为对本协议的违约，仅此而已。实体的权利与义务关系的设定、调整仍然是在本协议当事人之间，没有超出本协议。

最后，交叉违约条款符合意思自治原则及诚实信用原则。当事人愿意将其合同的终止与某些事件的发生联系起来，这完全可以基于当事人意思自治原则进行约定，当然更不涉及诚实信用这个合同的基本原则。

（三）交叉违约条款的适用

一方面，引入交叉违约条款的好处显而易见。以借贷合同为例，首先，交叉违约条款可以赋予债权人在受偿时的平等地位，即借款人违反其他合同项下的义务，将触发本协议的交叉违约条款，能够使本协议项下的贷款加速到期，使贷款人可以主动、有利地与其他债权人一起参与到对借款人的债权主张或资产或债务的重组。其次，交叉违约条款能够保持各个债务的稳定性和平衡性，这是因为所有签订交叉违约条款的债权人都有权主张债务加速到期，因此没有哪个债权人会轻易主张加速到期，因为这种主张可能会触发一连串的交叉违约条款，导致其他债权人一并索债从而导致债务人破产。因此，交叉违约条款实际上可以起到威慑其他债权人的作用，防止由于他们的提前收贷行为导致借款人破产。总而言之，这种条款设立了一种债权人之间的结构性平衡，使得债权人之间相互关联又相互威慑，从而促使债权人共同寻找解决问题的办法。

另一方面，交叉违约条款的适用也需要加以限制。由于交叉违约条款可能引发债务人同时承担多项违约责任，这对于只是短时陷入困境，但通过一段时期的正常经营可以恢复偿付能力的债务人来说将是致命的打击，因为各债权人同时依据交叉违约条款追究债务人的违约责任甚至可能引发债务人破产，而触发破产程序对债务人和债权人都无益，这是因为破产程序往往会拖延很长时间，而且会耗费债务人和债权人大量的时间和金钱；并且，破产程序也不是某一个债权人可以主导的，进入破产程序后，包括诉讼、执行等很多程序都需要暂停，债权人也不能要求债务人立即偿付债权，也不能自行执行担保。所以，实践中除非不得已，多数情况下债权人会选择帮助债务人渡过难关。反之，从源头看，交叉违约条款在条款设计和适用情形上就应合理限缩，使之不会轻易被触发，或者不能随意适用。

在《美国破产法》中，甚至存在一些针对交叉违约条款的适用进行法定限制的情形，如《美国破产法》§365即存在对交叉违约条款的限制。《美国破产法》§365规定的主要是待履行的合同和未到期的租约。由于待履行合同可能给破产财团带来相应的合同利益，所以《美国破产法》理论就把待履行合同作为破产财团财产的一部分来看待。§365赋予托管人承认履行合同义务或者拒绝履行合同义务的选择权，这样看似违反了契约必须信守的古老原则，其立法目的为了使债务人尽快恢复经营能力获得重生，同时也实现对债权人利益最大程度的保护。因此，托管人对于待履行合同选择承认还是拒绝的首要原则是使破产财团利益最大化。因为破产财团对合同的拒绝履行给对方当事人造成的损害属于无担保债权，在资不抵债时只能获得按比例的清偿，许多在非破产法中不能违约的合同都可以被托管人拒绝履行。但如果给予破产托管人绝对的权力来任意处理待履行合同又可能会在不同程度上损害债权人的利益。所以，在一定条件下也要考虑债权人的利益，不能不公平对待债权人。《美国破产法》试图在这二者利益中取得平衡，一些交叉违约条款被判决不可执行即是这种平衡的结果。§365（b）（2）规定了破产托管人可以承担某些待履行合同，但也允许例外，如在著名的Sambo案中，法院判决一个出租人签订的多个带有交叉违约的租约中的交叉违约条款是不可执行的；在威灵VS匹兹堡钢铁公司案中，法院判决四个保险协议中的交叉违约条款是不可执行的，因为执行这些交叉违约条款将限制破产托管人接管该等合同和分配其权益的能力。

在Sambo案中，法院认为，首先，对破产托管人接管和分配的能力的限制，仅有§365（c）才有规定。换言之，法院认为除了§365（c），其他任何事由都不能限制破产托管人接管和分配的能力，即使是事先约定交叉违约条款也不能限制。其次，根据§365（e）（1）（A）的规定，法院认为交叉违约条款属于债务人的财务状况条款，它是一种妨碍托管人接管破产财产的巧妙工具。最后，交叉违约条款还可能规避 §502（b）（7）设定的限制，即关于出租人解除租约并请求损害赔偿的限制①。

目前我国立法上并不存在对交叉违约条款的明确限制情形，一般通过当事人对条款本身的约定加以限制。由于交叉违约条款滥用对于债权人而言不是一件好事，因此该条款通常只针对信用等级不高或财务状况相对较弱的借款人，以及风险较高的大型融资项目，常见于银团贷款、金融衍生品交易、银行某些类型的贷款合同范本。例如，2011 年，银监会就曾经要求对政府融资平台贷款执行交叉违约管理，平台贷款在一家银行出现违约，其在各家银行的所有贷款均应认定为违约。实际操作中，交叉违约的信息获取困难，操作成本很高，因为违约当事方自己不会将自己的违约信息公开，交易的私密性很强，而各个债权人特别是银行都有保密制度的限制，外界通常很难获知对方的交易信息。这使交叉违约的实际效用大大减损。

从以下两则交叉违约条款适用的案例中，我们对该条款的微妙可窥见一斑：

案例一：美国上市的中国无锡尚德太阳能电力有限公司 5.41 亿美元可转债原本应在 2013 年 3 月 15 日到期，因未能偿付发生违约，由此牵连出的尚德对包括国际金融公司和一些国内银行在内其他债权人的交叉违约。尚德电力与各债券持有人谈判破裂并债券违约后的 3 月 18 日，由 8 家中国的银行组成的债权人委员会已向江苏省无锡市中级人民法院提交了对无锡尚德进行破产重整的申请，2013 年 3 月 20 日，法院裁定对无锡尚德太阳能电力有限公司实施破产重整。

案例二：德永佳集团（为中国香港上市）曾因其中期业绩未能符合一项财务契约规定，从而触发该公司与其他银行签署的贷款协议中的交叉违约条款。最终，德永佳集团就其违反财务承诺条款取得了所有其他银行的豁免，从而避免了被追究交叉违约责任从而导致破产的严重后果。光汇石油（为中国香港上市）亦曾因违反财务承诺而触发交叉违约条款，最后也获得了债权银行豁免。

上述两案例触发交叉违约条款的后果截然不同。案例一导致借款人破产，债权人的巨额债权也随之落空；案例二中，债务人和债权人的权益均获得了保全。

由此可见，交叉违约条款约定范围过宽，极易被触发，即便违约情况不严重，债务人逐个寻求债权人豁免也是一件麻烦事；范围过窄，又不能在第一时

---

① 王治江. 美国破产法中的待履行合同 [J]. 黑龙江省政治管理干部学院学报，2003（2）：127–131.

间保护债权人利益。如何设计交叉违约条款，使之可在恰当条件下被触发，又不至于损害各方利益，值得我们深入研究。

（四）交叉违约条款的设计

虽然我们在实践中可能经常使用交叉违约条款，甚至只要一两句话就可以完成一个交叉违约条款的拟定，然而对于一个严谨科学的融资项目而言，拟定一个好的交叉违约条款，并非想象的那样简单。例如以下案例：

原告兴业银行股份有限公司郑州分行与被告河南大河新型建材有限公司、大连实德集团有限公司、大连实德工程塑料有限公司金融借款合同纠纷案①。

该案授信合同第十条是关于交叉违约内容，该条约定："申请人或申请人的关联企业及担保人或担保人的关联企业出现以下任何一种情况，均被视为申请人对本合同同时违约，融资人有权根据本合同或本合同项下分合同的约定提前回收融资款项，并根据合同约定要求申请人承担违约责任：（一）任何借款、融资或债务出现或可能出现违约或被宣布提前到期……"

该条交叉违约条款范围就过于宽泛，极易被触发。该案虽然最终司法裁判支持了原告银行方面的诉求，但主要是基于借款人未能在付息日按时付息，发生授信合同项下的实质违约。但仅就交叉违约条款本身而言，司法裁判要点作了如下表述："于目前银行借款合同普遍引进的交叉违约条款，则可能引发借款人同时承担多项违约责任的多米诺骨牌效应。这对只是偶然陷入困境，但通过正常经营可以恢复偿付能力的借款人来说将是致命的打击，同样也将对稳定的市场经济秩序产生破坏作用。因此，作为可以提前收回贷款所相对应的违约事件及合同条款的效力，应当进行慎重认定。"

那么，如何设计一个好的交叉违约条款呢？设计交叉违约条款通常从债务性质、债务不履行的主体、起算金额这三个基本要素入手，再结合具体情况，辅以适用情形等多维度限定，达到既保护债权人，又给予借款人一定的宽限和自由度，不至于滥用的效果。

1. 债务性质

交叉违约条款所适用的债务从性质上通常包含以下几种情形：

（1）仅限于借款项下的债务（Borrowed Money）。

该种情形由于债务范围最小，因此对借款人最为有利，常见于借款人自身资质较好、信用等级相对较高的情况。

---

① 引自北大法宝《司法案例》案例与裁判文书。

（2）负债（Indebtedness）。

该种设计较第一种适用范围有所扩大，除借款项下的债务，还包括正常经营中的债务，如银行承兑汇票、正常交易下的欠付货款、延迟支付劳务报酬等。此种设计对借款人而言较为苛刻，需结合实际谨慎适用，因为某些负债情形可能与合同履行纠纷有关，并不一定是借款人财务状况恶化的表现。

（3）财务负债（Financial Indebtedness）。

此种情形指由于借贷或者其他融资活动而产生的负债。该种设计较第一种设计的适用情形有所扩大，但较第二种有所限缩。由于该种设计通常可反映借款人的财务状况，因此实践中较多采用（具体定义下文详述）。

（4）任何义务（Any Obligation）。

此种设计对借款人违约的情形不加限制，该等义务已经不限于负债，如借款人作为货物买卖合同中的卖方而没有履行按时交货的义务，或借款人在其他协议项下的技术性违约等，均可归入此范围。此种设计对借款人要求过于严格，通常仅限于信用等级较低的借款人，实践中较少采用。

以上介绍的是债务界定的几种类型，实践中视情况可在上述范围内稍加变化，如把"债务"的定义限于"无担保债权"或"商业银行债权"等。主权国家作为借款人时，常常将"债务"一词限定为外债即该国政府对本国以外的居民所欠的债务，并且该债务是以借款以外的其他国家的货币来表示的债务。

2. 债务不履行的主体

在交叉违约条款中，债务不履行的主体可包括以下三种情形：①仅限于融资方。②融资方及其信用支持者。③集团成员，包括融资方、附属企业或关联企业，但一般不包括特殊目的公司或休眠公司。

违约主体扩展的情形常见于融资方存在众多关联公司，且相互间关联紧密，存在较多业务及资金往来，融资方可能仅作为整个集团的一个功能平台存在，服务于整个集团，这些关联公司也可能存在互联互保，此时，集团内任一独立法律主体发生违约都可能牵一发而动全身，引发其他主体的偿债义务。

违约主体的范围如何界定本身并无普适标准，根据融资方自身资质及项目情况千差万别，但不宜界定过宽。通常，公司作为借款人时，如果贷款人在做发放贷款决定时，已将其子公司或保证人的信用考虑进去，则可以要求把上述子公司和保证人的债务纳入交叉违约条款的适用范围；反之，则不宜将条款范围扩展到子公司和保证人。

3. 起算金额

违约事件起算金额是交叉违约条款中最显著的变化因素，亦即达到或超过某一限额才会触发交叉违约条款。对交叉违约条款起算金额的设计通常有两种方式：第一种采用固定金额方式，违约达到此最低金额就触发交叉违约。例如，"在任何其他金融机构的任何其他融资协议或安排项下的债务到期应付未付，数额达到人民币 1000 万元且未付期限超过 14 天"。该方法的优点是直观明了，较好判断，缺点是欠缺科学性和灵活性，不能根据融资方不同时期的不同情况灵活适用，因此通常用于界定负债金额。第二种采用动态比例的方式对某些财务指标加以限定，如以上列举案例中德永佳集团的财务承诺条款。该方法的优点是能反映企业的总体财务状况，缺点是不容易判断和掌握，常见于公司各项财务指标。

4. 设计实例

鉴于常见的融资行为相关主体以注册于/位于中国大陆的企业法人和中国籍有完全民事权利能力及行为能力的自然人为主，本部分仅举一例来列示适用中国法律的交叉违约条款，如表 1 所示。

表 1　中国银行间市场金融衍生产品交易主协议

若交易一方、该交易一方的履约保障提供者或在补充协议中为本款目的而指定的针对该交易一方的特定实体，在其他债务文件下出现违约且在适用的宽限期届满时仍未纠正，从而导致出现下列任一情形的，也构成该交易一方对本协议的违约，即交叉违约
（a）其他债务文件下的债务被宣告或可被宣告加速到期，且该等债务的累计本金数额超过交叉违约起点金额
（b）其他债务文件下的债务虽不存在被宣告或可被宣告加速到期的情形，但出现付款违约，且该等违约累计金额超过交叉违约起点金额
除非交易双方在补充协议中另有约定，其他债务文件指借款合同、债券及其担保协议。交叉违约起点金额是指触发交叉违约的最低违约金额；交易双方可在补充协议中约定适用于交易一方的交叉违约起点金额，若无约定，则视为对该交易一方不适用交叉违约

（五）结语

交叉违约条款是融资类交易中的常用条款，其理论依据是大陆法系的不安抗辩权制度及英美法系的预期违约制度。交叉违约条款有其商业合理性、不违反合同相对性原则，符合合同法的意思自治原则及诚实信用原则，在国内外立法及融资实践中亦获得支持。交叉违约条款可以赋予债权人在受偿时的平等地位，也在某种程度上保持了债权人之间的平衡。但如果被滥用，也可能导致借款人破产，损害各方利益。因此，在设计交叉违约条款时，应当通晓其义，巧妙运用，从违约主体、债务性质、起算金额、违约情形等方面加以限制，这样才能实现该条款应有的功能，最有利于债务的实现。

八、交易文件办理强制执行公证事宜简要探析

叶月蓉

【作者简介】 叶月蓉，毕业于复旦大学法学院，法律硕士。曾任职于上海市通力律师事务所银行与金融服务部，执业律师。现任职于华澳国际信托有限公司法律合规部。

为交易文件办理强制执行公证从而使之成为"公证机关赋予强制执行效力的债权文书"（以下简称"公证债权文书"）后，债权人无须经过相对冗长的审判程序即可直接向法院申请强制执行，能够避免诉讼程序高昂的时间及经济成本。因此，在业务实践中，在贷款合同、债权转让及回购合同等融资文件及其担保文件内，交易双方约定就该等文件办理强制执行公证的条款屡见不鲜。但目前我国对债权文书强制执行公证及执行证书签发的规定尚存不完善之处，以致存在实践中债权人申请出具执行证书困难、无法启动财产保全措施等问题。

哪些交易文件可以办理强制执行公证，什么情况下适合办理强制执行公证，办理强制执行公证过程中及后续就该种文书申请强制执行时应当注意何等事项等，成为实务操作中需要解决的问题。现根据现行法律、法规及部门规章的规定，结合相关业务具体实践，本文拟对办理强制执行公证的相关问题进行初步探讨，以期对后续业务活动提供一定的参考。

（一）公证债权文书的基本概念

1. 公证债权文书的界定

根据《中华人民共和国公证法》第三十七条规定，"公证机关赋予强制执行效力的债权文书"系指"经公证的以给付为内容并载明债务人愿意接受强

制执行承诺的债权文书"，债务人不履行或者履行不适当的，债权人可以依法向有管辖权的人民法院申请执行。

公证债权文书的法律法规依据主要为《中华人民共和国民事诉讼法》第二百三十八条、《中华人民共和国公证法》第三十七条及《公证程序规则》第三十九条及第五十五条。就公证机关办理债权文书强制执行公证及法院强制执行该等文书的条件、范围、内容、申请执行程序等具体内容，最高人民法院、司法部联合发布了《关于公证机关赋予强制执行效力的债权文书执行有关问题的联合通知》（司发通〔2000〕107号，以下简称《联合通知》），中国公证协会发布了《办理具有强制执行效力债权文书公证及出具执行证书的指导意见》（2008年4月23日通过，以下简称《指导意见》）进行明确。

根据前述规定，公证债权文书应当具备以下条件：第一，债权文书具有给付货币、物品、有价证券的内容。第二，债权债务关系明确，债权人和债务人对债权文书有关给付内容无疑义。第三，债权文书中载明债务人不履行义务或不完全履行义务时，债务人愿意接受依法强制执行的承诺。特别地，《联合通知》第二条明确列举了公证机关赋予强制执行效力的债权文书的范围，包括：第一，借款合同、借用合同、无财产担保的租赁合同。第二，赊欠货物的债权文书。第三，各种借据、欠单。第四，还款（物）协议。第五，以给付赡养费、扶养费、抚育费、学费、赔（补）偿金为内容的协议。第六，符合赋予强制执行效力条件的其他债权文书。就该等列举的公证债权文书范围中的"兜底条款"，即"符合赋予强制执行效力条件的其他债权文书"存在一定的解释与探索空间，实践中各公证机关对可以办理强制执行公证的文书范围及各法院准予强制执行的公证债权文书范围等也不尽一致，笔者将在本文第二部分中试举实践中交易文件办理强制执行公证事宜一二例，进行初步分析。

2. 公证债权文书申请执行的程序

（1）办理赋予债权文书强制执行效力的公证手续。

《指导意见》对申请办理具有强制执行效力公证的债权文书的内容有具体要求：第一，应当对债权债务的标的、数额（包括违约金、利息、滞纳金）及计算方法、履行期限、地点和方式约定明确。第二，应当载明当债务人（包括担保人）不履行或者不适当履行义务时，其愿意接受强制执行的承诺。从程序上而言，当事人申请办理债权文书的强制执行公证，应当由债权人和债务人共同向公证机关提出。涉及第三人担保的债权文书，担保人（包括保证人、抵押人、出质人、反担保人，下同）承诺愿意接受强制执行的，担保人应当向公证机关提出申请。公证机关应当重点审查下列事项：债务人（包括担保人）愿意接受强制执行的承诺是否明确，债务人（包括担保人）对做出愿意接受强制执行承诺的法律意义和后果是否清楚。债权债务关系是否明确，债权人和债务人（包括担保人）对债权文书的下列给付内容是否无疑义：①债权债务的标的、数额（包括违约金、利息、滞纳金）及计算方法、履行期限、地点和方式；②债务为分期履行的，对分期履行债务的强制执行的条件和范围的约定；对核实债务不履行或者不适当履行的方式所做的约定是否明确。经审查后，公证机关可以依法出具公证书，赋予该等债权文书强制执行效力。

（2）申请执行公证债权文书的前置程序——执行证书的签发。

《中华人民共和国民事诉讼法》第二百三十八条规定"对公证机关依法赋予强制执行效力的债权文书，一方当事人不履行的，对方当事人可以向有管辖权的人民法院申请执行，受申请的人民法院应当执行"，据此，经公证机关公证并赋予强制执行效力的债权文书可以成为强制执行的申请依据。然而，公证债权文书并不能单独成为向有管辖权法院申请执行该等文书的凭证。根据《联合通知》，债务人不履行或不完全履行公证机关赋予强制执行效力的债权文书的，债权人可以向原公证机关申请执行证书；债权人凭原公证书及执行证书可以向有管辖权的人民法院申请执行。尽管《联合通知》的前述条款就申请执行证书事宜使用"债权人可以"的措辞，其并不意味着赋予债权人省去申请执行证书的程序并直接向有管辖权的法院申请执行公证债权文书的选择权。实践中，申请并取得原公证机关出具的执行证书成为申请有管辖权的法院执行该等公证债权文书的必要前置程序。

根据《联合通知》及《指导意见》，申请出具执行证书由债权人向公证机关提出。公证机关签发执行证书前还需就以下事项进行审查：不履行或不完全履行的事实确实发生；债权人提交的已按债权文书约定履行了义务的证明材料是否充分、属实；向债务人（包括担保人）核实其对债权文书载明的履行义务有无疑义，以及债权人提出的债务人（包括担保人）不履行或者不适当履行债务的主张是否属实。公证机关经核实及告知等程序后，可以签发执行证书。公证机关签发执行证书应当注明被执行人、执行标的和申请执行的期限，债务人已经履行的部分在执行证书中予以扣除；因债务人不履行或不完全履行而发生的违约金、利息、滞纳金等，可以列入执行标的。

关于执行证书的送达，目前一般理解，由于出具公证书和核实履行情况的阶段已对债务人的知情权予以充分保护，签发执行证书时无需再以送达债务人作为执行证书的生效要件。

（3）申请执行程序。

债权人取得执行证书后，凭原公证书及执行证书可以向有管辖权的人民法院申请执行。该等有管辖权的法院系指被执行人住所地或者被执行的财产所在地人民法院①。根据《中华人民共和国民事诉讼法》，申请执行的期间为二年，申请执行时效的中止、中断，适用法律有关诉讼时效中止、中断的规定。

（二）具体交易文件办理强制执行公证及申请执行的可行性初探

1. 对担保合同办理强制执行公证并申请强制执行的可行性

《联合通知》第二条列举的公证机关赋予强制执行效力的债权文书的范围中并未包括担保合同，且对于该条文中"兜底条款"的表述（即"符合赋予强制执行效力条件的其他债权文书"）存在一定的解释与探索空间，就担保合同能否办理强制执行公证一度存在争议，对该问题主流观点也发生了一系列变迁。

1992 年 12 月 31 日，司法部印发《抵押贷款合同公证程序细则》，其第六条规定，"双方当事人可以在合同中约定，借款人违约时，贷款人可以申请公证机关出具强制执行证书，向人民法院申请强制执行借款人的抵押财产"，同时第十六条规定"以第三人所有或经营管理的财产提供抵押担保的抵押贷款合同公证，参照本细则办理"。细则将担保条款作为抵押贷款合同附属的形式认可了抵押物可以作为经强制执行公证赋予强制执行效力的交易文件对应的执行标的。

2003 年，最高法院执行工作办公室就相关问题给出了不同的意见，《最高法院执行工作办公室关于中国银行海南省分行质押股权异议案的复函》指出："公证机关能够证明有强制执行效力的，仅限于《中华人民共和国公证暂行条例》第四条第（十）项规定的'追偿债款，物品的文书'；即使此后的司法解释扩大了公证管辖的范围，仍不包括担保协议。"并认为海南省高级人民法院依据相应公证书强制执行担保人"显属不妥"，否认了经强制执行公证的担保协议的强制执行效力。

此后，各地公证机关、法院对担保协议的强制执行公证事宜莫衷一是，公证机关是否接受担保文件办理强制执行公证、法院是否准予执行办理强制执行

---

① 《民事诉讼法》第二百二十四条规定："发生法律效力的民事判决、裁定，以及刑事判决、裁定中的财产部分，由第一审人民法院或者与第一审人民法院同级的被执行的财产所在地人民法院执行。法律规定由人民法院执行的其他法律文书，由被执行人住所地或者被执行的财产所在地人民法院执行。"

公证的担保文件因地而异。

近年来，随着当事人对具有强制执行效力公证文书制度认可程度的提高，主流意见逐渐倾向于认可公证机关可以对附有担保协议债权文书进行强制执行公证，相应地，支持担保合同属于赋予强制执行效力的公证债权文书范围的司法裁判文书明显增多。

2014年9月，最高人民法院《关于含担保的公证债权文书强制执行的批复》规定，"现行法律、司法解释并未对公证债权文书所附担保协议的强制执行做出限制性规定，公证机关可以对附有担保协议债权文书的真实性与合法性予以证明，并赋予强制执行效力"。再度认可了经强制执行公证的担保协议的强制执行效力。2015年5月5日，最高人民法院发布了《最高人民法院关于人民法院办理执行异议和复议案件若干问题的规定》（法释〔2015〕10号），其第二十二条规定，"公证债权文书对主债务和担保债务同时赋予强制执行效力的，人民法院应予执行；仅对主债务赋予强制执行效力未涉及担保债务的，对担保债务的执行申请不予受理；仅对担保债务赋予强制执行效力未涉及主债务的，对主债务的执行申请不予受理。人民法院受理担保债务的执行申请后，被执行人仅以担保合同不属于赋予强制执行效力的公证债权文书范围为由申请不予执行的，不予支持"。至此，最高人民法院以司法解释的形式明确了担保协议可以赋予强制执行效力，且可以在主合同未办理强制执行公证的情况下单独赋予担保协议强制执行效力。

2. 收益权转让合同办理强制执行公证并申请强制执行的可行性

尽管目前我国法律法规并无明确的条文对股权收益权、债权收益权或特定资产收益权等的法律性质进行明确规定，学术界对各类标的收益权的法律性质也存在广泛争议，但不可否认的是，信托业务实践中，收益权转让（买断式）和收益权转让及回购交易已经成为非常普遍的交易模式。就收益权转让合同办理强制执行公证事宜也成为实践中常见的安排。本文试以两个案例论证何种收益权转让合同可以被赋予强制执行公证效力且被法院认可执行。

在《长安信托有限公司申请执行公证债权文书一案执行裁定书》① 中，系争的债权文书是一份《股权收益权转让及回购合同》，山东省高级人民法院认为各方当事人"意思表示真实一致"，相关合同、协议"内容具体、明确"，并驳回了被申请人的执行异议申请。尽管在该《股权收益权转让及回购合同》中股权收益权回购价款的金额会随期限而变更，但该案法院也并未据此认定股

----
① 参见〔2014〕鲁执复议字第47号裁定书。

权收益权的金额为动态数额或认为债权债务的数额不明确，这也与实践中对"转让及回购"模式一般被作为典型融资行为的认定相一致。业务实践中，对转让及回购业务模式项下的交易文件办理强制执行公证也属于常规操作。

而在《四川信托有限公司申请执行公证债权文书一案执行裁定书》[1] 中，系争公证债权文书为一份《股权收益权转让合同》，该份合同约定的转让标的为赣州银行股权收益权，具体约定为"股权卖出收入，股息红利，股权因分红、公积金转增、拆分股权等而形成的收入"；合同约定了股权收益权的金额不低于"转让价款×（1+12.05%×信托实际存续天数÷365）"。这样的操作模式在信托业务实践中也较为常见，即"收益权转让+差额补足"模式，转让方承诺就收益权实现款的最低金额进行差额补足，对受让方而言，不仅可以享受转让方及担保方就预计最低收益提供的增信，同时也可以就标的资产的实际价值享有超额收益。然而在本案中，江西省高级人民法院认为，尽管双方约定了收益权的最低金额，但股权收益权的金额是一动态数额，取决于市场和赣州银行的经营情况，认为系争《股权收益权转让合同》不符合《联合通知》的要求，给付的内容、债权债务的标的、数额不明确，并据此裁定不予执行四川省成都市蜀都公证处作出的执行证书。可见，在该等"收益权转让+差额补足"业务模式项下的主合同即使能顺利办理强制执行公证手续并取得执行证书，在申请法院强制执行阶段仍可能遭遇障碍。

（三）交易文件办理强制执行公证利弊及取舍的简要探讨

1. 交易文件办理强制执行公证的优势

作为债权人，资金融出方如银行、信托公司等机构要求债务人配合办理交易文件的强制执行公证手续，在执行阶段，较采用诉讼手段而言具有一些优势，包括但不限于：

（1）节约时间成本。

如债务人违约后，采用诉讼的方法进行追索，按照《民事诉讼法》的规定，在一审中适用简易程序的案件应当在三个月内审结，适用普通程序的案件应当在六个月内审结，在特殊情况下可以延长六个月；如当事人不服一审判决，还可以提起上诉从而进入案件二审程序，二审案件应当在三个月内审结，在特殊情况下可以延长审限。此外，实践中也存在部分地方法院对案件的审理期限未完全按照严格《民事诉讼法》等相关规定执行，导致案件审理期限一

---

[1] 参见［2014］赣执审字第1号裁定书。

再拖延，使得债权人的权利迟迟无法得到保障。无论是对以自有资金对外发放贷款的银行类金融机构，还是对资金来源往往为向合格投资者募集资金的资产管理机构（含信托公司等）而言，在发生债务人不履行或未能完全履行还款义务的情况下，诉讼期限延长及时限的不确定意味着更高的项目管理成本，且该等情况可能导致公司声誉受损的风险增大，因此及时迅速地处置不良资产对融出资金的金融机构至关重要。如对交易文件办理强制执行公证，则可在债务人不履行或未能完全履行还款义务的情况下迅速进入处置程序，节约时间成本。

（2）降低费用支出。

首先，按照《诉讼费用缴纳办法》（中华人民共和国国务院令第481号）的规定，财产案件根据诉讼请求的金额或者价额，按照比例分段累计缴纳，比例在0.5%~2.5%不等，而赋予债权文书强制执行效力的公证按债务总额的0.3%收取公证费用，显著低于法院案件受理费用的收取标准。其次，尽管诉讼的案件受理费用可能最终由败诉方承担，但原告（一般为债权人）需在起诉时先行垫付，如在败诉方财产不足以承担该等费用及系争债务金额总和时，最终该等费用可能无法追回；而办理强制执行公证的费用一般已在申请办理交易文件强制执行公证时由相关方（多为债务人）支付，不涉及垫付及追偿的问题。最后，办理强制执行公证还可以节省一、二审期间的律师代理费用和人力的耗费等。

2. 交易文件办理强制执行公证的弊端及取舍

尽管交易文件办理强制执行公证理论上存在上述优势，然而实践操作中，办理强制执行公证也存在一些弊端及风险，因此，即使对于可以按照法律法规规定办理强制执行公证的交易文件，在决定是否办理强制执行公证时，也应当进行一番取舍。同时，在办理过程中，也应当注意文件内容及办理程序等合法合规，降低办理强制执行公证的操作风险。具体而言，办理强制执行公证的风险点包括但不限于：

（1）公证机关不予签发执行证书及执行证书被法院裁定不予执行的风险。

正如本文第一部分已经提及，公证机关在签发执行证书时需进行一系列核查程序，如公证机关核查后认为不满足签发执行证书条件的，可能不予签发执行证书；此外，债权人在取得执行证书后，还需向法院申请强制执行，如公证债权文书确有错误的，人民法院裁定不予执行。《最高人民法院关于适用〈中华人民共和国民事诉讼法〉的解释》第四百八十条规定了可以认定为公证债权文书确有错误的几种情形，包括：公证债权文书属于不得赋予强制执行效力的债权文书的；被执行人一方未亲自或者未委托代理人到场公证等严重违反法律规定的公证程序的；公证债权文书的内容与事实不符或者违反法律强制性规定的；公证债权文书未载明被执行人不履行义务或者不完全履行义务时同意接受强制执行的。此外，人民法院认定执行该公证债权文书违背社会公共利益的，裁定不予执行。从本文第二部分引用的四川信托有限公司申请执行公证债权文书一案可以看出，给付的内容、债权债务的标的、数额不明确也可能成为不予执行公证债权文书的事由。若公证机关不予签发执行证书或执行证书被法院裁定不予执行，债权人向人民法院起诉的，不仅未能提高处置效率，反而浪费更多时间。

据此，在操作中，首先需避免出现法律法规明确规定的可能导致公证机关不予签发执行证书或执行证书被法院裁定不予执行的情形。其次，债权人在取得公证机关签发执行证书之后，也应自行检查执行证书是否符合法律法规规定，尤其是检查债权数额是否与事实相符，执行标的是否明确（尤其是是否记载了利息计算方式、明确的金额等）、是否记载了当事人住所地等基本信息、是否记载了核查债务履行的过程等，避免因执行证书不规范导致法院裁定不予执行。最后，如需对非常规的交易文件办理强制执行公证的，建议与富有经验、熟悉当地法院的公证员事先充分沟通，并针对类似案例进行法律检索，避免该等强制执行公证不被执行法院认可。

（2）公证机关无法采取保全措施，债权人不能及时查封债务人财产的风险。

由于公证机关的地位仅是民间证明机构，并非国家赋予的司法裁判权或执法权的机关。《民事诉讼法》第一百零一条规定："利害关系人因情况紧急，不立即申请保全将会使其合法权益受到难以弥补的损害的，可以在提起诉讼或者申请仲裁前向被保全财产所在地、被申请人住所地或者对案件有管辖权的人民法院申请采取保全措施。"实践中，部分法院认为该条款中的"提起诉讼"不包含执行程序，因此认为对经公证的具有强制执行效力的债权文书申请强制执行的案件不适用诉前财产保全措施。实践中，首先，查封债务人财产的债权人将享有一系列程序上的优势，在处置债务人财产时具有很强的主动权[①]，因此保全措施的发起时效性至关重要。对于对交易文件办理了强制执行公证的债权人，如不能第一时间发动保全措施，可能处于被动的劣势地位。

---

① 例如《最高人民法院关于首先查封法院与优先债权执行法院处分查封财产有关问题的批复》规定，执行过程中，应当由首先查封、扣押、冻结（以下简称查封）法院负责处分查封财产。

另外，持有公证债权文书的债权人向法院申请强制执行前，需要向原公证机关申请出具执行证书，原公证机关在出具执行证书前需要对合同当事人的履行情况进行审查，审查的内容其中有一项是向债务人通过"公证处信函""公证处电话（传真）"或双方约定的其他方式进行核实，需要核实债务人对债权文书载明的履行义务有无疑义，以及债权人提出的债务人（包括担保人）不履行或者不适当履行债务的主张是否属实。由此，可能出现"打草惊蛇"的结果，在债权人尚未向法院申请强制执行时，债务人就已经知道债权人已有此计划，债务人为了阻扰和规避强制执行，债务人有可能会转让、转移相关财产或通过第三方对其财产进行财产保全等方式来逃避债务。

因此，在债务人并未以自身财产提供物的担保，即债权人本身对债务人的财产不具有法定优先受偿权的情况下，以及对于债务人负债较多、存在较多潜在可能就债务人的财产发起保全措施的债权的情况下，是否对交易文件办理强制执行公证还需个案考量及充分论证。

（3）执行管辖法院可能不是最有利于债权人权利实现的法院的风险。

在以诉讼为争议解决方案的情况下，除专属管辖等特殊情况外，诉讼管辖权可以由当事人在合同中约定，交易文件中常见的诉讼管辖法院系债权人住所地有管辖权的法院，或将债权人认为有利于其权利实现的地点约定为合同签订地并约定合同签订地有管辖权的人民法院为诉讼管辖法院。该等一审法院将作为执行法院，即诉讼中的执行法院可以由债权人选择为有利于其权利实现的法院。而公证债权文书的执行只能由被执行人住所地或者被执行的财产所在地人民法院执行，该等法院可能并非债权人熟悉的法院，也可能位于司法相对不成熟完善的地区，为执行申请的操作增加障碍，甚至可能影响债权人实体权利的实现。

因此，如存在债务人或其主要财产位于偏远地区，债务人或其主要财产所在地法院曾就类似公证债权文书不予执行的裁定等情况，则该等交易文件是否办理强制执行公证还需审慎考量。

（4）公证债权文书执行可能无法主张如律师费等费用的风险。

尽管一般交易文件中约定，债权人为实现主债权而发生的所有费用均由债务人承担，该等费用包括但不限于债权人依据主合同及相应的从合同行使任何权益、权利而发生的所有费用，包括但不限于诉讼费（或仲裁费）、律师代理费、差旅费、公证费、评估费、拍卖费、保全费、执行费等。然而对于以上债权人为实现主债权而发生的费用一般无法明确约定详细的计算标准，同时该等金额也会随着时间进程而发生变化。因此实践中许多公证机关在签发执行证书并描述执行标的时，对无法明确的该等费用不予支持或者部分支持；此外，执行法院也可能因该等费用无法确定，从而认为公证债权文书的债务"数额不明确"，从而裁定不予执行相应的公证债权文书。

因此，在决定交易文件是否办理强制执行公证时，就该项目的复杂程度、实现主债权时预计发生费用的金额大小也是一项需要考虑的因素。

综上所述，为交易文件办理强制执行公证存在不少优势，如减少诉累，节约时间成本及费用支出，提高资产处置效率等，但同时也存在一定的弊端及风险。在实践中，我们不宜盲目办理交易文件的强制执行公证，而是应当针对个案的具体情况具体分析，做出一定判断和选择，以期达到最大程度保障债权人合法权益的目的。

九、简论事务管理类（通道类）信托及其受托人风险责任承担

张梦萍

【作者简介】张梦萍，毕业于南开大学，法学硕士，曾供职于国浩律师（北京）事务所，现供职于华澳国际信托有限公司法律合规部。

（一）概述

2001~2002 年，我国《信托法》《信托投资公司管理办法》《信托投资公司资金信托管理暂行办法》（以下统称"一法两规"）相继出台，这使我国信托制度在法律层面上得到了确认，为我国信托行业的发展提供了制度基础。

根据《信托法》的规定，信托是指委托人基于对受托人的信任，将其财产权委托给受托人，由受托人按委托人的意愿以自己的名义，为受益人的利益或者特定目的，进行管理或者处分的行为。这一定义，描述了信托制度诞生之初最基本的功能和价值定位，用一句话概括就是"受人之托，忠人之事"。而在这一基本功能和价值之上，随着社会、经济环境的不断变化和发展，信托制度被要求在财产管理方面发挥更为积极和主动的作用，即"受人之托，代人理财①"。信托公司信托业务的拓展和创新便是围绕着信托制度所具有的上述功能和价值展开的。

2014 年 4 月，中国银行业监督管理委员会（以下简称"银监会"）下发了《关于调整信托公司净资本计算标准有关事项的通知（征求意见稿）》（以下简称《调整通知》），将信托公司信托业务区分为事务管理类（通道类）和非事务管理类（非通道类或主动管理类，下同）两类。虽然截至目前《调整

---

① 卞耀武. 中华人民共和国信托法释义 [M]. 北京：法律出版社，2002：3.

通知》并未正式颁布施行，但其将信托业务划分为事务管理类（通道类）和非事务管理类（非通道类或主动管理类），并进一步对事务管理类（通道类）信托业务的概念及特征作明确阐述，却对当时和之后的信托业务开展及相关信托业务监管产生了很大的实际影响，这种实际影响最直观的体现就是，使信托行业内长久以来一直大量存在却无法被明确识别的、与事务管理类（通道类）信托有着相似特征的信托业务首次有了一个清晰的归类标准。

事物的统一性寓于多样性之中并通过多样性表现出来。在《调整通知》正式提出事务管理类（通道类）信托这一概念及其判别特征之前，具有事务管理类（通道类）信托特征的信托业务在实务领域有着如通道类信托、被动管理类信托、非主动管理类信托等诸多称谓和表象。通过对上述该类不同名称的具体信托业务关系中信托当事人的权利、义务和责任进行分析和判断，不难发现该类不同称谓下的信托业务关系均突出地显示出某种同质性，即信托制度诞生之初，作为一种制度设计所具有的历史性格。这一历史性格至今一直存在于信托的概念与构造之中，成为信托创新的源泉之一①。

由此可知，事务管理类（通道类）信托更符合于信托制度诞生之初最基本的功能和价值定位，即"受人之托，忠人之事"，非事务管理类（非通道类）信托则更贴合于"受人之托，代人理财"的信托制度发展要求。这二者都在各自的维度上体现着信托制度的功能和价值。事务管理类（通道类）信托和非事务管理类（非通道类）信托的区分是我国信托行业经过多年实践发展的产物，是实践倒逼行业监管的结果，因而要对我国事务管理类（通道类）信托受托人责任进行研究，不能简单从《调整通知》的内容入手，应有一个回溯的过程。

（二）从模糊到清晰——事务管理类（通道类）信托概念和特征的明确

随着"一法两规"的颁布施行，在有法可依的背景下，信托公司在开展信托业务的过程中，对信托所具有的财产转移功能和财产管理功能的认知和运用有一个逐步深化的过程。尤其在我国实行分业经营、分业监管的金融监管体制环境下，信托公司拥有同时跨越产业市场、货币市场和资本市场的牌照优势，这就使得信托公司能够通过单纯开展"通道"业务即可实现拉升信托资产规模、增加收益基数的目的。信托公司开展的此类业务中最具有代表性的就是银信理财合作业务，该种业务的结构一般为商业银行通过发行理财产品募集

---

① 陈赤. 中国信托创新研究：基于信托功能视角的分析［M］. 成都：西南财经大学出版社，2008.

资金，然后以自己的名义将所募集的资金委托给信托公司发起设立信托，最后通过该信托将信托资金用于特定用途。这种合作方式实现了信托公司和商业银行之间功能定位上的互补，在一定时期内形成了双方共赢的局面。

在 2007 年信托公司信托资产规模快速扩张的过程中，银信理财合作业务占据信托资产规模的比例也呈总体上升的趋势。进入 2008 年，银信理财合作类信托产品的余额已经占到信托公司管理的全部信托财产的一半以上。当时环境下银信理财合作业务爆发式的增长，一方面极大弱化了我国货币政策的执行力度；另一方面也使信托公司在此类业务中一味扮演"通道"角色所带来的项目风险管理能力弱化、责任承担主体不明等问题逐渐显露出来，这引起了监管部门的高度关注。于是自 2008 年起，针对银信合作业务出台的监管法规开始陆续颁布施行，其中对银信合作业务影响较大的有如下四部：

第一，《关于进一步加强信托公司银信合作理财业务风险管理的通知》（银监发［2008］297 号）。该通知提出，信托公司应当逐笔梳理银信合作理财产品，加强对有关产品的风险分析和后续管理，改变对此类业务普遍存在的风险意识淡薄的问题，认真检查银信合作业务中信托合同、风险揭示等相关文件可能存在的法律瑕疵，确认信托公司与银行之间的权利、义务和责任是否界定清楚。

第二，《关于进一步规范银信合作有关事项的通知》（银监发［2009］111 号）。该通知要求，信托公司在银信合作中应坚持自主管理原则，作为受托人在信托资产管理中要拥有主导地位，承担起产品设计、项目筛选、投资决策及实施等实质管理和决策职责，且在银信合作业务中不得将尽职调查职责委托给其他机构。

第三，《关于规范银信理财合作业务有关事项的通知》（银监发［2010］72 号）。此通知明确提出，信托公司在开展银信理财合作业务过程中，应坚持自主管理原则，严格履行项目选择、尽职调查、投资决策、后续管理等主要职责，不得开展通道类业务。

第四，《国务院办公厅关于加强影子银行监管有关问题的通知》（国办发［2013］107 号）。该通知提出，要加快推动信托公司业务转型，明确信托公司"受人之托，代人理财"的功能定位，推动信托公司业务模式转型，回归信托主业。规范金融交叉产品和业务合作行为。金融机构之间的交叉产品和合作业务，都必须以合同形式明确风险承担主体和通道功能主体，切实落实风险防控责任。

2008~2013 年下发施行的上述监管文件中均或多或少地出现了"自主管理①"

---

① 《关于进一步规范银信合作有关事项的通知》（银监发［2009］111 号）。

"通道类业务①" "通道功能主体②" 及与之相类似的表述，只是在当时的语境下，该等监管文件并未对什么是 "通道类业务"、什么样的主体可以被称为 "通道功能主体" 做出明确的解释，其在某种程度上只是针对信托公司在金融交叉产品和业务合作行为（主要是指银信合作业务）中应当扮演和承担的角色做出了具体的规定，为此类型业务未来应然的发展方向定调。作为将信托公司 "通道" 功能引入公众视野的银信理财合作业务，在监管规范的逐步调整和引导下渐渐走上去通道化的发展路径。但其在加深监管机关对信托制度功能的认识、提升监管机关对不同信托业务风险实质的把握及化解能力，以及进一步明确信托公司在不同信托业务类型中所扮演的受托人职责等方面产生的影响却是非常深远的。于是到了 2014 年 4 月，便有了《调整通知》的下发。

《调整通知》提出，信托公司信托业务可以区分为事务管理类（通道类）和非事务管理类（非通道类）两类。上述分类需依据实质重于形式的原则，在对信托当事人真实意图、交易目的、职责划分、风险承担等方面进行有效辨识的基础上进行。

根据《调整通知》的内容来看，事务管理类（通道类）信托是指委托人自主决定信托设立、信托财产运用对象、信托财产管理运用处分方式等事宜，自行负责前期尽职调查及存续期信托财产管理，自愿承担信托投资风险，受托人仅负责账户管理、清算分配及提供或出具必要文件以配合委托人管理信托财产等事务，不承担积极主动管理职责的信托业务③。以该定义为基础，《调整通知》进一步提出，在信托合同中同时明确体现以下特征的信托业务确定为事务管理类（通道类）信托业务：

第一，信托设立之前的尽职调查由委托人或其指定第三方自行负责，委托人相应承担上述尽职调查风险。受托人有权利对信托项目进行独立的尽职调查，确认信托项目合法合规。

第二，信托的设立，信托财产的运用对象，信托财产的管理、运用和处分方式等事项，均由委托人自主决定。

第三，受托人仅依法履行必须由受托人或必须以受托人名义履行的管理职责，包括账户管理、清算分配及提供或出具必要文件以配合委托人管理信托财产等事务。受托人主要承担一般信托事务的执行职责，不承担主动管理职责。④

---

① 《关于规范银信理财合作业务有关事项的通知》（银监发〔2010〕72 号，2010 年 8 月 5 日起施行）。
② 《国务院办公厅关于加强影子银行监管有关问题的通知》（国办发〔2013〕107 号）。
③④ 《关于调整信托公司净资本计算标准有关事项的通知（征求意见稿）》。

此外，《调整通知》还提出，在信托合同中约定的如下条款是判断事务管理类（通道类）信托的重要特征，但不是充分条件和必要条件：

第一，信托报酬率较低。

第二，信托合同约定以信托期限届满时信托财产存续状态交付受益人进行分配①。

截至目前，《调整通知》仍然停留在征求意见稿层面，并未上升为我国的制定法（广义理解）渊源，但在实务领域，《调整通知》对事务管理类（通道类）信托及其特征所作之定义，却被信托业务监管部门和各个信托公司奉为界定事务管理类（通道类）信托的标准和依据。

（三）事务管理类（通道类）信托受托人风险责任承担

如本文开头所述，事务管理类（通道类）信托和非事务管理类（非通道类）信托的区分是我国信托行业实践倒逼监管所产生的结果，两类信托业务各有其发挥信托制度功能价值的维度。但事务管理类（通道类）信托和非事务管理类（非通道类）信托之间的分野是否不可逾越？二者之间是否存在某种"量"上的差别，以致能通过对此种"量"进行增减而实现事务管理类（通道类）信托和非事务管理类（非通道类）信托相互之间的转换？

通过前文对银信理财合作业务及其监管政策发展的梳理发现，此种"量"不仅存在，而且还可以对其进行人为调整和干预。这种"量"其实就是信托受托人在某一具体信托项目中所分担风险和责任的多少。如能进一步找到引起事务管理类（通道类）信托和非事务管理类（非通道类）信托相互转化的此种"量"的增减临界点，即可在《调整通知》释义的基础上更为灵活地把握事务管理类（通道类）信托受托人责任的界定尺度。

对于任何一个特定的信托项目而言，该信托项目的利益相关方（包括但不限于信托当事人）会在该项目正式成立之前，对该项目全生命周期内可能面临的所有风险进行事前预测、识别，并通过协商、谈判等方式将该等风险（及该等风险发生后可能产生的责任）在利益相关各方之间进行分配。最为理想的状态，是在项目正式成立、运作之前穷尽该项目全生命周期内可能遇到的一切风险，并对这些风险的承担做出妥当的安排。然而实际操作中，因受到项目成立前各种主客观因素的限制，对项目全生命周期内的一切风险是不可能做到完全识别的。综合考量项目的总体风险收益后，项目利益相关各方会对当时

---

① 《关于调整信托公司净资本计算标准有关事项的通知（征求意见稿）》。

环境下所能识别的该项目的所有风险达成共识（通常此类共识会被落实进项目利益相关各方签署的具有法律约束力的书面文件中），这是该项目能够成立并进入运作环节的前提。为后文行文之便，我们将此处经项目利益相关各方识别并形成共识的某一项目的所有风险统归入该项目的"项目风险包"。

理论上，"项目风险包"一经锁定，在该项目利益相关各方之间进行分配的风险（及该等风险发生后可能产生的责任）总量就是相对固定的，那么判断该项目是事务管理类（通道类）信托还是非事务管理类（非通道类）信托的关注点就放在了"项目风险包"的分配方案上，更准确地说，是放在了"项目风险包"分配方案中信托公司作为受托人所承担的风险和责任的比重上。从这个角度来看，《调整通知》无疑可以被看作是监管机关在审慎监管原则指导下，通过长时间的信息积累并经反复研究、试探后所给出的一份"项目风险包"分配方案，该方案明确地界定了信托公司作为受托人在事务管理类（通道类）信托业务中所应承担的风险和责任比重。

从形式上看，事务管理类（通道类）和非事务管理类（非通道类或主动管理类）的区别主要体现为委托人的数量不同（不考虑集合事务管理型信托计划情形下）。本文认为，更主要的实质区别在于，由于事务管理类信托只有一个委托人，因此委托人对信托财产用途的话语权远远大于一个普通的集合信托委托人。主动管理类集合信托是典型的信托公司设计创制的产品，信托公司起主导作用，而事务管理类信托的资金运用方式和使用对象等都更多地体现了委托人的意愿。前述简要区分方法亦可在《调整通知》及监管部门对应监管导向中得到实践验证。

根据《调整通知》的安排，事务管理类（通道类）信托的受托人仅负责账户管理、清算分配、提供或出具必要文件以配合委托人管理信托财产等事务，主要承担一般信托事务的执行职责，不承担主动管理职责，这类职责可以被统称为事务管理职责。事务管理职责所涵盖的内容在一定范围内可以被限缩和放大。该等范围可以被限缩的底线为"必须以受托人名义履行的管理职责"（如果不是由受托人亲自履行就不能发生法律效力事务的管理职责）；该等范围可以被放大的极限为"受托人无须融入主观判断直接按照委托人指示即可履行的事务"。事务管理职责涵盖内容所具有的此种伸缩弹性，在一定程度上适应了具体表象上呈现多样化发展的事务管理类（通道类）信托项目的现实需要，也为信托公司对具体的事务管理类（通道类）项目执行差别化的定价策略提供了依据。

就某一具体信托项目而言，在该信托项目的"项目风险包"分配方案中，如受托人所领受的风险和责任未超出因履行前文界定的事务管理职责而可能面临的风险（及该等风险发生后可能产生的责任）时，从受托人的角度来说，该信托项目就可被界定为是事务管理类（通道类）信托项目；如受托人所领受的风险和责任开始超出因履行前文界定的事务管理职责而可能面临的风险（及该等风险发生后可能产生的责任）时，从受托人的角度来说，该信托项目所体现的事务管理类（通道类）信托项目特征就会开始减弱，至于该信托项目会在哪一临界点转化为非事务管理类（非通道类）信托项目，就完全取决于有权机关的裁判了。

事务管理类（通道类）信托项目的实质就是借受托人所具有的资格或身份来承受信托财产的"名义所有权"，从而实现委托人与受益人之间的利益安排，受托人在其中所扮演的角色仅是一个承受信托财产法律上所有权的"人头"。此类项目的主导方或实际管理方通常是该信托的委托人，受托人所扮演的角色应当是被动的、消极的。由此不难推知，信托公司在开展事务管理类（通道类）信托业务时可能面临的最大风险就是声誉风险和操作风险。

在此类业务中，信托公司作为受托人所扮演的最重要的角色就是信托财产的"名义所有人"和"名义管理人"，由于项目实际的权责义务关系仅为项目利益相关各方所知悉，"外部人"只能通过信托项目的外部表征来对该项目参与各方所扮演的角色进行推断。这就必然导致信托公司实际承担的风险和责任与名义表征上被"外部人"推断认为需承担的风险和责任出现不一致的情形。事务管理类（通道类）信托业务的实质决定了信托公司所面临的此种声誉风险是无法从根本上被消除的，只能通过采取一些措施对该等风险进行控制和管理。

信托公司作为事务管理类（通道类）信托业务受托人发生操作风险的概率，主要取决于受托人所需执行的事务管理职责内容的难度大小。事务管理类（通道类）信托受托人的角色应当是被动和消极的，其执行的每一项操作都是受领委托人指令的结果，而在委托人指令传达和受托人受领并执行指令的过程中，很容易发生因时效延误、衔接不畅、指令内容理解偏差等情形引起的操作风险。降低该等风险发生概率最行之有效的方法就是简化事务管理类（通道类）信托项目交易结构、缩短委托人指令传达链条。前一方法可以在一定程度上简化和降低受托人所需执行的事务管理职责内容的难度，后一方法可以提高受托人领受委托人指令的准确性，确保受托人执行具体事务管理职责的正当性。然而在金融领域创新实践不断发展的当下，当事务管理类（通道类）信托成为创新结构中的某一个衔接环节时，信托项目的交易结构不可避免地会变得更加复杂，委托人指令的传达链条也会加长，这会导致信托受托人的操作风险被逐层放大，那么前述降低事务管理类（通道类）信托受托人操作风险发生概率的方法就不再具有实操意义。

十、大资管市场时机中现状分配 问题的法律分析

张莹超

【作者简介】 张莹超，毕业于华东政法大学。曾任职于上海锦天城律师事务所（金融信托业务领域），执业律师。现任职于华澳国际信托有限公司法律合规部。

信托财产现状分配是指信托公司与委托人（受益人）在信托合同中约定：当信托期限届满时，信托公司有权按照信托财产届时的存续状态向受益人进行分配；随着通道类业务在信托行业的盛行，信托财产的现状分配越来越多地出现在信托文件中。信托财产现状分配免除了信托公司的变现义务，同时接受现状分配的受益人通常具有较强的风险识别和承受能力，因此信托公司在通道类业务及部分结构化项目的次级信托收益分配时倾向于使用该条款；但随着近年相关业务的期限到期，信托财产的现状分配面临了诸多操作问题，直接反映出过往信托公司对现状分配条款过于乐观及现状分配条款的设计缺乏可操作性。

本文将围绕信托财产现状分配存在的问题及实现路径进行简略分析。

（一）信托财产现状分配的法律依据

第一，信托财产现状分配的法律依据最早出现于《信托法》。当事人可以在信托合同或其他书面文件中约定交付信托利益的形式和方法，该规定为信托财产现状分配奠定了法律基础。

第二，《信托公司集合资金信托计划管理办法》（银监会令〔2007〕3号）第三十二条规定，清算后的剩余信托财产，应当依照信托合同约定按受益人所持信托单位比例进行分配。分配方式可采取现金方式、维持信托终止时财产原状方式或者两者的混合方式。采取维持信托终止时财产原状方式的，信托公司

应于信托期满后的约定时间内，完成与受益人的财产转移手续。信托财产转移前，由信托公司负责保管。保管期间，信托公司不得运用该财产。保管期间的收益归属于信托财产，发生的保管费用由被保管的信托财产承担。因受益人原因导致信托财产无法转移的，信托公司可以按照有关法律法规进行处理。

第三，《关于调整信托公司净资本计算标准有关事项的通知》（第三次征求意见稿）（以下简称《净资本事项通知的征求意见稿》）第四条规定，信托合同约定以信托期限届满时信托财产存续状态交付受益人进行分配可以作为判断事务类信托的重要特征（非充分条件和必要条件）。

基于《信托公司集合资金信托计划管理办法》中"原状"的表述更偏向于强调委托人在信托设立时交付的财产状态，而非信托公司进行管理运用后在期间届满时的信托财产存续状态。因此，为避免歧义，根据《净资本事项通知的征求意见稿》的规定，本文后续将以信托财产的现状（即信托期限届满时信托财产的存续状态）分配做统一表述。

上述法律法规虽赋予了信托财产现状分配的法律依据，但未对现状分配的操作及各方在现状分配中的权利义务做明确约定。

（二）信托财产现状分配存在的问题

1. 主体不适格

接受现状分配的受益人包括但不限于普通企业、金融机构、理财计划、资管计划、自然人等，而现状形式的信托财产包括但不限于债权、股权、合伙企业份额、知识产权、实物资产（房地产、机器设备等）、证券及其他权益性资产（信托受益权、特定资产收益权、资产管理计划/基金份额等）等；主体适格性需结合信托财产的具体类型及受益人的性质进行综合分析。

第一，若拟现状分配的信托财产为普通债权，而受益人为无贷款资质的普通企业，则该等条件下我们认为受益人有权接受信托财产的现状分配；因目前法律、行政法规并未禁止信托贷款债权的转让，也未对受让方的贷款资质做出强制性要求。

第二，若拟现状分配的信托财产为金融机构股权，而受益人为不具有金融机构股东资质的企业或自然人，该等条件下受益人无法接受信托财产的现状分配。

第三，若拟现状分配的信托财产为非银行金融机构或普通企业股权，而受益人为商业银行自有资金的，根据《商业银行法》"商业银行在中华人民共和国境内不得从事信托投资和证券经营业务，不得向非自用不动产投资或者向非银行金融机构和企业投资，但国家另有规定的除外"的规定，商业银行无法取得信托财产的现状分配。

第四，若拟现状分配的信托财产为未上市企业股权或上市公司非公开发行或交易的股份，而受益人为商业银行理财资金的，根据《中国银监会关于进一步规范商业银行个人理财业务投资管理有关问题的通知》（银监发〔2009〕65号）的规定，商业银行理财计划作为受益人无法取得信托财产的现状分配。

2. 现状分配时第三方担保的转移

第一，对于存在第三方担保的信托项目，即使受益人愿意接受现状分配，仍存在第三方担保无法顺利转移的情况。根据《合同法》及《物权法》的规定，除法律另有规定或当事人另有约定外，债权转让的，担保该债权抵押权一并转让。根据上述法律规定，担保物权的变更登记不影响债权及担保物权的转移。因此，担保人不配合办理抵质押的变更登记理论上不会影响担保物权的效力，但有一个前提，即信托公司不解除对抵质押物的抵质押登记；若在担保方不配合便利变更登记或重新登记的前提下，信托公司解除了相应的抵质押登记，受益人作为债权受让方亦无法行使抵质押权利。在上述情形下，信托公司即使向受益人进行了现状分配，亦无法完全解除其受托责任，当受益人作为债权受让方需要对债务人行使抵质押权利或提起诉讼时，信托公司作为受托人仍需要配合受益人出具相关证明文件或办理相关手续。

第二，担保物权随主债权转移可能存在例外情形，即担保人在担保合同中约定仅对特定债权人承担担保责任或禁止债权转让的，则该担保物权将不随主债权的转移而转移。在该种情形下，信托公司无法实现对受益人的现状分配，因此信托公司在遇到存在第三方担保的信托项目时，需要在担保类合同中避免禁止转让债权的条款，明确担保人同意为转让后的债权提供担保，并愿意配合办理相关变更登记等。

第三，此外，《物权法》关于最高额抵押作出如下规定："最高额抵押担保的债权确定前，部分债权转让的，最高额抵押权不得转让，但当事人另有约定的除外。"据此，如拟实施现状分配的非现金信托财产附有最高额抵押的，信托公司应事先核实该最高额抵押担保的主债权是否已经确定，并核实当事人在最高额抵押合同中是否有限制性约定，确定最高额抵押权是否随债权的部分现状分配而转移给受益人。

3. 现状形式信托财产无法分割或等值分配

信托公司作为信托的受托人应履行诚实、信用、谨慎、有效的管理义务，并为受益人最大利益处理信托事务。

（1）现状形式信托财产不可分割导致现状分配无法操作的可能性。

当信托项目存在多个委托人（受益人），而现状形式的信托财产非股权、证券或其他可以价值衡量的财产性权利时，信托公司将面临信托财产因无法分割而导致现状分配条款流于形式的尴尬境地。

（2）现状形式信托财产为不同种类权利导致现状分配无法操作的可能性。

如现状形式信托财产既包括债权、股权，亦包括动产、不动产或权益性资产的，信托公司同样无法在兼顾公平及为受益人最大利益服务的前提条件下实现对各受益人的现状分配。

4. 信托财产现状分配条款的设计缺陷

目前，多数信托公司对现状分配条款的表述较为简单及理论化，多表述为"委托人确认，受托人将以本信托预计存续期限届满时或发生本信托合同约定的情形时，信托财产存续状态的方式将非现金权利形式存在的信托财产转让给受益人，并宣布信托终止"等。该类条款仅约定了信托公司有权在信托期限届满时对信托财产进行现状分配，但未对分配的程序及操作做出约定，在实践操作中往往形同虚设，信托公司可能遭遇无法执行现状分配的困难。

5. 因现状分配条款不具有操作性而引起诉讼纠纷

若信托合同对现状分配的细节未做明确约定，可能导致因受益人不配合接受现状形式的信托财产而致使信托无法按期终止。信托公司为促使现状分配的顺利进行，可能采取必要手段，包括行使诉讼的权利，鉴于诉讼结果存在较大的不确定性，且诉讼所需时间较长，花费巨大，相关法院对信托制度及现状分配制度的理解偏差等因素，可能导致信托公司声誉受到影响、激化受益人及信托公司之间的矛盾。同时因信托公司在此期间应继续履行受托人职责、保管相关信托财产，存在以固有资金垫付相关费用等不利后果。

（三）信托财产现状分配的路径实现

信托财产的现状分配，是以完成信托财产向受益人的转移为目的，以促使受益人取得信托财产并有权主张与信托财产相关的权利为核心的分配机制。根据《物权法》《合同法》《担保法》等相关法律法规规定，所有权的转移标准在于交付（动产）或公示登记（不动产或股权、合伙企业份额）及普通登记（信托受益权/资管计划/基金份额等）。实践操作中，在现状分配时，信托公司除与受益人签署关于现状形式信托财产转移的法律文件以外，还应及时采取有效措施促使信托财产的交付或登记的完成（包括自身采取行动及要求其他义务方予以配合）。

针对信托财产现状分配的种种问题，建议信托公司从基本条款入手，解决信托财产现状分配的操作性及执行性等问题。

1. 完善信托合同

信托期限届满时信托财产的存续状态包括但不限于债权、股权、合伙企业份额、知识产权、实物资产（房地产、机器设备等）、证券及其他权益性资产（信托受益权、特定资产收益权、资产管理计划/基金份额等）。

当前多数信托合同仅约定了信托公司有权在信托期限到期时以信托财产届时的存续状态向受益人交付，未对各类非现金财产的具体分配方式及流程做明确约定，建议增加针对各类非现金财产的分配细则。

（1）现状分配的书面依据。

目前多数信托公司采取《通知函》的形式进行现状分配，《通知函》或类似文件仅为信托公司对受益人发出的单方面书面通知，无须受益人签署确认，因此在实践操作中存在受益人拒不接受现状形式分配或对财产的转移方式产生争议的风险，此时过于理论化的现状分配条款使信托公司处于极其被动的局面，若信托财产无法顺利分配，则信托公司无法及时结束信托，甚至可能发生通过诉讼途径解决问题，会对信托公司的声誉产生负面影响。因此，建议起草须经信托公司及受益人双方确认的书面分配文件（如《债权转让协议》《股权转让协议》等，视具体情况而定）作为信托合同的附件，在信托文件签署的同时，促使受益人对将来可能发生的现状分配做出接受的配合承诺，该附件可以作为信托公司向受益人交付非现金形式信托财产的书面依据。

（2）文件要素的完善。

1）鉴于各地工商登记机关或房地产登记机关等登记部门对于信托制度的理解认可程度存在较大差异，建议信托公司在设置现状分配条款时，事先咨询目标公司当地工商登记机关（适用于股权转让）、房地产登记机关（适用于不动产转让）等登记部门的指导意见，根据登记机关要求确认关于转让价款的表述方式（如表明信托分配行为属性约定转让价格为零、按照注册资本金金额填写转让价格、按照股权实际价值填写转让价格，按照登记机关要求填写）；同时建议事先咨询所属税务机关，明确该等交易事项的税收征管政策。

2）信托公司需要在相关文件中对拟分配的非现金财产、拟分配的时间点、分配过程中可能产生的费用承担等要素进行明确约定。涉及需要进行登记公示的股权、合伙企业份额、房地产、证券等财产的，需要在文件中对办理变更登记的时间、需要准备的材料等做明确约定，避免届时因无法完成变更登记导致无法完成现状分配的情况。

3）为避免争议，建议信托公司在信托文件中明确，如信托财产的现状分配最终因各种原因无法顺利完成的，信托公司及受益人各自应当履行的具体职责、信托报酬及其他信托费用的收取、相关损失的承担等内容，并对受益人不配合信托财产的现状分配或非现金形式信托财产的转移时风险的承担和后续信托财产的处理进行明确，以降低信托公司风险。

2. 交易合同的完善

除了在信托合同中向委托人（受益人）说明现状分配的可能性及具体操作细节外，在与融资方签署的合同中，同样需要明确约定信托公司有权在信托期限届满时以主合同项下标的财产向受益人进行分配，并要求融资方承诺配合办理届时的权利转移手续（如需）。在与担保方的合同中，担保方应当承诺如债权人变更的，担保方应当继续履行担保义务，同时有义务配合办理相关抵质押权利的变更登记。

3. 明确费用的承担

信托财产的现状分配可能产生各类费用，如不动产转让涉及的税费、动产交付过程中可能涉及的保管费用、股权转让、合伙企业份额转让及各类担保权利的变更登记费用等，该类费用的承担需要在各类信托文件及交易文件中做事先约定，并在项目成立前对各类费用进行预估，评估财产转移的可行性。建议信托公司在文件中明确信托公司在进行信托财产现状分配时不垫付任何费用，防止后续因费用产生而引起的各类纠纷。

（四）结论

本文对信托财产的现状分配在实践操作中遇到的各类问题进行了分析总结，并在合同条款及现状形式信托财产转移的操作层面做出了详细分析及建议。鉴于现状分配的顺利进行关乎信托公司的切身利益，尽快完善相关法律文本及明确各类财产转移的必要程序可以有效降低信托公司因条款设计不详尽、设立项目时未充分考虑现状分配的可行性及操作性而导致无法按约顺利完成分配并终止信托，甚至因此发生诉讼及损害信托公司声誉的风险。

十一、非上市公司股权质押融资实务操作及管理建议

谈亚评

【作者简介】 谈亚评，法学硕士，现供职于中国民生银行私人银行部。曾就职于交通银行、浦发银行，长期从事银行风险管理工作。

2007 年开始施行的《物权法》规定了股权出质的内容，其中明确 "以证券登记结算机构登记的股权出质的，质权自证券登记结算机构办理出质登记时设立；以其他股权出质的，质权自工商行政管理部门办理出质登记时设立"。这就改变了过去《担保法》和《公司法》对非上市公司股权质押规定不够清晰的状况，为银行等金融机构介入非上市公司股权质押融资项目提供了法律依据。2008 年，国家工商总局出台《股权出质登记办法》（2016 年 4 月 29 日修订），为办理股权质押登记提供了明确的操作依据，使得质权通过国家认可的登记部门公示有了对抗第三人的法律效力，从而促进了金融机构办理非上市企业股权质押的积极性。

非上市企业股权质押融资业务的规模目前没有正式的统计口径，过去多是配合项目整体风险控制需求而附加的风险控制措施，并不具有实质的担保意义，这不在我们的讨论范围之内。但随着我国多层次资本市场的发展，许多非上市企业也可能成为拟上市公司，其现阶段的股权价值相比未来上市后的估值有很大的折扣空间，上市公司并购业务、新三板、四板投资业务等投行类业务的兴起，为金融机构介入其股权融资提供了很大的想象空间。

（一）非上市企业股权质押融资的几种主要模式

目前，在实务操作中，上市公司股权一般是指，在国内主板、中小板、创业板上市公司的股权，以及在中国香港、美国等海外市场上市公司的股权

（这部分数量比较少，其中以中国香港上市公司股权居多，主要原因在于融资企业注册在中国内地，可以被多数的金融机构所接受）。除此之外的企业股权质押融资业务则被定义为非上市公司股权质押融资业务，这里要特别指出的，在新三板、OTC 上市的公司，由于市场流动性差、交易不活跃，其挂牌价格并不能体现出真正的股权价值，也无法通过这些市场及时处置股权，因此这类公司的股权质押我们仍按照非上市企业股权质押进行处理。

1. 股权质押模式

这种模式是最为常见的一种业务模式，银行等金融机构通过与融资人及股权出质方签署《贷款合同》《股权质押合同》等协议，通过贷款或委托贷款的形式给予融资人资金支持，到期由融资人归还贷款本息，如不能，则由金融机构处置质押部分的股权，如图 1 所示。

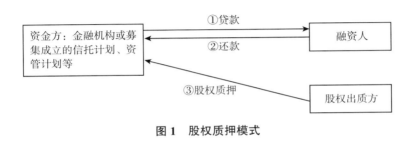

图 1　股权质押模式

2. 股权受益权转让及回购模式

在这种模式下，金融机构通过信托计划、资管计划等表外渠道给予融资人资金支持，而这种融资在融资人的资产负债表中不体现，有利于融资人优化财务报表，逐渐为市场所接受，但在实际操作过程中，由于该模式没有传统业务中的贷款合同作为主债权合同，有的工商管理部门以无债权债务关系为由拒绝登记。随着这种操作模式的实践案例增多，目前在北京、上海等地区的工商部门已经认可以融资人的回购义务作为主债务关系，以此为基础可以办理相关的质权登记，如图 2 所示。

3. 增资模式（配合股权质押）

这种模式可以认为是一种"明股实债"的操作模式。在这种模式下，金融机构通过契约型私募股权基金等形式成为融资人的股东（财务投资者），到期由融资人指定的第三方（一般是融资人的大股东）溢价收购其持有的股权实现退出。在这种情况下，需要融资人配合办理工商登记信息变更，缺点在于股权退出时面临征收所得税的问题，如图 3 所示。

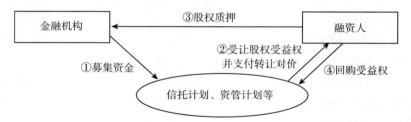

图 2 股权受益权转让及回购模式

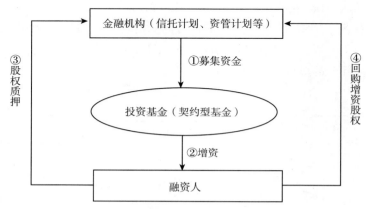

图 3 增资模式（配合股权质押）

（二）非上市企业股权质押融资业务的主要特点

1. 价格不确定性

非上市公司未来随着企业经营的变化可能出现价值增值，但不确定性也较大，尤其是在拟上市公司股权质押的项目中，预期的回报都以同类型的上市公司估值测算，一旦不能上市，相应的股权价值将由于预期的打破而出现大幅度折扣。

2. 定价方法多样性

非上市公司股权由于没有公开市场进行定价，因此没有一个公允的市场价格，在项目评估的过程中对于股权价格的定价方法可以根据项目要求采取不同的方法，会导致同一的股权出现不同的评估价格。

3. 不易流动性

非上市企业股权没有公开市场进行流通，比较正规的渠道是通过各地的产权交易所挂牌转让，也可以进行一对一撮合交易转让。相比较上市公司股权而言，这类质押物流动性差，变现的难度较大，而且项目一旦出现风险，对应的企业股权价值将大幅度下降，因此这类项目的质押率比较低。

（三）非上市企业股权定价及质押率控制

企业估值是金融机构在涉及股权项目中的最核心的判断问题，关于企业股权价值估值的方法很多，按照纽约大学斯特恩商学院教授阿斯沃思·达蒙德里（Aswath Damodaran）将现有的公司估值方法归结为三种：第一种，折现现金流估值法（Discounted Cash Flow，DCF），即把资产或权益与其对应的未来现金流的现值相联系，这种方法认为一项资产或权益的价值应等于该资产或权益预期在未来所产生的全部现金流的现值总和。第二种，相对估值法，即通过观察各种可比资产或权益相对于共同变量的定价，注入盈利、现金流、账面价值或销售额等，对资产或权益进行估计。第三种，相机索取权估价法，即运用期权定价模型对各种享有期权特征的资产或权益价值进行衡量[1]。

在实践中，受到数据、技术等因素的制约，一般金融机构采取如下的估值方法对非上市企业股权进行估价：

1. PB（净资产）法

这是最传统的方案。按照会计学原理，企业股东价值等于企业的剩余价值，即净资产，实务中一般以企业近期经审计报表显示的净资产为准，质押率控制在 5 折以内。但金融类企业是个例外情况，由于金融类企业经营的同质性较强，因此非上市金融企业股权价值可以参考上市金融公司的 PB 价格进行参考，如我国 A 股银行板块的市净率中位数为 0.85，H 股银行板块市净率中位数为 0.71，非上市金融企业股权质押的 PB 质押率一般会设定在 8 折左右（在实务中，部分比较优质的未上市股份制银行、城商行的股权转让价格是其 PB 的 1~3 倍，主要原因是金融牌照的稀缺性）。

这种评估方法的优点是定价内容直观，缺点是仅静态地关注企业资产负债情况，而未考虑企业经营变化情况对企业股权估值的影响，对一些轻资产经营的新兴行业企业而言非常不利。

2. 未来收益法

未来收益法是指通过估算被评估资产的未来预期收益并折算成现值，借以确定被评估的资产价格的一种常用的评估方法。其适用条件要求是：评估对象使用时间较长且具有连续性，能在未来相当长的期限内取得一定收益；评估对

---

[1] 杨峰. 公司估值问题——来自实践的挑战［M］. 北京：中国财政经济出版社，2012：101.

象的未来收益和评估对象的所有者承担的风险能用货币来衡量。这种评估方法涉及预期收益额、未来收益期、折现率这三个基本参数，一般适用在具有稳定现金流的企业（包括 SPV 主体），但其缺点在于预期的不确定性较大，且未考虑企业的负债对企业股权价值的影响。

改进的策略：结合净资产法和未来收益法的利弊，在实务中我们对应非金融企业的企业股权采取改进的方法，即先采取未来收益法折现出企业的估值，然后扣减企业的非经营性负债（有息负债），得到企业的有效现值，也即是企业股权的有效价值，以此为依据确定一定的质押率（一般不高于 5 折）。

3. 比较估值法

中国资产评估协会在《企业价值评估指导意见（试行)》中将比较估值法定义为市场法，指将评估对象与参考企业、在市场上已有交易案例的企业，股东权益、证券等权益性资产进行比较以确定评估对象价值的评估思路，同时提出了参考企业比较法和并购案例比较法两种具体的市场法估值路径。这两种方法都是利用市场上交易的数据分析得出被评估公司的价值，所不同的只是数据的来源不同：参考企业比较法的数据来源于公开交易的证券市场，而并购案例比较法的数据来源于个别的股权交易案例，或者说是来自控制权市场的交易信息。

目前比较常用的比较估值法主要有市盈率（PE）比较法、市净率（PB）比较法、市销率（PS）比较法等[1]。在罗列相关比较数据后，通过选取中位数（或平均数）的方法确定基础值，然后根据企业的不同特点，选择合适的比例，这种方法一般在对拟上市的企业股权估值中运用比较多，但由于国内资本市场普遍存在高估值的情况，这种方法的风险也比较大。

（四）过程管理的重要性得以凸显

传统的信贷理念认为，非上市质押融资仅需要对股权价值进行动态管理，而不需要对质押标的企业进行监管。

在新的资管时代下，并购业务、新三板投资业务等新的投行业务日益受到金融机构的重视，银行等金融机构在介入非上市企业股权质押融资项目时，已经不再简单地把股权视为一种担保物，而是会更加关心融资企业自身经营对股权价值的影响，以及未来股权价值通过登陆资本市场实现更大程度的增值，从而在其中获取更高的收益，这也是目前商业银行投行化运行的基本思路，即以

---

① 杨峰．公司估值问题——来自实践的挑战［M]．北京：中国财政经济出版社，2012：130.

债权投资带动股权投资以实现高收益项目的落地。因此在股权质押融资过程中更需要关注企业经营情况。

在实务操作中，金融机构一般会在合作协议中约定基本的管理要求，如公司新增债务及其他危及公司股权价值的行为要受到一定程度的限制；公司新增股东、分红配股等摊薄股权的行为，原有实际控制人的股权转让；公司主要资产转让及对外担保，尤其不要忽视企业的无形资产变动情况；还有就是核心经营团队的稳定性，如手游等企业，其主要的产品就依赖于几个核心的开发专家。

由于采取资管计划等方式进行融资安排，金融机构可以充分利用现有的政策安排，通过派驻董事、监事、财务管理人员等不同方式监督企业的经营行为，如果质押股权达到一定的比例，甚至可以对公司的账务支出进行监管（如保管公司财务印鉴、公章等），其代表可以行使表决权、知情权等权利。但介入的程度也要有所限制度，不得影响企业正常经营。

虽然非上市企业股权质押融资目前不是银行等金融机构的主流产品，但随着金融机构参与实体投资的积极性在不断提高，我们相信，未来股权投融资的空间将会越来越大，类似产品的研究和操作也会更加深入。

十二、财产保全的法律梳理：程序、路径及操作建议

叶月蓉

【作者简介】叶月蓉，毕业于复旦大学法学院，法律硕士。曾任职于上海市通力律师事务所银行与金融服务部，执业律师。现任职于华澳国际信托有限公司法律合规部。

随着近年经济下行，信托公司、资产管理公司融资类项目风险日渐暴露，以诉讼、仲裁等手段维护债权人权益的情形十分常见。作为一种维护利害关系人/当事人合法权益的救济程序，财产保全的运用也日益频繁。具体而言，财产保全是指在诉讼前或诉讼过程中，利害关系人/当事人发现有关财产可能存在被转移、隐匿、毁灭等，从而可能导致利害关系人/当事人权益受损或可能使将来的判决难以执行时，利害关系人/当事人可向人民法院申请对有关财产采取保护措施，法院亦可依职权裁定采取财产保全措施。

现根据现行法律、法规及部门规章的规定，结合资产管理行业具体实践，本文拟对财产保全的相关问题进行初步探讨，以期对业务活动提供一定的参考。

（一）财产保全的界定

1. 财产保全的分类——诉前财产保全及诉讼财产保全

按照时间的不同，财产保全主要可以分为诉前财产保全及诉讼财产保全。根据《民事诉讼法》第一百条及第一百零一条的规定，诉前财产保全是指在提起诉讼或者申请前，利害关系人因情况紧急，不立即申请保全将会使其合法权益受到难以弥补的损害的，向被保全财产所在地、被申请人住所地或者对案件有管辖权的人民法院申请采取保全措施；诉讼财产保全是指人民法院对可能因当事人一方的行为或者其他原因，使判决难以执行或者造成当事人其他损害

的案件，根据对方当事人的申请，可以裁定对其财产进行保全；当事人没有提出申请的，人民法院在必要时也可以裁定采取保全措施。此外，财产保全还包括诉讼后执行前财产保全①（即法律文书生效后、进入执行程序前提起的财产保全）。

2. 诉前财产保全与诉讼财产保全的异同

同为财产保全，诉前财产保全与诉讼财产保全有许多共同之处。例如，财产保全的范围均限于请求的范围或者与本案有关的财物；财产保全的措施均为查封、扣押、冻结或者法律规定的其他方法。同时二者也存在着显著的区别，主要包括：

（1）提起的主体不同。

诉前财产保全只能由利害关系人提出申请，不能由法院依职权主动采取；而诉讼财产保全，一般由当事人提出申请，人民法院在必要时也可以依职权主动采取。

（2）担保情况不同。

利害关系人申请诉前财产保全应当提供担保，否则法院裁定驳回申请；诉讼财产保全中，当事人提供担保并非申请财产保全的必要条件，法院可以要求申请人提供担保，如法院未做该等要求的，则无须提供。

（3）适用要求不同。

诉前财产保全要求在申请事由具有紧迫性及严重性，即情况紧急、不立即申请保全将会使利害关系人合法权益受到难以弥补的损害时才可适用；诉讼财产保全在"可能"使判决难以执行或者造成当事人其他损害时即可适用，适用要求相对宽松。

（4）裁定时间不同。

对于诉前财产保全，人民法院必须在接受申请后四十八小时内做出裁定；而对诉讼财产保全，人民法院仅对情况紧急的必须在四十八小时内做出裁定，法律法规对于其他情况的裁定时间并未做出相关规定。

此外，对于诉前财产保全，还存在申请人需在人民法院采取保全措施后三十日内依法提起诉讼或者申请仲裁，否则人民法院应当解除保全的特殊程序规定。

---

① 《最高人民法院关于适用〈中华人民共和国民事诉讼法〉的解释》（2015）规定，法律文书生效后，进入执行程序前，债权人因对方当事人转移财产等紧急情况，不申请保全将可能导致生效法律文书不能执行或者难以执行的，可以向执行法院申请采取保全措施。

（二）利害关系人/当事人申请财产保全的程序

利害关系人/当事人申请财产保全一般需完成以下程序[①]：

1. 提交财产保全申请书

利害关系人/当事人向法院申请财产保全时提交的财产保全申请书的内容一般应当包括：①申请人与被申请人的基本情况。②请求保全的具体事项、金额和措施。③事实和理由。④财产的证据或线索。其中，提供的财产证据或线索应当明确、具体。具体而言，财产证据或线索为银行存款、存单的，应当提供具体银行名称、账号和银行的确切地址；财产证据或线索为股票的，应当提供具体的股东账号、资金账号及证券公司的确切地址；财产证据或线索为已经登记的不动产、特定动产及其他财产权的，应当提供有关登记机关最近一周内出具的登记资料，资料除了包含所有权人、权证号码、品牌、型号等基本信息外，还应当包含有无抵押权人和司法限制等信息；财产证据或线索为其他财产的，应提供财产的名称、种类、规格、数量、价值、所有权人、所在地等详细情况及相关证据材料。如为诉前财产保全的，还需提交不立即申请财产保全将会使申请人合法权益受到难以弥补的损害的情况紧急的依据。

2. 缴纳财产保全费用

利害关系人/当事人依法向人民法院申请财产保全的，应当缴纳申请费。根据《诉讼费用交纳办法》，财产保全费用的缴纳标准为：财产数额不超过1000元或者不涉及财产数额的，每件缴纳30元；超过1000元至10万元的部分，按照1%缴纳；超过10万元的部分，按照0.5%缴纳。但是，当事人申请保全措施缴纳的费用最多不超过5000元。

3. 提供财产保全担保

就诉前财产保全及法院要求提供担保的诉讼财产保全而言，除提交书面申请、足额缴纳保全费用外，利害关系人/当事人还应当提供可靠担保。"可靠担保"是指申请人、申请人的担保人提供了物的担保，或者具有代为清偿债务能力的法人、其他组织或者公民真实、明确地为申请人提供了连带保证。申请人提供担保应当符合以下要求：①有担保人出具的连带保证担保书。②提供相当于申请保全金额的财产，或者不低于因申请错误可能造成被申请人财产损

[①] 各地方法院对申请财产保全的具体流程及材料可能存在一定差异，本段主要以上海地区法院的要求为依据，主要见《上海市高级人民法院关于财产保全工作的规定》（沪高法（审）[2014] 3号）等。

失金额的现金作为担保；申请诉前保全一般应当提供相当于申请保全金额的足额担保。

（三）财产保全的措施及其执行

财产保全的具体措施包括查封、扣押、冻结或者法律规定的其他方法。其中，查封是指人民法院清点财产、粘贴封条、就地封存，以防止他人处理和移动的一种财产保全措施。扣押是指人民法院对需要采取财产保全措施的财物就地扣留或异地扣留保存，在一定期限内不得动用和处分的一种财产保全措施。冻结是指人民法院依法通知有关银行、信用合作社等单位，不准被申请人提取或转移其存款的一种财产保全措施。法律规定的其他财产保全方法主要包括：①对季节性商品，鲜活、易腐烂变质及其他不宜长期保存的物品，可以采用变卖后由人民法院保存价款的方法予以保全。②对不动产和特定动产（如车辆、船舶等），人民法院可以采取扣押有关财产证照并通知有关产权登记部门不予办理该项财产产权转移手续的方式予以保全。③人民法院对抵押物、留置物可以采取财产保全措施，但抵押权人、留置权人有优先受偿权。④人民法院对债务人到期应得的利益，可以限制其支配，通知有关单位协助执行。⑤债务人的财产不能满足保全请求，但对第三人有到期债权的，人民法院可以以债权人的申请裁定该第三人不得对本案债务人清偿，该第三人要求清偿的，由人民法院提存财物或价款。

实践中，在财产保全的过程中是否适用轮候查封、扣押、冻结的相关规定存在一定争议。《最高人民法院关于人民法院民事执行中查封、扣押、冻结财产的规定》（以下简称《执行规定》）第二十八条规定，对已被人民法院查封、扣押、冻结的财产，其他人民法院可以进行轮候查封、扣押、冻结。轮候查封、扣押、冻结解除的，登记在先的轮候查封、扣押、冻结即自动生效。一种观点认为，根据《执行规定》的适用范围，轮候查封、扣押、冻结仅适用民事案件执行过程中，在财产保全过程中，对于已经查封、冻结的财产再次进行查封、冻结属于法律不允许的"财产已被查封、冻结的重复查封、冻结"；另一种观点认为，轮候查封、扣押、冻结不仅适用于民事案件执行过程中，在民事诉讼的全过程同样适用[1]。上海地区的法院采纳后一种观点的可能性较高[2]。

---

[1] 参见《关于轮候查封的几个争议问题辨析》，作者陆金东，载于中国法院网（http://www.chinacourt.org）——理论探讨栏目。

[2] 《上海市高级人民法院关于财产保全工作的规定》在"财产保全的执行"章节规定了轮候查封、扣押、冻结的内容。

（四）财产保全错误及其后果

由于财产保全往往发生在诉前及诉讼过程中，法院尚未对当事人之间的实体民事纠纷所涉的案件事实进行查证，主要依据当事人的申请裁定进行财产保全，而当事人申请财产保全错误时有发生。为防止申请人滥用权利，避免因错误的财产保全给另一方当事人造成损失，《民事诉讼法》第一百零五条规定："申请有错误的，申请人应当赔偿被申请人因保全所遭受的损失。"但对于"申请错误"的认定标准，法律法规及司法解释并未进行进一步明确。在理论与实践中，也存在两种不同看法。其中，一种观点认为，只要申请人的实体诉讼请求未得到法院支持，即为申请人财产保全申请错误，错误是一种结果形态，因此并不需要去追究该错误是如何发生，不需要去判定申请人是否存在过错，应当要求申请人赔偿被申请人因保全遭受的损失；另一种观点认为，对"申请错误"的认定应当采用侵权责任的过错归责原则，不能简单地以申请人对诉讼结果的认识与人民法院的最终认定不一致来判断申请有错误。

在法院的审判实践中，也分别存在支持这两种观点的判决结果。例如，就第一种观点，在"马有龙与马有福申请诉中财产保全损害责任纠纷案二审案件①"中，一审法院认为，财产保全的申请人在享有相关民事强制措施利益的同时，也应承担可能面临的风险责任，因申请人在相关实体纠纷案件中败诉而在财产保全责任纠纷案中判决申请人赔偿被申请人的损失，二审法院青海省海东市中级人民法院支持了这一判决；就第二种观点，在"苏州二叶制药有限公司与湘北威尔曼制药股份有限公司因申请诉中财产保全损害责任纠纷二审案件②"中，湖南省高级人民法院认为，财产保全损害赔偿成立的条件是申请人申请有错误且被申请人因保全遭受了损失，其赔偿责任应适用一般侵权责任的过错归责原则，即申请保全人是否承担责任要看其在财产保全时是否存在过错。"上海乾承机械设备有限公司与上海欧驰机械设备有限公司财产保全损害责任纠纷上诉案③"中，上海市第二中级人民法院认为，申请人的诉讼请求经法院审理后未获全额支持，为正常的诉讼现象和诉讼风险，并不能据此即断定申请人的诉讼保全行为就必然存在主观恶意。

笔者赞同第二种观点，法院对案件的判决结果并非仅由客观事实这项单一

① 参见青海省海东市中级人民法院《（2014）东民一终字第 298 号民事判决书》。
② 参见湖南省高级人民法院《（2015）湘高法民二终字第 146 号民事判决书》。
③ 参见上海市第二中级人民法院《（2014）沪二中民四［商］终字第 868 号民事判决书》。

因素决定，当事人可能因诉讼策略偏差、证据采集不足等种种原因导致败诉。若简单地以申请人对诉讼结果的认识与人民法院的最终认定不一致来判断申请有错误，则申请财产保全的风险过高，使用这一救济手段的成本过高，可能导致该项制度成为摆设。这一观点从《民事诉讼法》相关条文字面也能看出端倪，在第九章"保全和先于执行"的相关法条中，对于先于执行，法条规定为"申请人败诉的，应当赔偿被申请人因先予执行遭受的财产损失"；而对于保全，法条规定为"申请有错误的，申请人应当赔偿被申请人因保全所遭受的损失"；二者适用赔偿的条件表述并不一致。立法者特意对二者进行区分，可见在财产保全责任纠纷中，并不以申请人"败诉"为充分的适用条件。

（五）财产保全的操作建议

通过以上对财产保全的程序及措施等内容的梳理，结合实践经验，本文提出以下财产保全的操作建议，以期对各类资产管理业务活动提供一定的参考。

1. 提前取得交易对手的财产线索

鉴于申请人在申请财产保全时需自行向法院提供被申请人的财产线索，为财产保全程序的顺利进行，建议债权人在交易文件签署、融资款发放前即取得交易对手财产的线索。一般在放款前债权人享有较高的议价能力，债务人为取得融资款项而配合债权人操作的意愿较强，债权人获取债务人财产线索较为容易实施。在贷后管理过程中，债权人应当定期更新债务人的财产信息，并确保该等信息翔实、准确，以便在债务人发生预警事件时第一时间启动相关程序，维护债权人权利。

如未能事先取得足够的财产线索的，债权人在申请保全措施前，可根据此前尽职调查过程中取得的债务人财务信息、征信报告等材料迅速补充调查债务人的财产信息，作为债务人财产的线索提交给相关法院。

2. 及时提起财产保全措施

实践中，当债务人发生流动性风险或出现资不抵债等风险事项时，往往会同时触发其签署的多项交易、融资文件的违约条款，届时可能出现多个债权人有权向该债务人主张给付的情形，各债权人均可能提起财产保全申请。因此，提起财产保全的时机至关重要。

正如前文所述，实践中，在财产保全的过程中是否适用轮候查封、扣押、冻结的相关规定存在一定争议。如拟申请保全措施的管辖法院不认可财产保全过程中适用轮候查封、扣押、冻结规则的，若未及时提起财产保全措施后果则无法对已经查封、扣押、冻结的债务人财产重复申请查封、扣押、冻结，使得自身丧失了先机；即使管辖法院认可财产保全过程中适用轮候规则的，如因未及时操作导致未能成为"首封"债权人的，在后续债务人财产处置过程中也将受制于"首封"法院，导致十分被动的困局。

前文已论述了诉前财产保全与诉讼财产保全在适用上的差别，实践中，法院裁定诉前财产保全会比诉讼财产保全更审慎严格。在发现债务人预警情况时，如申请诉前财产保全被法院驳回的，可考虑采取变通措施，立即起诉的同时递交诉讼财产保全申请书，等案件分到审判庭后，立即申请承办法官向被告缓发起诉文件，尽量实施财产保全，在时效上取得先机。同时，建议事先联系担保公司或准备可用于提供担保的财产，以备法院提出担保要求时第一时间提供，以推动财产保全措施的进行。

3. 选择适当的财产保全措施

如前文论证，财产保全措施包括查封、扣押、冻结及法律规定的其他措施，一般针对不同类型的财产分别采取不同的保全措施。但也存在针对某一财产可以采取不同保全措施的情况。如针对房地产，可以申请法院采取查封的方法予以保全，即在该等房地产上粘贴法院封条，不允许被申请人使用；也可以申请法院扣押该房地产权利证书并通知房地产登记机关不予办理该等房地产的产权变更登记等（俗称"活封"）。在利害关系人/当事人向法院申请财产保全时，需对财产保全措施进行选择。

从财产保全安全性的角度而言，对债务人特定财产进行全方位的查封，有助于减少该等财产因继续使用而导致毁损灭失或出现善意第三人等情况导致后续无法执行或难以执行的风险。但考虑到如发生财产保全错误的情况（不排除一些法院认为申请人败诉即为财产保全错误），申请人需对被申请人的损失进行赔偿，不同的担保措施，如在房地产粘贴封条（禁止租赁或使用）和"活封"（允许租赁或使用），对被申请人造成的损失不同，赔偿情况也不相同。因此，在选择财产保全措施时需根据实际情况进行取舍，将财产保全赔偿责任的风险也纳入考虑因素。

综上所述，财产保全作为一项权利救济措施，在运用得当的情况下能保障当事人的合法权益。但同时应注意在使用该项措施的过程中，考虑使用成本及风险，选择最恰当的路径及措施，以充分保障债权人的合法权益。

十三、PPP 项目中银行融资的法律风险缓释与控制

侍苏盼

【作者简介】侍苏盼，法学硕士，中国工商银行山东省分行法律事务部法律顾问。

PPP 模式是指政府和社会资本为提供公共产品或服务而建立的全过程合作关系。与传统项目融资方式相比，PPP 项目融资运作周期长、参与主体多、融资偿还以未来现金流为保障，在无特别约定的情况下，融资提供方对项目资产以外的其他资产无追索权或有限追索权。因此，商业银行介入 PPP 项目融资模式，对银行传统的风险缓释措施和控制方法提出了挑战。商业银行必须创新方式，以适应 PPP 项目发展的需要。

（一）严格审查社会资本方主体资格

根据财政部《政府和社会资本合作模式操作指南（试行）》（财金〔2014〕113 号），政府和社会资本合作（PPP）中的"社会资本"，包括已建立现代企业制度的境内外企业法人。PPP 项目公司可以由社会资本（可以是一家企业，也可以是多家企业组成的联合体）出资设立，也可以由政府和社会资本共同出资设立。政府与社会资本共同出资设立项目公司的，政府在项目公司中的持股比例应当低于 50%且不具有实际控制力及管理权。《PPP 项目合同指南（试行）》（财金〔2014〕156 号）中也指出，社会资本方包括民营企业、国有企业、外国企业和外商投资企业。但本级人民政府下属的政府融资平台公司及其控股的其他国有企业（上市公司除外）不得作为社会资本方参与本级政府辖区内的 PPP 项目。但根据《关于在公共服务领域推广政府和社会资本合作模式指导意见的通知》（国办发〔2015〕42 号），对融资平台问题又

规定，对已经建立现代企业制度、实现市场化运营的，在其承担的地方政府债务已纳入政府财政预算、得到妥善处置并明确公告今后不再承担地方政府举债融资职能的前提下，可作为社会资本参与当地政府和社会资本合作项目，通过与政府签订合同方式，明确责权利关系。严禁融资平台公司通过保底承诺等方式参与政府和社会资本合作项目，进行变相融资。《关于银行业支持重点领域重大工程建设的指导意见》（银监发〔2015〕43号）也进一步要求，对已经建立现代企业制度、实现市场化运营，其承担的地方政府债务已纳入政府财政预算、得到妥善处置并明确公告今后不再承担地方政府举债融资职能的融资平台公司，对其承担的重大工程项目建设或作为社会资本参与当地政府和社会资本合作项目建设，银行业金融机构可在依法合规、审慎测算还款能力和项目收益的前提下，予以信贷支持。

从上述规定看，当前文件对社会资本方的要求，特别是地方政府融资平台能否参与项目公司设立问题已趋于一致。因此，商业银行在为PPP项目提供融资时，应按照法律规定和相关文件要求对社会资本的背景进行调查、核实，确保项目相关参与方符合上述规定，防范有些项目以特许经营等名义包装成PPP项目，变相引入政府性负债，为PPP项目经营和融资偿还留下风险隐患。除此之外，商业银行还应注意调查落实社会资本方是否具备PPP项目所涉相关领域的投资、建设、运营管理的相关资质，是否符合经营范围或特定许可，出资是否充足、资本金等是否到位，防止因资质不合法或不具备相关能力导致项目发生风险。

（二）构建有效的融资保障体系

PPP项目融资模式中，为保障融资安全，一般考虑接受以项目资产进行抵押，如项目公司的动产和不动产、土地使用权、股权等。但基于PPP项目多涉及公共服务领域，一些项目还涉及社会公益设施，担保有效性不确定，而且在资产处置上也存在诸多障碍。因此，PPP项目融资信用风险控制的核心是由项目发起人、项目公司及其他利害关系人提供特定的担保，以督促其积极履行义务。

1. 接受预期收益质押并正确办理登记

2015年8月10日，银监会、发改委《关于银行业支持重点领域重大工程建设的指导意见》（银监发〔2015〕43号）提出，要按照《关于创新重点领域投融资机制鼓励社会投资的指导意见》（国发〔2014〕60号）的有关精神，灵活运用排污权、收费权、特许经营权、购买服务协议预期收益、林权、集体土地承包经营权等进行抵质押贷款，不断创新担保方式。探索利用工程供水、供热、发电、污水垃圾处理等预期收益质押贷款，允许利用相关收益作为还款来源。2015 年 11 月，最高人民法院以指导案例形式，明确特许经营权的收益权可以质押，并可作为应收账款进行出质登记①。2016 年 1 月，在《政府和社会资本合作法》（征求意见稿）中也明确合作项目的收益权可以质押。因此，对 PPP 项目中因特许经营权涉及收费权、预期收益等事项，可采取收费权质押或应收账款质押方式，增加贷款安全。对此种担保方式，商业银行除审查特许经营权或收费权是否合法合规外，还应依据指定的有权评估机构评估的价值，在人民银行系统办理 PPP 项目贷款特许经营权、收费权质押登记手续，确保银行在行使处置权利时具有排他性。

在使用者付费的 PPP 项目中，政府直接或间接参与收费定价。对此类项目，应当注意收费项目是否属于政府定价范围，是否为本级政府定价范围；政府制定价格是否遵循相应的法律程序，如公开听证等。如果违反法律规定或法定程序，有可能导致收费权不合法。

在部分 PPP 模式运行的项目中，社会资本方只参与项目的运营、管理或维护，未形成资产所有权或收费权的转让，仅涉及政府购买行为形成的应收账款。对此，可以探索选定专业机构科学评估应收账款价值，并在人民银行系统中办理足额有效的质押手续。

2. 引入项目公司控股股东担保和第三方补充担保

《政府和社会资本合作法》（征求意见稿）规定："根据合作协议需要成立项目公司的，社会资本应当按照约定依法成立项目公司。本级人民政府出资企业可以依法参股项目公司，参股比例由项目实施单位与社会资本双方协商确定。"通常情况下，项目公司是依法设立的自主运营、自负盈亏的具有独立法人资格的经营实体，其性质是有限责任公司，承担有限责任。因此，为避免项目公司以有限责任方式"金蝉脱壳"，在落实项目贷款抵押担保方式时，商业银行应尽可能地争取社会资本方、母公司或集团担保，并确保项目贷款担保与项目公司成立时股东协议或章程、社会资本母公司或集团决议不冲突。

3. 建立项目资产保险保障机制

一般情况下，PPP 项目建设周期较长，在项目建设运营期间可能遇到一

---

① 指导案例 53 号：《福建海峡银行股份有限公司福州五一支行诉长乐亚新污水处理有限公司、福州市政工程有限公司金融借款合同纠纷案》（最高人民法院审判委员会讨论通过，2015 年 11 月 19 日发布）。

些难以预料的风险，因此项目公司及项目的承包商、分包商、供应商、运营商等通常均会就其面临的各类风险向保险公司进行投保，以进一步分散和转移风险。因此，商业银行也应当将投保作为一项风险控制的重要措施。对于未投保的项目，融资银行应敦促项目公司对项目进行投保，对已投保的项目要注意项目承保的保险公司的保险责任与支付能力、投保的险种、保险权益的归属等。由于项目风险一旦发生，有可能造成巨大经济损失，因此对保险公司的资信也应有较高要求。

4. 设立项目收入归集账户，监管项目资金

PPP项目建设涉及各方资金投入，资金来源广泛。为确保银行融资能够用于项目建设，项目收益能够用于偿还融资，商业银行应对PPP项目建立财务监督跟踪制度，及时掌握经营建设情况，确保融资不被挪用。对此，商业银行可以采取设立专门账户的形式进行监管。一般要求项目公司在银行开立专门账户，并通过开立账户协议约定项目的经营收入优先进入该专门账户，账户资金应作为债务偿还的准备，在项目公司违约情形下，商业银行可以直接扣收该账户资金。

5. 注意各种担保方式约定的协调一致

在项目公司以其资产或者其他权利向银行担保融资情况下，银行行使担保权利时将可能导致担保资产或权利的主体变更，势必影响项目的运营甚至导致项目终止。因此，为使银行权益得到有效保障，在接受此类担保时，首先，商业银行应当确认项目公司有权或已被授权在此资产或权利上设置担保；其次，为防止行使担保权利时受到政府阻碍，在接受担保前，商业银行应积极与政府方沟通，明确实现担保的法律后果。

（三）争取政府增信并考虑财政可承受能力

一般情况下，银行在和政府或政府平台进行融资合作时，主要关注政府的财力、增信措施，是否纳入财政预算和出具安慰函。但在PPP模式下，根据PPP项目的特性，项目审核的关键点应转变为PPP项目的整体盈利性、项目运营主体的建设经营能力和财务状况，还款来源依赖于项目的现金流。对政府增信措施，应转向重点考虑与当地政府或项目招标方协商，以项目可以取得的补贴收入、专项资金、特别奖励等资金作为信贷资产的补充还款来源。对此，应当注意以下事项：

1. 关注政府运营补贴责任

根据财政部《政府和社会资本合作项目财政承受能力论证指引》（财金

[2015] 21 号），PPP 项目有政府付费、可行性缺口补助和使用者付费三种付费模式，在不同付费模式下，政府承担不同的运营补贴支出责任：在政府付费模式下，政府支付全部运营补贴；在可行性缺口补助模式下，政府支付部分运营补贴；在使用者付费模式下，政府不承担运营补贴支出责任。商业银行在为PPP 项目提供融资时，应结合项目具体付费模式确定政府责任，对政府承担运营补贴责任的，应确保地方政府将项目支出纳入预算安排及相应的财政规划。

2. 关注政府预算约束

根据《政府和社会资本合作项目财政承受能力论证指引》（财金 [2015] 21 号），地方政府每一年度全部 PPP 项目需要从预算中安排的支出责任，占一般公共预算支出比例应当不超过 10％。省级财政部门可根据本地实际情况，因地制宜确定具体比例，并报财政部备案，同时对外公布。商业银行需要密切关注特定地区（尤其是列入地方政府性债务风险预警名单的高风险地区）的财政收入状况、PPP 项目目录，并密切跟踪各级财政部门（或 PPP 中心）定期公布的项目运营情况，包括项目使用量、成本费用、考核指标等信息，确保所参与项目涉及的地区政府整体 PPP 支出控制在一定比率之内。

3. 正确认识政府安慰函的作用

在部分 PPP 项目融资中，政府为协助项目公司顺利取得融资，通常会向意向银行提供保证，其主要内容是从政府的角度对项目表示支持，遵守各种承诺（如最低电价、交通流量等），保证提供相关基础设施并就有关法律政策做出解释。虽然政府出具给债权人的安慰函具有一定的保障作用，但是鉴于目前相关法律尚不承认政府担保行为，故真正的法律效力有限。

（四）根据项目情况合理约定协议条款

PPP 模式可适用于市政设施，交通设施，医疗、健康养老等公共服务项目，以及水利、资源环境和生态保护等项目，每个项目涉及的利益主体关系错综复杂，最终表现为合同内容上的千差万别。鉴于 PPP 项目合同在整个 PPP 模式中的基础地位，作为项目融资提供方，商业银行必须积极介入项目合同谈判和磋商，争取达成较为公平完备的合同条款，以保障权益。

1. 合理适用指导性合同文本

鉴于 PPP 项目的复杂多样性，其相应的合同文本也必然纷繁复杂。为做好 PPP 项目的合同文本拟定工作，财政部和发改委分别制定有 PPP 项目合同指南，对 PPP 项目合同的通用条款予以规范。除此之外，相关部门也对市政公用领域、收费公路、公共租赁住房、水污染防治等领域运用 PPP 模式出台了相关规定。商业银行应当根据 PPP 融资业务涉及的不同领域，制定指导性融资合同范本或有利于保护融资方权益和融资安全的条款，业务部门可根据项目中的特殊问题在合同中灵活取舍相应条款，并由法律部门统一对相关合同审核，有效保护银行权益。

2. 关注相关合同的协调性

在 PPP 项目中，除项目合同外，项目公司的股东之间，项目公司与项目的融资方、承包商、专业运营商、原料供应商、产品或服务购买方、保险公司等其他参与方之间，还会围绕 PPP 项目合作订立一系列合同来确立和调整彼此之间的权利义务关系，共同构成 PPP 项目的合同体系。上述合同如果存在瑕疵或漏洞，也将对项目实施带来不利影响。对此，商业银行应当关注各个合同之间的相互匹配，防范矛盾和冲突，影响项目合同的实际履行。

3. 积极争取将介入权纳入合同约定

PPP 项目运行周期长、风险性大，为防止因项目公司原因导致项目提前终止或项目合同被解除影响银行融资安全，可探索建立融资方介入机制，在发生项目公司违约事件且其无法在约定期限内补救时，融资方或其委托的第三方可对项目进行补救，保障项目正常运转，银行融资得以偿还。为了保障银行的该项权利，银行可以要求在 PPP 项目合同中或者在附属融资协议中明确：当出现某些约定的违约事项或特定情形时，银行为保障贷款安全，可以行使直接介入的权利，对投资者在项目中的决策权加以控制。如政府与项目公司提前终止项目，商业银行有权宣布融资提前到期并提前收回全部融资，项目公司收到的政府补偿金、保险赔偿金等应优先用于偿还融资。

4. 限制项目公司对项目文件的修订和弃权

在 PPP 模式项目中，项目所涉协议的修改与变更均可能影响到银行利益，增加贷款收回风险。为防止项目公司随意修改或放弃相应权利，危及融资安全，商业银行应当与项目公司在融资合同或单独协议中限制项目公司的此类行为，确保在未经贷款人同意的情况下，项目公司不得修改、变更、解除合同或放弃权利，否则项目公司将构成违约。

从政策及经济趋势看，PPP 将迎来黄金发展期，但由于相关法律法规尚不完善，在 PPP 政策和实际操作层面都尚存争议，融资提供方将面临信用风险、市场风险、政策风险等多种风险因素。商业银行参与 PPP 项目融资，必须高度重视对项目、政府、社会资本方的尽职调查，构建完善的融资担保结构和设计合理的合同条款，才能将 PPP 项目融资中的风险降至最低，促进 PPP 项目融资的健康发展。

十四、债的移转及其对担保责任的影响暨实务操作建议

丁　峰

【作者简介】丁峰，法学学士，具有 10 年法律实务经验，曾任职于长城新盛信托及上海电气电站集团，现于华澳国际信托有限公司从事法律合规工作。

债的移转可减少交易环节，提升交易效率，是促进金融资产管理业务发展的重要手段。本文基于债务移转及担保法律实务，立足债权人，就债务移转及其对担保责任的影响进行分析，以期为实务操作提供建议。

（一）债的移转

1. 概述

（1）起源及定义。

早期罗马法认为债是特定主体之间形成的关系，该等关系具有特殊的人身属性，被视为"法锁"，故债的主体不得变更。此后经公元 2 世纪的盖尤斯时代债的更新制度得以发展，直至《德国民法典》的诞生才出现了债务移转相关制度（债务承担制度）。《中华人民共和国民法通则》（下称《民法通则》）及《中华人民共和国合同法》（下称《合同法》）均对债的移转作出规定①，但并未明确"债务移转"这一语词。通说认为，债的移转，指债的主体变更，即新的债权人或债务人代替原债权人、债务人，而债的内容保持同一的法律事实。

---

① 《民法通则》第九十一条："合同一方将合同的权利、义务全部或者部分转让给第三人的，应当取得合同另一方的同意，并不得牟利。"

（2）分类。

债的移转可基于民事法律行为发生，也可基于法律规定发生①（如《合同法》第九十条）。根据债的变更主体不同，债的移转分为债权人的变更及债务人的变更，即债权转让及债务承担，如第三人同时承受债权债务，则构成债的概括承受。

基于金融资产管理业务实际，下文所述均为基于民事法律行为产生的债的移转，且不涉及债的概括承受。

2. 债权转让

（1）定义。

债权转让也称债权让与或债权移转，指不改变债的同一性，而仅对债权人进行变更的法律事实②。

（2）构成要件。

根据法律规定并结合司法实践，有效的债权转让应满足如下条件：

1）合法有效的债权：债权的有效存在是转让的前提，以无效的债权或以已消灭的债权转让他人均不能构成有效的债权转让。

2）债权内容不变：债权转让仅为债权人主体变更，如存在债的主要内容变更，则成立新债，非债权转让。

3）债权转让达成合意：作为处分行为，债权转让必须符合民事法律行为的生效条件，转让方与受让方须主体适格，具有完全民事行为能力，达成债权转让合意。

4）债权具有可转让性③：并非所有债权都可以被转让，不得转让的债权包括：第一，基于信任关系而发生的债权，如基于雇佣、委托等合同所产生的债权。第二，属于从权利的债权。第三，依当事人约定不得转让的债权。第四，当事人约定禁止转让的债权。第五，其他不得转让的债权，如一定条件下的不作为债权等。

---

① 《合同法》第九十条："当事人订立合同后合并的，由合并后的法人或者其他组织行使合同权利，履行合同义务。当事人订立合同后分立的，除债权人和债务人另有约定的以外，由分立的法人或者其他组织对合同的权利和义务享有连带债权，承担连带债务。"

② 史尚宽. 债法总论［M］. 北京：中国政法大学出版社，2000.

③ 《合同法》第七十九条："债权人可以将合同的权利全部或者部分转让给第三人，但有下列情形之一的除外：（一）根据合同性质不得转让；（二）按照当事人约定不得转让；（三）依照法律规定不得转让。"

5）债权的转让必须通知债务人①：债权转让通知做出的主体须为原债权人，债权转让未通知债务人的，仅在转让方与受让方之间发生法律效力，不对债务人生效。

6）完成相应的批准、登记手续②。

3. 债务承担

（1）定义。

学术界对债务承担的概念说法不一，但就其含义基本达成一致：债务承担是指在不改变债的内容的情况下债务人发生变更，即由第三人替代债务人负担其债务之契约③。

（2）分类。

以原债务人是否免责为标准，债务承担分为广义的债务承担与狭义的债务承担，广义的债务承担包括免责债务承担（又称"债务转移"）与并存债务承担（又称"债的加入"），狭义的债务承担仅指免责的债务承担。

有学者认为一般所说的债务承担仅指狭义而言④。而另外一些学者则认为应从广义上理解债务承担，认为债务承担既包括免责债务承担，也包括并存债务承担。

《合同法》对狭义的债务承担进行了规定，并存债务承担可见于实务中，我国法律并未明确规定。

（3）免责债务承担构成要件。

根据相关法律规定，结合司法实践，免责债务承担（债务转移）构成要件包括：

1）有效债务：债务有效存在是债务承担的前提，债务自始无效或者承担时已经消灭，即使当事人就此订立合同，也不发生效力。

2）债务具备可转移性：通说认为，下列债务不可转移：第一，性质上不可转移的债务，指与特定债务人具有密切联系，需要特定债务人亲自履行的债务。第二，当事人约定不得转移的债务。

3）不作为义务。

---

① 《合同法》第八十条："债权人转让权利的，应当通知债务人。未经通知，该转让对债务人不发生效力。"

② 《合同法》第八十七条："法律、行政法规规定转让权利或者转移义务应当办理批准、登记等手续的，依照其规定。"

③ 黄立．民法债编总论（修正三版）［M］．中国台湾：元照出版有限公司，2006：650.

④ 张广兴．债法［M］．北京：社会科学文献出版社，2009：91.

4）第三人须与债务人就债务的转移达成合意。

5）债务承担须经债权人的同意①。

6）完成批准、登记手续②。

（4）并存债务承担的构成要件。

根据一般法理及民事法律行为的生效要件，当第三人向债权人明确表示愿意承担债务，且该等表示不能推断出免除原债务人债务之意思时，成立并存的债务承担。

（二）债的担保

债的担保，指法律为保障特定债权人利益的实现而设立的以第三人信用或者以特定财产保障债务人履行义务、债权人实现权利的法律制度。

根据《中华人民共和国担保法》（以下简称《担保法》）、《中华人民共和国物权法》（以下简称《物权法》），债的担保方式包括抵押、质押、保证、留置、定金。

1. 抵押担保

为担保债务的履行，债务人或者第三人不转移财产的占有，将该财产抵押给债权人的，债务人不履行到期债务或者发生当事人约定的实现抵押权的情形，债权人有权就该财产优先受偿。

抵押财产范围：按照相关法律规定，除法律、行政法规禁止的财产，均可作为抵押财产③。

生效时间：包括抵押合同生效时间（签署之日）及抵押权生效时间（不动产抵押权于办理抵押登记之日起生效，其他抵押权自合同签署之日起生效，未经登记，不得对抗善意第三人）。

---

① 《合同法》第八十四条："债务人将合同的义务全部或部分转移给第三方，应当经债权人同意。"

② 参见《合同法》第八十七条。

③ 《物权法》第一百八十条："债务人或者第三人有权处分的下列财产可以抵押：（一）建筑物和其他土地附着物；（二）建设用地使用权；（三）以招标、拍卖、公开协商等方式取得的荒地等土地承包经营权；（四）生产设备、原材料、半成品、产品；（五）正在建造的建筑物、船舶、航空器；（六）交通运输工具；（七）法律、行政法规未禁止抵押的其他财产。抵押人可以将前款所列财产一并抵押。"

《物权法》第一百八十四条："下列财产不得抵押：（一）土地所有权；（二）耕地、宅基地、自留地、自留山等集体所有的土地使用权，但法律规定可以抵押的除外；（三）学校、幼儿园、医院等以公益为目的的事业单位、社会团体的教育设施、医疗卫生设施和其他社会公益设施；（四）所有权、使用权不明或者有争议的财产；（五）依法被查封、扣押、监管的财产；（六）法律、行政法规规定不得抵押的其他财产。"

2. 质押担保

按照相关法律规定，质押是指为担保债务的履行，债务人或者第三人将其动产或财产性权利出质给债权人占有的（以交付或登记的方式），债务人不履行到期债务或者发生当事人约定的实现质权的情形，债权人有权就该动产或权利优先受偿的担保方式。

质押财产范围：按照相关法律规定，可质押的财产包括法律、行政法规未禁止转让的动产及法律、行政法规规定可以出质的其他财产权利①。

生效时间：包括质押合同生效时间（签署之日）及质权生效时间（动产质权于质物交付之日起生效，一般情况下，权利质权于办理完毕登记之日或交付权利凭证之日起生效）。

3. 保证担保

按照相关法律规定，保证是指保证人和债权人约定，当债务人不履行债务时，保证人按照约定履行债务或者承担责任的行为。保证的方式包括一般保证和连带保证。

生效时间：保证人以书面形式（可以是保证合同，也可以是保证人单方出具的保证书）明确承担保证责任时，保证担保生效，如未明确保证方式的视为承担连带保证责任。

4. 留置担保

留置担保基于法律规定而非当事人合意而设立。《物权法》第二百三十条规定："债务人不履行到期债务，债权人可以留置已经合法占有的债务人的动产，并有权就该动产优先受偿。"

生效时间：债权人留置的动产，应当与债权属于同一法律关系，但企业之间留置的除外。留置担保往往产生于保管合同、运输合同、加工承揽合同等民商事活动中，法律未明确规定留置权生效时间，笔者认为，留置权于债权人合法留置债务人财产时生效。

5. 定金担保

定金担保指当事人可以约定一方向对方给付一定金钱作为债权的担保。给付定金的一方不履行约定的债务的，无权要求返还定金；收受定金的一方不履

---

① 《物权法》第二百零九条："法律、行政法规禁止转让的动产不得出质。"

《物权法》第二百二十三条："债务人或者第三人有权处分的下列权利可以出质：（一）汇票、支票、本票；（二）债券、存款单；（三）仓单、提单；（四）可以转让的基金份额、股权；（五）可以转让的注册商标专用权、专利权、著作权等知识产权中的财产权；（六）应收账款；（七）法律、行政法规规定可以出质的其他财产权利。"

行约定的债务的，应当双倍返还定金。

生效时间：定金合同为要式、实践性合同，必须为书面形式且于定金交付后生效。

（三）债权转让对担保责任的影响及实务操作建议

在实践中，为保障债权实现，债权常附有担保。笔者认为，债权转让对抵押、质押、保证的影响于法理相通：首先，债权转让未改变债的内容，不增加各担保人的责任，故无须担保人同意。其次，债权转让过程中，担保权利是在有效成立的前提下发生的转移，并非重新设立，且担保权利作为从权利对主债权有从属性，故除法律特别规定或当事人另有约定，只要完成了债权有效转让，担保权利理应一并转移。《合同法》第八十一条也就债权转让对担保责任的影响做出了原则性的规定："债权人转让权利的，受让人取得与债权有关的从权利，但该从权利专属于债权人自身的除外。"以下将分别阐述。

1. 对抵押权的影响及实务操作建议

（1）对抵押权的影响。

有学者认为，担保物权具有从属性，即主债权转让时，担保权利亦相应转让。"在法律没有规定或当事人没有其他约定的情形下，主债权的转移必然会导致担保物权的转移。也就是说，在法律有特殊规定或者当事人有其他约定的情况下，主债权的转移才不一定会导致担保物权的转移①"。《物权法》第一百九十二条也规定了除法定及另有约定的情况，债权转让的抵押权一并转让。

可见，无论基于法理或是法律规定，抵押权均随债权转让而转移，法律另有规定或当事人另有约定的除外②。

（2）实务操作建议。

操作附抵押权的债权转让业务，应注意识别相关法律风险并予以避免：

1）对拟转让债权情况进行核实，其中包括但不限于应核实原基础债权的信息，确保真实有效、确保债权人已完成债权转让通知，应关注诉讼时效风险，应严格落实债权转让中的其他相关要件（如本文第一部分），确保债权转让真实有效。

2）应核实原债权人与债务人之间的债权债务情况，注意规避债务人向受

---

① 徐海燕，李莉. 物权担保前沿理论与实务探讨［M］. 北京：中国法制出版社，2012.

② 《物权法》第二百零四条："最高额抵押担保的债权确定前，部分债权转让的，最高额抵押权不得转让，但当事人另有约定的除外。"

让方主张抵销权的风险。根据《合同法》，如债务人对原债权人享有债权且先于转让债权或同时到期的，债务人可向受让方主张撤销权。应仔细核实相关情况，确保不存在该等事宜。鉴于实务中常常难以核实，应尽可能取得债务人、转让方向受让方出具的书面文件，确认债务人无可主张抵销的债权，债务人需明示放弃该等权利。

3）应核实是否属于法律规定的抵押权不随债权转移的情形。在开展附抵押权的债权转让业务时，应核实是否属于《物权法》第二百零四条载明的抵押权不随主债权一并转移的特殊情形：在最高额抵押担保的债权确定前部分债权转让且当事人无其他约定的，抵押权不随债权转让而转移。

4）核实相关合同是否有限制性约定。应确认相关法律文件中针对抵押权转让是否存在限制性约定：债权转让法律文件中是否存在只转让债权不转让抵押权之约定；抵押人与原债权人是否存在抵押人仅专为特定的债权人设定抵押，不接受债权转让后仍提供抵押担保等相关约定。

5）建议办理抵押变更登记。如上文，不办理抵押登记不影响抵押权随债权转让转移。但为规避业务实践中的法律风险，仍建议办理抵押变更登记：

A. 对于不动产抵押权，如不办理抵押变更登记，债权受让方将失去对抵押物的有效控制。如原抵押权人同意办理注销登记，抵押人即可自由处分抵押物，如其不向债权受让方清偿，最终将可能影响债权实现。

B. 对于其他抵押权，如不办理抵押变更登记，在原抵押权人与抵押人对该等抵押登记办理注销后，债权受让方将无法以其抵押权对抗善意第三人。抵押人处分抵押物所得财产不向债权受让方清偿的，最终将可能影响债权实现。

C. 鉴于 A、B，如实践中无法办理抵押变更登记或各方不配合办理，应尽量取得原债权人、抵押人不予办理注销登记等承诺。

D. 部分登记机关可能不予直接办理抵押变更登记，而要求先办理注销登记后办理设立登记的，此种情况将存在一定空窗期，可要求抵押人提供其他阶段性担保。

2. 对质权的影响及实务操作建议

（1）对质权的影响。

质权与抵押权同属担保物权，债权转让对质权影响的法理分析可参考抵押权部分，即除了法律规定的特定情形及当事人另有约定，质权于债权转让时同时转让于受让方。《物权法》规定了抵押权随债权转移，但未明确规定在未完成质物交付或登记的情况下质权是否随债权转移。

结合《合同法》第八十一条，司法实践中主流观点为质权随主债权转让而转移。但存在少数不同观点，认为在向新债权人完成交付或办理变更登记前，质权未转移。理由是《合同法》第八十一条虽然规定了从权利随主债权转移，但《物权法》第六条明确规定"动产物权的设立和转让，应当依照法律规定交付"，依照后法优于先法的原则，质权于办理变更登记或完成交付后发生转移。

笔者认为，首先，质权作为具有从属性的从权利理应随主权利一并转移。其次，质权的转让并非新设质权，不应比照重新设定质权的生效要件来确定质权转让的有效性。最后，对第三人而言，无论质物由原债权人占有或是新债权人占有，均不影响其知晓质物已被占有的事实，满足物权公示原则的要求，故即使不转移占有，不会损害他人利益，不影响交易安全。据此，结合促进交易、注重效率的基本理念，债权转让时，即使未交付或未办理变更登记，质权也随债权转让一并转移。

（2）实务操作建议。

质权与抵押权均为担保物权，抵押权操作建议中相关建议同样适用于附质押担保的债权转让，此处不再赘述。

此外，应注意完成质物的转移占有：既可规避司法实践中认为质物未转移占有则质权不转移的风险，也可实现对质押财产的控制，防止质押财产被他人处分。对于动产质押应完成质物的转移交付；对于以交付作为生效要件的权利质权应完成权利凭证的转移交付；对于以登记为生效要件的权利质押，应办理质押变更登记。

3. 对保证担保的影响及实务操作建议

（1）对保证担保的影响。

《担保法》及《最高人民法院关于适用〈中华人民共和国担保法〉若干问题的解释》（下称《担保法解释》）均就债权转让对保证担保的影响做出了规定。《担保法》第二十二条规定："保证期间，债权人依法将主债权转让给第三人的，保证人在原保证担保的范围内继续承担保证责任。保证合同另有约定的，按照约定。"《担保法解释》第二十八条规定："保证期间，债权人依法将主债权转让给第三人的，保证债权同时转让，保证人在原保证担保的范围内对受让人承担保证责任。但是保证人与债权人事先约定仅对特定的债权人承担保证责任或者禁止债权转让的，保证人不再承担保证责任。"

可见，除债权人与保证人另有约定外，保证期间内债权人转让债权的，保证权利随债权转移，保证人向新债权人继续承担保证责任。

（2）实务操作建议。

债权转让对抵押权影响之实务操作建议同样适用于保证担保，此处不再赘述。

（四）债务承担对担保责任的影响及操作建议

如上文，债务承担分广义与狭义。对于并存的债务承担，因新债的加入不影响原有债务有效存续，故对担保责任无任何影响，下文仅讨论狭义债务承担（债务转移）对担保责任的影响。

笔者认为，关于债务转移对担保人的影响，应区分担保人是否为债务人两种情况。担保人为债务人本人的，债务人转移债务，其应继续承担担保责任；担保人为债务人以外的第三人的，因为担保人是基于对特定债务人的认可提供担保，故当债务转移时，由于债务人发生了变更，应取得担保人的同意。未取得担保人同意的，担保人不再承担担保责任。以下将针对债务人为第三人进行分析。

1. 对抵押权的影响及实务操作建议

（1）对抵押权的影响。

《物权法》第一百七十五条规定："第三人提供担保，未经其书面同意，债权人允许债务人转移全部或者部分债务的，担保人不再承担相应的担保责任。"

《担保法解释》第七十二条规定："主债务被分割或者部分转让的，抵押人仍以其抵押物担保数个债务人履行债务。但是，第三人提供抵押的，债权人许可债务人转让债务未经抵押人书面同意的，抵押人对未经其同意转让的债务，不再承担担保责任。"

可见，对第三人提供抵押担保的债务转移，须经担保人同意，否则担保人不再承担抵押担保责任。但仍有两点存疑：一是按照《物权法》，抵押人的书面同意为其承担抵押担保责任的必要条件，非充分条件；二是《担保法解释》第七十二条只规定了债务部分转让时抵押人继续承担担保责任，没有规定债务全部转让时的法律后果；三是是否需要重新办理抵押登记。

笔者认为，首先，结合《担保法解释》及《物权法》，《担保法解释》第七十二条可作合理扩大解释，适用于债务全部转移的情形。其次，债务移转仅是债务人的变更，并未成立新债，亦未成立新的抵押权。最后，抵押权人及抵押人均未变更，权利外观上满足公示要求。因此，取得担保人书面同意后，对于不动产抵押权，不重新办理登记不影响抵押权效力；对于其他抵押权，不重新办理登记仍可对抗第三人，这也是司法实践中的主流观点。但不排除部分法院以主债务人变更未相应办理登记，认定抵押权效力瑕疵或无法对抗善意第三人。

（2）实务操作建议。

操作附抵押权的债务转移业务，须注意识别相关风险并予以避免：

1）应对新债务人充分尽职调查：应对新债务人的主体资格、资信情况、资产状况充分尽职调查，确保新债务人具有良好的履行能力。

2）应确认债务移转的构成要件：应仔细核实债务移转的构成要件，确保债务移转真实、有效、无瑕疵。

3）应取得抵押人同意继续提供抵押担保的书面文件。

此外，还有两点需要关注：第一，除取得抵押人同意为新债务人提供担保的书面文件外，还应根据情况取得抵押人同意担保的有效决议，尤其应关注抵押人为股东、实际控制人提供抵押担保的情形，必须取得股东会/股东大会决议。尽管裁判思路越来越倾向于忽略决议对债权人的约束力①，但在裁判结果未高度统一之前，应取得相关决议。第二，为避免债务转移后抵押人不同意继续担保的情况发生，可在债务转移前由抵押人确认继续提供抵押担保。

4）应尽量办理抵押登记：如上文，从法理、立法精神、实践经验来看，债务转移后不重新办理抵押登记不影响抵押权效力。但为避免司法实践中的裁判风险，建议办理抵押变更登记。

2. 对质权的影响及实务操作建议

（1）对质权的影响。

债务转移对质权影响的法理基础与抵押权相同：质权人书面同意继续承担担保责任之日起，质权继续有效，此处不再赘述。

（2）实务操作建议。

上文中关于抵押权的相关操作建议可参考适用于质权。此外，对于以登记为生效要件的权利质押，建议再行办理登记手续。

3. 债务移转对保证担保的影响及实务操作建议

（1）对保证担保的影响。

《担保法》第二十三条规定，保证期间，债权人许可债务人转让债务的，应当取得保证人书面同意，保证人对未经其同意转让的债务，不再承担保证责任。结合法律规定及以上分析可见，未经保证人书面同意，不再承担保证责任。

（2）实务操作建议。

上文关于抵押权的相关操作建议可参考适用于保证担保。

---

① 最高法院 2015 年第 2 期公报案例载明《公司法》第十六条第二款属于管理性强制性规范，不应作为认定合同效力的依据。

十五、私募 FOF 的投资管理及风险管理实务

曾　天

【作者简介】曾天，嘉实资本金融交易部组合管理经理。里昂商学院金融硕士，曾先后任职于法国巴黎银行总部资管部（BNP Paribas Investment Partners）、安盛（AXA）集团总部寿险投资部衍生品对冲组。曾参与了瑞士负利率之后的模型转换，用互换期权对冲利率下降造成的凸度损失的测试，基于双利率曲线的 Rho 对冲工具的测试工作等项目。

（一）私募 FOF 的特点

1. FOF 的定义

FOF，全称为 Fund of Fund，基金中的基金或者组合基金。基金中的基金就是以基金为标的的基金，如图 1 所示。

图 1　FOF 定义

2. FOF 的优势和缺点

从定义上来看，FOF 和一般的股票或者债券型基金最大的区别就是，将标的从单一资产换成了基金。从风险和收益的角度来看，这种做法的意义在于：

第一，降低波动率。基金作为一种资产，波动率比单一资产要低，而将基金作为标的建立投资组合的方法，也会降低投资组合的整体波动率，达到降低风险的目的。

第二，资产轮动。单一资产的价格会受到资产轮动周期的影响，而将基金作为标的可以做到多资产多策略配置，如果资产配置得当，可以获得相对受经济周期影响单一资产的超额收益。

第三，Alpha。如果 FOF 管理者具备显著的投顾筛选能力，可以在策略层面获得超过市场同策略平均水平的 Alpha。

第四，收益率下降（如果没有相应管理能力）。如果 FOF 管理人不具备资产配置和投顾挑选的能力，这种做法会直接降低投资组合的整体收益率。

第五，双层收费。双层管理人需要收取双层费用，降低了费后收益率。

FOF 核心如图 2 所示。

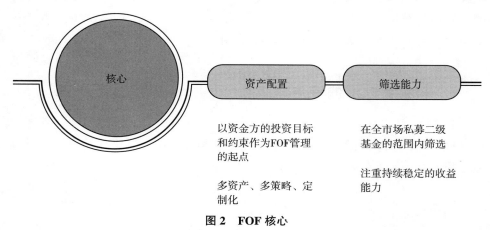

图 2　FOF 核心

3. 基于二级市场私募基金的 FOF

私募 FOF 相比公募 FOF：

第一，策略。相比策略同质化较高的公募基金，私募 FOF 的策略更复杂，更具备多样性，有利于分散组合风险，但对私募 FOF 管理团队的专业性提出了更高的要求。

第二，风险敞口。私募 FOF 会运用更多的对冲工具，降低投资组合的风险敞口。

第三，信息披露。私募基金相对于公募基金信息更加不透明，需要专业的

FOF 管理团队对私募基金进行尽职调查。

第四，流动性。私募 FOF 存在开放期的要求，带来了流动性的问题，给私募 FOF 的管理者提出了挑战。

（二）FOF 在海外和国内发展要点及对比分析

1. FOF 在美国的发展历程和发展模式

1990~2000 年美国开放式基金数量和规模如图 3 所示。

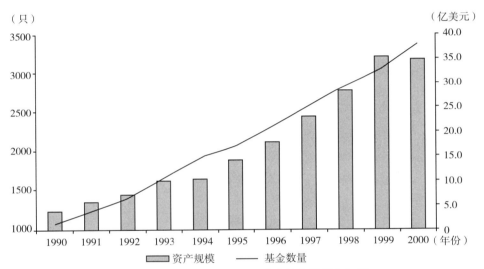

图 3 1990~2000 年美国开放式基金数量和规模

资料来源：Morningstar 晨星（中国）。

FOF 繁荣发展的条件：

第一，需求。市场上出现持有巨额资金量的投资者，如养老金。

第二，标的资产。有繁荣的公募/私募基金市场，提供足够的选择。

第三，专业化的 FOF 管理。投资者认可 FOF 管理者的专业度，愿意付出双层管理费用来获取超额稳定收益。

2. FOF 在欧洲的发展历程和发展模式

欧洲 FOF 基金的规模如图 4 所示。

第一，欧洲 FOF 管理规模 5600 亿欧元，大概是美国的 1/3。

第二，兴起的时间比美国稍微早一点，主要因为市场上银行、保险公司等机构投资者持有资金量迅速扩大。

（百万欧元）

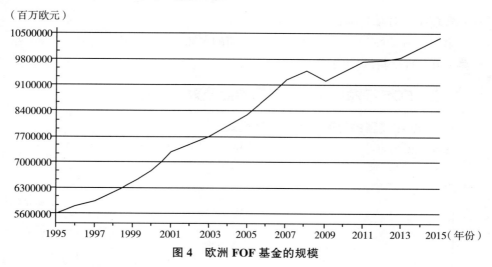

图 4　欧洲 FOF 基金的规模

资料来源：Wind 资讯。

第三，规模最终停留在美国的 1/3，主要原因是没有像美国那么巨大的养老金投资者。

第四，市场上也没有出现像 Vanguard 这样的巨型 FOF 管理者，主要与欧美的银行和资管的结构有关。

3. 私募 FOF 在中国的发展和展望

FOF 的特点如图 5 所示。

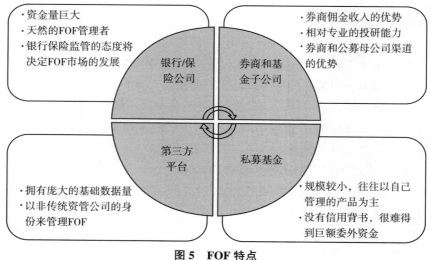

图 5　FOF 特点

（1）FOF 市场有多大。

1）阳光私募行业规模急速增长，2015 年底规模近 1.8 万亿元。

2）私募类 FOF 基金目前规模达 400 亿元，该市场占比 2.2%；相比发达市场（美国）同类占比约 10%，发展空间巨大。

（2）需求和机遇。

1）FOF 类投资组合以低风险、稳收益、容量大，可提供个性化灵活配置的特征极具投资吸引力。

2）目前主要需求方：银行、企业、高净值人群。

3）2016 年以来，实体经济遭遇转型期，资产配置荒，避险情绪上升，FOF 类产品需求增大。

4）近年来，公、私募基金发展速度极快，为 FOF 投资组合提供了更多的投资选择。

5）黄金发展期：保监会对保险资金投资范围的限制有逐渐放开的趋势，养老保险金和年金的入市将给 FOF 市场的发展带来极大的繁荣。

（3）私募 FOF 行业蓬勃发展的三个条件。

私募 FOF 行业蓬勃发展的三个条件如图 6 所示。

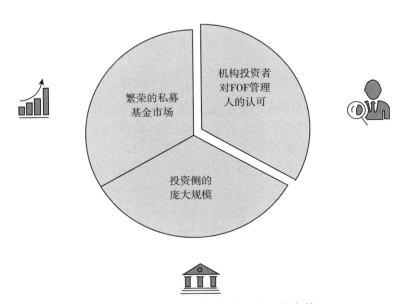

图 6　私募 FOF 行业蓬勃发展的三个条件

（三）FOF 投资管理实务

FOF 投资流程如图 7 所示。

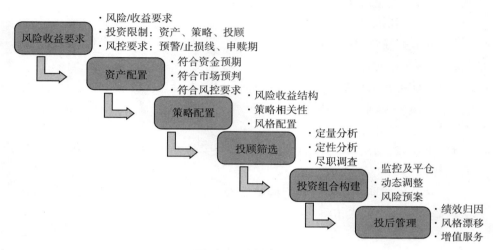

图 7　FOF 投资流程

1. 资产配置

（1）几种常见的资产配置方法。

资产配置方法如图 8 所示。

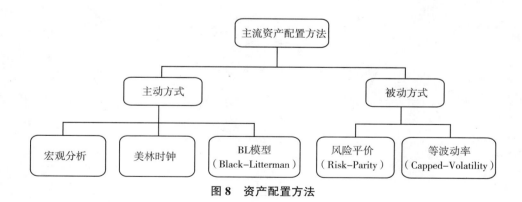

图 8　资产配置方法

（2）美林时钟。

美林时钟如图 9 所示。

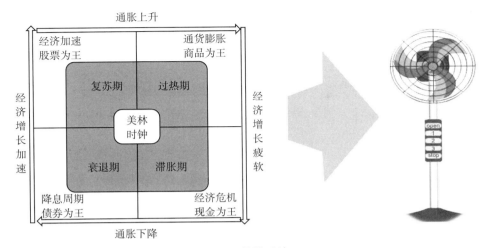

图 9　美林时钟

1）衰退：债券>现金>股票>大宗商品。

2）复苏：股票>债券>现金>大宗商品。

3）过热：大宗商品>股票>现金/债券。

4）滞胀：现金>大宗商品/债券>股票。

（3）风险平价（Risk-Parity）。

1）简介：风险平价是美国对冲基金巨头桥水基金的掌门人达里奥发明的资产配置方法，桥水基金管理的 1500 亿美元养老金使用了风险平价的配置方法。风险平价方法是一种被动的资产配置方法，是一种不需要对宏观环境做出主观预期的全天候策略。

2）配置方法：如果一个投资组合配置 60%的股票，40%的债券，那么投资组合在这两个资产类别的货币配置上相对均衡，然而 90%的风险贡献来源于股票资产。风险平价的配置方法通过降低高风险资产的权重，增加低风险资产的权重或杠杆的方法，使得所有资产对投资组合的风险贡献一致，达到配置风险的目的。

3）精髓：第一，从图 10 可以看出，风险资产波动率和价格呈显著负相关，当股市波动率处于高位或呈上升趋势的时候，往往是熊市的前兆。风险平价投资者认为波动率是价格变化的先行指标，仓位的大小应根据预先给定的风险预算算出，在波动率上升的时候减持，在波动率下降的时候增持。第二，通过给无风险资产加杠杆的方法可以提高投资组合的夏普比率。第三，将所有资产的风险贡献调平的做法本身可以在不影响收益率的情况下降低风险。

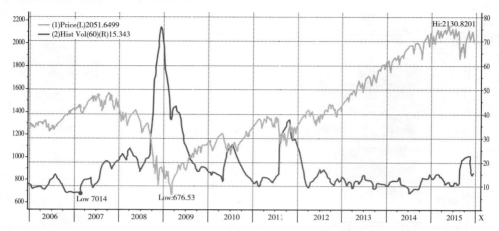

图 10　S&P500 指数波动率和价格的关系 （图片版权归巴黎银行基金经理马延宁）

（4）等波动率（Capped Volatility）配置的逻辑。

基金波动率如表 1 所示。

表 1　基金波动率

基金的波动率是算法的触发点	暴露在高风险资产的敞口	暴露在低风险资产的敞口
上升	下调	上调
下降	上调	下调

宏观及政策如图 11 所示。

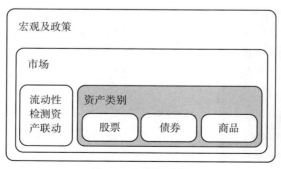

图 11　宏观及政策

1）绝对收益的资产配置是建立在"我们不能有效地把握资产轮动的趋

势"假设上的。

2）绝对收益的资产配置策略的目的是利用大类资产的分散配置，尽可能地对冲单一资产的系统风险。

资产配置如图 12 所示。

图 12　资产配置

2. 策略配置

策略配置如图 13 所示。

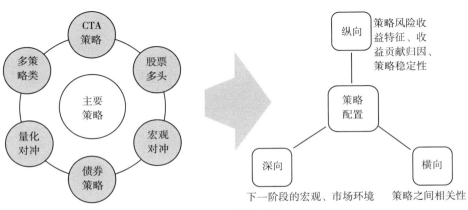

图 13　策略配置

股票多头策略受市场和政策的影响如图 14 所示。

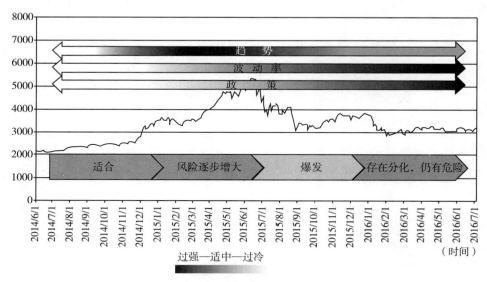

图 14 股票多头策略受市场和政策的影响

Alpha 量化对冲策略受市场和政策的影响如图 15 所示。

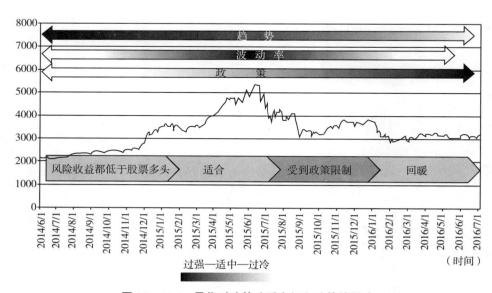

图 15 Alpha 量化对冲策略受市场和政策的影响

（1）Alpha 量化对冲策略的要点。

1）获取 Alpha 收益的能力：总体上看市场上多数 Alpha 策略的算法和盈利能力不存在显著差别。但也有个别私募具备相对较强的 Alpha 能力。

2）对冲匹配度：投资组合成分和用于对冲的指数的匹配程度。2014 年的 11~12 月黑天鹅事件正是因为 Alpha 策略长期用主成分为大盘股的股指期货对冲主要成分为小盘股的投资组合。当大盘股收益突然超过小盘股的时候，做空的指数拉垮了投资组合。

3）基差管理：在 2015 年股灾之后，在股指期货贴水的大环境下，基差管理能力的高低会造成收益率的差异。

4）对不利的市场环境的反应：在股指期货出现负基差之后，不同的 Alpha 策略团队做出了不同的反应：有的直接停止了策略或停止了对冲，改名为 Alpha 增强策略；有的根据主观判断降低了对冲量；有的根据对基差的预判，在贴水严重的时候双向平仓，在贴水较低的时候开仓，择时但坚持对冲；在恶劣的市场和政策环境下，仍有一些纪律性很强的私募减持 100% 对冲并打败指数；还有一些私募在 Alpha 策略的基础上进行了其他操作，增加收益。

（2）CTA 趋势策略的逻辑。

1）当市场呈现出上涨或者下跌的趋势时，趋势跟踪策略往往会表现较好；当市场呈现盘整的格局时，往往表现较差。CTA 策略适合波动大的新兴市场。

2）关联度低的不同期货产品在任何一个特定时期往往会呈现不同的走势格局。多品种的投资能够分散风险。

（四）投顾筛选

1. 投顾筛选框架流程
投顾筛选框架流程如图 16 所示。

2. 筛选方法论
投顾筛选的目的是为了选出每一个策略表现持续优异的子基金。

（1）分类。

1）定量分析：利用内部和外部数据库，对全市场 80000 只私募的风险和收益指标进行筛选。

2）定性分析：对定量分析筛选出的结果进行进一步筛选，考察团队、策略、收益来源等。

3）尽职调查：进一步深入分析优异业绩表现下的风险，确认投顾是否按照策略执行。

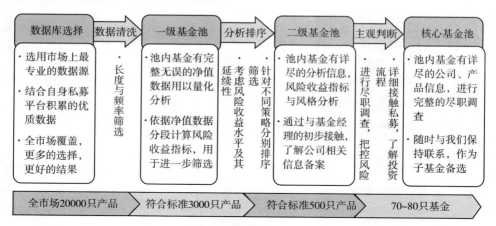

图16 投顾筛选框架流程

（2）定量筛选的范围。

目前全市场有 20000 多只私募基金，90000 只产品。筛选的范围越广，选出的基金性质就越好。就好比大学的时候打篮球，从一个班（40 个人）里挑选出篮球队永远打不过从整个学院（800 人）挑选出的篮球队，这就如同从自己熟识的或直接、间接渠道能接触到几十只或者上百只基金中挑出的基金组成的 FOF 和从全市场挑出的 FOF 的区别。

（3）定量筛选的目的和在筛选流程中的意义。

1）搜索目标定在全市场基金，下一步就是能有效地缩小范围，筛选出相对优秀的基金。由于市场上基金数量庞大，无法通过人工一一研究，定量筛选的意义就是用机器筛选基金的业绩指标，在海量的全市场基金中缩小范围，以便做出进一步精选。

2）因此定量筛选使用的是金融工程方法，由于业绩数据所包含的信息量的局限性，定量筛选只能做到大概率正确，不能 100% 准确。参数和权重不是常量，需要随着市场环境的变化调整。

定量筛选机制如图 17 所示。

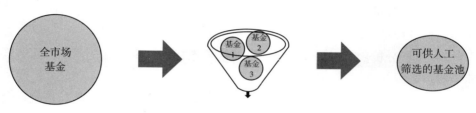

图17 定量筛选机制

（4）基于收益率的分析。

图 18 为 2500 只股票型基金的月度业绩排名变化。我们从万得抽取了 2500 只股票型基金，按照收益率分成 5 档，每档 500 只基金。数据从 2015 年 5 月开始。排名在第一档的基金只有 10% 在 6 月业绩仍然保持在第一档。业绩排名在前 20% 的基金在下一个月的排名落到任意一档的概率几乎是均等的。

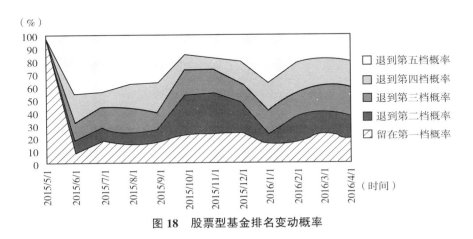

图 18　股票型基金排名变动概率

图 19 为同时期的沪深 300 月度收益率。我们观测到沪深 300 月度收益率和股票型基金月度排名涨跌概率的高度关联性。需要注意的是，我们选择的是月数据，而且起始时间为股灾前的一个月。如果将收益率数据长度改为 3 个月或 6 个月，时间在一个普通的时点，结果可能没有这么显著。图 19 说明了股票风格和市场环境是考量历史和持续收益能力不可忽略的条件。

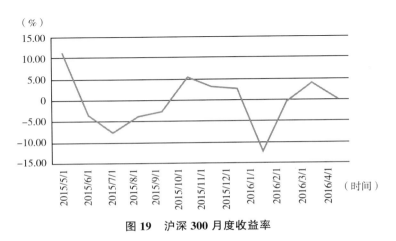

图 19　沪深 300 月度收益率

（5）定量筛选。

决定资产价格或者基金业绩的变量过多，单看业绩的话噪声太严重，无法根据业绩来预测业绩。但是如果通过分离出因子的方式降维，可以去除一部分噪声，达到较好的效果。

分离出的因子可以分为两类，一类为加分因子（Bonus Point），另一类为如果不达标一票否决（Veto），我们通过回撤校准权重，建立打分体系，如图20所示。

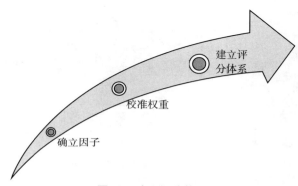

建立评分体系

校准权重

确立因子

图20　建立评分体系

（6）定性筛选。

定量分析只能看到指标，却看不到指标背后的原因：

1）业绩的主要来源在哪？

2）收益来源是否稳定？

3）之前的业绩是否有偶然性？

4）投资经理的风格是否稳定？

5）和宏观形势的关系？

6）团队的配置和决策流程是否存在隐性风险？

7）管理规模是否达到策略容量？

8）交易风格是否稳定？

这些都是会影响未来业绩的因素，我们需要仔细考察，才可以进一步筛选出有持续盈利能力的投顾。

（7）基于业绩指标的分析。

判断风格是否稳定如图21所示。

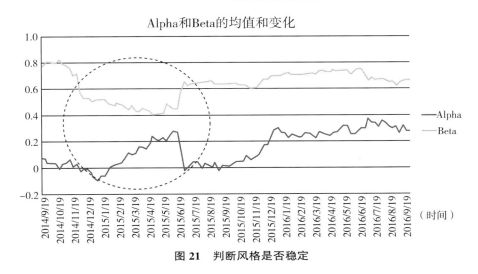

图 21 判断风格是否稳定

判断风格是否激进及市场下行的防御能力如图 22 所示。

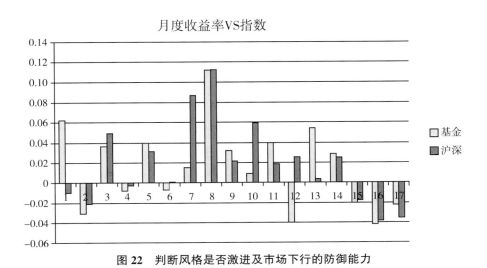

图 22 判断风格是否激进及市场下行的防御能力

（8）业绩的背后：净值告诉我们的信息。

××基金是一只 Alpha 策略产品，用股指期货对冲，年化收益率25%，波动率和回撤极低。从成立月到 2015 年 5 月底净值变化可以看出，风险敞口极低。2015 年 5 月底，在一次大盘下跌之后风险敞口突然增大，风格从 Alpha 突然转向 Beta，很明显加入了投资经理的主观判断，缺乏纪律性。

所幸策略持仓非常分散，流动性风险非常小，市场下跌的时候及时清空仓位，避免了损失。后面逐渐做出了 Alpha。这种情况下要考察投资经理对风险的把控能力，以及我们如何在母基金层面把控此类投机带来的风险。

真实的基金数据如图 23 所示。

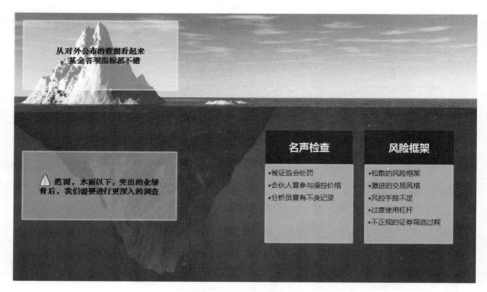

图 23　真实的基金数据

基金评分如图 24 所示。

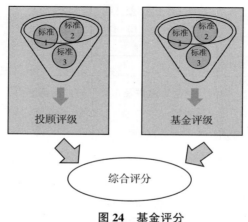

图 24　基金评分

3. 投顾组合构建

组合比例构建如图 25 所示。

1
2
组合
比例构建
·通过平衡风险收益的基金配置生成组合
·不同组合模拟净值比较获取最终组合
·产品发行
·与基金确认风控与仓位控制条款
·资金方要求
·资产及策略配置
·通过核心基金池最终确定子基金
·风险评价偏重收益方法等
·资产独立性和相关性比较
3
4

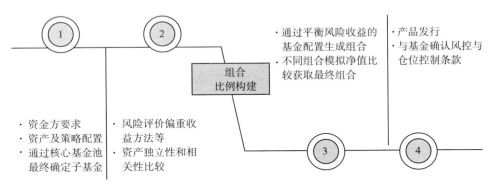

图 25　组合比例构建

资产和策略的分散化已经在前面的投资流程中涉及，建立投资组合的时候只需计算子策略之间的相关性，然后按照风险和收益的需求配比，结合子基金的流动性、申赎费用、风控标准等条件，建立投资组合。

4. 投后管理

投后管理步骤如图 26 所示。

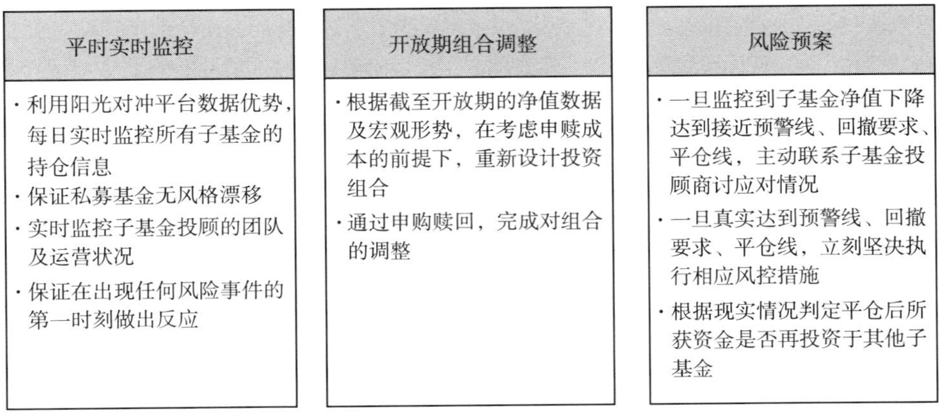

平时实时监控
·利用阳光对冲平台数据优势，每日实时监控所有子基金的持仓信息
·保证私募基金无风格漂移
·实时监控子基金投顾的团队及运营状况
·保证在出现任何风险事件的第一时刻做出反应
开放期组合调整
·根据截至开放期的净值数据及宏观形势，在考虑申赎成本的前提下，重新设计投资组合
·通过申购赎回，完成对组合的调整
风险预案
·一旦监控到子基金净值下降达到接近预警线、回撤要求、平仓线，主动联系子基金投顾商讨应对情况
·一旦真实达到预警线、回撤要求、平仓线，立刻坚决执行相应风控措施
·根据现实情况判定平仓后所获资金是否再投资于其他子基金

图 26　投后管理步骤

投后风险管理的三个层次如图 27 所示。

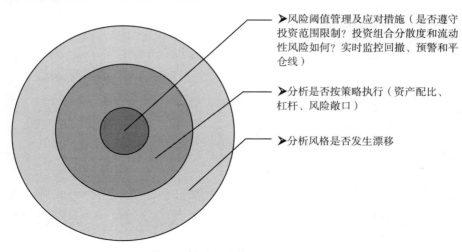

▶风险阈值管理及应对措施（是否遵守投资范围限制？投资组合分散度和流动性风险如何？实时监控回撤、预警和平仓线）

▶分析是否按策略执行（资产配比、杠杆、风险敞口）

▶分析风格是否发生漂移

图 27　投后风险管理的三个层次

（1）风险阈值管理：分散度和流动性风险。

（2）对策略的监控如图 28 所示。

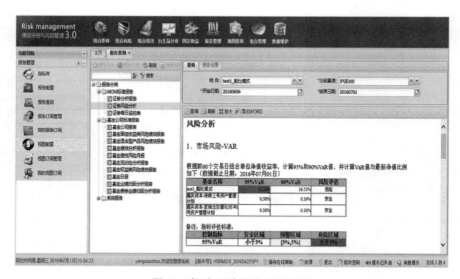

图 28　恒生系统风险分析界面

（3）恒生系统分析报告如图 29 所示。

风险分析

1. 市场风险—VaR

根据前 60 个交易日组合单位净值收益率，计算 95% 和 90% VaR 值，并计算 VaR 值与最新净值比例如下（数据截止日期：2016 年 7 月 1 日）

基金名称	95% VaR	90% VaR	风险评估
test1_配比模式	21.24%	16.55%	危险
嘉实资本——保银三号资产管理计划	0.50%	0.39%	安全
嘉实资本——呈瑞念空量化对冲 1 号资产管理计划	0.38%	0.30%	安全

备注：指标评估标准：

控制指标	安全区域	预警区域	危险区域
95% VaR	小于 3%	[3%，5%]	大于 5%

2. 流动性风险

（1）赎回变现天数：

假设报告期末基金遭遇巨额赎回（20%）或全部赎回（100%），根据所有持仓证券前 20 个交易日平均交易额的 20% 计算最大变现天数（数据截止日期：2016 年 7 月 1 日）

产品名称	巨额赎回金额（万元）	巨额赎回最大变现天数	全部赎回最大变现天数	风险评估
嘉实资本——保银三号资产管理计划	3317.88	0.00	0.00	安全
嘉实资本——呈瑞念空量化对冲 1 号资产管理计划	2087.07	0.00	0.00	安全

备注：指标评估标准：

控制指标	安全区域	预警区域	危险区域
巨额赎回最大变现天数	小于 1 天	[1，3] 天	大于 3 天

（2）持股集中度：

计算报告期当天持仓前 5 大和前 10 大持仓的持股集中度。

（数据截止日期：2016 年 7 月 1 日）

产品名称	集中度（前 5）	集中度（前 10）	风险评估
嘉实资本——保银三号资产管理计划	3.90%	5.25%	安全
嘉实资本——呈瑞念空量化对冲 1 号资产管理计划	2.23%	4.18%	安全

备注：指标评估标准：

控制指标	安全区域	预警区域	危险区域
持股集中度（前 5）	小于 50%	[50%，75%]	大于 75%

3. 压力测试

极端情况下全部变现时间：根据现有持仓以及单一证券前一年的单日最小成交量来计算的最大变现天数。

图 29　对风险阈值的监控报告

对资产配比的分析报告如图 30 所示。

系统测试——基金，test1_配比模式分析报告

2016年7月3日

基金名称	规模（亿元）	单位净值	累计净值	总多仓	股票多仓	加资净仓	风险敞口占比
嘉实资本——华夏盈时未来对冲3号资产管理计划	0.30	0.9860	0.9860	78.10%	11.12%	0.00%	78.10%

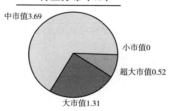

行业分类	仓位（%）
有色金属	1.79
医药生物	0.94
传媒	0.60
公用事业	0.52
国防军工	0.50
家用电器	0.46
汽车	0.18
轻工制造	0.14
建筑材料	0.09
电气设备	0.09

行业分布（%）

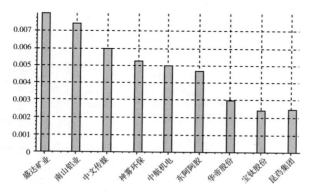

大市值1.31

市值分布（%）

板块分布	仓位（%）
主板	3.79
中小板	1.08
创业板	0.64

市值占比	仓位（%）
中市值	3.69
大市值	1.31
超大市值	0.52
小市值	0.00

超大市值（>500亿元）
大市值（>100亿元，≤500亿元）
中市值（>20亿元，≤100亿元）
小市值（≤20亿元）

个股集中度	
股票	仓位（%）
盛达矿业	0.80
南山铝业	0.74
中文传媒	0.60
神雾环保	0.52
中航机电	0.50
东阿阿胶	0.47
华帝股份	0.29
宝钛股份	0.25
昆药集团	0.24

图 30 对资产配比的分析报告

（4）风格漂移：Alpha 策略加入主观因素，如图 31 所示。

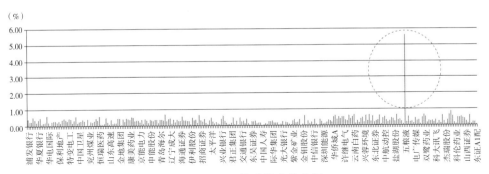

图 31　Alpha 策略的仓位分析

（5）股票基金风格漂移，如图 32 所示。

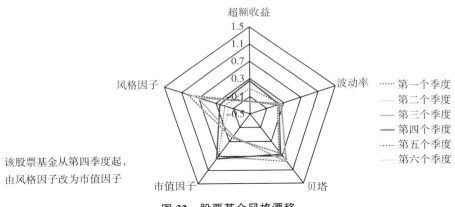

该股票基金从第四季度起，由风格因子改为市值因子

图 32　股票基金风格漂移

（五）风险管理

风险流程控制如图 33 和图 34 所示。

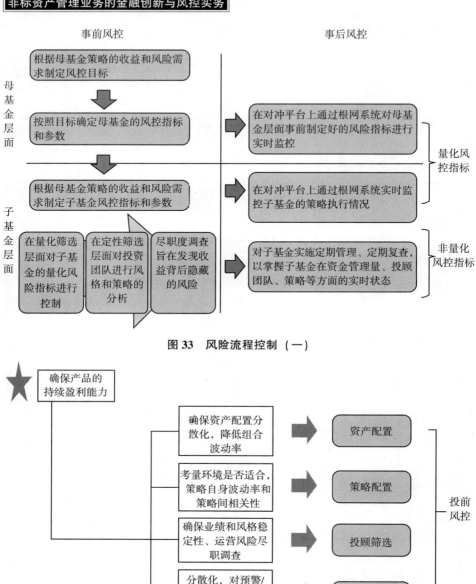

图 33　风险流程控制（一）

图 34　风险流程控制（二）

十六、关于房地产信托采用施工企业兜底模式的风险探讨

李　雷

【作者简介】李雷，就职于一家央企背景的大型信托公司，参与了多个房地产信托项目的尽职调查和风险评审工作。

（一）房地产信托业务的现状

房地产行业一直是信托资金的重要投向，如 2007 年、2010 年及 2013 年都是房地产信托发行的高峰期。信托公司对房地产行业的钟爱源于其资本密集型运作产生的较大融资需求；同时，地产项目的高收益性使得房地产企业能够承受较高的融资成本，信托公司能获得更高的收益；此外，房地产企业一般也能够提供较充足的抵质押物，还款来源有保障。

2015 年上半年，受地产整体行情影响，地产企业普遍现金流较紧张，能够承受较高的融资成本，在这样的背景下，信托公司能够在市场整体行情不太景气的环境下获得风险可控、收益较高的优质项目，如抵押物位于二线城市核心的主城区，抵押率在五折左右，融资成本超过 10%。但是，随着 2015 年下半年一二线城市房价的崛起，大资金流向地产板块，银行作为最大的资金方参与到各类优质地产项目的竞争，同时债券市场向优质房地产公司敞开了大门，因此信托公司只能选择相对较差的项目并且降低风控标准。截至 2015 年末，投向房地产的信托资金规模为 1.29 万亿元，在全部存续的信托计划中占比为8.76%，比 2014 年末的 10.04% 有所减少。

2016 年初，市场行情进一步分化，许多金融机构放开对百强地产企业一线及二线城市的地产项目贷款，信托在地产市场的份额进一步被蚕食，如何在新的环境中分得一杯羹，是房地产信托业务当前不得不面对的难题。

（二）施工企业兜底模式及风险

近年来，施工企业提供兜底成为房地产信托的一种新模式。施工企业因前期参与项目施工往往需要垫资，而一些民营地产企业在经济下行期间融资较为困难，所以施工企业以其自身信用为项目融资，然后保证该笔融资被用来支付工程款，如果借款人违约则施工企业承担最终的兜底责任。信托公司采用该类模式往往能够获得比一般房地产信托更高的收益，但是这类模式的风险会比传统房地产业务更复杂。

1. 关注借款人和项目层面的风险

在这类模式中，借款人的资质往往比较差，融资能力也相对较弱，与主流金融机构的风控标准会有一定的距离。但是这类交易对手往往会因为在某一区域深耕多年，能拿到较为优质的项目。

例如，2016 年第一季度，某信托公司与某家央企类建筑公司合作共同完成了对一个地产项目的融资，该项目位于上海市浦东新区，又毗邻地铁站，项目的开发商是一家小型民企，由于现金流紧张，希望央企类建筑公司以其信用帮助开发商融资。

如果开发商在承受较高的融资成本后仍然能够正常还本付息，那么信托计划正常兑付。如果开发商违约，则该建筑公司将为信托计划兜底，同时开发商将该地产项目以约定的折扣价出售给该建筑公司。在这个信托计划中，信托公司通过合同文本绑定了央企的信用，央企有能力也有足够的意愿兜底并做本项目的后续开发。

即便在极端情形下，该建筑公司无法实现其兜底承诺，由于折扣价很低，在上海房价节节攀升的大环境下，信托公司也可以顺利处置标的资产，实现信托计划的最终兑付。

2. 做实质兜底的施工企业的选择

一般而言，承担兜底责任的施工企业多为央企的二级法人单位，如中建×局、中铁×局等，此类央企自身资产规模一般在 100 亿~300 亿元，金融机构对其支持力度较大，银行授信规模较大，贷款利率较低。这类施工企业因大多为上市公司的子公司，对负债较为敏感，一般不能直接提供担保，大多只能以抽屉协议的形式或者远期债权回购的形式为金融机构提供增信。

在实际操作过程中，外部律师认为此类远期债权回购与担保具有同等的效力，主要理由是施工企业提供远期收购承诺与提供连带责任保证担保，虽然两者的法律关系不同，但究其实质，都是在项目公司未能按期履行债务时，信托公司获得向施工企业主张相关权益的权利，对信托公司而言其实际效果是基本相同的，都可以绑定施工企业的信用，从而为项目公司履行债务起到增信作用。

此外，远期回购是一笔未来可能发生的资产买卖行为，如果项目公司违约，施工企业的兜底实质是以约定的价格购买资产的行为。但是如果施工企业为项目公司提供保证担保，施工企业在代偿后无法享有原债权项下的所有抵质押措施，而仅享有对原债权的追索权，反而无法保证施工企业的后期接盘，影响兜底意愿。

综上所述，与担保相比，远期债权回购更能绑定交易对手的信用，落实其兜底意愿。当然，需要注意的是，绝大部分远期债权回购需要取得施工企业董事会的批复，这样该远期回购的协议在法律层面上才完全合法有效。

3. 关注金融机构与施工企业的股权关系

对某些信托公司而言，央企类施工企业很可能是其兄弟公司，如果信托公司做此类业务的最终兜底方是其体系内的兄弟公司，那么信托公司要特别注意潜在的风险。因为央企施工单位与此类信托公司往往是一个系统，如果施工企业违约不履行兜底义务，信托公司也不太可能走法律诉讼的途径，因此缺乏在发生极端风险时对央企的制衡。

（三）结论

综上所述，此类业务模式虽然较传统业务复杂，但是风险是总体可控的。首先，在借款人的选择上，信托公司可以适当降低风控标准，但是在项目的选择上必须要选择优质的项目，不能因为有兜底方就忽视项目本身。在施工企业的选择上，尽量选择有房地产开发经验、自身流动性较强的央企类施工企业。其次，将兜底方的行为、兜底的前提条件和触发条件在合同文本上予以落实，并取得相应公司董事会甚至股东会的批复。最后，尽量避免同在一个系统或者同在一个集团的施工企业，避免发生极端风险后信托公司难以制衡施工企业不履约的行为。在上述条件可以落实的前提下，信托公司可以推进此类非标准化的房地产信托业务。

十七、特定资产收益权项目案例及
风险防范分析

谈亚评

【作者简介】 谈亚评，法学硕士，现供职于中国民生银行私人银行部。曾就职于交通银行、浦发银行，长期从事银行风险管理工作。

随着互联网金融的发展，各种以资产收益权为载体的创新型理财产品蓬勃发展，如股权收益权、债权收益权、票据收益权等，而金融机构从客户资产配置和财富管理的角度出发，也积极介入特定资产收益权项目，尤其是高净值客户对另类资产投资的热情很高，不少私人银行、信托公司财富管理部门都设计了特定资产收益权信托产品，投资范围主要是艺术品、红木、高档酒等。

资产收益权是由交易双方通过合同关系创设出来的一种权利，在我国现有法律体系中没有相应的具体规范，因此在实践中面临诸多的法律问题。

（一）特定资产收益权项目的主要特点

资产收益权没有严格的定义，一般是指交易主体以基础权利或资产为基础，通过合同约定创设的一项财产性权利，包括资产收益权、股权收益权、应收账款收益权等。常见操作模式是，金融机构或私募基金管理机构募集资金后，以该资金向特定企业购买特定资产收益权，持有期间由企业向金融机构或私募基金管理机构定期支付约定的收益，到期时由该企业或第三方按约定的价格回购该特定资产收益权，也有通过资产处置获取收益实现退出的模式。

这种业务有以下三个特点。

1. 资产收益权项目是投融资一体的交易行为

投资人通过受让资产收益权获得投资特定资产价格上涨收益的权利，同时在交易结构中设计回购安排，又为回购方（即融资人）提供了一种融资途径。

这种模式很适合各种信托计划、资管计划，便于把私人小额度资金集中起来投资大金额的资产，是一种很好的理财产品形式，而对于融资人而言，这种负债所带来的现金流入并没有在资产负债表内体现，其实质是一种表外融资。

2. 资产收益权不涉及资产所有权的转让

首先，资产收益权项目中投资的资产必须是具有投资价值的资产；其次，资产的收益权可以自由转让。一般来说，资产所有权人有权决定转让资产收益权，但需要注意收益权是否受到其他权利的制约，如担保物权、优先权等。

资产所有人可以在转让资产收益权的情况下继续行使其所有权，如资产所有人可以安排资产的交易，但其中容易出现损害资产收益权的受让人利益的情况，如私下交易、交易价格明显低估等。

3. 资产收益权项目涉及的法律关系复杂

资产收益权是基于合同关系创设出来的一种权利，基础法律关系是合同关系，但是在交易结构中又大量涉及物权权利（如抵押权、质权等），同时资产本身会依托其他合同关系产生诸如优先权、留置权等权利，这些也会影响收益权的实现。

在这种多种法律关系叠加的业务模式中，法律风险的防范就显得尤为重要。

（二）A银行私人银行红木特定资产收益权案例

1. 业务背景

红木家具是中国人喜爱的传统家具品种，在国内具有一定的消费需求，尤其是一些高端品种的红木家具，往往具有使用、收藏和投资等多种价值，成为有一定经济实力的投资人所喜爱的投资品种。

作为红木家具的上游，红木原料由于生长周期比较长，对一些稀有品种而言，基本依赖于从国外进口，随着国际上对濒危动植物品种的保护力度加大，供应量可能会受到影响，由此推测其未来价格可能上涨，具有一定的投资价值。因此，A银行私人银行部设计一款红木特定资产收益权投资资管计划，为有红木投资需求的私人银行客户提供一种间接投资红木的渠道，同时也为当地一家红木经营企业提供融资，使其可以在国际保护条约生效前从缅甸进口一批缅甸红木。

2. 具体交易结构

本产品由红木经营企业B与银行指定机构共同成立一家Y投资管理公司（GP，由银行委派主要人员，主导经营管理），成立一家有限合伙企业C，LP

分别由私人银行端客户通过资管计划募集 1.5 亿元和 B 出资 0.5 亿元，合计 2.01 亿元（GP 出资 100 万元）。资金用途用于受让××公司（B 企业的关联企业，主要负责原木采购）从缅甸进口的一批价值 2 亿元的缅甸花梨的资产收益权。该批货物主要由××公司负责销售，资产出售产生的收益，在 GP 和两个 LP 中分配，分配比例为 1（GP）：4（银行端资管计划）：5（B），但 GP 在满足一定条件下有强制销售权。合伙企业成立 2 年后，如资产未产生收益，则由 B 按照一定的溢价条件回购资管计划持有的合伙企业份额，从而实现私人银行客户的投资退出。

交易结构如图 1 所示。

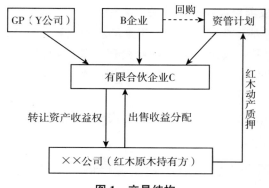

图1　交易结构

3. 出现的问题

（1）外部因素。

受国家政策的影响，高端的红木家具销售量和价格均出现大幅度下降，从而传导至上游，红木原料交易市场出现价格下降和有价无市的局面，而且这种影响短时间内难以消除。

（2）内部因素。

B 企业自身经营出现问题，回购能力受到影响，而红木原料又无法在短时间以合理的价格出售，出现了流动性问题，企业也出现了违约的迹象。

B 企业的其他债权人同时要求其还款，加剧了企业的资金压力，导致项目出现较大的风险暴露。

（三）项目风险分析及对策

1. 特定资产的流动性问题

特定资产收益权项目虽然投资的是高端的消费品和艺术品，价值较高，但其受众范围较小，资产的替代性较强，容易受到投资群体喜好变化的影响，从而使其投资价值有很大的波动性，且受到外部政治、经济政策影响较大。当出现负面信号的时候，预期价格上涨的趋势很难实现并且难以以合理的价格在市场上换取流动性。因此，在项目设计中，一定要对回购方的实力提出更高的要求，确保在出现不利因素的情况下，回购方有充足的资源可以使其他投资者退出。

2. 特定资产的产权不清晰的风险

虽然投资人投资的仅是特定资产的收益权，不涉及资产所有权的变更，但不可忽视的是，投资的资产收益权的基础资产的产权必须是清晰的，如果出现争议，则收益权面临丧失的可能性。以本案为例，其他民间债权人在另案的司法纠纷中指出，由于该批红木是××公司从关联企业中获得的，从银行交易流水看存在资金往来的情况，虽然有贸易合同，但不能证明实际支付了对价，因此交易不成立，物权并没有转让，从而主张资产收益权不存在。

为了防止出现此类纠纷，金融机构在介入时要获得完整的交易证据链，以充分证明融资方享有的资产所有权，一是获得前手的交易合同、购买发票、资金支付凭证等基础资料，二是应获取资产转移的出入库单、运输单据等，以证明动产已经实现交付，并根据《物权法》的相关规定可以主张物权的转让以交付为准（不动产除外），并且不受合同对价的限制。在涉及关联企业交易中，由于保管仓库也可能是同一家，因此相关运输单据较难获得，最好的办法是转移至第三方独立仓库保管，如难以做到，应由资产交易双方出具证明材料，通过公证的方式证明资产交付事实并由融资方重新与保管仓库签订保管合同，以证明资产的物权已经完成交付的事实。对于非交易行为取得的资产，主要应获得物权的原始凭证，如出厂证明、海关报关单、运输单等具有独立性参考价值的证明材料。

3. 重复质押的问题

在案例中，一般银行等金融机构都会要求相关的资产（主要是动产）办理动产质押手续，质权人与保管仓库签订有偿的保管合同并委托第三方监管公司对质押物进行 24 小时监控，但是民间借贷的债权人为了保护债权，也会提供一份质押合同和无偿保管合同，主张对同一批动产的质权。出现这种情况的主要原因在于，融资方通过资产收益权转让方式融资是一种表外融资行为，外部人较难知晓，而且融资方获取资产时也往往是通过外部融资解决的，不可避免地会在同一资产上产生多个权利主张。

从物权法中关于动产质押的规定看，动产质押的质权以交付为生效要件，因此动产质押应不存在重复质押的问题（除非前手质权人同意），其中的重点是对质押物交付的认定上。在实务操作中，动产保管的场地一般为融资方自有的仓库，在交付过程中不会出现动产的实际转移交付，而是采取第三方监管单位与仓库签订有偿保管合同并且由监管单位对动产进行 24 小时监控的方式，质权人、质押人和监管人之间通过《动产质押监管协议》对各方的权利义务进行约束，在实践中也起到质权生效的法律效果。因此在面对重复质押的情况下，作为金融机构的质权人应该根据《物权法》的规定，充分主张质物交付于质权人的事实，对其他债权人提出的无偿保管等难以追溯过往是否实际发生的法律关系，应主张其质权未生效以保护自身的权益。笔者建议，为了避免类似情况，除了在办理动产质押监管时明确标明质押外，还应该在质权生效后一个月内在当地主要媒体上予以公示，有条件的还可以在当地工商部门登记办理动产抵押手续，在没有收到其他权利人异议后再给予资金发放，这样更有利于后期的举证。

十八、境外担保相关法律问题简要探析①

李爱民

【作者简介】 李爱民，毕业于华东政法大学，法学硕士。曾任职于伊斯兰信托、安信信托、大业信托等机构，现任职于华澳国际信托有限公司。本文观点为作者个人观点，不代表曾经及目前任职机构立场。

随着信托资产规模逐年增长，信托公司资产管理业务涉及实体行业的广度和深度均大幅度增加；且由于境内外资本市场的发展差异，国内公司特别是民营企业有过持续时间较长的境外资本市场上市高峰。

在信托业务实践中，境外主体（含港澳台地区主体）为注册在中国大陆范围内的融资方提供担保的情形较为多见。在业务过程中，涉及境外主体为境内融资方提供境外担保的，如何核实境外担保主体资格、如何确认担保效力、如何对这类担保揭示法律风险点、如何设计风险控制措施并落实等，成为实务操作中需要解决的问题。本文根据现行法律法规及部门规章的规定，结合信托业务具体实践，对跨境担保中外保内贷形式即境外担保的相关问题进行探讨，以期为后续业务活动提供一定的参考。

（一）境外担保的界定

1. 什么是境外担保

跨境担保是指担保人向债权人书面作出的、具有法律约束力、承诺按照担保合同约定履行相关付款义务并可能产生资金跨境收付或资产所有权跨境转移

---

① 按照国家外汇管理局颁布实施的《跨境担保外汇管理规定》定义，跨境担保分为内保外贷、外保内贷和其他形式跨境担保三种形式。本文仅就业务过程中多见的外保内贷一种形式即境外担保进行探讨，不涉及内保外贷及其他形式的跨境担保。

等国际收支交易的担保行为①。

按照担保当事各方的注册地，跨境担保分为内保外贷、外保内贷和其他形式的跨境担保②。本文探讨和解析的境外担保系指跨境担保中的外保内贷形式，即担保人注册地在境外、债务人和债权人注册地均在境内的跨境担保行为。根据担保形式的不同，境外担保可分为信用担保和物权担保两类。

（1）信用担保。

信用担保是指境外主体以自身信誉向债权人承诺对债务人的债务承担保证责任的担保方式。信用担保在形式上可以表现为境外主体向境内债权人出具单方保函、境外主体与境内债权人签订保证协议或合同（按保证方式，分为一般保证和连带责任保证）、境外主体向境内债权人出具安慰函等形式。

信用担保是境外主体担保最常见的一种形式，其优点在于操作相对简便，不涉及对物的监管和办理相关登记手续的问题，因此较为容易被债权债务法律关系项下各方当事人接受。

（2）物权担保。

物权担保是指境外主体通过在其拥有的特定资产上设定担保物权的方式，承诺当债务人未能履约时债权人有权处分该资产，以处置担保物所得价款优先偿付债务人拖欠债权人之债务的担保方式。

2. 境外担保与境内担保

与境外担保概念相对应，境内担保是指依照我国法律③注册成立的法人和非法人机构及我国公民，以保证、抵押、质押等特定法律形式④对主债权所提供的担保。境内担保是我们熟悉的一种法律形式，主要法律依据包括我国《物权法》《担保法》及最高人民法院关于相关法律适用的司法解释等。

在假定担保合法有效的基础上，不论是境内担保还是境外担保，债权人在实现担保债权时，最终起决定作用的都是担保人的资产或担保物的变现价值及变现方便程度。如果担保人有价值资产或担保物在境外，则不论担保主体在境内或境外，实现担保债权均要通过境外一国或者第三国，不仅时间长、费用高、手续多，而且执行的难度和复杂度要远超在中国境内的执行，所以业务实践中应当避免接受主要资产在境外的担保人提供的担保。

基于上述观点，本文排除以资产为标准来划分担保种类，重点关注担保主

① 《跨境担保外汇管理规定》第二条。
② 《跨境担保外汇管理规定》第三条第一款。
③ 基于本文探析目的，我国法律仅指适用于中国大陆地区的法律法规及规章等规范性法律文件。
④ 我国现行《担保法》规定，担保的方式为保证、抵押、质押、留置和定金。

体的特殊性即担保方系国外（境外）主体，在此情形下接受担保时应当注意的法律问题。

3. 境外担保的法律规定

2014 年 5 月 12 日，国家外汇管理局发布了《跨境担保外汇管理规定》（汇发〔2014〕29 号）的通知，同时废止了 12 项跨境担保相关规范性文件，包括此前作为外保内贷业务重要规范性文件的《国家外汇管理局关于金融机构外汇担保项下人民币贷款有关问题的复函》（汇复〔1999〕56 号）及《国家外汇管理局关于外汇担保项下人民币贷款有关问题的补充通知》（汇发〔2005〕26 号），取消或大幅度缩小跨境担保的数量控制范围和登记范围，取消担保签约和履约的事前审批和核准事项，代之以比例自律和登记管理；并将外汇管理与跨境担保交易合同的有效性判定脱钩，即明确规定外汇局基于国际收支统计法定职责的汇兑登记，在目的和效力上均不同于行业主管部门的确认登记，不作为担保生效或对抗第三人的要件。

2014 年 5 月 12 日与《跨境担保外汇管理规定》一并下发的还有配套的《跨境担保外汇管理操作指引》，操作指引分别就内保外贷外汇管理、外保内贷外汇管理、物权担保外汇管理、跨境担保其他事项外汇管理进行了详细规定，从操作要求、所需材料、流程及时限等方面进行了细化。具体就境外担保（即外保内贷）事项而言，操作指引规定：境内非金融机构从境内金融机构借用贷款或获得授信额度，在同时满足以下条件的前提下，可以接受境外机构或个人提供的担保，并自行签订外保内贷合同：第一，债务人为在境内注册经营的非金融机构。第二，债权人为在境内注册经营的金融机构。第三，担保标的为本外币贷款（不包括委托贷款）或有约束力的授信额度。第四，担保形式符合境内、外法律法规。发生外保内贷履约的，金融机构可直接与境外担保人办理担保履约收款。外保内贷业务发生境外担保履约的，境内债务人应在担保履约后 15 个工作日内到所在地外汇局办理短期外债签约登记及相关信息备案。尽管操作指引规定"境内债务人从事外保内贷业务，由发放贷款或提供授信额度的境内金融机构向外汇局的资本项目系统集中报送外保内贷业务数据"，但是目前部分地区的信托公司尚未与外汇局进行系统对接，因此实践中往往由信托公司以书面形式向外汇局进行数据报送。

（二）境外担保的法律风险

由于境外担保跨越了两个国家（或地区），必将同时面临两种不同法律体系的管辖，增加了操作上的难度和法律上的风险，需要从业人员谨慎对待，以最大限度降低可能的风险。

结合境内担保经验、涉外法律适用的相关制度规定并借鉴现有的理论研究，本文认为，境外担保至少存在以下四方面法律风险：

第一，债权人对担保主体所在国法律并不熟悉，而且在客观上由于各国法律规定不一，国与国之间有时会产生在法律上的冲突，或者法律障碍，最终使得担保无效或者无法实现目的，从而导致索偿困难或无果。

例如，若国内借款人之担保主体在某国，债权人要求该担保主体在相关保证文件上列明法律适用中华人民共和国法律，发生争议由中国法律管辖。但该国的法律又规定因保证引起的债的行为适用合同缔结地法律，那么根据准据法，若该担保合同在该国缔结，应当适用该国法律。这时就产生了法律的冲突，法律问题的解决就会变得复杂。一旦发生这种担保争议和纠纷时，将发生法律选择、法律适用和对国际惯例的运用等。因此，涉外担保合同由于含有涉外因素，对涉外担保合同的订立、履行和纠纷的处理，要比国内担保合同复杂、困难，法律风险也相应加大。

第二，一旦发生担保纠纷，对债权人而言，能否选择最为熟悉、便利的中国司法机构裁判必然成为各方的争议焦点；即使在中国裁判，是否能够得到境外主体所在国的承认和执行，也直接关系到担保效果能否实现。

在裁判文书的承认与执行问题上，根据我国《民事诉讼法》第二百七十七条的规定："请求和提供司法协助，应当依照中华人民共和国缔结或者参加的国际条约进行；没有条约关系的通过外交途径进行。"目前我国已参加了《承认及执行外国仲裁裁决公约》（又称《纽约公约》）并与一些国家签订了互惠条例。例如，若境外主体在德国，债权人可要求境外主体签发的担保文件符合双方国家的民商事法律并且适用中国的法律，就争议处理问题选择中国国际经济贸易仲裁委员会仲裁，那么日后如有仲裁裁决则对双方发生法律效力。因为中、德两国共同参加了《纽约公约》，债权人可通过中国的法院签发后向德国的法院递送，在获得承认后，可以由德国的执行地法院协助执行。相反，若选择了在安哥拉的境外主体，由于该国没有参加《纽约公约》，那么若债权人接受这个国家的母公司的担保，日后就存在法律上的障碍，显然债权人不宜选择。

第三，境外主体由于不在中国境内，实际信息不对称，在对主体存续、财务情况、担保能力及信用度等方面尽职调查可能无法取得或者取得的是虚假信息。

例如，在一些离岸岛注册的公司注册资料、资产、经营、财务等相关资料完全保密，无须递交周年申报表，也无须建立对注册地政府的财务账目。一些离岸公司注册地法律明确禁止金融机构（包括债权人、代理商、保险公司等）和咨询业人员（代理商、会计、律师投资顾问等）将客户资料或有关会计资料泄露给任何第三方，不管第三方是个人、公司或政府等。

第四，境外担保国如发生罢工、动乱、战争情况，那么就可能会造成担保免责，债权人对担保无法追偿。

本文认为，上述第一、第二点可以通过对境外主体所在国法律制度的研究来控制风险发生，而第三、第四点属于广义的法律风险，实际上较难单独从法律角度予以控制或者避免。

（三）境外担保风险控制要素

上文试图分析境外担保的法律风险，但不得不承认的是，目前情况下，没有能力穷尽境外担保法律风险的可能性，更无法就法律风险提出完备的解决措施，因为境外主体的所在国不同，所涉及的法律风险内容就各不相同。

基于上述考虑及现实困难，本文拟按实务操作环节通常流程，分析境外担保风险控制要素，包括对法律调查、司法管辖的选择、司法文书转递及裁判文书承认与执行四个问题作简要分析。

1. 法律主体调查的有效性

为核实担保主体的基本信息，债权人需对境外主体的成立和经营情况、担保资格进行调查确认（以下简称"查册"）。该工作主要应通过境外主体所在地律师进行，根据调查情况对境外主体的担保能力进行评估，并确定其是否具备合法的担保资格。

根据冲突法的基本原则，对于企业是否具备从事某项民事活动的资格通常是适用企业成立地（注册地）的法律，而各国法律对于企业的成立、经营范围、存续等的规定往往大相径庭。要确保境外主体担保行为的有效性，应当确保境外主体依其注册地法律是有效成立和存续的，并具有担保资格，否则即使其出具了担保文件，该文件也有可能因主体资格问题而无效，从而使得债权人通过担保防范资产风险的目的无法达到。

查册还有一个重要的用途，即可供债权人了解境外主体的基本经营情况和资产情况，对债权人在评判境外主体的担保能力时极具参考价值。

查册工作通常应委托境外主体所在地律师事务所进行，律师事务所会根据要求提供境外主体在当地主管机构最新登记情况，并以该律师事务所的名义出具相关法律意见。律师事务所提供的法律意见及相关资料对境外主体担保的有效性具有重要意义，一方面其可确保在境外主体出具担保文件时主体资格无误；另一方面是以法律专业机构的身份向委托人提供了一种保证，如果因其在律师意见书中保证事项的问题导致委托人损失，律师事务所将承担相应责任。

同时，本文需要指出的是，由于聘请境外担保主体所在地律师提供相关法律服务需要支付一定的费用，基于业务成本考虑，相关费用可能会约定为借款人承担。实践中借款人通常希望简化手续，节省费用，债权人在激烈的竞争中为了争取客户，可能会同意借款人的要求，但这种节省费用、简化查册手续带来的潜在法律风险较大，故本文以为，必要的时候，即使债权人自行承担相关费用，也应确保查册工作的正常进行。当然，不同的情况不能一概而论，如接受知名的跨国大企业的担保时，在查册方面的工作亦可酌情降低要求，采取变通处理方法，如委托在境外主体所在地的分支机构、代表处或者常年法律顾问等进行基本查册工作。

2. 法律适用及管辖的有效性

（1）法律适用。

境外主体担保对债权人保障程度的高低主要取决于担保文件的约定，因此担保文件的内容至关重要，而对担保文件内容的评判取决于该文件所适用的法律。一般情况下，当事人总是倾向于在法律文本中约定适用自己所在地的法律，但由于境外主体担保涉及跨越两个法域的问题，因此必然面临如何选择适用法律的问题。如境外主体是以境内资产提供物权担保，无疑应适用我国法律；如境外主体提供信用担保且在我国境内有可供执行的财产的，则适用我国法律也是优选；但在境外主体以境外资产提供无权担保或者信用担保且在我国国内无可供执行财产的情况下，适用我国法律和适用境外主体所在地法律各有利弊。适用我国法律可以降低债权人的诉讼成本，但对境外主体担保能力认定仍须依其所在地法律，而且如果执行时要依赖境外主体所在地司法机构予以协助，则效果未必比直接适用境外主体所在地法律好。

基于上述情况，建议在业务过程中根据具体情况灵活处理：如果境外主体同意适用我国法律，其在境内有可供执行的财产，则应优先考虑适用我国法律；但若境外主体在境内没有可供执行的财产，一旦涉诉可能需要境外主体所在地司法机构协助执行，或者境外主体所在地法律能够为债权提供更为全面的利益保障，也不妨直接选择适用境外主体所在地法律，只不过在这种情况下，应当聘请境外主体所在地律师负责审定相关法律文件。

（2）司法管辖。

关于司法管辖，由于涉及执行效果，也是十分值得关注的问题。就境外主体提供担保的情况而言，仲裁应当是一种比诉讼更为合适的争议解决方式，这主要是基于两个原因：一是目前国际间关于相互承认和执行仲裁裁决的合作远比承认和执行判决文书的合作成功；二是我国现有的审判体制具有一定的特殊性，根据现行法律的规定，我国实行两审终审制，在此之外还有审判监督程序，由于审判监督程序的存在，经两审终审产生的判决存在被更改的可能，造成我国判决很可能无法得到境外司法机构的承认和执行。由于法律文书强有力的执行是债权人将有关争议诉诸法律的终极目的，因此对债权人来说，选择一种更易得到承认和执行的争议解决方式是极具现实意义的，这也是仲裁在境外主体担保业务中较诉讼更受青睐的原因。

3. 法律文件签署的真实有效性

境外主体签署担保文件的情况同样直接对担保文件的效力产生影响。由于空间的限制，如果债权人难以见证境外主体在当地签署担保文件的真实情况，这时同样有必要借助境外主体所在地有资格的律师、公证人员或其他人士见证境外主体有权签字人签署担保文件的情况。这一步骤是保障有关担保文本具备法律效力的必要程序。

4. 转递手续的适当性

在境外签署的担保文件递交给债权人需要经过特别的途径，对于境外形成的法律文书，包括董事会决议、股东会决议、担保合同、主体资格证明等，没有合适的转递程序仍然可能存在效力隐患，因此这一步骤也是必不可少的。

（1）港澳台地区。

根据司法部于 2002 年 2 月 24 日发布的《中国委托公证人（香港）管理办法》（司法部令第 69 号）、司法部及商务部于 2003 年 12 月 17 日发布的《司法部、商务部关于认真落实内地与香港关于建立更紧密经贸关系的安排严格执行委托公证人制度的通知》等法律文件，明确规定要实行委托公证人制度，即香港居民回内地处理法律事务所需公证书须由司法部任命的委托公证人出具，并经中国法律服务（香港）有限公司加章转递，才能发往内地使用。实行这一制度，是基于中国香港和内地之间法律制度不同，办理公证证明所依据的法律、办证程序和效力不同而设置的一项特殊法律制度，核心是为了确保中国香港发往内地使用的公证文书的真实性、合法性。2004 年 1 月 1 日起施行的《内地与香港关于建立更紧密经贸关系的安排》（Closer Economic Partnership Arrangement，CEPA）及其附件进一步明确规定要实行委托公证人制度，标志着此项制度已经成为内地与中国香港共同认可的司法互助制度。相似地，2003 年 10 月 17 日商务部发布的《内地与澳门关于建立更紧密经贸关系的安排》（Mainland and Macao Closer Economic Partnership Arrangement）也提出了"经澳门特别行政区政府公证部门或内地认可的公证人核证"的相关规定。根据司法部于 1993 年 4 月 29 日发布的《海峡两岸公证书使用查证协议实施办法》，对于在中国台湾地区形成的证据，首先应当经过中国台湾地区的公证机关予以公证，并由台湾海基会根据《海峡两岸公证书使用查证协议》，提供有关证明材料。

（2）其他地区——以离岸公司为例。

对于港澳台以外的其他地区，虽无此类明文规定，但应亦采用同样原则，即要经过正当合法的转递途径，有关法律文书在国内才具有法律效力，为司法机构所认可①。因此，在英属维尔京群岛（BVI）、开曼注册的境外担保主体所提供的法律文件，应当办理中国驻英使馆认证。具体流程为：第一步，需将办理的文件送当地国际公证律师（Notary Public）公证。第二步，将经过公证律师公证的文件送英国外交部公证认证办公室或英国外交部授权机构认证。如相关文书系由英国政府部门出具，则可径送英国外交部或其授权机构认证。第三步，将办好公证、认证的文件送中国驻英使馆申办领事认证。这种外交、外事途径的转递是为多数国家认可和采用的，是一项常规性的做法。

除此之外，实践中也存在由见证境外主体签署担保文件的律师、公证人员或其他人士直接递交的情形。由于后一种做法并未得到我国法律的明确认可，以这种方式获得的担保文书在境内的证据效力如何具有一定的不确定性，因此建议在可能的情况下尽量采取上文所述的法定机构公证、认证方法及手续。

5. 裁判文书的可执行性

上文已简要阐述，就境外担保而言，仲裁应当是一种比诉讼更为合适的争议解决方式，主要原因之一是因为我国加入了《纽约公约》。截至 2015 年 7 月 17 日，《纽约公约》共有 156 个缔约国，中国、美国、英国、法国、德国、日本、俄罗斯、意大利、巴西、印度等主要国家均承认《纽约公约》之效力。《纽约公约》第三条规定，各缔约国应承认仲裁裁决具有拘束力，并依援引裁决地之程序规则及下列各条所载条件执行之。因此，除有保留条款外，各缔约

---

① 国家工商行政管理总局、商务部、海关总署、国家外汇管理局于 2006 年 4 月 24 日联合发布的《关于外商投资的公司审批登记管理法律适用若干问题的执行意见》第五条规定："申请外商投资的公司的审批和设立登记时审批和登记机关提交的外国投资者的主体资格证明或身份证明应当经所在国家公证机关公证并经我国驻该国使（领）馆认证。香港、澳门和台湾地区投资者的主体资格证明或身份证明应当依法提供当地公证机构的公证文件。"从该规定亦可看出我国对境外主体资格认证的基本要求。

国对在另一缔约国做出的仲裁裁决，均承认其有法律约束力，并应按照相关法律规定予以执行。

（1）我国裁判文书在港澳台地区获得承认的情况。

1）仲裁的承认与执行。香港回归前承认与执行内地仲裁裁决主要法律依据是《纽约公约》，确认内地仲裁裁决为"公约裁决"这是承认与执行的法定要件，而《纽约公约》属于国与国之间的协议，香港回归之后不能直接通用于内地与香港之间的关系，香港法院在回归后已中止执行内地的仲裁裁决。直到 2001 年，经最高人民法院与香港特别行政区政府协商，双方共同签署了《最高人民法院关于内地与香港特别行政区相互执行仲裁裁决的安排》，香港特别行政区法院同意执行内地仲裁机构（名单由国务院法制办公室经国务院港澳事务办公室提供）依据《仲裁法》所做出的裁决，内地人民法院同意执行在香港特别行政区按香港特别行政区《仲裁条例》所做出的裁决。根据该文件，在内地或者香港特别行政区做出的仲裁裁决，一方当事人不履行仲裁裁决的，另一方当事人可以向被申请人住所地或者财产所在地的有关法院申请执行。相似地，2007 年 9 月 17 日最高人民法院审判委员会第 1437 次会议通过《最高人民法院关于内地与澳门特别行政区相互认可和执行仲裁裁决的安排》，规定在内地或者澳门特别行政区作出的仲裁裁决，一方当事人不履行的，另一方当事人可以向被申请人住所地、经常居住地或者财产所在地的有关法院申请认可和执行。台湾地区相对特殊，中国大陆与台湾地区并未直接就仲裁裁决的认可及执行问题签署双边协议，但海峡两岸各自出台了认可对方仲裁裁决的相关规定，即最高人民法院于 2015 年 6 月 2 日公布了《最高人民法院关于认可和执行台湾地区仲裁裁决的规定》，规定台湾地区仲裁裁决的当事人可以根据本规定作为申请人向人民法院申请认可和执行台湾地区仲裁裁决；2011 年 12 月 21 日修正的《台湾地区与大陆地区人民关系条例》规定，"在大陆地区作成之民事确定裁判、民事仲裁判断，不违背台湾地区公共秩序或善良风俗者，得申请法院裁定认可"。

2）判决的承认与执行。内地与香港法院判决的相互认可与执行是在"一国两制"框架下两个不同法域司法协助的一项重要制度。按照香港特别行政区《基本法》的规定，香港特别行政区保持原有的社会制度长期不变，实行高度自治，享有行政管理权、立法权、独立的司法权和终审权，实行不同于内地的法律和司法制度。内地和香港特别行政区只能在其各自的司法区域内行使管辖权，一方司法机关的司法行为不能在另一方具有法律效力，而需通过司法协助的方式得以实现。2006 年 6 月 12 日，经过最高人民法院与香港特别行政区政府的协商，两地为此签署了《关于内地与香港特别行政区法院相互认可和执行当事人协议管辖的民商事判决的安排》，该文件规定，两地相互认可和执行民商事案件判决限于基于双方当事人书面管辖协议而做出的须支付款项的具有执行力的终审判决。其中，具有执行力的终审判决在内地是指最高人民法院的判决，高级人民法院、中级人民法院及经授权管辖第一审涉外、涉港澳台民商事案件的基层人民法院（47个）依法不准上诉或者已经超过法定期限没有上诉的第一审判决，第二审判决和依照审判监督程序由上一级人民法院提审后做出的生效判决。2006年3月21日，最高人民法院公布《内地与澳门特别行政区关于相互认可和执行民商事判决的安排》，规定了一方法院做出的具有给付内容的生效判决，当事人可以向对方有管辖权的法院申请认可和执行。最高人民法院于2015年6月29日公布《最高人民法院关于认可和执行台湾地区法院民事判决的规定》，台湾地区法院民事判决的当事人可以根据本规定，作为申请人向人民法院申请认可和执行台湾地区有关法院民事判决；而大陆地区的民事判决可依据《台湾地区与大陆地区人民关系条例》向台湾法院申请执行。

（2）我国裁判文书在离岸法域获得承认的情况。

就常见的离岸公司而言，根据作为缔约方的英国按《纽约公约》的规定所用的声明，英国将《纽约公约》的领土适用范围延伸到下述领土：直布罗陀、马恩岛、百慕大、开曼群岛、格恩西、泽西。上述领土并不包括英属维尔京群岛（The British Virgin Islands，B.V.I），也就是说，英属维尔京群岛司法当局并不承认《纽约公约》在该地区的效力，因而《纽约公约》缔约国做出的国际商事仲裁裁决无法依据《纽约公约》在英属维尔京群岛得以执行，但可以在百慕大和开曼群岛得以执行。除仲裁外，我国法院的判决目前尚未被离岸岛地区予以承认。

综上所述，在境外担保的业务操作过程中，包括信托、资产管理机构等债权人应当核实境外担保主体资格、确认担保效力、选择最优管辖、设计并落实风险控制措施，以期最大程度地降低境外担保的法律及操作风险。

十九、上市公司医疗大健康投资并购及财务尽调操作实务

张　丹

【作者简介】 张丹，医疗大健康行业投资并购从业人员，上市公司康健国际投资副总监，曾主导多起医疗行业及境内外金融机构投资并购案；对医疗服务、教育、消费领域有深入理解。

（一）近年医疗大健康行业上市公司并购重组分析

1. 医疗大健康行业的发展过程及现状

2015 年医疗行业的并购热度达到了前所未有的高度，2012~2013 年底，国内医疗健康并购市场完成交易案例数量 129 起，共完成交易规模达 153.42 亿美元。

截至 2015 年 12 月 31 日，仅医药上市公司的并购重组就已有 360 多起，超越 2014 年全年的 238 起，交易额超过 1200 亿元。

从标的资产来看，以化药、中药生产为主的制药领域并购案高达 47 起。

2013~2015 年国内上市公司医疗并购数量金额对比如图 1 所示。

我国卫生消费如图 2 所示。

民营医院数量和服务量占比如图 3 所示。

各专科医院中民营和公立医院数量比例对比（2015 年）如图 4 所示。

我国民营医院数量占比超过 50%，但总服务量占比低于 10%，未来发展空间巨大。

2012 年《卫生事业发展"十二五"规划》提出，到 2015 年非公立医疗机构床位数与服务量占总量的 20%。

2014 年卫计委发布社会资本办医细则《关于加快社会资本办医的若干意

见》，是民营医院未来发展的原动力。

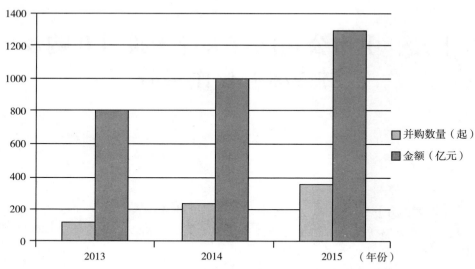

图1　2013~2015年国内上市公司医疗并购数量金额对比

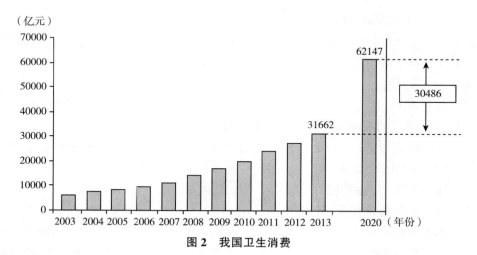

图2　我国卫生消费

资料来源：《卫生统计年鉴》，德勤分析。

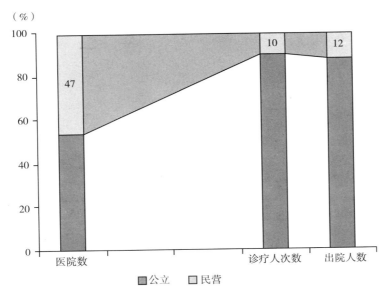

图 3　民营医院数量和服务量占比

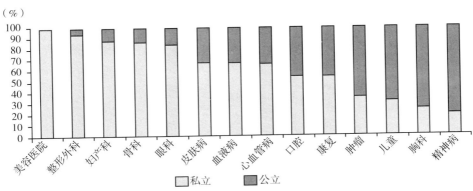

图 4　各专科医院中民营和公立医院数量比例对比（2015 年）

资料来源：《卫生统计年鉴》，德勤分析。

光说数据其实没有直观感受，医疗行业在近几年确实发生了很多变化。虽然从表面上并没有看到很多质的变化，但是量却不断地累积。包括医药分开带来的电子处方，医药电商的机会，包括民营资本、外资进入医院，也包括因为国内创新能力的不断增强，带来的一些全球创新新药和医疗器械的机会。在这些量变当中还是可以捕捉到一些很有意思的投资机会，也让我们投资人对这个行业更加有信心。

从政策上看，虽然政策还没有完全放开，但至少我们已经知道在哪里能改变。第一是医生的身份，实行医生注册制，连北京市政府也在推进医生身份的转变。第二是公立医院的格局发生了变化，政策大力鼓励民营进入公立医院，是对公立医院资源的放开和约束。第三是互联网医院和远程医疗的包容，让整个行业的步子迈得开、迈得大。社会资本办医符合多方利益诉求，如表1所示。

表1 社会资本办医符合多方利益诉求

医院	基本药物零差率掐断药品收入；医保控费、财政补偿不是让公立医院生存环境恶化；管理效率低、医患纠纷等逼医院进行改革
药企	基本药物零差率集中招标制、反商业贿赂使医药公司利润压缩，行业风险加大，掌控医院这一下游意味着掌控话语权，可以规避一定风险
医保	老龄化、医保广覆盖，医保基金入不敷出，对于特需医疗难以支付，期待分流
政府	零差率实施后补偿难以到位，希望医院自负盈亏

2015年民营医院的分类如图5所示，专科医院排名第二。

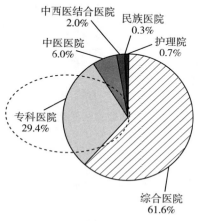

图5 2015年民营医院的分类

综合医院投资案例集锦如表 2 所示。

表 2　综合医院投资案例集锦

投资方	被投资医院	医院性质	投资方式
凤凰医疗	北京健宫医院	综合医院	收购
	北京燕化医院、北京门头沟区医院等 11 家医院	综合医院	委托
上海仁济医疗	20 余家医院（大部分为综合医院）	综合医院	新建+托管+收购
复星医药	和睦家医院	高端医疗	间接持股
	安徽省济民肿瘤医院、广州南洋肿瘤医院	专科医院	收购
	湖南省岳阳广济医院、江苏省宿迁钟吾医院、佛山市禅城区中心医院	综合医院	收购
	台州市立赞扬医院、台州市立赞扬康养中心	综合医院	新建
信邦制药	贵州省肿瘤医院	专科医院收购	收购
	贵州省安顺医院、贵州附属白云医院、贵州附属乌当医院	综合医院	收购
开元投资	西安高新医院	综合医院	收购
	西安圣安医院	综合医院	新建
金陵药业	宿迁市人民医院	综合医院	收购
	南京鼓楼医院集团、仪征源安	综合医院	收购
华润医疗	云南省昆明儿童医院、广东三九脑科医院	专科医院	收购
	武钢总医院	综合医院	收购
国药集团	新乡市中心医院、新乡市第二人民医院、新乡市第三人民医院	综合医院	收购
	新乡市妇幼保健院和新乡市中医院	综合医院	收购
阳光人寿	阳光融和医院	综合医院	新建

　　然后来说一说医疗服务业的三大体系。我们认为，医疗也是一种服务业，是健康服务业。

　　医疗服务业的三大体系：预防医学、整合临床医疗（轻问诊、远程医疗）、康复医学。

　　我们知道在整个医疗服务业的机会当中，最关键的是支付能力，所以在不同的体系，谁会支付，这是我们关注的一个非常大的重点。政府目前也在开放保险，商业保险一定会进入医疗。中国人寿、人保、泰康等保险公司已经把医疗险作为了一个重要战略，而且未来医疗险会越来越细分，这些都是商机，也是投资机会，把医疗服务与保险嫁接起来是未来的趋势，也是未来支付体系重构的关键环节。

医疗服务机构的机会：高端医疗，专科，基层服务、分级诊疗，医生集团。

我们再来看医疗服务机构的机会在哪里。第一是高端医疗，高端不意味着大型，而是医疗技术、服务水平的高端。第二是专科，民营专科依靠卓越的技术和外科医生优质的医疗服务来盈利，这是一个趋势。第三是基层服务、分级诊疗，基层医院的整合也有很多的机会，为国家的分级诊疗做很大的贡献。第四是医生集团，从 2009 年新医改到现在，我们可能感受到最大的活跃群体就是医生，更多的医生会关注自己的生活质量，关注自己的职业规划，这将是一个巨大的市场，重新分配患者的去向。

2. 上市公司青睐医疗大健康行业的原因及并购动机分析

一级市场估值集中在 10~20 倍，各细分行业二级市场估值在 20~80 倍，医疗器械和医疗服务行业估值持续在 50 倍以上。估值差距吸引上市公司和被并购企业积极参与并购以实现资产证券化。

医药领域细分程度日渐走高，精准医疗、互联网医药、基因测序等细分行业都是机构投资重点。扩充产业链是上市公司并购生物科技资产的主要目的，借助标的公司拓展市场，共享标的公司的区域、用户资源，甚至通过并购可直接涉足新兴市场等，都是上市公司热衷并购的原因。

经济转型之下，无论是政策层面、资本市场层面还是行业经营层面，各方面现状都有利于兼并重组的大规模开展。宏观方面，多种因素正在加快行业并购重组的步伐。

第一，政策面鼓励产业整合，行政审批逐渐松绑有利于缩短企业的操作周期，降低时间成本与不确定性。

第二，二级市场对企业兼并重组行为正反馈明显，这也决定了一二级市场套利空间有望长期存在。

医疗行业分析如表 3 所示。

表 3　医疗行业分析

公司	PE（TTM）平均值
爱尔眼科	77.26
通莱医疗	85.49
凤凰医疗	57.02
和美医疗	40.52
平均值	65.07

3. 上市公司对并购标的的要求

第一，帮助主营业务更扎实。

第二，可扩充公司产业链。

第三，医疗标的资产规范运营。

第四，医疗标的的盈利能力。

第五，医疗标的与公司的区域、用户资源可共享。

第六，可通过并购直接涉足医疗领域，完成转型。

并购过程需符合政策要求，由于各地政策略有不同，特以北京市为例进行说明。

政策法规如表 4 所示。

表 4　政策法规

颁布时间	文号	政策法规名称
2010 年 11 月 26 日	国办发〔2010〕58 号	关于进一步鼓励和引导社会资本举办医疗机构的意见
2011 年 2 月 28 日	国办发〔2011〕10 号	关于 2011 年公立医院改革试点工作安排的通知
2012 年 3 月 14 日	国发〔2012〕11 号	"十二五"期间深化医药卫生体制改革规划暨实施方案
2012 年 4 月 13 日	卫医政发〔2012〕26 号	关于社会资本举办医疗机构经营性质的通知
2012 年 5 月 17 日	卫办医政涵〔2012〕452 号	关于确定社会资本举办医院级别的通知
2012 年 6 月 29 日	卫规财发〔2012〕47 号	关于做好区域卫生规划和医疗机构设置规划，促进非公立医疗机构发展的通知
2012 年 10 月 19 日	国发〔2012〕57 号	卫生事业发展"十二五"规划
2013 年 7 月 24 日	国办发〔2013〕80 号	深化医药卫生体制改革 2013 年主要工作安排

续表

颁布时间	文号	政策法规名称
2013 年 9 月 28 日	国发〔2013〕40 号	关于促进健康服务业发展的若干意见
2013 年 11 月 12 日	十八届三中全会文件	中共中央关于全面深化改革若干重大问题的决定
2014 年 1 月 9 日	国卫体改发〔2013〕54 号	关于加快发展社会办医的若干意见
2014 年 5 月 28 日	国办发〔2014〕24 号	国务院办公厅关于印发深化医药卫生体制改革 2014 年重点工作任务的通知
2014 年 6 月 25 日	京卫医政字〔2014〕99 号	北京市医师多点执业管理办法
2015 年 1 月 12 日	国卫医发〔2014〕86 号	关于印发推进和规范医师多点执业的若干意见的通知（明确了医师多点执业的含义和主要条件，允许临床、口腔和中医类别医师多点执业）
2015 年 5 月 8 日	国办发〔2015〕33 号	国务院办公厅关于全面推开县级公立医院综合改革的实施意见（指出 2015 年 12 月前取消医院药品加成）
2015 年 5 月 17 日	国办发〔2015〕38 号	国办印发《关于城市公立医院综合改革试点的指导意见》（打破了长期以来禁锢医疗资源自由流动的政策、资本和人才壁垒。首先，简政放权鼓励公立医院在保证自身公益属性的基础上积极引入市场化运营治理体制，尤其是其中明确提到鼓励部分二级医院的不同形式改造，无疑会进一步提高社会资本参与办医的深度；其次，允许从业人员由身份管理转向岗位管理，无疑是对近期北京、长沙、广东、浙江等省市允许医生多点执业或自由执业的一个肯定，医生资源的自由流动将进一步促进医疗卫生资源的合理配置，并提升社会力量参与办医的热情）
2015 年 6 月 11 日	国办发〔2015〕45 号	国务院办公厅印发关于促进社会办医加快发展若干政策措施的通知（从进一步放宽准入、拓宽投融资渠道、促进资源流动和共享、优化发展环境 4 个方面，提出细化的政策措施）
2015 年 9 月 11 日	国办发〔2015〕70 号	国务院办公厅关于推进分级诊疗制度建设的指导意见

市场调查如表 5 所示。

表5　市场调查

类别	投资方	标的医院名称	开始时间	PE	治疗领域细分	医院性质
二级市场	安科生物	惠民中医儿童医院	2014年	—	儿科	营利
	白云山（广州药业）	广州白云山医院	2015年	15.62	骨科	营利
	复星医药	禅城医院	2013年	24.32	综合	营利
	贵州百灵	天源医院	2013年	—	糖尿病专科	营利
	海南海药	金圣达空中医院	2015年	—	综合	
	恒康医疗（独一味）	恒山中医医院	2015年	—	综合	非营利
	恒康医疗（独一味）	辽渔医院	2014年	18.66	综合	非营利
	恒康医疗（独一味）	赣西医院	2014年	28.33	综合	非营利
	恒康医疗（独一味）	蓬溪医院	2013年	21.94	综合	非营利→营利
	恒康医疗（独一味）	邛崃福利医院	2013年	19.94	综合	营利
	恒康医疗（独一味）	健顺王体检医院	2013年	75.83	综合	营利
	三诺生物	三诺健恒糖尿病医院	2014年	128.91	糖尿病专科	营利
	三星电气	明州医院	2015年	75.27	综合	非营利
	山下湖	福恬医院	2015年	22.81	康复专科	非营利
	山下湖	建华医院	2015年	20.17	综合	非营利
	山下湖	康华医院	2015年	27.44	综合	非营利
	信邦制药	博大医院	2015年	—	男科	营利
	信邦制药	仁怀朝阳医院	2015年	—	综合	营利
一级市场	金石灏汭投资、天星资本	莲池医院	2015年	18.00	妇产科	营利
	鼎晖投资、德福资本	康宁医院	2013年	13.89	精神病科	营利→非营利
	红杉	安琪儿医疗	2013年		妇产科	营利
	华平	美中宜和	2013年		妇产科	营利
	弘晖资本	马泷诊所	2014年	10（PS）	齿科	营利
	××国弘	捷希肿瘤	2013年		肿瘤专科	营利
	天亿投资	武汉民生耳鼻喉	2013年		耳鼻喉科	非营利
	普思资本	瑞尔齿科	2014年	7（PS）	齿科	营利
平均（剔除异常值）				27.72		

注：PE标注"—"的为亏损医院。

资料来源：Wind、清科。

（二）上市公司对并购标的医疗主体的审核标准

1. 并购动机合理性、业务协同效应

产业并购是上市公司以自身为主体，横向或纵向收购产业链上其他企业或者是新的业务领域中的企业，实现成长。

目前，非医疗上市公司对医疗大健康行业的热情空前高涨，主要源于公司对内生增长的需求促使战略性倾斜。

医疗健康上市公司对医疗标的收购动机包括产业整合和扩张、高估值公司通过收购实体降低泡沫、被并购标的与上市公司产业有协同效应。

非医疗上市公司对医疗标的收购动机包括传统产业转型、业绩下滑公司通过收购实现利润增长、上市公司可共享并购标的的区域和资源优势。

2. 标的医疗资产的规范性审核

在产业并购中，标的资产的历史沿革、资产权属是在进行并购交易过程中监管层关注的常规事项，也是上市公司在挑选并购标的时考虑的第一要素。

以医院并购为例，医院并购标的分公立和民营。由于公立医院改制过程过于冗长，因此多数上市公司及并购基金更多关注民营医院标的。随之而来的民营医院规范性即上市公司考察并购标的的首要重点。

民营医院主要是指由社会出资举办，以营利性机构（部分非营利性）为主的卫生机构。在新一轮医改中，民营医院作为我国医疗卫生事业的重要补充力量，其政策空间与市场空间发生了明确的变化。特别是一批有专科特色明显的医院，已经形成相当大的规模，但大部分民营医院虽然在规模上已经发展到中大型医院的程度，但是规范化程度参差不齐。主要表现在税务不规范、内外账、表外资产及渠道费用等方面。

3. 医疗主体的估值合理性评估

目前上市公司主要医疗大健康并购标的分为：医院、诊所，医疗服务机构，医疗器械，生物医药、检测试剂，互联网医疗，医生集团。

针对以上主体有不同的估值评估侧重点。除了常用估值方法外，医疗主体并购还需以商誉及医生资源为估值重点。

常用的估值方法如图6所示。

4. 目前证券监管法规对上市公司并购资产估值规定

证监会《上市公司重大资产重组管理办法》：

第十五条：资产交易定价以资产评估结果为依据，上市公司应当聘请具有相关证券业务资格的资产评估机构出具资产评估报告（不必须要求评估）。

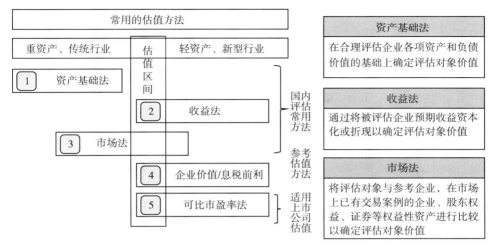

图 6　常用的估值方法

第十八条：重大资产重组中相关资产以资产评估结果作为定价依据，资产评估机构原则上应当采取两种以上评估方法进行评估。

上市公司董事会应当对评估机构的独立性、评估假设前提的合理性、评估方法与评估目的的相关性及评估定价的公允性发表明确意见。上市公司独立董事应当对评估机构的独立性、评估假设前提的合理性和评估定价的公允性发表独立意见。

涉及国有资产并购重组的，必须要经过评估。

后续整合是上市公司收购医疗标的的整个环节的核心。根据上市公司收购医疗标的的动机，一般会进行以下整合：

第一，管理团队输出，委派财务监管。

第二，医疗技术培训。

第三，政府资源注入。

第四，区域、用户资源共享。

整合方法如图 7 所示。

（三）上市公司并购医疗大健康主体的交易细则

1. 上市公司医疗产业并购的估值方式及交易结构

上市公司在进行医疗产业并购时，多以 PE（Ebita）、PB、DCF 来进行估值，如图 8 所示。

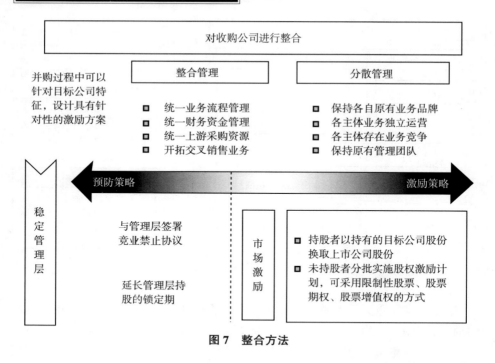

图 7　整合方法

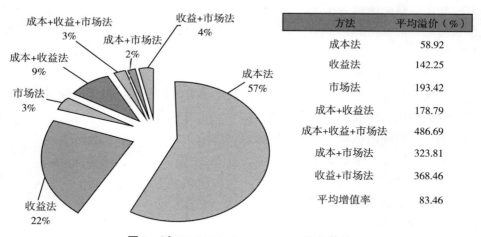

方法	平均溢价（%）
成本法	58.92
收益法	142.25
市场法	193.42
成本+收益法	178.79
成本+收益+市场法	486.69
成本+市场法	323.81
收益+市场法	368.46
平均增值率	83.46

图 8　以 PE（Ebita）、PB、DCF 进行估值

　　根据 2015 年药企的并购案例统计，生物技术领域并购：包括疫苗、小分子药、新兴中药、试剂等方向，共 24 个生物技术并购标的，PE 估值中位数 18.5 倍，估值范围最广、高价并购亏损资产最多，并购估值弹性最大，最有想象力。西药领域并购：24 个并购标的，PE 估值中位数 9.8 倍，为生物医药

细分领域最低。中药领域并购：12 个中药并购标的，PE 估值中位数 15.6 倍，高于西药领域。综合制药领域并购：PE 估值中位数 16.6 倍。

根据统计，75 例披露并购方法的案例中，收益法高达 52 例最多，成本法 25 例，市场法 3 例。剔除极端数据后，收益法的平均增值率为 247.82%，成本法为 31.41%。

2. 上市公司产业并购中"对赌回购条例"的安排

"对赌回购条例"的安排如图 9 所示。

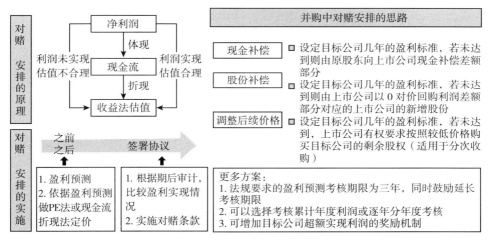

图 9　上市公司产业并购中"对赌回购条例"的安排

部分上市公司在进行医疗产业并购时会用到对赌回购，以保证收购后的顺利整合和原始团队稳定性。

3. 并购过程对会计处理、税收筹划的实务要求

不同并购比例下的财务结果如图 10 所示。

市场化并购中，税务筹划和税务处理是极其复杂的环节，尤其是对资产出售方更为重要。实践中由于税收问题可能会调整交易方案，甚至颠覆交易。

2008 年、2009 年税务总局出台的有关自然人和企业并购重组所得税加大了交易税收成本，上市公司需在交易设计中充分考虑交易对方的税收成本并设计合理交易方案，各地税务机构目前对此认识差异较大，具体交易中也要注意和地方税务机构的沟通，做好税务筹划，降低税务成本。

股权收购中所得税有两种处理方式：一般性处理和特殊性处理。特殊性税务处理的适用条件为：收购方收购的股权不低于目标公司全部股权的 75%，

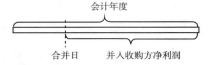

50%以上股权
· 纳入上市公司合并范围，目标公司的资产、负债和收购后损益体现在上市公司的合并报表中
· 收购对价超出股权公允价值部分确认为商誉，之后每年年末需对商誉进行减值测试，商誉减值部分计入当期损益，这对创业板企业具有不小压力（创业板实行直接退市制度）

20%到50%股权
· 一般不纳入合并报表范围，体现为资产负债表上的长期股权投资
· 按权益法核算目标公司损益，即按持股比例与目标公司的净利润的乘积确认投资收益

20%以下股权
· 不纳入合并报表范围，体现为资产负债表上的长期股权投资
· 按成本法核算，即目标公司宣告股利时方可按有比例确认投资收益

目标公司损益并入上市公司的时点	评估增值、合并费用的处理
会计年度 合并日　并入收购方净利润 合并日指参与交易各方已办理了必要的财产交接手续，且收购方已支付了收购并购款的大部分（一般应超过50%），并且有能力、有计划支付剩余款项	■ 收购方支付的购买价格高于目标公司可辨认净资产的公允价值，则差额部分形成商誉。后续年度需要对商誉执行减值测试，如发生减值将影响减值年度的净利润 ■ 为收购本次收购发生的各项直接费用，如审计、评估、咨询费用，应于发生时计入当期损益；但如收购方以发行股份作为收购的支付对价，则与所发行股份相关的佣金和后续费可冲减资本公积——股本溢价，不影响收购方净利润

图 10　不同并购比例下的财务结果

且收购方在该股权收购发生时的股权支付金额不低于其交易支付总额的 85%。

股权收购中所得税有两种处理方式，如图 11 所示。

收购方	目标公司原股东
企业所得税——一般性处理 ■若未来处置目标公司，按目标公司的处置价格扣除原购买成本缴纳企业所得税 企业所得税——特殊性处理 ■若未来处置目标公司，按照目标公司的处置价格扣除目标公司收购时的原账面价值缴纳企业所得税 契税 ■在股权转让中，单位、个人承受企业股权、不缴纳契税	企业所得税——一般性处理 ■应立即确认股权转让所得或损失（立即纳税） 企业所得税——特殊性处理 ■对交易中股权支付部分暂不确认资产转让的所得或损失（待处置所获股权时纳税），非股权支付部分则应在交易当中确认转让所得或损失（立即纳税） 营业税 ■转让企业产权不征收营业税

图 11　股权收购中所得税的两种处理方式

创新的交易结构安排和并购支付安排有利于推动交易顺利进行。

当前国内资本市场并购中可以使用现金、股权、现金和股权混合的支付手段，在借壳上市中，股权支付作为创新工具的支付极大地推动了上市公司并购交易的发展。

在上市公司市场并购中，支付手段的选择常需要考虑交易规模、上市公司状况、交易对方需求、操作的可行性等多方面因素，同时，支付手段的不同，使并购对上市公司的财务状况、股权结构、未来经营也会产生不同的影响。

针对市场发展要求，监管机构也在积极研究创新支付工具来满足市场化并购需求。

交易结构如图 12 所示。

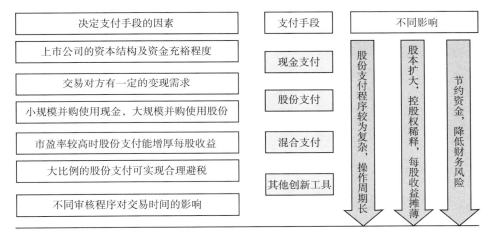

图 12　交易结构

（四）医疗大健康并购项目财务尽调常见问题

1. 医疗产业并购投资财务尽调分析重点

盈利能力如表 6 所示。

表 6　盈利能力

问题	表现
盈利能力	现金收付制/权责发生制 医疗收入的季节性波动 收入与成本是否配比，毛利分析是否合理 费用化与资本化成本的不当确认

营运资本如表 7 所示。

表 7　营运资本

问题	表现
营运资本	上下游客户的信用政策 卖方市场向买方市场转变 原材料价格变化的趋势 市场周期性变化影响

资产质量如表 8 所示。

表 8　资产质量

问题	表现
资产质量	土地的所有权 应收账款的可回收性 未提足存货跌价准备：残次冷备、周转率缓慢 在建工程达到预定可使用状态后未及时转入固定资产和计提折旧

关联方交易如表 9 所示。

表 9　关联方交易

问题	表现
关联方交易	关联企业之间交易及资金往来分界不清 与关联方之间有频繁的非贸易相关的资金往来 关联方交易未遵循公允价值 并购后终止关联交易对未来目标公司经营的影响

或有负债如表 10 所示。

表 10　或有负债

问题	表现
或有负债	没有按照法定要求履行足额支付员工社保的义务 环境保护 法律诉讼

财务信息质量如表 11 所示。

表 11　财务信息质量

问题	表现
财务信息质量	财务系统是以报税为目的运行的，除了日常记账功能，财务系统并不能实现较多的财务分析和运营管理的功能 未编制合并报表或合并财务报表编制过程中的合并抵消调整不正确

2. 国有企业（公立医院）尽职调查关注要点

国有资产评估如表 12 所示。

表 12　国有资产评估

问题	表现
国有资产评估	资产评估结果直接影响交易价格 如资产评估过程无适当监控，交易标的资产可能被高估

冗员如表 13 所示。

表 13　冗员

问题	表现
冗员	潜在的多余员工 非核心或非生产性部门的员工 内退员工的承诺支出 辞退福利可能导致巨额支出

剥离业务如表 14 所示。

表 14　剥离业务

问题	表现
剥离业务	闲置或非盈利资产 交易后维持或处置非核心资产需要额外的成本 管理层提供的剥离后财务报表不完整

土地使用权如表 15 所示。

表 15　土地使用权

问题	影响
土地使用权	划拨地和出让地 未取得权属证明的土地可能产生或有负债 是否存在账外集团划拨而未取得权证的土地及地面上在建资产

3. 民营企业（民营医院）尽职调查关注要点

对目标公司所有者的依赖性如表 16 所示。

表 16　对目标公司所有者的依赖性

问题	表现
对目标公司所有者的依赖性	掌控目标公司所有业务，若所有者离开公司，则可能丧失主要客户群 各职能部门直接汇报至所有者 目标公司重要位置由创始人家族掌管，高级管理层之间的从属关系可能导致内部控制形同虚设

现金流如表 17 所示。

表 17　现金流

问题	影响
现金流	核心产品可能未获得市场的认可 目标公司可能通过非正常交易资助现有股东的其他业务 未来大额资本性承诺，但无可靠的融资途径

账外资产和负债如表 18 所示。

表 18　账外资产和负债

问题	表现
账外资产和负债	可能存在通过私人账户来处理公司交易 未开发票的销售 已采购未入账的固定资产 仅记录可以抵税的费用

（五）医疗大健康产业项目的尽职调查报告

1. 公司背景调查

（1）公司成立背景及历史沿革。

（2）公司章程；公司成立以来股权结构的变化及增资和资产重组情况。

（3）公司股东、董事、董事主席、法人代表、高级管理人员或监事会成员的简历和参与情况。

（4）公司员工状况，包括年龄结构、受教育程度结构、岗位分布结构和技术职称分布结构。

（5）公司实施高级管理人员和职工持股计划情况。

（6）控股子公司的有关资料，包括名称、业务、资产状况、财务状况及收入和盈利状况。

2. 公司经营管理事项调查

（1）公司目前所从事的主要业务及业务描述，各业务在整个业务收入中的重要性。

（2）公司的主流产品；公司产品系列，产品结构，产品零部件构成细分及明细。

（3）主要业务近年来增长情况，包括销量、收入、市场份额、销售价格走势，各类产品在公司销售收入及利润中各自的比重。

（4）公司对外投资情况，包括投资金额、投资比例、投资性质、投资收益等情况。

（5）公司成立以来业务发展、生产能力、盈利能力、销售数量、产品结构的主要变化情况。

（6）企业目前的营销手段。

（7）企业品牌建立与保护措施。

（8）公司在业务中所需的原材料种类及其他辅料，包括用途及在原材料需求中的比重。

（9）企业对周边环境造成的污染及对环境的影响。

（10）进出口、进出口退税、进出口结汇状况。

（11）企业过去三年的损益表和资产负债表。

（12）企业过去三年的纳税状况。

（13）公司收入、利润来源及构成。

（14）公司主营业务成本构成情况，公司管理费用构成情况。

（15）公司销售费用构成情况。

（16）对公司未来主要收入和支出有重大影响的因素。

（17）公司目前执行的各种税率情况。

（18）公司目前主要有哪些债权，以及这些债权形成的原因。

（19）公司目前主要的银行贷款，该贷款的金额、利率、期限、到期日及是否有逾期贷款。

（20）公司对关联人（股东、员工、控股子公司）的借款情况。

（21）公司对主要股东和其他公司及企业的借款进行担保及抵押情况。

（22）公司历年股利发放情况和公司现在的股利分配政策。

3. 行业背景与市场调查

（1）行业背景调查。

（2）公司产品在市场上所占份额。

（3）主要客户来源及状况分析：主要客户在公司销售总额中的比重；公司主要客户的地域分布状况。

（4）公司销售策略：广告策略；定价策略；销售手段、销售人员；激励措施；销售地域，销售管理及销售网络分布情况。

（5）公司销售合同执行状况。

（6）公司为消费者提供哪些售后服务，具体怎样安排。

（7）产品的研发和质量控制。

（8）同类公司的调查。

（9）未来的发展计划。

4. 尽职报告

（1）公司现在所使用技术和生产工艺的先进程度、成熟程度、特点、性能和优势。

（2）与同行业竞争对手相比，公司目前主要的经营优势、管理优势、竞争优势、市场优势和技术优势。

（3）公司、公司主要股东和公司董事、高级管理人员目前是否涉及法律诉讼，如涉及，对公司影响如何；公司成立以来主要发展阶段，及每一阶段变化发展的原因。

（4）公司变化的原因。

5. 主要采用的调查方法

（1）面对面访问：公司管理层、相关业务人员、核心技术人员、公司客户、供应商、债权人、工商部门、税务部门，环保部门等。

（2）查阅公司成立和税务登记资料：公司营业执照、公司章程、重要会议记录、重要合同、账簿、凭证等。

（3）实地观察：企业厂房、设备和存货等实物资产。

二十、跨境并购：流程与执行要点简析

王　颢

【作者简介】王颢，中国人民大学双学士、清华大学 MBA、美国伊利诺伊大学（UIUC）商学院访问学者。先后任职于工商银行总行、美国 Wiley 集团总部、民生银行总行、恒丰银行总行，现任中新融创资本管理有限公司并购事业部总经理、董事总经理。

（一）中国并购市场的现实与趋势

趋势一：中国并购市场整体持续火爆、不断刷新纪录。

中国并购市场在 2015 年创下纪录，交易数量上升 37%，交易金额上升 84%，达到 7340 亿美元。

趋势二：上市公司在中国企业并购交易中占比持续提升。

截至 2014 年 12 月 5 日，上市公司参与的并购交易数和交易金额占中国企业的比例均接近 60%，相比 2013 年数量占比进一步上升。

2014 年 12 月 5 日当天，2580 家上市公司中有 255 家重大事项停牌，而重大事项往往跟定增、并购重组等资产运作相关。对比 2013 年和 2012 年同期，只有 5% 和 2% 的上市公司因为重大事项停牌。

2014 年涨幅前 50 家公司中共有 35 家涉及并购重组，涨幅都超过 200%，平均涨幅高达 248%。

趋势三：中国企业跨境并购热度持续升温。

第一，2015 年，中国企业境外并购达到 6740 亿美元，增长 21%，交易数量增长 40%。

第二，中国企业境外并购的整体规模已经超过了外企在华并购，中国成为了净资本输出国。

趋势四：民营企业在中国并购市场日渐崛起。

2014 年 A 股上市公司中，47%的民企参与了并购交易，而 2012 年仅为 21%，2014 年的并购交易中，民企参与的交易占比 65%。

趋势五：并购目的仍以行业整合为主，多元化战略增多，买壳上市有望抬头。

行业整合包括增加行业占比的横向整合，以及上下游产业链的纵向整合。2012~2014 年，以行业整合为目的的并购交易数量最多，2014 年占到所有并购交易的 80%，多元化战略主要指公司跨界经营，或者转变主营业务。以多元化为目的的并购在 2014 年大幅增加，占比从 2012 年的 18%上升至 2014 年的 36%。随着中概股回归、战略新兴板暂缓等新变化，买壳上市有望再次火热。

趋势六：行业并购各有千秋，TMT、大消费、大健康成为亮点。

2014 年医药生物、化工、机械设备、TMT 等行业并购最为活跃，信息技术和可选消费并购交易数量占比提升比较明显，如图 1 所示。

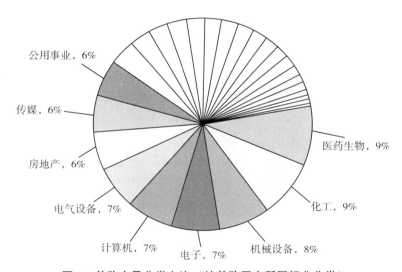

图 1　并购交易分类占比（按并购买方所属行业分类）

资料来源：Wind、中金公司研究部。

趋势七：协议收购仍占主导，但举牌收购渐成常态。

目前协议收购仍是最主要的并购方式，要约收购占比持续提升，以保险资金为代表的举牌收购和并购战屡见不鲜。

趋势八：现金支付仍是主要方式，股权+现金支付方式崛起。

我国目前上市公司并购重组的支付方式仍以现金支付为主，占比高达80%；跨境换股仍待突破（首旅收购如家）；可交换私募债（EB）等创新工具涌现。

（二）跨境并购的流程与执行要点

1. 企业跨境并购交易的决策框架

企业跨境并购交易的决策框架如表1所示。

表1　企业跨境并购交易的决策框架

决策问题	需求与挑战	关键资源能力
为什么买与买什么标的？	1. 缺乏并购战略规划 2. 缺乏投资回报概念	1. 行业经验 2. 熟悉客户 3. 商业模式规划能力
哪里找标的？	信息不对称，缺乏标的地域或行业的信息渠道和人脉	广泛的信息搜寻渠道和网络人脉
有标的怎么买？	1. 目标企业的尽调和估值 2. 并购交易的复杂性，不具备交易结构设计能力	1. 交易结构设计能力 2. 尽调专业机构选择和组织能力
钱从哪里来？	如何平衡融资的时效性、规模、成本、结构	1. 融资安排能力（Deal） 2. 融资平台运作能力（Client）
如何买到手？	1. 交易执行的进度掌控 2. 交易中的沟通和公关	1. 搞定审批 2. 搞定市场
买完之后怎么办？	1. 投后管理"没意识、没方法、没计划、没资源" 2. 配套的资本运作	1. 行业经验 2. 商业模式规划能力 3. 综合资源投入能力

2. 为什么买与买什么标的？——跨境并购的驱动因素

跨境并购的驱动因素如表2所示。

表 2　跨境并购的驱动因素

动因	描述与案例
为市场	1. 中国加入 WTO 后，国内市场与国际市场日趋融合，促使许多中国企业探索国际化的道路。这类海外投资最初的形式都是为了获得海外品牌和销售渠道，拓展国际市场 案例：2004 年 TCL 对 Thomson 彩电业务的收购和 2000 年以来万向在美国汽车零部件业的一系列投资和收购 2. 通过海外投资输出国内部分行业的过剩产能，也可以看作市场驱动海外投资的一种形式 3. 随着中国国内需求的增长，一些中国公司的海外投资开始以获取海外品牌或技术后开发中国市场为主要目的 案例：复星集团对西班牙 Osborne 公司的投资，以及对法国旅游度假公司地中海俱乐部的联合收购，就反映了这一战略，复星集团称之为"中国动力嫁接全球资源" 弘毅投资 2014 年 7 月宣布收购 Pizza Express，其交易逻辑也是为了帮助后者开拓中国市场 4. 中国企业在海外进行住宅房地产开发，其目标客户大都仍然是在海外置业的中国高端人群，虽然资产在海外，却面向中国购买力；在海外投资或收购酒店和度假村，而面向中国游客 案例：绿地、万科、碧桂园等；万达、上海锦江集团等
为技术	金融危机以来，许多中国公司抓住市场低迷的机会进行这类投资收购，帮助自己向产业价值链的高端拓展 案例：北京首创 2014 年 6 月底宣布对 Transpacific New Zealand 的收购，主要为了对方的固废处理技术 上海电气 2014 年 5 月宣布以 4 亿欧元收购意大利安萨尔多能源公司 40% 股权，主要为了对方的燃气轮机技术
为资源	该类投资在中国企业海外投资总额中多年来一直占据最大份额，典型的投资主体是国有能源和资源性企业，但民营企业在这类投资中也越来越活跃。但这类海外投资较易受到国际油价和大宗商品价格的影响。如 2014 年第一季度，国际矿产品市场疲软，铁、铜、铝、煤价格均大幅下滑，中国企业的海外矿业投资总额也下降了 48.2% 案例：中国企业迄今最大的海外收购就是中海油在 2013 年完成的对加拿大油气公司尼克森 151 亿美元的收购
为新增长点	为了扩大业务领域，甚至进入新的行业，找到新的增长点 1. 企业上市融得巨额资金，承担了业绩增长压力，在现有业务难以满足市场预期的情况下，需要通过收购来获得新的业务增长点 2. 企业出于政策或市场等原因决定转型，缩减或退出原有业务，并试图通过海外并购进入新的行业，如许多国内的中小房地产企业在海外的矿产收购中就相当活跃
为投资收益	单纯的财务投资者，不以参与目标公司经营为目的，通过运作目标公司上市、转售股权等方式退出获利，或借力经济周期、行业周期、企业周期的不同阶段进行套利，或利用企业财务困境"趁火打劫"，或进行资产重组而后分拆出售，如境内外 PE 等基金

动因	描述与案例
混合	海外投资的上述动因并不互相排斥,如一项投资的目的可能既包括获取技术和品牌,又为了开拓新的市场 案例:双汇 2013 年对美国 Smithfield 的收购既是为了获得对方的食品安全和质量管理技术,也为了把对方产品引入中国

跨境并购的驱动因素如图 2 所示。

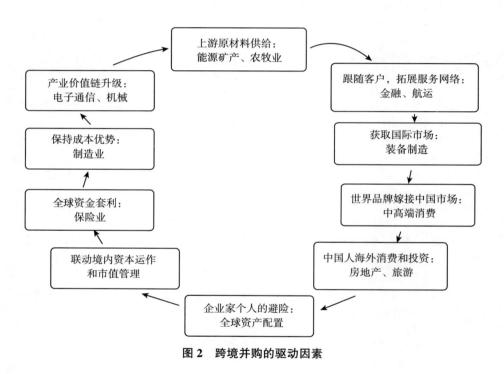

图 2 跨境并购的驱动因素

3. 哪里找标的? ——跨境并购的交易对手

跨境并购的交易对手如表 3 所示。

表 3　跨境并购的交易对手

类型	模式	出售动因	代表案例	交易控制点
1	公司计划出售旗下的某项业务或资产	调整公司的业务方向、剥离非核心业务、为公司的生存和发展筹措资金	2005 年 IBM 向联想集团出售其个人电脑业务	被剥离业务在采购、销售、售后服务、销售信贷和财务管理等方面依赖母公司支持，因此一般约定交割后过渡期内由卖方为所剥离业务继续提供支持和服务
2	现有股东是财务投资者，如 PE	投资者的目的就是通过上市或转卖套现获利退出	万达集团 2012 年 9 月收购美国连锁影院公司 AMC	1. 已至少经历过一次收购，其管理层和员工能更平和地接受交易，收购后整合中的阻力也会相对小些 2. 作为财务投资者，公司股东在金融和并购交易方面经验丰富，对价格高度敏感
3	家族企业	家族世代交替或者家族内财产分配等	三一重工 2012 年收购德国混凝土公司普茨迈斯特	有时企业创始人健在，对企业有较深感情，可能更倾向于向产业投资者出售，价格敏感度可能低于财务投资者
4	处于业务困境或瓶颈的企业	已濒临破产或进入破产程序，而债权人一般无意长期持有公司股份，想尽快变现脱手	潍柴集团 2012 年 1 月宣布收购意大利游艇公司法拉帝集团	1. 多方债权人，债权债务关系复杂，而公司需要收购方快速完成交易，以避免目标公司继续恶化，对交易执行能力要求很高 2. 目标公司扭亏为盈难度很大，能否成功既取决于公司的市场和业务，也取决于公司的法律环境，这对别国收购方尤具挑战性

信息搜寻与匹配方向方法如表 4 所示。

表 4　信息搜寻与匹配方向方法

搜寻方向	方法描述
核心原则：信息搜寻的方向立足于并购策略和标准，思路方向因循并购动因和交易目的	
同业	买卖双方的同业伙伴，主要适用于横向并购
供应链	上游供应商、下游客户、外围服务商，主要适用于纵向并购
价值链	所在行业或目标行业的价值链，适用于多类型并购
历史交易与竞争对手	历史交易、竞争对手的动向

搜寻方向	方法描述
信息来源	1. 行业协会、券商、精品投行等 2. 各国驻华使领馆、中国驻外使领馆、全球多边机构（OECD、拉共体等） 3. 境外地方商务投资机构 4. 专业中介信息服务商（晨哨、Dealogic DunBradstreet、路透、彭博、投中、清科） 5. 线上网站（如 www.businessesforsale.com/www.mergernetwork.com/www.mergerplace.com） 6. 自有信息库（境内外机构联动的客户信息、项目信息；各种平台论坛的搭建和组织——项目对接会）

4. 有标的怎么买？

（1）并购团队组建如图 3 所示。

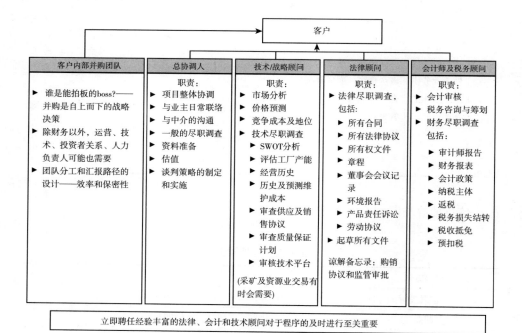

图 3　并购团队组建

（2）中介聚合与管理如表 5 所示。

表 5　中介聚合与管理

中介	选择与使用要点
律师	律师团一般应包括并购方所在司法区域律师、目标公司所在司法区域律师、交易和融资安排涉及的离岸等区域律师 律师团的选择一是要有牵头律师，二是性价比（首先是确保专业能力） 一般以国内的大型国际化事务所为主，由其主导配备相关法域律师事务所，组建国际律师团队，其核心能力是在全球的服务网络或能力（一种是直接在全球主要中心城市设立办公室，另一种是参加了覆盖全球的国际化法律服务平台，如 Multilaw、Lex Mundi、Best Friends 等） 国内律师：君合、中伦；金杜、德恒、大成、通商，参考 Legal 500、IFLR 1000
会计师	会计师的核心能力是对企业财务尽职调查（Compile、Review、Audit）、财务报表审计、模拟合并财务报表、交易期间及其后的财务报表进行处理和申报 1. 考虑对目标企业所在行业的行业经验 2. 涉及国家和地区会计准则（如 IFRS 和 US GAAP）的区别（全球服务网络和专业能力） 3. 跨境并购交易经验 4. 国际大所和目标区域地方所的组合
税务顾问	1. 并购税务尽职调查 2. 并购交易结构中的税收考量（交易本身、并购后的并购方、并购后的目标公司） 3. 税务申报
专业技术顾问	1. 在矿产能源、房地产、港口基建等行业尤其突出 2. 作用：除了专业技术能力，有些专业技术顾问有助于获取客户认可、协调沟通（如三一重工并购普茨迈斯特，原老板是创始人，认可产业投资者） 3. 来源：除行业协会等传统来源，还可借助产业投资基金、PE 基金等联合财务投资人的力量
公关公司	1. 应对东道国监管审批（如美国 CFIUS/澳大利亚 FIRB），如 Fleishman-Hillard、Hill and Knowlton 2. 应对当地社情舆论、媒体和员工、工会，尤其是上市公司的公关战。如中钢恶意竞购 Midwest

（3）海外投资架构的比较与选择如图 4 所示。

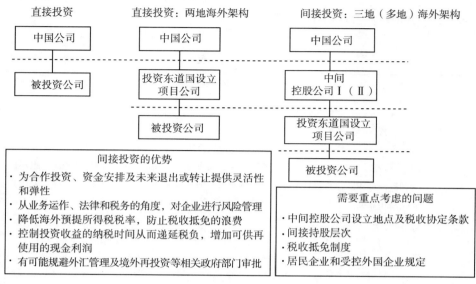

图 4   海外投资架构的比较与选择

5. 钱从哪里来？

（1）跨境并购投融资结构的决策要素如图 5 所示。

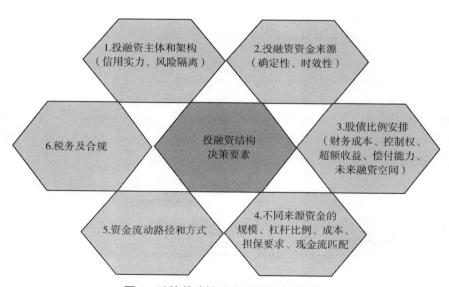

图 5   跨境并购投融资结构的决策要素

（2）银行并购融资工具概览如表6所示。

表6 银行并购融资工具概览

并购贷款	中资银行可以为海外收购提供高达交易价款60%、长达5~7年的多币种并购贷款
	中资银行可以牵头组建境内外银团解决客户跨境并购融资
内保外贷	中资银行可以充分利用内保外贷手段，经由其境外机构或合作金融机构快捷办理跨境并购融资，可以不报经国家外汇管理局批准而直接放款，解决客户海外并购资金需求
并购金融资产服务	中资银行通过信托计划、基金资管计划、券商资管计划、有限合伙等合作机构通道，利用银行资产管理、私人银行、个人金融、养老金等部门归集的投资客户资金，为并购交易过程中的融资客户提供融资支持的服务
夹层融资	中资银行联合夹层基金等机构，向并购方发放委托贷款，其偿还顺序劣后于商业银行优先贷款而收益率高于优先贷款
联合并购与直投	中资银行联合境内外著名私募股权机构，设立行业并购基金，为中国企业走出去提供搭桥融资或其他融资服务
并购债	中资银行可在银行间市场发行用途为并购的非企业债务融资工具，为企业成功并购提供资金保障
结构化融资	融资人以其合法拥有或控制的财产（权利）的所有权或收益权作为基础资产，委托给受托人成立专项融资工具，以基础资产未来产生的现金流作为支付本金和收益的主要来源

（3）杠杆并购融资常见结构如图6所示。

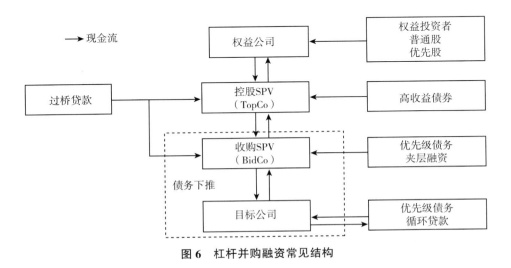

图6 杠杆并购融资常见结构

杠杆并购融资除通过多种融资工具引入多种融资资金来源以外，更要注意融资资金与融资主体的匹配。

（4）钱从哪里来？——常见融资结构：银行融资与募资的复合结构。

并购贷款作为主要的银行并购融资工具，受限于60%的并购交易对价比例限额，为满足客户的融资杠杆需要就要求银行在表内并购融资工具以外，通过并购金融资产服务工具，引入各类直接投资人的投资资金，以实现对客户并购融资的足额、及时支持。

（5）常见融资结构——并购金融资产服务。

第一，在收购方收购标的的总价款中，除收购方自筹资金外，中资银行可以通过金融资产服务业务的代理投资资金投资于通道合作伙伴设立的专项资产管理计划，并最终通过委托贷款或夹层融资等方式将资金注入收购方，从而提供并购融资。

第二，中资银行在整个过程中提供三方面服务：①投资银行部担任收购方的并购融资财务顾问。②资产管理、私人银行、个人金融、养老金等部门向代理投资客户提供资产管理、代理投资服务。③托管部门为专项资产管理集团提供资金托管服务。

（6）银行股权投资的七大路径如图7所示。

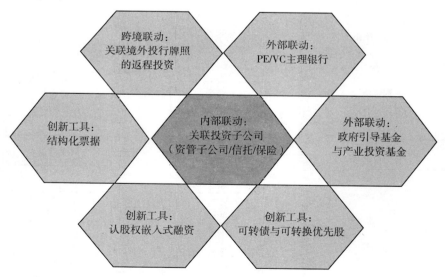

图7　银行股权投资的七大路径

6. 如何买到手？

（1）境内监管审批如表 7 所示。

表 7　境内监管审批

核准时代	备案时代 1.0	备案时代 2.0
2004 年，国家发改委发布《境外投资项目核准暂行管理办法》（简称"21 号令"），核准为唯一管理方式	2014 年 4 月 8 日，国家发改委发布《境外投资项目核准和备案管理办法》（简称"9 号令"） 核准：中方投资额 10 亿美元及以上项目，或涉及敏感国家和地区、敏感行业的境外投资项目不分限额，由国家发改委核准；中方投资额 20 亿美元及以上且涉及敏感国家和地区、敏感行业的境外投资项目，由国家发改委提出审批意见报国务院核准 备案：核准以外项目均需备案，中央管理企业项目、地方企业投资额 3 亿美元及以上项目，由国家发改委备案；地方企业投资额 3 亿美元以下，由省级政府投资主管部门备案	2014 年 12 月 27 日，国家发改委对"9 号令"进行修改 核准：涉及敏感国家和地区、敏感行业的境外投资项目不分限额，由国家发改委核准；其中，中方投资额 20 亿美元及以上项目，由国家发改委提出审批意见报国务院核准 备案：同"9 号令"

（2）上市公司跨境并购的境内监管审批如表 8 所示。

表 8　上市公司跨境并购的境内监管审批

审批环节	审批部门	主要法规依据
项目审批	发改委	《境外投资项目和备案管理办法》（2014 年第 9 号令）
商务审批	商务部	《境外投资管理办法》（2014 年第 3 号令）
外汇登记	外管局（自贸区内已下放到银行，区外业绩将下放到各银行办理）	《境内机构境外直接投资外汇管理规定》（汇发［2009］30 号） 《国家外汇管理局关于境内居民通过特殊目的公司境外投融资及返程投资外汇管理有关问题的通知》（汇发［2014］37 号）
国资审批	国资委	《中华人民共和国企业国有资产法》（主席令第五号，2008 年发布）、《企业国有资产监督管理暂行条例》（国务院第 378 号，2003 年颁布） 《中国企业境外投资监督管理办法》（2012 年 28 号令）
反垄断审查	商务部	反垄断法
信息披露	交易所	《上市公司信息披露管理办法》、交易所上市规则、上交所信息披露指引、深交所信息披露备忘录等

审批环节	审批部门	主要法规依据
涉及重大资产重组或非公开发行审查	证监会	《上市公司重大资产重组管理办法》（2014 年第 109 号令） 《上市公司收购管理办法》（证监会令第 108 号） 《上市公司证券发行管理办法》（2006 年第 30 号） 上市公司非公开发行股票实施细则

2014 年开始，发改委和商务部均陆续颁布新的境外投资管理办法，大幅度减少需要核准的投资项目，扩大备案制的范围。

证监会重新修订了重大资产重组管理办法，对不构成借壳上市和发行股份购买资产的重大资产重组行为，取消行政许可。对于直接以现金进行的收购行为，只需履行相关信息披露义务即可，不需要经过证监会的核准。

2014 年 10 月，工信部、证监会、发改委、商务部联合制定了《上市公司并购重组行政许可并联审批工作方案》，不再将发改委实施的境外投资项目核准和备案、商务部实施的外国投资者战略投资上市公司核准、经营者集中审查三项审批事项，作为中国证监会上市公司并购重组行政许可审批的前置条件，改为并联式审批。

境外监管审批如表 9 所示。

表 9　境外监管审批

国家安全审批	境外部分一大未知因素来自有可能涉及的国家安全审查，如美国的 CFIUS、澳大利亚的 FIRB
反垄断审批	矿产资源类的大型合并案往往涉及多国反垄断审查
金融监管机构	1. 涉及上市公司的并购交易，关于举牌（5%）、要约收购（30%）、强制收购（90%）等均有相关规定，须报备相关金融监管机构 2. 涉及金融机构的并购交易，须相应由金融监管机构审批，如美国的银行业并购需报地方银行监理厅、美联储、货币监理署、FDIC 等审批
税务机构	关于原有税收优惠、递延税项等处理需报经其审批
目标公司股东大会（董事会）	目标公司的股东大会或者董事会的审批，而上市公司审批中可能还需少数股东同意
工会	劳工保护严密国家，如欧洲国家，需工会同意
相关利益方	债权人、关键客户、关键供应商等

（3）并购协议和交割。

交割时间：对需多项政府审批或设置较复杂交割条件的交易，一般约定最关键政府核准或登记取得后的若干工作日为交割日；周末为企业生产或销售自然周期的结束，因此周一的中午 12 点往往被设置为双方主权交割时点。

交割地点：双方约定，一是双方较方便地点，二是卖方资产所在地。

交割人员：买卖双方代表、中介机构、交割完成后的整合团队。

7. 买完之后怎么办？——并购整合与投后管理

整合方向和内容如表 10 所示。

表 10　整合方向和内容

整合方向	是否拟在将来对双方的发展战略进行整合及具体内容
	是否有重大后续投资
	并购后的预期战略成效及企业价值增长的动力来源
	并购后新的管理团队实现新战略目标的可能性
	并购的投机性及相应风险控制对策
	协同效益能否实现
	若协同效益未实现，并购方可能采取的风险控制措施或退出策略
整合内容	商业模式
	财务
	产品和服务
	品牌
	客户
	市场营销和分销渠道
	生产流程和库存管理
	采购和供应链
	IT 架构
	技术研发
	人力资源
	文化
	管理模式和组织架构

8. 跨境并购的"Deal Killer"问题

跨境并购的"Deal Killer"问题如图 8 所示。

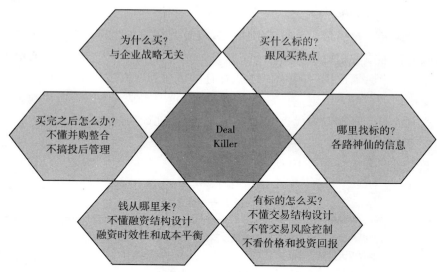

图 8　跨境并购的"Deal Killer"问题

二十一、P2P 网贷债权开展资产证券化的法律路径初探

邓伟方

【作者简介】邓伟方，北京德恒（深圳）律师事务所资深律师，主要从事非标金融法律服务。

（一）前言

据网贷天眼数据研究院不完全统计，截至 2016 年 3 月 31 日，我国 P2P 网贷平台①数量达 3983 家。2016 年 3 月 P2P 行业成交额 1350 亿元，环比上升17.86%。这是继 2016 年 1 月和 2 月连续 2 个月下降之后的首轮上升，预计在4 月，成交额会继续上升。2016 年 3 月 P2P 行业贷款余额已经达到 5055.82 亿元，其中北京地区成交额 2111.9 亿元，位于全国首位，其次是广东和上海，分别为 973.77 亿元，941.92 亿元。

就网贷债权的资产证券化而言，除消费金融类的京东白条、分期乐等消费金融类的企业应收账款实现了资产证券化外，P2P 网贷债权作为直接的基础资产当前尚未成功发行过企业资产证券化产品，即便是最接近 P2P 网贷债权资产证券化的"中金—宜人精英贷信托受益权资产支持专项计划"，由于引入了信托公司作为放贷主体，其基础资产在本质上也并不属于严格意义上的 P2P网贷债权。

---

① 编者注：按照公安部等四部委于 2016 年 8 月 17 日颁布实施的《网络借贷信息中介机构业务活动管理暂行办法》的规定，本文作者所称 P2P 网贷平台、互联网金融平台等机构系指该办法所定义并规范的网络借贷信息中介机构。

虽然缺乏资产证券化之成功案例，但在实务中互联网金融之 P2P 网贷债权的类资产证券化操作一直不乏案例，如红岭创投、陆金所、小赢理财等互联网金融平台的大部分债权/权益转让模式的产品均采用类资产证券化的交易模式，其交易原理与资产证券化之模式存在较高的相似性，即由平台认可的 SPV 先行投资或发放借款形成基础债权/权益，该 SPV 作为原始权益主体，在互联网金融平台向分散的投资者拆分转让其持有的债权或权益，该模式与本文所需讨论的资产证券化相比，其操作更为灵活，如对投资人并无资产证券化之合格投资者要求，人数上也不存在 200 人的限制，但现有的类资产证券化模式单个产品规模偏小，且由于法律定性不明确，当前仍存在一定的法律风险。

基于上述背景，包括互联网金融平台、互联网金融业务中的相关主体在内的各参与方，不断探索 P2P 网贷债权的资产证券化。

（二）P2P 网贷债权之基础法律关系

1. 定义

本文所指的 P2P 网贷债权是指出借人通过互联网金融平台向借款人发放借款或投资人通过互联网金融平台受让原始债权人所转让的债权而取得的借贷债权。在 P2P 债权中，直接作为出借人的债权人一般为个人，作为投资者的债权人既包括企业组织也包括个人，而债务人则不限类型，具备相应的民事权利能力和民事行为能力即可作为借款人向平台发起借款申请。

2. 法律定性及其基本法律关系

根据《最高人民法院关于审理民间借贷案件适用法律若干问题的规定》相关条款，笔者认为 P2P 网贷债权的基本法律关系为民间借贷债权，且在资金到达借款人账户之日起该借贷债权之法律文件生效。就法律关系而言，除基本的借贷债权关系外，往往还涉及担保法律关系、保证保险、资金存管、咨询服务等。常见的 P2P 债权产品可能涉及的法律关系如图 1 所示。

从图 1 可以看出，互联网金融 P2P 网贷债权产品之核心法律关系包括但不限于如表 1 所示。

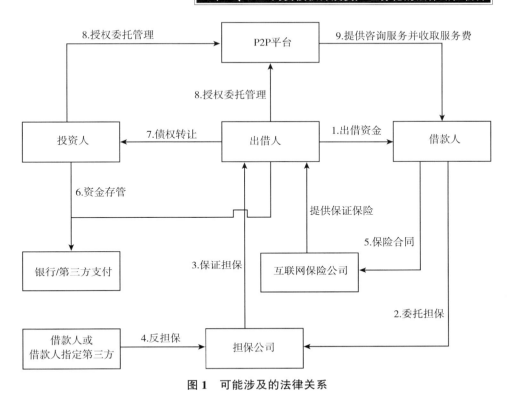

图 1　可能涉及的法律关系

表 1　核心法律关系

序号	名称	主体	备注
1	借贷关系	出借人、借款人	
2	委托担保关系	借款人、担保公司	
3	保证担保	出借人、担保公司	接受借款人委托，向出借人提供保证担保，并收取一定的担保费用
4	抵押/质押担保	第三方、担保公司	作为担保公司提供保证担保的反担保措施
5	保险合同关系	借款人、保险公司	
6	资金存管合同	出借人/投资人与银行或第三方支付公司	银行存管是未来趋势及监管要求，第三方支付仍为目前主流
7	债权转让关系	出借人、投资者	出借人将原始债权转让给新的平台投资人
8	平台服务关系	出借人/借款人/投资者、P2P 平台	即由平台向出借人、借款人提供咨询、贷后管理或其他信息服务，并收取一定的服务费用

3. P2P 债权运行之法律框架

如上文所述，P2P 平台债权之基础法律关系与传统的民间借贷债权并无实质性区别，但由于资金来源较为分散，且经 P2P 平台之撮合，原有的线下民间借贷双方之熟人信任关系被互联网技术突破，主要通过平台之风险评估与风险定价实现网贷债权的风险控制与管理。由于当前国内个人信用体系的不健全，P2P 债权作为互联网金融的主要体现形式之一，其法律规制也在进一步完善之中。就 P2P 网贷债权而言，目前，相关规定散见于不同制定部门的专项或非专项的规范性法律文件中。从该类规范性法律文件的制定部门和法律位阶看，包括全国人大及其常委会制定的法律、国务院制定的相关行政法规、最高人民法院的相关司法解释、中国人民银行及中国银监会等金融监管部门制定的部门规章，亦包括地方政府制定的地方性规章[1]、中国证券业协会及中国证券投资基金业协会等行业自律组织发布的相关行业规则。

（三）P2P 债权是否可作为资产证券化的基础资产

中国证监会颁布实施的《证券公司及基金管理公司子公司资产证券化业务管理规定》第二条及第三条分别对"资产证券化业务"及"基础资产"有相关定义，依据该规定，资产证券化业务的实质为将基础资产产生的现金流作为偿付支持，并在相应信用增级后发现资产支持证券。资产证券化业务项下的基础资产可以是单项财产权利或者财产，也可以是多项财产权利或者财产构成的资产组合；在表现形式上，该类基础资产可以为企业应收款、租赁债权、信贷资产、信托受益权等财产权利，基础设施、商业物业等不动产财产或不动产收益权等财产或财产权利。

如前文所述，就 P2P 债权本身而言，其属于民间借贷债权。从法律关系上看，通过第三方机构归集实现资产打包之后则可包装成企业应收款，该应收款债权可实现合法转让。因此在权属清晰且可产生稳定、可预期的现金流的情况下，笔者认为，P2P 网贷债权作为资产证券化的基础资产并无实质性法律障碍，但是否可以取得中国证监会的认可则仍有待后续资产证券化产品发行能否成功的进一步考验。

---

[1] 如上海市人民政府颁布的《关于印发本市进一步做好防范和处置非法集资工作实施意见的通知》，沪府发〔2016〕19 号，2016 年 3 月 23 日。

（四）互联网金融债权资产的证券化实务案例

1. 中金—宜人精英贷信托受益权资产支持专项计划

2016 年 4 月 25 日，宜人贷旗下的"中金—宜人精英贷信托受益权资产支持专项计划"已完成发行，根据该专项计划的说明书，其交易结构如图 2 所示。

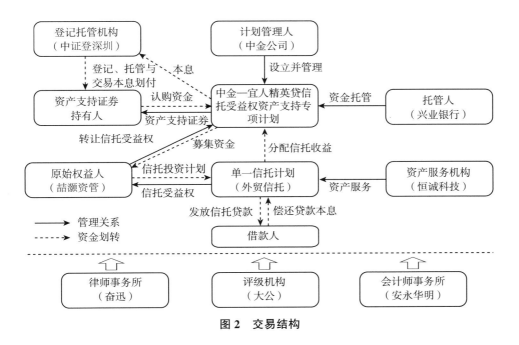

图 2　交易结构

就上述交易结构而言，本次 ABS 的基础资产为信托受益权，最底层的原始资产为信托公司在宜人贷平台向分散的借款人发放的小额信托贷款，归纳起来，该产品模式具有以下特点：

第一，宜人贷引入信托公司，作为贷款的发放主体，在解决贷款主体的放贷资质问题的同时，也直接形成了单一债权人，无须再对平台上的分散债权进行归集。

第二，信托资金来源于宜人贷的关联方及部分个人，即通过设立一只私募基金与信托公司建立单一资金信托，因此，从本质上仍然是宜人贷的关联方将其资金通过信托公司发放给借款平台的借款人。

第三，从已有的资料来看，本产品的增信主要为内部增信，无第三方提供外部增信措施。

第四，从发行目的来看，无须解决资产出表之问题。

2. 京东金融—华泰、华鑫等系列应收账款之专项计划

2015 年 10 月 28 日，京东白条应收账款债权资产支持专项计划在深交所挂牌，2015 年 12 月，京东发行了京东白条二期应收账款债权资产支持专项计划。京东白条与信用卡类似，具有先消费后还款的特征，所以也被定义为一种类信用卡贷款的资产证券化产品。

京东白条应收账款债权资产支持专项计划交易结构如图 3 所示。

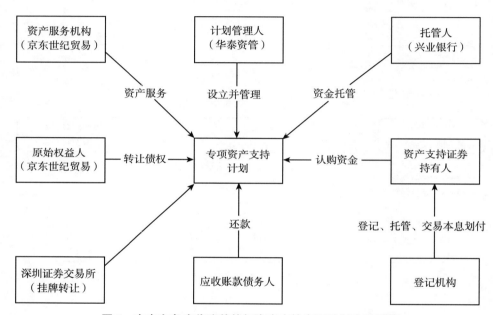

图 3　京东白条应收账款债权资产支持专项计划交易结构

就本次资产证券化而言，其主要特点包括：

第一，基础资产是京东世纪贸易的应收款债权，京东世纪贸易并无金融牌照，该应收债权与银行信用卡债权并不相同，从法律定性而言，京东世纪贸易的债权实际是京东世纪贸易所享有的购销合同项下对债务人的应收账款。

第二，基于该应收账款债权已经真实出售至专项支持计划，因此可实现原始权益人，即京东世纪贸易的出表需求。

第三，该基础资产类型在法律性质上与 P2P 网贷债权不同，前者属于企业间买卖合同应收账款债权，后者属于民间借贷债权，因此对 P2P 债权资产证券化之路径的参考意义较为有限。

3. 嘉实资本—分期乐 1 号专项计划

嘉实资本—分期乐 1 号资产支持专项计划资产支持证券于 2016 年 1 月 19 日正式成功发行，优先级证券发行利率为 5.05%。这是国内首单在上交所成功发行的互联网消费金融 ABS，这标志着国内主流金融机构对互联网消费金融的认可，分期乐也成为第一家成功发行互联网消费金融 ABS 的创业公司。

就该资产证券化产品而言，其基础资产的法律定性与京东白条一致，均属于企业购销合同项下的赊销款，因此分期乐 ABS 的交易结构与京东白条的交易结构基本相同，通过 ABS 也实现了深圳分期乐的出表问题。

（五）P2P 债权进行资产证券化的方案设想

基于上述产品中的基础资产与本文所需讨论的 P2P 网贷债权均存在一定区别，因此以严格意义上的 P2P 债权作为证券化基础资产的项目目前尚无成功的案例。据了解，当前各大互联网金融网贷平台均已就网贷债权的资产证券化开展研究并与交易所沟通前期方案。从法律层面，我们就 P2P 债权资产证券化的法律路径进行了初步分析，就各方案之交易结构简要说明如下。

1. 方案一：单 SPV 模式

单 SPV 模式的交易结构如图 4 所示。

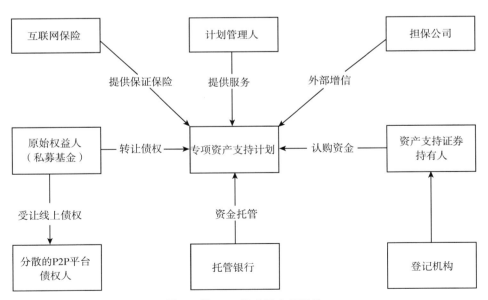

图 4　单 SPV 模式的交易结构

上述交易方案之特点：

第一，交易结构简单清晰，交易成本（包括但不限于费用、沟通成本）等相对较小，撇开基础资产不谈，该交易结构也是互联网消费金融进行资产证券化。

第二，与宜人贷 ABS 相似，仍需提供过桥资金，归集线上债权，由指定主体或私募基金成为基础资产之单一权利主体。

第三，线上平台贷款债权并非由金融机构作为放款人直接发放，更贴近 P2P 网贷债权资产证券化之原意，但交易所对该 P2P 平台中的基础资产是否认可尚待沟通。

2. 方案二：双 SPV 信托贷款模式

双 SPV 信托贷款模式的交易结构如图 5 所示。

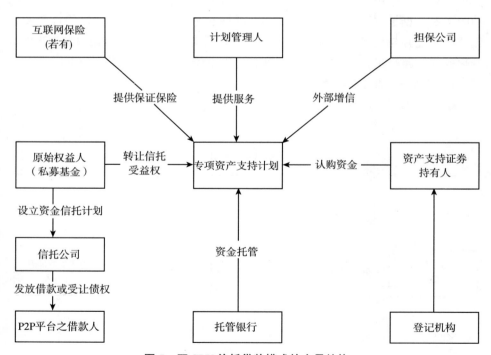

图 5　双 SPV 信托贷款模式的交易结构

与方案一的不同主要在于引入了信托公司作为发放借款之主体，并由原始权益人将信托受益权作为基础资产转让至资管计划，该模式与宜人贷的资产证券化模式相似，该方案的特点在于：

第一，该方案已有成功案例在先，与交易通的沟通难度预期较小。

第二，基础资产在形式上为信托受益权，且债权并非严格意义上的 P2P 债权，而是信托贷款债权，在产品创新上略显不足，也不能体现监管部门及市场对 P2P 网贷债权的直接认可。

第三，引入信托公司发放借款，对借款人的信用要求较高，由直接融资变为间接融资，借款人的门槛可能被提高，对可纳入证券化资产的范围有一定影响，但具体需要由各网贷平台与信托公司沟通确认。

3. 方案三：双 SPV 财产权信托模式

双 SPV 财产权信托模式的交易结构如图 6 所示。

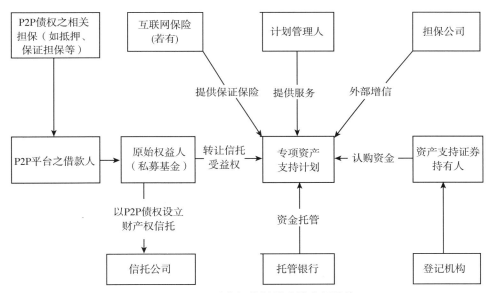

图 6 双 SPV 财产权信托模式的交易结构

此方案与方案二略有不同，其主要特点在于：

第一，由于基础债权仍然为 P2P 债权，因此保留了 P2P 债权之基础法律关系，具有一定的创新意义。

第二，财产权信托之双 SPV 结构相比单 SPV 结构，从基础资产的独立性及破产隔离方面而言，双 SPV 更能确保 P2P 网贷债权资产实现与原始权益人、计划管理人及信托机构之破产隔离，其法律依据来自《信托法》，效力层级高于方案一中关于资产管理计划委托财产与原始权益人、资产受托人的隔离效果。

第三，引入信托公司，虽然在监管部门的沟通方面可能会起到实质意义上的增信作用，有利于交易结构的顺利通过，但由于增加了一个重要的参与主体，因此其发行成本与沟通成本较方案一相对较高。

（六）P2P 债权资产证券化需关注的法律问题

在经历了部分平台倒闭、"跑路"后，监管部门对 P2P 网贷债权能否开展资产证券化仍有所保留，尤其是在行业中涉及的非法集资、资金池、关联交易等可能存在的主要法律风险也成为各监管部门之关注重点。在 P2P 平台运作过程中，各监管部门也一再呼吁坚守四条红线①。

资产证券化虽然以基础资产为核心，但在发行前交易所及投资者并不会完全忽视原始权益人、资产服务机构及其他相关方的主体信用，P2P 网贷债权如欲开展资产证券化，除原始权益人的主体信用外，P2P 平台也应当恪守从业规则，确保合法合规经营，才不至于成为其线上资产开展 ABS 之障碍。

关于 P2P 网贷债权开展资产证券化所需关注的重点法律问题，我们认为主要集中在其"互联网"之特性，其他相关法律问题仍在民间借贷的法律框架内，本文不再详细展开论述：

1. 电子合同效力的问题

根据《合同法》相关规定，当事人可以采用数据电文形式订立合同。同时，《电子签名法》亦对可靠的电子签名明确规定。基于相关对应规定，在 P2P 网贷业务中，相关当事人也可以选择使用符合相关法律规定及其合同约定的可靠条件的电子签名。

可靠的电子签名应当是签名人所能控制的，系签名人所专有且后续对数据电文的改动及调整是均可被发现的，同时，根据目前电子合同的司法实践，对电子签名的要求包括私有性、唯一性及秘密性等。

同时，为避免争议，根据《电子签名法》的相关规定，建议采用电子签名的相关机构进一步引入第三方数字证书服务机构，由该类第三方数字证书认证机构依据相关规定，对电子签名进行认证/验证，并在程序上使网贷平台上相关当事人签署的相关交易文件的电子签名更能符合上述要求，避免由于合同效力所引发的相关合同效力争议。作为资产证券化过程中的过渡性解决方案，也可以依照《合同法》第三十三条的规定，各方在线下另行签署合同签订确

---

① 四条红线：第一，明确平台的中介性质。第二，明确平台本身不得提供担保。第三，不得归集资金搞资金池。第四，不得非法吸收公众资金。

认书，以确保协议效力无争议。

2. 网贷平台的资金存管模式

（1）四种存管模式之简介。

就互联网金融而言，资金的管理路径是极其重要的专题，直接影响到是否涉及资金池、是否非法集资等法律问题的定性，就目前的主流资金存管模式而言，常见的有四种：

1）初级存管模式：即由网贷平台在第三方支付机构开立一个备付金总账户，投资人的资金均存放在第三方支付机构的大账户，投资人并无一一对应的虚拟账户，由第三方支付机构根据平台发出的交易指令记录各投资人的投资本金及预期收益。

2）第三方支付机构资金存管模式：即由第三方支付机构为网贷平台用户分别开立独立支付账户，用户向网贷平台发出交易指令后，网贷平台向第三方支付机构传递交易指令，第三方支付机构实现客户资金的划转。

3）第三方支付与银行合作的存管模式：第三方支付机构为网贷平台开设支付大账户，并记录交易信息。第三方支付机构将大账户存管在银行，形成网贷机构、第三方支付机构与银行的联合存管模式。

4）银行主导的存管模式：网贷平台在银行设立专属存管账户，并通过身份验证与银行卡验证后为每位用户开设一对一子账户。用户进行充值、投资、提现等均需跳转至银行界面确认交易密码，每个账户资金交易情况均由银行记录并监管资金流向。

（2）四种存管模式之比较。

就上述四种资金存管模式而言，由上至下变得更为规范、严谨。相比而言，第四种资金存管模式显然更符合监管政策要求，也更有利于保护资金安全，确保资金路径的封闭式运作。

关于网贷债权的资金存管模式与其开展资产证券化之路径的联系，我们认为其连接点主要在于：

第一，资金存管模式直接涉及平台是否运作合规，若该平台后续在资产证券化中担任资产服务商，则需对此问题进行重点考察。

第二，资金存管模式对后期债权还款路径是否清晰、封闭有重大影响，若平台可直接接触资金并调转存管账户内的资金，则资金安全性无法保证，投资者及交易所对此也将心存疑虑。

因此，网贷平台如欲开展网贷债权的资产证券化，应当尽量采用资金路径清晰、对投资人保护较为有利的资金存管模式，并向交易所及相关专业机构详细说明其存管模式，可确保实现资金的封闭性及安全性。

（3）债权拆分转让中涉及的债权与担保权分离的问题。

如前文提及，P2P 平台当前开展了大量的类资产证券化交易，在此类产品中存在一个法律问题，即原出借人将资金出借给借款人之前，一般要求借款人提供抵押担保并登记至原出借人名下，在原出借人取得该债权及抵押权之后，将在网贷平台向分散的多个投资人拆分转让其对借款人的债权，但由于抵押权无法分割办理抵押至各投资人名下，因此导致新的债权人并无登记的抵押权，而且与信贷资产的逐笔转让或分批转让不同，P2P 债权的转让模式是一对多的拆分转让，就此说明如下：

第一，关于主债权转移、抵押权是否随之转移的问题，在信贷资产证券化的项目中基本已达成一致意见，基本结论是主债权转移，抵押权未办理变更登记的，不影响新的债权人取得抵押权，此问题相关司法判决也做出了肯定的判决和认定，当前争议相对较小。

第二，在 P2P 债权模式中，基本原理虽然与上述债转模式相同，但一对多的拆分转让，抵押权的份额如何明确，各债权人在何种情况下可行使抵押权，如何行使抵押权，都成为需要认真考虑的问题。

我们认为，法律、行政法规并未禁止债权的拆分转让，因此原出借人在取得合法债权后，有权向网贷平台之债权人拆分转让其持有的债权；一对多的债权转让模式虽然引发上述问题，但抵押权并未消失，债权也已发生转移，因此根据抵押权的从属性原则及实务界对债权转移、抵押权随之转移的一般论点，我们目前倾向于认为网贷平台之新的债权受让人对抵押物均享有抵押权，即由网贷平台之多位投资人共享同一顺位之抵押权，但鉴于目前尚未有明确的司法裁决文书对此做出明确裁判意见，因此仍有待司法实践的检验。在此之前，建议考虑如下措施：

1）反担保模式。考虑到后续可能存在的上述问题，可引入融资性担保公司作为借款债权的保证人，并要求借款人在出借人放款之前将抵押权或质押物登记在担保公司名下作为反担保，在此模式下，债权转让时，保证担保随之转移，但同时保证担保所附的抵押反担保的抵押权人并无变更，因此无须办理抵押登记变更措施，不存在上述所提及的问题。

2）委托持有抵押权模式。引入担保公司意味着融资成本的增加及交易结构的调整，若不考虑担保公司的反担保模式，在交易文件的具体条款上，可明确债权在转让之后，仍由原出借人代新的债权人持有抵押权或质押权，且在后期若出现借款人不能按期还款的情形时，原债权人应当配合处置抵押物等，但实际操作中仍将存在大量需要沟通协调的问题，因此实务中一旦出现此类情形，原出借人或负有担保义务的一方一般也会直接代偿或回购投资者之债权，后续由回购方或代偿方向抵押人主张实现担保物权。

（4）P2P 债权的资产服务机构。

P2P 平台的角色定位是信息中介，因此在正常的 P2P 产品中，P2P 平台是信息流的管理者，通过信息流向第三方支付机构、银行或其他交易主体传递交易信息，并引导交易的完成。准确地讲，P2P 平台除了提供信息之外，自身对平台数据的整理分析也是其核心竞争力，包括对借款人信用的管理，对担保物的处置能力等。P2P 平台作为 P2P 债权资产证券化的服务机构具有得天独厚的优势，但同时仍需要关注主体资格合法性、业务运营合规性及后续资产管理能力等问题。

二十二、私募基金投融资项目的风险管控框架及要点

郭天威

【作者简介】 郭天威，吉林大学经济学博士，拥有理工财经类复合专业背景，先后在投资咨询、融资租赁、基金子公司等企业供职。在基础设施、能源、环保等领域拥有投资、融资、资产交易及咨询等较丰富的实际操作经验；熟悉各类投资及产品、交易的风险分析、审核及管控。

（一）二级市场类私募产品的风险管控要点

1. 定向增发项目风控评估要点

（1）从外围到核心。

1）定增参与及锁定期限内大盘点位及走势。

2）上市公司行业现状及发展。

3）上市公司业绩。

4）募投项目投资收益风险分析。

5）大股东参与程度。

6）关联方参与定增可能出现的注入资产估值是否过高。

（2）从成本到处置。

1）参与价格、折扣率（成本行业比照行业平均 PE、PB 等数据）。

2）之前是否出现过异常波动，股价是否处于历史高位。

3）按照过往平均交易量，对比定向增发的数量，估算处置期对价格冲击。

2. 定向增发项目风险管控案例

定向增发项目风险管控案例如表 1 所示。

表 1   定向增发项目风险管控案例

1	不同定增盈利模式（普遍撒网或捕捉盈亏翻转）
2	结构化定增风控案例
模式一	触及预警平仓线时，劣后需及时补仓净值到预警线上（新规受限），否则份额财产转给优先
模式二	大股东为定增产品提供安全垫（提供现金垫底）（新规受限）
模式三	定增基金 1：劣后安全垫
几种模式混合运用	

3. 股票质押项目风控评估要点

股票质押项目风控评估要点如表 2 所示。

表 2   股票质押项目风控评估要点

从外围到核心	从还款到处置
质押期限内大盘点位及走势	还款来源（融资方自有、借新还旧、减持）
上市公司行业现状及发展	融资方已质押比例
上市公司估值、业绩、持续经营能力	是否有限售等制约条件
根据以上各种条件，综合决定是否操作及质押率（以及履约保障比例）	

股票质押项目案例：××医疗

风险点 1：炒作痕迹明显。

上市公司原先属于房地产和工程建造企业，由于近年来房地产调控日益加剧，原有主营业务出现亏损，因此公告称将收购医药产品公司，转型医药领域。前来质押时，已经公布了重大资产重组事项，股价上涨幅度接近 90%，此时公司的本身业绩没有变，甚至并购本身仍然存在着被否决的不确定性，但是股价被预期哄抬大幅增长，如果在质押率相等的情况下，炒作股票可以融到更多的金额。

风险点 2：被收购标的存在法律诉讼未了结。

上市公司公告和尽调材料显示，××医疗目前拟收购的项目为一家医药中间体公司（简称 A 公司），上市公司筹划重大资产重组之前，已经先与另外一家上市公司（B 公司）签订了重组协议，因为初期谈判之后有诸多要素无法达成一致，重组被暂时搁浅，但重组协议并未终止。在这种情况下 A 与××医疗进行了重组会谈，因此 B 公司将 A 公司告上法庭。重大资产重组的标的如果有未决诉讼，可能会直接导致证监会对重组出具否决意见。一旦重组被否决，存在股价回到重组公告前股价的可能性。

4. 市值管理类项目风险管控要点

风险关注要点如下：

第一，"市值管理"或"操纵股价"。

第二，主营业务持续亏损或者多次变化。

第三，不断"追潮流""讲故事""割肉补疮"。

第四，实际控制人、大股东的股票几乎全部质押。

5. MOM 项目案例及风险管控要点

MOM 项目案例及风险管控要点如图 1 所示。

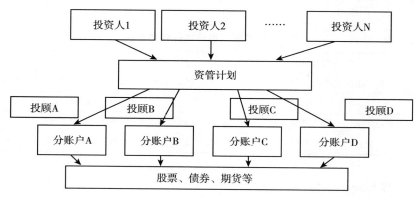

图 1　MOM 项目案例及风险管控要点

第一，赛马机制（投顾业绩赛跑、末位淘汰）。

第二，单票集中度限制。

第三，总分账户预警平仓管控。

第四，分账户策略差异化安排及调整。

第五，限制举牌、同日反向、同向等合规风险。

6. FOF 项目案例风险管控要点

第一，建立底端基金库。

第二，选择底端基金风格、业绩。

第三，投资比例限制（股票+债券+量化+非标）。

第四，限制举牌、同日反向、同向等合规风险。

7. 债券类项目风险管控要点及案例

第一，信用风险（评级：税前利润、折旧摊销、企业自由现金流量等）。

第二，利率风险。

第三，流动性风险（变现速度）。

第四，通胀风险。

第五，再投资、提前赎回等风险。

（二）（非上市）股权类项目的风险评估要点

1. 按照项目投融资模式及市场划分

主要有 PE、并购、新三板、产业基金等，风险评估要全流程把控。

按照项目投融资模式及市场划分如图 2 所示。

募　　投　　管　　退

图2　按照项目投融资模式及市场划分

2. 风险评估：全流程把控的要点

风险评估：全流程把控的要点如表 3 所示。

表3　风险评估：全流程把控的要点

1. 募集（冬季） 《黄帝内经》：冬不藏精，春必病温	2. 投资（春季）
人数、结构、风险偏好及承受力	方式标的企业盈亏预测、价格（估值）
3. 管理（夏季）	4. 退出（秋季）
推荐上下游客户、整合各类资源，完善 内部管理等	退出方式（二级市场、转版、并购等）， 价格，税收等

3. 投资标的企业评估要点（标的盈亏预测）

投资标的企业评估要点（标的盈亏预测）如图 3 所示。

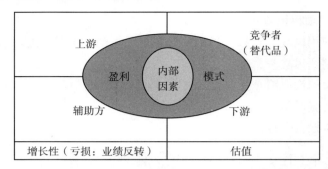

图 3　投资标的企业评估要点（标的盈亏预测）

4. 内部分析

内部分析要点如表 4 所示。

表 4　内部分析要点

序号	内部分析要点
1	领军人物（实际控制人）
2	股权结构
3	管理团队（背景、激励）
4	核心技术（研发能力、专利、品牌）
5	内部管理（制度、流程、文化、价值观）
6	财务（毛利率、ROE、资产负债结构等）

5. 上游分析

上游分析要点如表 5 所示。

表 5　上游分析要点

序号	上游分析要点
1	"供货商"集中度
2	（核心）原料议价能力、价格起落（基因检测公司案例）
3	预付或赊销，付款节奏
4	上游对其同行整合
5	行业周期

6. 竞争者及替代品（已有的和潜在的）

竞争者及替代品（已有的和潜在的）如表6所示。

表6　竞争者及替代品（已有的和潜在的）

序号	竞争者及替代品（已有的和潜在的）
1	行业排名（市场占有率）
2	优势、劣势
3	商业模式
4	核心技术（研发能力、专利等）

7. 辅助方分析

辅助方分析要点如表7所示。

表7　辅助方分析要点

序号	辅助方分析要点
1	政府及监管部门关系、控制力
2	外部销售合作方
3	保荐券商、做市券商
4	会计师事务所、律所

8. 下游分析

下游分析要点如表8所示。

表8　下游分析要点

序号	下游分析要点
1	市场规模"天花板"
2	市场增长性（新市场），起落周期
3	客户集中度
4	议价能力，预付或赊销，付款节奏

9. 商业模式（怎么赚钱）

商业模式如表9所示。

表9 商业模式（怎么赚钱）

序号	商业模式（怎么赚钱）
1	可行性
2	持续性
3	增长性
4	壁垒性

（三）政府融资类项目的模式及其风险管控要点

1. 主要融资模式

主要融资模式如表10所示。

表10 主要融资模式

序号	主要融资模式
1	政府平台短融、发债
2	平台公司非标融资
3	融资租赁
4	产业基金
5	其他

2. 评估要点（从外到内，从静到动）

评估要点如表11所示。

表11 评估要点

序号	评估要点（从外到内，从静到动）
1	当地经济（总量、增速、税收、产业集中度）
2	地方行业垄断性
3	政府承诺力度（人大、财政）
4	持续融资能力（负债率、借新还旧率）
5	担保方实力（总资产规模、评级等）
6	未来资金计划安排

3. 资金筹集使用计划

资金筹集使用计划如表 12 所示。

表 12 资金筹集使用计划

资金筹集使用计划（反映持续融资能力、借新还旧能力及未来现金流松紧）		2014	2015	2016	2017	2018	2019
年份		2014	2015	2016	2017	2018	2019
资金流入	上级支付						
	发债						
	银行						
	类信托						
	融资租赁						
	其他融资						
资金流出	建设任务						
	其他支出						
净现金流							
累积现金流							

（四）房地产类项目的几类模式及其风险管控要点

1. 主要融资模式

主要融资模式如表 13 所示。

表 13 主要融资模式

序号	主要融资模式
1	银行贷款
2	上市地产公司发债（海外永续债）
3	非标融资（信托、资管计划等）
4	房地产投资信托（REITs）
5	物业收费等 ABS
6	其他

2. 要点：三条主线

要点：三条主线如表 14 所示。

表 14　要点：三条主线

空间主线（从外到内）	时间主线（从拆迁到售罄）	抵质押担保主线
当地房地产投资增速	拿地	初始抵质押担保率
当地房地产市场供需（含土地、楼盘涨跌）	取得四证	过程中抵质押担保率
楼盘所在地区发展规划、交通、行政、商业	开工建设	
周边楼盘销售（去化比例、速度、价格）情况	完工	
针对楼盘本身的具体分析（SWOT 分析、产品定位分析、产品规划分析：楼盘类型、户型与需求匹配性等）	销售	
	逐步回款	
开发商（操盘者）的背景、控制力、诚信、专业能力	……	
销售团队的专业能力	办理产权证	结束时抵质押完全释放

3. 时间主线要点及对应依据

时间主线要点及对应依据如表 15 所示。

表 15　时间主线要点及对应依据

日期节点		项目进度
2013 年 10 月		取得国有土地使用权证
2014 年 5 月	T+3	取得建设工程规划许可证，建设用地规划许可证
2014 年 6 月	T+4	取得建设施工许可证
2015 年 2 月	T+12	取得预售许可证（室外步行街、1~2#、3~6#住宅）
2015 年 6 月	T+16	取得预售许可证（商业）
2015 年 9 月	T+19	取得预售许可证（7~8#住宅）
2015 年 11 月	T+21	取得预售许可证（9~10#住宅）
2016 年 1 月	T+23	取得预售许可证（11~13#住宅）
2016 年 11 月	T+33	完成部分或全部竣工验收（商业+室外步行街+1~2#+3~6#住宅）
2017 年 7 月	T+41	完成部分或全部竣工验收（7~13#住宅）

4. 项目进度主要时间节点（T 为信托成立计划之月）

项目进度主要时间节点如表 16 所示。

表 16　项目进度主要时间节点

时间主线要点			对应依据
操作流程 （建设、销售节点）	现金流 （支出收入控制）		对应依据
取得土地使用权证	支出出让金	银行、信托贷款	拆迁完成后：土地使用权证、 出让合同、出让金票据
取得建设用地规划许可证 取得建设工程规划许可证 取得建设施工许可证			建设用地规划许可证、 建设工程规划许可证、 建设施工许可证
首批楼盘开工	预付工程款及 支付阶段工程款	银行、信托贷款 建设方垫资	总包合同、单项合同
在建工程抵押给融资方			抵押合同
取得预售许可证		获得预售回款	当地预售条件（出正负零 或者封顶）；确认网签备案合同 约定的收款账户
后续批次楼盘开工	预付工程款及 支付阶段工程款	陆续回款	账户资金归集
……	……		……
办理房产证		销售完毕	

5. 项目公司累计最低销售回款金额（T 为信托成立计划之月，预计为2014 年 3 月）

项目公司累计最低销售回款金额如表 17 所示。

表 17　项目公司累计最低销售回款金额

时间节点	T+18 个月	T+20 个月	T+22 个月	T+24 个月	T+26 个月	T+28 个月	T+30 个月	T+36 个月
累计最低 销售回款 金额 （万元）	15000	27000	40000	52000	69000	85000	101000	161000

（五）工商企业债权类项目的风险评估要点

1. 评估要点

评估要点如表 18 所示。

表 18　评估要点

序号	评估要点
1	信用风险
2	流动性风险
3	担保风险
4	抵质押风险（估值、保全）
5	信息缺失风险
6	其他风险

2. 项目案例

项目案例如表 19 所示。

表 19　项目案例

序号	项目案例
1	消费饮品企业债权融资（抵押物封存摄像监控、保险）
2	央企债务人应收账款转让融资
3	煤矿融资信托项目（融资人民间借贷）
4	矿产仓单质押项目

（六）资产证券化（ABS）项目的风险评估要点

评估要点如表 20 所示。

表 20　评估要点

序号	评估要点
1	底端资产适当性（法律、隔离控制、可循环性）
2	自身现金流覆盖（持续、稳定、可计算）

序号	评估要点
3	担保方实力
4	融资方持续融资能力
5	其他

（七）有限合伙+契约型基金的风控要点

1. 基本模式

基本模式如图 4 所示。

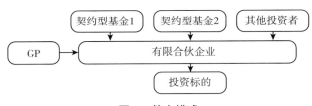

图 4　基本模式

2. 风控要点及实战运用

风控要点及实战运用如表 21 所示。

表 21　风控要点及实战运用

序号	风控要点及实战运用
1	契约型基金本身的结构、权利、义务（结构化、投资回收及分批周期等）
2	有限合规企业的结构、权利、义务（结构化、投资到位约定等）
3	前两者的匹配性
4	上市合规风险
5	税收风险

（八）私募基金管理人的内控及合规、风控设置

1. 内部管理体系（合规风控等）

内部管理体系是一张横向纵向的网（横向的时间主线、纵向的事件主

线），如图 5 所示。

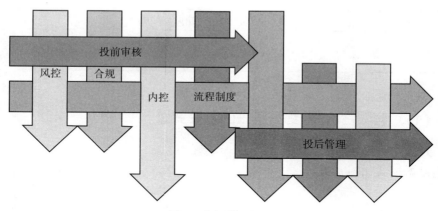

图 5　内部管理体系

各项制度如图 6 所示。

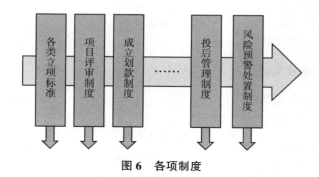

图 6　各项制度

2. 关于风控合规的评价

关于风控合规的评价如表 22 所示。

表 22　关于风控合规的评价

序号	关于风控合规的评价：按照合格、良好、优秀进行划分
1	合格：发现主要风险点及评估发生概率与损失
2	良好：在前述基础上提出风控措施，改良交易结构，降低风险
3	优秀：风险因素拓展挖掘，行业发展视角前瞻，创造新方法、新模式

附录一　金融实务组合式开放培训

（一）信泽金的组合式开放培训（FTC）简介

组合式开放培训（FTC）是基于前沿的市场需求而举办的"热点专题
（聚焦 1 个）＋组合内容（整合 4 讲）＋公开招生（聚合各类金融企业会员和
金融相关从业者）＋明确的时间和地点（通常 2 天且多在发达城市和周末）＋
跨界交流（促进参会者之间进行跨行业、跨机构、跨产业链的交流及合作）＋
高效便捷（提供实惠的价格、周到的服务和紧凑的安排）"此类共学共享共
赢型的培训。

（二）金融实务组合式开放培训的主题清单（信泽金 2009 年至 2017 年初）【附件一】

附件一　金融实务跨界复合精品培训课程（FTC）

编号	主题	时间	地点
G501	中小商业银行的资产流转、资产出表、投行化资产管理创新及其金融同业合作和案例解析实务培训	2017 年 1 月 14~15 日	上海
G500	产业基金的"地方政府+私募 PE+上市公司"金融产品设计和运营管理退出前沿实务操作专题培训	2017 年 1 月 14~15 日	上海
G499	PE 股权投资和产业基金的基础资产尽调、产品设计创新及资本运作价值变现实战培训	2017 年 1 月 14~15 日	上海
G498	新三板市场最新政策解读、定增方案设计与并购重组实战专题培训	2017 年 1 月 14~15 日	北京
G497	地方金融资产交易所（中心）和股权交易中心的设立、制度、产品、模式创新、资产流转实务及其金融同业合作实务培训	2017 年 1 月 14~15 日	北京
G496	上市公司并购重组和并购基金的产品设计实务及其复合金融工具运用专题培训	2017 年 1 月 7~8 日	深圳

续表

编号	主 题	时 间	地 点
G495	"文化影视教育体育"产业投融资的估值尽调、标的甄选、并购重组与资本运作创新专题培训	2017 年 1 月 7~8 日	上海
G494	政府引导母基金与市场化 PE、FOFs 的创新结构搭建、项目筛选、投资运作、投后管理专题实战培训	2017 年 1 月 7~8 日	北京
G493	地方政府融资的产业基金及 PPP 模式的前沿政策解析、"募投管退"落地实操、资源复合运用及典型案例剖析实务培训	2017 年 1 月 7~8 日	北京
G0002	新兴产业公司与中小型产业基金的产业金融合作实务论坛	2016 年 12 月 25 日	北京
G492	产业地产在产业园区开发、特色小镇建设的投融资转型创新及健康养老地产的投资运营专题培训	2016 年 12 月 24~25 日	北京
G491	私募基金"募投管退"的最新政策解析、监管合规运营/风控及案例解析实战培训	2016 年 12 月 24~25 日	深圳
G490	医院和医药投融资的标的甄选、估值/尽调、并购重组/公私合营/投资基金等创新模式实操及案例解析专题培训	2017 年 1 月 7~8 日	北京
G489	房地产并购投融资、房地产资产证券化、REITs 及房地产不良资产处置的房地产金融创新实战培训	2016 年 12 月 24~25 日	上海
G488	"地方政府+金融资本"产业投资基金、城市发展基金的创新模式、产品设计、风控及其典型案例解析实战培训	2016 年 12 月 24~25 日	北京
G487	上市公司并购重组的最新监管政策、业务实操模式、典型案例解析与资本市场市值管理创新专题培训	2016 年 12 月 24~25 日	北京
G486	政府"投资基金+PPP+产业导入+特色片区"的产融结合创新模式实操及典型案例解析实务培训	2016 年 12 月 17~18 日	郑州
G485	地方金融资产交易所（中心）和股权交易中心的设立、制度/产品/模式创新、资产流转实务及其金融同业合作实务培训	2016 年 12 月 17~18 日	深圳
G484	医院和医药投融资的标的甄选、估值/尽调、并购重组/公私合营/投资基金等创新模式实操及案例解析专题培训	2016 年 12 月 17~18 日	上海

编号	主　题	时　间	地　点
G483	私募基金监管的合规运营风控实操和私募公司挂牌/做市前沿实务培训	2016 年 12 月 17~18 日	北京
G482	城商行和农商行（农信社）的资产负债调整管理、资产流转及资产出表实务培训	2016 年 12 月 17~18 日	北京
G481	PE 股权投资和产业基金的基础资产尽调、产品设计创新及资本运作价值变现实战培训	2016 年 12 月 17~18 日	北京
G473	中小金融机构与产业投资基金的稳健合作湖湘论坛	2016 年 12 月 17 日	长沙
G480	票据和应收款投融资模式创新、流转变现和问题资产处置前沿实务操作专题培训	2016 年 12 月 10~11 日	深圳
G0001	2016 人工智能与医疗资本市场应用高峰论坛	2016 年 12 月 10 日	北京
G479	PPP 在特色小镇开发、地方政府产业园区转型、环保涉农等领域的实务运用及其股债组合融资模式专题培训	2016 年 12 月 10~11 日	上海
G478	债转股的 AMC 管理处置、不良资产投资基金和金融违约债权收购重整实务操作及案例详解专题培训	2016 年 12 月 10~11 日	上海
G477	以上市公司市值管理为主的并购基金实操及私募可交债等创新型市值管理工具综合运用实战培训	2016 年 12 月 10~11 日	上海
G476	产业基金的"地方政府+私募 PE+上市公司"金融产品设计和运营管理退出前沿实务操作专题培训	2016 年 12 月 10~11 日	北京
G475	私募基金"募投管退"的最新政策解析、监管合规运营/风控及案例解析实战培训	2016 年 12 月 3~4 日	上海
G474	房地产存量资产通过产业化/基金化/证券化（CMBS、REITs）等方式盘活、不良化解及案例解析实务培训	2016 年 12 月 3~4 日	北京
G472	"降杠杆"背景下地方政府与国有企业的存量债务处理、创新型债务融资工具运用及银行委外债券投资实务专题培训	2016 年 12 月 3~4 日	北京
G471	上市公司并购重组的最新监管政策、业务实操模式、典型案例解析与资本市场市值管理创新专题培训	2016 年 12 月 2~3 日	西安
G470	政府 PPP 模式及产业基金的动态政策解析、"募投管退"落地实操及典型案例分析实务培训	2016 年 12 月 2~3 日	上海
G469	产业基金的政策运用解析、细分领域投融资创新运用、"募投管退"实务设计及典型案例解析实务培训	2016 年 11 月 26~27 日	成都

续表

编号	主 题	时 间	地点
G468	地方金融资产交易所（中心）和股权交易中心的设立、制度/产品/模式创新、资产流转实务及其金融同业合作实务培训	2016 年 11 月 26～27 日	上海
G467	新三板企业融资（定增、股权质押等）、新三板并购重组及股权激励机制设计专题培训	2016 年 11 月 26～27 日	北京
G466	不良资产的"私募基金+金融机构"创新模式出表剥离、AMC 收购重整和管理清收实务培训	2016 年 11 月 26～27 日	北京
G465	量化对冲套利投资与期货期权避险策略实战演练培训	2016 年 11 月 26～27 日	上海
G464	政府引导基金与产业引导基金的设立、运作管理实操及其投融资创新运用、风控、案例解析实战培训	2016 年 11 月 19～20 日	深圳
G463	以保险资金运用为中心的金融资产管理和私募投融资创新及金融同业合作专题培训	2016 年 11 月 19～20 日	上海
G462	金融资管机构与私募投融资机构的非标债权、股权投资项目的投后管理与退出专题培训	2016 年 11 月 19～20 日	北京
G461	私募基金的最新监管政策、合规与运营模式创新、项目甄选与尽调要点专题实战培训	2016 年 11 月 19～20 日	北京
G460	"上市公司+私募基金"的并购基金实操（含境内和跨境资产）及私募可交债等创新型市值管理工具综合运用创新培训	2016 年 11 月 19～20 日	北京
G459	融资租赁和商业保理公司的"轻资产"化运作及多元化融资设计创新培训	2016 年 11 月 19～20 日	北京
G458	私募监管变局背景下私募基金的投资设计创新及在资本市场一二级联动、不良资产领域的投资运作实务案例解析专题培训	2016 年 11 月 12～13 日	杭州
G457	医疗大健康产业投融资的标的甄选、资本运作模式与典型案例解析、估值尽调及投资型智能风控应用专题培训	2016 年 11 月 12～13 日	深圳
G456	以资本市场为核心的并购重组最新政策解析、创新典型案例分析及其投行实操要点难点问题应对专题培训	2016 年 11 月 12～13 日	上海
G455	证券投资 FOF 与私募股权 FOF 的产品设计、管理运作及大类资产组合配置策略专题培训	2016 年 11 月 12～13 日	上海

编号	主 题	时 间	地 点
G454	不良资产的市场化处置创新方式及地方 AMC 的不良资产收购/管理/处置与不良资产私募基金实战专题培训	2016 年 11 月 12～13 日	上海
G453	民营资本进入军工、军民融合、工业 4.0 产业投融资资本运作专题培训	2016 年 11 月 26 日	北京
G452	人民币汇率波动背景下的海外资产配置、跨境资产管理及跨境投融资前沿实战培训	2016 年 11 月 12～13 日	北京
G451	不良资产的市场化处置创新方式、AMC 投资收购与管理清收落地实操要点与案例详解专题培训	2017 年 1 月 7～8 日	北京
G450	上市公司定向增发、私募可交换债（EB）实操详解及其与其他金融工具的组合在市值管理中的创新运用实战培训	2016 年 11 月 5～6 日	深圳
G449	政府引导基金与产业引导基金的设立、运作管理实操以及其投融资创新运用、风控、案例解析实战培训	2016 年 11 月 5～6 日	上海
G448	私募证券固定收益（+浮动）产品的资产配置、优质标的选择与交易风控、组合策略应用专题培训	2016 年 11 月 5～6 日	北京
G447	"文化影视传媒教育"产业投融资的估值与尽调、标的甄选、并购重组实战要点及案例详解专题培训	2016 年 11 月 5～6 日	北京
G446	以银行为中心的信贷资产流转业务、资本市场业务、委外业务、债转股业务及金融同业合作专题实战培训	2016 年 11 月 5～6 日	北京
G445	资产证券化在政府/企业轻资产化资本运作和银行"非标转标"中的创新落地运用实操及典型案例解析培训	2016 年 10 月 29～30 日	上海
G443	以资本市场为核心的并购重组最新政策解析、创新、典型案例分析及其实操要点难点问题应对专题培训	2016 年 10 月 29～30 日	北京
G441	金融资管和私募基金行业的人力资本（HR）服务转型创新及团队激励成长高级研修班	2016 年 10 月 29～30 日	北京
G440	PPP 项目创新典型案例精讲、金融落地实操要点难点应对、法律风控要点解析专题培训	2016 年 10 月 29～30 日	北京
G439	融资租赁在企业和政府"轻资产化"及财税优化中的运用实操解析、方案设计、风险管控、案例解析创新实战培训	2016 年 10 月 28～29 日	西安

续表

编号	主 题	时 间	地 点
G432	不良资产的市场化处置创新方式及地方不良资产管理公司（地方 AMC）的不良资产、问题资产收购/管理/处置实战专题培训	2016 年 10 月 29~30 日	北京
G438	资产证券化的基础资产甄选、产品设计及案例分析专题培训	2016 年 10 月 22~23 日	北京
G437	应收账款的保理/私募/资产证券化/供应链金融等投融资模式创新运用、风险管理及其案例解析专题培训	2016 年 10 月 22~23 日	杭州
G436	资金池（资产池）和高流动性的理财资金委托投资产品创新设计、发行募集管理及金融同业合作专题培训	2016 年 10 月 29~30 日	深圳
G435	医疗与健康产业投融资的估值、并购重组、公私合营、投贷联动实战要点及案例解析创新培训	2016 年 10 月 22~23 日	上海
G434	政府引导基金及产业引导基金的设立、运作管理实操及其投融资创新运用、风控、案例解析实战培训	2016 年 10 月 22~23 日	北京
G433	上市公司并购重组、定向增发及其与可交换债的组合运用专题实战培训	2016 年 10 月 22~23 日	北京
G425	"地方政府+私募基金"的政府引导基金、PPP 产业基金、城市产业（发展）基金、创业创新孵化基金实务操作及案例解析专题培训	2016 年 10 月 15~16 日	北京
G424	以银行为中心的债转股及投贷联动业务模式创新、风险防控要点及其与资本市场结合专题实战培训	2016 年 10 月 15~16 日	北京
G422	基于私募基金监管自查背景下的监管现场检查实操要点重点详解、整改实操及案例解析实战培训	2016 年 9 月 23 日	上海
G421	可交换债的私募投融资、"债转股"以及可交换债与上市公司定增和并购重组的结合运用实战培训	2016 年 9 月 24~25 日	上海
G420	新兴产业并购重组的"PE+上市公司"最新模式创新、落地操作要点和产业整合市值管理实务培训	2016 年 9 月 24~25 日	深圳
G419	私募基金监管最新合规运营管理、"募投管退"实操及风险防控专题培训	2016 年 9 月 24~25 日	成都
G418	房地产并购投融资、房地产资产证券化、REITs 及房地产不良资产处置的房地产金融创新实战培训	2016 年 9 月 24~25 日	北京
G417	跨境并购、跨境私募股权投资及跨境地产投资的离岸金融创新专题实务培训	2016 年 9 月 24~25 日	北京

续表

编号	主　题	时　间	地点
G414	慈善公益信托基金实务操作及其与家族信托结合在家族财富管理中的创新运用专题培训	2016 年 10 月 15～16 日	北京
G413	"混业经营"的交叉资产管理及银行保险等金融资管机构与地方政府金控平台的创新业务合作专题培训	2016 年 9 月 24～25 日	北京
G412	企业资产证券化在租赁、保理、应收账款、供应链金融等资产盘活中的实务运用及案例解析培训	2016 年 9 月 10～11 日	深圳
G411	"地方政府+私募基金"的产业引导基金、基础设施产业基金、城市（产业）发展基金、战略新兴产业基金实务操作及案例解析专题培训	2016 年 9 月 10～11 日	西安
G410	"私募基金+上市公司"模式下的新兴产业并购估值、财务尽调及投资案例解析专题实战培训	2016 年 9 月 10～11 日	上海
G409	基于私募基金监管自查背景下的监管现场检查实操要点重点详解、整改实操及案例解析实战培训	2016 年 9 月 10 日	北京
G408	地方债务置换背景下的 PPP 落地与退出、地方基建项目资产证券化的地方债务风险化解金融创新实战培训	2016 年 9 月 24～25 日	北京
G407	资产证券化的基础资产甄选、产品设计及案例分析专题培训	2016 年 9 月 3～4 日	北京
G406	FOF 管理运作模式、高收益产品配置策略及金融同业合作前沿实战培训	2016 年 9 月 3～4 日	深圳
G405	上市公司的新兴产业并购基金、"PE+上市公司"落地操作要点及产业整合市值管理模式创新实战培训	2016 年 9 月 3～4 日	上海
G404	私募基金合规运营管理、"募投管退"实操及风险防控专题培训	2016 年 9 月 3～4 日	上海
G403	医疗大健康产业的"产业+金融"联动资本运作、方案设计及案例解析实战培训	2016 年 9 月 3～4 日	北京
G402	"地方政府+私募基金"的产业引导基金、PPP 产业基金、城市产业（发展）基金、创业创新孵化基金实务操作及案例解析专题培训	2016 年 9 月 3～4 日	北京
G401	非上市公司股权质押、上市公司股票质押、私募可交换债与股权大宗交易实务培训	2016 年 9 月 10～11 日	北京
G400	银行理财资金的募集端产品设计、资产端配置创新、委外管理及其风险控制实战培训	2016 年 9 月 10～11 日	北京

非标资产管理业务的金融创新与风控实务

续表

编号	主题	时间	地点
G399	家族信托的架构设计、操作实务及高端财富管理与资产配置前沿实战培训	2016 年 8 月 27~28 日	北京
G398	私募基金最新监管政策解析、"募投管退"合规运营实操、风控及危机处理专题培训	2016 年 8 月 27~28 日	北京
G397	地方政府融资平台和地方民营企业在 PPP 项目中的"加杠杆+减负债"资本管理实战培训	2016 年 8 月 27~28 日	长沙
G396	民营企业高管在并购和被并购过程中必备的资本运作及市值管理实操能力培训	2016 年 8 月 27~28 日	南京
G395	"地方政府+私募基金"的产业引导基金、基础设施类产业基金、新兴产业发展基金实务操作及案例解析专题培训	2016 年 8 月 27~28 日	郑州
G394	房地产资产证券化及房地产投资信托基金（REITs）的房地产"存量资产盘活"金融创新实战培训	2016 年 8 月 27~28 日	上海
G393	上市公司并购重组、定向增发及市值管理创新实战培训	2016 年 8 月 27~28 日	深圳
G392	拟上市/挂牌/股改企业之并购重组、财务规范与税收筹划、股权激励机制设计及监管合规实操能力培训	2016 年 8 月 27~28 日	北京
G391	不良资产的尽职调查、处置清收、资产盘活实务操作及案例精讲专题培训	2016 年 8 月 20~21 日	上海
G390	私募基金产品创新设计、FOF 投资运作、风险管理实务及金融同业合作前沿实战培训	2016 年 8 月 20~21 日	北京
G389	"地方政府+私募基金"的产业引导基金、PPP 产业基金、城市产业（发展）基金、创业创新孵化基金实务操作及案例解析专题培训	2016 年 8 月 20~21 日	深圳
G388	医疗大健康产业的"产业+金融"联动资本运作、投融资创新实践及其与资本市场结合实战培训	2016 年 8 月 20~21 日	上海
G386	新规背景下银行理财资金的募集端产品设计、资产端配置创新、委外管理及风险防控专题实战培训	2016 年 8 月 13~14 日	上海
G385	固定收益类私募基金的产品创新设计、高收益投资实务及稳健风险管理前沿实战培训	2016 年 8 月 13~14 日	北京
G384	上市公司定向增发及市值管理创新实战培训	2016 年 8 月 13~14 日	北京

编号	主 题	时 间	地 点
G382	"地方政府+私募基金"的产业引导基金、PPP 产业基金、城市产业（发展）基金、创业创新孵化基金实务操作及案例解析专题培训	2016 年 8 月 6~7 日	上海
G381	私募基金产品创新设计、"募投管退"实操要点及 FOF 实战专题培训	2016 年 8 月 6~7 日	深圳
G380	资金池（资产池）的产品创新设计、发行募集管理、资产配置及金融同业合作专题培训	2016 年 8 月 6~7 日	北京
G379	"私募基金+上市公司"模式下的新兴产业并购估值及财务尽调实战培训	2016 年 8 月 20~21 日	北京
G378	不良资产的房地产问题资产、企业违约债权资产尽调评估、收购重整、化解盘活及损失类不良资产处置清收实战	2016 年 7 月 30~31 日	北京
G376	私募基金管理人的募、投、管、退实操要点及私募跨境投资海外地产配置创新实务专题培训	2016 年 7 月 23~24 日	北京
G374	上市公司的新兴产业并购基金、中概股回归、定向增发和市值管理创新资本运作实战培训	2016 年 7 月 23~24 日	南京
G372	以科创企业为代表的"轻资产企业"投贷联动创新模式、产品设计、风险控制及其与资本市场结合专题培训	2016 年 7 月 16~17 日	北京
G371	跨境并购的监管关注要点、公司股权与不动产的跨境并购实务案例分析及自贸区平台跨境投融资模式运用专题培训	2016 年 7 月 16~17 日	上海
G370	上市公司的新兴产业并购基金、产业整合市值管理模式创新及跨境并购专题实战培训	2016 年 7 月 9~10 日	北京
G369	资产荒背景下的银行、券商、基金的资产配置与资金池—资产池产品创新设计金融同业合作专题培训	2016 年 7 月 9~10 日	上海
G368	产业投资基金和产业引导基金的模式升级、产品设计要点及其与资本市场结合创新实战培训	2016 年 7 月 9~10 日	上海
G367	以银行为中心的投行、资管、资本市场业务转型创新及金融同业合作专题培训	2016 年 7 月 9~10 日	北京
G366	私募基金的募、投、管、退实操要点及 FOF 实战创新专题培训	2016 年 7 月 2~3 日	上海

编号	主 题	时 间	地点
G365	以银行、保险为中心的政府引导基金、产业基金、PPP基金对接合作要点及产品结构优化设计专题实务培训	2016年7月2~3日	北京
G357	金融类风险资产及不良资产化解之"债转股"、问题资产出表化解、资产重整处置、（公募及私募）不良资产证券化实务操作专题培训	2016年7月2~3日	北京
G364	保险资金运用的政策解析、资产配置、产品设计要点及其在产业整合和金融同业合作中的创新运用专题培训	2016年6月25~26日	北京
G363	新三板基金在"分层制+优先股"背景下的新兴产业投资运作、价值挖掘及并购重组实务专题培训	2016年6月25~26日	上海
G362	上市公司并购重组、定向增发及新兴高成长产业并购整合实战培训	2016年6月25~26日	深圳
G361	房地产"轻资产化"的并购投融资、房地产资产证券化和房地产投资信托基金（REITs）实战培训	2016年6月25~26日	北京
G360	金融不良资产的并购处置、债务重组、资产证券化及互联网交易整合实务专题培训	2016年6月25~26日	北京
G359	财政加杠杆政策下的政府公用基建项目的PPP基金、城市产业（发展）基金、特许经营权益资产证券化落地操作创新实战培训	2016年6月18~19日	上海
G358	资产证券化在"非标转标"和轻资产化资本运作中的创新落地运用及典型案例解析培训	2016年6月18~19日	上海
G356	资金池（资产池）和高流动性的理财资金委托投资产品创新设计、发行募集管理及金融同业合作专题培训	2016年6月18~19日	北京
G351	私募基金管理人的登记备案、监管合规、产品创新和资本市场并购业务实战培训	2016年5月28~29日	北京
G350	物流地产、大健康不动产和新兴产业园区地产的"投资基金+资产证券化"模式实务操作专题培训	2016年5月28~29日	北京
G349	信托券商基金子公司的非标资管项目投后管理、风险化解和不良资产处置重整实务培训	2016年5月28~29日	上海
G354	跨境并购和产业整合的资产管理业务创新模式高端研修班	2016年5月24~25日	北京

续表

编号	主 题	时 间	地 点
G347	棚户区改造投资、城市更新发展基金和市政公共服务产业基金创新实务培训	2016 年 5 月 21～22 日	上海
G346	资金池业务和现金管理类（私募）产品的最新监管要点解析、产品设计创新、估值、资产配置和流动性管理专题培训	2016 年 5 月 21～22 日	上海
G345	上市公司并购重组、市值管理以及面向新三板的新兴产业收购重组整合实务培训	2016 年 5 月 21～22 日	北京
G344	商品期货投资、期货现货组合套利和期货私募基金的交易策略创新实战培训	2016 年 5 月 21～22 日	北京
G352	产业基金在政府产业振兴、基建开发和新兴产业 PE 投资的产融结合创新高端研修班	2016 年 5 月 14～15 日	北京
G343	企业资产证券化的基础资产甄选、表外直接融资和"非标转标"落地操作实战培训	2016 年 5 月 14～15 日	北京
G342	以上市公司为中心的并购重组、定向增发和产业基金投融资实务专题培训	2016 年 5 月 14～15 日	深圳
G341	以银行为中心的信贷资产收益权转让业务、资金池委托投资（委外业务）、债转股的投贷联动业务创新实战培训	2016 年 5 月 14～15 日	上海
G340	金融企业"营改增"的财政税务监管要点解析和增值税申报核算及税负筹划实战培训	2016 年 5 月 14～15 日	北京
G339	物流金融、供应链金融和贸易金融的企业资产证券化业务创新实务培训	2016 年 5 月 7～8 日	深圳
G337	不良资产的并购投资重整、处置清收和互联网交易整合实务专题培训	2016 年 5 月 7～8 日	厦门
G336	政府特许经营项目的投贷联动（股债结合）、公用收费资产证券化和 PPP 产业基金实务培训	2016 年 5 月 7～8 日	北京
G335	以上市公司为中心的一二级联动并购重组基金、定向增发、借壳上市和新兴产业基金创新实务培训	2016 年 4 月 23～24 日	北京
G332	以保险资金运用为中心的各类资管机构与私募基金的投融资创新前沿实战培训	2016 年 4 月 23～24 日	上海
G331	产业基金、私募股权基金和政府引导孵化基金的产品设计、投融资创新与风险管理实战培训	2016 年 4 月 23～24 日	上海

编号	主 题	时 间	地 点
G330	银行对授信客户的表外融资、股债结合投融资和并购支持实务操作专题培训	2016 年 4 月 23~24 日	北京
G329	证券私募、股票配资和结构化量化分级投资基金的实战创新专题培训	2016 年 4 月 23~24 日	深圳
G328	并购重组的产业金融创新和资本运作实务专题培训	2016 年 4 月 16~17 日	北京
G324	金融不良资产、资管不良资产、租赁不良资产的投资与管理处置金融创新实务培训	2016 年 4 月 16~17 日	成都
G333	【高端总裁研修班】产业金融的精准战略定位和管理机制创新总裁研修班	2016 年 4~5 月	北京
G327	私募基金管理人的最新监管政策解析、投融资业务创新和风险管理实战培训	2016 年 4 月 16~17 日	西安
G325	银行不良资产、房地产风险资产和企业违约债权资产的投资收购与处置清收前沿实战金融专题培训	2016 年 4 月 16~17 日	郑州
G334	以银行为中心的投行和资管业务转型创新及金融同业合作实战培训	2016 年 4 月 9~10 日	上海
G323	金融资管从业者开展 PE 股权投资及产业基金投融资业务的实务操作要点专题培训	2016 年 4 月 9~10 日	上海
G322	PPP 在地方政府创新融资中的落地操作、资产盘活和现金流管理实务操作专题培训	2016 年 4 月 9~10 日	重庆
G321	契约型基金和有限合伙基金在私募股权债权投融资业务及与金融机构创新合作中的实务运用专题培训	2016 年 4 月 9~10 日	深圳
G320	企业资产证券化在应收款、收益权和租赁保理小贷等领域的实战运用及案例解析专题培训	2016 年 4 月 9~10 日	北京
G319	跨境保险、跨境资产配置、跨境投资理财的避险财富管理实战专题培训	2016 年 3 月 26~27 日	深圳
G317	解决地方政府融资难的 PPP 金融创新实务及其落地操作要点专题培训	2016 年 3 月 26~27 日	上海
G316	房地产资产证券化、房地产投资信托基金（REITs）及房地产并购投融资实务培训	2016 年 3 月 26~27 日	北京
G314	上市公司的新兴产业并购基金、定向增发和资本市场业务创新实战培训	2016 年 3 月 19~20 日	杭州

编号	主　题	时　间	地　点
G313	有限合伙与契约型基金在 PE 私募股权投资中的创新结合运用、实操要点专题培训	2016 年 3 月 19～20 日	北京
G312	金融类不良资产的收购重整、处置清收及风险资产、问题资产的化解盘活专题培训	2016 年 3 月 19～20 日	深圳
G311	资产证券化在新型贷款债权和应收款领域的操作前沿实务及典型案例解析培训	2016 年 3 月 12～13 日	上海
G310	新三板市场的股权融资/激励、债权融资和资本运作金融创新实战培训	2016 年 3 月 12～13 日	杭州
G309	跨境投资理财、跨境资产配置、跨境保险的避险财富管理实战专题培训	2016 年 3 月 12～13 日	北京
G308	解决地方政府融资难的 PPP 金融创新实务及其落地操作要点专题培训	2016 年 3 月 5～6 日	北京
G307	上市公司的新兴产业并购基金、定向增发和资本市场业务创新实战培训	2016 年 3 月 5～6 日	广州
G306	金融类不良资产的收购重整、处置清收及风险资产、问题资产的化解盘活专题培训	2016 年 3 月 5～6 日	上海
G305	不良资产的收购重组和处置清收创新实务及风险资产和问题资产的化解盘活专题培训	2016 年 2 月 27～28 日	昆明
G304	"非标转标"的固定收益类资管业务金融创新、落地操作和跨界同业合作实战培训	2016 年 2 月 27～28 日	北京
G303	PE 股权投资和产业基金的基础资产尽调、产品设计创新及资本运作价值变现实战培训	2016 年 2 月 27～28 日	上海
G302	"产业+金融"背景下的 PPP 落地操作要点及高效盈利模式金融创新实务专题培训	2016 年 2 月 20～21 日	成都
G301	新兴产业背景下的上市公司并购重组、定向增发和市值管理等资本市场业务创新实战培训	2016 年 2 月 20～21 日	北京
G300	跨境保险（含中国香港保险）、跨境投资理财、跨境资产配置的避险财富管理实战培训	2016 年 2 月 20～21 日	上海
G299	房地产"轻资产化"金融创新的 REITs、基金管理、资产证券化专题实战培训	2016 年 1 月 30～31 日	北京
G298	基于上市公司的新兴产业并购基金、定向增发和资本市场业务创新"产融结合"实战培训	2016 年 1 月 30～31 日	上海

续表

编号	主题	时间	地点
G297	地方政府和市政基建项目的高效融资创新及落地操作要点专题实战培训	2016 年 1 月 30~31 日	北京
G296	私募基金管理人的契约型基金和有限合伙基金实操要点及在其在产融结合中的创新应用专题培训	2016 年 1 月 23~24 日	杭州
G295	证券投资类固定收益产品的盈利创新设计要点及低风险套利模式专题实战培训	2016 年 1 月 23~24 日	深圳
G294	违约债权的不良资产收购重整及风险资产和问题资产的管理处置清收专题实战培训	2016 年 1 月 23~24 日	北京
G293	基于上市公司的新兴产业并购基金、定向增发和资本市场业务创新"产融结合"实战专题培训	2016 年 1 月 16~17 日	深圳
G292	PPP 的落地操作和股债结合及"产业+金融"的主动管理模式前沿实战培训	2016 年 1 月 16~17 日	南京
G291	新三板和私募投融资创新模式在文化教育体育传媒 4 大新兴轻资产行业的资本运作实战研修班	2016 年 1 月 16~17 日	北京
G290	基于汇率套利的跨境金融产品投资和跨境产业投资的创新资产管理及风险防控实战培训	2016 年 1 月 9~10 日	北京
G289	银行间债券和交易所债券的创新品种、监管要求和投融资发行管理实务专题培训	2016 年 1 月 9~10 日	深圳
G288	固定收益类私募基金的产品创新设计、私募发行运作及稳健风险管理前沿实战培训	2016 年 1 月 9~10 日	上海
G287	地方政府及其平台公司融资创新的 PPP 模式和项目收益债融资工具前沿运用实战培训	2015 年 12 月 26~27 日	北京
G286	新兴产业 PE 股权投资的业务创新、项目筛选、尽职调查及私募基金资本运作实务培训	2015 年 12 月 26~27 日	深圳
G285	不良资产的债权收购重组实务及风险资产和问题资产的处置清收专题实战培训	2015 年 12 月 26~27 日	杭州
G284	产业投资基金的并购重组、产业整合、市值管理和资本运作创新实务专题培训	2015 年 12 月 19~20 日	深圳
G283	私募基金管理人的契约型基金实操要点及产业投资新型私募资管产品设计专题培训	2015 年 12 月 19~20 日	上海
G282	证券投资类固定收益产品的稳健盈利模式、低风险资产配置和新交易套利机会实战培训	2015 年 12 月 19~20 日	北京

续表

编号	主　题	时　间	地　点
G281	企业资产证券化在央企国企和地方政府盘活存量资产中的创新运用及私募发行交易前沿实战培训	2015 年 12 月 12~13 日	北京
G280	新型公司债和私募债等创新型债务融资工具的最新实操要点及其应用案例分析实战培训	2015 年 12 月 12~13 日	上海
G279	新三板市场的高成长企业标的筛选识别、尽职调查和资本运作前沿金融创新实务培训	2015 年 12 月 12~13 日	深圳
G278	金融类不良资产的收购重组、处置清收创新实务及风险资产、问题资产的化解盘活专题培训	2015 年 12 月 5~6 日	广州
G277	PPP 的落地操作要点和高效盈利模式及其解决地方政府融资难的金融创新实务专题培训	2015 年 12 月 5~6 日	上海
G276	产业投资基金、并购重组基金和定向增发基金的最新实务操作及金融创新要点专题培训	2015 年 12 月 5~6 日	北京
G275	金融洗牌时代的资产管理业务 2016 年转型与创新"核心战略方向精准落地"高端研讨会	2015 年 11 月 28~29 日	北京
G274	房地产在 REITs（资产证券化）、众筹、夹层基金等方面的"存量资产盘活"金融创新实战培训	2015 年 11 月 28~29 日	上海
G271	票据（银票、商票）的一二级市场投融资模式、票据资管业务创新及"互联网+"前沿实战培训	2015 年 11 月 28~29 日	北京
G270	私募基金管理人的契约型基金创新实务运用及产融结合资本运作前沿实战培训	2015 年 11 月 28~29 日	深圳
G269	资产荒背景下的证券投资类固定收益产品的创新设计与套利模式实战培训	2015 年 11 月 21~22 日	上海
G268	PE 股权投资在战略新兴产业的优质项目筛选、尽职调查及产融结合资本运作实务培训	2015 年 11 月 21~22 日	北京
G266	不良资产的债权收购重组实务及风险资产和问题资产的管理处置金融创新实战培训	2015 年 11 月 21~22 日	成都
G265	资产管理业务的"表外财务"会计处理、税务筹划及金融创新中的财税风险管理专题培训	2015 年 11 月 14~15 日	上海
G264	资产证券化在应收账款、融资债权、租赁保理小贷等资产盘活中的实务运用专题培训	2015 年 11 月 14~15 日	成都
G263	新三板基金在"分层制+优先股"背景下的新兴行业投资运作及价值挖掘创新实务培训	2015 年 11 月 14~15 日	北京

编号	主 题	时 间	地 点
G262	房地产"轻资产化"金融创新的REITs、众筹、资产证券化、基金管理实战培训	2015年11月7~8日	北京
G261	PE股权投资在新兴行业高成长企业的交易安排、尽职调查及投后管理实务前沿专题培训	2015年11月7~8日	上海
G260	不良资产的资本运作投资实务及风险资产和问题资产的管理处置清收实务专题培训	2015年11月7~8日	深圳
G259	资产证券化在新型贷款债权和应收款中的创新实务运用及典型案例解析专题培训	2015年10月31日至11月1日	深圳
G267	契约型基金与有限合伙基金的实操要点及在产融结合中的创新应用实战培训	2015年10月31日至11月1日	上海
G258	新型公司债、企业债和私募债的发行承销、交易安排和债券产品风险防控实战专题培训	2015年10月31日至11月1日	北京
G257	海绵城市背景下的地方基建市政投融资及PPP模式金融创新实战培训	2015年10月31日至11月1日	北京
G256	保理、供应链金融和产业链金融的应收款投融资前沿实务及其"互联网+"创新实战培训	2015年10月24~25日	深圳
G255	小额贷款及消费金融的客户信用管理、风险管理和特定资产证券化前沿创新实战培训	2015年10月24~25日	上海
G254	契约型基金与有限合伙基金的最新操作实务及二者的结合运用前沿创新实战培训	2015年10月24~25日	北京
G253	新型公司债和私募债模式的企业投融资创新前沿实务及发行承销要点专题培训	2015年10月17~18日	上海
G252	新兴高成长产业的私募基金投资实务及其产融结合的资本运作创新实战培训	2015年10月17~18日	北京
G251	票据（银票、商票和电票）的一二级市场投融资模式创新及风控清收实战培训	2015年10月17~18日	上海
G250	"分层"背景下的新三板市场私募基金投资实务前沿创新与价值发现专题培训	2015年10月10~11日	上海
G249	租赁在产融结合与金融混业中的投融资产品创新及实战操作要点专题培训	2015年10月10~11日	深圳
G248	新型贷款债权和应收款的资产证券化实务操作前沿及典型案例解析专题培训	2015年10月10~11日	北京

编号	主　题	时　间	地　点
G247	不良资产、风险资产及问题资产的"价值重构型"投资收购和管理处置金融创新前沿实战培训	2015 年 9 月 19~20 日	北京
G246	地方基建市政、环保节能和保障房项目的 PPP 最新实践及"股债结合"投融资创新实战培训	2015 年 9 月 19~20 日	重庆
G245	黄金及贵金属的期货现货套利、创新投融资、同业交易、租赁前沿实战培训	2015 年 9 月 19~20 日	上海
G244	资产管理和创新金融业务的"表外财务"会计处理、税务筹划及财税风险防控实战培训	2015 年 9 月 16~17 日	北京
G243	固定收益和浮动收益型金融资管产品的"线下+线上"创新组合营销模式及技巧实战培训	2015 年 9 月 12~13 日	北京
G242	契约型基金在权益投资一级市场和一级半市场的"募、投、管、退"创新实战培训	2015 年 9 月 12~13 日	上海
G241	票据的创新投融资模式、银企同业业务、收（受）益权流动化、"互联网+"前沿实战培训	2015 年 9 月 12~13 日	北京
G239	消费金融的"互联网+"创新实务及其在汽车、个人综合消费、房产、定制服务等领域的前沿运用精品培训	2015 年 8 月 29~30 日	上海
G238	【套利秘笈】期货资管、期现结合套利、期权投资和对冲型统计套利的投资模式创新实战培训	2015 年 8 月 29~30 日	上海
G237	【民间高手】小额贷款的创新盈利模式、征信尽调管理、贷后清收追偿及"互联网+"实务操作前沿培训	2015 年 8 月 29~30 日	深圳
G236	证券投资私募基金的收益互换、杠杆套利和分级基金创新实务培训	2015 年 8 月 22~23 日	深圳
G235	不良资产的投资收购实务及风险项目处置管理实战培训	2015 年 8 月 22~23 日	上海
G234	外汇波动背景下的跨境套利、跨境资产管理、跨境并购和跨境投融资的离岸金融创新实务培训	2015 年 8 月 22~23 日	北京
G233	消费金融、消费信托、消费众筹和消费产业资本运作创新实务培训	2015 年 8 月 15~16 日	上海
G232	新型公司债、非公开债和可交换债的债券投融资实务前沿培训	2015 年 8 月 15~16 日	北京
G231	量化对冲和股指期货的最新投资实务及资管风险防控前沿培训	2015 年 8 月 15~16 日	深圳

续表

编号	主 题	时 间	地 点
G230	战略新兴产业的私募股权投资、并购整合和资本运作创新实务培训	2015 年 8 月 8~9 日	上海
G229	高成长型企业的场外市场资本运作与新三板基金投资管理操作实务培训	2015 年 8 月 8~9 日	成都
G228	地方政府产业投资基金与 PPP 模式的市政基建保障房项目投融资实务培训	2015 年 8 月 8~9 日	北京
G227	契约型基金最新操作实务及其私募基金管理人的募、投、管、退实战培训	2015 年 8 月 1~2 日	北京
G226	股指期货、量化投资与对冲基金的金融投资实务和风险防控专题培训	2015 年 8 月 1~2 日	上海
G225	不良资产的投资收购管理处置及不良资产的资本化运作前沿实务培训	2015 年 8 月 1~2 日	深圳
G224	财富管理机构的新型权益投资产品营销及境内外线下/线上资产配置创新实战培训	2015 年 7 月 25~26 日	深圳
G223	新型债券投融资产品创新设计和结构性债务融资工具资产管理业务前沿实战培训	2015 年 7 月 25~26 日	上海
G222	地方政府表外融资与市政基建保障房 PPP 融资创新实务培训	2015 年 7 月 25~26 日	上海
G221	中小企业新三板投融资的基金化资本运作创新实战培训	2015 年 7 月 18~19 日	南京
G220	上交所战略新兴产业板背景下的私募股权投资基金产业并购和市值管理操作实务培训	2015 年 7 月 18~19 日	上海
G219	股指期货、对冲基金和期权投资金融实务培训	2015 年 7 月 18~19 日	北京
G218	新型财政体制下的地方政府创新融资 PPP 模式金融实战培训	2015 年 7 月 11~12 日	北京
G217	互联网金融的资产证券化模式小微金融产品创新实战培训	2015 年 7 月 11~12 日	深圳
G216	中概股回归及其私有化和 VIE 结构拆除的私募投融资实务前沿培训	2015 年 7 月 11~12 日	北京
G215	财富管理机构转型背景下权益类产品的资产配置及客户营销实战培训	2015 年 7 月 4~5 日	北京
G214	私募基金管理人的契约型基金操作实务专题培训	2015 年 7 月 4~5 日	深圳

编号	主 题	时 间	地 点
G213	不良资产投资收购及风险项目管理处置创新金融实务培训	2015 年 7 月 4~5 日	上海
G212	新三板企业资本运作和基金化投融资创新实战培训	2015 年 6 月 27~28 日	大连
G211	证券投资私募基金的量化投资、对冲工具和杠杆套利金融实务培训（+私募基金的 FOF、MOM 资源整合沙龙）	2015 年 6 月 27~28 日	上海
G210	跨境投融资的最新金融资管前沿实务与海外另类投资实战培训	2015 年 6 月 27~28 日	深圳
G209	场外私募股权 OTC 业务的企业标的选择与企业资本运作实务培训	2015 年 6 月 27~28 日	北京
G208	不良资产、风险资产和问题资产的投资收购及管理处置金融实务操作专题培训	2015 年 6 月 13~14 日	北京
G207	私募基金管理人的契约型基金操作实务和资本市场投行业务创新实战培训	2015 年 6 月 13~14 日	上海
G206	房地产投资信托基金（REITs）及房地产资产证券化创新融资实战培训	2015 年 6 月 13~14 日	杭州
G205	股权众筹的互联网金融创新实务及高成长项目投融资操作要点实战培训	2015 年 6 月 13~14 日	深圳
G204	地方政府创新融资的 PPP 模式结构设计、法律文件与合同要点金融实战培训	2015 年 6 月 6~7 日	北京
G203	新三板市场一二级联动的私募投行业务和基金化资本运作金融实战培训	2015 年 6 月 6~7 日	深圳
G202	权益投资类产品的营销、资产配置及财富管理机构转型创新实战培训	2015 年 6 月 6~7 日	上海
G201	证券投资中的杠杆套利（分级/收益互换/两融/结构化）及风险管理实战培训	2015 年 6 月 6~7 日	北京
G200	契约型基金在私募投行运作中的创新应用实务培训	2015 年 5 月 30~31 日	上海
G199	股票配资的杠杆化交易及其与互联网金融结合创新实战培训	2015 年 5 月 30~31 日	深圳
G197	房地产项目的资产证券化、房地产投资信托基金（REITs）创新实务专题培训	2015 年 5 月 30~31 日	北京
G198	新三板企业资本运作及基金化投融资实战培训	2015 年 5 月 23~24 日	北京

编号	主题	时间	地点
G196	跨境投融资的金融投行与资产管理创新前沿实战培训（第二期）	2015 年 5 月 23~24 日	上海
G195	私募基金管理人的金融工具创新及其另类投资实务培训	2015 年 5 月 23~24 日	北京
G194	不良资产投资前沿实务与风险项目管理处置金融实战培训（精品课）	2015 年 5 月 16~17 日	上海
G193	政府基建和市政工程项目 PPP 融资的金融创新实务及典型案例解析专题培训	2015 年 5 月 16~17 日	重庆
G192	融资租赁和商业保理的资产证券化及多元化融资实务培训	2015 年 5 月 16~17 日	深圳
G191	证券投资私募基金的杠杆套利（分级/收益互换/伞形/配资/结构化）、定增实操要点与风险管理实务培训	2015 年 5 月 9~10 日	深圳
G190	小额贷款业务的风险管理及与互联网金融的结合创新实战培训	2015 年 5 月 9~10 日	北京
G189	新三板企业资本运作及基金化投融资创新实战培训	2015 年 5 月 9~10 日	杭州
G188	契约型基金在私募基金管理人金融业务创新中的实务运用专题培训	2015 年 4 月 25~26 日	杭州
G187	新三板基金投融资实务与新三板企业资本运作创新实战培训	2015 年 4 月 25~26 日	成都
G184	保险资金另类投资与保险资管创新转型前沿实战培训	2015 年 4 月 25~26 日	上海
G183	资产证券化在地方政府基建项目和国有企业资产负债管理中的创新应用实务培训	2015 年 4 月 25~26 日	北京
G186	地方政府创新融资的 PPP 模式案例分析及实务操作关键点详解专题精品培训	2015 年 4 月 18~19 日	南京
G182	中小银行及农信社的投行业务和资管业务创新实务培训	2015 年 4 月 18~19 日	北京
G181	证券投资私募基金的杠杆套利（分级/伞形/配资/结构化）与定增资本运作实务培训	2015 年 4 月 18~19 日	上海
G185	新三板的"PE 基金+私募投行"资本运作金融实战培训	2015 年 4 月 11~12 日	北京
G180	跨境投融资的金融投行与资产管理创新前沿实战培训	2015 年 4 月 11~12 日	北京

编号	主 题	时 间	地 点
G179	PPP 模式在市政基建项目中的金融实务操作要点及风险管理专题培训	2015 年 4 月 11~12 日	深圳
G178	新三板投融资的金融资管实务和基金化资本运作创新实战培训	2015 年 3 月 28~29 日	深圳
G177	众筹的互联网金融前沿实务操作创新培训暨"新兴金融+传统金融"机构合作跨界对接会	2015 年 3 月 28~29 日	北京
G176	契约型私募基金实务操作专题培训	2015 年 3 月 21~22 日	上海
G175	并购基金实战案例与上市公司并购重组实务专题培训	2015 年 3 月 14~15 日	北京
G174	新三板投融资的资本运作及投资基金实战前沿培训	2015 年 3 月 14~15 日	上海
Z7	金融圈精英人才专场招聘会	2015 年 3 月 14 日	北京
G173	资产证券化在应收账款与收益权（收费权）领域的运用及结构金融工具创新实务培训	2015 年 3 月 7~8 日	深圳
G172	地方基建 PPP 最新投融资模式实战案例与结构化融资设计专题培训	2015 年 3 月 7~8 日	上海
G168	资产证券化在房地产、基础设施和非标债权领域的创新运用及案例解析实战培训	2015 年 2 月 7~8 日	上海
G167	金融资管机构的证券投资私募基金（结构化、伞形、FOF、定增类、MOM 等）业务创新实务培训	2015 年 1 月 31 日至 2 月 1 日	深圳
G164	PPP 在地方政府融资和基础设施建设领域的创新应用及案例解析金融实务培训	2015 年 1 月 24~25 日	成都
G163	保理和供应链金融在应收款融资等领域的创新应用及风险管理实务培训	2015 年 1 月 24~25 日	深圳
【H1】	中国社科院 MBA 教育中心·信泽金系列——资产证券化领军者金融实务高级研修班	2015 年 1 月 17~23 日	北京
G162	房地产并购投融资、房地产资产证券化和房地产投资信托基金（REITs）实务培训	2015 年 1 月 17~18 日	北京
G161	证券投资私募基金及伞形基金、定增基金和对冲基金实务操作前沿创新培训	2015 年 1 月 10~11 日	上海
G160	PPP 最新投融资模式、实战案例及政府和社会资本合作的混合所有制项目金融创新实务培训	2014 年 12 月 20~21 日	深圳
G159	互联网金融在 P2P 借贷、供应链金融、资产证券化和另类理财中的创新运用实务培训	2014 年 12 月 27~28 日	深圳

续表

编号	主 题	时 间	地 点
G157	家族财富管理、互联网财富管理与第三方理财机构的金融营销突围实战培训	2014 年 12 月 20~21 日	北京
G156	"PE+上市公司"模式的市值管理、定向增发和产业并购整合金融创新前沿实战培训	2014 年 12 月 13~14 日	上海
G155	商业保理的最新实务操作和应收款融资的供应链金融创新精品培训	2014 年 12 月 6~7 日	北京
G154	互联网金融 O2O 细分模式、P2P 另类资产管理创新和小额贷款风险管控实务培训	2014 年 11 月 29~30 日	上海
G153	PPP 模式在政府融资类基建项目及房地产投融资领域的金融创新实务专题培训	2014 年 11 月 29~30 日	杭州
G152	新三板为资管机构、私募投融资业务和并购基金带来的金融创新机会高端培训	2014 年 11 月 22~23 日	北京
G150	并购重组及股权投资的最新法律实务和财会税务筹划高端实战培训	2014 年 11 月 8~9 日	上海
G149	PPP 模式实务操作与"去政府担保"背景下的地方融资平台基建项目创新融资实战培训	2014 年 11 月 1~2 日	北京
G148	租赁业务最新实务操作的跨境融资前沿创新和金融同业合作专题培训	2014 年 10 月 25~26 日	北京
G147	私募股权基金的主动投资管理、产业并购整合和新三板业务专题培训	2014 年 10 月 25~26 日	深圳
G146	高端财富管理的产品析选、客户资产配置和税务筹划实务专题培训	2014 年 10 月 25~26 日	上海
G145	信托、券商资管和基金子公司的项目投融资业务风险管理与尽职调查实务培训	2014 年 10 月 18~19 日	北京
G144	永续债、定向增发基金投资实务与上市公司市值管理创新专题培训	2014 年 10 月 18~19 日	深圳
G143	城商行和农信社的投资银行业务转型创新与金融同业合作实务培训	2014 年 10 月 11~12 日	北京
G142	保理业务创新、应收账款融资和供应链金融类资产证券化专题培训	2014 年 10 月 11~12 日	上海
G140	"跨界转行"金融从业者的私募投行和资产管理实务知识进阶培训（远程在线班）	2014 年 9 月 22~26 日	远程

续表

编号	主题	时间	地点
G139	互联网金融与信托、券商资管、基金子公司等机构的资管业务结合创新实务培训	2014 年 9 月 27～28 日	北京
G138	私募基金管理人的有限合伙等金融工具创新和 PE 型股权投资实务培训	2014 年 9 月 27～28 日	上海
G137	养老医疗等大健康产业与信托、券商资管、基金资管等金融业务结合创新实务培训	2014 年 9 月 20～21 日	北京
G136	银行投行业务"表外融资"创新与"非标转标"转型实务培训	2014 年 9 月 20～21 日	广州
G135	非标金融的非诉法律服务创新与金融类律师业务转型拓展实务培训	2014 年 9 月 13～14 日	上海
G134	家族信托与财富管理机构的团队人才管理和大客户营销创新实战培训	2014 年 9 月 13～14 日	北京
G133	租赁的跨境投融资、前沿创新操作方案和金融同业合作高阶实战研修班	2014 年 8 月 30～31 日	深圳
G132	"非标转标"背景下的资产证券化、直接融资型债券和创新型债务融资工具实务培训	2014 年 8 月 30～31 日	上海
G131	银行信贷收缩背景下的房地产和土地开发项目资管模式创新融资实务及案例专题培训	2014 年 8 月 23～24 日	武汉
G130	有限合伙基金在私募股权投资、定向增发、夹层融资业务中的金融创新运用专题培训	2014 年 8 月 23～24 日	深圳
G129	资管大时代的银行同业业务、投行业务、金融市场业务、公司业务跨界创新实务培训	2014 年 8 月 16～17 日	北京
G128	基金子公司、券商资管和私募基金转型过程中的主动管理型类信托业务前沿热点培训	2014 年 8 月 9～10 日	上海
G127	保险资管实务、保险资金投资运用创新及其与银行、信托、券商、基金合作专题培训	2014 年 8 月 2～3 日	北京
G125	地方政府融资、房地产项目融资和土地开发整理融资的信托资管创新金融实务培训	2014 年 7 月 26～27 日	西安
G124	"非标转标"背景下的银行同业业务和投行业务创新实务专题培训	2014 年 7 月 19～20 日	上海
G123	财富管理机构的团队网点建设、人才招募管理、大客户营销和渠道拓展实战培训	2014 年 7 月 12～13 日	深圳

非标资产管理业务的金融创新与风控实务

编号	主 题	时 间	地 点
G122	银行信托券商基金的产业并购整合及不良资产收购实务培训	2014 年 7 月 12~13 日	北京
G121	有限合伙型私募基金在股权投资和夹层融资中的实务应用培训	2014 年 7 月 5~6 日	上海
G120	自贸区金融改革背景下的融资租赁和金融租赁实务操作及同业合作创新培训	2014 年 6 月 28~29 日	上海
G118	银行同业业务创新实务及其与保险、信托、券商、基金合作专题培训	2014 年 6 月 28~29 日	深圳
G117	应收款和收益权资产证券化及其变通的结构性债务融资创新实务培训	2014 年 6 月 21~22 日	北京
G116	政府基建和房地产项目的表外非标资管融资实务及银行同业融资业务创新培训	2014 年 6 月 14~15 日	成都
G115	保险资金投资运用及其与银行、信托、券商、基金合作实务专题培训	2014 年 6 月 7~8 日	上海
G114	泛资产管理时代的银行、信托、保险、券商、基金同业合作精英沙龙	2014 年 5 月 26 日	广州
G112	房地产和基建能源项目信托资管融资的尽职调查及风险纠纷诉讼应对机制专题培训	2014 年 5 月 24~25 日	深圳
G111	银行总分支行的投行业务、公司业务、同业业务、金融市场业务创新实务培训	2014 年 5 月 17~18 日	北京
G110	家族信托基金与私人银行大客户资产配置高端财富管理实务培训	2014 年 5 月 10~11 日	上海
G109	银行、保险资金运用、信托券商基金资管、有限合伙基金的法律实务前沿培训	2014 年 5 月 10~11 日	北京
G108	自贸区金融改革背景下的金融租赁和融资租赁实务操作及同业合作创新培训	2014 年 4 月 26~27 日	深圳
G107	房地产及基建项目的信托、资管、保险、有限合伙基金模式融资实务培训	2014 年 4 月 19~20 日	北京
G106	基金子公司和信托券商资管的融资项目尽职调查、法律实务、风险防控培训	2014 年 4 月 12~13 日	上海
G105	房地产项目的信托、资管、有限合伙基金、资产证券化创新融资实务培训	2014 年 3 月 29~30 日	南京

续表

编号	主题	时间	地点
G104	银行资管化时代的金融同业业务及中小银行和民营银行同业合作专题培训	2014 年 3 月 22~23 日	北京
G103	债券融资、私募债创新及结构性债务融资工具的资产证券化实务培训	2014 年 3 月 15~16 日	杭州
G102	券商资管、基金子公司、银行投行、保险资管开展类信托业务实战培训	2014 年 3 月 8~9 日	深圳
G101	金融租赁和融资租赁的创新实务及与其他金融同业的合作专题培训	2014 年 3 月 1~2 日	北京
G100	农村土地流转信托与新型政府融资的金融创新培训	2014 年 2 月 22~23 日	上海
G99	2014 年金融信托和资产管理业务发展策略高端研讨会	2014 年 2 月 15 日	北京
G98	银行理财"资管化"背景下的金融同业合作业务创新培训	2014 年 1 月 18~19 日	上海
G97	9 号文背景下的银行同业业务、产融结合型基金、金融同业合作研修班	2013 年 12 月 28~29 日	深圳
G96	土地流转信托、土地开发整理和土地项目投融资的金融创新培训	2013 年 12 月 21~22 日	北京
G95	商业地产和住宅项目的信托、券商、基金等资管融资创新实务培训	2013 年 12 月 14~15 日	杭州
G94	高端金融产品营销与客户开发实战培训暨财富管理大讲堂	2013 年 11 月 30 日至 12 月 1 日	北京
G93	土地改革和新型城镇化背景下的地方政府融资及其金融创新实务培训	2013 年 11 月 23~24 日	上海
G90	金融信托、券商、基金、担保等资管机构的房地产投融资实务培训	2013 年 10 月 26~27 日	上海
G89	实业并购、上市公司并购重组的金融创新实务培训	2013 年 10 月 19~20 日	北京
G87	民营企业私募投融资和金融同业的机构业务合作专题培训	2013 年 9 月 14~15 日	杭州
G86	AMC、担保公司、城商行与各类金融机构的合作创新研讨会暨泛资管行业投融资项目高端对接会	2013 年 9 月 14~15 日	北京
G85	金融信托和资产管理行业的人力资本管理高端研讨会	2013 年 9 月 12 日	北京
G84	银行、券商、保险、基金开展类信托的非标资管业务实战培训	2013 年 9 月 7~8 日	青岛

续表

编号	主 题	时 间	地 点
G83	银行在金融同业合作中的投行、公司业务、私行、机构资管实务培训	2013 年 9 月 7~8 日	深圳
G82	租赁在项目投融资和金融产品创新中的实务应用专题培训	2013 年 8 月 31 日至 9 月 1 日	北京
G81	有限合伙基金实务操作及其与信托和资管产品的结合运用培训	2013 年 8 月 24~25 日	深圳
G80	房地产企业及其项目的银行、信托、券商、基金创新融资培训	2013 年 8 月 17~18 日	北京
G79	金融同业合作和资产证券化模式下的固定收益业务实战培训	2013 年 8 月 10~11 日	北京
G77	高端金融资管产品的大客户营销、渠道拓展和团队管理实战培训	2013 年 7 月 27~28 日	上海
G76	金融机构同业合作中的银行需求、银行业务和银行监管实务培训	2013 年 7 月 20~21 日	北京
G75	金融信托和资管业务实践中的必备法律知识实务培训	2013 年 7 月 13~14 日	北京
G74	泛资产管理行业的投融资业务创新与金融信托资源整合高端论坛（上海）	2013 年 7 月 6~7 日	上海
G73	金融机构同业合作与资产证券化的实业投行前沿要点培训	2013 年 6 月 29~30 日	深圳
G72	金融信托和资管业务的风险管理及不良资产处置专题培训	2013 年 6 月 22~23 日	北京
G71	银行、券商、基金、保险开展类信托业务的资管实务培训	2013 年 6 月 15~16 日	上海
G70	金融市场和实业项目的资产证券化实务操作前沿培训	2013 年 5 月 29~30 日	上海
G69	泛资产管理行业的金融资源整合与信托投融资业务创新实务论坛	2013 年 5 月 25~26 日	北京
G68	房地产和基础设施项目的信托融资尽职调查实务培训	2013 年 5 月 18~19 日	北京
G67	有限合伙基金的设立运营及其与金融机构的创新合作专题培训	2013 年 5 月 11~12 日	北京
G66	券商和基金开展信托型资产管理业务的金融创新实务培训	2013 年 4 月 25~26 日	深圳

编号	主 题	时 间	地 点
G65	资产证券化与结构性债务融资工具实务应用专题培训	2013 年 4 月 20~21 日	北京
G64	信托及私募投融资项目的产品设计与风险管理专题培训	2013 年 4 月 13~14 日	上海
G63	金融信托从业资质考评与职业能力提升—强化培训	2013 年 3 月 30~31 日	北京
G62	房地产、基建及融资平台、能源类项目信托融资尽职调查实务培训	2013 年 3 月 23~24 日	上海
G61	信托、有限合伙基金等资管产品的销售技巧与客户开发专题培训	2013 年 3 月 16~17 日	北京
G60	财产权信托与资产流动化实务应用高端培训	2013 年 2 月 27 日；3 月 3 日；4 月 24 日	北京、上海、深圳
G59	券商和基金开展类信托业务的金融创新实务培训	2013 年 1 月 26~27 日	北京
G58	房地产信托和房地产有限合伙基金的私募融资实务培训	2013 年 1 月 19~20 日	上海
G57	金融信托及资产管理业务的实务热点问题系统培训	2012 年 12 月 22~23 日	北京
G56	地方政府创新融资与基建项目信托融资专题培训	2012 年 11 月 24~25 日	上海
G55	房地产有限合伙基金实务操作及与信托的结合运用专题培训	2012 年 11 月 17~18 日	北京
G54	私募投融资项目的尽职调查及财务评价专题培训	2012 年 10 月 27~28 日	北京
G53	有限合伙基金的法律实务前沿热点问题培训	2012 年 10 月 20~21 日	上海
G52	有限合伙基金和信托产品的营销技巧实战训练营	2012 年 9 月 22~23 日	杭州
G51	金融信托与财富管理行业的人力资源管理实务研讨会	2012 年 9 月 13~15 日	北京
G49	期货与债券的资产管理创新及私募信托的展业策略专题研讨会	2012 年 8 月 18~19 日	杭州
G48	房地产信托（基金）的后期管理与兑付风险防控实务研讨会	2012 年 7 月 28~29 日	北京
G47	有限合伙基金实务操作及其与信托的结合运用专题培训	2012 年 7 月 21~22 日	北京
G46	矿产能源投融资的项目评判与风险防控专题培训	2012 年 6 月 16~17 日	北京
G45	金融信托营销的团队管理与大客户开发维护专题培训	2012 年 6 月 9~10 日	北京
G44	信托投融资尽职调查与风险防控专题培训	2012 年 6 月 2~3 日	北京
G43	基础设施建设与保障房信托融资实务培训	2012 年 5 月 26~27 日	北京
G42	信托投融资的价值发现与风险平衡实战培训	2012 年 4 月 20~21 日	深圳

编号	主 题	时 间	地 点
G41	房地产私募基金实务操作与项目并购高端培训	2012 年 4 月 14~15 日	北京
G40	金融信托营销与财富管理团队的高效运营专题培训	2012 年 4 月 7~8 日	杭州
G39	金融创新与信托投融资实战训练营	2012 年 3 月 24~25 日	北京
G38	矿产能源项目信托融资的金融创新与风险防控专题培训	2012 年 3 月 10~11 日	北京
G36	信托产品风险控制与应急兑付专题培训	2012 年 2 月 24~25 日	杭州
G35	"2012 年信托业务发展策略"高端沙龙	2012 年 1 月 8 日	北京
G34	信托营销、客户开发与高端财富管理专题培训	2012 年 1 月 6~7 日	北京
G33	信托项目风险控制与危机管理专题培训	2011 年 12 月 17~18 日	北京
G32	信托产品创新的法律法规实务专题培训	2011 年 12 月 3~4 日	上海
G31	信托营销元年：信托产品和 PE 基金产品的营销资源整合实务论坛	2011 年 11 月 19~20 日	北京
G30	产业投资（并购）信托基金实务操作培训	2011 年 10 月 29~30 日	北京
G29	矿产能源信托融资方案设计及文本制作专题培训	2011 年 10 月 27 日	北京
G28	信托融资项目尽职调查技能及案例专题培训	2011 年 10 月 16 日	上海
G27	信托产品营销与私人财富管理专题培训	2011 年 10 月 15 日	杭州
G26	信托法律法规实务操作专题培训	2011 年 9 月 24~25 日	北京
G25	信托投融资尽职调查强化培训	2011 年 8 月 11 日	北京
G24	保障性住房信托融资强化培训	2011 年 8 月 4 日	北京
G23	矿产能源信托融资高阶培训	2011 年 7 月 30~31 日	北京
G22	房地产企业信托融资实务专题培训	2011 年 6 月 28 日	北京
G21	房地产基金、定向增发基金和 PE 基金实务培训	2011 年 6 月 18~19 日	北京
G19	信托投融资尽职调查专题培训	2011 年 6 月 12 日	杭州
G18	金融信托的投行魅力与财富魔方（北京大学专场）	2011 年 6 月 3 日	北京
G17	保障性住房和商业地产信托融资专题培训	2011 年 5 月 29~30 日	北京
G16	投资者的信托理财攻略实战培训（高端沙龙）	2011 年 5 月 28 日	北京
G15	信托产品营销与高净值客户开发及维护——高端实务培训	2011 年 4 月 2~3 日	北京
G14	矿产能源信托融资实务及案例专题培训	2011 年 3 月 26~27 日	北京
G13	矿产能源信托业务强化培训	2011 年 2 月 28 日至 3 月 1 日	北京
G12	"净资本管理下的 2011 年信托业务发展趋势"专业沙龙	2011 年 2 月 26 日	北京
G11	房地产投资信托基金实务专题培训	2010 年 12 月 25~26 日	北京

续表

编号	主 题	时 间	地 点
G10	矿产能源项目信托融资实务操作专题培训	2010 年 11 月 20~21 日	北京
G9	净资本约束下的信托项目风控管理与业务创新专题培训	2010 年 10 月 23~24 日	北京
G8	房地产项目信托融资及 PE 基金专题培训	2010 年 9 月 4~5 日	北京
G7	信托投融资项目尽职调查实务培训	2010 年 7 月 31 日至 8 月 1 日	北京
G6	股权信托在资本运作和房地产融资中的创新运用	2010 年 7 月 3~4 日	北京
G5	非贷款类房地产信托金融创新高级培训班	2010 年 4 月 24~25 日	北京
G4	虎虎生威——房地产信托培训暨投融资精英聚会沙龙	2010 年 1 月 30 日	北京
G3	股权类信托（含 PE 基金）投融资实务操作创新培训	2009 年 12 月 19~20 日	北京
G2	房地产信托投融资模式及实务操作技巧高级培训班	2009 年 10 月 31 日至 11 月 1 日	北京
G1	信托理财及项目交流俱乐部 VIP 聚会	2009 年 6 月 20 日	北京

附录二　金融实务定制型专享培训

（一）信泽金的定制型专享培训（FTO）简介

定制型专享培训（FTO）是指为满足机构个性化"定制"培训和独家"专享"上门培训的需求（按照需要的主题、时间、地点和讲师类型）而举办的培训。

（二）金融实务定制型专享培训的主题清单（信泽金 2009 年至 2017 年初）【附件二】

附件二　信泽金承接的金融专题内训之典型主题清单
（2009 年 2 月至 2017 年 1 月）

编号	机构	时间	地点	主题
信泽金 N252	中节能财务有限公司	2016 年 12 月 15 日	北京	中国经济的展望与分析
信泽金 N251	华融证券股份有限公司深圳分公司	2016 年 11 月	深圳	基于上市公司的跨越一级、一级半和二级市场"并购基金"盈利模式及实战案例
信泽金 N250	华融证券股份有限公司深圳分公司	2016 年 11 月	深圳	以上市公司为中心的并购基金、定向增发基金实务操作及案例解析
信泽金 N249	昆仑信托有限责任公司	2016 年 11 月	北京	我国宏观经济走势及金融监管体制改革前沿实务
信泽金 N248	华宝信托有限责任公司	2016 年 11 月	上海	投行视角下的私募可交换债发行要点及核心条款设计
信泽金 N247	中国人保资产管理股份有限公司	2016 年 10 月	北京	PPP 项目的融资模式融资工具及落地实操要点
信泽金 N246	中国人保资产管理股份有限公司	2016 年 10 月	北京	基础设施项目融资与资产证券化要点与典型案例分享
信泽金 N245	昆仑信托有限责任公司	2016 年 10 月	北京	面向新三板的新兴产业投资与上市公司收购估值与尽调——以教育和新能源产业为例
信泽金 N244	北京锦程苌青投资咨询有限公司	2016 年 9 月	北京	上市公司并购重组实务、私募基金参与模式及并购重组市场热点与案例分析（下）

编号	机构	时间	地点	主题
信泽金 N243	北京锦程苌青投资咨询有限公司	2016 年 9 月	北京	上市公司并购重组实务、私募基金参与模式及并购重组市场热点与案例分析（上）
信泽金 N242	平安信托有限责任公司	2016 年 8 月	上海	资产管理行业产品及策略解析
信泽金 N241	兴业国际信托有限公司	2016 年 7 月 23 日	上海	泛资管领域并购重组的前沿法律问题实务解析
信泽金 N240	兴业国际信托有限公司	2016 年 7 月 23 日	上海	基于上市公司的跨越一级、一级半和二级市场"并购基金"盈利模式及实战案例
信泽金 N239	兴业国际信托有限公司	2016 年 7 月 22 日	上海	并购驱动下的新兴高成长产业的资本运作与一二级市场联动的产品解析
信泽金 N238	中泰信托有限责任公司	2016 年 7 月 22 日	上海	信托的互联网思维"证券化"模式及互联网与传统金融产品结合创新实践
信泽金 N237	富国基金管理有限公司	2016 年 7 月 21 日	湖州	新三板发展历程、交易规则及投资机会
信泽金 N236	东莞市东盈投资管理有限公司	2016 年 7 月 18 日	北京	产业投资基金运作模式、案例分析及地方金控集团的业务创新
信泽金 N235	东莞市东盈投资管理有限公司	2016 年 7 月 18 日	北京	基于产融结合角度的金融控股集团发展战略与实务操作——利用商业银行牌照布局资产管理和投资领域
信泽金 N234	东莞市东盈投资管理有限公司	2016 年 7 月 17 日	北京	银行经营的盈利模式、各业务品种要点及创新案例解析
信泽金 N233	东莞市东盈投资管理有限公司	2016 年 7 月 17 日	北京	期货公司业务体系实务梳理及其与金融控股集团和实体企业的业务联动；跨境资金流动路径解析
信泽金 N232	东莞市东盈投资管理有限公司	2016 年 7 月 16 日	北京	信托公司业务体系实务梳理及其与金融控股集团的业务联动
信泽金 N231	东莞市东盈投资管理有限公司	2016 年 7 月 16 日	北京	证券公司业务体系实务梳理及其与金融控股集团的业务联动
信泽金 N230	华融国际信托有限责任公司	2016 年 7 月 15 日	北京	"地方政府+私募基金"的产业引导基金、PPP 产业基金、城市产业（发展）基金、创业创新孵化基金实务操作及案例解析专题培训
信泽金 N229	英大国际信托有限责任公司	2016 年 7 月 3 日	北京	高端金融产品的机构销售与信托营销团队建设

续表

编号	机构	时间	地点	主题
信泽金 N228	英大国际信托有限责任公司	2016 年 7 月 2 日	北京	高端客户资产配置、客户开发及服务技巧专题培训
信泽金 N227	光大兴陇信托有限责任公司	2016 年 6 月 25 日	北京	基础设施项目融资与资产证券化要点及典型案例分享
信泽金 N226	中泰信托有限责任公司	2016 年 6 月 17 日	上海	大投行思维下的基金化产品（固定收益型）的设计、运用及风控实务
信泽金 N225	华宝信托有限责任公司	2016 年 6 月 15 日	上海	"PE+上市公司"产业投资基金实操关键点及案例分析
信泽金 N224	陆家嘴国际信托有限公司	2016 年 6 月 14 日	上海	股权投资类产品解析、市值管理/新三板投资逻辑与产品营销实战
信泽金 N223	兴业国际信托有限公司	2016 年 6 月 5 日	上海	交易所市场的私募 ABS 实务要点及典型案例解析
信泽金 N222	兴业国际信托有限公司	2016 年 6 月 4 日	上海	法律视角的新型贷款债权和应收款的证券化模式注意事项与案例实务
信泽金 N221	兴业国际信托有限公司	2016 年 6 月 4 日	上海	信托受益权资产证券化的操作前沿实务及典型案例分析
信泽金 N220	平安信托有限责任公司	2016 年 3 月 25 日	上海	基于客户避险保障需求的境外私人银行产品体系及服务模式实务解析
信泽金 N219	中泰信托有限责任公司	2016 年 3 月 11 日	上海	高端金融资管产品实战营销技巧与客户沟通技巧
信泽金 N218	华宝信托有限责任公司	2016 年 2 月 24 日	上海	资产证券化的实务操作、典型案例及未来信托公司在此领域的展业方向
信泽金 N217	上海仟邦资都金融信息服务有限公司	2015 年 12 月 26 日	上海	财富管理与私募基金营销实务操作
信泽金 N216		2015 年 12 月 27 日		FOF 产品架构及投资流程实务
信泽金 N215	上海锐懿资产管理有限公司	2015 年 12 月 25 日	上海	房地产企业资产证券化的法律解读及实操案例分析
信泽金 N214	昆仑信托有限责任公司	2015 年 12 月 24 日	北京	2016 年信托行业的业务创新模式与最新转型方向
信泽金 N213	华宝信托有限责任公司	2015 年 12 月 23 日	上海	FOF/MOM 基金实务操作及其与金融同业合作
信泽金 N212	南京银行	2015 年 12 月 4 日	南京	并购驱动下的新兴高成长产业的资本运作与一二级市场联动的产品解析

续表

编号	机构	时间	地点	主题
信泽金 N211	中融国际信托有限公司财富管理中心	2015年 11月20日	北京	一级、一级半及二级市场联动的股权投资产品逻辑解析与营销实战
信泽金 N210	华宝信托有限责任公司	2015年 11月11日	上海	高净值客户的税务管理
信泽金 N209		2015年 10月21日		PPP模式与融资方案筹划
信泽金 N208	方正东亚信托有限责任公司	2015年 10月20日	武汉	量化投资策略、投资风险防范及在国内的运用
信泽金 N207	招商证券股份有限公司	2015年 10月17日	上海	高端金融资管产品实战营销技巧
信泽金 N206	昆仑信托有限责任公司	2015年 10月14日	北京	互联网金融"P2P模式"实战应用解读及金融平台合作分析
信泽金 N205	长安国际信托股份有限公司	2015年 10月9日	西安	定增、新三板、量化对冲、FOF/MOM产品特色及营销要点
信泽金 N204	北京锦程苌青投资咨询有限公司	2015年 9月24日	北京	房地产信托投融资的交易设计及案例分析
信泽金 N203	方正东亚信托有限责任公司	2015年 9月23日	武汉	并购基金实务操作
信泽金 N202	中泰信托有限责任公司	2015年 9月10日	上海	应收款与收益权证券化实务操作要点及案例分析
信泽金 N201	华宝信托有限责任公司	2015年 9月9日	上海	非公开发行公司债券专题培训
信泽金 N200	中国工商银行泸州分行	2015年 8月10日	泸州	债券投资信托及信托模式下的私募债创新
信泽金 N199				企业债务融资方式选择及债务融资工具的实务案例解析
信泽金 N198	华宝信托有限责任公司	2015年 7月29日	上海	公司法、合同法及担保法在资管实践中的运用
信泽金 N197	四川三新创业投资有限责任公司	2015年 7月25日	成都	PE股权基金、固定收益类、私募证券投资基金投资要点法律分析
信泽金 N196	亿利资源集团有限公司	2015年 7月17日	北京	中国债务融资市场动态、融资模式及案例
信泽金 N195		2015年 7月10日		PE股权基金、固定收益类、私募证券投资基金投资要点法律分析

编号	机构	时间	地点	主题
信泽金 N194	亿利资源集团有限公司	2015 年 7 月 3 日	北京	上市公司市值管理实务及并购重组的运用
信泽金 N193		2015 年 6 月 26 日		房地产投资信托基金（REITs）及房地产资产证券化创新实务操作要点及典型案例分析
信泽金 N192		2015 年 6 月 18 日		PE 视角的新三板投资策略、新三板交易要点及项目风险防控
信泽金 N191	中民嘉业投资有限公司	2015 年 6 月 13 日	上海	房地产基金项目的后期管理与风险预警机制
信泽金 N190				房地产基金的实务操作
信泽金 N189	中泰信托有限责任公司	2015 年 6 月 13 日	上海	各类市政基建项目 PPP 模式实务案例解析与运作流程要点详解
信泽金 N188	华宝信托有限责任公司	2015 年 6 月 10 日	上海	永续债产品在国内的运用、创新及风险管理
信泽金 N187	昆仑信托有限责任公司	2015 年 6 月 9 日	北京	银行投行视角的 PPP 融资结构设计方法与案例分析
信泽金 N186	中泰信托有限责任公司	2015 年 6 月 6 日	上海	并购基金实务操作
信泽金 N185	华宝信托有限责任公司	2015 年 5 月 20 日	上海	保险资金投资运用以及与信托和资管产品的对接合作
信泽金 N184	东莞信托有限公司	2015 年 4 月 25 日	东莞	高净值客户的开发维护和销售技巧实务
信泽金 N183				银行视角下的高端金融资管产品实战营销
信泽金 N182	中国金谷国际信托有限责任公司	2015 年 4 月 17 日	北京	并购（基金）实务操作专题培训
信泽金 N181	中国人保资产管理股份有限公司	2015 年 4 月 2 日	上海	保险新业务投资要点专题培训
信泽金 N180	中国金谷国际信托有限责任公司	2015 年 3 月 27 日	北京	财富管理与信托营销实务
信泽金 N179	中国对外经济贸易信托有限公司	2015 年 3 月 27 日	北京	房地产项目的后期管理实务专题培训

编号	机构	时间	地点	主题
信泽金 N178	华宝信托有限责任公司	2015 年 3 月 25 日	上海	融资租赁的交易模式及风险管理实务
信泽金 N177	浙江浙商证券资产管理有限公司	2015 年 3 月	杭州	PPP 项目与多元结构化融资设计管理
信泽金 N176	昆仑信托有限责任公司	2015 年 3 月	北京	2015 年信托业务创新策略研判及实操建议
信泽金 N175	陕西省国际信托股份有限公司	2015 年 1 月	西安	以土地金融和消费金融为先导的信托业务创新实务及案例
信泽金 N174				PPP 实务操作、细分市场应用和典型案例分析
信泽金 N173				家族信托的实务操作、案例分析和合约要点
信泽金 N172				财富管理机构的营销激励制度、人才管理体系和绩效考核
信泽金 N171	华宝信托有限责任公司	2015 年 1 月	上海	PPP 最新实务操作要点、细分市场应用和典型案例
信泽金 N170	北京国际信托有限公司	2014 年 12 月	北京	PPP 实务操作要点、细分市场应用和典型案例分析
信泽金 N169	中国金谷国际信托有限责任公司	2014 年 11 月	北京	基金子公司的资管业务实务操作
信泽金 N168	浙商证券有限责任公司	2014 年 11 月	杭州	高端金融产品的机构销售及大客户开发实务
信泽金 N167	中国金谷国际信托有限责任公司	2014 年 10 月	北京	保险资产管理业务发展及典型业务创新实践
信泽金 N166	华宝信托有限责任公司	2014 年 10 月	上海	信托和资管业务的尽职调查实务
信泽金 N165	中国金谷国际信托有限责任公司	2014 年 9 月	北京	有限合伙基金实务操作专题培训
信泽金 N164	华宝信托有限责任公司	2014 年 8 月	上海	信托兑付风险防控及案例

续表

编号	机构	时间	地点	主题
信泽金 N163	中国人保资产管理股份有限公司	2014 年 8 月	上海	房地产信托投融资项目实务操作及风险防范
信泽金 N162				政府基建和融资平台项目的实务操作及风险防范
信泽金 N161				土地开发投融资的实务操作、典型案例和风险分析
信泽金 N160				信托资管和私募投融资业务的风险管理
信泽金 N159	中国金谷国际信托有限责任公司	2014 年 8 月	北京	房地产信托（资管）项目的后期管理实务
信泽金 N158	平安信托有限责任公司信托业务事业部、信托业务部	2014 年 7 月	北京	商业银行的并购重组业务与并购融资实务
信泽金 N157	包商银行总行	2014 年 7 月	包头	有限合伙型私募基金在夹层融资和资管实务中的应用专题培训
信泽金 N156				信托公司的资本市场及股权投资业务简介
信泽金 N155				泛资产管理背景下有限合伙企业的运用和投资
信泽金 N154	华澳国际信托有限公司	2014 年 7 月	上海	并购（基金）实务操作专题培训
信泽金 N153	中国金谷国际信托有限责任公司	2014 年 7 月	北京	银行同业业务的实务操作
信泽金 N152	华宝信托有限责任公司	2014 年 7 月	上海	金融信托实务操作的必备基础知识专题培训
信泽金 N151	平安信托有限责任公司信托业务事业部、信托业务部	2014 年 6 月	北京	租赁业务的法律实务热点问题及其最新的金融政策变化
信泽金 N150	北京国际信托有限公司	2014 年 6 月	北京	并购（基金）实务操作专题培训
信泽金 N149	平安信托有限责任公司信托业务事业部、信托业务部	2014 年 5 月	北京	并购（基金）操作实战专题培训

编号	机构	时间	地点	主题
信泽金 N148	平安信托有限责任公司基建投资部	2013 年 10 月	北京	信托业务风险管理、风险缓冲和风险处置专题培训
信泽金 N147		2013 年 9 月		应收账款证券化的实务运用及变通方式专题培训
信泽金 N146		2013 年 8 月		应收账款信托融资实务操作要点专题培训
信泽金 N145	中国金谷国际信托有限责任公司	2013 年 6 月		应收账款信托融资专题培训
信泽金 N144	平安信托有限责任公司基建投资部	2013 年 5 月	北京	矿产资源信托投融资实践中的价值发现与风险控制
信泽金 N143				矿产能源信托投融资的产品设计与交易结构
信泽金 N142	中国金谷国际信托有限责任公司	2013 年 5 月	北京	信贷资产证券化实务操作
信泽金 N141				国内房地产的类型划分、特点及信托融资
信泽金 N140		2013 年 4 月		信托股权投资法律解析
信泽金 N139				房地产私募基金与房地产信托实务
信泽金 N138	平安信托有限责任公司基建投资部	2013 年 3 月	北京	房地产私募基金与房地产金融信托实务
信泽金 N137				实体企业信托融资的创新设计
信泽金 N136				实体企业信托的实务操作要点
信泽金 N135	中国金谷国际信托有限责任公司	2013 年 3 月	北京	信托+有限合伙制基金实务讲座
信泽金 N134				房地产股权投资信托项目后期的监管要点及注意事项
信泽金 N133	昆仑信托有限责任公司	2012 年 12 月	北京	金融创新思维与信托实务应用

续表

编号	机构	时间	地点	主题
信泽金N132	陕西省国际信托股份有限公司	2012 年 12 月	西安	信托业务发展中的产品创新理念及其金融战略启示
信泽金N131	平安信托有限责任公司基建投资部	2012 年 12 月	张家界	金融信托创新思维及其实战运用要点
信泽金N130	山东省国际信托有限公司	2012 年 10 月	济南	金融创新中的信托思维及其实战运用要点
信泽金N129	中国金谷国际信托有限责任公司	2012 年 10 月	北京	信托项目尽职调查的资信评估与财务评估
信泽金N128				房地产基金：信托、有限合伙及二者的结合运用
信泽金N127		2012 年 9 月		财产权信托与受益权流动化专题培训
信泽金N126	大业信托有限责任公司	2012 年 9 月	北京	矿业权评估及其投资风险控制要点
信泽金N125	建信信托有限责任公司	2012 年 8 月	北京	信托与其他金融机构业务合作专题培训
信泽金N124				私募股权基金专题培训
信泽金N123	上海钜派投资管理有限公司	2012 年 8 月	上海	有限合伙基金实务操作及其风控和营销热点问题
信泽金N122	建信信托有限责任公司	2012 年 8 月	北京	准金融企业信托融资实务操作专题培训
信泽金N121	中国对外经济贸易信托有限公司	2012 年 8 月	北京	贷款类房地产信托风险审查
信泽金N120	建信信托有限责任公司	2012 年 7 月	北京	信托营销管理及营销技巧
信泽金N119	方正东亚信托有限责任公司	2012 年 7 月	武汉	基础设施及保障房建设培训
信泽金N118	中国农业银行北京分行	2012 年 7 月	北京	信托产品设计要点与营销策略
信泽金N117	建信信托有限责任公司	2012 年 7 月	北京	后发模式下金融创新及其风险防范专题培训

编号	机构	时间	地点	主题
信泽金 N116	平安证券有限责任公司	2012 年 6 月	北京	信托行业资产管理的发展模式与转型趋势专题培训
信泽金 N115	建信信托有限责任公司	2012 年 6 月	北京	贷款类房地产信托风险审查专题培训
信泽金 N114	安徽国元信托有限责任公司	2012 年 6 月	合肥	信托投融资的风险管理及其危机境况下的风险缓冲
信泽金 N113				信托投融资法律法规的核心要点与实务解读
信泽金 N112	建信信托有限责任公司	2012 年 6 月	北京	证券投资信托产品专题培训
信泽金 N111	中国对外经济贸易信托有限公司	2012 年 5 月	北京	信托公司私募股权投资信托基金探讨
信泽金 N110	华宝信托有限责任公司	2012 年 5 月	北京	应收账款信托融资专题培训
信泽金 N109	建信信托有限责任公司	2012 年 5 月	北京	信托项目尽职调查的交易对手评估及其情景模拟
信泽金 N108				股权投资类信托实务专题培训——以接盘方式进行股权投资信托项目处置的问题分析及流程
信泽金 N107	华澳国际信托有限公司	2012 年 5 月	上海	财产权信托与受益权流动化专题培训
信泽金 N106				信托实务基本原理与产品方案设计专题培训
信泽金 N105	紫金信托有限责任公司	2012 年 4 月	南京	财产权信托与受益权流动化专题培训
信泽金 N104	中国对外经济贸易信托有限公司	2012 年 4 月	北京	信托项目沟通能力与谈判技巧专题培训
信泽金 N103	昆仑信托有限责任公司	2012 年 4 月	北京	信托从业的必备技能专题培训
信泽金 N102	紫金信托有限责任公司	2012 年 3 月	南京	财富增值与信托理财（高端财富沙龙）

续表

编号	机构	时间	地点	主题
信泽金 N101	中国对外经济贸易信托有限公司	2012 年 3 月	北京	信托项目文本写作专题培训
信泽金 N100				房地产基金：信托、有限合伙及二者的结合运用
信泽金 N99	英大国际信托有限责任公司	2012 年 3 月	北京	主要矿产项目融资的法律问题及其对信托风控的启示
信泽金 N98	建信信托有限责任公司	2012 年 3 月	北京	基础设施信托融资专题培训
信泽金 N97				信托法律实务与法规实用案例专题培训
信泽金 N96	昆仑信托有限责任公司	2012 年 3 月	北京	信托项目尽职调查的资信评估与财务评估
信泽金 N95				信托项目尽职调查的方法路径与法律要点
信泽金 N94	英大国际信托有限责任公司	2012 年 3 月	北京	合同能源管理（EMC）的实务操作及信托融资问题交流
信泽金 N93	建信信托有限责任公司	2012 年 3 月	北京	商业地产和保障性住房信托融资实务培训
信泽金 N92				信托业务实践中的必备法律技能
信泽金 N91		2012 年 2 月		信托项目风控管理与业务创新
信泽金 N90				财产权信托与受益权流动化专题培训
信泽金 N89		2012 年 1 月		房地产并购基金的项目评估与杠杆运用
信泽金 N88		2011 年 12 月		信托与有限合伙结合的融资工具操作实务
信泽金 N87				房地产信托专题培训
信泽金 N86	太平洋资产管理有限责任公司	2011 年 12 月	上海	"信托+有限合伙型基金" 法律问题探讨
信泽金 N85				房地产并购的法律实务与风险防范

编号	机构	时间	地点	主题
信泽金 N83~84	河北银行股份有限公司	2011年12月	石家庄	信托投融资实务与银信合作创新发展专题培训（合计2场）
信泽金 N82	紫金信托有限责任公司	2011年11月	南京	财富传承与子女教育的信托创新
信泽金 N81				新时期的财富传承与子女教育价值观
信泽金 N80				政府平台融资的信托业务机会专题培训
信泽金 N79				保障性住房信托融资实务操作专题培训
信泽金 N78	建信信托有限责任公司	2011年11月	北京	股权信托在资本运作和房地产投融资中的运用
信泽金 N77				房地产投资信托基金实务专题培训
信泽金 N76				矿产能源信托的矿业权交易及抵押担保等法律问题
信泽金 N75	中国民生银行总行私人银行部	2011年11月	北京	信托产品的基本原理与风险分析
信泽金 N74				信托基本法律法规梳理及实务应用
信泽金 N73	北京中天嘉华投资顾问有限公司	2011年10月	北京	信托产品推介的必备技能
信泽金 N72	招商银行总行私人银行部	2011年9月	深圳	信托投融资尽职调查实务培训及案例
信泽金 N71	昆仑信托有限责任公司	2011年8月	北京	信托从业的必备技能专题培训
信泽金 N70	中融国际信托有限公司股权投资部	2011年8月	北京	信托业务的尽职调查与风险识别
信泽金 N69				非房地产信托业务的操作要点及案例分析
信泽金 N68				信托公司净资本管理的实务解读及对业务的影响
信泽金 N67				信托业务实践的法规政策梳理

编号	机构	时间	地点	主题
信泽金 N63~66	中原信托有限公司	2011 年 7 月	郑州	保障性住房和商业地产信托融资实务培训（合计 4 场）
信泽金 N62	北京国际信托有限公司	2011 年 7 月	北京	私募股权投资操作实务专题培训
信泽金 N61	北京大学—中国民生银行私人银行高级研修班	2011 年 7 月	北京	房地产信托融资的创新设计专题培训
信泽金 N59~60	中国投资担保有限公司	2011 年 6 月	北京	保障性住房和商业地产信托融资专题培训（合计 2 场）
信泽金 N58	华宝信托有限责任公司	2011 年 6 月	上海	矿产能源信托融资创新模式
信泽金 N57				煤矿及其产业链的信托融资
信泽金 N56				矿产能源信托融资典型模式
信泽金 N55			湖州	信托从业的必备技能专题培训
信泽金 N54	中信信托有限责任公司	2011 年 6 月	北京	信托公司净资本管理的实务解读及对业务的影响
信泽金 N51~53	北京联东投资（集团）有限公司	2011 年 6 月	北京	房地产信托专题培训（合计 3 场）
信泽金 N47~50	英大国际信托有限责任公司	2011 年 4 月	北京	信托业务风险识别及净资本约束下的信托项目风控管理与业务创新专题培训（合计 4 场）
信泽金 N46	恒丰银行青岛分行	2011 年 4 月	青岛	信托业务的实务要点及案例
信泽金 N45	北京金信大有资产管理有限公司	2011 年 4 月	北京	信托客户拓展的有效方法
信泽金 N44				信托产品推介的必备技能
信泽金 N43	平安信托有限责任公司	2011 年 3 月	三亚	信托投融资的技能战术解析

编号	机构	时间	地点	主题
信泽金 N42	中国长城资产管理公司	2011 年 1 月	北京	股权、银信合作、保信合作、政信合作、能源、基础设施、中小企业类信托业务的典型模式及实务操作要点
信泽金 N41				房地产、证券类信托业务的典型模式及实务操作要点
信泽金 N40	济矿鲁能煤电公司阳城电厂	2010 年 12 月	济宁	电力企业信托融资的操作要点
信泽金 N39				电力企业与金融信托的结合点
信泽金 N38	紫金信托有限责任公司	2010 年 12 月	南京	信托产品营销的渠道建设专题培训
信泽金 N37				信托投融资项目的尽职调查专题培训
信泽金 N36				房地产信托业务的创新模式专题培训
信泽金 N35				信托业务风险管理专题培训
信泽金 N34	中天嘉华杭州分公司	2010 年 11 月	杭州	理财师和客户经理的信托营销实用技巧
信泽金 N31~33	东莞信托有限公司	2010 年 11 月	东莞	信托业务实践中的法律法规解读及其案例分析（合计 3 场）
信泽金 N30	华澳国际信托有限公司	2010 年 11 月	上海	股权投资信托（基金）实务操作专题培训
信泽金 N29				信托公司从业人员职业道德素养
信泽金 N28				资产证券化特定目的信托业务专题培训
信泽金 N27	中诚信托有限责任公司	2010 年 11 月	北京	信托投融资项目的财务尽职调查：以现金流尽职调查为核心
信泽金 N26				信托投融资项目的法律尽职调查及相关交易结构设计问题

编号	机构	时间	地点	主题
信泽金 N25	华融国际信托有限公司	2010 年 8 月	桂林	结构化信托业务的操作要点和创新趋势
信泽金 N22~24	日本住友信托银行	2010 年 5 月	北京	中国房地产信托业务的实践与创新（合计 3 场）
信泽金 N20~21	天津信托有限责任公司	2010 年 4 月	天津	股权类信托产品专题培训（合计 2 场）
信泽金 N19	中诚信托有限责任公司	2009 年 12 月	北京	房地产信托投融资的模式选择
信泽金 N18	北京中天嘉华投资顾问有限公司	2009 年 11 月	北京	从资金中介到投资管理人：第三方理财机构的信托创富之道
信泽金 N17	华能贵诚信托有限公司	2009 年 11 月	北京	房地产信托的案例分析与趋势解读
信泽金 N16				房地产类信托产品开发与设计
信泽金 N15				贷款替代型房地产信托产品
信泽金 N14				房地产投资信托基金实务
信泽金 N13	山西信托有限责任公司	2009 年 10 月	山西	信托营销及客服专题培训
信泽金 N12	紫金信托有限责任公司（原为"南京信托"）	2009 年 5 月	南京	创新类信托产品的通行模式、产品设计、运作要点
信泽金 N11				基础设施投资类信托产品的主流模式、产品设计、运作要点
信泽金 N10				权益投资类信托产品的主流模式、产品设计、运作要点
信泽金 N9				银信合作类信托产品的主流模式、产品设计、运作要点
信泽金 N8				股权投资类信托产品的主流模式、产品设计、运作要点
信泽金 N7				证券投资类信托产品的主流模式、产品设计、运作要点

编号	机构	时间	地点	主题
信泽金 N6	紫金信托有限责任公司（原为"南京信托"）	2009年5月	南京	房地产类信托产品的主流模式、产品设计、运作要点
信泽金 N5				信托业务基础和信托行业基础
信泽金 N4	方正东亚信托有限责任公司（原为"武汉国投"）	2009年2~4月	武汉	股票质押信托融资、企业年金基金实务以及信托业务操作流程
信泽金 N3				房地产信托、REITs、私人股权投资信托基金实务操作
信泽金 N2				股权投资、证券投资、基础设施信托业务实务操作
信泽金 N1				银信合作、特定权益投资信托、信贷资产证券化实务操作

附录三　信泽金教育简介

专心、专注、专业于金融实务培训

信任泽被（Zé Pī）金融、信心泽惠（Zé Huì）财富

信息　人脉　资本

www.xinzejin.com

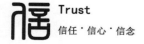

金融实务培训的一站式360°服务平台

金融的首要投资是

人！

信泽金，能大幅降低金融实干人才的培养成本

信泽金，能大幅降低金融同业合作的拓展成本

信泽金，能高效提升资产资金资源的整合能力

思路决定出路，人脉决定财脉，资源决定资本

关于我们

信泽金是国内金融实务培训的创新者和领跑者,在资产管理培训、财富管理培训、私募投行培训、产业基金培训、资本运作培训、投融资交易培训等创新金融实务培训领域具有广泛的市场影响力和美誉度。信泽金致力于成为"泛金融市场中最大最强的金融实战培训创新平台",为客户、员工和股东创造最大化的价值。

"信泽金"这一知名品牌从 2009 年 2 月开始活跃于泛金融行业,并且在国家工商行政管理总局成功获得了 8 个相关的"全类系"注册商标,其品牌影响力现已扩展到政府财经改革、企业产融结合、青年就业创业、财经传媒出版等广泛领域。

"信泽金"总部位于首都北京的核心商务区,公司注册资本 2870 万元,股东近 50 人,主营业务辐射全国,历经多年的市场化运营和商业模式创新锤炼,信泽金已发展成为一个新兴金融行业"信息+人脉+资本"的高端整合平台。

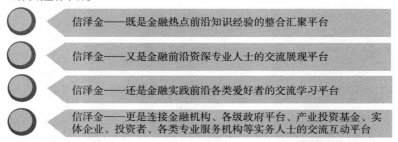

信泽金——既是金融热点前沿知识经验的整合汇聚平台

信泽金——又是金融前沿资深专业人士的交流展现平台

信泽金——还是金融实践前沿各类爱好者的交流学习平台

信泽金——更是连接金融机构、各级政府平台、产业投资基金、实体企业、投资者、各类专业服务机构等实务人士的交流互动平台

金融资源交流的前提和核心是人的交流,而金融人的生态圈又价值巨大。

已覆盖(近 20 个重点城市)
北京
上海
深圳
杭州
成都
南京
西安
重庆
广州
武汉
郑州
昆明
青岛
厦门
大连
长沙
……

信泽金:时间凝聚信任、行动铸就价值!

· 2016 年 6 月,信泽金与国家发展和改革委员会国际合作中心等组织机构合作成立了"国合现代资本研究院"这一高端新型财经智库。总之,依托强大的品牌、团队和客户积累,信泽金正在"资本化、集团化、精细化"的道路上高速迈进和深耕细作。

金融实务培训专题(共 50 多个金融细分领域)
银行、保险、信托、证券、基金、期货
金融控股平台、AMC(不良资产管理及另类投资)、非标资产管理
私募基金管理人、PE/VC、租赁、保理、小贷、担保、典当
财富管理(PWM & PB)、互联网金融、跨境投融资(FICC、黄金、外汇等)
政府投融资(含 PPP)、基建投融资、金融法务、金融财务、金融税务
上市公司投融资(主板/创业板/中小板/新三板/境外中概股)、董秘及高管进阶
产业并购整合(不动产/新能源/新兴产业/现代服务业)、金融估值
企业资本运作、资产证券化、债券、票据、公益慈善基金
……

经营理念

信泽金扎根于平实的市场化土壤，在真刀真枪的金融实战第一线奔跑和发展壮大，一步步顽强成长和构建独具特色的团队体系及管理模式，始终以实用主义作为行动指引，一切从实践需求和实务操作出发，积累金融实践的智慧经验和汇聚金融实务的创新成果。在"多做减法、少做加法"的战略原则下，信泽金坚持不做任何与客户形成竞争的金融类业务（包括但不限于以下"三不"原则），坚定做好客户的金融实务培训"助手+帮手+能手"。

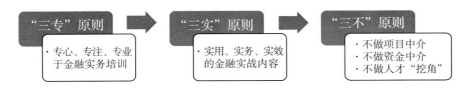

"三专"原则
・专心、专注、专业于金融实务培训

"三实"原则
・实用、实务、实效的金融实战内容

"三不"原则
・不做项目中介
・不做资金中介
・不做人才"挖角"

信泽金的企业文化：

坚信中国的金融市场化道路和金融稳健发展趋势，坚定看好中国的金融与产业相互融合相得益彰，坚持做好小事以推进中国的金融专业化和金融普惠化进程，坚守在金融产业链里的服务本份

遵循金融的实用主义原则，与时俱进的"自我空杯"，顺应大势的"自我变革"，以"快变"应"慢变"，以"实"应"虚"，以"结果"检验"目标"！

尊重金融的实践经验价值，为金融实务人士搭建经验交流平台，助力他们在资金、资产、资源方面获得更高效更成功的配置

一切以市场需求和客户价值为中心，先成就客户再不断成就自己，先让客户受益再让员工及股东受益，构建卓越的服务平台

致力于成为领先的金融实务培训专业平台，让团队和员工在努力、创新、协作过程中成就与众不同的自我价值，分享金融红利

信泽金坚守的原则：

不迷信"权威"	・信泽金笃信"经验"
不依赖"关系"	・信泽金投身"市场"
不仰仗"老大"	・信泽金依靠"团队"
不恋慕"证书"	・信泽金重视"实用"
不热衷"挂靠"	・信泽金自立"品牌"
不追捧"名师"	・信泽金海选"高手"
不聚焦"教材"	・信泽金重视"交流"

独具特色的服务体系

稀缺且优质的客户

　　涵盖内外资银行、保险、信托、证券、公募基金及其子公司、金融资产管理公司（四大 AMC 和省级 AMC）、行业协会与社团组织、上市公司（主板/创业板/中小板/新三板/中概股）、信用社、私募基金管理人（含 PE/VC 等）、金融控股集团（央企金控和地方金控）、租赁（金租和融租）、保理、供应链金融、期货（金融类和商品类及对冲基金等）、产权交易所、贵金属和外汇交易服务机构、区域股权交易中心、政府融资平台、财务公司、担保公司、财富管理机构、典当与小贷、互联网金融、大中型实体企业集团（房地产/能源/基建/现代服务业/高科技/新兴产业等）、公益慈善基金、律所、评估机构、会计财税服务机构、信用评级机构、投融资咨询机构、研究机构、互联网平台、职业投资人、企业家与创业者、金融爱好者和学习者等。

聚焦且擅长的服务

核心服务
- 金融实务培训
- 包括：FTC公开课（每周多地举办）、FTO机构内训等

附加服务
- 金融人才考评
- 包括：招聘外包（不做猎头）、考评出题阅卷等

延伸服务
- 金融品牌宣传
- 包括：品牌方案创作、整合传播、广告督导等

服务原则
- 市场化+专业化+平台化
- 依靠团队、机制和平台，提供市场化的专业服务，欢迎客户"招标"、对比、考验、吐槽

服务禁区
- 不做各类中介、不与客户竞争分利
- 我们不做项目中介、不做资金中介、不做人才猎头、不做简单的讲师推荐服务、不做简单的学员推荐服务、不做课件资料的销售服务等

诚挚服务（对客户）、诚心合作（对讲师）、诚邀共赢（对渠道）！

- To客户（会员或学员）：提供"优良"的课程和人脉等资源！
- To讲师（实战专家等）：提供"优质"的业务资源拓展平台！
- To社团（行业协会等）：提供"优异"的研发和运营等服务！
- To渠道（个人或机构）：提供"优厚"的共进共享共赢机制！
- To员工（未来合伙人）：提供"优越"的职业事业成长阶梯！

信泽金公开课（FTC）的"高品质"控制体系

信泽金的公开课（FTC）　　　VS　　　市场上的相似公开课

信泽金的公开课（FTC）		市场上的相似公开课
内容注重实务操作、经验分享和案例解析	1	内容存在理论化或营销化现象
重视讲师的实践经验和专业能力，不拿讲师的"简历"进行渲染营销	2	看重讲师头衔和名气，夸大讲师的资历、业绩和地位声望
严格审核提纲目标，按照市场调研、客户偏好和课程研发进行提纲内容整合	3	听凭讲师的提纲，抄袭或仿照其他培训的目标，缺乏对提纲的独立评判
严格审定PPT并排版、校订和优化，注重打印和装订的品质	4	直接使用讲师的PPT，仓促复印，拼接和肆意传播
参会学员以知名金融企业的中层或骨干为主，资源多、能力强、低调务实	5	参会者以中介机构人士、营销人士或个人居多，学员水平参差不齐
来自高端会员（金融机构信用背书且长期参训）的学员占比较高，其来历真实可信	6	学员身份鱼龙混杂且多为临时、一次性的参训
使用"信泽金"的自有品牌、闭环服务体系、收款账户和税票体系，安全可靠	7	多有挂名、挂靠、代收款、代开发票、税费不明等现象
专注培训业务、提供中立服务，不做项目或资金的居间业务，不依附或服务于特定机构的利益，不做人才"挖角"	8	掺杂了项目中介、资金中介和定向营销等复杂目的，还可能介入人才猎头
有长期的培训业绩、深厚的客户积累、分工协作的团队和完整的运营服务体系，确保课程质量稳定和服务标准化水平较高	9	过往业绩不多、客户较少、团队薄弱，课程和服务均有较大的不确定性
收费透明实惠（约4800元/期/人次），且有自建的会员卡体系（分档优惠、手续便捷、私密稳妥）	10	收费不透明且价格高低不定、远近不同、优惠不均、手续多变

后记：创新险中求，风控人为本！

本书是汇集经验和聚合智慧的"文集"，初衷是对非标的资产管理业务进行金融创新和风控实务等方面的探讨交流，但随着统稿工作逐渐深入及不断增减篇幅内容，我深感这是个"烫手的山芋"——编辑本书是一次远超出我能力边界的冒险！值得庆幸的是，有诤友李爱民先生一起探险，他肩挑重任、统揽全局、坚持到底，发挥其金融专长和工匠精神，让本书得以付梓。

此前10年（2005~2015年）是国内金融创新"高歌猛进"的黄金十年，李爱民先生和我也有幸身处其中并管窥一二。从2016年开始的金融转型"深水战"，则开启了新一轮的精细化创新，这其中既有增速放缓和风险暴露的"危"，也有告别粗放和重新洗牌的"机"。如果说过去有不少金融创新实际上是监管套利，那么今后的金融创新则需要更加前瞻性地预判市场和政策，并且对规则做出更加实用的崭新诠释。经过我不断"游说"，李爱民先生作为非标资产管理业务的资深实践者终于挺身而出，我们一起冒险为这个尚处孩童期的细分行业做些经验交流，唯希望"天助自助者、运降不降人"，非标资管行业能涅槃重生。

资产管理是对传统金融格局的创新突围，"非标"则是对金融陈规、定式和痼习的创新突破。本书所言的"非标资产管理业务"其实是基于资产、价值、成长、信用、现金流等要素重新整合而对金融规则做出与时俱进的务实诠释，亦是对市场化需求的真实有效供给。创新险中求！非标资产管理业务的金融创新"关键"在于风险管控——风险（安全性）是价值（盈利性）的基础和前提，毕竟金融业务都是从风险中获取利润的。李爱民先生和我都是法学专业出身的金融保守派（偏好安全性），他同时具备高超的法律素养和丰富的金融经验，而我在法律和金融两方面都不足"半瓶水"（鄙人的专业和从业均是断裂的），但我们对金融的创新、风控和规则都深怀好奇与敬畏之心。于是，带着些许的研究情结，我们希望以一本集思广益的文集，让更多的泛金融从业者把自己在非标资管业务一线的宝贵经验化为铅字，作为这个年轻行业践行"创新险中求"的一点沉淀和积累。

"示我百篇文，诗家一标准。"金融从业者都在苦苦寻觅"低风险且高收益"的项目（资产），都希冀以最小的管理投入赢得最大化的收益回报，这也是国内资产管理行业整体浮躁、发育不良和问题丛生的肇因。"没有金刚钻就别揽瓷器活！"伴随着各种名头的资产管理机构如雨后春笋般野蛮生长，其中有些是"伪军"（有番号但无能力），还有不少是搭便车、赶潮流、换马甲的趁乱渔利者，在经济下行和政策调整的时候往往是以"裸泳者"涌现。资产管理的风险识别和风险管理等复合能力是否具备及是否"过硬"，这是衡量资产管理机构专业能力和团队实力的核心指标。时间是最好的裁判，在"四驾马车"（房地产融资、地方政府平台融资、银行表外同业合作、证券市场配资）齐遇寒冬时，缓释和化解风险的能力恰是检验资产管理机构"非标"创新水平的关键。李爱民先生和我都是金融理性主义者（可能就是"胆小+崇尚专业价值"），在当下浓得化不开的浮躁氛围中，我们明知像本书这样的所谓"专业经验汇集"很快就会被丢进冰冷的角落，但我们仍在冥冥之中希望非标资管行业能够逐渐树立自己的专业主义价值。

"上工治未病、中工治欲病、下工治已病。"非标资产管理业务经过几轮的狂热突进之后，既有"资产荒"和收益率节节下行的问题，也有不良资产、风险资产和问题资产"飙升"及监管趋严、创新乏力、人才流失的问题，因此如何在展业时提早做好专业的风险防控（而非事后铲雷），已成为各家机构及广大金融从业者的必练内功。"空谈误国，书生无用！"非标资管行业的理论研究和媒体传播是值得检视的，一味强调国际比较、行业趋势、大数据、牌照信用、股东背景及浅尝辄止的噱头分析，而大大忽视了国情、个案、人性、机制、团队、手段、道德、成本、流动性等实务要素，这无疑让非标资管行业本就稚嫩的身心更显病态。李爱民先生和我都是实用主义者，推崇对细节的深究、对方法的应用、对问题的疏解及对人才实践操作能力的重视，虽然我们人微言轻、力小能弱，但还是希望通过此次攒书能够斗胆呼吁非标资管行业弘扬"实践至上、人才是本、创新是魂、风控是基"的实干文化。金融的风险无处不在，各种风险防不胜防，风险管理是永无止境的，非标资产管理更是"蚌中取珠"的高附加值业务，期待有更多的金融专业人士分享自己的宝贵经验以飨同业、互相切磋。

这是"信泽金智库系列丛书"的第五本，首先，感谢李爱民先生作为圈内好友、编书战友、人生挚友能抽出大量宝贵的业余时间用于统稿审校。茫茫人海之中能够合力把想法变成现实的有几人也？本书从头至尾的创新（立意布局）和风控（内容把关）均由李爱民先生亲自完成，字里行间、点点滴滴都凝聚了他的心血，他坚毅地把这个"冲动的 Idea"变为了"厚重的 Creation"，实在难能可贵。我虽忝列主编之一，但其实作用微乎其微，深感愧疚的同时也庆幸能有仁兄助力解忧。其次，感谢泛金融领域的 40 多位实战专家提供了近 50 篇经验结晶作为本书的血肉和灵魂，这些文章是他们（她们）在金融实务一线的创新智慧和实干心得，从这些文字缩影之中我们也真切感受到非标资管业务的博大精深。囿于篇幅，我们不得不在选稿期间割舍了不少文章，使得一批心血之作未能融入本书，恳望作者理解与海涵。我们深切崇敬活跃在金融实务一线的广大中层骨干，创新实干和低调好学的他们是国内资产管理行业的脊梁。再次，感谢北京信泽金教育科技股份有限公司的近 10 位同事对本书的支持及帮助，他们（她们）在工作忙碌之余认真、高效、勤勉地支援了本书的"诞生"。最后，也是最重要的谢意，当之无愧归属于经济管理出版社的郭丽娟女士及其团队，虽然我们把交稿时间一再推后，但她们的耐心、信心和决心一再激励着我们完成本书，同时我也相信本书经过她们的悉心编校之后定能成为精品以飨读者。

　　做想做之事，剩下的交给宿命；编想编之书，剩下的交给读者。欢迎广大读者对本书"拍砖"，并静候后续的"信泽金智库系列丛书"之六、之七、之八……总之，期待读者们不吝为金融实践类图书出版工作"点赞"。作揖拜谢！

信泽金教育：王巍
2016 年 11 月于北京